编 委 会

主任：张维迎

编委：

（按姓氏笔画排序）

刘 力　　刘 学　　庄贵军　　张一弛
沈艺峰　　汪 涛　　武常岐　　陆正飞
周春生　　范秀成　　席酉民　　郑振龙
涂 平　　徐信忠　　梁钧平　　符国群
廖泉文

全美最新工商管理权威教材译丛

Contemporary Business Statistics with Microsoft® Excel

基于Excel的商务与经济统计

〔美〕
托马斯·A.威廉姆斯（Thomas A. Williams）
丹尼斯·J.斯威尼（Dennis J.Sweeney） 著
大卫·R.安德森（David R.Anderson）

杨宝臣　张诗学　等译

北京大学出版社
PEKING UNIVERSITY PRESS

北京市版权局著作权合同登记　图字：01-2006-5878
图书在版编目(CIP)数据

基于Excel的商务与经济统计/(美)威廉姆斯(Williams,T.A.),(美)斯威尼(Sweeney,D.J),(美)安德森(Anderson,D.R.)著;杨宝臣,张诗学等译.—北京:北京大学出版社,2011.4
(全美最新工商管理权威教材译丛)
ISBN 978-7-301-18646-6

Ⅰ.①基… Ⅱ.①威…②斯…③安…④杨…⑤张… Ⅲ.①电子表格系统,Excel-应用-商业统计-教材②电子表格系统,Excel-应用-经济统计-教材 Ⅳ.①F712.3-39②F222-39

中国版本图书馆CIP数据核字(2011)第040744号

Thomas A. Williams, Dennis J. Sweeney, David R. Anderson
Contemporary Business Statistics with Microsoft® Excel
Copyright © 2006 by Cengage South-Western, a part of Cengage Learning.
Original edition published by Cengage Learning. All Rights Reserved. 本书原版由圣智学习出版公司出版。版权所有,盗印必究。

Peking University Press is authorized by Cengage Learning to publish and distribute exclusively this Adaptation edition. This edition is authorized for sale in the People's Republic of China only (excluding Hong Kong, Macao SARs and Taiwan). Unauthorized export of this edition is a violation of the Copyright Act. No part of this publication may be reproduced or distributed by any means, or stored in a database or retrieval system, without the prior written permission of the publisher.

本书改编版由圣智学习出版公司授权北京大学出版社独家出版发行。此版本仅限在中华人民共和国境内(不包括中国香港、澳门特别行政区及中国台湾地区)销售。未经授权的本书出口将被视为违反版权法的行为。未经出版者预先书面许可,不得以任何方式复制或发行本书的任何部分。

本书封面贴有Cengage Learning防伪标签,无标签者不得销售。

书　　　名：	基于Excel的商务与经济统计
著作责任者：	〔美〕托马斯·A.威廉姆斯　丹尼斯·J.斯威尼　大卫·R.安德森　著　杨宝臣　张诗学　等译
责任编辑：	马霄
标准书号：	ISBN 978-7-301-18646-6/F·2743
出版发行：	北京大学出版社
地　　　址：	北京市海淀区成府路205号　100871
网　　　址：	http://www.pup.cn
电　　　话：	邮购部62752015　发行部62750672　编辑部62752926　出版部62754962
电子邮箱：	em@pup.cn
印　刷　者：	北京宏伟双华印刷有限公司
经　销　者：	新华书店
	850毫米×1168毫米　16开本　32.75印张　835千字
	2011年4月第1版　2011年4月第1次印刷
印　　　数：	0001—4000册
定　　　价：	76.00元(含光盘)

未经许可,不得以任何方式复制或抄袭本书之部分或全部内容。
版权所有,侵权必究
举报电话:010-62752024　电子邮箱:fd@pup.pku.edu.cn

前 言

本书旨在向以工商管理和经济学等专业为主的学生介绍统计学的有关知识及其多种应用。本书以应用为主，读者无须具有高深的数学知识，只要掌握数学中的代数知识即可。

本书的主要内容是数据分析与统计方法的应用，书中关于每种方法的讨论与展开都是在应用背景下进行的，借助这些统计结果，读者可以更深入地理解问题的本质及其解决办法。

在应用的基础上，本书会提供一套合理的方法论，并注意使用一些在该领域已经被普遍接受的概念，为读者深入学习统计学知识打下坚实的基础。读者若想继续深入研究，请参阅附录中的相关文献。

Excel 在统计分析中的应用

本书侧重于讲述统计学中的概念及其应用。但是，鉴于在大多数实际问题中，统计数据较为烦琐而难以手算，因此需要借助某种统计软件包来帮助解决这类问题。目前，有一些极好的统计软件包可供选择，由于大多数学生以及他们的潜在雇主更注重电子表格的操作能力，现在许多高校在统计课上都使用电子表格软件包。Excel 作为一种电子表格软件广泛应用于商业领域及高校，我们在统计学课程中特别加入了这部分内容，将 Excel 作为本课程中使用的应用软件。

作为应用部分不可或缺的组成部分，Excel 渗透在每一章中。我们假定本书的读者们已经掌握了一些 Excel 的基本操作，比如选择单元格，键入公式和复制等，并将在此基础上演示如何使用恰当的 Excel 统计学功能和数据分析工具。

在讨论了统计过程后，我们会紧接着给出 Excel 的演示过程。我们认为这种结构形式可以让大家在重点掌握统计方法的基础上，对全书中的 Excel 应用有一个整体的认识。在每一小节中，我们都采用标准步骤建立统计分析的工作表，在使用 Excel 进行数据分析时，有 3 项主要工作：录入数据、输入函数及公式、运用工具。我们相信本书中介绍的软件使用模式可以使读者重点关注统计学的方法，而不是陷入到探求软件应用的细枝末节中去。

介绍工作表数据时，通常采用嵌套法，即在背景工作表中显示所用公式，在前景工作表中显示计算结果。

下面是本书第二章中的图 2.1，用于解释在 Excel 表格中不同颜色的作用。其中，数据区域中，用深灰色（单元格 A1 至单元格 A51）标注包含样本数据（本图中为所购买的软饮料）的单元格，用浅灰色（单元格 D2 至单元格 D6）来标注包含 Excel 函数和公式的单元格。在浅灰色单元格中，函数与公式将显示在背景工作表中,计算结果将显示在前景工作表中。在某些图表中会用到第三种颜色,用以标注那些利用其他数据分析工具做出的结果。

	A	B	C	D	E
1	已购买的品牌		软饮料	频数	
2	Coke Classic		Coke Classic	=COUNTIF($A$2:$A$51,C2)	
3	Diet Coke		Diet Coke	=COUNTIF($A$2:$A$51,C3)	
4	Pepsi-Cola		Dr. Pepper	=COUNTIF($A$2:$A$51,C4)	
5	Diet Coke		Pepsi-Cola	=COUNTIF($A$2:$A$51,C5)	
6	Coke Classic		Sprite	=COUNTIF($A$2:$A$51,C6)	
7	Coke Classic				
8	Dr. Pepper				
9	Diet Coke				
10	Pepsi-Cola				
45	Pepsi-Cola				
46	Pepsi-Cola				
47	Pepsi-Cola				
48	Coke Classic				
49	Dr. Pepper				
50	Pepsi-Cola				
51	Sprite				
52					

	A	B	C	D	E
1	已购买的品牌		软饮料	频数	
2	Coke Classic		Coke Classic	19	
3	Diet Coke		Diet Coke	8	
4	Pepsi-Cola		Dr. Pepper	5	
5	Diet Coke		Pepsi-Cola	13	
6	Coke Classic		Sprite	5	
7	Coke Classic				
8	Dr. Pepper				
9	Diet Coke				
10	Pepsi-Cola				
45	Pepsi-Cola				
46	Pepsi-Cola				
47	Pepsi-Cola				
48	Coke Classic				
49	Dr. Pepper				
50	Pepsi-Cola				
51	Sprite				
52					

图 2.1 利用 Excel 中的 COUNTIF 函数计算软饮料购买结构的频数分布

特点与教学

本书的主要特点如下:

方法类习题与应用类习题

章节末尾的习题可以分为两部分:方法类习题与应用类习题。方法类习题要求读者能够运用相关公式并进行计算。应用类习题则要求学生将该章中学到的知识应用到实际中去。这样,既可以使学生注重计算过程的"具体细节",同时又可以使他们体会到统计学应用的微妙之处并学习如何解释统计结果。这部分习题收录在随书附赠的光盘中。

自测题

本书专门提供了一些自测题。这些问题的详细解答参见书后附录。学生可以在完成自测题后将自己的答案与书后所给答案进行核对,以检查自己对该章概念的理解程度。这些习题也收录在光盘中。

标注、注释与评论

本书的主要特点之一是增加了标注,这些标注突出了重点并帮助学生增长见识。注释标注在书中空白处,目的是为了进一步强调并加深学生对书中术语和概念的理解。

我们在很多章节的末尾给出了注释与评论,以帮助学生加深对统计方法及其应用的理解。这些注释包括对方法局限性的说明、有关应用的建议、某些技术方法的简单描述等。

随书的数据文件

本书配套的学生光盘中有 200 多组数据文件,读者可以根据书中的标志到光盘中查找相应的数据文件。光盘中包含有全部问题的数据文件以及在一些复杂练习中可能用到的数据及工作表。

教辅和学习材料

对于学生

一些出版物和网络资源可以帮助学生提高学习效率和掌握 Excel 的使用方法:
- **每本书后都免费赠送一张学生光盘**。里面包含了所有例题、练习以及案例分析中可能用到的 Excel 工作表;各文件以首字母为序进行查找。
- **EasyStat Digital Tutor for Microsoft® Excel**,第二版。这些网上的使用指南可以使学生们更容易地学习如何使用 Excel 来进行统计分析。欲了解更多信息,可以访问网址:http://easystat.swlearning.com

对于教师

下列教辅材料可以到网站 http://aise.swearning.com 进行下载:
- 《**解题指南**》(*Solutions Manual*)——由本书作者编写,包括本书所有习题的解答。
- 《**案例解答**》(*Solutions to Case Problems*)——同样由本书作者编写,包含本书所有案例的解答。
- **PowerPoint 幻灯片演示**(*PowerPoint Presentation Slides*)——由圣爱德华大学(St. Edwards University)的约翰·劳克斯(John Loucks)制作,幻灯片在原有教学思路的基础上加入了图解,以帮助教师进行更生动的教学。幻灯片中包含有动画,可以通过 Microsoft PowerPoint 软件进行调试,以满足教学或在线使用的目的。
- **题库**——同样由约翰·劳克斯编写,题库中包含每一章的单项选择题。

致谢

我们衷心感谢为本书的改进提出宝贵意见和建议的审阅者们,感谢:

Darl Bien   丹佛大学

Thomson W. Bolland	俄亥俄大学
Terry Dielman	德州基督教大学
Mohanmmed A. El-Saidi	密歇根州州立费立斯大学
Nicholas Farnum	富勒顿加州大学
Abe Feinberg	加州罗特律州立大学
V. Daniel Guide	迪尤肯大学
Alan Humohrey	罗德岛大学
Kenneth Klassen	美国加州州立大学
June Lapidus	罗斯福大学
John Lawrence	美国加州州立大学
Lynne Pastor	卡内基梅隆大学
Barry Pasternack	美国加州州立大学
William Struning	西顿霍尔大学

在 2004 年早期,我们进行了一次大范围的调查,这里,我们要对参加过此次调查并提出宝贵意见的教师们表示感谢。

Michelle Boddy	贝克学院
Alan Brokaw	密歇根理工大学
Nancy Brooks	佛蒙特大学
Yvonne Brown	皮马社区学院
Robert Burgess	佐治亚理工学院
Von L. Burton	雅典州立大学
John R Carpenter	基石大学
Alan S. Chesen	莱特州立大学
Michael Cicero	Highline 社区学院
Ping Deng	玛丽维尔大学
Sarvanan Devaraj	Notre Dame 大学
Cassandra DiRienzo	伊隆大学
Jianjun Du	休斯敦大学,维多利亚
John N. Dyer	佐治亚南方大学
Robert M. Escudero	Pepperdine 大学
Maggie Williams Flint	东北国家技术社区学院
James Flynn	克利夫兰州立大学
Alan F. Foltz	特鲁大学
Ronald L. Friesen	布拉夫顿学院
Richard Gebhart	塔尔萨大学
Paul Gentine	贝瑟尼学院
Deborah J. Gogeon	斯克兰顿大学

Jeffrey Gropp	迪保尔大学
Rhonda Hensley	北卡罗莱纳州农工大学
Wade Jackson	孟菲斯大学
Timmy James	西北浅滩社区学院
Naser Kamleh	华莱士社区学院
Mark P. Karscig	中部密苏里州立大学
Joseph Kosler	印第安纳宾夕法尼亚大学
Howard Kittleson	Riverland 社区学院
Eileen Quinn Knight	圣泽维尔大学,芝加哥校区
Bharat Kolluri	哈特福德大学
David A. Kravitz	乔治梅森大学
Laura KuhL	凤凰城大学,克里夫兰校区
John Lawrence	加州州立大学富勒顿
Tenpao Lee	尼亚加拉大学
Robert Lindsey	查尔斯顿学院
Michael Machiorlatti	旧金山城市学院
Malik B. Malik	马里兰大学东海岸校区
Lee McClain	西华盛顿大学
Timothy E. McDaniel	布埃纳维斯塔大学
Kim L. Melton	北佐治亚学院和州立大学
Brian Metz	卡布里尼学院
John M. Miller	山姆休斯敦州立大学
Jack Muryn	威斯康星大学,华盛顿县
Ceyhun Ozgur	瓦尔帕莱索大学
Michael Parzen	埃默里大学
Barry Pasternack	加州州立大学富勒顿
Ranjna Patel	白求恩—库克曼学院
Jennifer M. Platania	伊隆大学
Irene Powell	格林内尔学院
Narseeyappa Rajanikanth	密西西比河谷州立大学
Ronny Richardson	南方理工州立大学
Leonard E Ross	加州州立大学波莫纳
Probir Roy	密苏里大学,堪萨斯城
Randall K. Russell	Yavapai 学院
Alan Safer	加州州立大学长滩校区
David Satava	休斯敦大学,维多利亚校区
Richard W. Schrader	贝拉明大学
Larry Seifert	韦伯斯特大学

John Seydel	阿肯色州州立大学
Robert Simoneau	基恩州立学院
Harvey A. Singer	乔治梅森大学
Clifford Sowell	伯里亚学院
William Stein	得克萨斯 A & M 大学
Timothy S. Sullivan	南伊利诺伊大学,艾德华兹维尔校区
Lee Tangedahk	蒙大拿大学
Alexander Thomson	克拉夫特学院
Suzanne Tilleman	蒙大拿州立大学北
Daniel Tschopp	Daemen 大学(纽约)
Jack Vaughn	得克萨斯大学埃尔帕索
John Vogt	纽曼大学
Geoffrey L. Wallace	威斯康星大学麦迪逊分校
Michael Wiemann	新城社区学院
John Wiorkowski	得克萨斯大学,达拉斯
Guoqiang Peter Zhang	佐治亚南方大学
Zhe George Zhang	西华盛顿大学
Deborah G. Ziegler,	汉尼拔—拉格朗日学院

我们要感谢下列人士,他们在过去曾经帮助过我们,将来还会继续影响我们的写作。

Glen Archibald	密西西比大学
Mike Bourke	休斯敦浸会大学
Peter Bryant	科罗拉多大学
Terri L. Byczkowski	辛辛那提大学
Ying Chien	斯克兰顿大学
Robert Cochran	怀俄明大学
Murray Côté	佛罗里达大学
David W. Cravens	得克萨斯州基督教大学
Robert Carver	Stonehill 学院
Tom Dahlstrom	东方学院
Ronald Ehresman	鲍德温—华莱士学院
Michael Ford	罗切斯特技术学院
Phil Frt	博伊西州立大学
Paul Guy	加州州立大学奇科
Alan Humphrey	罗得岛大学
Ann Hussein	费城大学的纺织品和科学
Ben Isselhardt	罗彻斯特理工学院
Jeffery Jarrett	罗得岛大学

Barry Kadets	布莱恩特学院
David Krueger	圣克劳德州立大学
Martin S. Levy	辛辛那提大学
Don Marx	阿拉斯加大学,安克拉治
Ka-sing Man	乔治敦大学
Tom McCullough	加州大学伯克利分校
Mario Miranda	美国俄亥俄州立大学
Mitchell Muesham	山姆休斯敦州立大学
Richard O'Connell	俄亥俄州迈阿密大学
Alan Olinsky	布莱恩特学院
Tom Pray	罗切斯特技术学院
Harold Rahmlow	圣约瑟夫大学
Derrick Reagle	Fordham 大学
Tom Ryan	凯斯西储大学
Bill Seaver	田纳西大学
Alan Smith	罗伯特莫里斯学院
David Tufte	新奥尔良大学
Jack Vaughn	得克萨斯大学埃尔帕索
Ari Wijetunga	莫尔州立大学
J. E. Willis	路易斯安那州立大学
Mustafa Yilmaz	东北大学

特别要感谢为本书提供统计实例的商业和工业领域的同事们,通过某些文章的附注,我们将介绍他们中的一些人。最后,我们还要感谢我们的资深策划编辑 Charles McCormick. Jr、资深组稿编辑 Alice Denny、资深文稿编辑 Deanna Quinn、市场经理 Larry Qualls 以及 Thomson Business and Economics 的其他成员。他们为本书的编辑提供了宝贵意见,并在本书的出版发行过程中给予了大力支持。

译者序

本书是一本很好的介绍统计学概念及其在商务中应用的教科书。传统的应用统计学教材中，相关概念、公式比较抽象，容易让学生产生畏惧情绪。由托马斯 A. 威廉姆斯（Thomas A. Williams）、大卫 R. 安德森（David R. Anderson）、丹尼斯 J. 斯威尼（Dennis J. Sweeney）三位教授编著的《基于 Excel 的商务与经济统计》一书，突破了传统统计学教科书的思路，将抽象的统计学概念、统计学理论与其在商务实践中的应用案例相结合，在学生学习统计学理论方法的同时，更加注重统计学的实际应用。本书一个显著的特点是，先从管理的实践问题入手，将统计学的知识适时地渗透于实际案例中，使读者对相关概念或理论产生一个感性的认识。大量的实际案例贯穿其中，更便于学生对相关概念、理论与方法的理解与运用，使统计学知识生动易懂。本书另一个特点是，详细介绍了统计学相关概念、理论与方法在 Excel 软件中的操作步骤，具体介绍统计在 Excel 软件上的实现方法，增强了统计方法的可操作性。读者通过阅读本书，可以很好地理解统计方法及其应用，并能很快把握在 Excel 上对数据进行统计分析处理的方法，这种新型的内容组织方式将更有利于提高教学的效果。本书以应用为主，书中阐述的绝大部分概念，并没有运用高深的数学语言，读者无须具有高深的数学知识，只要掌握数学中的代数知识即可。本书文字表述深入浅出，通俗易懂，适用于经济管理类专业的学生及其他感兴趣的读者。

本书由杨宝臣、张诗学主持翻译。杨宝臣、王硕、张诗学、李冰舸、谭思宁、杨明、李晶晶、夏锚、周晓娜等参加了本书的初译，杨宝臣、张诗学进行总纂、修改和加工。最后全书由杨宝臣负责总校。

由于水平所限，错误与疏漏之处在所难免，敬请读者批评指正。

译者

2011 年 3 月 6 日于天津大学

目　录

第一章	数据与统计学	1
1.1	统计在商业和经济中的应用	3
1.2	数据	4
1.3	数据来源	7
1.4	描述统计学	11
1.5	统计推断	13
1.6	应用 Excel 进行统计分析	14

第二章	描述统计学:表格法和图形法	19
2.1	汇总分析定性数据	21
2.2	定量数据汇总分析	27
2.3	探索性数据分析:茎叶图	40
2.4	交叉列表和散点图	43

第三章	描述统计学:数量方法	57
3.1	位置测度	59
3.2	变异程度测度	66
3.3	分布形态、相对位置的测度以及异常值的检测	73
3.4	探索性数据分析	78
3.5	双变量相关关系测度	79
3.6	加权平均值和分组数据	86

第四章	概率概述	95
4.1	试验、加法法则和概率赋值	96
4.2	事件及其概率	103
4.3	概率的几种基本关系	105
4.4	条件概率	108
4.5	贝叶斯定理	112

第五章 离散型概率分布 ... 119
5.1 随机变量 ... 120
5.2 离散型概率分布 ... 121
5.3 期望值与方差 ... 124
5.4 二项分布 ... 126
5.5 泊松概率分布 ... 133
5.6 超几何分布 ... 136

第六章 连续型概率分布 ... 141
6.1 均匀概率分布 ... 142
6.2 正态概率分布 ... 145
6.3 指数概率分布 ... 155

第七章 抽样和抽样分布 ... 161
7.1 电子联合公司的抽样问题 ... 163
7.2 简单随机抽样 ... 163
7.3 点估计 ... 168
7.4 抽样分布简介 ... 170
7.5 $\bar{x}$ 的抽样分布 ... 172
7.6 $\bar{p}$ 的抽样分布 ... 179
7.7 抽样方法 ... 182

第八章 区间估计 ... 187
8.1 总体均值的区间估计：假设 σ 已知 ... 188
8.2 总体均值的区间估计：假设 σ 未知 ... 194
8.3 确定样本容量 ... 202
8.4 总体比例的区间估计 ... 203

第九章 假设检验 ... 213
9.1 构造原假设和备择假设 ... 214
9.2 第 I 类错误和第 II 类错误 ... 216
9.3 总体均值的假设检验：σ 已知的情况 ... 217
9.4 总体均值的假设检验：σ 未知的情况 ... 229
9.5 总体比例的假设检验 ... 235

第十章 两个总体均值和比例的统计推断 ... 243
10.1 两个总体均值之差的推断：σ_1 和 σ_2 已知 ... 244
10.2 两个总体均值之差的推断：σ_1 和 σ_2 未知 ... 251
10.3 两个总体均值之差的推断：配对样本 ... 258
10.4 两个总体比例之差的推断 ... 262

第十一章　总体方差的推断 ······ 271
　11.1　单个总体方差的推断 ······ 272
　11.2　两个总体方差的推断 ······ 280

第十二章　方差分析和试验设计 ······ 289
　12.1　方差分析简介 ······ 290
　12.2　方差分析：k 个总体均值相等的检验 ······ 293
　12.3　多重比较 ······ 300
　12.4　试验设计简介 ······ 303
　12.5　完全随机设计 ······ 305
　12.6　随机区组设计 ······ 308
　12.7　因子试验 ······ 314

第十三章　简单线性回归 ······ 325
　13.1　简单线性回归模型 ······ 327
　13.2　最小二乘法 ······ 329
　13.3　样本决定系数 ······ 335
　13.4　模型假定 ······ 340
　13.5　显著性检验 ······ 341
　13.6　Excel 的回归工具 ······ 347
　13.7　运用样本回归方程进行估计和预测 ······ 351
　13.8　残差分析：验证模型假设的有效性 ······ 357
　13.9　异常值与有特殊影响的观测值 ······ 366

第十四章　多元回归 ······ 381
　14.1　多元回归模型 ······ 382
　14.2　最小二乘法 ······ 383
　14.3　多元回归样本决定系数 ······ 388
　14.4　模型假定 ······ 389
　14.5　显著性检验 ······ 390
　14.6　利用样本回归方程进行估计和预测 ······ 395
　14.7　定性自变量 ······ 396
　14.8　残差分析 ······ 400

第十五章　回归分析：建模问题 ······ 409
　15.1　一般线性模型 ······ 410
　15.2　变量增减的确定 ······ 419
　15.3　较多自变量问题分析 ······ 422
　15.4　变量选择方法 ······ 425

| | 15.5 残差分析 | 429 |
| | 15.6 方差分析和实验设计的多元回归方法 | 435 |

第十六章 非参数估计 443
    16.1 符号检验 445
    16.2 Wilcoxon 符号秩检验 451
    16.3 Mann-Whitney-Wilcoxon 秩和检验 455
    16.4 Kruskal-Wallis 检验 460
    16.5 秩相关 464

第十七章 质量控制的统计方法 469
    17.1 理论框架 470
    17.2 统计过程控制 473
    17.3 验收抽样 487

附录 A 495
附录 B 496

第一章 数据与统计学

目 录

统计实务:《商业周刊》
1.1 统计在商业和经济中的应用
    1.1.1 会计
    1.1.2 金融
    1.1.3 营销
    1.1.4 生产
    1.1.5 经济
1.2 数据
    1.2.1 元素,变量和观测值
    1.2.2 测量尺度
    1.2.3 定性数据与定量数据
    1.2.4 截面数据与时间序列数据
1.3 数据来源
    1.3.1 现有数据源
    1.3.2 统计研究
    1.3.3 数据收集中的误差
1.4 描述统计学
1.5 统计推断
1.6 应用 Excel 进行统计分析
    1.6.1 数据集和 Excel 工作表
    1.6.2 应用 Excel 进行统计分析

统计实务

商业周刊[*]
纽约州,纽约市

《商业周刊》(*Business Week*)是全球读者最多的商业杂志,其发行量超过100万册。全球26个分部超过200名专业记者和编辑在上面发表有关商业和经济领域的相关文章。除了刊登一些时下热门话题的专题文章外,该杂志还有一些固定栏目,主要涉及国际商务、经济分析、信息处理以及科学与技术等方面。这些专题文章和固定栏目有助于读者把握经济脉搏,评价当前形式对未来商业和经济发展的影响。

《商业周刊》的许多文章都对时下的热点问题做出了深度报道。通常,这些深度报道会包括统计事实及其结论等内容,这些信息可以帮助读者把握商业和经济信息。例如:2004年1月12日刊登了一篇关于2004年工业经济发展展望的文章;2004年12月6日刊登了关于中国产品价格的特别报道;2005年1月3日,刊登了一篇关于2005年投资信息的文章。除此之外,每周一期的《商业周刊投资者》(Business Week Investor)还会提供一些有关经济态势的统计数据,包括生产指数、股票价格、共同基金和利率等。

《商业周刊》在管理自身业务的时候也会用到统计资料和统计信息。例如,通过每次的年度调查,公司可以了解到订阅者的个人资料、阅读习惯、消费习惯和生活方式等。《商业周刊》的经理们依据从调查结果中得到的数据而做出调整,以不断提高对广大订阅者和广告商的服务质量。例如,最近一份对北美订阅者的调查表明,90%的《商业周刊》订阅者拥有个人电脑,64%的订阅者正打算购买个人电脑。这些统计结果提醒经理们要注意,订阅者应该对电脑发展方面的文章感兴趣。另外,潜在的广告商也可以利用这些调查结果,较高的个人电脑持有比例和大量计划购买个人电脑的订阅者,也激发电脑制造商考虑是否要在《商业周刊》上刊登广告。

在本章中,我们将讨论统计分析的数据类型,以及如何收集数据。我们可以将数据转化为有意义的、易于理解的统计信息并借助这些信息来介绍描述统计学和推断统计学。

* 本文作者感谢《商业周刊》的市场研究部经理 Charlene Trentham 向我们提供了这个统计案例。

我们经常可以在报纸杂志上看到如下评论:
- Jupiter Media 公司的一项调查显示,在男性中,有 31% 的人每天看电视超过 10 小时,而在女性中,这一比例为 26%(The Wall Street Journal,2004 年 1 月 26 日)。
- 通用汽车公司(General Motors)主张向客户提供现金回扣,在 2003 年中,该公司为每辆汽车提供了 4 300 美元的回扣(USA Today,2004 年 1 月 23 日)。
- 在万豪国际集团(Marriott International)中,有超过 40% 的管理人员职位得到了提升(Fortune,2003 年 1 月 20 日)。
- 从事管理和财务工作的员工 2003 年的平均收入为 49 712 美元(The World Almanac,2004 年)。
- 与 2003 年相比,2004 年用人单位计划多招收 12.7% 的高校毕业生(Collegiate Employment Research Institute,Michigan State University,2004 年 2 月)。
- 美国职业棒球大联盟中薪酬最高的球队为纽约洋基队。2003 年,全队共支付薪酬 152 749 814 美元,平均每位球员 4 575 000 美元(USA Today,2003 年 9 月 1 日)。
- 2004 年 12 月 21 日,道·琼斯工业平均指数报收于 10 759 点(The Wall Street Journal,2004 年 12 月 22 日)。

上面的数字事实(31%,26%,4 300 美元,40%,49 712 美元,12.7%,152 749 814 美元,4 575 000 美元和 10 759 美元)即称为统计。因此,在日常使用中,术语"**统计**"通常就是指这些数字事实。然而,统计学所涉及的领域或学科远不只是数字事实这么简单。广义上讲,"**统计学**"(**statistics**)是一门收集、分析、描述和解释数据的艺术和科学。尤其是在商业和经济领域中,通过对数据进行收集、分析、描述和解释,可以帮助经理和决策者更好地把握商业和经济环境,获取更多的信息,做出更好的决策。本书中,我们偏重于统计学在商业和经济决策中的应用。

第一章开篇介绍了一些统计学在商业和经济领域的应用实例。1.2 节将给出**数据**(**data**)和**数据集**(**data set**)的概念并介绍了一些重要术语,如**变量**(**variables**)和**观测值**(**observations**),还将讨论定性数据与定量数据之间的区别,阐述截面数据和时间序列数据的差异。1.3 节中,我们将讨论如何通过现有数据源,或者通过调查与实证研究来获取新数据,并突出强调互联网在获取数据方面的重要作用。1.4 节和 1.5 节将介绍数据在描述统计学和推断统计学中的作用。

1.1 统计在商业和经济中的应用

在当今经济全球化的环境下,人们可以获取大量的统计信息。最成功的管理者和决策者是那些能够准确理解并有效运用这些信息的人。在本节中,我们将给出一些统计在商业和经济领域的应用实例。

1.1.1 会计

会计师事务所在为其客户进行审计时,要用到抽样统计的方法。例如,假定现在一家会计师事务所要确定某一客户的资产负债表中所列示的应收账款余额是否公允地反映了其真实的应收账款余额。通常,应收账款的数目较大,使得重新查验和核对所有账目过于浪费时间,且极不经济。在这种情况下,审计人员通常会抽取一个样本账户。在查验过样本账户的正确性后,审计人员便据此对该客户的资产负债表中所列示的应收账款余额是否属实做出判断。

1.1.2 金融

金融分析师在制定投资建议时要用到各种各样的统计信息。以股票投资为例,分析师们要考察包括市盈率和股息在内的一系列金融数据,通过比较股价值和股票市场平均价值,分析师们可以判断出该只股票的价格是被高估还是被低估。例如,《巴伦》(*Barron's*)(2003 年 1 月 6 日)报道:道·琼斯工业平均指数 30 只股票的平均市盈率为 22.36,而通用电气(General Electric)股票的市盈率为 16,在这种情况下,市盈率的统计信息表明,与道·琼斯工业平均指数的 30 只股票相比,通用电气的市值偏低。据此,分析家们便可得出这样的结论:通用电气的市价被低估了。再综合其他相关信息,分析家们就可以做出买入、卖出还是继续持有该股的建议。

1.1.3 营销

零售收银台的电子扫描设备可以为各种营销研究收集相关数据。例如,数据提供商 AC 尼尔森(ACNielsen)公司和信息资源公司(Information Resources, Inc)从零售商那里购买有关销售的数据,加工成统计数据后再卖给生产商。为了获得此类信息,生产商平均要在每种商品上花费数十万美元。此外,生产商还要购买一些与促销活动有关的数据和统计信息,比如特别定价,店内展销等。通过比较扫描设备中的信息与促销活动的相关数据,产品经理们可以更好地把握促销活动与销售量之间的关系。这类分析将有助于改进各种商品未来的营销策略。

1.1.4 生产

对高质量产品的不断追求,使得质量控制成为统计在生产中的一个重要应用。生产商依据各种统计图表来控制产品的生产过程。比如,可以用条形图来控制平均产量。假定现在是一个软饮料的罐装过程,罐装重量 12 盎司。生产工人首先抽样选取一批容器,计算样本容器的平均容量,将结果作为条形图的数值并据此绘制统计表。在罐装过程中,如果得到的数据点高于图中的控制上限,则说明注入的饮料过多,应减少灌装量;同样,如果得到的数据点低于图中的控制下限,则说明注入的饮料过少,应该增加灌装量。这样,只要灌装量落在上限和下限之间,整个生产过程就会阶段性地"处于控制中"。更确切地说,条形图可以用来确定何时才有必要对生产过程进行调整。

1.1.5 经济

经济学家们通常可以对未来的整体经济状况或经济发展的某一方面做出预测。在预测的过程中,他们需要借助各种统计信息。例如,预测通货膨胀率时,经济学家们需要用到生产者价格指数、失业率、制造业产能利用率等方面的统计信息,通常的做法是将这些统计指标输入到计算机中,结合相应的预测模型来给出预测结果。

本书的主要内容即围绕统计学在上述领域中的应用展开。这些例子概述了统计学应用的广泛性。作为这些实例的补充,在每一章的开篇,我们都邀请了商业和经济领域的相关从业者提供一些统计应用的实例,并结合这些实例来介绍相应章节的内容。统计学在实际中的应用充分体现了其在商业和经济领域中的重要性。

1.2 数据

数据(data)是指经过收集、分析、汇总后用以描述和说明的事实和数字。用于某一特定研究而收集的所有数据构成一个数据集。表 1.1 是美国个人投资协会(American Association of Individual Inventors)提供的 25 只影子股票,这些股票构成了一个数据集。影子股票是指小公司的普通股,华尔街的投资分析师们对这些股票并不感兴趣。

表 1.1 25 只影子股票的数据集

公司名称	交易所	股票代码	市场价值(百万美元)	市盈率	毛利率(%)
DeWolfe Companies	AMEX	DWL	36.4	8.4	36.7
North Coast Energy	OTC	NCEB	52.5	6.2	59.3
Hansen Natural Corp.	OTC	HANS	41.1	14.6	44.8
MarineMax, Inc.	NYSE	HZO	111.5	7.2	23.8
Nanometrics Incorporated	OTC	NANO	228.6	38.0	53.3
TeamStaff, Inc.	OTC	TSTF	92.1	33.5	4.1
Environmental Tectonics	AMEX	ETC	51.1	35.8	35.9
Measurement Specialties	AMEX	MSS	101.8	26.8	37.6
SEMCO Energy, Inc.	NYSE	SEN	193.4	18.7	23.6
Party City Corporation	OTC	PCTY	97.2	15.9	36.4
Embrex, Inc.	OTC	EMBX	136.5	18.9	59.5
Tech/Ops Sevcon, Inc.	AMEX	TO	23.2	20.7	35.7
ARCADIS NV	OTC	ARCAF	173.4	8.8	9.6
Qiao Xing Universal Tele.	OTC	XING	64.3	22.1	30.8

(续表)

公司名称	交易所	股票代码	市场价值（百万美元）	市盈率	毛利率（%）
Energy West Incorporated	OTC	EWST	29.1	9.7	16.3
Barnwell Industries, Inc.	AMEX	BRN	27.3	7.4	73.4
Innodata Corporation	OTC	INOD	66.1	11.0	29.6
Medical Action Industries	OTC	MDCI	137.1	26.9	30.6
Instrumentarium Corp.	OTC	INMRY	240.9	3.6	52.1
Petroleum Development	OTC	PETD	95.9	6.1	19.4
Drexler Technology Corp.	OTC	DRXR	233.6	45.6	53.6
Gerber Childrenswear Inc.	NYSE	GCW	126.9	7.9	25.8
Gaiam, Inc.	OTC	GAIA	295.5	68.2	60.7
Artesian Resources Corp.	OTC	ARTNA	62.8	20.5	45.5
York Water Company	OTC	YORW	92.2	22.9	74.2

资料来源：美国个人投资咨询会，http://www.aaii.com（2002年2月）。

1.2.1 元素，变量和观测值

元素(elements)是指收集数据的对象。在表1.1中，每家公司的股票就是一个元素；元素名称位于表中第一栏。有25只股票，数据集就包含25个元素。

变量(variable)是元素的相关特征。表1.1中的数据集包含有如下5个变量：

- 交易所(Exchange)：股票交易的场所——如：纽约证券交易所(New York Stock Exchange)，美国股票交易所(American Stocks Exchange)和场外交易(over-the-counter)
- 股票代码(Tickets Symbol)：用来辨别交易所中某只股票的字母缩写。
- 股票市值(Market Cap)：公司的总价值（股票价格乘以流通股股数）
- 市盈率(Price/Earnings Ratios)：股价除以该股上年的每股收益。
- 毛利率(Gross Profit Margin)：以销售额的百分比表示的毛收益。

这些从每个元素上收集到的各个变量就组成了研究所需的数据。从某一元素上收集到的所有各度量值的集合称为**观测值**(observations)。表1.1中，第一组观测值(De Wolfe Company)的所有度量值为：美国股票交易所(AMEX)，DWL，36.4，8.4和36.7；第二组观测值(North Coast Energy)的所有度量值为：场外交易(OTC)，NCEB，52.5，6.2和59.3等。数据集中包含有25个元素，就有25组观测值。

1.2.2 测量尺度

所收集的数据需要至少满足下列测量尺度之一：定类尺度、定序尺度、定距尺度和定比尺度。度量标准决定了数据集中所包含的信息量，并直接影响着统计分析的最终结果。

当使用某些标示或名称作为尺度来划分各元素时，这种变量的测量尺度就称为**定类尺度**。例如，表1.1中，交易所变量的测量尺度即为定类尺度，因为NYSE，AMEX和OTC都是用以识别公司股票交易场所的标示。在使用定类尺度时，可以使用数值代码或非数值型的标识符。例如，为了简化数据收集工作，并做好将数据录入计算机数据库的准备，我们可以以数值代码进行区分：1代表纽约证券交易所，2代表美国股票交易所，3代表场外交易。这样一来，数值1，2，3便成为用来识别交易地点的标示。即便数据看起来是数值型的，但事实上此时的测量尺度仍属于定类尺度。

如果数据本身的性质与数据的顺序或等级之间有联系,这种变量的测量尺度就是**定序尺度**。例如,Eastside Automotive 公司向顾客发放调查问卷,以征询顾客对汽车维修服务质量方面的意见。每个顾客反馈一个维修服务质量的等级:优秀、良好或较差。因为得到的这些数据——优秀、良好、较差——是标示型的,因而具有定类数据的特点。此外,这些数据还可以依据服务质量的等级进行排序或划分等级。优秀表示服务质量最好,良好次之,最后是较差。则此类的测量尺度为定序尺度。值得一提的是,定序尺度也可以使用数值代码进行标记。例如,我们可以用 1 表示优秀,用 2 表示良好,用 3 表示较差,这样做仍可保证顺序数据的性质。由此看出,顺序数据既可以是非数值型的,也可以是数值型的。

如果数据具有顺序数据的特点,并且各数据的间隔表示为某一固定的度量单位,这种变量的测量尺度就是**定距尺度**。定距数据恒为数值型。学生能力测验(SAT)的分数便是定距尺度数据的一个例子。例如,三个学生的测验分数分别为 1 120,1 050 和 970。这三个分数可以按照由最好到最差进行排列。另外,分数之间的差异是有意义的。比如,学生 1 比学生 2 的分数多出了 1 120 - 1 050 = 70 分,而学生 2 比学生 3 的分数多出了 1 050 - 970 = 80 分。

如果数据具有定距数据的所有特征,并且两个数值之比是有意义的,那么这种变量的测量尺度就是**定比尺度**。像距离、高度、重量和时间等都用定比尺度度量。定比尺度需要存在一个零值,零值点意味着这是一个初始点。以汽车的成本为例,零值点表示汽车没有成本或是免费的。另外,如果用一辆成本为 30 000 美元的汽车与一辆成本为 15 000 美元的汽车进行比较,分析二者的比率,可以看出第一辆车的成本是第二辆车的 30 000/15 000 = 2 倍。

1.2.3 定性数据与定量数据

数据可以分为定性数据和定量数据。**定性数据(qualitative data)** 是指用于描述各元素属性的标示或名称。定性数据既可以用定类尺度度量,也可以用定序尺度度量,既可以是数值型的,也可以是非数值型的。**定量数据(quantitative data)** 则是表示大小或者多少的数值。定量数据既可以用定距尺度度量,也可以用定比尺度度量。

> 定性数据通常是指分类数据。

定性变量(qualitative variable) 是用定性数据表示的变量,而**定量变量(quantitative variable)** 则是用定量数据表示的变量。某一变量的统计分析方法要取决于该变量是定性变量还是定量变量。如果变量是定性的,那么针对这种变量的统计分析将极其有限,我们可以通过计算某一类别中观测值的数目和比例来概括这组定性数据。然而,即便这组定性数据使用的是数值代码,对这些数据进行加、减、乘、除等数学运算也是没有意义的。本书 2.1 节将进一步介绍定性数据的相关处理方法。

> 统计分析方法的选择要取决于这组数据是定性数据还是定量数据。

相反,对定量数据进行数学运算则可以得到有意义的结果。例如,对于一组定量数据,可将其先加和再除以观测值的个数,从而得到该组数据的平均值。这个平均值是有实际意义的,并且易于理解。一般的,当数据是定量数据时,会有更多可供选择的统计方法。本书 2.2 节和第三章将具体介绍定量数据的统计方法。

1.2.4 截面数据与时间序列数据

为了便于统计分析,有必要对截面数据和时间序列数据进行区分。**截面数据**(cross-sectional data)是在同一时点或近似同一时点上收集的数据。表1.1中的数据即为截面数据,因为与这25只影子股票相关的各个变量是在同一时点收集到的。**时间序列数据**(time series data)是在若干时间段内收集到的数据。例如,图1.1中是美国城市每加仑无铅汽油的平均价格曲线。从图上可以看出,从2004年1月起,平均油价迅速上涨。从2004年1月至2004年12月,平均每加仑油价从1.49美元上涨至1.87美元。本书中介绍的绝大多数统计方法都使用截面数据,而很少使用时间序列数据。

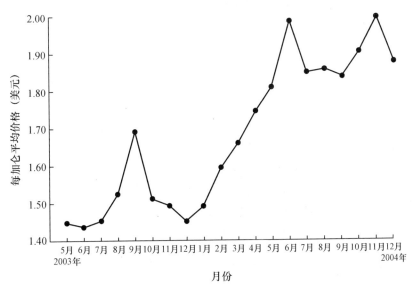

图1.1 美国城市每加仑无铅汽油的平均价格

资料来源:U.S Energy Information Administration,2004年5月。

注释与评论

1. 观测值是数据集中每个元素度量值的集合。因此,观测值的个数总是与元素的数量相等。每个元素度量值的个数与变量的个数相等,所以,一个数据集中数据的总数就是观测值的个数与变量个数的乘积。

2. 定量数据可以是离散的,也可以是连续的。用于衡量个数的定量数据(例如,五分钟内接到的电话数)即为离散的。用于衡量不可分事物的定量数据(例如,体重和时间)即为连续的。

1.3 数据来源

数据可以从现有资料中获取,也可以通过调查或专门设计的实验来获取。

1.3.1 现有数据源

有些情况下,为了某种目的所需要的数据已经存在。公司通常会为员工、客户和经营状况等建立各种数据库。关于雇员薪酬、年龄、工作年限的数据通常可以从内部个人记录中获得;关于销售收入、广告支出、配送成本、库存水平以及产量的数据通常可以通过其他内部记录获得。许多公司还保存有客户的详细资料。表1.2是一些从公司内部记录中获得的数据。

表1.2 从公司内部记录中获取数据的例子

数据源	一些可获取的典型数据
雇员记录	姓名、地址、社会保险号码、工资、休假天数、病假天数和奖金
生产记录	部件或产品号、产成品数量、直接人工成本和原材料成本
存货记录	部件或产品号、现有产品数、再订购水平、经济订货批量和折扣表
销售记录	产品批号、销售量、地区销售量和分客户销售量
信用记录	客户名称、地址、电话号码、信用额度和应收账款余额
客户资料	年龄、性别、收入水平、家庭人数、地址和偏好

实际中需要的商务和经济数据可以从专门从事数据收集和保存的机构获得。公司可以通过租借或者购买的方式从外部数据源获取这些数据。邓百氏(Dun&Bradstreet),彭博公司(Bloomberg)和道·琼斯公司(Dow Jones& Company)是三家能为客户提供大量商业数据服务的大公司。A.C.尼尔森公司(ACNielsen)和信息资源公司(Information Resources, Inc)也成功地为广告商和制造商提供商务数据的收集和加工服务。

数据也可以从各种行业协会和专门的营利性机构处获得。美国旅游工业协会(The Travel Industry Association of America)保存有各州的与旅游相关的数据,比如旅游人数和旅游支出等。这些数据会引起旅游公司的强烈兴趣。毕业生管理协会(Graduate Management Administration Council)保存有考试成绩、学生特长以及毕业生的培养计划等方面的信息。相关的使用者可以花费适当的成本以获取此类数据源中的大多数数据。

互联网的持续发展使得它成为数据和统计信息的另一个重要来源。几乎所有的公司都有自己的网站,并在上面提供有关公司销售额、员工数量、产量、产品价格和产品说明等方面的信息。此外,现在有许多公司专门在互联网上提供各种有价值的信息。其结果是,人们几乎能从网上获取像股票价格、餐馆菜价、工资数据等各类五花八门的信息。

政府机构是获取现有数据的又一个重要渠道。例如,美国劳工部(The U.S. Department of Labor)保存有与就业率、工资标准、劳动力规模和工会会员等相关的各种数据。表1.3列示了部分政府机构以及他们提供的一些数据。大多数政府机构也会在网站上公布相应的数据。例如,美国人口普查局(U.S. Census Bureau)在其网站 www.census.gov 上提供了大量的数据。图1.2为美国人口普查局的主页。

表1.3 可从部分政府机构处获取数据的例子

政府机构	一些可获得的数据
人口普查局 http://www.census.gov	人口数、家庭数和家庭收入的数据
联邦储备委员会 http://www.federalreserve.gov	货币供应、信用记录、汇率和贴现率的数据
管理和预算办公室 http://www.whitehouse.gov/omb	财政收入、支出和联邦政府债务的数据
商务部 http://www.doc.gov	商务活动数据、分行业总产值、分行业利润水平、行业增长和下降的数据
劳工统计局 http://www.bls.gov	消费支出、小时工资、失业率、安全记录和国际统计资料

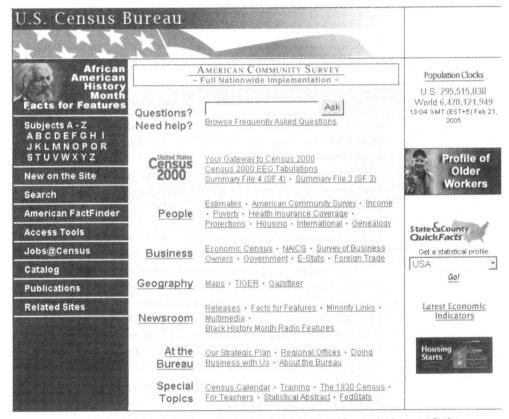

图1.2 美国人口普查局主页

1.3.2 统计研究

有时,我们需要一些有特定用途的数据,但这些数据难以从已有的数据源中直接获得。在这种情况下,可以通过统计研究来获得所需的数据。统计研究可以分为**试验(experiment)** 和 **观测(observational)** 两种。

> 已知规模最大的实证研究是1954年美国公共卫生属(Public Health Service)的沙克脊髓灰质炎疫苗实验,全美国有将近200万名1—3年级的学生参加了这次实验。

在试验研究中,首先要确定主要变量,然后确定一些其他相关变量,调整这些相关变量,以便观察他们是如何影响主要变量的。例如,一家制药公司可能会进行一项实验,以了解一种新药是如何影响血压的。血压就是要研究的主要变量。新药剂量是影响血压的另一个变量。为了获得有关新药效果的数据,研究者需要选取一组个体作为样本。为了控制药的剂量,需要给不同的个体服用不同剂量的新药,然后收集每组服药前后的血压数据,分析这些实证数据可以有助于了解新药是如何影响血压的。

在非试验性或观测性统计研究中,我们并不有目的地去控制主变量的变化。在观测研究中,调查也许是最常用的研究方法。例如,在一个征求客户意见的调查中,首先应确定研究的主要问题,进而据此设计调查问卷,选择一些人作为样本,并将

> 对吸烟者和非吸烟者的调查属于观测性研究,因为调查者无法事前确定哪些是吸烟者,哪些是非吸烟者。

问卷发放给他们。一些饭店利用观测研究来调查客户对食品质量、服务、环境等方面的意见。图1.3所示是位于佛罗里达州雷丁顿县(Redington Shores)的罗布斯特·波特饭店(Lobster Pot Restaurant)曾使用过的一份问卷。我们看到,被调查的客户要给下面5个变量打分:食品质量、服务态度、服务速度、卫生状况和管理水平。答案分成4个等级:优秀、良好、满意和不满意,由此得出的数据可以帮助罗布斯特饭店的经理们对饭店的经营状况做出合理评价。

罗布斯特饭店

很荣幸您能光临罗布斯特饭店,欢迎下次再来。如果能占用您一点点宝贵时间,填写这张卡片,我们将由衷感激。您的意见和建议对我们十分重要,谢谢!

	优秀	良好	满意	不满意
食品质量	□	□	□	□
服务态度	□	□	□	□
服务速度	□	□	□	□
卫生状况	□	□	□	□
管理水平	□	□	□	□

评价

是什么原因使您来到我们店_____

请投在入口处的意见箱内,谢谢。

图1.3 佛罗里达州雷丁顿县的罗布斯特·波特饭店所使用的顾客意见调查表

经理们希望利用数据和统计分析来帮助他们进行决策,但他们首先要考虑获取这些数据所需要花费的时间和成本。

如果必须要在一个相对较短的时间里获得某些信息,一般首选现有数据源。如果一些重要数据不能从现有数据源中获得,则要考虑获取这些数据所要花费的额外时间和成本。但是无论如

何,决策者应首先考虑统计分析在整个决策过程中的作用,数据获取和进行统计分析所增加的成本不应超过利用这些信息而制定出一个好决策所节省的费用。

1.3.3 数据收集中的误差

管理者应该时刻牢记,统计研究使用的数据是可能存在错误的。使用了错误的数据可能比不使用任何数据更糟糕。当获得的数据与真实值或实际值不符时,就会产生数据收集错误,这类错误多是由于收集方法不当引起的。错误产生的形式有多种。例如,访谈员可能会发生记录错误,比如将 24 岁误记为 42 岁,或者受访者由于曲解了问题的原意而做出了错误的回答。

试验数据分析人员在收集和记录数据时应特别小心,并确保不出现错误。可采取一些特殊措施以检验数据的内在一致性。例如,如果一个年龄 22 岁的人却说自己已经有 20 年的工作经验,那么在这种情况下,分析人员就有必要重新检查数据的准确性。数据分析人员还应该注意一些过大或者过小的数据,它们通常被称为异常值,而这些数据往往有可能存在错误。在本书第三章中,我们将介绍一些统计学家们用来鉴别异常值的方法。

在数据收集过程中会经常发生错误。盲目地使用那些偶然获得的数据或者在数据收集过程中不认真都会造成数据出错,进而导致错误的决策。因此,按照正确的步骤收集数据才能保证决策信息的可信度,提高数据的利用价值。

1.4 描述统计学

大多数报纸、杂志、公司报告和其他出版物上的统计信息都是以一种易于理解的方式表现出来。通过表格、图形或者数字等形式把数据表示出来,这种统计方法称为**描述统计学**(description statistics)。

再来看表 1.1 中包含 25 只影子股票的数据集。可以使用描述统计学的方法对这一数据集中的信息进行概括。例如,表 1.4 中汇总了交易所这一变量数据。图 1.4 是对这些数据所做的图形描述,此类图形称为柱形图。以表格和图形形式进行描述的目的是使数据更容易理解。从表 1.4 和图 1.4 中,我们可以很容易地看到,绝大多数的股票集中在场外交易。用百分比来表示就是:68% 的股票采用场外交易,20% 的股票在美国证券交易所交易,12% 的股票在纽约证券交易所交易。

表 1.4 交易所变量的频数和百分比

交易所	频数	百分比(%)
纽约证券交易所(NYSE)	3	12
美国股票交易所(AMEX)	5	20
场外交易(OTC)	17	68
总计	25	100

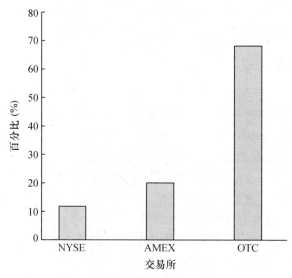

图 1.4 交易所变量柱形图

图 1.5 是影子股票毛利率变量数据的图形表示,这类图形称为直方图。从直方图上很容易看出,毛利率的变动范围是从 0% 到 75%,主要集中于 30% 到 45% 之间。

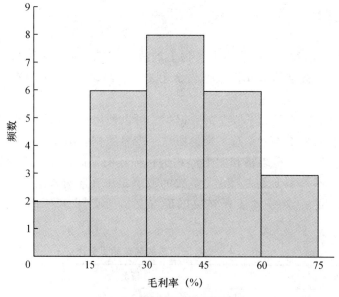

图 1.5 股票毛利率的直方图

除了用表格和图形表示之外,数值型的描述统计量也用于汇总数据。最常用的数值型统计是平均数或均值。利用表 1.1 中的股票市值数据,我们将 25 只影子股票的价格相加后除以 25,便可以算出平均市值。得出的平均市值为 1.124 亿美元。平均数是对数据集中趋势或中心位置的一个度量。

在许多领域,人们十分关注描述统计学的发展与表述,并对这一类统计方法越发的感兴趣。本书第二章与第三章将重点讨论描述统计学中的表格、图形和数值方法。

1.5 统计推断

在很多情况下,需要收集包含大量元素的数据(个人、公司、选民、家庭、产品、顾客等)。限于时间、费用和其他因素,只能收集到其中很小一部分数据。在某一特定研究中,较大的那一组称为**总体**,较小的那一部分称为**样本**。正式的,我们使用以下定义:

> 总体(population)
> 总体是在某一特定研究中由所有研究对象组成的集合。
> 样本(sample)
> 样本是总体的一个子集。

收集整个总体全部数据的过程称为**普查**(census)。收集样本数据的调查过程称为**抽样调查**(sample survey)。统计学的一个重要作用就是利用样本数据来估计总体的特征并进行假设检验,这一过程被称做**统计推断**(statistics inference)。

> 美国政府每十年进行一次人口普查,而市场调查公司每天都在进行抽样调查。

作为一个统计推断的例子,我们来看诺里斯电气公司(Norris Electronics)所做的一项研究。诺里斯公司主要生产一种高亮度灯泡,这种灯泡可以用在各种电器上。为了延长灯泡的使用寿命,产品研发部门开发出一种新型灯丝。在这一案例中,总体定义为所有使用新灯丝的灯泡。为了评估新灯丝的优越性,用生产出的 200 个使用新灯丝的灯泡作为样本并进行检测。记录在灯丝烧断之前每只灯泡的使用时间(小时数),参见表 1.5。

表 1.5 诺里斯电器公司 200 只实验灯泡的使用寿命(小时数)

107	73	68	97	76	79	94	59	98	57
54	65	71	70	84	88	62	61	79	98
66	62	79	86	68	74	61	82	65	98
62	116	65	88	64	79	78	79	77	86
74	85	73	80	68	78	89	72	58	69
92	78	88	77	103	88	63	68	88	81
75	90	62	89	71	71	74	70	74	70
65	81	75	62	94	71	85	84	83	63
81	62	79	83	93	61	65	62	92	65
83	70	70	81	77	72	84	67	59	58
78	66	66	94	77	63	66	75	68	76
90	78	71	101	78	43	59	67	61	71
96	75	64	76	72	77	74	65	82	86
66	86	96	89	81	71	85	99	59	92
68	72	77	60	87	84	75	77	51	45
85	67	87	80	84	93	69	76	89	75
83	68	72	67	92	89	82	96	77	102
74	91	76	83	66	68	61	73	72	76
73	77	79	94	63	59	62	71	81	65
73	63	63	89	82	64	85	92	64	73

假设诺里斯公司想要用样本数据对用新灯丝生产的所有灯泡总体的使用寿命进行推断。将表 1.5 中的 200 个数据求和再除以 200，可以算出样本中灯泡的平均使用寿命为 76 小时。我们可以依据样本数据中的统计结果来推断灯泡总体的平均使用寿命也是 76 小时。图 1.6 是诺里斯电气公司的推断过程示意图。

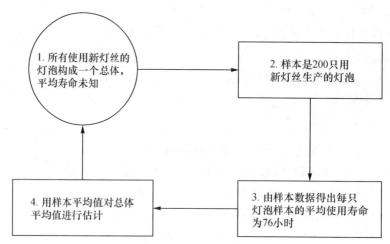

图 1.6 诺里斯电器公司统计推断的过程示意图

在使用样本对总体特征进行推断时，通常要注明统计质量或统计精度。例如在诺里斯公司的例子中，统计人员会指出新灯泡总体的平均使用寿命的点估计值是 76 小时，精度为 ±4 小时。因此，新灯泡总体的平均使用寿命的区间估计是 72 小时到 80 小时。统计者也可以指出在 72 小时到 80 小时的区间内有多大可能性包含总体平均数。

1.6 应用 Excel 进行统计分析

由于统计分析通常会涉及大量的数据，因此经常要用到计算机软件来进行辅助分析。通常，数据要借助电子表格进行分析。我们可以借助于现代电子表格软件包中的数据管理、数据分析、数据表示等功能来实现统计分析的目的。在本书中，我们将演示如何使用 Excel 来进行统计分析。

需要说明的是，本书主要是介绍统计学方面的知识，而并非侧重于软件应用。因此，我们的重点在于介绍收集、分析、描述和解释数据的统计过程。因为 Excel 在商业领域应用广泛，所以本书的目的是帮助您将书中的知识应用到正在从事或即将从事的工作中去。如果能在学习本书的过程中帮助读者更加熟悉 Excel 的应用，那再好不过。

本书主要介绍统计方面的应用，所以大部分章节都是以案例开始的，并在整个案例的分析中介绍统计分析的应用过程。在介绍了什么是统计过程以及如何使用统计过程之后，我们转而演示如何使用 Excel 来完成这一过程。因此，读者应该了解整个统计过程，适用条件，以及如何使用 Excel 来完成这一统计分析。

1.6.1 数据集和 Excel 工作表

数据集在 Excel 表中的形式类似于表 1.1 中 25 只影子股票的构成形式。图 1.7 是该数据集在 Excel 表中的表示形式。可以看到,第 1 行第 A 列是标题,单元格 B1 到 F1 是变量名,单元格 A2 到 A26 是观测值名。单元格 B2 到 F26 是收集到的数据,用灰色背景突出表示。这些数据是整个统计分析的重点。除了第 1 行的标题,工作表中的每一行都对应着一个观测值,每一列对应一个变量。例如,工作表的第 2 行是第 1 组观测值的数据,来自德沃夫公司(DeWolfe Company);第 3 行是第 2 组观测值数据,来自北海岸能源公司(North Coast Energy),以此类推。因此,根据第 A 列中公司名称可以方便地找到各组观测数据。第 2 列中是各个交易所的数据,第 3 列是各股票代码的数据,以此类推。

	A	B	C	D	E	F	G
1	公司	交易所	股票代码	市值(百万美元)	市盈率	毛利率(%)	
2	DeWolfe Companies	AMEX	DWL	36.4	8.4	36.7	
3	North Coast Energy	OTC	NCEB	52.5	6.2	59.3	
4	Hansen Natural Corp.	OTC	HANS	41.1	14.6	44.8	
5	MarineMax, Inc.	NYSE	HZO	111.5	7.2	23.8	
6	Nanometrics Incorporated	OTC	NANO	228.6	38.0	53.3	
7	TeamStaff, Inc.	OTC	TSTF	92.1	33.5	4.1	
8	Environmental Tectonics	AMEX	ETC	51.1	35.8	35.9	
9	Measurement Specialties	AMEX	MSS	101.8	26.8	37.6	
10	SEMCO Energy, Inc.	NYSE	SEN	193.4	18.7	23.6	
11	Party City Corporation	OTC	PCTY	97.2	15.9	36.4	
12	Embrex, Inc.	OTC	EMBX	136.5	18.9	59.5	
13	Tech/Ops Sevcon, Inc.	AMEX	TO	23.2	20.7	35.7	
14	ARCADIS NV	OTC	ARCAF	173.4	8.8	9.6	
15	Qiao Xing Universal Tele.	OTC	XING	64.3	22.1	30.8	
16	Energy West Incorporated	OTC	EWST	29.1	9.7	16.3	
17	Barnwell Industries, Inc.	AMEX	BRN	27.3	7.4	73.4	
18	Innodata Corporation	OTC	INOD	66.1	11.0	29.6	
19	Medical Action Industries	OTC	MDCI	137.1	26.9	30.6	
20	Instrumentarium Corp.	OTC	INMRY	240.9	3.6	52.1	
21	Petroleum Development	OTC	PETD	95.9	6.1	19.4	
22	Drexler Technology Corp.	OTC	DRXR	233.6	45.6	53.6	
23	Gerber Childrenswear Inc.	NYSE	GCW	126.9	7.9	25.8	
24	Gaiam, Inc.	OTC	GAIA	295.5	68.2	60.7	
25	Artesian Resources Corp.	OTC	ARTNA	62.8	20.5	45.5	
26	York Water Company	OTC	YORW	92.2	22.9	74.2	
27							

图 1.7 影子股票数据集的 Excel 表格

现在假设要用 Excel 来分析表 1.5 中诺里斯电气公司的有关数据。表 1.5 中的数据共分 10 列,每列中有 20 个数据,这样便可以使数据在一页中显示。即便表格中有多列数据,但也只是显示一个变量的数据(灯泡使用寿命)。在统计表格中,一般是将同一变量的所有数据都放在一列中,如图 1.8 中的 Excel 工作表所示。为了更容易地识别数据集中的每个变量,将标题"观测值"输入到单元格 A1 中,将数字 1—200 输入到单元格 A2 到 A201 中。标题"灯泡使用寿命"输入到单元

	A	B	C
1	观测值	灯泡使用寿命	
2	1	107	
3	2	54	
4	3	66	
5	4	62	
6	5	74	
196	195	45	
197	196	75	
198	197	102	
199	198	76	
200	199	65	
201	200	73	
202			

图 1.8 诺里斯电气公司数据集的 Excel 表

注：第 7—195 行隐藏。

格 B1 中，200 个观测值输入到单元格 B2 到 B201 中。考虑到将工作表中如此多行的数据显示在一页上是不现实的，在这种情况下，我们将隐藏某些行中的数据。在分析诺里斯公司的 Excel 表中，我们将第 7 行到第 195 行的数据（第 6 个观测值到第 194 个观测值）隐藏到保存区中。*

1.6.2 应用 Excel 进行统计分析

在本书中，我们将统计过程与 Excel 的使用过程加以区分。讨论有关 Excel 使用的材料都用标题如"用 Excel 的 COUNTIF 函数来建立频数分布图"，"用 Excel 中的图表向导来建立条形图和饼状图"等与章节的其他部分分开。在使用 Excel 进行数据分析时，有三项主要工作：输入数据、输入函数和公式、使用工具。

输入数据：为要录入的数据选择单元格，并将数据输入到适当的标题下。

输入函数和公式：选择单元格，输入 Excel 函数和公式，并对所得结果进行描述。

使用工具：使用 Excel 中的工具进行数据管理，数据分析和数据描述。

本书中关于 Excel 使用这一部分的主要内容是讲述每次使用 Excel 来进行统计时是如何完成上述三项主要工作的。输入数据总是必要的一项工作。但是，依据统计分析的复杂程度不同，一般只需要后面两项工作中的一项。

我们将说明如何使用 Excel 的 AVERAGE 函数来计算表 1.5 中 200 个灯泡的使用寿命问题，并以此为例说明关于 Excel 的使用是如何贯穿本书的。如图 1.9 所示，正如前文中所提到的那几项工作，图 1.9 的前景工作表中显示的是本问题的相关数据和分析结果，称为**数值表（value worksheet**）。后景工作表显示了用于计算使用寿命平均数的 Excel 公式，称为**公式表（formula worksheets**）。两个工作表中单元格 B2 至 B201 灰色阴影部分用于强调两个工作表中共有的数据，单元格 E2 阴影部分强调公式表中的函数和公式以及数值表中与之对应的结果。

---

* 为了隐藏 Excel 中 7—195 行的工作表，首先选中 7—195 行，然后单击右键并选择隐藏选项。要再次使用 7—195 行，只需选择第 6 行和第 196 行，单击右键，选择取消隐藏选项即可。

	A	B	C	D	E	F
1	观测值	灯泡使用寿命				
2	1	107		平均寿命	=AVERAGE(B2:B201)	
3	2	54				
4	3	66				
5	4	62				
6	5	74				
196	195	45				
197	196	75				
198	197	102				
199	198	76				
200	199	65				
201	200	73				
202						

	A	B	C	D	E	F
1	观测值	灯泡使用寿命				
2	1	107		平均寿命	76	
3	2	54				
4	3	66				
5	4	62				
6	5	74				
196	195	45				
197	196	75				
198	197	102				
199	198	76				
200	199	65				
201	200	73				
202						

图 1.9　用 Excel 的 AVERAGE 函数计算诺里斯电气公司灯泡的平均寿命

注：第 7—195 行隐藏。

输入数据：将标题观测值和灯泡使用寿命分别输入到单元格 A1 和 B1 中，将数字 1—201 分别输入到单元格 A2 到 A201 中，用以区分每次的观测值，将每一次的观测值输入到单元格 B2 到 B201 中。

输入函数和公式：Excel 中的 AVERAGE 函数可以用来计算 200 个灯泡使用寿命的平均值。将下面公式输入到单元格 E2 中，即可得出平均寿命：

$$= AVERAGE(B2:B201)$$

为了便于识别结果，可以在单元格 D2 中输入平均寿命，注意到在这一问题中，没有用到使用工具这项操作。从数值表中可以看到，用 AVERAGE 函数计算的结果是 76 小时。

本章小结

统计是一门收集、分析、描述和解释数据的艺术和科学。几乎每一位商务或经济专业的大学生都要学习统计学课程。我们以商务和经济领域中典型的统计应用为开篇，开始了本章的学习。

数据是指通过收集、分析和汇总而得到的，用以分析的事实和数值。对于针对某一特定变量而收集到的数据，可以用 4 种尺度对其进行度量，分别为定类尺度、定序尺度、定距尺度和定比尺度。当数据是用来确认个体属性的标示或名称时，相应变量的测量尺度称为定类尺度。如果具有定类数据的性质，且数据的性质与数据的顺序或等级之间有联系，则该测量尺度为定序尺度。如果有定序数据的性质，并可以按某一固定度量单位表示数据间隔，则该测量尺度称为定距尺度。最后，如果数据具有定距数据的所有性质，并且两个数值之比是有意义的，则这种度量尺度即为定比尺度。

出于统计分析的目的，数据可以划分为定性数据与定量数据。定性数据用以反映某一个体属性的标示或名称，定性数据既可以用定类尺度度量也可以用定序尺度度量，既可以是数值型数据也可以是非数值型数据。定量数据是用来描述事物多少的数值型数据。定量数据既可以使用定距尺度度量也可以使用定比尺度度量。只有当数据是数值型的，普通的算术运算才有意义，因而，适用于定量数据的统计计算并非总适用于定性数据。

在 1.4 节和 1.5 节中,我们介绍了描述统计学和统计推断。描述统计学是用表格、图形和数值等形式表现数据。而统计推断则是利用样本数据估计总体特征或进行假设检验。

在本章的最后一节中,我们介绍了如何使用 Excel 进行统计分析。Excel 表中的数据组织形式与表 1.1 中影子股票数据集的组织形式近似。也就是说,工作表中的变量对应于数据集中的变量,而工作表中的每一行对应于每一组观测值。我们还介绍了在全书中应用 Excel 进行统计分析的三项主要工作:输入数据、输入函数和公式、使用工具。作为例子,我们介绍了如何使用 Excel 的 AVERAGE 函数来计算诺里斯公司 200 只灯泡的平均使用寿命。

关键术语

统计学	定距尺度	描述统计学
数据	定比尺度	总体
数据集	定性数据	样本
元素	定量数据	普查
变量	定性变量	抽样调查
观测值	定量变量	统计推断
定类尺度	截面数据	数值表
定序尺度	时间序列数据	公式表

第二章 描述统计学：表格法和图形法

目 录

统计实务：高露洁—棕榄公司
2.1 汇总分析定性数据
    2.1.1 频数分布
    2.1.2 应用Excel中的COUNTIF函数建立频数分布图
    2.1.3 相对频数分布和百分比频数分布
    2.1.4 应用Excel建立相对频数分布和百分数频数分布
    2.1.5 柱形图和饼形图
    2.1.6 应用Excel中的图表向导绘制柱形图和饼形图
2.2 定量数据汇总分析
    2.2.1 频数分布
    2.2.2 应用Excel的FREQUENCY函数编制频数分布
    2.2.3 相对频数分布和百分数频数分布
    2.2.4 直方图
    2.2.5 应用Excel中的图表向导绘制直方图
    2.2.6 累积分布
    2.2.7 应用Excel中的直方图工具建立频数分布图和直方图
2.3 探索性数据分析：茎叶图
2.4 交叉列表和散点图
    2.4.1 交叉列表
    2.4.2 使用Excel中的数据透视表向导编制交叉列表
    2.4.3 辛普森悖论
    2.4.4 散点图和趋势线
    2.4.5 应用Excel中的图表向导绘制散点图和趋势线

统计实务

高露洁—棕榄(Colgate-palmolive)公司[*]
纽约州，纽约市

    高露洁—棕榄公司于1806年在纽约开业时，还只是一家经营香皂和蜡烛的商店。但今天，高露洁—棕榄公司已是一家遍布世界200多个国家和地区，拥有超过40 000名员工的大公司。除了最著名的商标高露洁、棕榄、Ajax和Fab外，还兼营Mennen、希尔斯宠物食品(Hill's Science Diet)和希尔斯处方食品(Hill's Prescription Diet)等产品。

高露洁—棕榄公司在家用洗衣粉产品的生产过程中,为了保证质量,使用了统计学方法。一个关键问题是顾客对盒装洗衣粉数量的满意度。相同尺寸的盒子里都装入相同重量的洗衣粉,但是洗衣粉所占的体积要受到洗衣粉密度的影响。例如,如果洗衣粉的密度较大时,要达到所规定的包装重量,只需要较少体积的洗衣粉。这样,当顾客打开包装盒时,盒子看上去显然是未满的。

为了控制洗衣粉密度过大这一问题,需要对洗衣粉密度的可接受范围加以限制。定期抽取统计样本,并测量每个洗衣粉样本的密度。然后将汇总数据提供给操作人员,以便将密度保持在规定的质量规格范围内,为此,操作人员可以采取适当的纠正措施。

根据一个在一周内采集的容量为150的样本,得到密度的频数分布和直方图如下所示。密度水平超过0.40是不可接受的上限。由频数分布和直方图可知,当所有产品的密度小于或等于0.40时,操作符合质量标准。检查人员将对洗衣粉的生产质量感到满意。

在本章中,我们将学习有关描述统计学的表格法和图示法,包括频数分布、条形图、直方图、茎叶图、散点图、交叉分组列表等内容。这些方法的目的是汇总分析数据,从而使统计数据易于理解和解释。

密度数据的频数分布

密度	频数
0.29—0.30	30
0.31—0.32	75
0.33—0.34	32
0.35—0.36	9
0.37—0.38	3
0.39—0.40	1
总计	150

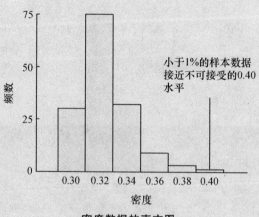

密度数据的直方图

* 作者感谢为统计实务提供了本案例的高露洁—棕榄公司质量保证部经理 William R. Fowle。

如本书第一章所述,数据可以分为定性数据和定量数据。定性数据是用于反映某一个体属性的标签和名称。定量数据是表示多少的数值。

本章主要是介绍通常情况下如何用表格和图形来分析定性数据和定量数据。人们在年度报告、报纸文章和研究报告中经常可以看到一些表格和图形,我们每个人在日常生活中都要接触到这种数据的表现形式。因此,理解它们是怎样制成的以及应如何解释是十分重要的。我们从汇总分析单个变量的表格法和图形法开始介绍。最后一节将介绍如何汇总分析有相互联系的两个变量。

Excel 具有多种可用于描述统计学的函数和工具,在本章中,我们将多次使用这些功能。图表向导和数据透视表向导是 Excel 中两个用于汇总分析和描述数据的重要工具。其中,前者有较强的绘图功能,而后者则主要用于绘制包含有多个变量的交叉列表。

2.1 汇总分析定性数据

2.1.1 频数分布

我们从频数分布的定义开始,讨论如何使用表格法和图形法来汇总分析定性数据。

频数分布

频数分布是一种数据汇总方法,表示在几个互不重叠的分组中每组数据出现的次数(即频数)。

下面的例子说明了如何构建和解释定性数据的频数分布。可口可乐、健怡可乐、七喜、百事可乐和雪碧是 5 种畅销的软饮料。假定表 2.1 中的数据显示了在 50 次购买行为中,各种饮料的选择情况。

表 2.1　50 次软饮料购买的样本数据

可口可乐	雪碧	百事可乐
健怡可乐	可口可乐	可口可乐
百事可乐	健怡可乐	可口可乐
健怡可乐	可口可乐	百事可乐
可口可乐	健怡可乐	百事可乐
可口可乐	可口可乐	七喜
七喜	雪碧	可口可乐
健怡可乐	百事可乐	健怡可乐
百事可乐	可口可乐	百事可乐
百事可乐	可口可乐	百事可乐
可口可乐	可口可乐	百事可乐
七喜	百事可乐	百事可乐
雪碧	可口可乐	可口可乐
可口可乐	雪碧	七喜
健怡可乐	七喜	百事可乐
可口可乐	百事可乐	雪碧
可口可乐	健怡可乐	百事可乐

为了构建这些数据的频数分布,我们计算了表 2.1 中各种饮料的出现次数。其中可口可乐出

现19次,健怡可乐8次,七喜5次,百事可乐13次,雪碧5次。这些数据汇总在表2.2中。

表2.2 软饮料购买次数的频数分布

软饮料	频数
可口可乐	19
健怡可乐	8
七喜	5
百事可乐	13
雪碧	5
总计	50

这个频数分布表说明了在50次软饮料购买行为的样本中,5种饮料是如何分布的。它体现了比表2.1中的原始数据更多的内涵。观察这个频数分布,我们可以看到可口可乐排在首位,百事可乐第二位,健怡可乐第三位,雪碧和七喜并列第四位。频数分布还揭示了这5种销售量最大的软饮料的受欢迎程度。

让我们看一下如何使用Excel软件计算频数并形成一个关于表2.1中软饮料数据的频数分布。

2.1.2 应用Excel中的COUNTIF函数建立频数分布图

用Excel的COUNTIF函数建立频数分布需要作两项工作:输入数据与输入函数和公式,如表2.1所示。背景表是公式工作表,前景表是数值工作表。

输入数据:将标题已购买的品牌和50个软饮料购买行为的数据分别输入到单元格A1到A51中。

输入函数和公式:可以用Excel中的COUNTIF函数来计算每种饮料在A2到A51中出现的次数。我们首先将标题和软饮料的名称分别输入到单元格C1到C6以及D1中。然后,为了统计可口可乐出现的次数,我们在单元格D2中输入下面公式:

$$= \text{COUNTIF}(\$A\$2:\$A\$51,C2)$$

将此公式复制到单元格D3到D6中,计算其他几种软饮料的出现次数。

图2.1中,前景数值工作表中给出了使用公式计算出的结果。可以看出,Excel工作表得到了与表2.2相同的概率分布。

2.1.3 相对频数分布和百分比频数分布

频数分布是用来说明在几个互不重叠的分组别中每组数据出现的次数(即频数)。然而,我们往往会对每一组数值所占的比例或百分比更感兴趣。某一分组的相对频数是指该组中数据个数占总数据个数的比例。对于一个有 n 个观测值的数据集,每一组的相对频数可以由下式给出:

相对频数

$$\text{第一组的相对频数} = \frac{\text{每一组的频数}}{n} \tag{2.1}$$

某一组的**百分数频数**(**percent frequency**)就是用相对频数乘以100。

	A	B	C	D	E
1	已购买的品牌		软饮料	频数	
2	Coke Classic		Coke Classic	=COUNTIF($A$2:$A$51,C2)	
3	Diet Coke		Diet Coke	=COUNTIF($A$2:$A$51,C3)	
4	Pepsi-Cola		Dr. Pepper	=COUNTIF($A$2:$A$51,C4)	
5	Diet Coke		Pepsi-Cola	=COUNTIF($A$2:$A$51,C5)	
6	Coke Classic		Sprite	=COUNTIF($A$2:$A$51,C6)	
7	Coke Classic				
8	Dr. Pepper				
9	Diet Coke				
10	Pepsi-Cola				
45	Pepsi-Cola				
46	Pepsi-Cola				
47	Pepsi-Cola				
48	Coke Classic				
49	Dr. Pepper				
50	Pepsi-Cola				
51	Sprite				
52					

	A	B	C	D	E
1	已购买的品牌		软饮料	频数	
2	Coke Classic		Coke Classic	19	
3	Diet Coke		Diet Coke	8	
4	Pepsi-Cola		Dr. Pepper	5	
5	Diet Coke		Pepsi-Cola	13	
6	Coke Classic		Sprite	5	
7	Coke Classic				
8	Dr. Pepper				
9	Diet Coke				
10	Pepsi-Cola				
45	Pepsi-Cola				
46	Pepsi-Cola				
47	Pepsi-Cola				
48	Coke Classic				
49	Dr. Pepper				
50	Pepsi-Cola				
51	Sprite				
52					

图 2.1 使用 Excel 的 COUNTIF 函数构建软饮料购买的频数分布

注:第 11—14 行隐藏。

相对频数分布(relative frequency distribution)是用表格的形式汇总表示出每组的相对频数。**百分比频数分布**(percent frequency distribution)是用表格的形式汇总表示出每组频数所占的百分比。表 2.3 是软饮料数据的相对频数分布和百分比频数分布。从表 2.3 中可以看出,可口可乐的相对频数为 19/50 = 0.38,健怡可乐的相对频数是 8/50 = 0.16,以此类推。从百分比频数分布中,我们可以看到购买总量中 38% 是可口可乐,16% 是健怡可乐,以此类推。我们还注意到销售量最大的 3 种软饮料占到了总量的 38% + 26% + 16% = 80%。

表 2.3 软饮料购买的相对频数和百分比频数分布

软饮料	相对频数	百分比频数
可口可乐	0.38	38
健怡可乐	0.16	16
七喜	0.10	10
百事可乐	0.26	26
雪碧	0.10	10
总计	1.00	100

2.1.4 应用 Excel 建立相对频数分布和百分数频数分布

将图 2.1 中的工作表进行拓展,我们便可以得到如表 2.3 所示的相对频数分布和百分比频数分布。如图 2.2 所示,后景表是公式工作表,前景表是数值工作表。

	A	B	C	D	E	F	G
1	已购买的品牌		软饮料	频数	相对频数	百分比频数	
2	Coke Classic		Coke Classic	=COUNTIF($A$2:$A$51,C2)	=D2/$D$7	=E2*100	
3	Diet Coke		Diet Coke	=COUNTIF($A$2:$A$51,C3)	=D3/$D$7	=E3*100	
4	Pepsi-Cola		Dr. Pepper	=COUNTIF($A$2:$A$51,C4)	=D4/$D$7	=E4*100	
5	Diet Coke		Pepsi-Cola	=COUNTIF($A$2:$A$51,C5)	=D5/$D$7	=E5*100	
6	Coke Classic		Sprite	=COUNTIF($A$2:$A$51,C6)	=D6/$D$7	=E6*100	
7	Coke Classic		Total	=SUM(D2:D6)	=SUM(E2:E6)	=SUM(F2:F6)	
8	Dr. Pepper						
9	Diet Coke						
10	Pepsi-Cola						
45	Pepsi-Cola						
46	Pepsi-Cola						
47	Pepsi-Cola						
48	Coke Classic						
49	Dr. Pepper						
50	Pepsi-Cola						
51	Sprite						
52							

	A	B	C	D	E	F	G
1	已购买的品牌		软饮料	频数	相对频数	百分比频数	
2	Coke Classic		Coke Classic	19	0.38	38	
3	Diet Coke		Diet Coke	8	0.16	16	
4	Pepsi-Cola		Dr. Pepper	5	0.1	10	
5	Diet Coke		Pepsi-Cola	13	0.26	26	
6	Coke Classic		Sprite	5	0.1	10	
7	Coke Classic		Total	50	1.00	100	
8	Dr. Pepper						
9	Diet Coke						
10	Pepsi-Cola						
45	Pepsi-Cola						
46	Pepsi-Cola						
47	Pepsi-Cola						
48	Coke Classic						
49	Dr. Pepper						
50	Pepsi-Cola						
51	Sprite						
52							

图 2.2 使用 Excel 建立软饮料购买的相对频数和百分比频数分布

注:第 11—14 行隐藏。

输入数据: 将标题已购买的品牌和 50 个软饮料的购买数据分别输入到单元格 A1 到 A51 中。

输入函数和公式: 单元格 C1 到 D6 中的信息与图 2.1 相同。在单元格 D7 中使用 Excel 的 SUM 函数计算 D2 到 D6 各单元格中的频数总和。结果应等于样本数据的观测值个数 50。为了要使用公式 2.1 来计算可口可乐的相对频数,我们在 E2 单元格中输入公式 =D2/d7;结果为 0.38,即为可口可乐的相对频数。将 E2 中的公式复制到单元格 E3 到 E6 中,便可以计算出其他几种饮料的相对频数。

为了计算可口可乐的相对频数,我们在单元格 F2 中输入公式 =E2*100,结果为 38,意味着有 38% 的人选择购买可口可乐。将单元格 F2 的公式复制到单元格 F3 到 F6 中,便可以计算出其他几种软饮料的百分比频数。最后,将单元格 D7 中的公式复制到单元格 E7 到 F7 中,计算出相对频数的总和为(1.00),百分比频数的总和为(100)。

2.1.5 柱形图和饼形图

柱形图是一种用来描述定性数据的频数分布、相对频数分布或百分比频数分布的一种图形方法。在图表的一个轴上（通常是横轴），我们指定数据分组的标志。在另一个轴上（通常是纵轴）标出频数、相对频数或百分比频数的刻度。然后，在每个分组标志上绘制一个相同宽度的矩形条，使其长度等于频数、相对频数或百分比频数。对于定性数据而言，应将这些矩形条分开，以强调每组数据之间的独立性。图 2.3 即为 50 种软饮料购买情况的频数分布柱形图。注意图形是如何显示出可口可乐、百事可乐和健怡可乐是 3 种最受欢迎的品牌的。

> 在质量控制中，柱形图用来识别产生问题的关键性原因。当柱形图按照高度从左到右降序排列时，则最有可能出现的原因会最先出现，这种条形图称为帕累托（pareto）图，是根据该图的创立者——意大利经济学家帕累托命名的。

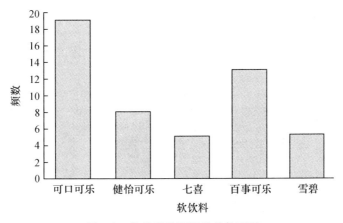

图 2.3 软饮料购买行为的柱形图

饼形图是另一种描述定性数据相对频数和百分比频数分布的图形方法。要绘制一个饼形图，首先画一个圆代表所有的数据，然后用相对频数把圆细分成若干扇区，这些扇区与每组的相对频数相对应。例如，圆周为 360°，而可口可乐的相对频数是 0.38，则饼形图中代表可口可乐的扇区面积应为 0.38×360°＝136.8°。而代表健怡可乐的扇区面积为 0.16×360°＝57.6°，其他组别以此类推，就产生了如图 2.4 所示的饼形图。显示每一个扇区的数值可以是频数、相对频数或百分比频数。

2.1.6 应用 Excel 中的图表向导绘制柱形图和饼形图

Excel 的图表向导功能可以绘制包括柱形图和饼形图在内的多种图形。下面将通过绘制软饮料购买的柱形图来说明如何使用 Excel 中的图表向导功能。该功能可以帮助我们完成函数和公式所不能实现的工作。这一功能即为我们在第一章中所提到的第三项工作：使用工具。

依然使用图 2.1 中的数据、函数和公式。这样，形成的图表就是前面工作表的一种拓展。图 2.5 显示了应该如何完成使用工具这项操作。背景表是数值工作表，前景表是应用 Excel 图表向导功能生成的柱形图。

输入数据：见表 2.1。

26　基于 Excel 的商务与经济统计

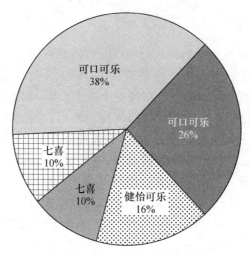

图 2.4　软饮料购买饼状图

	A	B	C	D	E	F	G	H	I	J
1	已购买的品牌		软饮料	频数						
2	可口可乐		可口可乐	19						
3	健怡可乐		健怡可乐	8						
4	百事可乐		七喜	5						
5	健怡可乐		可口可乐	13						
6	可口可乐		雪碧	5						
7	可口可乐									
8	七喜									
9	健怡可乐									
10	百事可乐									
45	百事可乐									
46	百事可乐									
47	百事可乐									
48	可口可乐									
49	七喜									
50	百事可乐									
51	雪碧									
52										
53										
54										
55										
56										
57										

图 2.5　使用 Excel 图表向导功能绘制的软饮料购买柱形图

　　输入函数和公式：见表 2.1。

　　使用工具：根据单元格 C1 到 C6 中的频数分布数据，使用 Excel 的图表向导功能按照下述步骤绘制软饮料购买的柱形图。

　　第一步，选中单元格 C1 到 C6；

　　第二步，单击标准工具条上的**图表向导**按钮（或者单击**插入**菜单，选择**图表**选项）；

　　第三步，当出现"图表类型——4 步骤之 1——图表类型"对话框时，

　　　　在**图表类型**列表中选择**柱形图**，

在右侧的**子表类型**中选择**簇状柱形图**，

单击**下一步 >**；

第四步，当出现"图表类型——4 步骤之 2——图表源数据"对话框时，

单击**下一步 >**；

第五步，当出现"图表类型——4 步骤之 3——图表选项"对话框时，

选择**标题**表，然后

在**图表标题**框中输入**软饮料购买柱形图**，

在**分类**(X)轴文本框中输入**软饮料**，

在**数值**(Y)轴文本框中输入**频数**，

选择**图例**表，然后，

取消对**显示图例**复选框的复选，

单击**下一步 >**；

第六步，当出现"图表类型——4 步骤之 4——图表位置"对话框时，

为新表指定位置（我们使用当前工作表的默认位置），

单击**完成**。

绘制的柱形图如图 2.5 所示。*

Excel 的图表向导功能同样可以生成软饮料购买的饼图，主要区别在于执行第三步时在图表类型中选择**饼图**。

注释与评论

1. 在一组频数分布中，组别的个数通常与数据中的类别数相同，如本节中软饮料购买这一案例。数据只涉及 5 种软饮料，每种软饮料定义为一个独立的频数分布组别。如果包含所有的软饮料，那么数据要分成很多类，而其中某些类别的购买者很少。大多数统计学家建议把具有较小频数的组别合并起来称为"其他类"，频数等于或小于 5% 的组通常按照此种方法处理。

2. 在频数分布中，频数的总和总是等于观测值的总数。在相对频数分布中，相对频数的总和总是等于 1.00。在百分比频数分布中，百分数的总和总是等于 100。

2.2 定量数据汇总分析

2.2.1 频数分布

正如在 2.1 节中定义的那样，频数分布是表示在几个互不重叠的组别中每组数据出现的次数（即频数）。这个定义也适用于定量数据。然而，对于定量数据，在计算频数分布的过程中，我们在

---

* 点击完成按钮后，Excel 形成的表格会显得略大。调整图形的大小并不困难。首先选中图形，这时会在图表的边界处出现一个调整大小的黑色边框。可以点击这个黑框的边界并拖动以调整图形的大小，直到满意为止。

定义互不重叠的组别时需要格外注意。

例如,考虑表2.5中的定量数据。这些数据表示一家名叫桑德森&克利福的小会计事务所,对一个包含20个客户的样本,完成年终审计所需的时间(以天计)。在确定定量数据频数分布的组别时,需要下列3个步骤:

1. 确定组数,各组之间要求互不重叠。
2. 确定每组组距。
3. 确定每组上限和下限。

表2.5　年末审计时间　　　　　　　　　　单位:天

12	14	19	18
15	15	18	17
20	27	22	23
22	21	33	28
14	18	16	13

表2.6即为审计时间的频数分布表,下面我们通过编制表2.6来具体说明上述步骤。

表2.6　审计时间的频数分布

审计时间(天数)	频数
10—14	4
15—19	8
20—24	5
25—29	2
30—34	1
总计	20

组数(Number of Classes) 组是通过对数据进行归类而形成的,一般情况下,我们建议使用5—20个组。对于数据较少的数据集,用5或6个分组也可。对于数据项较多的数据集,通常需要更多的分组。其目的是用足够多的分组来显示数据的差异,但也不要出现组数过多而组内数据过少的问题。由于表2.5中数据个数相对较少($n=20$),我们选择用5组来编制频数分布。

组距(Width of the Classes) 构建定量数据频数分布的第二步是确定组距。作为一般原则,我们建议每组组距相等。因此,组数与组距是相关的,组数大则意味着组距较小,反之亦然。为了确定一个近似的组距,首先要确定全部数据中的最大值和最小值。然后,一旦确定了期望的组数,我们就可以利用下面的公式来确定近似的组距:

> 使每组的组距相同,可以减少使用者的误解。

$$近似组距 = \frac{数据中最大值 - 数据中最小值}{组数} \quad (2.2)$$

由公式2.2给出的近似组距,可以根据个人偏好进行取整处理。例如,当计算出的近似组距为9.28时,可以简单地取整为10,因为10作为组距在构建频数分布时更方便。

对于年末审计时间中的数据,最大值为33,最小值为12。我们确定组数为5,由公式2.2可计算出近似组距为$(33-12)/5=4.2$。因此,我们确定在频数分布中以5作为组距。

在实践中,组数与近似组距要通过反复试验来确定。一旦确定了一个组数,就可以根据公式 2.2 计算出一个近似组距。这个过程能根据不同的组数而反复进行,最终,分析人员通过判断来确定组数和组距的组合,以构建出最佳的频数分布。

> 对于某一个数据集,不存在最好的频数分布。不同人可以构建不同的频数分布。编制频数分布的目的在于进行简单的分组,揭示数据的差异性。

对于表 2.5 中的审计时间数据,在确定了组数为 5,每组组距为 5 天后,下一步就是确定每一组的组限。

组限(Classic Limits) 组限的选择必须满足每一数据属于且只属于一组。**下限**是可能被分到该组的所有数据的最小值,**上限**则是可能被分到该组的所有数据的最大值。在编制定性数据的频数分布时,我们无需规定组限,因为每一个数据会自然地落在某一个独立的组(类)别内。但对于定量数据,如表 2.5 中的审计时间数据,就必须确定组限,以决定每个数据的归属。

对于表 2.5 中的审计数据,分别选择 1 天和 14 天为第一组的上限和下限。这一组在表 2.6 中标记为 10—14。最小数据值 12 包含在 10—14 组中。然后,选择 15 天和 19 天作为第二组的上限和下限。依此类推,分别确定 5 个分组为 10—14、15—19、20—24、25—29 和 30—34。最大值 33 包含在 30—34 这一组中。两个相邻组的下限之差就是组距。如前两个组的下限分别为 10 和 15,则组距为 15 − 10 = 5。

一旦确定了组数、组距和组限,我们通过统计属于每一组的数据项的个数就可以得到频数分布。例如,表 2.5 显示有 4 个数据——12,14,14 和 13 属于 10—14 组。因此 10—14 组的频数就是 4。对于 15—19、20—24、25—29 和 30—34 这几组继续这样的统计过程,得到频数分布如表 2.6 所示。通过这个频数分布我们可以看到:

1. 审计时间发生最频繁的是 15—19 这一组,在 20 个审计时间数据中,有 8 个属于这一组。
2. 只有一次审计需要 30 天或更多的时间。

由于不同人看待频数分布的角度不同,也可能得出其他的结论。频数分布的价值在于它能够提供一些内在信息,而这些信息在数据没有汇总分析之前是得不到的。

组中值(classic midpoint) 在一些应用中,我们需要知道在定量数据频数分布中,每一组的组中值是多少。**组中值**是指每组下限值和每组上限值的中间值。对于上述审计时间数据,5 个组的组中值分别是 12、17、22、27、32。

2.2.2 应用 Excel 的 FREQUENCY 函数编制频数分布

使用 Excel 的 COUNTIF 函数编制定量数据的频数分布较为繁琐。这里,我们介绍如何使用 FREQUENCY 函数来编制定量数据的频数分布。使用 FREQUENCY 函数需要输入两类数据:数据的范围和每组上限。不像大多数的 Excel 函数,FREQUENCY 会输出多个结果(这里指每组频数)。因为要输出多个结果,我们在使用 FREQUENCY 函数时应特别注意。

如图 2.6 所示,我们将介绍如何使用 FREQUENCY 函数来编制审计时间的频数分布表。背景表是公式工作表,前景表是数值工作表。

输入数据: 标题审计时间和 20 个审计时间的数据已经输入到单元格 A1 到 A21 中。在单元格 C1 到 E1 中输入标题,标题下的数据以文本格式输入到单元格 C2 到 C6 中。将 FREQUENCY 函数所使用的分组上限输入到单元格 D2 到 D6 中。

输入函数和公式: 在单元格 E2 到 E6 中使用 Excel 的 FREQUENCY 函数计算每组频数。下面

30 基于 Excel 的商务与经济统计

	A	B	C	D	E	F
1	审计时间		审计时间	上限	频数	
2	12		10-14	14	=FREQUENCY(A2:A21,D2:D6)	
3	15		15-19	19	=FREQUENCY(A2:A21,D2:D6)	
4	20		20-24	24	=FREQUENCY(A2:A21,D2:D6)	
5	22		25-29	29	=FREQUENCY(A2:A21,D2:D6)	
6	14		30-34	34	=FREQUENCY(A2:A21,D2:D6)	
7	14					
8	15					
9	27					
10	21					
11	18					
12	19					
13	18					
14	22					
15	33					
16	16					
17	18					
18	17					
19	23					
20	28					
21	13					
22						

	A	B	C	D	E	F
1	审计时间		审计时间	上限	频数	
2	12		10-14	14	4	
3	15		15-19	19	8	
4	20		20-24	24	5	
5	22		25-29	29	2	
6	14		30-34	34	1	
7	14					
8	15					
9	27					
10	21					
11	18					
12	19					
13	18					
14	22					
15	33					
16	16					
17	18					
18	17					
19	23					
20	28					
21	13					
22						

图 2.6 使用 Excel 的 **FREQUENCY** 函数编制审计时间数据的频数分布

步骤描述了如何使用 FREQUENCY 函数编制审计数据的频数分布：

第一步，选择单元格 E2 到 E6，作为放置频数分布的单元格；

第二步，输入下面公式，但不要按回车键；

$$= \text{FREQUENCY}(A2:A21, D2:D6)$$

第三步，同时按下 CTRL + SHIFT + ENTER 组合键，就可以在单元格 E2 到 E6 中输入数组公式。

> 如果想输入数组公式，必须在按下 Ctrl + Shift 键的同时按下 Enter 键。

结果见图 2.6。因为在单元格 E2 到 E6 中输入了一组公式，所以这些单元格中的公式形式相同，但是计算结果不同，它们分别是每一组的频数，FREQUENCY 中的第二组参数是每组的上限值(单元格 D2 到 D6)，它使得 Excel 将频数输入到指定的单元格中(单元格 E2 到 E6)。上限为 14 这一组的频数被输入到单元格 D2 中，上限为 19 这一组的频数被输入到单元格 D3 中，以此类推。

2.2.3 相对频数分布和百分比频数分布

我们仿照定性数据的定义方法来定义定量数据的频数分布和百分比频数分布。首先，我们知道相对频数是一组观测值占总数的比例。对于 n 个观测值来说：

$$某一组的相对频数 = \frac{某一组频数}{n}$$

百分比频数是相对频数乘以 100。

根据表 2.6 中的每组频数和 $n = 20$，表 2.7 给出了审计时间数据的相对频数分布和百分比频数分布。有 0.40 即 40% 的审计需要 15—19 天时间。只有 0.05 即 5% 的审计需要 30 天或者更多的时间。此外，通过表 2.7 我们还可以得到其他的一些深入理解。

表 2.7 审计时间的相对频数和百分比频数分布

审计时间(天)	相对频数分布	百分比频数分布(%)
10—14	0.20	20
15—19	0.40	40
20—24	0.25	25
25—29	0.10	10
30—34	0.05	5
总计	1.00	100

2.2.4 直方图

直方图是一种常见的定性数据的图形描述方式。由先前已经汇总出的频数分布、相对频数分布和百分比频数分布可以构建直方图。将相关变量放置在横轴上，将频数、相对频数或百分比频数放置在纵轴上，就可以构建一个直方图。每组的频数、相对频数或百分比频数用一个长方形表示，长方形的底应放置在横轴上，以组距为底，以每组相对应的频数、相对频数或百分比频数为高。

图 2.7 是审计时间数据的直方图。* 我们注意到频数最大的组由 15—19 天这一组的矩形表示，矩形的高度表示这一组的频数是 8。该数据的相对频数分布和百分比频数分布的直方图从外观上看与图 2.7 中的直方图一样，只是将纵轴换成了相对频数或百分比频数。

如图 2.7 所示，直方图中相邻的矩形是相互连接的。与柱形图不同，直方图相邻组的矩形间没有自然分开，这是编制直方图的常规方法。因为审计时间的分组为 10—14、15—19、20—24、25—29 和 30—34，在各组之间，即 14 到 15、19 到 20、24 到 25、29 到 30 之间有一个单位的间隔，在绘制直方图时可以忽视这一间隔。在审计时间数据的直方图中消除了组间间隔，这样做有助于说明数据是近似的，在第一组的下限和最后一组的上限间所有的值都是可能出现的。

直方图的一个最重要的应用就是提供了关于分布形态的信息。图 2.8 是四个根据相对频数分布构建的直方图。图例 A 显示一个数据集的直方图有一定程度的左偏。这个直方图说明，如果图形的尾部向左延伸一些，则图形左偏。考试成绩就是这种直方图的典型应用，没有高于 100 分的学生，大部分得分在 70 分左右，只有很少一部分得分很低。图例 B 显示一个数据集的直方图有一定程度的右偏。这个直方图说明，如果图形的尾部向右延伸一些，则图形右偏。房屋价格的数据就是这种直方图的例子，少数昂贵的住宅造成右尾偏斜。

---

* 在图 2.7 中我们用来区分每个矩形的标志与在频数分布中使用的标签相同。另一种通常的做法是使用组中值来标志横轴，在这种情况下，第一个矩形下面应该标为 12，即第一组的组中值；第二个矩形下面应该标为 17，即第二组的组中值；以此类推。

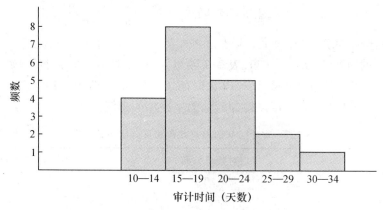

图 2.7 审计时间数据的直方图

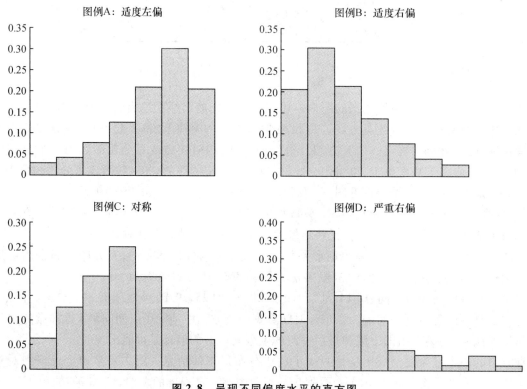

图 2.8 呈现不同偏度水平的直方图

图例 C 是一个对称的直方图。在对称的直方图中,左尾和右尾的形状相同。在实际应用中,得到的直方图永远不会是完全对称的,但在许多应用中可以认为是近似对称,如 SAT 分数数据、人的身高和体重数据等的直方图就近似为对称。图例 D 显示直方图严重右偏,这个直方图是根据某家女士服装店一整天的销售数据绘制出来的。在商务和经济应用中得到的数据,往往使得直方图右偏,例如,房屋价格、工资、销售量等数据,就会常常导致直方图右偏。

2.2.5 应用 Excel 中的图表向导绘制直方图

我们可以使用 Excel 的图表向导功能为审计时间数据编制直方图。具体操作参见图 2.9、图 2.10 和图 2.11。

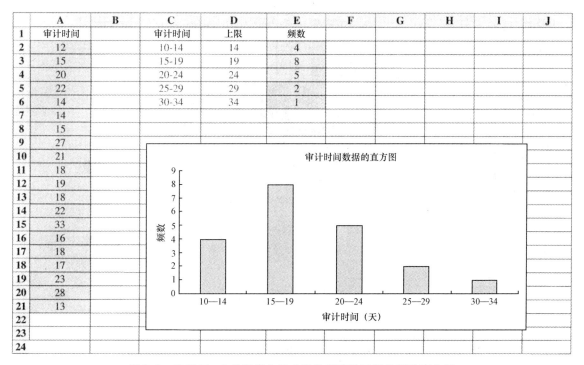

图 2.9 使用 Excel 的图表向导功能绘制审计时间数据的直方图

输入数据：同图 2.6。

输入函数和公式：同图 2.6。

使用工具：下面介绍如何使用 Excel 的图表向导功能来编制审计时间数据的直方图，在编制的过程中将用到图 2.9 中单元格 E2 到 E6 中的分布数据。

第一步，选中单元格 E2 到 E6；

第二步，单击标准工具栏上的**图表向导**按钮（或选择**插入**菜单，在选择**图表**选项）；

第三步，当"图表向导——4 步骤之 1——图表类型"对话框出现时：

在**图表类型**列表中选择**柱形图**，

在**子图表类型**中选择**簇状柱形图**，

单击下一步；

第四步，当"图表向导——4 步骤之 2——图表源数据"对话框出现时，

单击下一步；

第五步，当"图表向导——4 步骤之 3——图表选项"对话框出现时，

选择**标题**标签，

在**图表标题**框中输入**审计时间数据柱状图**，

34 基于 Excel 的商务与经济统计

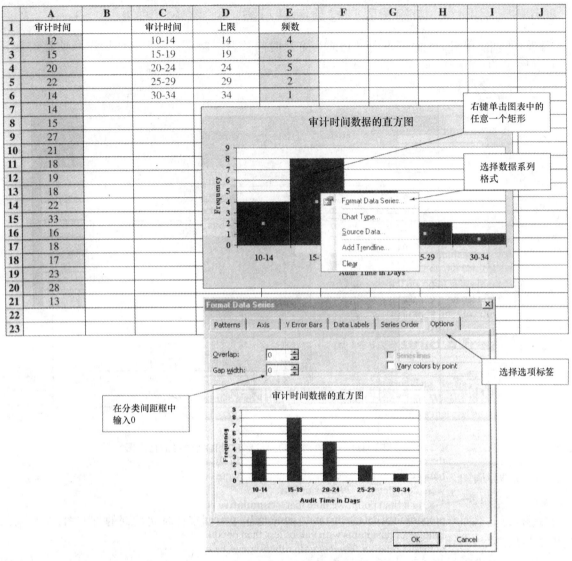

图 2.10 去除分类间距的审计时间直方图

在**分类**(**X**)轴处输入**审计时间**(**天数**),

在**数值**(**Y**)轴处输入**频数**,

选择**图例**标签,

取消**显示图例**复选框,

单击**下一步**;

第六步,当"图表向导——4 步骤之 4——图表位置"对话框出现时,

指定图表存放的位置,这里我们使用当前工作表的默认设置,

点击**完成**。

图 2.11 中的工作表显示了 Excel 产生的柱状图。该图与我们之前编制的图 2.7 是相同的。

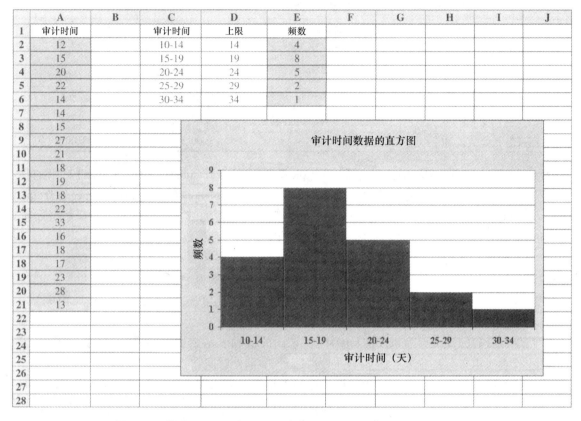

图 2.11 使用 Excel 图表向导绘制的审计时间数据直方图的最终结果

现在使用者可以根据自己的需要调整图形的大小了。

2.2.6 累积分布

对频数分布略加变化，便可以得到定量数据的另一种表格汇总分析方式——累积频数分布。编制累积频数分布时会用到编制频数分布时使用的组数、组距和组限。但是累积频数分布并不显示每组的频数，而是要说明小于或等于每组上限值的数据项的个数。表 2.8 给出了审计时间数据的累积频数分布。

为了更好地理解频数分布，考虑第三组的描述："小于或等于 24"。这一组的累积频数是数据中小于或等于 24 的所有组的频数之和。对表 2.6 中的频数分布而言，组 10—14、15—19 和组 20—24 的频数之和为 4 + 8 + 5 = 17，表明有 17 个数据小于或等于 24。因此，该组的累积频数是 17。此外，表 2.8 中的累积频数分布表明有 4 次审计是在 14 天内完成的，有 19 次审计是在 29 天内完成的。

表 2.8 审计时间数据的累积频数、累积相对频数和累积百分比频数

审计时间	累积频数	累积相对频数	累积百分比频数(%)
小于或等于 14	4	0.20	20
小于或等于 19	12	0.60	60
小于或等于 24	17	0.85	85
小于或等于 29	19	0.95	95
小于或等于 34	20	1.00	100

最后,我们注意到**累积相对频数分布**(cumulative relative frequency distribution)显示的是小于或等于每组上限的数据项所占的相对比例。**累积百分比频数分布**(cumulative percent frequency distribution)显示的则是小于或等于每组上限的数据项所占的百分比。累积相对频数分布可以通过相对频数分布求和来求得,或者用累积频数除以数据项的总数求得。用后一种方法时,我们将表 2.8 中的第 2 列的累积频数除以数据总数($n=20$),可得到第 3 列的累积相对频数。累积百分比频数由累积相对频数乘以 100 计算得出。由累积相对频数和累积百分比频数的分布可以看出,有 0.85 即 85% 的审计是在 24 天内完成的,有 0.95 即 95% 的审计是在 29 天内完成的,等等。

反映累积分布的图形称为**折线图**(ogive)。该图的横轴表示数据值,纵轴表示累积频数、累积相对频数或者累积百分比频数。图 2.12 即为表 2.8 中审计时间数据的累积分布折线图。

折线图的绘制是将每组的累积频数用相应的点标注出来,并用线连接起来。由于审计时间数据的分组为 10—14、15—19、20—24 等,因此在 14 到 15,19 到 20 之间就出现了一个单位的间隔,在绘制折线图时,取组组距的中点作为每一组的标注。这样,10—14 这组用 14.5 标注,15—19 这组就用 19.5 标注,以此类推。在图 2.12 中累积频数小于或等于 14 的这一组以横坐标 14.5、纵坐标 4 的点表示。累积频数为 12 的小于或等于 19 的组以横坐标为 19.5、纵坐标为 12 的点表示。这里要注意在折线图的最左边有一个额外的点,这一点表示没有数据落在 10—14 这一组的左边,它的横坐标为 9.5、纵坐标为 0。将所有的标注点用直线连接起来,就形成折线图。

2.2.7 应用 Excel 中的直方图工具建立频数分布图和直方图

为了进一步说明如何使用 Excel 来汇总分析定量数据,这里,我们使用 FREQUENCY 函数来计算频数分布并通过图表向导来绘制直方图。Excel 为我们提供了一整套的数据分析工具,这些工具可以通过工具菜单进行访问。

其中用于构建频数分布和直方图的是直方图工具。如果想同时编制频数分布表和直方图,用这一工具可以使操作大为简化。这里我们将演示如何使用这一工具来建立表 2.5 中审计时间数据的频数分布表和直方图。

输入数据:标题"审计时间"和 20 个审计时间的数据已经输入到单元格 A1 到 A21 中,如图 2.13 所示。

输入函数和公式:这里不需要键入函数或者公式。

使用工具:在使用 Excel 的直方图工具时,需要为其指定一个**接受区域**,这一接受区域通常是使用频数分布中的每组上限值。因此,在审计时间数据中,我们选取五个组的上限值作为接受区

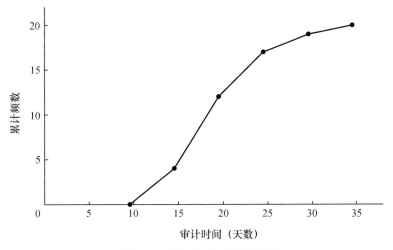

图 2.12　审计时间数据的折线图

	A	B	C	D	E
1	审计时间		审计时间	上限	
2	12		10-14	14	
3	15		15-19	19	
4	20		20-24	24	
5	22		25-29	29	
6	14		30-34	34	
7	14				
8	15				
9	27				
10	21				
11	18				
12	19				
13	18				
14	22				
15	33				
16	16				
17	18				
18	17				
19	23				
20	28				
21	13				
22					

图 2.13　用审计时间数据每组上限作为间断点的工作表

域,即 14、19、24、29 和 34。这些临界点必须按照升序输入到工作表的行或列中。在单元格 C1 到 D1 中输入数据名称,在单元格 C2 到 C6 中输入组限,如 10—14、15—19,等等。在图 2.13 的工作表单元格 D2 到 D6 中输入每组的上限值。

下述步骤描述了如何使用直方图工具来为审计时间数据编制频数分布和直方图:

第一步,选择工具菜单;
第二步,选择数据分析选项;
第三步,在分析工具列表中选择直方图;
第四步,当出现直方图对话框时(参见图 2.14),

> 注意:如果数据分析选项没有出现,则选择工具菜单,然后选择加载宏,选择分析工具库进行安装。

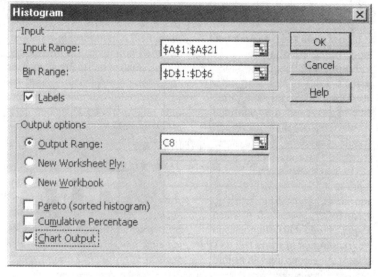

图 2.14 直方图工具的对话框

将单元格 A1 到 A21 中的数据输入到**输入区域**框中,
将单元格 D1 到 D6 中的数据输入到**接受区域**框中,
选择**标志**复选框,
选择**输出区域**,
在**输出区域**中输入 C8(明确频数分布表的摆放位置),
选择**图表输出**(建立直方图),
单击**确定**。

图 2.15 中的工作表显示了使用上述步骤而构建的频数分布图。频数分布图显示在单元格 C8 到 D14 中,可以看到 Excel 在频数分布的结尾处增加了一个标签"更多",这是为了避免由于输入的间断点过少而造成误差。

为了显示出如表 2.6 中的频数分布,还需要进行一定的编辑。将单元格 C1 到 C6 中的内容粘贴到单元格 C8 到 C13 中,并清除单元格 C14 到 D14 中的内容。为了显示出如图 2.7 中的直方图,还需要进行一定的编辑:

第一步,右键单击图表标题(Frequency),然后选择**清除**;
第二步,左键单击 X 轴的标题(上限),输入**审计时间**,然后按回车键;
第三步,使用图形向导去除矩形间距(参见图 2.9)。

编辑后的工作表如图 2.16 所示。

正如我们刚才看到的,直方图工具可以用一组操作同时完成频数分布和直方图的编制工作。

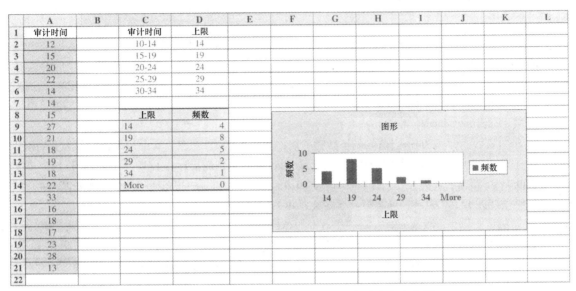

图 2.15 使用直方图工具编制的初始频数分布和直方图

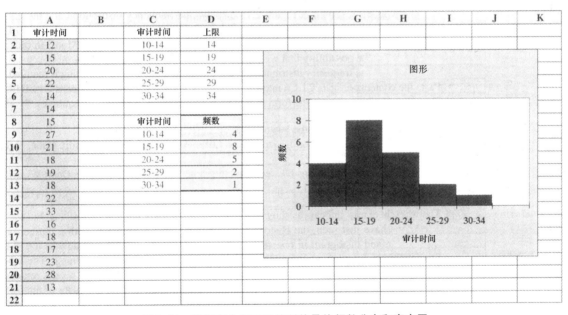

图 2.16 使用直方图工具编制的最终频数分布和直方图

更为细致的,我们演示了如何使用 FREQUENCY 函数和图表向导来完成同样的工作。使用 FREQUENCY 函数和图表向导的好处在于结果与数据之间保持着联系。因此,如果数据改变,频数分布和直方图也会随着数据而改变。而使用直方图工具,结果和数据之间不再有联系,如果数据改变,我们将不得不重新编制频数分布表和直方图。

注释与评论

- 柱形图和直方图本质上是同一事物,它们都是频数分布数据的图形表示。直方图是各纵条之间没有间隔的柱形图。各纵条之间有间隔对定性数据是合适的,因为定性数据是离散的,不存在中间值。对于离散的定量数据,各纵条之间有间隔也是合适的。例如,考虑学院中的班级数,这些数据只能取整数,像1.5和2.73等的中间值是不可能存在的。对于定量数据,如表2.5的审计时间数据,纵条之间存在间隔则是不合适的。

- 对于定量数据,组限的恰当值依赖于数据的精确水平。例如,对表2.5中的审计时间数据,由于数据已近似到最接近的天数,因此组限应该是整数。如果数据近似到最接近的1/10天(如12.3,14.4等)那么组限将以1/10天表示。例如,第一组将会设为10.0—14.9。如果数据近似到1/100天(如12.34,14.45等),那么组限将以1/100表示,例如,第一组将会设为10.00—14.99。

- 开口组是指只有下限或只有上限的组。例如,对于表2.5中的审计时间数据,假定有两次审计时间分别为58天和65天,那么我们不是以5作为组距,将每组的范围改成35—39,40—44,45—49等,而是以一个开口组"35以上"来简化频数分布。该组的频数为2。开口组经常出现在分布的最上端,有时也出现在最下端,偶尔在两端会同时出现。

- 累积频数分布的最后一个数据项总是等于观察值的总数,累积相对频数的最后一个数据项总是等于1.00,累积百分比频数分布的最后一个数据项总等于100。

2.3 探索性数据分析:茎叶图

探索性数据分析(exploratory data analysis)技术由简单代数运算和容易绘制的图形组成,用这些图形可以快速的汇总数据。**茎叶图(stem-and-leaf display)**这种技术可以同时用于显示数据的等级顺序和数据集的分布形状。

为了说明茎叶图的用途,考虑表2.9中的数据。这是50名参加哈斯肯斯制造公司(Haskens Manufacturing)面试的人员对150个能力测验问题的回答结果。数值表示回答正确的问题数目。

表2.9 能力测验中回答正确的问题个数

112	72	69	97	107
73	92	76	86	73
126	128	118	127	124
82	104	132	134	83
92	108	96	100	92
115	76	91	102	81
95	141	81	80	106
84	119	113	98	75
68	98	115	106	95
100	85	94	106	119

为了构建茎叶图，我们首先把每个数据值的第一个或前两个数字列在竖线的左侧。然后按照数据值的记录顺序将每个数值的最后一个数字记在竖线的右侧。参照表2.9中的数据（112、72、69、97和107），则它们在茎叶图中的位置如下所示：

```
 6 | 9
 7 | 2
 8 |
 9 | 7
10 | 7
11 | 2
12 |
13 |
14 |
```

例如，数值112的前两位显示在竖线的左边，最后一位数字2显示在竖线的右边。同样，数值72的首位数字7显示在竖线左边，末位数字2显示在竖线右边。这样同样以竖线为界，继续将其余的数值填入，得到下面的图表：

```
 6 | 9 8
 7 | 2 3 6 3 6 5
 8 | 6 2 3 1 1 0 4 5
 9 | 7 2 2 6 2 1 5 8 8 5 4
10 | 7 4 8 0 2 6 6 0 6
11 | 2 8 5 9 3 5 9
12 | 6 8 7 4
13 | 2 4
14 | 1
```

将数据用这种形式表示出来后，再对数据进行排序就变得简单了。排序后就得到了下面的茎叶图：

```
 6 | 8 9
 7 | 2 3 3 5 6 6
 8 | 0 1 1 2 3 4 5 6
 9 | 1 2 2 2 4 5 5 6 7 8 8
10 | 0 0 2 4 6 6 7 8
11 | 2 3 5 5 8 9 9
12 | 4 6 7 8
13 | 2 4
14 | 1
```

位于竖线左边的数字（6、7、8、9、10、11、12、13和14）构成了茎，而竖线右边的每个数字就是一个叶。例如，在第一行中，6是茎值，8和9是叶值。

```
        6 | 8  9
```

这一行表示有两个数值的首位数字是 6，叶值表明两个数据值分别是 68 和 69。类似的，对于第二行

```
        7 | 2  3  3  5  6  6
```

它表示有 6 个数值的首位数字是 7，根据叶值可知这 6 个数值分别是 72、73、73、75、76 和 76。

为了使茎叶图的显示更加形象，我们用矩形把每个茎对应的叶值包住。这样我们可以得到下面的图形：

```
 6 | 8  9
 7 | 2  3  3  5  6  6
 8 | 0  1  1  2  3  4  5  6
 9 | 1  2  2  2  4  5  5  6  7  8  8
10 | 0  0  2  4  6  6  6  7  8
11 | 2  3  5  5  8  9  9
12 | 4  6  7  8
13 | 2  4
14 | 1
```

将本页按逆时针方向旋转 90°，所得到的图形与 60—69、70—79、80—89 等为组的直方图非常相似。

尽管茎叶图可能显示与直方图相同的信息，但它还有两个主要优点：

1. 茎叶图易于手绘。
2. 在一个组里，由于茎叶显示了实际的数据值，因此茎叶图显示的信息要比直方图更多。

就像在频数分布和直方图中没有绝对的组数一样，茎叶图也没有绝对的行数或茎数。如果我们认为原来的茎叶图显示的数据过于稠密，我们可以很容易的把每个高位数字拆分为两个或更多的茎，从而扩展原有的茎叶图。例如，对每个首位数字用两个茎来表示，我们可以将尾数是 1、2、3、4 的数据放在第一行，而将尾数为 5、6、7、8 和 9 的数字放在第二行。下面的茎叶图显示了这种方法。

> 在扩展茎叶图中，如果某个茎上的数字被重复了两次，那么第一次对应的叶值为 0—4，第二次对应的叶值为 5—9。

```
 6 | 8  9
 7 | 2  3  3
 7 | 5  6  6
 8 | 0  1  1  2  3  4
 8 | 5  6
 9 | 1  2  2  4
 9 | 5  5  6  7  8  8
10 | 0  0  2  4
10 | 6  6  6  7  8
11 | 2  3
```

```
11 | 5  5  8  9  9
12 | 4
12 | 6  7  8
13 | 2  4
13 |
14 | 1
```

我们看到,数据 72、73、73 在 0—4 的范围内有叶子,在数值 7 的第一根茎上表示。75、76、76 在 5—9 的范围内有叶子,在 7 的第二根茎上表示。这种扩展的茎叶图与组距为 60—64、65—69、70—74 和 75—79 等的频数分布图比较相似。

在前面的例子中,茎叶图中每个数据最多有 3 位数。多于 3 位数的数据也可以有茎叶图。例如,考虑下列数据,这是一家快餐店 15 周内,每周的汉堡销售量。

| 1 565 | 1 852 | 1 644 | 1 766 | 1 888 | 1 912 | 2 044 | 1 812 |
| 1 790 | 1 679 | 2 008 | 1 852 | 1 967 | 1 954 | 1 733 |

这些数据的茎叶图如下:

叶单位 = 10

```
15 | 6
16 | 4  7
17 | 3  6  9
18 | 1  5  5  8
19 | 1  5  6
20 | 0  4
```

可以看到,这里用一位数来表示每一个叶值,并且每个观测值只有前三位数字被用来构建茎叶图。在该茎叶图的顶部,我们定义了叶值的单位为 10。为了说明如何解释该茎叶图中的数值,我们来看一下第一个茎值 15,以及它的叶值 6。将两个数字组合起来,我们可以得到数字 156。若要得到原始数据的近似值,我们需要把这个数字乘以叶单位 10。这样一来,$156 \times 10 = 1 560$ 就是原始观测值的近似值。虽然不能从这个茎叶图中得到最初的精确数值,但却可以很方便地使用一位数字代表的叶值来编制原本要使用多位数字才能编制的茎叶图。如果没有给出叶单位的说明,默认为 1。

> 在茎叶图中,使用一位数字来表示叶值,叶单位与茎和叶上的数字相乘便可以得到原始数据的近似值。叶单位可以是 100、10、1 或者 0.1 等。

2.4 交叉列表和散点图

到目前为止,我们只讨论了在同一时间上对一个变量进行汇总分析的图形和图表方法。管理者和决策者往往还对表示**两个变量之间关系**的图形和图像方法感兴趣。交叉列表和散点图就是这样的方法。

> 交叉列表和散点图通过解释两个变量之间的关系来汇总分析数据。

2.4.1 交叉列表

交叉列表(crosstabulation)是一种用表格汇总分析两个变量数据的方法。我们通过以下的应用实例说明它的用途。扎加茨饭店评论(Zagat's Restaurant Survey)是一个提供世界各地饭店资料的机构。它会公布有关饭店的质量等级和特色菜肴的价格。我们收集了洛杉矶地区300家餐馆的质量等级和菜肴价格作为样本。表2.10显示了前10家餐馆的数据。根据餐馆质量和菜价的有关报告，我们可以看到，质量等级是定性变量，分为好、很好和极好。菜肴价格是定量变量，一般是从10—49美元不等。

表2.10 洛杉矶地区300家餐馆质量等级和菜肴价格资料

饭店	质量等级	菜肴价格(美元)
1	好	18
2	很好	22
3	好	28
4	极好	38
5	很好	33
6	好	28
7	很好	19
8	很好	11
9	很好	23
10	好	13
⋮	⋮	⋮

该实例的交叉列表如表2.11所示。表格的左边和上方的标题栏分别对两个变量进行了分组。左边的标题栏，也就是行标题(好、很好和极好)对应质量等级的3个分组。上方的标题栏即列标题(10—19美元、20—29美元、30—39美元和40—49美元)对应菜肴价格的4个分组。样本中每家饭店都有质量等级和菜肴价格的资料。因此，样本中各家饭店都与一个单元格建立了联系，这个单元格出现在交叉列表的某一行某一列中。例如，第5家餐馆的质量等级为很好，菜肴价格为33美元。这家餐馆的数据位于表2.11中的第二行第三列。在构建交叉列表时，我们只需简单的计算出属于每个单元格的饭店数即可。

表2.11 洛杉矶300家饭店的质量等级和菜肴价格的交叉分组

质量等级	菜肴价格				总计
	10—19美元	20—29美元	30—39美元	40—49美元	
好	42	40	2	0	84
很好	34	64	46	6	150
极好	2	14	28	22	66
总计	78	118	76	28	300

由表2.11可以看出，样本中大多数餐馆(64个)质量等级为很好，菜肴价格在20—29美元之

间。仅有两个餐馆的质量等级为极好而菜肴价格在 10—19 美元之间。其他频数也可以进行类似的解释。另外,在交叉列表右边和底部分别给出了质量等级和菜价的频数分布。从右边的频数分布中,我们看到质量等级数据显示有 84 家饭店为好、150 家为很好、66 家为极好。同样的,底部数据显示了菜肴价格变量的频数分布。

用交叉列表右边的总数除以饭店总数,可以得到质量等级变量的相对频数和百分比频数分布。

质量等级	相对频数	百分比频数
好	0.28	28
很好	0.50	50
极好	0.22	22
总计	1.00	100

从百分比频数分布表中我们可以看到,有 28% 的饭店质量等级为好,有 50% 的质量等级为很好,另有 22% 的质量等级为极好。

用交叉分组表的组后一行总数除以各行的总数,可以得到菜肴价格的相对频数和百分比频数分布。

菜肴价格	相对频数	百分比频数
10—19 美元	0.26	26
20—29 美元	0.39	39
30—39 美元	0.25	25
40—49 美元	0.09	9
总计	1.00	100

这里要说明一点,由于求和数值经过四舍五入,因此每一列的数值之和不是精确的等于列总数。从百分数频数分布,我们可以很清楚地看到有 26% 的菜肴价格处于最低价格组(10—19 美元),有 39% 的菜肴价格处于下一组(20—29 美元),等等。从交叉列表边缘得到的频数分布和相对频数分布可以提供每一个变量各自的信息,但它们不能提供关于变量之间的任何信息。交叉列表的主要价值就在于它提供了变量之间的联系。根据表 2.11 的交叉列表结果我们可以看到,较高的菜肴价格往往与较高的质量等级相联系,而较低的菜肴价格往往对应较低的质量等级。

将表中的数据值转换成以行或列计算的百分数,可以获得更多关于两个变量之间关系的信息。计算百分比是用表 2.11 中每个数据除以相应行的总计值,结果见表 2.12。例如,在第一行第一列的值是 50.0,它是由 42 除以 84 再乘以 100 得到的,表示在质量等级为好的饭店中,绝大多数菜肴价格较低(50% 的饭店价格在 10—19 美元之间,47.6% 的饭店价格在 20—29 美元之间)。在质量等级为极好的饭店中,绝大多数饭店菜肴价格较高(其中有 42.4% 的饭店价格在 30—39 美元之间,33% 的饭店价格在 40—49 美元之间)。因此,我们可以得出这样的结论:较高的菜肴价格与较高的饭店质量等级相对应。

表 2.12　每一个质量等级的行百分比

质量等级	菜肴价格				总计
	10—19 美元	20—29 美元	30—39 美元	40—49 美元	
好	50.0	47.6	2.4	0.0	100
很好	22.7	42.7	30.6	4.0	100
极好	3.0	21.2	42.4	33.4	100

　　交叉列表广泛应用于检验两个变量之间的关系。在实践中,许多研究的最终报告都要包含大量的交叉列表。在洛杉矶饭店的调查案例中,交叉列表是基于一个定性变量(质量等级)和一个定量变量(菜肴价格)构建的。当变量都是定性变量或者都是定量变量时,也可以构建交叉列表。例如,在饭店的例子中,我们可以将菜肴价格划分为四个组(10—19 美元、20—29 美元、30—39 美元和 40—49 美元)。

2.4.2　使用 Excel 中的数据透视表向导编制交叉列表

　　Excel 中的数据透视表和透视图功能提供了一种可以同时汇总分析具有两个或两个以上变量数据的一般工具。下面我们将编制洛杉矶地区 300 家饭店的质量等级和菜肴价格两个变量的交叉列表,并以此来说明如何使用 Excel 中的数据透视表功能编制交叉列表。

　　输入数据:将标题饭店,质量等级和菜肴价格(美元)输入到单元格 A1 到 C1 中,如图 2.17 所示。将样本中 300 家饭店的数据输入到单元格 B2 到 C301 中。

　　输入函数和公式:无需输入函数和公式。

　　使用工具:以图 2.17 中的工作表为基础,进行下列操作便可以生成交叉列表。

　　第一步,选择**数据**菜单;

　　第二步,选择**数据透视表和数据透视图**;

　　第三步,当出现"数据透视表和数据透视图向导——3 步骤之 1"对话框时,

　　　　　选择 **Microsoft Office Excel 数据列表或数据库**,

　　　　　选择**数据透视表**,

　　　　　单击**下一步**;

　　第四步,当出现"数据透视表和数据透视图向导——3 步骤之 2"对话框时,

　　　　　在**选定区域**框内输入 A1:C301,

　　　　　单击**下一步**;

　　第五步,当出现"数据透视表和数据透视图向导——3 步骤之 3"对话框时,

　　　　　选择**新建工作表**,

　　　　　单击**布局**;

　　第六步,当出现"数据透视表和数据透视图向导——布局"对话框时(见图 2.18),

　　　　　将**质量等级**字段按钮拖入到表中的**行**,

　　　　　将**菜肴价格(美元)**字段按钮拖入到表中的**列**,

　　　　　将**饭店**字段按钮拖入到表中的**数据**,

　　　　　双击数据部分的**饭店数目总和**按钮,

	A	B	C	D
1	饭店	质量等级	菜肴价格（美元）	
2	1	Good	18	
3	2	Very Good	22	
4	3	Good	28	
5	4	Excellent	38	
6	5	Very Good	33	
7	6	Good	28	
8	7	Very Good	19	
9	8	Very Good	11	
10	9	Very Good	23	
11	10	Good	13	
292	291	Very Good	23	
293	292	Very Good	24	
294	293	Excellent	45	
295	294	Good	14	
296	295	Good	18	
297	296	Good	17	
298	297	Good	16	
299	298	Good	15	
300	299	Very Good	38	
301	300	Very Good	31	
302				

图 2.17　包含饭店数据的 Excel 工作表

注意：第 12—291 行隐藏。

当出现数据透视表字段对话框时，

在**汇总方式**中选择**计数**，

点击**确定**(图 2.19 显示出整个版式图)，

点击**确定**；

第七步，当出现"数据透视表和数据透视图向导——3 步骤之 3"对话框时，

点击**完成**。

图 2.20 显示了 Excel 生成的图表中的一部分。注意第 D 列到 AK 列的结果已经隐藏，以便于显示结果。图 2.20 中所示的行标签（好、很好和极好）与行总计（84、150、66 和 300）与表 2.11 中的相同，但是它们有着不同的顺序。按照下面步骤可以将顺序调整为好、很好、极好。

第一步，右键单击单元格 A5 中的 Excellent；

第二步，选择**排序**；

第三步，选择**移至末尾**。

在图 2.20 中，每一列都代表一个可能的菜肴价格。例如，B 列代表菜肴价格为 10 美元的饭店，C 列代表菜肴价格为 11 美元的饭店。如果想要将数据透视图调整为 2.11 的形式，我们必须将列调整为以下分类：10—19 美元、20—29 美元、30—39 美元和 40—49 美元。要将工作表调整为图 2.20 中显示的形式需要如下步骤：

第一步，右键点击透视表中 B3 单元格中的菜肴价格（美元）字段；

第二步，选择**组及分级显示**，

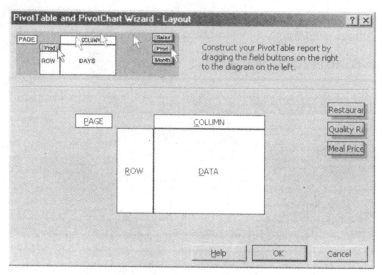

图 2.18 数据透视表和数据透视图向导—布局

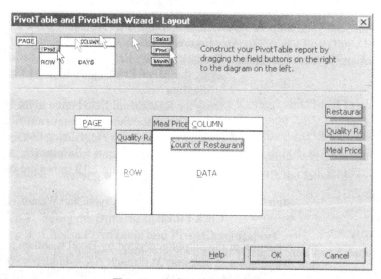

图 2.19 完成后的布局对话框

选择**组合**选项；

第三步，出现组合对话框，

  在**起始于**这一栏中输入 10，

  在**终止于**这一栏中输入 49，

  在**隔离**这一栏中输入 10，

  单击**确定**。

调整后的数据透视表见图 2.21，这也是最终的数据透视表，它可以提供与表 2.12 中交叉列表相同的信息。

> 通过对列进行分组，我们建立了一个关于菜肴价格的定量数据频数分布。

	A	B	C	AL	AM	AN	AO
1							
2							
3	饭店数量	菜肴价格($)					
4	质量等级	10	11	47	48	合计	
5	Excellent		2	2	66	
6	Good	6	4			84	
7	Very Good	1	4		1	150	
8	合计	7	8	2	3	300	
9							
10							

图 2.20 初始的数据透视表(第 D 列到第 AK 列隐藏)

	A	B	C	D	E	F	G
1							
2							
3	饭店数量	菜肴价格($)					
4	质量等级	10-19	20-29	30-39	40-49	合计	
5	Good	42	40	2		84	
6	Very Good	34	64	46	6	150	
7	Excellent	2	14	28	22	66	
8	合计	78	118	76	28	300	
9							
10							

图 2.21 饭店数据的最终透视表

2.4.3　辛普森悖论

我们常常综合两个或两个以上的交叉列表中的数据,并生成一个新的简要的交叉列表,以显示两个变量的相关性。在这种情形中,我们有可能根据综合的交叉列表信息,得出两个变量的相关性结论,但此时应该注意,在这些情况下,依据从综合交叉列表中得出的结论可能与依据未综合列表得出的结论截然相反。这一现象就是著名的**辛普森悖论(Simpson's Paradox)**。为了说明辛普森悖论,考虑一个这样一个例子:两位法官在两类法庭中裁决案件。

在过去的三年中,法官 Ron Luckett 和 Dennis Kendall 在民事庭和市政庭主持审理案件,在他们的判决中,有部分案件要求上诉。上诉法庭对大多数上诉案件维持原判,但也会有部分判决被推翻。根据两个变量(维持或推翻)和法庭类型(民事庭和市政庭)可构建每位法官的交叉列表。然后通过综合法庭类型这一变量将两个交叉列表综合,综合后的交叉列表分组包含两个变量:裁决(推翻或维持)和法官(Luckett 或 Kendall)。该交叉列表分组给出了两位法官的上诉案件被裁决维持或推翻的数量,这些数据综合详见下表,括号中的数是相邻数值的列百分比数。

判决	法官		总计
	Luckett	Kendall	
维持	129(86%)	110(88%)	239
推翻	21(14%)	15(12%)	36
总计(%)	150(100%)	125(100%)	275

观察百分比数,我们看到对法官 Luckett 而言,有 14% 的判决被推翻,但对于 Kendall 而言,只有 12% 的案件被推翻。因此,我们可以认为 Kendall 法官做得相对较好,因为他的上诉案件维持原来判决的比例较高。但是,这样一来,问题就出现了。

下面的交叉列表给出了两位法官 Leckett 和 Kendall 在两类法庭中审理案件的情况,括号中是相应数据的列百分数。

判决	法官 Luckett		总计
	民事庭	市政庭	
维持	29(91%)	100(85%)	129
推翻	3(9%)	18(15%)	21
总计(%)	32(100%)	118(100%)	150

判决	法官 Kendall		总计
	民事庭	市政庭	
维持	90(90%)	20(80%)	110
推翻	10(10%)	5(20%)	15
总计(%)	100(100%)	25(100%)	125

从 Luckett 的交叉列表和列百分数,我们看到他在民事庭中有 91% 的案件维持原判,在市政庭有 85% 的案件维持原判;从 Kendall 的交叉列表和列百分数,我们看到他在民事庭中有 90% 的案件维持原判,在市政庭有 80% 的案件维持原判。比较这两位法官的百分数,我们看到与 Kendall 相比,Luckett 在两个法庭中都具有更好的记录,但这个结论与前面我们综合两个法庭而得到的结论是相矛盾的。这一案例很好地说明了辛普森悖论。

最初的交叉列表是综合两个独立法庭的交叉分组数据而得到的。这里我们注意到,就两位法官来说,上诉案件被推翻的百分比市政庭要高于民事庭。因为法官 Luckett 审理的案件大多数集中在市政庭,因此综合后的数据偏向于法官 Kendall。可是,当我们观察两个法庭单独的交叉列表时,清楚的显示出法官 Luckett 具有较好的记录。因此,对于最初的交叉列表,我们看到法庭类型是影响评价结果的一个隐含变量,当对两位法官做出评价时,它是不可忽视的变量。

由于辛普森悖论的存在,当我们用综合数据绘制交叉列表时,要特别仔细。利用综合数据的交叉列表时,在得到两个变量相关性的任何结论之前,都应该检验是否存在影响结论的隐含变量。

2.4.4 散点图和趋势线

散点图(scattered diagram)是对两个定量变量间关系的图形描述。趋势线(trendline)是显示相关性近似程度的一条直线。作为一个实例,我们来考虑旧金山一个音响设备商店的广告次数与销售额之间的关系。该商店在过去的 3 个月时间里,利用周末电视广告进行了 10 次促销活动。管理人员想证实广告播出次数与下一周商店的销售额之间是否有联系。在表 2.13 中给出了一个 10 周的样本,其中销售额以百美元计。

表 2.13 音响设备商店的样本数据

周次	广告次数 x	销售额(百美元)y
1	2	50
2	5	57
3	1	41
4	3	54
5	4	54
6	1	38
7	5	63
8	3	48
9	4	59
10	2	46

图 2.22 是表 2.13 中数据的散点图和趋势线*。广告次数(x)显示在横轴上,销售额(y)显示在纵轴上。对于第一周,$x=2$、$y=50$。在散点图上按这个坐标画出该点。用相同的方法画出其他 9 周的点。可以看到,有两周做了一次广告,有两周做了两次广告,以此类推。

图 2.22 中的散点图显示了广告次数和销售额之间存在着正相关的关系。较高的销售额与较高的广告次数相联系。因为所有的点并不在一条直线上,所以这种关系并不是严格的。然而,各点的总的分布情况和趋势线表明,二者的关系是正相关的。

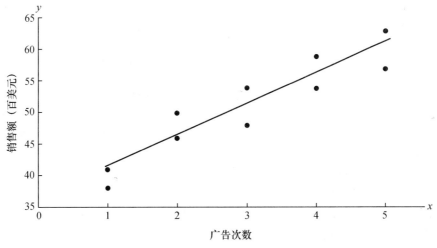

图 2.22 音响设备商店的散点图和趋势线

在图 2.23 中给出了一些一般的散点图形式和它们所显示的关系类型。左上图描绘了正相关关系,与广告次数和销售额的例子相似;右上图中,散点图显示变量间没有明显的关系;在下方的图中,显示的是负相关关系,即随着 x 的增加,y 减少。

---

* 趋势线的方程是 $y=4.95x+36.15$。趋势线的斜率是 4.95,y 轴截距(趋势线与 y 轴的交点)是 36.15。在第十四章学习简单线性回归时,将进一步具体讨论趋势线的斜率和截距。

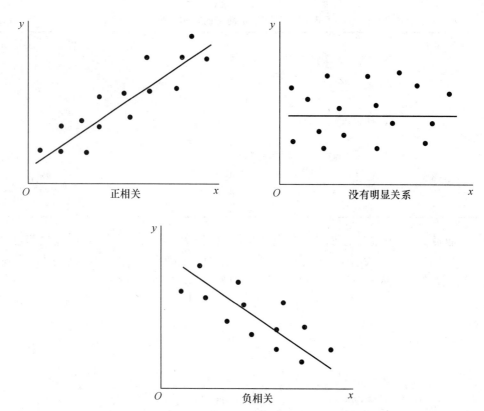

图 2.23 散点图表示出的变量之间的关系类型

2.4.5 应用 Excel 中的图表向导绘制散点图和趋势线

我们可以使用 Excel 中的图表向导功能来建立音响设备商店的散点图和趋势线。参照图 2.24 和图 2.25 说明所需步骤。

输入数据：将对应标题和样本数据输入到单元格 A1 到 C11 中，如图 2.24 所示。

输入函数和公式：无需函数和公式。

应用工具：使用 Excel 的图表向导绘制工作表中数据的散点图需要如下步骤。

第一步，选择 B1 到 C11 单元格；

第二步，点击标准工具栏上的**图表向导**或者选择**插入**菜单的**图表**选项；

第三步，当出现"图表向导——4 步骤之 1——图表类型"对话框时，
在图表类型列表中选择 XY(散点图)，
在**子图形类别**中选择**散点图**，
单击**下一步**；

第四步，当出现"图表向导——4 步骤之 2——图表源数据"对话框时，
单击**下一步**；

第五步，当出现"图表向导——4 步骤之 3——图表选项"对话框时，
选择**标题栏**，然后，

	A	B	C
1	星期	广告次数	销售量
2	1	2	50
3	2	5	57
4	3	1	41
5	4	3	54
6	5	4	54
7	6	1	38
8	7	5	63
9	8	3	48
10	9	4	59
11	10	2	46

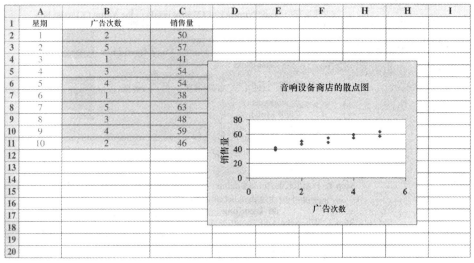

图 2.24　使用 Excel 的图表向导绘制音响设备商店的散点图

	A	B	C
1	星期	广告次数	销售量
2	1	2	50
3	2	5	57
4	3	1	41
5	4	3	54
6	5	4	54
7	6	1	38
8	7	5	63
9	8	3	48
10	9	4	59
11	10	2	46

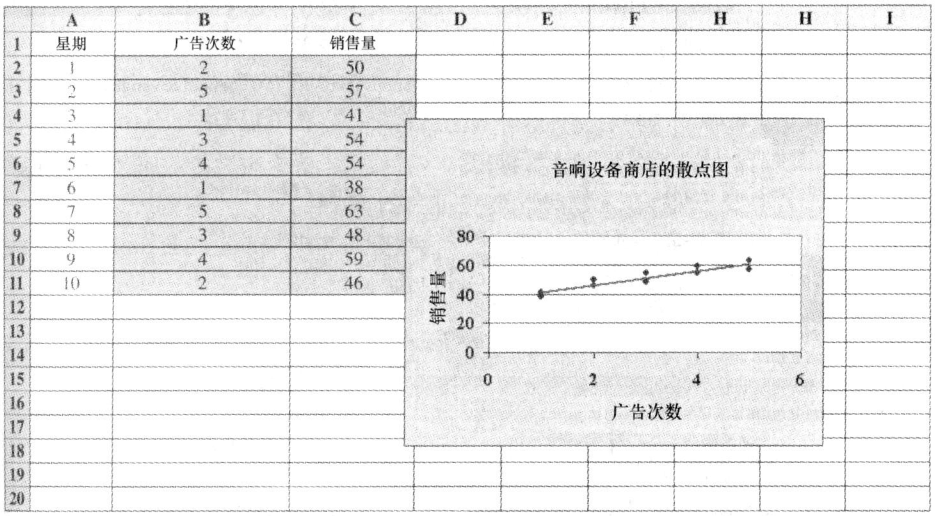

图 2.25　使用 Excel 的图表向导绘制音响设备商店的散点图和趋势线

在**图表标题**栏中输入**音响设备商店资料散点图**，

在**数值(*X*)轴**一栏中输入**广告次数**，

在**数值(*Y*)轴**一栏中输入**销售额**，

选择**图例**栏然后，

取消对**显示图例项**的选择，

单击**下一步**；

第六步，当出现“图表向导——4 步骤之 4——图表位置”对话框时，

指定图表的输出位置(这里我们用当前工作表的默认值)，

单击**完成**。

图 2.24 中所示的工作表显示了 Excel 形成的散点图(这里略微放大了一下散点图)。下面是

如何添加趋势线的步骤：

第一步，将鼠标指向散点图中的任何一个数据点，右键单击出现选项列表；

第二步，选择**添加趋势线**；

第三步，出现添加趋势线对话框，

选择**类型**栏，然后从**趋势预测/回归类型**选项中选择**线性**，

点击**确定**。

图 2.25 中的工作表显示了带有趋势线的散点图。

本章小结

即使是一组数量不多的数据，通常也难以根据其原有的形式直接加以解释。表格和图形是整理和概括数据的方法，它们可以揭示数据的特征，使数据更加容易解释。频数分布、相对频数分布、百分比频数分布、柱形图、饼形图是概括定性数据的图表法。频数分布、相对频数分布、百分比频数分布、直方图、累积频数分布、累积相对频数分布、累积百分比频数分布和折线图都是概括定量数据的图表方法。茎叶图提供了一种能够用于概括定量数据的探索性数据分析技术。交叉列表是一种概括两种变量数据的表格方法。散点图是显示两个定量变量之间关系的图形方法。图 2.26 列出了本章中介绍的图表方法。

对于已经介绍的大多数统计方法，我们介绍了怎样用 Excel 软件来完成。COUNTIF 和 FREQUENCY 函数可以用来编制单变量频数分布。数据透视表可以用来编制双变量数据的交叉列表。图表向导提供了多种图形类型。我们介绍了如何用它编制柱形图、饼形图、直方图和散点图。本章附录中介绍的直方图工具同样可以用来编制频数分布和定量数据直方图。

如果不确定应该使用何种 Excel 函数或者在使用某个函数的过程中有困难，Excel 的插入函数对话框可以提供帮助。这部分内容我们将在附录 E 中的"使用 Excel 函数"中介绍。

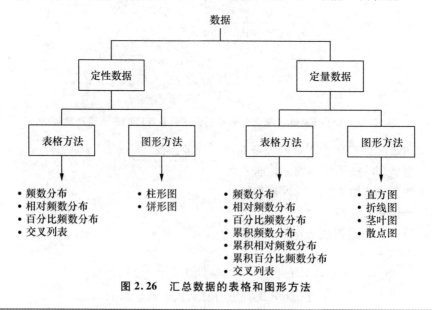

图 2.26 汇总数据的表格和图形方法

关键术语

定性数据	组中值	探索性数据分析
定量数据	直方图	茎叶图
相对频数分布	累积频数分布	交叉列表
百分比频数分布	累积相对频数分布	辛普森悖论
柱形图	累积百分比频数分布	散点图
饼形图	折线图	趋势线

主要公式

$$\text{每组相对频数} = \frac{\text{每组频数}}{n} \quad (2.1)$$

$$\text{近似组距} = \frac{\text{数据最大值} - \text{数据最小值}}{\text{组数}} \quad (2.2)$$

案例问题　Pelican 商店

Pelican 商店是一家在全美国范围内经营妇女服饰的连锁商店。近年来，它举办了一个向顾客赠送优惠券的促销活动。现有在活动当天 100 名持信用卡交易的顾客组成的样本，具体数据在 CD 文件 PelicanStore 中。表 2.19 是部分数据。在支付方式中，Proprietary Card 是指用全国服装费用支付卡。使用了优惠券的消费者即为享受到优惠的顾客，而没有使用优惠券的则为普通顾客。因为这样一来普通顾客得不到优惠，管理部门希望使普通顾客也有机会享受到优惠，而享受到优惠的顾客可以继续光顾 Pelican Store。

表 2.19 中的大部分数据的意义是很明确的，但是有两个变量需要进一步的整理。

数量：购买商品的总数量。

净销售额：在顾客信用卡上扣除的净额。

Pelican 的管理层想要使用这个样本数据来了解顾客，并且评估此次优惠券促销活动。

表 2.19　在 Pelican 商店中 100 名持卡消费者的样本数据

顾客	支付方式	数量	折扣额	销售额	性别	婚姻状况	年龄
1	Discover	1	0.00	39.50	Male	Married	32
2	Proprietary Card	1	25.60	102.40	Female	Married	36
3	Proprietary Card	1	0.00	22.50	Female	Married	32
4	Proprietary Card	5	121.10	100.40	Female	Married	28
5	Mastercard	2	0.00	54.00	Female	Married	34
⋮	⋮	⋮	⋮	⋮	⋮	⋮	⋮
96	Mastercard	1	0.00	39.50	Female	Married	44
97	Proprietary Card	9	82.75	253.00	Female	Married	30
98	Proprietary Card	10	18.00	287.59	Female	Married	52
99	Proprietary Card	2	31.40	47.60	Female	Married	30
100	Proprietary Card	1	11.06	28.44	Female	Married	44

管理报告

使用描述统计学的表格和图形方法来帮助管理部门建立顾客特征并评价促销活动。你的报告至少应该包括下列几方面内容：

1. 构建主要变量的百分比频数分布。
2. 绘制柱形图和饼形图，以显示因促销活动而增加的销售额。
3. 构建顾客类型（习惯性或促销性）与销售额的交叉列表，并评价其相似性与差异性。
4. 构建净销售额与顾客年龄的散点图，并考察二者之间的关系。

第三章 描述统计学：数量方法

目 录

统计实务：Small Fry 设计公司
3.1 位置测度
    3.1.1 平均数
    3.1.2 中位数
    3.1.3 众数
    3.1.4 应用 Excel 计算平均数、中位数和众数
    3.1.5 百分位数
    3.1.6 四分位数
    3.1.7 应用 Excel 工具计算百分位数和四分位数
3.2 变异程度测度
    3.2.1 极差
    3.2.2 四分位数间距
    3.2.3 方差
    3.2.4 标准差
    3.2.5 应用 Excel 计算样本方差和样本标准差
    3.2.6 变异系数
    3.2.7 应用 Excel 的描述统计学工具
3.3 分布形态、相对位置的测度以及异常值的检测
    3.3.1 分布形态
    3.3.2 z-分数
    3.3.3 切比雪夫定理
    3.3.4 经验法则
    3.3.5 异常值检测
3.4 探索性数据分析
    3.4.1 五数概括法
    3.4.2 盒形图
3.5 双变量相关关系测度
    3.5.1 协方差
    3.5.2 协方差的解释
    3.5.3 相关系数
    3.5.4 相关系数的解释
    3.5.5 应用 Excel 计算协方差和相关系数
3.6 加权平均数和分组数据
    3.6.1 加权平均数
    3.6.2 分组数据

统计实务
Small Fry 设计公司[*]
ANTA ANA, CALIFORNIA

Small Fry 设计公司成立于 1997 年,是一家经营婴幼儿玩具和用品的公司,从事婴幼儿产品的设计和进口,该公司的产品包括很多连体熊、车模、音乐玩具、会说话的玩偶、安全毯和特色的高质量玩具,这些玩具注重颜色、材质和音效。这些产品在美国设计,在中国制造。

Small Fry 设计公司派独立的销售代表把产品卖给婴幼儿家具经销商、婴幼儿用品服装商店、礼品店、高档消费品店和主要的邮购公司。如今,该公司的产品已经行销美国 1 000 多个零售场所。

在该公司的日常运营中现金流管理是最重要的管理内容。确保有足够的现金收入满足当前的和日常的偿债要求是商业成功与失败的关键所在。现金流管理有个重要的方面——分析和控制应收账款。通过度量未付款支票的平均期限和资金数额,管理人员能够预测可用现金并监控应收账款状态的变化。公司设定的目标为:待处理票据的平均期限不超过 45 天;超过 60 天的票据资金数额不应超过所有应收账款的 5%。

在最近对应收账款的总结中,使用了下面的描述统计量来衡量未付款支票的期限。

平均数	40 天
中位数	35 天
众数	31 天

上述统计显示该公司票据的平均期限是 40 天。中位数表示有一半的票据期限超过 35 天。支票期限的最高频数——众数为 31 天,表明未付款支票的最常见时间长度为 31 天。统计数据还显示所有应收账款中只有 3% 超过 60 天。基于这些统计信息,管理人员感到满意,因为应收账款和收入现金流都处于控制之中。

本章将学习怎样计算和解释 Small Fry 设计公司使用的统计指标。除了学习平均数、中位数和众数外,还将学习描述统计学中的极差、方差、标准差、百分比数和相关系数。这些数量标准有助于理解和解释数据。

[*] 作者感谢为统计实务提供了本案例的 Small Fry 设计公司总经理 John A. McCarthy。

在第二章中,我们学习了汇总数据的表格法和图形法,在本章中,我们将给出几种描述统计学的数量方法,这些方法为汇总分析数据提供了新的选择。

首先,我们考虑只包含一个变量的数据集,并学习这类问题的数量描述方法。当数据集包含的变量不止一个时,可以对每个变量分别使用相同的数值度量方法。但是,在两个变量的情况下我们还要学习变量之间关系的度量方法。

本章中,我们将介绍有关位置、离散程度、分布形态和相关程度的数值度量方法。如果这些特征数是由样本数据计算得出的,则称之为样本统计量(sample statistics)。如果这些特征数是由总体数据计算得出的,则称之为总体参数(population parameters)。在推断统计学中,样本统计量被称为相应总体的点估计(point estimator)。在第七章,我们将详细介绍点估计的过程。

本章中还将介绍几种 Excel 的统计函数。多数情况下,这些介绍可能会略微背离统计材料的主题。在 3.2 节的末尾,我们将专门介绍如何使用 Excel 的描述统计工具来实现描述统计学中几项常用数据的汇总。如果读者在使用统计函数的过程中有什么困难,Excel 的插入函数对话框可能会提供相应的帮助信息(参见附录 E)。

3.1 位置测度

3.1.1 平均值

对于单个变量来说,平均数或平均值可能是最重要的位置测度方法。平均值是一种数据集中位置的测度方法。如果是样本均值,则用 $\bar{x}$ 表示,如果是总体均值,则用希腊字母 μ 表示。

在统计公式中,通常用 x_1 表示变量 x 的第一个观测值,用 x_2 表示变量的第二个观测值,以此类推。一般地,变量 x 的第 i 个观测值用 x_i 来表示。对于一个有 n 个观测值的样本来说,样本均值的公式如下:

样本均值

$$\bar{x} = \frac{\sum x_i}{n} \quad (3.1)$$

> 样本均值 $\bar{x}$ 是一个样本统计量。

在上面公式中。分子是 n 个观测值之和,即,

$$\sum x_i = x_1 + x_2 + \cdots + x_n$$

希腊字母 $\sum$ 为求和符号。

为了说明样本平均值的计算,我们考虑下面反映班级人数的数据,该样本数据由 5 个大学班级的人数组成。

$$46 \quad 54 \quad 42 \quad 46 \quad 32$$

我们用符号 x_1、x_2、x_3、x_4 和 x_5 分别表示 5 个班的学生人数。

$$x_1 = 46 \quad x_2 = 54 \quad x_3 = 42$$
$$x_4 = 46 \quad x_5 = 32$$

因此,为计算样本平均值,我们可以写成

$$\bar{x} = \frac{\sum x_i}{n} = \frac{x_1 + x_2 + x_3 + x_4 + x_5}{n}$$

$$= \frac{46 + 54 + 42 + 46 + 32}{5} = 44$$

班级人数的样本平均值是 44。

下面是说明如何计算样本平均值的另一个例子。假设某大学生职业介绍所对一个来自商学院的毕业生样本进行问卷调查,以获取大学毕业生起始月薪的有关信息。表 3.1 给出了收集到的数据,则 12 名商学院毕业生的平均起始月薪计算如下:

$$\bar{x} = \frac{\sum x_i}{n} = \frac{x_1 + x_2 + \cdots + x_{12}}{n}$$

$$= \frac{2\,850 + 2\,950 + \cdots + 2\,880}{12}$$

$$= \frac{35\,280}{12} = 2\,940$$

表 3.1　12 名商学院毕业生起始月薪数据样本

毕业生	起始月薪（美元）	毕业生	起始月薪（美元）
1	2 850	7	2 890
2	2 950	8	3 130
3	3 050	9	2 940
4	2 880	10	3 325
5	2 755	11	2 920
6	2 710	12	2 880

公式(3.1)说明了对含有 n 个观测值的样本应该如何计算平均值。而计算总体平均值的公式也基本相同,但在计算总体平均值时我们采用不同的符号,以说明研究的对象是总体。总体中数据的总数用 N 表示,总体均值用 μ 表示。

> 样本平均值 $\bar{x}$ 是总体平均值 μ 的点估计。

总体均值

$$\mu = \frac{\sum x_i}{N} \tag{3.2}$$

3.1.2　中位数

中位数(median) 是对变量集中程度的又一种度量。当所有数据按照升序(从小到大的顺序)排列,中位数就是处在正中间的数值。当观测值的个数是奇数时,中位数就是位于中间的那个数值;当观测值是偶数时,则没有单一的中间值,在这种情况下,定义中位数为中间两个观测值的平均数。为了方便起见,将中位数重新定义如下:

中位数

将所有数据按照升序(从小到大的顺序)排列。

(a) 对奇数个观测值,中位数就是位于中间的那个数据值。

(b) 对偶数个观测值,中位数就是位于中间的两个数据值的平均值。

我们运用这个定义来计算 5 个大学班级的班级人数中位数。将 5 个数据值按照升序排列如下:

32　42　46　46　54

由于 $n = 5$ 是奇数,则中位数就是中间的数据值。因此班级人数的中位数是 46 人。尽管数据中有两个值为 46,但在按升序排列数据时,对这两个观测值应该单独处理。

下面,我们再来计算表 3.1 中 12 位商学院毕业生起始月薪的中位数。我们首先将数据进行升序排列如下:

2 710　2 755　2 850　2 880　2 880　2 890　2 920　2 940　2 950　3 050　3 130　3 325

中间两个值

由于 $n=12$,我们找出中间两个数据:2 890 和 2 920。中位数就是它们的平均值。

$$中位数 = \frac{2\,890 + 2\,920}{2} = 2\,905$$

尽管平均数是度量数据集中程度最常用的方法,但在一些情况下,使用中位数的效果可能更好。平均数会受到极大或极小值的影响。例如,假设有一个毕业生(见表 3.1)的起始月薪为 10 000 美元(可能由于该公司是他自家的)。如果我们将表 3.1 中起始月薪的最大值由 3 325 美元改为 10 000 美元,重新计算平均数,则样本的平均数会从原来的 2 940 美元变为 3 496 美元。但中位数仍为 2 905 美元,因为 2 890 和 2 920 仍是中间的两个数据值。当存在异常值时,中位数可以更好地度量数据的集中程度。一般地,在数据集含有异常值的情况下,中位数往往更适合于度量数据的集中程度。

> 中位数作为集中程度的度量,经常用于测度年收入及资产价值,因为收入和资产价值中较大的异常值会影响平均数。在这种情况下,中位数可以更好地反映集中程度。

3.1.3　众数

第三种测量集中程度的方法是众数(mode)。

众数是出现频率最高的数据值。

为了说明众数的定义,考虑 5 个大学班级人数的样本。唯一出现次数超过一次的数值是 46。既然这个数据的出现频数是 2,是频数最高的数值,它就是众数。再比如,考虑商学院毕业生的起始月薪,唯一出现次数超过一次的数值是 2 880 美元。它具有最大的频数,因此它就是众数。

还有可能会出现下面情况,两个或多个不同的数据值出现的频数相同且都为最高。在这种情况下,众数就不止一个。如果一组数据中刚好有两个众数,我们就说该数据是双峰(bimodal)的。如果一组数据有两个以上众数,我们就说这组数据是多峰(multimodal)的。在多众数的情况下,一般就不指出哪个是众数,因为列出 3 个或更多的众数,对于描述数据的集中程度并不起多大作用。

众数是一种非常重要的测度定性数据集中程度的方法。例如,使用表 2.2 中的数据集可以构建如下关于软饮料购买行为的频数分布:

软饮料	频数
可口可乐	19
健怡可乐	8
七喜	5
百事可乐	13
雪碧	5
总计	50

众数,或者说购买人数最多的软饮料是可口可乐。对这类数据来说,计算平均值和中位数并没有意义。众数提供了人们感兴趣的信息,即购买频率最高的软饮料。

3.1.4 应用 Excel 计算平均值、中位数和众数

Excel 提供了计算平均值、中位数和众数的函数,我们通过计算表 3.1 中的起始月薪数据的平均值、中位数和众数来说明应该如何应用这些函数。具体步骤参见图 3.1。背景表是公式工作表,前景表是数值工作表。

	A	B	C	D	E	F
1	毕业生	起始月薪		平均值	=AVERAGE(B2:B13)	
2	1	2850		中位数	=MEDIAN(B2:B13)	
3	2	2950		众数	=MODE(B2:B13)	
4	3	3050				
5	4	2880				
6	5	2755				
7	6	2710				
8	7	2890				
9	8	3130				
10	9	2940				
11	10	3325				
12	11	2920				
13	12	2880				
14						

	A	B	C	D	E	F
1	毕业生	起始月薪		平均值	2940	
2	1	2850		中位数	2905	
3	2	2950		众数	2880	
4	3	3050				
5	4	2880				
6	5	2755				
7	6	2710				
8	7	2890				
9	8	3130				
10	9	2940				
11	10	3325				
12	11	2920				
13	12	2880				
14						

图 3.1 12 位商学院毕业生起始月薪的平均数、中位数和众数

输入数据:将标题名和起始月薪的数据输入到工作表的单元格 A1 到 B13 中。

输入函数和公式:在 E1 中输入下面公式,就可以利用 Excel 的 AVERAGE 函数来计算平均值:

$$= AVERAGE(B2:B13)$$

同样的,分别在单元格 E2 和单元格 E3 中输入公式 = MEDIAN(B2:B13) 和公式 = MODE(B2:B13),这样就可以计算出中位数和众数。在单元格 D1 到 D3 中输入标题平均数、中位数和众数,以区别输出结果。

> 如果数据是双峰或者多峰的,那么 Excel 的 MODE 函数将不能得出正确的众数。

单元格 E1 到 E3 中的公式显示在图 3.1 的背景公式工作表中,前景表中显示的是使用 Excel 公式计算出的结果。可以看到,平均值(2 940)、中位数(2 905)和众数(2 880)与我们先前计算的结果相同。

3.1.5 百分位数

百分位数提供了关于数据是如何在最大值和最小值之间分布的信息。对于没有多个重复数值的数据,第 p 百分位数将数据分割为两部分:大约有 $p\%$ 的观测值比第 p 百分位数小;而大约有 $(100-p)\%$ 的观测值要大于或等于第 p 百分位数。第 p 百分位数的严格定义如下:

百分位数

第 p 百分位数是满足下列条件的一个数值:至少有 $p\%$ 的观测值小于或等于该值,且至少有 $(100-p)\%$ 的观测值大于或等于该值。

高等学校的入学考试成绩通常是以百分位数的形式报告出来的。比如,假设某个考生入学考试的口语成绩是 54 分。但与其他参加这次考试的学生相比较,该学生的成绩如何并不清楚。然而,如果 54 分恰好对应着第 70 百分位数,我们就能知道,大约有 70% 的学生的成绩比他低,而大约有 30% 的学生成绩比他高。

我们可以通过下面的步骤来计算第 p 百分位数。

第一步,将数据按升序排列(从最小值到最大值);

第二步,计算指数 i

$$i = \left(\frac{p}{100}\right)n$$

> 下述步骤可以简化百分位数的计算过程。

p 是所求的百分位数,n 是观测值的个数。

第三步,(a) 如果 i 不是整数则向上取整,比 i 大的下一个整数就是第 p 百分位数的位置;

(b) 如果 i 是整数,则第 p 百分位数就是第 i 个数据值和第 $i+1$ 个数据值的平均数。

为了说明这个过程,我们来计算表 3.1 中起始月薪数据的第 85 百分位数。

第一步,将数据按升序排列;

2 710 2 755 2 850 2 880 2 880 2 890 2 920 2 940 2 950 3 050 3 130 3 325

第二步,

$$i = \left(\frac{p}{100}\right)n = \left(\frac{85}{100}\right)12 = 10.2$$

第三步,因为 10.2 不是整数,向上取整,所以第 85 百分位数所在的位置是比 10.2 大的相邻整数,即第 11 位。

回到原来的数据,我们看到第 85 百分位数就是原数据中的第 11 个项,即 3 130。

作为另一个例子,我们考虑第 50 百分位数的计算过程。应用第二步的公式,我们得到:

$$i = \left(\frac{50}{100}\right)12 = 6$$

由于 i 是整数,根据计算法则第三步中的 b 可知,第 50 百分位数就是第 6 项与第 7 项的平均值。因此第 50 百分位数是 $(2\,890 + 2\,920)/2 = 2\,905$。注意,第 50 百分位数也就是中位数。

3.1.6 四分位数

人们经常要把数据划分为四部分,第一部分包含 1/4 或 25% 的观测值。图 3.2 显示了一个被分为四部分的数据集,其分割点就称为四分位数。四分位数的定义为:

> 四分位数是特殊的百分位数,因此,计算百分位数的步骤可以直接用于计算四分位数。

$Q_1 = $ 第一四分位数,或者第 25 百分位数

$Q_2 = $ 第二四分位数,或者第 50 百分位数(也就是中位数)

$Q_3 = $ 第三四分位数,或者第 75 百分位数

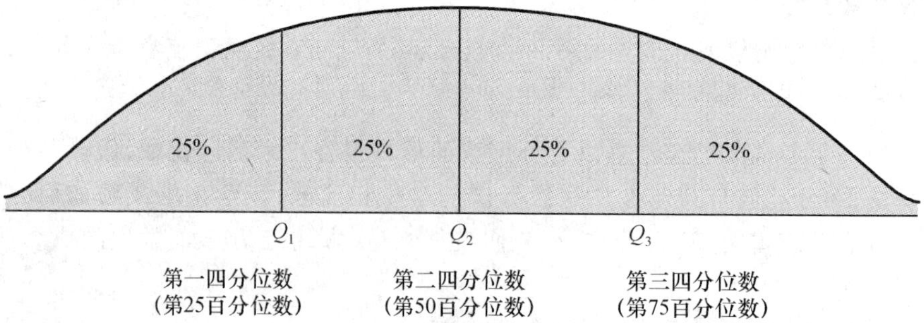

图 3.2 四分位数的位置

起始月薪数据按照升序重新排列,我们已知 Q_2,即第二四分位数为 2 905。

2 710　2 755　2 850　2 880　2 880　2 890　2 920　2 940　2 950　3 050　3 130　3 325

Q_1 和 Q_3 的计算,需要借助计算第 25 百分位数和第 75 百分位数的计算方法。这些计算如下:

对于 Q_1,

$$i = \left(\frac{p}{100}\right)n = \left(\frac{25}{100}\right)12 = 3$$

由于 i 是整数,由计算法则的第三步可知,第一四分位数,或者说是第 25 百分位数,是第 3 项与第 4 项数值的平均值。所以 $Q_1 = (2\,850 + 2\,880)/2 = 2\,865$。

对于 Q_3,

$$i = \left(\frac{p}{100}\right)n = \left(\frac{75}{100}\right)12 = 9$$

同样,由于 i 是整数,根据计算法则的第三步可知,第三四分位数,或者说是第 75 百分位数是第 9 和第 10 个数据值的平均数;因此 $Q_3 = (2\,950 + 3\,050)/2 = 3\,000$。

四分位数把起始月薪数据分成了四部分,每一部分包含 25% 的数据。

2 710　2 755　2 850 | 2 880　2 880　2 890 | 2 920　2 940　2 950 | 3 050　3 130　3 325

　　$Q_1 = 2\,865$　　　　　　$Q_2 = 2\,905$　　　　　　$Q_3 = 3\,000$
　　　　　　　　　　　　　(中位数)

我们将四分位数定义为第 25 百分位数、第 50 百分位数和第 75 百分位数。因此,使用和计算百分位数相同的方法来计算四分位数,而且根据所用方法的不同,计算出的四分位数的实际值也会略有不同。不过,所有计算四分位数的方法,其目的都是将数据划分为相等的四个部分。

3.1.7　应用 Excel 工具计算百分位数和四分位数

不同的软件计算四分位数和百分位数的方法是不一样的。在 Excel 中,计算第 p 百分位数的公式为

$$L_p = \left(\frac{p}{100}\right)n + \left(1 - \frac{p}{100}\right)$$

例如,如果使用 Excel 计算起始月薪数据的第 85 百分位数,其过程为:

$$L_{85} = 0.85 \times 12 + (1 - 0.85) = 10.20 + 0.15 = 10.35$$

数值 $L_{85} = 10.35$ 说明当数据按照升序排列时,第 85 百分位数是介于第 10 个和第 11 个数据之间。其数值应为第 10 个观测值(3 050)加上第 10 个观测值与第 11 个观测值(3 130)的差值的 0.35 倍。因此,第 85 百分位数为 $3\,050 + 0.35 \times (3\,130 - 3\,050) = 3\,078$。*

用 Excel 计算百分位数和四分位数是很方便的。例如,通过将下面公式输入到工作表的单元格中,我们便可以用 Excel 的 PERCENTILE 函数来计算起始月薪数据的 85 百分位数,参见图 3.1:

$$= \text{PERCENTILE}(B2:B13, .85)$$

经 Excel 计算得出的结果是 3 078。要计算其他百分位数,我们只需将上述公式中的 0.85 改成其他数值。例如,把原公式中的 0.85 改成 0.25(第 25 百分位数或第一四分位数),0.50(第 50 百分位数或第二四分位数),0.75(第 75 百分位数或第三四分位数)我们就可以利用 Excel 的 PERCENTILE 函数来计算起始月薪数据的四分位数。

另一方面,我们还可以利用 Excel 的 QUARTILE 函数来计算四分位数。例如,通过将下面公式输入到工作表的单元格中,我们便可以计算出起始月薪数据的第一四分位数,参见图 3.1:

$$= \text{QUARTILE}(B2:B13, 1)$$

Excel 提供的数据是 2 872.5。我们可以通过将数值 1 替换为数值 2 来计算原数据的第二四分位数或中位数,把 1 替换为 3 来计算第三四分位数。

> 如果将 QUARTILE 函数中的数值 1 改为 0,Excel 将输出改组数据中的最小值,如果改为 4,则输出最大值。

计算百分位数和四分位数对于把握数据的分布具有重要作用。比如,如果你是一名学生,并且想要了解自己的收入与别人相比处于一个什么水平,那么你就会找到这些数据并计算其百分位数。或者当你知道自己的考试分数并且想了解自己处于一个怎样的水平时,也需要计算百分位数。Excel 的排序和百分位数工具可以用来提供这些信息。

我们通过计算表 3.1 中的起始月薪数据来说明应该如何使用 Excel 的排序和百分位数工具。有关步骤参见图 3.3。

输入数据:将标题和起始月薪数据输入到单元格 A1 到 B13 中。

输入函数和公式:无须输入函数和公式。

使用工具:通过下面步骤可以对每组观测值进行排序并计算出百分位数:

第一步,选择**工具**菜单;

第二步,选择**数据分析**;

第三步,从分析工具列表中选择**排位和百分位数**选项;

第四步,当出现排序和百分位数对话框时,

在**输入区域**框中输入 B1:B13,

分组方式选择列,

选择**标志位于第一行**,

选择**输出区域**,

> 注意:如果在工具菜单中没有数据分析选项,可选择加载宏,再选择分析工具包。

---

* 由 Excel 计算得出的第 85 百分位数并不严格满足定义,因为只有 83% 的数据小于或等于 3 078。我们对该数值进行了调整,修改为 3 130,以满足第 85 百分位数的定义。对于较大的数据集,用 Excel 计算出的结果与用三步法计算出的结果并无明显差别。

	A	B	C	D	E	F	G	H
1	毕业生	起始薪酬		序号	起始薪酬	排序	百分数	
2	1	2850		10	3325	1	100.00%	
3	2	2950		8	3130	2	90.90%	
4	3	3050		3	3050	3	81.80%	
5	4	2880		2	2950	4	72.70%	
6	5	2755		9	2940	5	63.60%	
7	6	2710		11	2920	6	54.50%	
8	7	2890		7	2890	7	45.40%	
9	8	3130		4	2880	8	27.20%	
10	9	2940		12	2880	8	27.20%	
11	10	3325		1	2850	10	18.10%	
12	11	2920		5	2755	11	9.00%	
13	12	2880		6	2710	12	0.00%	
14								

图 3.3 使用 Excel 的排序和百分位数工具计算起始月薪

在**输出区域**框中输入 D1(在此框中输入数据结果左上角所对应的单元格),单击**确定**。

使用排序和百分位数工具计算得出的结果显示在单元格 D1 到 G13 中。单元格 F2 到 F13 是对观测值的排序。最高收入的序号为 1,最低收入的序号为 12。单元格 G2 到 G13 是每一收入对应的百分位。例如,2 850 所对应的百分位是 18.1%,因为在其他 11 个数据中,有 2 个比 2 850 小。最低收入对应第 0 百分位数,最高收入对应第 100 百分位数。从最低收入到最高收入,每一个收入对应的百分位数以(1/11)100% 递增,相同的两个数除外。Excel 会给两个相同的数据赋予相同的序号和百分位数。可以看到,表中两个相同的数据(2 880)被赋予了相同的序号 8 和相同的百分位数 27.20%。

> 当计算一组数据的百分位数时,Excel 会按照从 0 到 n 的顺序为每个观测值编号。

注释与评论

当数据集中有异常值时,使用中位数作为集中程度的度量要比平均数更合适。有时,在存在异常值的情况下,我们使用另外一种度量方法,即修正平均数(trimmed mean)。删除数据中一定比例的最大值和最小值,然后计算剩余数据的平均值,就得到修正平均数。例如,我们从数据中删除 5% 的最小值和 5% 的最大值,然后再计算剩余数据的平均值,就得到 5% 修正平均数,对于 $n = 12$ 的起薪数据样本,$0.05 \times 12 = 0.6$。四舍五入得到这个值为 1,表明 5% 调整平均数要删除一个最大值和一个最小值。用 10 个剩余观测值计算的 5% 调整平均数为 2 924.50。

3.2 变异程度测度

除了位置测度以外,通常还需要考虑变异程度亦即离散程度的度量。例如,假如你是一家大型制造公司的采购代理,你定期向两个不同的供货商订货。经过几个月的运营,两家供货商完成订单所需的平均时间都是10天左右。图3.4是两家供货商交付订货所需时间数据的直方图。虽然两家供货商交付订货的平均时间都是10天,但从按期交货角度来说,两家供货商是否具有同等可信度呢?根据直方图中的变异程度或离散程度,你更愿意选择哪一家供货商呢?

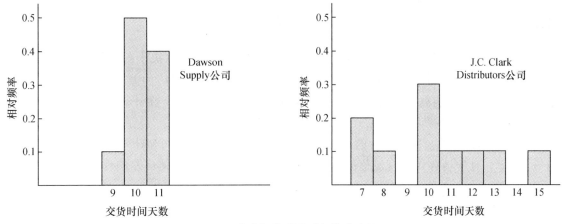

图 3.4　完成订单所需时间的直方图

对于绝大多数公司来说,按时收到物资材料是很重要的。图中显示克拉克批发公司(J. C. Clark Distributors)用7—8天时间即有可能交货,这固然值得称赞;但有时也会拖到13—15天交货,这对于保证工人正常开工和按时生产可能会是灾难性的。这个例子说明,有时候对于交货时间来说,离散度是选择供应商的最重要因素。对于大多数采购代理来说,较低的变异程度将使道森供应公司(Dowson Supply, Inc.)成为首选供应商。

我们现在来讨论一些常用的变异程度的度量方法。

3.2.1　极差

测度变异程度最简单的方法就是**极差(range)**。

$$极差 = 最大数据值 - 最小数据值$$

我们来看表3.1中商学院毕业生起始薪酬数据。最高起薪为3 325美元,最低起薪为2 710美元,因此极差是3 325 - 2 710 = 615。

虽然极差是测度变异程度最简单的方法,但很少单独使用。原因是极差仅仅是基于两个观测值而计算的结果,因此它极易受到异常值的影响。假定有一个毕业生的初始薪酬是每月10 000美元。在这种情况下,极差将是10 000 - 2 710 = 7 290而不再是615。这么大的极差并不能很好地描述数据的变异程度,因为在12个数据中,有11个集中在2 710—3 131之间。

3.2.2　四分位数间距

四分位数间距(inter-quartile range,IQR)作为一种度量变异程度的方法,能够克服异常值的影响。它是第三四分位数Q_3与第一四分位数Q_1的差值。换而言之,四分位数间距就是中间50%数据的极差。

四分位数间距

$$IRQ = Q_3 - Q_1 \tag{3.3}$$

对于起始月薪数据,四分位数 $Q_3 = 3\,000$,$Q_1 = 2\,865$。因此,四分位数间距就等于 $3\,000 - 2\,865 = 135$。

3.2.3 方差

方差(variance)是利用所有数据来计算离散程度的方法。方差取决于每个数据值(x_i)与平均数的差值。每个数据值 x_i 和平均值($\bar{x}$ 表示样本均值,μ 表示总体均值)的差称为离差(deviation about the mean)。样本的离差记为$(x_i - \bar{x})$;总体的离差记为$(x_i - \mu)$。在计算方差时,需要将平均数的离差平方。

如果数据集是总体。离差平方的平均值称为总体方差(population variance),总体方差用希腊字母 σ^2 表示。对于具有 N 个观测值的总体,用 μ 表示总体均值。总体方差的计算公式如下:

总体方差

$$\sigma^2 = \frac{\sum (x_i - \mu)^2}{N} \tag{3.4}$$

在许多统计应用中,需要分析样本数据。当我们计算出样本方差时,常常希望用样本方差来估计总体方差 σ^2。尽管更加详细的解释已经超出了本书的范围,但可以证明,当样本离差的平方和除以 $n-1$ 而不是除以 n 时,所得到的样本方差是总体方差的无偏估计。鉴于此,样本方差用 s^2 表示,定义如下:

样本方差

$$s^2 = \frac{\sum (x_i - \bar{x})^2}{n - 1} \tag{3.5}$$

> 样本方差 s^2 是总体方差的点估计值。

为了举例说明样本方差的计算过程,我们使用3.1节中的5个大学班级的班级人数样本数据。在表3.3中列出了所有的汇总结果,包括平均数和离差平方的计算过程。平均数和离差平方和为 $\sum (x_i - \bar{x})^2 = 256$,并且 $n - 1 = 4$。所以,样本方差为

$$s^2 = \frac{\sum (x_i - \bar{x})^2}{n - 1} = \frac{256}{4} = 64$$

在继续讨论之前,我们注意到样本方差的单位常常会引起混淆。因为在方差的计算中,需要求和的数值$(x_i - \bar{x})$都是平方项,所以样本方差的单位也是平方项。例如,班级人数数据的样本方差是 $s^2 = 64$(学生数)^2。方差的平方单位使得我们很难直观理解和解释方差的数值。我们建议将方差看成是比较两个或两个以上数据变异程度的一种方法。在比较变量时,具有较大方差的离散度较大。对于方差数据值的进一步解释则没有必要。

> 方差在比较两个或多个变量的离散程度时是相当有用的。

表 3.3 班级人数数据的离差和离差平方的计算表

班级学生数 (x_i)	平均班级人数 ($\bar{x}$)	离差 ($x_i - \bar{x}$)	离差平方 $(x_i - \bar{x})^2$
46	44	2	4
54	44	10	100
42	44	−2	4
46	44	2	4
32	44	−12	144
		0	256
		$\sum (x_i - \bar{x})$	$\sum (x_i - \bar{x})^2$

作为说明样本方差计算的另一个例子,我们考虑表 3.1 中列出的 12 个商学院毕业生初始薪酬的数据。3.1 节中我们计算出薪酬的样本均值是 2 940。图 3.5 显示了离差和离差平方的计算过程。背景工作表显示了 Excel 所使用的公式,前景工作表显示了计算结果。离差的平方和为 $\sum (x_i - \bar{x})^2 = 301\,850$(见单元格 E14)。取 $n - 1 = 11$,样本方差是

	A	B	C	D	E	F
1	毕业生	起始薪酬	样本均值	离差	离差平方	
2	1	2850	=AVERAGE($B$2:$B$13)	=B2-C2	=D2^2	
3	2	2950	=AVERAGE($B$2:$B$13)	=B3-C3	=D3^2	
4	3	3050	=AVERAGE($B$2:$B$13)	=B4-C4	=D4^2	
5	4	2880	=AVERAGE($B$2:$B$13)	=B5-C5	=D5^2	
6	5	2755	=AVERAGE($B$2:$B$13)	=B6-C6	=D6^2	
7	6	2710	=AVERAGE($B$2:$B$13)	=B7-C7	=D7^2	
8	7	2890	=AVERAGE($B$2:$B$13)	=B8-C8	=D8^2	
9	8	3130	=AVERAGE($B$2:$B$13)	=B9-C9	=D9^2	
10	9	2940	=AVERAGE($B$2:$B$13)	=B10-C10	=D10^2	
11	10	3325	=AVERAGE($B$2:$B$13)	=B11-C11	=D11^2	
12	11	2920	=AVERAGE($B$2:$B$13)	=B12-C12	=D12^2	
13	12	2880	=AVERAGE($B$2:$B$13)	=B13-C13	=D13^2	
14				=SUM(D2:D13)	=SUM(E2:E13)	
15						

	A	B	C	D	E	F
1	毕业生	起始薪酬	样本均值	离差	离差平方	
2	1	2850	2940	−90	8100	
3	2	2950	2940	10	100	
4	3	3050	2940	110	12100	
5	4	2880	2940	−60	3600	
6	5	2755	2940	−185	34225	
7	6	2710	2940	−230	52900	
8	7	2890	2940	−50	2500	
9	8	3130	2940	190	36100	
10	9	2940	2940	0	0	
11	10	3325	2940	385	148225	
12	11	2920	2940	−20	400	
13	12	2880	2940	−60	3600	
14				0	301850	
15						

图 3.5 用来计算初始薪酬数据离差与离差平方和的 Excel 工作表

$$s^2 = \frac{\sum(x_i - \bar{x})^2}{n-1} = \frac{301\,850}{11} = 27\,440.91$$

我们计算初始薪酬数据样本方差的方法与计算班级人数数据样本方差的方法是相同的(见表3.3)。我们依据的是公式(3.5)的定义。不同的是这一次我们使用了 Excel 软件来减轻计算负担。在后面我们将介绍 Excel 提供的可以直接计算方差的函数,利用这一函数,我们无需输入上文中计算离差平方和的各种公式即可得出结果。

> 使用定义法计算样本方差有助于我们认识方差的本质,即测度数据离散程度的方差是离差平方的函数。

注意在表3.3和图3.5中,我们同时给出了离差和与离差平方和。对于任何数据集,离差和都是0。注意到在表3.3和图3.5中,$\sum(x_i - \bar{x}) = 0$。正的离差和负的离差相互抵消,导致平均数的离差之和等于零。

3.2.4 标准差

标准差(standard deviation)定义为方差的正平方根。沿用前面的样本方差和总体方差的标号,我们用 s 表示样本标准差,用 σ 表示总体标准差。标准差来源于方差,计算公式如下:

标准差

$$\text{样本标准差} = s = \sqrt{s^2} \qquad (3.6)$$

$$\text{总体标准差} = \sigma = \sqrt{\sigma^2} \qquad (3.7)$$

> 样本标准差 s 是总体标准差的点估计值。

回顾前面的例子,5 个大学班级人数样本方差是 $s^2 = 64$,因此样本标准差为 $s = \sqrt{64} = 8$。对于初始薪酬数据,样本标准差 $s = \sqrt{27\,440.91} = 165.65$。

将方差转换为其对应的标准差有什么好处? 我们知道,方差的单位是平方项,例如,商学院毕业生初始薪酬数据的样本方差 $s^2 = 27\,440.91(\text{美元})^2$。由于标准差是方差的平方根,则标准差的单位就是美元的平方再开方即美元。因此,初始薪酬数据的标准差为 165.65 美元。这样标准差的单位就与原始数据的单位相同。正是这个原因,标准差就很容易与均值以及其他一些和原始数据具有相同单位的统计指标进行比较了。

> 标准差比方差更易于解释,因为标准差与数据的单位相同。

3.2.5 应用 Excel 计算样本方差和样本标准差

Excel 提供了计算样本方差和样本标准差的函数,我们以初始薪酬数据为例加以介绍。相关步骤参见图3.6。图3.6是图3.1的扩展,介绍了如何使用 Excel 计算平均值、中位数和众数。背景表是公式工作表,前景表是数值工作表。

输入数据:将标题和初始薪酬数据输入到单元格 A1 到 B13 中。

输入函数和公式:如前所述,在单元格 E1 到 E3 中分别输入 AVERAGE,MEDIAN 和 MODE 函数。Excel 的 VAR 函数可以用来计算样本方差,我们将该公式输入到单元格 E4 中,输入公式如下:

$$= \text{VAR}(\text{B2:B13})$$

同样地,在单元格 E5 中输入公式 $=\text{STDEV}(\text{B2:B13})$,用来计算样本标准差。在数值工作表

	A	B	C	D	E	F
1	毕业生	起始薪酬		平均值	=AVERAGE(B2:B13)	
2	1	2850		中位数	=MEDIAN(B2:B13)	
3	2	2950		众数	=MODE(B2:B13)	
4	3	3050		方差	=VAR(B2:B13)	
5	4	2880		标准差	=STDEV(B2:B13)	
6	5	2755				
7	6	2710				
8	7	2890				
9	8	3130				
10	9	2940				
11	10	3325				
12	11	2920				
13	12	2880				
14						

	A	B	C	D	E	F
1	毕业生	起始薪酬		平均值	2940	
2	1	2850		中位数	2905	
3	2	2950		众数	2880	
4	3	3050		方差	27440.91	
5	4	2880		标准差	165.65	
6	5	2755				
7	6	2710				
8	7	2890				
9	8	3130				
10	9	2940				
11	10	3325				
12	11	2920				
13	12	2880				
14						

图 3.6 计算初始薪酬数据样本标准差的 Excel 工作表

的单元格 D1 到 D5 中输入正确的标题以区分显示计算结果。

前景数值工作表显示了用 Excel 函数计算的结果,注意到这样计算出来的方差和标准差与前面用定义计算出来的结果是相同的。

3.2.6 变异系数

在某些情况下,我们会关注标准差与平均值的相对比例大小这个指标。这种测度工具称为**变异系数**(coefficient of variation),其定义如下:

> 变异系数是一种测度变异程度的相对方法;它测度标准差相对平均值的比例。

$$\text{变异系数} \left(\frac{\text{标准差}}{\text{平均值}} \times 100 \right) \% \qquad (3.8)$$

对于班级人数数据,我们已经计算出样本平均值是 44,样本标准差是 8,则变异系数为 [(8/44)×100]% =18.2%。用文字表示则是,变异系数告诉我们样本标准差是样本均值的 18.2%。对于初始薪酬数据,样本均值是 2 940,样本标准差是 165.65,则变异系数是[(165.65/2 940)×100]% =5.6%,也就是说样本标准差仅仅是样本均值的 5.6%。一般地,当两个变量具有不同的标准差和平均值时,变异系数是比较这两个变量离散程度的有效统计指标。

3.2.7 应用 Excel 的描述统计学工具

正如我们看到的,Excel 提供了计算数据集的各个描述统计量的统计函数。这些函数每使用一次可以计算出一个指标(如平均值、方差等)。Excel 也提供了多种数据分析工具。其中有一种叫做"描述统计"的工具,它可以一次同时计算多种描述统计量。这里,我们将介绍如何使用"描述统计"工具计算表3.1中初始薪酬数据的各个描述统计量。相关步骤参照图3.7和图3.8。

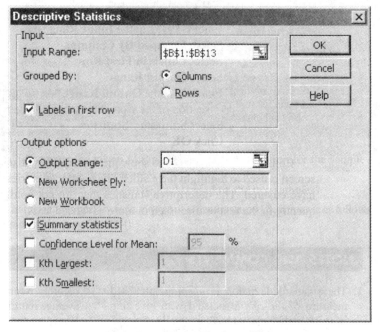

图3.7 起始薪酬数据的"描述统计"工具对话框

	A	B	C	D	E	F
1	毕业生	起始薪酬		起始薪酬		
2	1	2850				
3	2	2950		平均值	2940	
4	3	3050		标准误差	47.8199	
5	4	2880		中位数	2905	
6	5	2755		众数	2880	
7	6	2710		标准差	165.653	
8	7	2890		样本方差	27440.91	
9	8	3130		峰值	1.7189	
10	9	2940		偏斜度	1.0911	
11	10	3325		极差	615	
12	11	2920		最小值	2710	
13	12	2880		最大值	3325	
14				求和	35280	
15				计数	12	
16						

图3.8 使用Excel计算初始薪酬数据的描述统计值

输入数据:将标题和初始薪酬数据输入到单元格A1到B13中。

输入函数和公式:无须输入函数和公式。

使用分析工具:以下是使用Excel描述统计工具的步骤:

第一步,选择工具菜单;

第二步,选择数据分析选项;

第三步，从**分析工具**列表中选择**描述统计**，

第四步，当出现描述统计对话框时，

　　在**输入区域**输入 B1:B13，

　　选择**逐列分组**方式，

　　选择标志位于第一行，

　　选择**输出区域**，在输出区域框中输入 D1（确定显示描述统计量的工作表区域的左上角位置），

　　选择**汇总统计**，

　　单击**确定**。

图 3.8 中单元格 D1 到 E15 中显示了用 Excel 得出的描述统计量，我们用灰色突出了结果。黑体字部分是我们介绍过的描述统计量。没有加粗字体的统计指标在本书的后面或者其他高级书中会有所涉及。

注释与评论

1. 标准差通常用来度量与股票和股票基金相关的风险（*Business Week*, 2000.1.17）。它给出了月收益围绕长期平均收益的波动状况。

2. 当使用计算器计算方差和标准差时，对样本平均值 $\bar{x}$ 和平方差 $(x_i - \bar{x})^2$ 进行四舍五入处理，可能会引起方差或标准差的计算误差。为了减少舍入误差，我们建议在计算的中间步骤至少保留 6 位有效数字，而所得的方差或标准差可以少保留一些位数。

3. 计算样本方差的另一个公式为：

$$s^2 = \frac{\sum x_i^2 - n\bar{x}^2}{n - 1} \qquad 其中，\sum x_i^2 = x_1^2 + x_2^2 + \cdots + x_n^2$$

3.3 分布形态、相对位置的测度以及异常值的检测

我们已经介绍了几种测度数据位置和变异程度的方法。但对分布形态的度量也是很重要的。在第二章中，我们注意到直方图为分布形态提供了一种很好的图形描述。分布形态的一种重要度量方法就是**偏度**（**skewness**）。

3.3.1 分布形态

图 3.9 是根据相对频数分布构建的直方图。图 A 和图 B 中的直方图呈现一定程度的偏态：图 A 的直方图是左偏，偏度为 -0.85；图 B 的直方图是右偏，偏度为 +0.85。图 C 的直方图是对称的，偏度为 0。图 D 的直方图是严重右偏的，偏度为 1.62。对于左偏的数据，偏度为负值；对于右偏的数据，偏度是正值。如果数据是对称的，则偏度为 0。

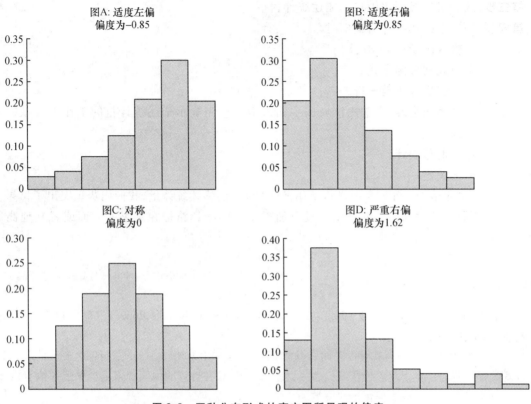

图3.9 四种分布形式的直方图所呈现的偏度

计算偏度的公式较为复杂,*但是在 Excel 中可以很容易地实现。在3.2节中,我们演示了如何使用 Excel 的描述统计工具来计算表3.1中起始薪酬数据的各个描述统计量,结果显示在图3.8的工作表中。单元格 D1 中的标题偏度以及单元格 E10 中对应的结果说明起始薪酬数据呈现出右偏的分布形态。

对于一个对称分布,平均值和中位数是相等的;如果数据右偏,平均值通常大于中位数;当数据左偏,平均值通常小于中位数。图 D 中的直方图是根据妇女服饰商店的数据构建的。平均购买量是77.60美元,而购买量的中位数是59.70美元。少数大笔的购买量使得平均值有所增加,但中位数却不受这些大笔交易的影响。当数据偏度较大时,中位数可以很好地测量数据的集中情况。

> 通过向图3.8中的任意单元格输入下面公式: = SKEW(B2:B13),我们便可以利用 Excel 的 SKEW 函数来计算偏度。

3.3.2 z-分数

对一个数据集,除了位置、变异程度和分布形态的度量外,我们常常对数据项在数据集中的相对位置感兴趣。通过测度数据的相对位置可以帮助我们了解某一特定数据偏离平均值的程度。

---

* 计算样本偏度的公式为:

$$\text{偏度} = \frac{n}{(n-1)(n-2)} \sum \left(\frac{x_i - \bar{x}}{s} \right)^3$$

通过运用平均值和标准差,我们可以确定任意观测值的相对位置。假定有一个样本容量为 n 的样本,其数据值分别表示为 $x_1, x_2, \cdots, x_n$。另外,假定样本均值 $\bar{x}$ 和样本方差 s 已知。则根据每个不同的数据项计算出的这个数值称为 z-分数。公式(3.9)是每个 x_i 的 z-分数的计算公式。

z-分数

$$z_i = \frac{x_i - \bar{x}}{s} \quad (3.9)$$

> 可以使用 Excel 的 STANDARDIZE 函数来计算 z-分数。但是直接在单元格中输入公式计算也是很简单的。

式中:$z_i = x_i$ 的 z 分数;$\bar{x}$ = 样本均值;s = 样本标准。

z-分数通常被称为标准化数值。z-分数的值 z_i 可以理解为 x_i 偏离平均值 $\bar{x}$ 的标准差的个数。例如,$z_1 = 1.2$ 表示 x_1 比样本均值大 1.2 个标准差。同样地,$z_2 = -0.5$ 表示 x_2 比平均值小 0.5 或 1/2 个标准差。当观测值大于平均数时,z-分数将大于零;当观测值小于平均数时,z-分数将小于零;z-分数等于零意味着数据值等于平均数。

任何观测值的 z-分数都可以看成是该数据在数据集中相对位置的测度。因此,如果两个不同数据集的观测值具有相同的 z-分数值,则可以说明这两个数据在各自数据集中具有相同的相对位置,即偏离平均值的标准差个数相同。

表 3.4 中给出了班级人数数据的 z-分数。已知样本均值 $\bar{x} = 44$,样本标准差 $s = 8$。则第 5 个观测值的 z-分数是 -1.50,说明它是偏离平均值最远的一个数据值,比平均数小 1.5 个标准差。

表 3.4　班级人数的 z-分数

班级人数(x_i)	平均数的 离差($x_i - \bar{x}$)	z-分数 $\left(\dfrac{x_i - \bar{x}}{s}\right)$
46	2	2/8 = 0.25
54	10	10/8 = 1.25
42	−2	−2/8 = −0.25
46	2	2/8 = 0.25
32	−12	−12/8 = −1.50

3.3.3　切比雪夫定理

切比雪夫定理(Chebyshev's theorem)能说明与平均值的距离在若干个标准差范围之内的数据值所占的比例。

> 切比雪夫定理:
> 至少有 $(1 - 1/z^2)$ 个数据与平均值的距离在 z 个标准范围之内,式中的 z 是大于 1 的任意实数。

当 $z = 2$、3 和 4 个标准差时,切比雪夫定理有如下应用:

- 至少有 0.75 或 75% 的数据项与平均值距离在 $z = 2$ 个标准差的范围内。
- 至少有 0.89 或 89% 的数据项与平均值距离在 $z = 3$ 个标准差的范围内。
- 至少有 0.94 或 94% 的数据项与平均值距离在 $z = 4$ 个标准差的范围内。

下面举例说明切比雪夫定理的应用。假定在某大学商务统计课程的期中考试中,100 名学生的平均成绩为 70 分,标准差是 5 分。那么有多少学生的分数在 60—80 之间?有多少学生的分数在 58—82 之间呢?

对于在 60 到 80 之间的分数,我们注意到 60 比平均值低 2 个标准差,而 80 比平均值高 2 个标准差。由切比雪夫定理可知,至少有 0.75 或者 75% 的数据在平均值的 2 个标准差范围内。因此,至少有 75% 的学生得分在 60 到 80 之间。

对于在 58 到 82 之间的分数,我们看到 $(58-70)/5 = -2.4$ 表示 58 比平均值低 2.4 个标准差,又 $(82-70)/5 = 2.4$ 表示 82 比平均值高 2.4 个标准差。当 $z = 2.4$ 时,根据切比雪夫定理有

> 切比雪夫定理要求 $z > 1$,但 z 不一定是整数。

$$\left(1 - \frac{1}{z^2}\right) = \left(1 - \frac{1}{(2.4)^2}\right) = 0.826$$

因此,至少有 82.6% 的学生得分在 58 到 82 之间。

3.3.4 经验法则

切比雪夫定理的优点之一就是它可以应用于任何数据集而不必考虑该数据集的分布形状。的确,它可以用于图 3.9 中具有任意偏度的分布。但是,在实际应用中,人们发现许多数据集呈现出类似于图 3.10 所示的峰形或钟形分布。当认为某些数据近似于这样的分布时,就可以运用**经验法则**(**empirical rule**)来确定与平均值的距离在若干个标准差之内的数据项所占的比例。

> 经验法则以正态分布为基础,关于正态分布,我们会在第六章中加以介绍。它在全书中应用广泛。

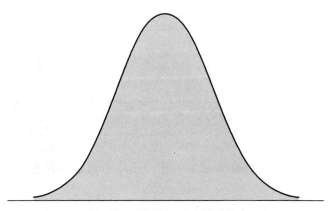

图 3.10 对称的峰形或钟形分布

经验法则

对于具有钟形分布的数据:
- 大约 68% 的数据与平均值的距离在 1 个标准差范围之内。
- 大约 95% 的数据与平均值的距离在 2 个标准差范围之内。
- 几乎所有的数据项与平均值的距离在 3 个标准差范围之内。

例如,罐装液体清洁剂在生产线上自动罐装。罐装的重量通常服从钟形分布。如果平均罐装重量是 16 盎司,标准差是 0.25 盎司,我们能运用经验法则得到如下结论。

- 大约 68% 的罐装清洁剂的罐装重量在 15.75—16.25 盎司之间(即与平均值的距离在 1 个标准差范围之内)。
- 大约 95% 的罐装清洁剂的罐装重量在 15.50—16.50 盎司之间(即与平均数的距离在 2 个标准差范围之内)。
- 几乎所有的罐装清洁剂的罐装重量在 15.25—16.75 盎司之间(即与平均数的距离在 3 个标准差范围之内)。

3.3.5 异常值检测

有时候,数据集中会出现一个或多个异常的极大值或极小值。类似这样的极端值称为**异常值**(**outliers**)。有经验的统计人员会采取一定的步骤去识别异常值,然后仔细检查每个异常值。异常值也可能是一些记录错误的数据,如果是这样,在进一步分析之前可将其改正过来。异常值的出现也可能由于该数据并不属于这个数据集,如果是这样的话,将其去掉即可。最后,异常值可能确实是一个非正常的数据值,记录也正确,也确实属于这个数据集。在这种情况下,应该保留这个异常值。

标准化数值(z-分数)可以用来识别异常值。根据经验法则可以得出结论:对于具有钟形分布的数据,几乎所有的数据与平均值的距离都在 3 个标准差范围之内。因此,在应用 z 分数识别异常值时,我们建议将 z 分数低于 -3 和高于 3 的数据值当做异常值。我们需要检查这些数据的准确性以及它们是否属于这一数据集。

> 我们建议在根据数据分析做出决策前检查一下是否存在异常值,在记录数据和向计算机中录入数据的时候经常会犯错误。异常值不一定要去掉,但必须经过核对,确保准确无误。

参照表 3.4 班级人数数据的 z-分数。第 5 个班级人数数据的 z-分数是 -1.50,它距离平均值最远。然而,这个数值落在识别异常值的指导原则之内,即大于 -3 而小于 3。因此,根据 z-分数判断,班级人数数据中没有异常值。

注释与评论

1. 切比雪夫定理可以应用于任何数据集,可以说明在偏离平均值若干个标准差范围内数据的最少个数,如果数据大致呈钟形分布,则这个区间的数据数会更多。例如,根据经验法则,我们可以说大概 95% 的数据将落在平均值上下两个标准差的范围之内;而根据切比雪夫定理我们只能得出至少有 75% 的数据落在这个区间内。

2. 在分析数据之前,统计人员通常要进行多种检验,以确保数据的有效性。在大型研究中,数据的记录错误和录入错误是常见的。识别异常值就是检验数据有效性的工具之一。

3.4 探索性数据分析

在第二章中,我们介绍了茎叶图,它是一种探索性的数据分析技术。探索性数据分析使我们能够用简单的算术和易画的图形来汇总分析数据。在本节中,我们将继续介绍探索性数据分析技术——五数概括法和盒形图。

3.4.1 五数概括法

在**五数概括法**(**five-number summary**)中,用下面 5 个数来汇总数据:
1. 最小值
2. 第一四分位数(Q_1)
3. 中位数(Q_2)
4. 第三四分位数(Q_3)
5. 最大值

构建五数概括法最简单的方式是首先将数据按升序排列,然后确定最小值、三个四分位数和最大值。对表 3.1 中的 12 个商学院毕业生的起始月薪数据,再次按照升学排列如下:

$$2710 \quad 2755 \quad 2850 \mid 2880 \quad 2880 \quad 2890 \mid 2920 \quad 2940 \quad 2950 \mid 3050 \quad 3130 \quad 3325$$

$$Q_1 = 2865 \qquad\qquad Q_2 = 2905 \qquad\qquad Q_3 = 3000$$
$$\text{(中位数)}$$

3.1 节已经计算出中位数 2 905、第一四分位数 2 865 和第三四分位数 3 000。观察数据值确定最小值是 2 710,最大值是 3 325。这样得到薪酬数据的五数概括为:2 710,2 865,2 905,3 000 和 3 325。大约 1/4 或 25% 的数据落在五数概括法中相邻两个数字之间。

3.4.2 盒形图

盒形图(**box plot**)是一种基于五数概括法的图形汇总方法。绘制盒形图的关键是计算中位数和四分位数,即 Q_1 和 Q_3。也常用到四分位数间距 IQR = $Q_3 - Q_1$。图 3.11 是初始薪酬数据的盒形图。绘制盒形图的步骤如下:

1. 画一个矩形盒子,盒子两端分别位于第一四分位数和第三四分位数。在初始薪酬数据中,$Q_1 = 2865$,$Q_3 = 3000$。这只盒子包括中间 50% 的数据。

2. 在盒子里的中位数处(薪酬数据的中位数是 2 905)画一条垂线。

3. 利用四分位数间距 IQR = $Q_3 - Q_1$ 确定上下限。盒形图的上下限分别在比 Q_1 低 1.5 倍 IQR 和比 Q_3 高 1.5 倍 IQR 的位置上。对于初始薪酬数据来说,IQR = $Q_3 - Q_1$ = 3 000 - 2 865 = 135。这样一来,上下限分别为 2 865 - 1.5 × 135 = 2 662.5 和 3 000 + 1.5 × 135 = 3 202.5。上下限以外的数据认为是异常值。

> 盒形图提供了另外一种检测异常值的方法。但是它检测出的异常值不一定等同于用 z 分数小于 -3 和大于 3 而检测出的异常值。在使用时可以二者选一或同时使用。

4. 图 3.11 中的虚线称为胡须线(whiskers)。胡须线从盒子两端开始分别延伸至第 3 步中计算的上下限内的最小值和最大值。对于初始薪酬数据,胡须线到 2 710 和 3 130 为止。

5. 最后,用星号 * 把每个异常的位置标出。图 3.11 有一个异常值 3 325。

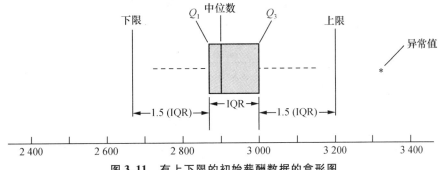

图3.11 有上下限的初始薪酬数据的盒形图

图 3.11 中包括了显示下、上限位置的线条。画这些线是用来说明对起薪数据计算出的界限值是多少以及它们的位置怎样。尽管总是需要计算上下限值,但在盒形图中通常不画出它们。图 3.12 是起薪数据盒形图的一般形状。

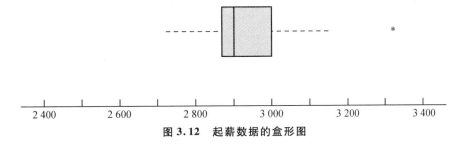

图3.12 起薪数据的盒形图

注释与评论

1. 探索性数据分析过程的优点之一是易于应用,需要的数学运算不多。我们只要把数据按升序排列并确定出五数概括法中的五个数值。然后,就可以绘制盒形图了,而不必计算数据的平均数和标准差。

2. Excel 2003 中没有创建盒形图的工具。在附录 3.1 中,我们将介绍如何使用 SWStat +,这一 Excel 的插件来构建起薪数据的盒形图。

3.5 双变量相关关系测度

到目前为止,我们所介绍的都是在同一时间上对一个变量进行概括的数量方法。有时,管理人员和决策者更关心两个变量之间的关系。在这一节里,我们将讨论两个变量相关关系的测度方法:协方差和相关系数。

我们回过头来考虑 2.4 节中提到的旧金山一家立体声音响设备商店的应用案例。商店的经理想确定未来几周内周末电视广告播出次数和销售额之间的关系。表 3.6 给出了销售额的样本数据(单位:百美元)。总共10个样本数据($n=10$),每周一个。图3.13中的散点图显示了两者具有正相关关系,即较高的销售额(y)对应较多的广告次数(x)。实际上,从散点图上看可以大致用一条直线表明这种关系。在下面的讨论中,我们将介绍协方差(covariance)的概念,它是对两变量间相关关系的一种测度方法。

表3.6 立体声音响设备店的样本数据

周	广告次数 x	销售额(百美元)y
1	2	50
2	5	57
3	1	41
4	3	54
5	4	54
6	1	38
7	5	63
8	3	48
9	4	59
10	2	46

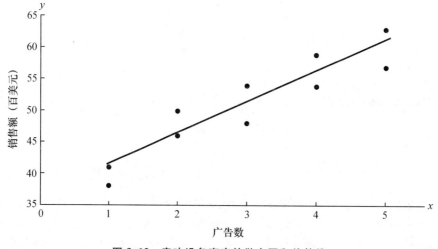

图3.13 音响设备商店的散点图和趋势线

3.5.1 协方差

对于一个样本容量为 n 的样本,其观测值为 $(x_1,y_1),(x_2,y_2)$ 等,则样本的协方差定义如下:

样本协方差

$$s_{xy} = \frac{\sum(x_i - \bar{x})(y_i - \bar{y})}{n-1} \tag{3.10}$$

在这个公式中,一个 x_i 与一个 y_i 相对应。用每个 x_i 与样本均值 $\bar{x}$ 的离差乘以对应的 y_i 与其样本均值 $\bar{y}$ 的离差,再将所得的结果加总起来,然后再除以 $n-1$。

在该问题中,为了衡量广告次数 x 与销售额 y 之间线性关系的强度,我们利用公式(3.10)来计算样本的协方差。表3.7显示了$\sum(x_i-\bar{x})(y_i-\bar{y})$的计算过程。注意到$\bar{x}=30/10=3$,并且$\bar{y}=510/10=51$,利用公式(3.10),我们可以得出样本的协方差为

$$s_{xy}=\frac{\sum(x_i-\bar{x})(y_i-\bar{y})}{n-1}=\frac{99}{9}=11$$

对于容量为N的总体来说,协方差的计算公式与公式(3.10)相似,但是我们使用不同的符号来表示总体的协方差。

总体协方差

$$\sigma_{xy}=\frac{\sum(x_i-\mu_x)(y_i-\mu_y)}{N} \tag{3.11}$$

在公式(3.11)中,我们使用符号μ_x表示变量x的总体平均值,使用符号μ_y表示变量y的总体平均值。定义σ_{xy}表示容量为N的总体协方差。

表3.7 样本方差的计算

x_i	y_i	$x_i-\bar{x}$	$y_i-\bar{y}$	$(x_i-\bar{x})(y_i-\bar{y})$
2	50	-1	-1	1
5	57	2	6	12
1	41	-2	-10	20
3	54	0	3	0
4	54	1	3	3
1	38	-2	-13	26
5	63	2	12	24
3	48	0	-3	0
4	59	1	8	8
2	46	-1	-5	5
总计 30	510	0	0	99

$$s_{xy}=\frac{\sum(x_i-\bar{x})(y_i-\bar{y})}{n-1}=\frac{99}{10-1}=11$$

3.5.2 协方差的解释

图3.14有助于我们解释样本的协方差。该图与图3.13的散点图相似,在$\bar{x}=3$处有一条垂直虚线,在$\bar{y}=51$处有一条水平虚线。这两条线将图分成四个象限,第Ⅰ象限中的点对应的x_i值大于均值$\bar{x}$,对应的y_i大于均值$\bar{y}$;第Ⅱ象限中的点对应的x_i值小于均值$\bar{x}$,对应的y_i大于均值$\bar{y}$;其他以此类推。因此$(x_i-\bar{x})(y_i-\bar{y})$的值对应于第Ⅰ和第Ⅲ象限中的点是正的,而对于第Ⅱ和第Ⅳ象限中的点是负的。

如果s_{xy}的值为正,则对s_{xy}影响最大的点一定在第Ⅰ和第Ⅲ象限内。因此,如果s_{xy}是正值,则说明x和y之间是正相关关系;也就是说,x值增加,y的值也增加。如果s_{xy}是负值,对s_{xy}影响最大的点一定在第Ⅱ和第Ⅳ象限,这表明x和y之间是负相关关系,即随着x值增加,y值会

> 协方差是测度两个变量间线性关系的方法。

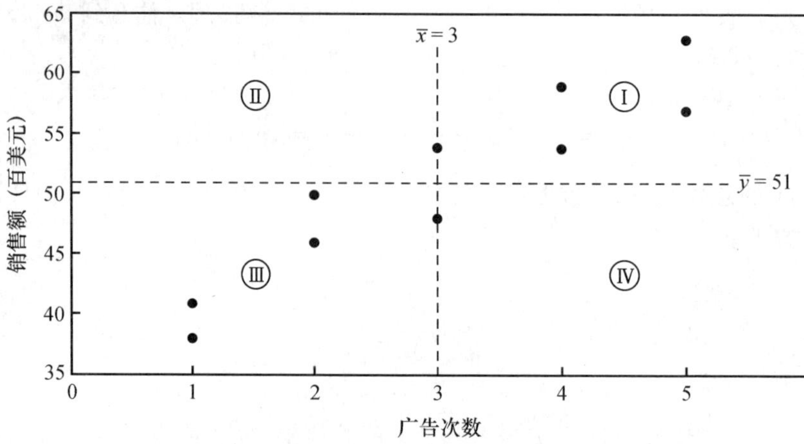

图 3.14　音响设备商店的分区散点图

减少。最后，如果所有点均匀分布在四个象限，则 s_{xy} 的值接近零，这表明 x 和 y 之间不存在线性关系。图 3.15 给出了与三种不同类型的散点图相对应的 s_{xy} 值。

再次参见图 3.14，我们看到音响设备商店数据的散点图与图 3.15 最上面的那种类型相同。正如我们所期望的，样本协方差的值 $s_{xy}=11$，表明存在正相关关系。

从前面的讨论中不难发现：较大的正值协方差表明较强的正相关关系。较大的负值协方差表明较强的负相关关系。但是，在使用协方差作为线性关系强度的度量时会存在这样一个问题：协方差的值依赖于 x 和 y 的计量单位。例如，假如我们要研究人的身高 x 和体重 y 之间的关系。显然不论我们用英尺还是英寸来度量身高，二者相关关系的强度都应该相同。然而，当我们用英寸来测量时，所得出的 $(x_i - \bar{x})$ 的数值要比用英尺度量所得到的数值大。这样，用英寸来度量身高时，公式 (3.10) 中的分子 $\sum (x_i - \bar{x})(y_i - \bar{y})$ 的数值会增大，协方差也随之变大，而事实上二者的相关关系并没有变化。为避免这种情况，我们将使用**相关系数**对两变量间的相关关系进行度量。

3.5.3　相关系数

对于样本数据，皮尔逊积矩相关系数的定义如下：

皮尔逊积矩相关系数：样本数据

$$r_{xy} = \frac{s_{xy}}{s_x s_y} \tag{3.12}$$

式中：$r_{xy}=$ 样本相关系数；$s_{xy}=$ 样本协方差；$s_x = x$ 的样本标准差；$s_y = y$ 的样本标准差。

式 (3.12) 表明样本数据的皮尔逊积矩相关系数（通常称为样本相关系数）的计算方法是：用样本协方差除以 x 的标准差与 y 的标准差的乘积。

现在让我们来计算音响设备商店的样本相关系数。使用表 3.7 中的数据，我们可以得到两变量的样本标准差。

s_{xy}为正值
(x和y线性正相关)

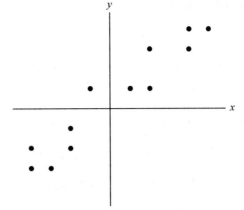

s_{xy}近似为0
(x和y无线性关系)

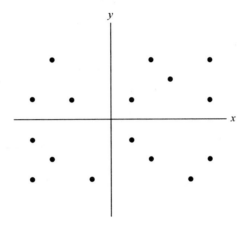

s_{xy}为负值
(x和y线性负相关)

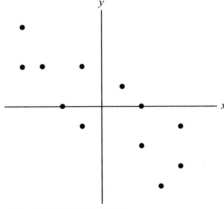

图 3.15　对样本方差的解释

$$s_x = \sqrt{\frac{\sum (x_i - \bar{x})^2}{n-1}} = \sqrt{\frac{20}{9}} = 1.49$$

$$s_y = \sqrt{\frac{\sum (y_i - \bar{y})^2}{n-1}} = \sqrt{\frac{566}{9}} = 7.93$$

现在，由 $s_{xy}=11$，我们可以得到样本相关系数为

$$r_{xy} = \frac{s_{xy}}{s_x s_y} = \frac{11}{(1.49)(7.93)} = +0.93$$

总体相关系数用希腊字母 ρ_{xy} 表示，其计算公式如下：

皮尔逊积矩相关系数：总体数据

$$\rho_{xy} = \frac{\sigma_{xy}}{\sigma_x \sigma_y} \quad (3.13)$$

> 样本相关系数 r_{xy} 是总体相关系数 ρ_{xy} 的估计量。

式中：ρ_{xy} = 总体相关系数；σ_{xy} = 总体协方差；σ_x = x 的总体标准差；σ_y = y 的总体标准差。

可以用样本相关系数 r_{xy} 来估计总体相关系数 ρ_{xy}。

3.5.4 相关系数的解释

首先我们考虑一个简单的样本，以说明完全正线性相关的概念。图3.16中的散点图描述了下列样本数据 x 和 y 之间的关系。

x_i	y_i
5	10
10	30
15	50

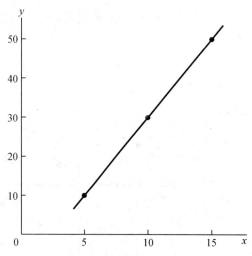

图3.16　表示完全线性正相关的散点图

经过这三点的直线表明，在 x 和 y 之间存在着完全线性关系。为了应用公式(3.12)来计算样本相关系数，我们必须先计算 s_{xy}、s_x 和 s_y。在表3.8中列出了一些计算结果。根据表3.8中的结果，我们得到：

$$s_{xy} = \frac{\sum(x_i - \bar{x})(y_i - \bar{y})}{n-1} = \frac{200}{2} = 100$$

$$s_x = \sqrt{\frac{\sum(x_i-\bar{x})^2}{n-1}} = \sqrt{\frac{50}{2}} = 5$$

$$s_y = \sqrt{\frac{\sum(y_i-\bar{y})^2}{n-1}} = \sqrt{\frac{800}{2}} = 20$$

$$r_{xy} = \frac{s_{xy}}{s_x s_y} = \frac{100}{5(20)} = 1$$

表 3.8　样本相关系数的计算过程

	x_i	y_i	$x_i-\bar{x}$	$(x_i-\bar{x})^2$	$y_i-\bar{y}$	$(y_i-\bar{y})^2$	$(x_i-\bar{x})(y_i-\bar{y})$
	5	10	−5	25	−20	400	100
	10	30	0	0	0	0	0
	15	50	5	25	20	400	100
总计	30	90	0	50	0	800	200

$\bar{x}=10$　$\bar{y}=30$

因此,我们得到样本的相关系数为 1。

一般来说,我们发现如果数据集中所有的点都在一条斜率为正的直线上,则相关系数的值为 +1;也就是说,样本相关系数的值为 +1 就对应着 x 和 y 存在完全正线性关系。此外,如果数据集中的所有点都在一条斜率为负的直线上,则样本相关系数就是 −1;也就是说,样本相关系数是 −1 就对应着 x 和 y 存在完全负线性关系。

> 相关系数取值范围是 −1 到 +1。系数越靠近 −1 或 +1 表明线性相关关系越强;系数越靠近零表明线性相关关系越弱。

现假设某数据集中,x 和 y 之间存在正的线性关系,但不是完全线性的。则 r_{xy} 的值小于 1,在散点图上就表现为所有的点并不都在直线上。当数据集中的点越来越偏离完全线性正相关关系时,r_{xy} 的值就变得越来越小。r_{xy} 的值等于 0 时,则表示 x 和 y 之间不存在线性关系。r_{xy} 的值接近 0 表明线性关系较弱。

对于音响设备商店的数据,前面已经知道 $r_{xy} = +0.93$。因此,可以得出结论:广告次数和销售额之间存在很强的线性正相关关系。更确切地说,广告次数的增加会带来销售额的增加。

最后,我们注意到相关系数度量的是线性关系但并不是因果关系。两变量之间有较高的相关系数并不意味着一个变量能引起另一个变量的变化。例如,我们看到饭店的质量等级和它的菜肴价格之间是正相关的。但是,菜肴价格的上涨并不能引起质量等级的提高。

3.5.5　应用 Excel 计算协方差和相关系数

Excel 提供了用于计算协方差和相关系数的函数。但是在使用这些函数时需要格外注意,因为协方差函数是把数据看成总体,而相关系数函数则是把数据看成样本。这样,用 Excel 协方差函数计算出的协方差必须进行调整从而得到样本协方差。以音响设备商店的数据为例,我们介绍如何运用这些函数来计算样本协方差和样本相关系数,所包含的步骤参见图 3.17,背景表是公式工作表,前景表是数据值工作表。

> Excel 的 COVAR 函数是针对总体的,而 CORREL 函数是针对样本的。

	A	B	C	D	E	F	G
1	周	广告数	销售额		总体协方差	=COVAR(B2:B11,C2:C11)	
2	1	2	50		样本相关系数	=CORREL(B2:B11,C2:C11)	
3	2	5	57				
4	3	1	41				
5	4	3	54				
6	5	4	54				
7	6	1	38				
8	7	5	63				
9	8	3	48				
10	9	4	59				
11	10	2	46				
12							

	A	B	C	D	E	F	G
1	周	广告数	销售额		总体协方差	9.9	
2	1	2	50		样本相关系数	0.9305	
3	2	5	57				
4	3	1	41				
5	4	3	54				
6	5	4	54				
7	6	1	38				
8	7	5	63				
9	8	3	48				
10	9	4	59				
11	10	2	46				
12							

图 3.17 计算协方差和相关系数的 Excel 工作表

输入数据：将标题和广告次数与销售额的数据分别输入工作表单元格 A1 到 C11 中。

输入函数和公式：可以用 Excel 的协方差函数 COVAR 来计算总体协方差，输入的公式如下：

$$= COVAR(B2:B11, C2:C11)$$

同样，在单元格 F2 中输入公式：=CORREL(B2:B11,C2:C11) 来计算样本相关系数。在 E1 和 E2 单元格中输入标题"总体协方差"和"样本相关系数"以区分输出结果。

在图 3.17 的背景工作表中，F1 和 F2 分别显示了输入的公式。前景工作表中相应地显示了使用 Excel 函数计算得到的数据值。注意到，如果不四舍五入，相关系数的值(0.9305)是和之前我们用公式(3.12)计算所得到的结果完全相同的。但是，COVAR 函数得到的结果 9.9 是将数据视为总体而得到的。因此，我们必须调整这一结果以获得样本的协方差。这个调整起来比较简单。首先，我们注意到总体协方差公式(3.11)中要求除以数据集所含的数据总数，而样本协方差数据公式(3.10)要求除以数据总数减 1。因此，利用 Excel 的结果 9.9(总体协方差)计算样本协方差，只需将 9.9 乘以 $n/(n-1)$ 即可。当 $n=10$ 时，有

$$s_{xy} = \left(\frac{10}{9}\right) 9.9 = 11$$

这样，音响设备商店数据的样本协方差就是 11。

3.6 加权平均值和分组数据

在 3.1 节中，我们将平均值视为数据集中程度的最重要度量标准之一。对于有 n 个观测值的样本，其平均值的公式定义如下：

$$\bar{x} = \frac{\sum x_i}{n} = \frac{x_1 + x_3 + \cdots + x_n}{n} \qquad (3.14)$$

在这个公式中，每个 x_i 都有相同的重要性或权重。虽然在现实中这种情况最常见，但是有时，计算平均值时会对每个观测值赋予一个权数以反映该数值的重要性。用这种方法计算出来的平均数称作**加权平均值**(weighted mean)。

3.6.1 加权平均值

加权平均值的计算公式如下：

加权平均值

$$\bar{x} = \frac{\sum w_i x_i}{\sum w_i} \qquad (3.15)$$

式中：x_i = 第 i 个观测值的数值；w_i = 第 i 个观测值的权重。

当数据来自样本时，公式(3.15)计算的是样本加权平均值。当数据来自总体时，用 μ 代替公式中的 $\bar{x}$ 就得到了总体加权平均值。

举一个计算加权平均值的例子。在过去 3 个月内 5 次购买某种原料，考虑下面的样本数据。

购买批次	每磅成本（美元）	购买数量
1	3.00	1 200
2	3.40	500
3	2.80	2 750
4	2.90	1 000
5	3.25	800

注意，每磅成本在 2.80—3.40 美元之间变化，购买数量在 500—2 750 磅之间变化。假定某经理想知道每磅原材料的平均成本。因为购买数量各不相同，我们必须使用加权平均数公式进行计算。5 次购买中，每磅成本数据分别是 $x_1 = 3.00, x_2 = 3.40, x_3 = 2.80, x_4 = 2.90$ 和 $x_5 = 3.25$。用每个成本对应的购买数量作为权重就可计算出每磅成本的加权平均数。在这个例子中，权数分别是：$w_1 = 1\,200, w_2 = 500, w_3 = 2\,750, w_4 = 1\,000$ 和 $w_5 = 800$。运用公式(3.15)，加权平均数计算如下：

$$\bar{x} = \frac{1\,200 \times 3.00 + 500 \times 3.40 + 2\,750 \times 2.80 + 1\,000 \times 2.90 + 800 \times 3.25}{1\,200 + 500 + 2\,750 + 1\,000 + 800}$$

$$= \frac{18\,500}{6\,250} = 2.96$$

因此，加权平均值的计算结果表明，原材料的平均成本是每磅 2.96 美元。注意如果不是用加权平均数公式而是用公式(3.14)计算，就会得到错误的结果。本例中，按照公式(3.14)计算每磅成本的平均数为 $(3.00 + 3.40 + 2.80 + 2.90 + 3.25)/5 = 15.35/5 = 3.07$ 美元，这个结果夸大了每磅的实际成本。

计算某一特定加权平均数时，权数的选择依赖于应用的具体情况。大学生都非常熟悉的一个例子是平均绩分点（GPA）的计算。在这个计算中，通常使用的数据值是：4 表示 A 级，3 表示 B 级，2 表示 C 级，1 表示 D 级，0 表示 F 级。权重就是得到某一等级的学时数。本节末的习题 54 就是计算该种加权平均数的一个例子。在其他加权平均数的计算中，经常会使用磅、美元或者体积等数量单位作为权数。总之，当数据值的重要性不同时，分析人员必须选择最能反映每个数据重要性的权重来计算平均数。

> 计算平均绩分点是一个很好的加权平均数应用实例。

3.6.2 分组数据

在很多情况下,位置测度和离散程度都是使用单个数据值。然而有些时候,我们所掌握的只是分组数据或频数分布形式的数据。在下面的讨论中,我们将介绍如何用加权平均数的计算公式来计算**分组数据(grouped data)**的平均值、方差和标准差的近似值。

在 2.2 节中,给出了桑德森和科利福德两个公共会计师事务所按天计算的年终审计所需时间的频数分布。审计时间的频数分布基于 20 个客户样本,数据如表 3.10 所示。根据这一频数分布,样本的平均审计时间是多少呢?

表 3.10 审计时间的频数分布

审计时间(天数)	频数
10—14	4
15—19	8
20—24	5
25—29	2
30—34	1
总计	20

因为只使用分组数据来计算平均数,我们将每一组的组中值作为该组所有数据的代表。令 M_i 表示第 i 组的组中值;f_i 表示第 i 组的频数。然后,我们就使用 M_i 来表示数据值,用频数 f_i 来作为权重,使用加权平均数公式。此时,公式(3.16)的分母是所有频数之和,即样本容量 n,也就是 $\sum f_i = n$。因此,分组数据的样本平均数的计算公式如下:

分组数据的样本平均值

$$\bar{x} = \frac{\sum f_i M_i}{n} \tag{3.16}$$

式中:M_i = 第 i 组的组中值;f_i = 第 i 组的频数;n = 样本容量。

组中值即每组组限的平均值,在表 3.10 中,第一组 10—14 天的组中值为 $(10+14)/2 = 12$。审计时间数据的 5 个组中值和加权平均值的计算过程见表 3.11。可以看到,审计时间数据样本均值为 19 天。

表 3.11 对分组数据审计时间样本平均值的计算过程

审计时间(天)	组中值(M_i)	频数(f_i)	$f_i M_i$
10—14	12	4	48
15—19	17	8	136
20—24	22	5	110
25—29	27	2	54
30—34	32	1	32
		20	380

样本平均数 $\bar{x} = \dfrac{\sum f_i M_i}{n} = \dfrac{380}{20} = 19$ 天

为了计算分组数据的方差,我们将公式(3.5)中的方差公式稍作变换。在公式(3.5)中,数据值关于样本均值 $\bar{x}$ 的离差平方写成 $(x_i - \bar{x})^2$。然而对分组数据来说,单个数据值 x_1 是未知的。在这种情况下,我们将组中值 M_1 看成是对应组中 x_i 的代表值。因此,关于样本均值的离差平方 $(x_i - \bar{x})^2$ 就可以用 $(M_i - \bar{x})^2$ 来代替。然而,像前面计算分组数据的样本均值一样,我们用每组的频数 f_1 对每个数值进行加权。这样,所有数据关于样本均值的离差平方和就近似为 $\sum f_i(x_i - \bar{x})^2$。在分母中用 $n-1$ 而不是 n,这是为了将样本方差转化为总体方差的估计值。综上所述,用下面的公式就可以计算出分组数据的样本方差:

分组数据样本方差

$$s^2 = \frac{\sum f_i(M_i - \bar{x})^2}{n-1} \qquad (3.17)$$

基于表3.10中的分组数据,审计时间的样本方差计算过程见表3.12。可以看到,样本方差是30。

表3.12 对分组数据审计时间样本方差的计算过程(样本均值 $\bar{x}=19$)

审计时间 (天)	组中值 (M_i)	频数 (f_i)	离差 ($M_i - \bar{x}$)	离差平方 $(M_i - \bar{x})^2$	$f_i(M_i - \bar{x})^2$
10—14	12	4	−7	49	196
15—19	17	8	−2	4	32
20—24	22	5	3	9	45
25—29	27	2	8	64	128
30—34	32	1	13	169	169
		20			570
					$\sum f_i(M_i - \bar{x})^2$

样本方差 $s^2 = \dfrac{\sum f_i(M_i - \bar{x})^2}{n-1} = \dfrac{570}{19} = 30$

分组数据的标准差就是该组数据方差的平方根。对于审计时间数据,样本标准差为 $s = \sqrt{30} = 5.48$。

这一节我们主要讨论了关于分组数据的位置测度和离散度测度,在结束本节学习之前,我们注意到公式(3.16)和(3.17)都是针对样本而言的。对于总体的计算方法也与此相似。分组数据的总体均值和总体方差的计算公式如下:

分组数据的总体均值

$$\mu = \frac{\sum f_i M_i}{N} \qquad (3.18)$$

分组数据的总体方差

$$\sigma^2 = \frac{\sum f_i(M_i - \mu)^2}{N} \qquad (3.19)$$

注释与评论

在计算分组数据的描述统计量时,用各组的组中值近似代替每组的数据值,导致分组数据的描述统计量只是利用原始数据计算出的描述统计量的近似值。所以,我们建议在可能的情况下,尽量使用原始数据而非分组数据来计算描述统计量。

本章小结

本章介绍了几种可以用来概括数据分布的位置、变异程度和形态的描述统计量。与第二章中介绍的表格和图形方法不同,本章介绍的测度方法是以数值的形式概括数据。当数值是来自样本时,则称为样本统计量。如果是来自总体时,则称为总体参数。样本统计量和总体参数的一些符号如下:

> 在统计推断中,样本统计量是总体参数的点估计。

	样本统计量	总体参数
平均值	$\bar{x}$	μ
方差	s^2	σ^2
标准差	s	σ
协方差	s_{xy}	σ_{xy}
相关系数	r_{xy}	ρ_{xy}

作为中心位置的测度,我们定义了平均数、中位数和众数。然后定义了百分位数用来描述数据集中其他数据值的位置。接下来介绍了极差、四分位数间距、方差、标准差和变异系数,来测度数据的变异程度或离散程度。数据分布形态的最基本度量是偏度:偏度的值为正数时表示数据分布左偏;偏度的值为负数时表示数据分布右偏。然后我们介绍了在应用切比雪夫定理和经验法则的同时,如何使用平均数和标准差,从而获得更多关于数据分布的信息以及如何识别异常值。

在 3.4 节中,我们介绍了如何创建五数概括和盒形图以便能够同时提供数据位置、离散程度和分布形态的信息。3.5 节介绍了测度两个变量之间关系的协方差和相关系数。在最后一节中,介绍了如何计算加权平均值和如何计算分组数据的平均值、方差和标准差。

我们在本章中接触到的大部分统计量都可以用 Excel 中的函数或其他工具进行计算。我们介绍了许多这类函数以及相关的描述统计工具。

关键术语

样本统计量	极差	经验法则
总体参数	四分位数间距	异常值
点估计	方差	五数概括法
平均值	标准差	盒形图
中位数	变异系数	协方差
众数	z-分数	相关系数
百分位数	偏度	加权平均值
四分位数	切比雪夫定理	分组数据

主要公式

样本均值
$$\bar{x} = \frac{\sum x_i}{n} \quad (3.1)$$

总体均值
$$\mu = \frac{\sum x_i}{N} \quad (3.2)$$

四分位数间距
$$IRQ = Q_3 - Q_1 \quad (3.3)$$

总体方差
$$\sigma^2 = \frac{\sum (x_i - \mu)^2}{N} \quad (3.4)$$

样本方差
$$s^2 = \frac{\sum (x_i - \bar{x})^2}{n-1} \quad (3.5)$$

标准差

样本标准差 $= s = \sqrt{s^2} \quad (3.6)$

总体标准差 $= \sigma = \sqrt{\sigma^2} \quad (3.7)$

变异系数
$$\left(\frac{标准差}{平均值} \times 100\right)\% \quad (3.8)$$

z-分数
$$z_i = \frac{x_i - \bar{x}}{s} \quad (3.9)$$

样本协方差
$$s_{xy} = \frac{\sum (x_i - \bar{x})(y_i - \bar{y})}{n-1} \quad (3.10)$$

总体协方差
$$\sigma_{xy} = \frac{\sum (x_i - \mu_x)(y_i - \mu_y)}{N} \quad (3.11)$$

皮尔逊积矩相关系数：样本数据
$$r_{xy} = \frac{s_{xy}}{s_x s_y} \quad (3.12)$$

皮尔逊积矩相关系数：总体数据
$$\rho_{xy} = \frac{\sigma_{xy}}{\sigma_x \sigma_y} \quad (3.13)$$

加权平均数
$$\bar{x} = \frac{\sum w_i x_i}{\sum w_i} \quad (3.15)$$

分组数据的样本平均数
$$\bar{x} = \frac{\sum f_i M_i}{n} \quad (3.16)$$

分组数据的样本方差
$$s^2 = \frac{\sum f_i (M_i - \bar{x})^2}{n-1} \quad (3.17)$$

分组数据的总体均值
$$\mu = \frac{\sum f_i M_i}{N} \quad (3.18)$$

分组数据的总体方差
$$\sigma^2 = \frac{\sum f_i (M_i - \mu)^2}{N} \quad (3.19)$$

案例问题 1 Pelican 商店

Pelican 商店是一家在全美国范围内经营妇女服饰的连锁商店。近来它举办了一个向商店的顾客赠送折扣券的促销活动。在举办促销活动期间，选择了 100 名在店内持信用卡交易的顾客组成样本。表 3.13 是部分数据集。其中，Proprietary Card 是指用全国服装费用支付卡进行的交易。使用了优惠券的消费者即为享受到优惠的顾客，而没有使用优惠券的则为普通顾客。因为普通顾客得不到优惠，管理部门希望使普通顾客也有机会享受到优惠，而享受到优惠的顾客可以继续光顾 Pelican 商店。

表 3.13 中大部分变量的意义是很明确的，但还有两个变量需要进一步说明。

数量：购买商品的总数量。

销售额:在顾客信用卡上扣除的净额(美元)。

Pelican的管理层想要使用这个样本数据来了解顾客,并且评估此次优惠券促销活动。

表3.13 在Pelican商店的100名持信用卡消费的顾客的样本数据

顾客	支付方式	数量	折扣总额	销售额	性别	婚姻状况	年龄
1	Discover	1	0.00	39.50	男	已婚	32
2	Proprietary Card	1	25.60	102.40	女	已婚	36
3	Proprietary Card	1	0.00	22.50	女	已婚	32
4	Proprietary Card	5	121.10	100.40	女	已婚	28
5	Mastercard	2	0.00	54.00	女	已婚	34
6	Mastercard	1	0.00	44.50	女	已婚	44
7	Proprietary Card	2	19.50	78.00	女	已婚	30
8	Visa	1	0.00	22.50	女	已婚	40
9	Proprietary Card	2	22.48	56.52	女	已婚	46
10	Proprietary Card	1	0.00	44.50	女	已婚	36
⋮	⋮	⋮	⋮	⋮	⋮	⋮	⋮
96	Mastercard	1	0.00	39.50	女	已婚	44
97	Proprietary Card	9	82.75	253.00	女	已婚	30
98	Proprietary Card	10	18.00	287.59	女	已婚	52
99	Proprietary Card	2	31.40	47.60	女	已婚	30
100	Proprietary Card	1	11.06	28.44	女	已婚	44

管理报告

使用本章介绍的描述统计方法来汇总数据并评价你的发现。报告应该至少包括下面几方面内容:
1. 销售额的描述统计量和各类顾客销售额的描述统计量。
2. 关于销售额与顾客年龄之间关系的描述统计量。

案例问题2 国家健康护理协会

国家健康护理协会(National Health Care Association)十分关注卫生保健专业所预测的护士短缺问题。为了了解护士们对当前工作的满意度,协会对全国的护士进行了调查。作为研究的一部分,50名护士分别列出了她们对工作、工资和升职机会的满意度。这三个方面满意度的评分都是从0到100,较高的分值表示较大的满意度。搜集的数据还显示了护士所在医院的类型,医院的类型分为私人医院(P)、退役军人管理局下属医院(VA)和大学附属医院(U)。表3.14显示了部分数据,完整的数据集存储在本书附赠的CD中,文件名为Health。

表 3.14　50 名护士的满意度分数数据

护士	医院	工作	工资	升职机会
1	Private	74	47	63
2	VA	72	76	37
3	University	75	53	92
4	Private	89	66	62
5	University	69	47	16
6	Private	85	56	64
7	University	89	80	64
8	Private	88	36	47
9	University	88	55	52
10	Private	84	42	66
⋮	⋮	⋮	⋮	⋮
45	University	79	59	41
46	University	84	53	63
47	University	87	66	49
48	VA	84	74	37
49	VA	95	66	52
50	Private	72	57	40

管理报告

利用描述统计方法汇总数据。你的汇总结果应该有助于和其他人进行交流。讨论你的结果,特别是对下列问题应做出评论。

1. 根据完整的数据集和三个工作满意度的变量,判断哪个方面是护士们最为满意的?哪个方面是最不满意的?如果需要的话,你认为在哪些方面应该进行改进?试讨论之。
2. 根据描述变异程度的描述统计量,护士们对哪一方面的工作满意度差别最大?请解释。
3. 关于医院的类型你能了解到什么情况,是否存在某类医院,其护士的工作满意度高于其他类型的医院?计算结果对了解和改进工作满意度有何建议?试讨论之。
4. 你还可以利用哪些描述统计量及其结论来了解和改进工作满意度?

案例问题 3　亚太地区的商学院

目前,在各国都很流行攻读工商管理类的高等教育学位。有调查表明,越来越多的亚洲人选择攻读工商管理硕士(MBA)学位,把它作为通向成功的一种途径(*Asia, Inc.*,1997.9)。亚太地区商学院 MBA 课程的考生人数在一年内增长了 30%。根据亚太地区 74 所商学院的报告,在 1997 年共有 170 000 名考生竞争 11 000 个全日制 MBA 学位。造成需求高潮的主要原因是 MBA 能够极大地提高赚钱的能力。

在整个亚太地区,成千上万的亚洲人倾向于暂时离职而花费两年的时间提高自身的商业理论水平。这些工商管理课程显然十分繁重,包括经济学、金融学、市场营销、行为科学、劳动关系、决策论、战略、经济法等。表 3.15 是 Asia 公司提供的数据,它列出了一些亚太地区知名商学院的一些情况。

管理报告

利用描述统计的方法来汇总表 3.15 中的数据,并讨论你的结果。

1. 对数据集中的每一个变量进行汇总。根据最大值、最小值、适当的平均数和分位数,进行评价和解释。关于亚太地区的商学院,这些描述统计量能够提供什么新的消息?
2. 汇总数据并进行下列比较:
    a. 本国学生学费和国外学生学费有何差别?
    b. 要求工作经验和不要求工作经验的学校其学生平均起薪有何差别?
    c. 要求英语测试和不要求英语测试的学校其学生的起薪有何差别?
3. 起薪与学费有何关系?
4. 对表 3.15 的数据做出其他的图形和数值汇总,以便同他人交流。

表 3.15　25 所亚太商学院的数据

商学院	脱产学生人数	每个系的学生数	当地学生费(美元)	外地学生学费(美元)	年龄	外地学生百分比	GMAT	英语测试	工作经验	初始薪酬(美元)
墨尔本大学	200	5	24 420	29 600	28	47	是	否	是	71 400
新南威尔士大学	228	4	19 993	32 582	29	28	是	否	是	65 200
印度管理学院(Ahmedabad)	392	5	4 300	4 300	22	0	否	否	否	7 100
香港大学	90	5	11 140	11 140	29	10	是	否	是	31 000
日本国际大学	126	4	33 060	33 060	28	60	是	是	是	87 000
亚洲管理学院	389	5	7 562	9 000	25	50	是	否	是	22 800
印度班加罗管理学院	380	5	3 935	16 000	23	1	是	否	否	7 500
新加坡国立大学	147	6	6 146	7 170	29	51	是	是	是	43 300
印度管理学院(Calcutt)	463	8	2 880	16 000	23	0	否	否	否	7 400
澳洲国立大学	42	2	20 300	20 300	30	80	是	是	是	46 600
新加坡南洋科技大学	50	5	8 500	8 500	32	20	是	是	是	49 300
昆士兰大学	138	17	16 000	22 800	32	26	否	否	是	49 600
香港科技大学	60	2	11 513	11 513	26	37	是	否	是	34 000
澳洲管理研究所	12	8	17 172	19 778	34	27	否	否	是	60 100
泰国大学	200	7	17 355	17 355	25	6	是	否	是	17 600
墨尔本商学院	350	13	16 200	22 500	30	30	是	是	是	52 500
亚洲管理学院(曼谷)	300	10	18 200	18 200	29	90	否	是	是	25 000
阿德雷德大学	20	19	16 426	23 100	30	10	否	否	是	66 000
梅西大学	30	15	13 106	21 625	37	35	否	是	是	41 400
墨尔本皇家科技学院	30	7	13 880	17 765	32	30	否	否	是	48 900
贾那拉·巴杰吉管理学院	240	9	1 000	1 000	24	0	否	否	是	7 000
奥达利亚 Curtin 科技大学	98	15	9 475	19 097	29	43	是	否	是	55 000
拉合尔管理学院	70	14	11 250	26 300	23	2.5	否	否	否	7 500
马来西亚理科大学(槟榔屿)	30	5	2 260	2 260	32	15	否	是	是	16 000
德拉萨莉大学(马尼拉)	44	17	3 300	3 600	28	3.5	是	否	是	13 100

第四章 概率概述

目　录

统计实务：莫顿国际公司
4.1　试验、加法法则和概率赋值
　　4.1.1　计数法则、组合与排列
　　4.1.2　分配概率
　　4.1.3　KP&L 项目的概率
4.2　事件及其概率
4.3　概率的几种基本关系
　　4.3.1　对立事件
4.3.2　加法法则
4.4　条件概率
　　4.4.1　独立事件
　　4.4.2　乘法法则
4.5　贝叶斯定理
　　4.5.1　表格法
　　4.5.2　应用 EXCEL 计算后验概率

统计实务

莫顿国际公司[*]
伊利诺伊州芝加哥市

　　莫顿国际公司是一家有着盐业、家庭用品、火箭发动机和特殊化学用品业务的公司。其子公司卡司塔布生产特殊化学用品，满足顾客特殊的要求。卡司塔布公司为一个特殊客户生产了一种昂贵的在生产过程中必须使用的催化剂，其产品的绝大部分能满足顾客的特殊要求。

　　卡司塔布公司的客户同意对收到的每一批催化剂进行测试，以确定这些是否具有其所需的功能，没有通过客户检验的将被退回到卡司塔布公司。有一段时间，卡司塔布公司发现客户只接受60%的货物，而退回40%。用概率术语来说，就是卡司塔布公司运送给顾客的产品有0.6的概率被接受，有0.4的概率被拒绝。

　　无论是卡司塔布公司还是其客户都很不满意这种结果。为了提高服务质量，卡司塔布公司试图在装货之前就用客户的检验方法对产品进行检验。但专业测试设备的高额成本令该方案不可行。卡司塔布公司的化学分析师提出了一种新的成本较低的检验方法以确定一批货物是否能够通过客户的检验。令人感兴趣的概率问题是：如果一批货物能通过卡司塔布公司的新检验方法，其通过客户检验的概率是多少呢？

> 卡司塔布公司选取一批货物的样本,进行新的检验。只有那些通过新方法检验的货物才会被运送到客户那里。数据的概率分析显示,如果一批货物通过卡司塔布公司新的检验,它有0.909 的概率能通过客户的检验且被接受。换句话说,如果一批货物通过卡司塔布公司新的检验,被客户退回的概率是0.091。概率分析为采纳和应用卡司塔布公司的新检验方法提供了有力的依据。新检验方法使客户服务质量有了迅速提高,同时也降低了货运和处理退货所需的费用。
>
> 货物通过卡司塔布公司新的检验被客户接受的概率称为条件概率。在这一章里,你将会学到如何计算条件概率和其他一些有助于决策的概率。
>
> * 作者感谢为统计实务提供了本案例的莫顿国际公司工作人员 Michael Haskell。

管理者通常根据如下一些不确定性分析做出决策:
1. 如果我们提高价格,销售减少的可能性是多少?
2. 一种新的装配方法增加生产率的可能性是多少?
3. 项目按时完工的可能性是多少?
4. 新的投资获利的可能性是多少?

概率(Probability) 是一个事件将发生的可能性的数量测度。因此,概率可以用来度量上述 4 个事件的不确定性程度。如果概率可以计算出来,我们能确定每一个事件发生的可能性。

> 关于概率的早期工作源于 17 世纪 50 年代 Pierre de Fermat 和 Blaise Pascal 之间的书信往来。

概率的取值总是介于 0 和 1 之间。一个接近于 0 的概率值表示这个事件几乎不可能发生;而一个接近于 1 的概率值表明这个事件几乎一定会发生。其他介于 0 和 1 之间的概率值表明事件发生的可能性。例如,我们明白当天气预报说降雨概率几乎为零,它意味着几乎没有降水的可能。如果预报降雨的概率为 0.9,我们知道很可能下雨。0.5 的概率说明可能下雨,也可能不下雨。图 4.1 描绘了概率作为事件发生可能性的一种数量测度的观点。

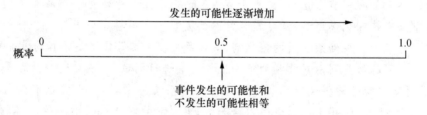

图 4.1　作为事件发生可能性的一种数量测度方法

4.1　试验、加法法则和概率赋值

在谈论概率时,我们定义**试验(Experiment)**为一个产生明确结果的过程。在任何单个重复试验中,有且只有一个可能的结果会发生。下面是几个试验的例子及其相关的结果。

试验	试验结果
扔硬币	正面,反面
选择一个部件检查	有缺陷,无缺陷
打一个销售电话	购买,不购买
扔骰子	1,2,3,4,5,6
踢一场足球比赛	胜,负,平

通过确定各种可能的试验结果,我们确定一个试验的**样本空间**(**Sample Space**)。

样本空间

试验的样本空间是所有试验结果的集合。

一个试验结果也被称为样本点,用来确定样本空间的一个元素。

> 试验结果也被称为样本点。

考虑先前图表中的第一个试验——扔硬币。硬币朝上的那一面——正面或反面——决定了试验的结果(样本点)。如果用 S 代表样本空间,那么我们使用下面的符号来描述样本空间。

$$S = \{正面, 反面\}$$

图表中第二次试验的样本空间——选择一个部件检查——可以表示成如下形式:

$$S = \{合格, 不合格\}$$

两组试验都是有两个试验结果(样本点)。然而,假设我们考虑上述表中第四个试验——扔骰子,可能的试验结果由骰子向上的点数决定,它是由六个点组成的样本空间:

$$S = \{1, 2, 3, 4, 5, 6\}$$

4.1.1 计数法则、组合与排列

能够确定和数出试验结果是分配概率的必要前提。现在我们来讨论三种有用的计数法则。

多步骤试验 第一个计数法则应用于多步骤试验。考虑扔两个硬币的试验,根据两个硬币朝上那面(正面或是反面)的组合来决定试验结果。这个试验有多少可能的结果呢?我们可以把扔两个硬币的试验看做一个分两步完成的试验:第一步,扔第一个硬币;第二步,扔第二个硬币。如果我们用 H 表示正面,T 表示反面,那么 (H, H) 表示第一个硬币是正面,第二个硬币也是正面。继续使用这种符号,我们描述这个扔硬币试验的样本空间(S)如下:

$$S = \{(H, H), (H, T), (T, H), (T, T)\}$$

因此,我们看到四种可能的试验结果。这种情况下,我们能很容易地列出所有试验结果。

多步骤试验的计数法则使确定试验结果的数目成为可能,而不需要列出所有试验结果。

多步骤试验计算法则

如果一个试验可以看成如下一系列过程,即第一步有 n_1 种结果,第二步有 n_2 种结果,如此等等,那么整个试验的结果总数就是 $n_1 \times n_2 \times \cdots \times n_k$。

将抛出两个硬币的试验看成第一步抛出一个硬币($n_1 = 2$),第二步抛出第二个硬币($n_2 = 2$),根据计数法则,我们得知有 $2 \times 2 = 4$ 种不同的试验结果。正如上面给出的结果一样,它们是 $S = \{(H, H), (H, T), (T, H), (T, T)\}$。抛六个硬币的试验结果的数目是 $2 \times 2 \times 2 \times 2 \times 2 \times 2$

98 基于 Excel 的商务与经济统计

= 64。

树形图（tree diagram）是一种有利于观察多步骤试验的图形。图 4.2 显示了扔两枚硬币的试验的树形图。每一步的结果从左向右移动。第一步对应于抛第一个硬币，第二步对应于抛第二个硬币。对于每一步，两种可能的结果是正面和反面。注意到第一步每一个可能的结果，两个分支对应于第二步两个可能的结果。树形图右侧的每一个点都对应一个试验结果，每一条从树最左边节点到最右边节点对应唯一的一个结果。

> 没有树形图，对于扔两个硬币的试验，我们通常会认为只有 3 种结果：没有正面，一个正面，二个正面。

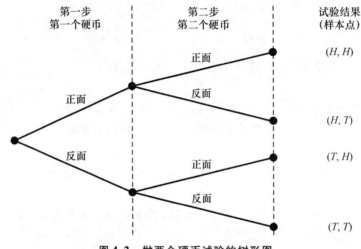

图 4.2　抛两个硬币试验的树形图

我们现在看看多步骤试验怎样用于分析肯塔基电力电灯公司（Kentucky Power & Light Company, KP&L）的生产能力扩张。KP&L 正在启动一个旨在增加其在肯塔基北部地区一家电厂的生产能力的项目。该项目分两步进行：第一步设计，第二步建设。尽管每一阶段都做了精确的安排和控制，但是管理部门还是不能预测工程每一阶段完工的准确时间。对相似建设项目的分析显示了可能完工的时间，设计阶段 2、3、4 月，建设阶段 6、7、8 月。另外，由于对额外电力的急切需要，管理部门设立一个目标，要在 10 个月内完成整个项目。

因为该项目的设计阶段（第一步）和施工阶段（第二步）的完成时间各有 3 种可能，根据多步骤法则，共有 3 × 3 = 9 种试验结果。为了描述试验结果，我们使用两个数字符号表示这些结果。例如，(2,6)表示设计阶段在 2 个月内完成，建设阶段在 6 个月内完成。这个试验结果表示要用 2 + 6 = 8 个月完成整个项目。表 4.1 摘录了 KP&L 项目的 9 种试验结果。图 4.3 中的树形图说明了 9 种结果是如何得到的。

计数法则和树形图帮助项目经理确定试验结果和项目完工时间。从图 4.3 的信息中，我们能看出整个项目将在 8—12 个月内完成，其中 9 个试验结果中有 6 个符合完工期的要求。尽管确定试验结果很有帮助，但在估计项目 10 个月内完成的概率之前，我们需要知道怎样确定试验结果发生的概率。

表 4.1　KP&L 试验结果(样本点)

完工时间(月)			
第一步(设计)	第二步(施工)	试验结果标记	总工程完成时间(月)
2	6	(2,6)	8
2	7	(2,7)	9
2	8	(2,8)	10
3	6	(3,6)	9
3	7	(3,7)	10
3	8	(3,8)	11
4	6	(4,6)	10
4	7	(4,7)	11
4	8	(4,8)	12

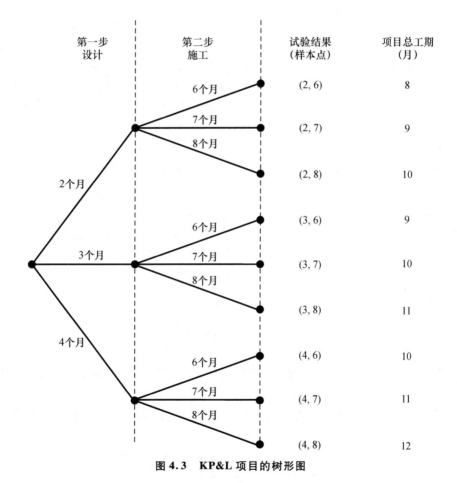

图 4.3　KP&L 项目的树形图

组合(Combination)第二个有用的计数法则说明了从 N 个物体的总体中抽取 n 个样本的试验结果的数目。我们把这种计数法则称为组合。

组合

一次性地从 N 个物体中抽取 n 个的组合数是

$$C_n^N = \binom{N}{n} = \frac{N!}{n!(N-n)!} \tag{4.1}$$

其中,$N! = N(N-1)(N-2)\cdots(2)(1)$;$n! = n(n-1)(n-2)\cdots(2)(1)$;$0! = 1$。

符号!表示阶乘。例如,5 的阶乘是 $5! = 5 \times 4 \times 3 \times 2 \times 1 = 120$。

为了阐明组合这种计数法则,我们考虑检验员随机从 5 个零件中选取 2 个以测试缺陷的质量控制程序。在一组的 5 个零件中,两个零件的组合有多少种?根据公式 4.1 中的计数法则,$N=5$,$n=2$,有

> 对有限总体 N 进行抽样,计数法则可用于计算抽取 n 个不同样本的组合数。

$$C_2^5 = \binom{5}{2} = \frac{5!}{2!(5-2)!} = \frac{5 \times 4 \times 3 \times 2 \times 1}{2 \times 1 \times 3 \times 2 \times 1} = \frac{120}{12} = 10$$

因此,从 5 个零件中随机选 2 个的试验有 10 个可能的结果。如果我们把 5 个零件分别贴上标签 A、B、C、D、E,则 10 种组合或试验结果可以表示为:AB、AC、AD、AE、BC、BD、BE、CD、CE 和 DE。

又例如,俄亥俄彩票系统从 47 个整数中随机选择 6 个,以决定每周的彩票大奖得主。根据公式 4.1,组合计数法则能确定从 47 个整数中选取 6 个的组合数。

$$\binom{47}{6} = \frac{47!}{6!(47-6)!} = \frac{47 \times 46 \times 45 \times 44 \times 43 \times 42}{6 \times 5 \times 4 \times 3 \times 2 \times 1} = 10\,737\,573$$

组合计数法则告诉我们,彩票抽奖方法中有超过 1 000 万种试验结果。买一张彩票的人中奖概率为 1/10 737 573。

> 组合计数法则说明中奖的可能微乎其微。

排列(Permutation) 第三种计数法是排列。当从 N 个物体的总体中选出 n 个且选择的顺序很重要时,我们可以使用排列计算试验结果的数目。按照不同的顺序选取同样的 n 个物体,得到的结果是不同的。

排列计数法则

一次性地从 N 个物体中抽取 n 个的排列数是

$$P_n^N = n!\binom{N}{n} = \frac{N!}{(N-n)!} \tag{4.2}$$

排列计数法则和组合计数法则很相似,但同等物体的排列数比组合数多,因为每次选取的 n 个物体有 $n!$ 种不同的排列方式。

例如,接着考虑检查员从 5 个产品中选取 2 个进行质量控制的过程。有多少种排列呢?公式 4.2 的计数法则,$N=5$,$n=2$,我们有

$$P_2^5 = \frac{5!}{(5-2)!} = \frac{5 \times 4 \times 3 \times 2 \times 1}{3 \times 2 \times 1} = \frac{120}{6} = 20$$

因此,将选取的顺序考虑进去后,从 5 个零件中随机选取 2 个的试验有 20 个结果。如果我们将零件贴上标签 A、B、C、D、E,那么 20 个排列结果分别是 AB、BA、AC、CA、AD、DA、AE、EA、BC、CB、BD、DB、BE、EB、DC、CD、DE、ED。

4.1.2 概率赋值

现在我们考虑如何给试验结果进行概率赋值。使用较多的三种方法是古典法、相对频率法和主观法。不论哪种方法,都必须满足**概率赋值的两个基本要求**(basic requirement for assigning probabilities)。

概率赋值的基本要求

1. 每个试验结果的概率取值必须位于 0 和 1 之间,包括 0 和 1。如果我们设 E_i 表示第 i 个试验结果,$P(E_i)$ 表示其概率,那么可以把这个要求写做:

$$0 \leqslant P(E_i) \leqslant 1, \quad 对于所有的 i \tag{4.3}$$

2. 所有试验结果的概率和必须为 1。对于 n 个试验结果,可以把这个要求写做:

$$P(E_1) + P(E_2) + \cdots + P(E_n) = 1 \tag{4.4}$$

概率赋值的**古典方法**(classic method)适用于可能出现的所有试验结果。如果有 n 个可能的结果,那么分配到每个结果的概率就是 $1/n$。使用这个方法时,自然满足概率赋值的两个基本要求。

例如,考虑扔一枚匀质硬币的试验,两个试验结果(正面或反面)是等可能出现的。因为两个等可能的结果一直是正面,所以观察到正面的概率是 $1/2$。同样,观察到反面的概率也是 $1/2$。

另一个例子,考虑扔骰子。我们能合理的得出结论:六个结果是等可能的,因此,每个结果分配的概率是 $1/6$。如果 $P(1)$ 表示一点朝上的概率,那么 $P(1) = 1/6$。同理,$P(2) = 1/6$,$P(3) = 1/6$,$P(4) = 1/6$,$P(5) = 1/6$,$P(6) = 1/6$。注意这些概率满足公式 4.3 和 4.4 的两条基本要求,因为这些概率大于等于 0 且其和为 1。

如果进行大量重复性试验,得到的数据可以估计出试验结果出现次数的比例,此时适用概率赋值的**相对频率法**(relative frequency method)。例如,这是一家本地医院放射科等待时间的研究,一个书记员连续 20 天记录上午 9 点等待病人的人数,结果如下:

等待人数	发生该结果的天数
0	2
1	5
2	6
3	4
4	3
合计	20

这些数据显示 20 天里有 2 天没有病人候诊,有 5 天 1 个病人候诊,等等。利用相对频率的方法,我们可以概率赋值:没有病人候诊的概率是 $2/20 = 0.10$,一个病人候诊的概率是 $5/20 = 0.25$,两个病人候诊的概率是 $6/20 = 0.30$,三个病人候诊的概率是 $4/20 = 0.20$,四个病人候诊的概率是 $3/20 = 0.15$。与古典方法一样,使用相对频率法也自动满足公式 4.3 和 4.4 的两个基本要求。

当不能假设试验结果等可能出现且相关数据较难获得时,适用概率赋值的**主观方法**(subjective method)。当使用主观方法给试验结果概率赋值时,我们可以用任何可行的信息,例如经验和直觉。在考虑到所有可以得到的信息后,表达我们对试验结果将要发生的**可信度**(degree of belief)（在 0 和 1 之间）的概率值就确定了。因为主观概率表达了估计人的可信度，所以是个人信息。使用主观方法，不同的人对相同的试验结果有着不同的概率赋值。

主观方法要求确保满足公式 4.3 和 4.4 的两个基本要求。不论估计人的可信度，分配给每一试验结果的概率值必须位于 0 和 1 之间，包括 0 和 1，并且所有的概率值之和必须等于 1。

考虑以下例子，汤姆和朱迪想买一栋房子。有两种可能的结果：

E_1 = 他们的出价被接受

E_2 = 他们的出价被拒绝

朱迪认为他们报价被接受的可能性是 0.8，因此令 $P(E_1)=0.8$，$P(E_2)=0.2$。汤姆认为他们报价被接受的可能性是 0.6，因此令 $P(E_1)=0.6$，$P(E_2)=0.4$。注意，汤姆对 E_1 的概率估计反映出其对报价被接受较为悲观。

朱迪和汤姆分配概率满足两个基本要求。他们估计概率的不同反映了主观方法的个人价值因素。

> 贝叶斯定理（参见本书 4.5 节）提供了一种连接先验概率和后验概率的方法。

甚至在一些商业背景下，古典方法和相对频率法都可以运用，管理者更多的采用主观方法来估计概率。这种情况下，最好的概率估计常常是将古典方法或相对频率法与主观概率估计相结合。

4.1.3 KP&L 项目的概率

为了进一步分析 KP&L 项目，我们必须对表 4.1 中的 9 种试验结果的每一个概率取值。基于经验和判断，管理部门得出结论：试验结果不是等可能发生的。因此，概率赋值的古典方法不适用。进而管理部门决定对过去三年和 KP&L 相似项目的完工时间进行研究。对 40 个相关项目的研究结果摘录在表 4.2 中。

表 4.2 KP&L 项目的完成结果

完工时间（月）			
第一步（设计）	第二步（施工）	试验点	过去完工所需的时间（月）
2	6	(2,6)	6
2	7	(2,7)	6
2	8	(2,8)	2
3	6	(3,6)	4
3	7	(3,7)	8
3	8	(3,8)	2
4	6	(4,6)	2
4	7	(4,7)	4
4	8	(4,8)	6
			合计 40

检查了研究结果之后，管理部门决定采用概率赋值的相对频率法。管理部门本可以采用主管方法估计，但感到当前项目和 40 个先前的项目十分相似。所以，相对频率法被认为是最好的。

使用表 4.2 中的数据计算概率，我们注意到结果（2,6）——2 个月完成第一阶段，6 个月完成第二阶段——在 40 个项目中发生了 6 次。我们能用相关频率法给这个试验结果的概率赋值是

6/40=0.15。同样,结果(2,7)也发生了 6 次,对应的概率为 6/40=0.15。继续这种方式,我们得到 KP&L 项目所有样本点的概率(表 4.3)。注意 $P(2,6)$ 表示样本点(2,6)的概率,$P(2,7)$ 表示样本点(2,7)的概率,如此等等。

表 4.3 根据相对频率法为 KP&L 项目分配概率

试验点	完工时间(月)	样本点概率
(2,6)	8	$P(2,6)=6/40=0.15$
(2,7)	9	$P(2,7)=6/40=0.15$
(2,8)	10	$P(2,8)=2/40=0.05$
(3,6)	9	$P(3,6)=4/40=0.10$
(3,7)	10	$P(3,7)=8/40=0.20$
(3,8)	11	$P(3,8)=2/40=0.05$
(4,6)	10	$P(4,6)=2/40=0.05$
(4,7)	11	$P(4,7)=4/40=0.10$
(4,8)	12	$P(4,8)=6/40=0.15$
		合计　　　　1.00

注释与评论

1. 在统计学中,试验的表示方法与物理试验不同。在物理学中,研究者通常在实验室或者受控环境下进行试验,目的是了解因果关系。在统计试验中,概率决定结果。即使试验以相同的方式重复,也可能发生完全不同的结果。因为概率对试验结果的影响,所以统计试验有时被称作随机试验。

2. 当从容量为 N 的总体中抽取一个样本时,组合计数规则用来确定选择样本空间为 n 的不同样本数。

4.2 事件及其概率

在这一章节的引言里,我们使用"事件"这个词就像使用日常用语一样。4.1 节中,我们引入了试验的概念以及与之相关的试验结果或者样本点。样本点和事件为研究概率奠定了基础。因此,我们必须引入与概率有关的事件的正式定义,进而以此为基础提出事件的概率。

事件

事件是样本点的集合。

例如,我们回到 KP&L 项目,假设项目经理对整个项目在 10 个月或更短时间内完成的事件感兴趣。从表 4.3 中,我们知道六个样本点(2,6),(2,7),(2,8),(3,6),(3,7)和(4,6),满足在 10 个月或更短时间内完工。用 C 表示项目在 10 个月或更短时间内完工的事件,我们记做:

$$C = \{(2,6),(2,7),(2,8),(3,6),(3,7),(4,6)\}$$

如果这六个样本点中有任何一个发生,我们就说事件 C 发生。

KP&L 管理部门可能对下列的其他事件也感兴趣。

L = 事件"项目在 10 个月内完工"

M = 事件"项目完工时间超过 10 个月"

使用表 4.3 的信息,我们知道这些事件包含下列样本点

$$L = \{(2,6),(2,7),(3,6)\}$$

$$M = \{(3,8),(4,7),(4,8)\}$$

对于 KP&L 项目问题还可以定义其他一些事件,但在每种情况下,事件必须是试验中的样本点的集合。

假设各样本点的概率如表 4.3 所示,我们能使用下列定义来计算 KP&L 管理部门想要知道的事件的概率。

事件的概率

任何事件的概率等于事件所有样本点的概率之和。

使用这一定义,我们通过将组成该事件的样本点(试验结果)的概率相加,能计算出该事件的概率。现在我们计算项目在 10 个月或更短时间内完成的事件的概率。因为这个事件为 $C = \{(2,6),(2,7),(2,8),(3,6),(3,7),(4,6)\}$,所以事件 C 的概率用 $P(C)$ 表示如下:

$$P(C) = P(2,6) + P(2,7) + P(2,8) + P(3,6) + P(3,7) + P(4,6)$$

查阅表 4.3 样本点的概率,我们有

$$P(C) = 0.15 + 0.15 + 0.05 + 0.10 + 0.20 + 0.05 = 0.70$$

同样,因为在工程在 10 个月内完工的事件为 $L = \{(2,6),(2,7),(3,6)\}$,所以事件的概率为

$$P(L) = P(2,6) + P(2,7) + P(3,6) = 0.15 + 0.15 + 0.10 = 0.40$$

最后,对于工程超过 10 个月完工的事件,我们有 $M = \{(3,8),(4,7),(4,8)\}$,因此

$$P(M) = P(3,8) + P(4,7) + P(4,8) = 0.05 + 0.10 + 0.15 = 0.30$$

使用这些概率结果,我们现在能告诉 KP&L 项目的管理部门:项目在 10 个月或者更短时间内完成的概率是 0.70,在少于 10 个月内完工的概率是 0.40,多于 10 个月完工的概率是 0.30。计算事件概率的过程对于管理部门感兴趣的任何事情都可以重复进行。

任何时候只要能确定试验样本点且能给每个样本点概率赋值,我们就能使用定义来计算事件的概率。在许多试验中,样本点数量过大使得样本点及其相关概率的确定过于麻烦。在本章后面几节里,我们将介绍用来计算不知道样本点概率的情况下,计算事件概率的几种基本概率关系。

注释与评论

1. 样本空间 S 是事件,因为它包含所有试验结果,其概率为 1,即 $P(S) = 1$。

2. 如果用古典试验方法分配概率,则假设试验结果等可能出现。这种情况下,通过计算试验结果的数目,再除以试验结果总数,便能得到事件的概率。

4.3 概率的几种基本关系

4.3.1 对立事件

给定事件 A，那么 A 的对立事件为：包括所有不属于事件 A 的样本点的事件。用符号 A^c 表示 A 的对立事件。图 4.4 是用来说明对立事件概念的著名的韦氏图。矩形代表试验的样本空间，它包含了所有样本点。矩形中的阴影部分包括了不在事件 A 中的所有样本点，它被定义为事件 A 的对立事件。

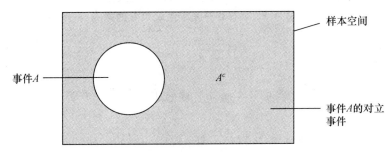

图 4.4 阴影部分是事件 A 的对立事件

在任何概率应用中，事件 A 或其对立事件 A^c 必有一个发生。因此，我们有

$$P(A) + P(A^c) = 1$$

求 $P(A)$，我们得到以下结果：

用对立事件求概率

$$P(A) = 1 - P(A^c) \tag{4.5}$$

公式 4.5 说明如果知道对立事件的概率 $P(A^c)$，那么能很容易地计算出事件 A 的概率。

例如，一位销售经理，在看过销售报告后说，新客户没有实现销售的概率是 80%。用 A 表示事件"销售"，A^c 表示事件"没有销售"，那么经理会说 $P(A^c) = 0.80$。根据公式(4.5)，我们知道

$$P(A) = 1 - P(A^c) = 1 - 0.80 = 0.20$$

我们能得出结论，新顾客实现销售的概率是 0.20。

又例如，一位销售代理说，供应商运来的货物中没有次品的概率为 0.90。根据对立事件，我们可以得出结论，运来的货物有次品的概率是 $1 - 0.90 = 0.10$。

4.3.2 加法法则

加法法则用来计算两个事件中至少有一个发生时的概率。即对于事件 A 和事件 B，我们想知道事件 A 或事件 B 或两个都发生的概率。

在陈述加法法则之前，我们需要讨论与事件组合相关的两个概念：事件的并和事件的交。考虑两个事件 A 和 B，**A 和 B 的并**定义如下：

两个事件的并

A 和 B 的并是包含所有属于 A 或 B 或两者兼并的样本点的集合，记做 $A \cup B$。

图4.5的韦氏图描述了事件A和事件B的并。两个圆圈包含事件A的所有样本点,也包含事件B的所有样本点。两个圆圈重叠说明了一些样本点既属于A也属于B。

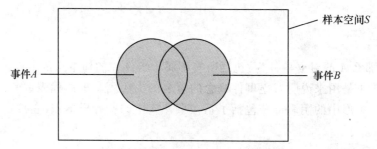

图4.5 阴影部分是事件A和B的并

A和B的交定义如下:

两个事件的交

假定两个事件A和B,A和B的交是包含既属于A又属于B的所有样本点的事件。记做$A \cap B$。

图4.6的韦氏图描述了事件A和B的交。两个圆圈相交的区域就是两个事件的交,它包含既属于A又属于B的所有样本点。

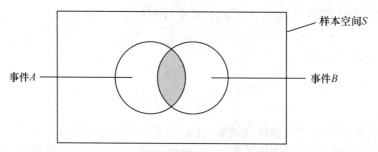

图4.6 阴影部分是事件A和B的交

我们继续讨论加法法则。**加法法则**提供了一种方法来计算事件A或事件B或者二者同时发生的概率。也就是说,加法法则用于计算两个事件并的概率,写成如下形式:

加法法则

$$P(A \cup B) = P(A) + P(B) - P(A \cap B) \tag{4.6}$$

为了直观地了解加法法则,注意加法法则的前两项$P(A) + P(B)$,它说明了$A \cup B$的所有样本点。但因为$A \cap B$的所有样本点都包含在A和B中,所以在计算$P(A) + P(B)$时,我们实际上把事件$A \cap B$的所有样本点计算了两次。我们改正这一问题就要把重复计算的$P(A \cap B)$减去。

举个加法法则应用的例子,我们考虑有50名工人的装配工厂的例子。工厂希望每个工人按时完成任务,这样装配的产品能通过最后的检查。偶尔一些工人不能满足要求,比如不能按时完成工作或组装出现次品。在业绩评估阶段后,生产部经理发现50个工人里有5个不能按时完工,有6个装配出次品,有2个既没有按时完成任务又生产出了次品。

令L = 事件"工作没按时完成",D = 事件"生产出了次品"

根据相对频率信息可以得出下列概率:

$$P(L) = \frac{5}{50} = 0.10$$

$$P(D) = \frac{6}{50} = 0.12$$

$$P(L \cap D) = \frac{2}{50} = 0.04$$

在检查过业绩数据后,生产部经理决定给没按时完工或生产的产品中含有次品的工人评一个差的业绩等级,因此有关事件是 $L \cup D$。生产部经理给某工人评定差的业务等级的概率是多少?

概率问题是两个事件的并。具体地说,我们想知道 $P(L \cup D)$。使用公式(4.6),我们有

$$P(L \cup D) = P(L) + P(D) - P(L \cap D)$$

知道这一表达式右侧的三个概率值,我们就能得到

$$P(L \cup D) = 0.10 + 0.12 - 0.40 = 0.18$$

这一计算步骤告诉我们,随机选取某工人被评定为差的业务等级的概率是0.18。

加法法则的另一个例子是,一家大型软件公司的人力资源部经理进行一项调查。结果表明2年内离开公司的雇员中,有30%主要是因为不满意薪水,20%是因为不满意工作安排,12%是因为对薪水和工作安排都不满意。一雇员因为薪水或工作安排或两者兼有而在2年内离开的概率是多少呢?

令 $S = $ 事件"雇员因不满意薪水而离开",$W = $ 事件"雇员不满意工作安排而离开"。我们有 $P(S) = 0.30$,$P(W) = 0.20$,$P(S \cap W) = 0.12$。使用公式(4.6),我们有

$$P(S \cup W) = P(S) + P(W) - P(S \cap W) = 0.30 + 0.20 - 0.12 = 0.38$$

某雇员因为薪水或工作安排而离开的概率是0.38。

在我们结束关于加法法则的讨论之前,我们看一个能引出**互不相容事件**的特殊例子。

互不相容事件

如果两个事件没有共同的样本点,我们称这两个事件为互不相容事件。

如果事件 A 和 B 互不相容,那么当一个发生时,另一个就不会发生。因此,事件 A 和 B 互不相容的要求是,它们的交集没有任何样本点。图4.7的韦氏图描述了两个互不相容的事件 A 和 B。这种情况下,$P(A \cap B) = 0$,所以加法法则可以写成如下形式:

互不相容事件的加法法则

$$P(A \cup B) = P(A) + P(B)$$

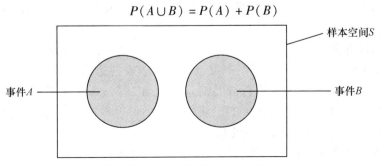

图 4.7 互不相容事件的加法法则

4.4 条件概率

某事件的概率经常受到已经发生的相关事件的影响。假设事件 A 的概率是 $P(A)$。如果我们得到新的信息,知道相关事件 B 已经发生,我们将利用这一信息来计算事件 A 的新的概率。事件 A 的新的概率被称为**条件概率**,记做 $P(A|B)$。我们用符号 $|$ 表示,在事件 B 已经发生的条件下考虑事件 A 发生的概率。因此,符号 $P(A|B)$ 读作"在事件 B 发生的条件下事件 A 发生的概率"。

举个条件概率应用的例子,考虑美国东部主要城市的警察中男性警官和女性警官的提升情况。这些警察中有 1 200 名警官,其中 960 名男性,240 是女性。在过去两年内,324 名警官得到了提升。对于男性警官和女性警官的提升情况详列在表 4.4 中。

表 4.4 过去两年内警官的提升情况

	男性	女性	总计
提升	288	36	324
未提升	672	204	876
总计	960	240	1 200

在研究完提升记录之后,女性警官委员会提出了歧视诉讼,根据是 288 名男性警官获提升而只有 36 名女性警官获提升。警察管理当局相对数目较小的女性警官被提升不是因为歧视,而是因为警察中女性比例较小。我们来说明如何用条件概率来分析这一歧视诉讼。

令

M = 事件"一个警官是男性"

W = 事件"一个警官是女性"

A = 事件"一个警官被提升"

A^c = 事件"一个警官没被提升"

将表中的数据值除以警官总数 1 200,就能得到有用的信息,即下面的概率值:

$P(M \cap A) = 288/1\,200 = 0.24 =$ 随机抽取一名警官为男性且被提升的概率

$P(M \cap A^c) = 672/1\,200 = 0.56 =$ 随机抽取一名警官为男性但未被提升的概率

$P(W \cap A) = 36/1\,200 = 0.03 =$ 随机抽取一名警官为女性且被提升的概率

$P(W \cap A^c) = 204/1\,200 = 0.17 =$ 随机抽取一名警官为女性但未被提升的概率

因为这些值给出了两个事件交的概率,所以称它们为**联合概率**。表 4.5 给出了警官提升情况的概率,是联合概率表。

联合概率表边缘部分的概率值给出了每一事件发生的概率,即 $P(M) = 0.80$, $P(W) = 0.20$, $P(A) = 0.27$, $P(A^c) = 0.73$。因为这些概率位于联合概率表的边缘,所以被称为**边际概率**。我们注意到边际概率是联合概率表中对应行或是对应列之和。例如,被提升的边际概率是 $P(A) = P(M \cap A) + P(W \cap A) = 0.24 + 0.03 = 0.27$。从边际概率可以看出,80% 的警官是男性,20% 的警官是女性,所有警官中 27% 被提升,73% 没有没提升。

我们通过计算当警官为男性时其被提升的概率,开始对条件概率进行分析。用条件概率的符号表示,我们要求的是 $P(A|M)$。为了计算 $P(A|M)$,我们首先要明确这个符号的意思,即在给

表 4.5 提升的联合概率表

联合概率出现在表的主体部分

	男性	女性	总计
提升(A)	0.24	0.03	0.27
未提升(A^c)	0.56	0.17	0.73
总计	0.80	0.20	1.00

边际概率出现在表的边缘

定事件 M(警官是男性)发生的情况下事件 A(被提升)的概率。因此,$P(A|M)$ 告诉我们只需关心 960 名男警官被提升的情况。因为 960 名男性警官中有 288 名被提升,所以在警官是男性的条件下被提升的概率是 288/960 = 0.30。换言之,假定警官是男性的情况下,在过去两年内他们有 30% 的机会被提升。

因为表 4.4 显示了每一类警官的数目,所以很容易运用这一过程。现在我们想说明如何直接从相关事件概率中计算得到条件概率,而不是通过表 4.4 中的频数数据。

我们已经知道 $P(A|M) = 288/960 = 0.30$。现在把分子和分母同时除以警官总人数 1 200。

$$P(A|M) = \frac{288}{960} = \frac{288/1\,200}{960/1\,200} = \frac{0.24}{0.80} = 0.30$$

我们知道可以用 0.24/0.80 来计算条件概率 $P(A|M)$。根据表 4.5 中的联合概率表,要特别注意到 0.24 是事件 A 和 M 的联合概率,即 $P(A \cap M) = 0.24$。也要注意到 0.80 是随机选取的警官为男性的边际概率,即 $P(M) = 0.80$。因此,可以通过用联合概率 $P(A \cap M)$ 和 $P(M)$ 的比值来计算条件概率 $P(A|M)$。

$$P(A|M) = \frac{P(A \cap M)}{P(M)} = \frac{0.24}{0.80} = 0.30$$

通过计算联合概率和边际概率的比值来得到条件概率,这个事实提供了计算两个事件 A 和 B 的条件概率的一般公式。

条件概率

$$P(A|B) = \frac{P(A \cap B)}{P(B)} \tag{4.7}$$

或

$$P(B|A) = \frac{P(A \cap B)}{P(A)} \tag{4.8}$$

图 4.8 中的韦氏图对直观地了解条件概率很有帮助。右边的圆表示事件 B 发生,与事件 A 重叠的部分表示事件$(A \cap B)$。我们知道当事件 B 发生时,我们能观察到事件 A 的唯一方法是事件 $(A \cap B)$ 发生。因此,比率 $P(A \cap B)/P(B)$ 提供了在事件 B 发生的情况下我们观察到事件 A 的条件概率。

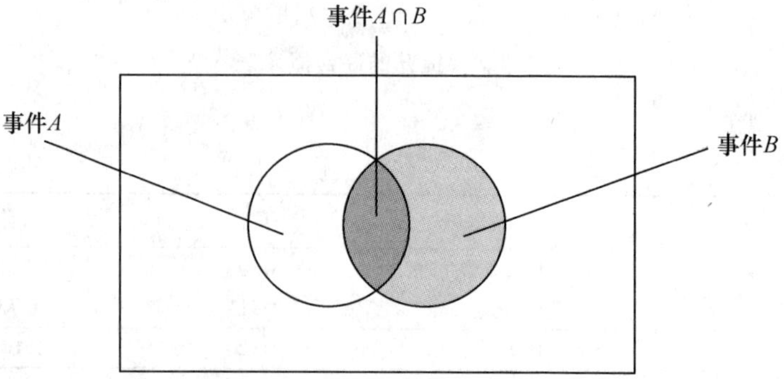

事件$A\cap B$

事件A

事件B

图4.8 条件概率 $P(A\mid B) = P(A\cap B)/P(B)$

我们回过头来考虑对女性警官的歧视问题。表 4.5 的第一行的边际概率显示警官被提升的概率是 $P(A) = 0.27$(不论该警官是男是女)。然后,歧视问题的关键是它涉及两个条件概率 $P(A\mid M)$ 和 $P(A\mid W)$。即给定某警官是男性,他被提升的概率多大?给定某警官是女性,她被提升的概率多大?如果两个概率值相同,那么歧视问题将没有根据,因为男女警官被提升的机会相同。如果两个条件概率值不同,就将支持男女警官在提升问题上待遇不同的观点。

我们已经得到 $P(A\mid M) = 0.30$。现在我们用表 4.5 中的概率值和公式 4.7 中条件概率的基本关系来计算,给定某警官是女性,其被提升的概率,即 $P(A\mid W)$。根据公式 4.7,用 W 代替 B,我们得到

$$P(A\mid W) = \frac{P(A\cap W)}{P(W)} = \frac{0.03}{0.20} = 0.15$$

你得到什么结论呢?给定警官是男性,其被提升的概率是 0.30,是给定警官是女性而被提升的概率 0.15 的 2 倍。尽管条件概率的使用不能完全证明这个案例中存在歧视,但条件概率值支持女警官们的观点。

4.4.1 独立事件

在前面的说明中,$P(A) = 0.27$,$P(A\mid M) = 0.30$,$P(A\mid W) = 0.15$,我们得到提升(事件 A)的概率受到警官是男是女的影响。特别地,因为 $P(A\mid M) \neq P(A)$,我们说事件 A 和 M 是非独立事件,即事件 A(提升)的概率受到事件 B(警官是男性)的影响。同样,$P(A\mid W) \neq P(A)$,我们说事件 A 和 W 是非独立事件。然而,如果事件 A 的概率不受事件 M 的影响,即 $P(A\mid M) = P(A)$,我们说事件 A 和 M 是**独立事件**(independent events)。这引出了两个事件独立的定义如下:

独立事件
如果

$$P(A\mid B) = P(A) \tag{4.9}$$

或

$$P(B\mid A) = P(B) \tag{4.10}$$

两个事件独立;否则,这两个事件不独立。

4.4.2 乘法法则

加法法则用于计算两个事件并的概率,而乘法法则用于计算两个事件交的概率。乘法法则基于条件概率的定义,根据公式 4.7 和 4.8 来求 $P(A\cap B)$,我们得到**乘法法则**(**multiplication law**)。

乘法法则
$$P(A\cap B) = P(B)P(A\mid B) \qquad (4.11)$$

或

$$P(A\cap B) = P(A)P(B\mid A) \qquad (4.12)$$

为了说明乘法法则的用法,考虑一个报纸发行量的问题,某地区有 84% 的家庭订阅了日报。如果我们令 D 表示事件"家庭订阅日报",$P(D) = 0.84$。另外,某家庭订了日报后又订周报(事件 S)的概率是 0.75,即 $P(S\mid D) = 0.75$。家庭既订日报又订周报的概率是多少? 使用乘法法则,我们计算 $P(S\cap D)$

$$P(S\cap D) = P(D)P(S\cap D) = 0.84 \times 0.75 = 0.63$$

我们现在知道 63% 的家庭既订日报又订周报。

在结束这节以前,当涉及独立事件时,我们考虑一个特殊的乘法法则:如果 $P(A\mid B) = P(A)$ 或 $P(B\mid A) = P(B)$,事件 A 和 B 独立。因此,根据公式(4.11)和(4.12),对于独立事件这一特殊情况,我们可以得到下面的乘法法则计算公式:

独立事件的乘法法则
$$P(A\cap B) = P(A)P(B) \qquad (4.13)$$

为了计算两个独立事件交的概率,我们只要简单地将对应的概率相乘即可。注意:独立事件的乘法法则提供了另一种方法来判断事件 A 和 B 是不是独立的。如果 $P(A\cap B) = P(A)P(B)$,那么 A 和 B 是相互独立的;如果 $P(A\cap B) \neq P(A)P(B)$,那么 A 和 B 是相关的。

举一个独立事件的乘法法则的应用例子,考虑这种情形:某加油站经理依据过去经验,知道 80% 的顾客在买汽油时使用信用卡付款。下面两个来购买汽油的客户都用信用卡付款的概率是多少? 如果令

A = 事件"第一位顾客使用信用卡"

B = 事件"第二位顾客使用信用卡"

那么我们感兴趣的事件是 $A\cap B$。如果没有其他信息,我们可以合理地假设 A 和 B 是独立事件。因此,

$$P(A\cap B) = P(A)P(B) = 0.80 \times 0.80 = 0.64$$

综上所述,我们之所以对条件概率感兴趣是因为这些事件通常是相关的。这种情况下,我们说事件不是相互独立的,必须用公式 4.7 和 4.8 的条件概率公式计算事件的概率。如果两事件不相关,它们相互独立;这种情况下,任意事件的概率都不受其他事件发生与否的影响。

注释与评论

不要混淆互不相容事件和相互独立事件的概念。两个概率不为零的事件不可能既互不相容又相互独立。如果互不相容事件中有一个发生了,那么另一个不可能发生,其发生的概率为零。因此,它们不是相互独立的。

4.5 贝叶斯定理

在讨论条件概率时当获得新信息时,修正概率对于概率分析是一个很重要的阶段。通常,我们开始时先分析感兴趣的特定事件的**先验概率**(prior probability)。然后,从诸如样本、特定报告或产品检验中,我们可以获得关于事件的额外信息。考虑这些新信息,我们通过计算修正概率来校正先验概率,修正后的概率称为**后验概率**(posterior probability)。贝叶斯定理提供了计算这些概率的方法。图 4.9 显示了概率修正过程的步骤。

图 4.9 使用贝叶斯定理修正概率

举个贝叶斯定理的应用例子,考虑一家制造公司收到两家不同供应商运来的零件。令 A_1 表示事件"从供应商 1 运来的零件",A_2 表示事件"从供应商 2 运来的零件"。现在,公司购买的零件 65% 来自供应商 1,35% 来自供应商 2。因此,如果随机选取零件,那么我们得到先验概率 $P(A_1) = 0.65$,$P(A_2) = 0.35$。

购买零件的质量因供货来源的不同而不同。历史数据表明两个供应商的质量等级如表 4.6 所示。如果我们令 G 表示事件"一个零件是好的",B 表示事件"一个零件是坏的",表 4.6 中的信息提供了下面条件概率值。

表 4.6 两家供应商零件质量水平的历史数据

	质量优良的百分比(%)	质量差的百分比(%)
供应商 1	98	2
供应商 2	95	5

$$P(G \mid A_1) = 0.98 \quad P(B \mid A_1) = 0.02$$
$$P(G \mid A_2) = 0.95 \quad P(B \mid A_2) = 0.05$$

图 4.10 中的树形图描述了公司从一个供应商接受零件之后,发现零件质量是好是坏的过程。我们知道有四个可能的结果,两种对应两件质量好,两种对应零件质量差。

每个试验结果都是两个事件的交,所以我们能用乘法法则来计算概率。例如,

$$P(A_1, G) = P(A_1 \cap G) = P(A_1)P(G \mid A_1)$$

计算联合概率的过程可以用概率树(见图 4.11)描述。概率树从左边向右边看,第一步每一分

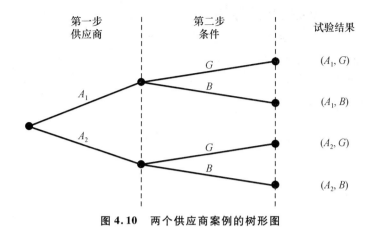

图 4.10 两个供应商案例的树形图

支的概率是先验概率,第二步每一分支的概率是条件概率。在图 4.11 里,顺着每一分支的已知概率,就能求出每个条件概率了。

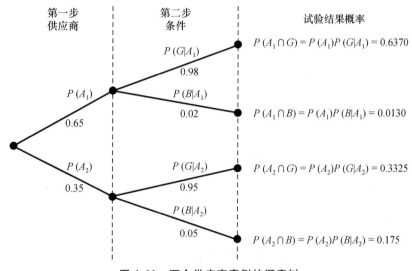

图 4.11 两个供应商案例的概率树

假设两个供应商的零件用于公司的制造过程,如果遇到一个质量差的零件,机器会出故障。已知零件是坏的,那么它来自于供应商1的概率是多大?来自于供应商2的概率是多大?根据概率树上的信息(图 4.11),能用贝叶斯定理回答这些问题。

令 B 表示事件"零件是坏的",我们找到后验概率 $P(A_1 \mid B)$ 和 $P(A_1 \mid B)$。根据条件概率法则,我们知道

$$P(A_1 \mid B) = \frac{P(A_1 \cap B)}{P(B)} \tag{4.14}$$

参考概率树,我们知道

$$P(A_1 \cap B) = P(A_1) P(B \mid A_1) \tag{4.15}$$

为了求 $P(B)$,我们注意到事件 B 只能通过两种方式发生:$P(A_1 \cap B)$ 和 $P(A_2 \cap B)$。因此,我们有

$$P(B) = P(A_1 \cap B) + P(A_2 \cap B)$$
$$= P(A_1)P(B \mid A_1) + P(A_2)P(B \mid A_2) \tag{4.16}$$

将公式(4.15)和(4.16)代入公式(4.14)中,可以得到类似的结果 $P(A_2 \cap B)$,我们得到两个事件的贝叶斯定理。

> 托马斯·贝叶斯(1702—1761),长老会牧师,首先提出了贝叶斯理论。

贝叶斯定理(两个事件)

$$P(A_1 \mid B) = \frac{P(A_1)P(B \mid A_1)}{P(A_1)P(B \mid A_1) + P(A_2)P(B \mid A_2)} \tag{4.17}$$

$$P(A_2 \mid B) = \frac{P(A_2)P(B \mid A_2)}{P(A_1)P(B \mid A_1) + P(A_2)P(B \mid A_2)} \tag{4.18}$$

使用公式(4.17)和例子中给出的概率值,我们有

$$P(A_1 \mid B) = \frac{P(A_1)P(B \mid A_1)}{P(A_1)P(B \mid A_1) + P(A_2)P(B \mid A_2)}$$
$$= \frac{0.65 \times 0.02}{0.65 \times 0.02 + 0.35 \times 0.05} = \frac{0.130}{0.130 + 0.175}$$
$$= \frac{0.130}{0.305} = 0.4262$$

另外,使用公式(4.18),我们可以求出 $P(A_2 \mid B)$

$$P(A_2 \mid B) = \frac{0.35 \times 0.05}{0.65 \times 0.02 + 0.35 \times 0.05}$$
$$= \frac{0.175}{0.130 + 0.175} = \frac{0.175}{0.305} = 0.5738$$

注意到这个应用的例子中,随机选取一个零件,它来自于供应商 1 的概率是 0.65。但考虑到信息"该零件质量差",零件来自于供应商 1 的概率降到了 0.4262。事实上,如果一个零件质量差,它来自于供应商 2 的概率会超过 50%,即 $P(A_2 \mid B) = 0.5738$。

当我们想计算的后验概率互不相容且它们的并是整个样本空间时,也能运用贝叶斯定理。例如 n 个互不相容的事件 $A_1, A_2, \cdots, A_n$,它们的并是整个样本空间,用贝叶斯定理计算任何后验概率 $P(A_i \mid B)$ 的方法如下:

$$P(A_i \mid B) = \frac{P(A_i)P(B \mid A_i)}{P(A_1)P(B \mid A_1) + P(A_2)P(B \mid A_2) + \cdots + P(A_i)P(B \mid A_i)} \tag{4.19}$$

已知先验概率 $P(A_1), P(A_2), \cdots, P(A_n)$ 和条件概率 $P(B \mid A_1), P(B \mid A_2), \cdots, P(B \mid A_n)$ 后,就可以运用公式 4.19 计算事件 $A_1, A_2, \cdots, A_n$ 的概率了。

4.5.1 表格法

表格法有助于进行贝叶斯定理的计算。表 4.7 告诉我们如何用这种方法来解决供货商零件问题。计算步骤如下所示。

步骤 1. 准备一下 3 栏:

第一栏——后验概率需要的互不相容的事件 A_i,

第二栏——事件的先验概率 $P(A_i)$，

第三栏——给定的每个事件的新信息 B，即条件概率 $P(B \mid A_i)$。

步骤 2. 在第四栏里，用乘法法则计算每一事件的联合概率 $P(A_i \cap B)$ 和新信息 B。这些联合 187
概率是第二栏中先验概率与对应第三栏中条件概率的乘积，即 $P(A_i \cap B) = P(A_i) P(B \mid A_i)$。

步骤 3. 将第四栏里的联合概率加总求和，即为新信息的概率 $P(B)$。因此，在表 4.7 中我们看到，零件来自供应商 1 且质量差的概率是 0.130，零件来自供应商 2 且质量差的概率是 0.175。因为得到质量差零件的途径有两个，所以 0.130 + 0.175 的和 0.305 就是两个供应商运送过来的零件中有质量差的零件的总概率。

步骤 4. 在第五栏里，用条件概率的基本关系计算先验概率。

$$P(A_i \mid B) = \frac{P(A_i \cap B)}{P(B)}$$

注意条件概率 $P(A_i \mid B)$ 是第四栏里的，概率 $P(B)$ 是第四栏概率的和。

表 4.7　两个供应商案例的贝叶斯定理计算一览表

(1) 事件 A_i	(2) 先验 $P(A_i)$	(3) 条件概率 $P(B \mid A_i)$	(4) 联合概率 $P(A_i \cap B)$	(5) 后验概率 $P(A_i \mid B)$
A_1	0.65	0.02	0.0130	0.130/0.0305 = 0.4262
A_2	0.35	0.05	0.0175	0.175/0.0305 = 0.5738
	1.00		$P(B)$ = 0.0305	1.0000

4.5.2　应用 Excel 计算后验概率

贝叶斯定理的表格法能在 Excel 上轻易的实现。在这一部分，我们将说明如何实现表 4.7 中的贝叶斯定理的计算。其过程反映在图 4.12 中。背景工作表是公式表；前景工作表是数值表。

	A	B	C	D	E	F
1		先验	条件	联合	后验	
2	事件	概率	概率	概率	概率	
3	A1	0.65	0.02	=B3*C3	=D3/$D$5	
4	A2	0.35	0.05	=B4*C4	=D4/$D$5	
5		=SUM(B3:B4)		=SUM(D3:D4)	=SUM(E3:E4)	
6						

	A	B	C	D	E	F
1		先验	条件	联合	后验	
2	事件	概率	概率	概率	概率	
3	A1	0.65	0.02	0.0130	0.4262	
4	A2	0.35	0.05	0.0175	0.5738	
5		1		0.0305	1.0000	
6						

图 4.12　计算后验概率的 EXCEL 表

输入数据：第 1 行和第 2 行是标签，两个互不相容事件在单元格 A3:A4 中。先验概率输入在 B3:B4 中，条件概率输入在 C3:C4 中。

输入函数和公式：单元格 D3:D4 中的函数说明联合概率是 B 栏中先验概率与 C 栏中条件概 188
率的乘积。数值表 D3:D4 中显示的结果同表 4.7 显示的相同。D5 中的总和显示了发现质量差零件的概率是 0.0305。这一概率是贝叶斯定理的分母。单元格 E3:E4 提供了后验概率。从数值表中我们看出，它们同表 4.7 的后验概率相同。

注意相同的工作表要求用来求,"假设零件质量好"的前提下,两个供应商的后验概率。单元格 B3:B4 中的先验概率不变。然后我们用数值 0.98 和 0.95 分别替换单元格 C3:C4 中的条件概率,进而得到单元格 E3:E4 中的 $P(A_1 \mid G) = 0.6570, P(A_2 \mid G) = 0.3430$。

这个工作表还可以处理两个以上事件的贝叶斯定理的计算,只要对每一事件增加一行,并将求和栏下调即可。

注释与评论

1. 贝叶斯定理广泛用于决策分析。先验概率通常是决策者的主观估计。样本信息的获取和后验概率的计算都是为战略决策服务的。

2. 事件和其对立事件互不相容,它们的并是整个样本空间,因此,贝叶斯定理常用于计算事件及其对立事件的后验概率。

本章小结

本章介绍了概率的基本概念,阐明了如何用概率分析来为决策提供有用的信息。我们描述了如何用数量方法来解释某一事件发生的可能性。另外,我们知道可以通过对组成事件的所有试验结果的概率值加总,也可以通过加法法则、条件概率和乘法法则建立起来的关系来计算事件的概率。对于可得到附加信息的情况,我们说明了如何用贝叶斯定理来获得修正或后验概率。

关键术语

概率	主观法	条件概率
试验	事件	联合概率
样本空间	事件 A 的对立事件	边际概率
样本点	韦氏图	独立事件
树形图	事件 A 和 B 的并	乘法法则
概率赋值的基本原则	事件 A 和 B 的交	先验概率
古典法	加法法则	后验概率
相对频数法	互不相容事件	贝叶斯定理

主要公式

组合的计数法则

$$C_n^N = \binom{N}{n} = \frac{N!}{n!(N-n)!} \quad (4.1)$$

排列的计数法则

$$P_n^N = n!\binom{N}{n} = \frac{N!}{(N-n)!} \quad (4.2)$$

用对立事件计算概率

$$P(A) = 1 - P(A^c) \quad (4.5)$$

加法法则

$$P(A \cup B) = P(A) + P(B) - P(A \cap B) \quad (4.6)$$

条件概率

$$P(A \mid B) = \frac{P(A \cap B)}{P(B)} \quad (4.7)$$

$$P(B \mid A) = \frac{P(A \cap B)}{P(A)} \quad (4.8)$$

乘法法则

$$P(A \cap B) = P(B)P(A \mid B) \quad (4.11)$$

$$P(A \cap B) = P(A)P(B \mid A) \quad (4.12)$$

独立事件的乘法

$$P(A \cap B) = P(A)P(B) \quad (4.13)$$

贝叶斯定理

$$P(A_i \mid B)$$

$$= \frac{P(A_i)P(B \mid A_i)}{P(A_1)P(B \mid A_1) + P(A_2)P(B \mid A_2) + \cdots + P(A_n)P(B \mid A_n)} \quad (4.19)$$

案例问题　汉密尔顿郡的法官

汉密尔顿郡的法官每年要审理数千起案件。绝大多数案件都结了案并维持了原判。不过一些提起了上诉,其中有一些还被翻了案。《辛辛那提询问者》的 Kristen Del Guzzi 对汉密尔顿郡法官在过去三年审理的案件做了调查。表 4.8 就是普通诉讼法院、民事法院和地方法院 38 位法官审理的 182 908 起案件。两位法官(Dinkelacker 和 Hogan)在过去三年中没有仅为一家法院工作。

表 4.8　汉密尔顿郡法庭的结案案件、诉讼案件和撤诉案件

法官	结案案件	诉讼案件	撤诉案件
普通诉讼法院			
Fred Cartolano	3 037	137	12
Thomas Crush	3 372	119	10
Patrick Dinkelacker	1 258	44	8
Timothy Hogan	1 954	60	7
Robert Kraft	3 138	127	7
William Mathews	2 264	91	18
William Morrissey	3 032	121	22
Norbert Nadel	2 959	131	20
Arthur Ney, Jr.	3 219	125	14
Richard Niehaus	3 353	137	16
Thomas Nurre	3 000	121	6
John O'Connor	2 969	129	12
Robert Ruehlman	3 205	145	18
J. Howard Sundermann	955	60	10
Ann Marie Tracey	3 141	127	13
Ralph Winkler	3 089	88	6
总计	43 945	1 762	199

（续表）

法官	结案案件	诉讼案件	撤诉案件
民事法院			
Penelope Cunningham	2 729	7	1
Patrick Dinkelacker	6 001	19	4
Deborah Gaines	8 799	48	9
Ronald Panioto	12 970	32	3
总计	30 499	106	17
地方法院			
Mike Allen	6 149	43	4
Nadine Allen	7 812	34	6
Timothy Black	7 954	41	6
David Davis	7 736	43	5
Leslie Isaiah Gaines	5 282	35	13
Karla Grady	5 253	6	0
Deidra Hair	2 532	5	0
Dennis Helmick	7 900	29	5
Timothy Hogan	2 308	13	2
James Patrick Kenney	2 798	6	1
Joseph Luebbers	4 698	25	8
William Mallory	8 277	38	9
Melba Marsh	8 219	34	7
Beth Mattingly	2 971	13	1
Albert Mestemaker	4 975	28	9
Mark Painter	2 239	7	3
Jack Rosen	7 790	41	13
Mark Schweikert	5 403	33	6
David Stockdale	5 371	22	4
John A. West	2 797	4	2
总计	108 464	500	104

　　该报纸研究的目的是评估法官的表现。上诉通常是法官的错误造成的，该报想知道哪些法官工作得不错，哪些犯了很多错误。要求你协助进行数据分析，使用你学到的概率和条件概率的知识，对法官进行排名。你也可以分析不同法院审理案件的上诉和翻案的可能性。

管理报告

　　准备法官排名的报告，要包括三个法院上诉和翻案的可能性分析。你报告中至少要包含以下内容：

1. 三个法院上诉和翻案的概率。
2. 每位法官审理的案件提起诉讼的概率。
3. 每位法官审理的案件被翻案的概率。
4. 每位法官既定上诉案件被翻案的概率。
5. 对每个法院的法官进行排名。说明你使用的标准和该排名的基本原理。

第五章 离散型概率分布

目 录

统计实务：花旗银行
5.1 随机变量
    5.1.1 离散型随机变量
    5.1.2 连续型随机变量
5.2 离散型概率分布
5.3 期望值与方差
    5.3.1 期望值
    5.3.2 方差
    5.3.3 应用Excel计算期望值、方差、标准差
5.4 二项分布

5.4.1 二项试验
5.4.2 马丁服饰店问题
5.4.3 使用Excel计算二项概率
5.4.4 二项概率分布的期望值和方差
5.5 泊松概率分布
    5.5.1 有关事件间隔的例子
    5.5.2 有关长度或距离间隔的例子
    5.5.3 使用Excel计算泊松概率
5.6 超几何分布
    使用Excel计算超几何概率

统计实务

花旗银行[*]
纽约，长岛市

花旗银行是花旗集团的子公司，提供广泛的金融服务，包括存取款、贷款和抵押、保险和投资服务等。在其独特的战略框架下所进行的这些服务称为花旗银行业务。花旗银行业务提供遍及全球的产品供应和高质量的服务，使客户可以在任何时间、任何地点、以任何方式来管理自己的资金。不管你是否需要为未来存钱或为今天借钱，都可以在花旗银行实现。

花旗银行最新的ATM机在花旗卡银行中心（CBC），使客户只要按一下手指，就能在任何地方享受所有的业务，ATM机全天候服务。ATM机有超过150种不同的功能，从取款到投资管理，都可以轻松实现。花旗银行的ATM机不仅是现金机，现在客户可以用它们完成80%的交易。

每一个花旗银行的CBC都像一个等候的在线系统，为随时到来的客户提供服务。如果所有的ATM机都在工作，那么新到的客户就得排队等候。为了确定是否需要新添ATM机，银行会定期对CBC容量进行研究。

花旗银行收集的数据显示客户随机到达的概率符合泊松分布。用泊松分布,花旗银行可以计算任意时间到达 CBC 的客户数量,并确定所需要的 ATM 机的数量。例如,令 x 表示"一分钟内到达的客户数量"。假设某一个 CBC 中心平均每分钟来两个客户,下表是在每分钟到达客户数的概率。

x	概率
0	0.1353
1	0.2707
2	0.2707
3	0.1804
4	0.0902
5 或更多	0.0527

离散型概率分布,如花旗银行使用的概率分布,是本章的主题。除泊松分布外,你将学到二项分布和超几何分布,以及怎么运用它们提供有用的概率信息。

* 作者感谢花旗银行的 Stacey Kater 女士提供该统计实务的案例。

本章中,我们将通过介绍随机变量和概率分布来继续学习概率。本章的重点是离散型概率分布,包括三种特殊的离散概率分布——二项分布、泊松分布、超几何分布。

5.1 随机变量

第四章中,我们定义了试验及其相关的概念。一个随机变量提供了使用数值描述试验结果的方法。随机变量必须假设一个数值。

随机变量

随机变量是试验结果的数值描述。

> 随机变量必须假设一个数值。

实际上,随机变量就是将每个可能出现的试验结果和一个数值联系起来。随机变量的特殊数值取决于试验结果。随机变量可以根据数值分为离散型和连续型。

5.1.1 离散型随机变量

离散型随机变量(discrete random variable)是可以取有限个数值或诸如 0,1,2,… 之类的无限个顺序数值的随机变量。例如,考虑一个试验:一会计参加注会(CPA)考试,考试有四个科目。我们定义随机变量 x 表示通过 CPA 考试的科目数。因为它假设可以取有限个数值 0,1,2,3,或 4,所以它是离散型随机变量。

另一个随机变量的例子,考虑到达收费站的汽车数量。我们感兴趣的随机变量 x 表示一天内到达收费站的汽车数量。X 可能的概率值来自于整数序列 0,1,2 等。因此,x 是可以取整数中任意数值的离散型随机变量。

很多试验结果能很自然的用数值描述,但有些却不行。例如,一项问卷调查或许会问某人回忆最近电视广告的广告词。这个试验有两个可能的结果:被调查者不记得广告词和被调查者记得广告词。

我们可以通过定义离散型随机变量 x 来描述这些试验结果:令 x=0 表示被调查者不记得广告词,x=1 表示被调查者记得广告词。随机变量的数值是任意的(可以是 5 和 10),但根据随机变量的定义它们是可以接受的——也就是说,因为 x 提供了实验结果的数值描述,所以它是随机变量。

表 5.1 提供了离散型随机变量的一些例子。注意在每个例子中,离散型随机变量假设有限个数值或诸如 0,1,2,⋯之类的无限个顺序数值。这章将详细讨论这些类型的离散型随机变量。

表 5.1 离散型随机变量示例

试验	随机变量(x)	随机变量的可能值
与 5 位顾客联系	订货的顾客数	0,1,2,3,4,5
检查装运的 50 台收音机	次品收音机的台数	0,1,2,⋯,49,50
饭店营业一天	顾客数	0,1,2,3,⋯
销售一辆汽车	顾客性别	男性取 0,女性取 1

5.1.2 连续型随机变量

连续型随机变量(continuous random variable)是可以取某一区间或者区间集合上的任意数值的随机变量。对于事件、重量、距离、温度等计量尺度的试验结果都可以用连续型随机变量描述。例如,考虑一项实验:监听打入某大型保险公司索赔部的电话。假设感兴趣的随机变量 x 表示连续两次电话之间的分钟数。这个随机变量可以在区间 $x \geq 0$ 上取任何值。实际上,x 可以取无限多个可能的数值,包括 1.26 分钟、2.751 分钟、4.3333 分钟等。又例如,考虑佐治亚州亚特兰大市北部的 I-75 高速公路的一段,长约 90 公里。对于亚特兰大市的急救中心,我们能定义随机变量 x 表示沿着 I-75 路段到下一起交通事故发生地的距离。在这种情况下,x 表示在区间 $0 \leq x \leq 90$ 任意取值的连续型随机变量。表 5.2 还列出了连续型随机变量的其他一些例子。注意每个例子描述随机变量都假设其可以在某一区间任意取值。连续型随机变量及其概率分布将是本章的主题。

表 5.2 连续型随机变量示例

试验	随机变量(x)	随机变量的可能值
银行运营	两位客户相隔时间	$x \geq 0$
灌装饮料(最大容量 = 12.1 盎司)	盎司数	$0 \leq x \leq 12.1$
新建一座图书馆	6 个月后工程完成百分比	$0 \leq x \leq 100$
检测一道化学工序	反应温度(最高 150°F,最低 212°F)	$150 \leq x \leq 212$

注释与评论

确定一个随机变量是离散型还是连续型的方法是将随机变量的取值看成一条线段内的点,选择两点表示随机变量的数值,如果这两点之间的线段也表示随机变量的可能的取值,那么它是连续型随机变量。

5.2 离散型概率分布

随机变量的**概率分布**(probability distribution)描述了随机变量的概率取值是如何分布的。

对于一个离散型随机变量 x，概率分布定义为概率函数，用 f(x) 表示。概率函数提供了随机变量各种取值的概率。

为了阐明离散型随机变量及其分布，考虑纽约州萨拉托加市迪卡罗汽车公司的汽车销售量。在过去 300 天的时间里，销售量数据显示，有 54 天零销售，117 天销售了 1 辆车，72 天销售了 2 辆车，42 天销售了 3 辆车，12 天销售了 4 辆车，3 天销售了 5 辆车。假设我们考虑一个试验：从迪卡罗汽车公司的营业时间中任选一天，并定义表示一天内销售汽车数量的随机变量 x 的概率。从历史数据可以看出，x 是一个可以取数值 0,1,2,3,4 或 5 的随机变量。用概率函数符号表示，f(0) 是没有销售汽车的概率，f(1) 是销售一辆汽车的概率，等等。因为历史数据表明 300 天里有 54 天没有销售汽车，我们分配给 f(0) 的概率值是 54/300 = 0.18，表示一天内没有销售汽车的概率。同样，因为 300 天里有 117 天销售了一辆汽车，我们分配给 f(1) 概率 117/300 = 0.39，表示一天内销售一辆汽车的概率。以同样的方法可以计算出 f(2),f(3),f(4) 和 f(5) 的值，这些数值如表 5.3 所示，该表是迪卡罗汽车公司每天销售的汽车数量的概率分布。

定义随机变量及其概率分布的最大好处在于，知道概率分布就很容易确定决策者感兴趣的事件的概率。例如使用表 5.3 中迪卡罗汽车公司的概率分布，我可以看出一天内最可能的汽车销售量是 1 辆，概率 f(1) = 0.39。另外，一天销售 3 辆或 3 辆以上的概率是 f(3) + f(4) + f(5) = 0.14 + 0.04 + 0.01 = 0.19。这些概率，以及决策者想了解的其他概率，就能提供相关信息以帮助决策者了解公司销售汽车过程。

在建立任何离散型随机变量的概率函数的时候，必须满足下列两点：

> 这些条件类似于第四章介绍的给试验结果概率赋值的两条基本要求。

离散型随机变量需要满足的条件

$$f(x) \geq 0 \tag{5.1}$$

$$\sum f(x) = 1 \tag{5.2}$$

表 5.3 显示了随机变量 x 的概率满足公式(5.1)：对于所有的 x，f(x) ≥ 0。另外，概率之和等于 1，所以满足公式(5.2)。这样迪卡罗汽车公司的概率函数就是一个有效的离散型概率函数。

表 5.3 迪卡罗汽车公司一天销售量概率分布

x	f(x)
0	0.18
1	0.39
2	0.24
3	0.14
4	0.04
5	0.01
总计	1.00

我们用图形表示概率分布。在图 5.1 中，横轴表示迪卡罗公司的随机变量 x 的数值，纵轴表示与其相关的概率。

除了表格和图形外，也可以用公式表示一些离散型随机变量的分布，即对应每个 x 的 f(x) 的取值。最简单的例子就是用公式表示的一些离散型随机变量的概率分布,称为**离散型均匀概率分布**(discrete uniform probability distribution)。其概率函数方程如公式(5.3):

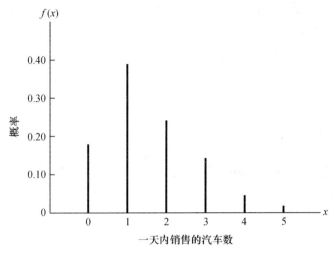

图 5.1 迪卡罗汽车公司的汽车销售量概率分布图

离散型均匀概率函数

$$f(x) = 1/n \tag{5.3}$$

其中 n = 随机变量可能值的个数。

例如,假设扔硬币的随机试验中,我们定义随机变量 x 表示正面朝上的次数。$n=6$ 表示随机变量的可能值,$x = 1,2,3,4,5,6$。因此,这个离散型一致随机变量的概率函数是

$$f(x) = 1/6 \quad x = 1,2,3,4,5,6$$

随机变量的可能值及其有关的概率如下所示:

x	$f(x)$
1	1/6
2	1/6
3	1/6
4	1/6
5	1/6
6	1/6

另一个例子,考虑随机变量 x 有如下离散型概率分布。

x	$f(x)$
1	1/10
2	2/10
3	3/10
4	4/10

这个概率分布可以用如下公式定义:

$$f(x) = x/10 \quad (x = 1,2,3,4)$$

给定随机变量某个值求出的 $f(x)$ 提供了相关的概率。例如,使用前面的概率函数,我们看到 $f(2)=3/10$ 提供了随机变量取 2 时的概率。

用公式来确定离散型概率分布更为广泛。三个重要的分布是二项分布、泊松分布和超几何分布,将在本章的后续章节中讨论。

5.3 期望值与方差

5.3.1 期望值

随机变量的**期望值**(expected value)或均值是指对随机变量集中趋势的一种测度。离散型随机变量 x 的期望值的数学表达式如下:

离散型随机变量的期望值

$$E(x) = \mu = \sum xf(x) \quad (5.4)$$

> 期望值是随机变量的加权平均数,权重是概率。

符号 $E(x)$ 和 μ 都是用来表示随机变量的期望值。

公式(5.4)说明,为计算离散型变量的期望值,我们必须将随机变量的每个值乘以对应的概率 $f(x)$,然后将这些乘积相加。使用 5.2 小节中的迪卡罗汽车公司的销售例子,来说明怎样计算表 5.5 中的一天内汽车销售量的期望值。$xf(x)$ 列之和说明每天汽车销售量的期望值是 1.50 辆。因此,我们知道尽管任意一天汽车销售量的可能值是 0,1,2,3,4 或 5,但迪卡罗公司预计每天汽车平均销售量是 1.5 辆。假设一个月营业 30 天,我们使用期望值 1.50 预测月平均销售 30×1.50 = 45 辆。

> 期望值不是随机变量的一个取值。

表5.5 迪卡罗汽车公司销售量计算表

x	$f(x)$	$xf(x)$
0	0.18	0 × 0.18 = 0.00
1	0.39	1 × 0.39 = 0.39
2	0.24	2 × 0.24 = 0.48
3	0.14	3 × 0.14 = 0.42
4	0.04	4 × 0.04 = 0.16
5	0.01	5 × 0.01 = 0.05
		1.50
		$E(x) = \mu = \sum xf(x)$

5.3.2 方差

尽管期望值提供了计算随机变量均值的方法,但我们还需要方差或分散程度的测度。就像在第三章使用**方差**(variance)来反映一个随机变量的离散趋势一样,我们现在用方差来反映随机变量的变异性。离散型随机变量方差的公式如下:

离散型随机变量的方差

$$\text{Var}(x) = \sigma^2 = \sum (x-\mu)^2 f(x) \qquad (5.5)$$

> 方差是随机变量离差平方和的加权平均数,权重是概率。

公式(5.5)说明了方差公式核心部分是离差 $x-\mu$,它适用于度量随机变量某个特定值偏离期望值即均值 μ 的程度。在计算随机变量的方差时,将离差平方后再用概率函数的对应值加权。随机变量离差的平方的加权平方数就是方差。$\text{Var}(x)$ 和 σ^2 都用于表示随机变量的方差。

表5.6显示了迪卡罗汽车公司一天内汽车销量的概率分布的方差计算。我们可以看出方差是1.25,**标准差(standard deviation)** σ 定义为方差的算术平方根。因此,一天内汽车销售量的标准差是:

$$\sigma = \sqrt{1.25} = 1.118$$

表 5.6　一天内汽车销售量的方差计算

x	$x-\mu$	$(x-\mu)^2$	$f(x)$	$(x-\mu)^2 f(x)$
0	0 − 1.50 = − 1.50	2.25	0.18	2.25 × 0.18 = 0.4050
1	1 − 1.50 = − 0.50	0.25	0.39	0.25 × 0.39 = 0.0975
2	2 − 1.50 = − 0.50	0.25	0.24	0.25 × 0.24 = 0.0600
3	3 − 1.50 = − 1.50	2.25	0.14	2.25 × 0.14 = 0.3150
4	4 − 1.50 = − 2.50	6.25	0.04	6.25 × 0.04 = 0.2500
5	5 − 1.50 = − 3.50	12.25	0.01	12.25 × 0.01 = 0.1225
				1.2500
				$\sigma^2 = \sum (x-\mu)^2 f(x)$

标准差用与随机变量同样的计算单位来测量,因此在描述随机变量变异性时通常偏向于使用标准差。方差 σ^2 用计量单位的平方度量,因此更难于解释。

5.3.3　应用 Excel 计算期望值、方差、标准差

涉及离散型随机变量的期望值、方差的计算时,用 Excel 会比较容易。一种方法是输入公式计算表5.5和表5.6。更容易的方法是使用 Excel 的 SUMPRODUCT 函数来计算迪卡罗汽车公司日销售量的期望值和方差。计算过程显示在图5.2中。前景是公式表,背景是数值表。

输入数据:所需的数据是随机变量的数值及其相应的概率。将随机变量的标签、随机变量的值和相应的概率输入单元 A1:B7 中。

输入函数和公式:SUMPRODUCT 函数将每个数值乘以对应值,并将结果加总。为了用 SUNPRODUCT 函数计算日销售量的期望值,我们输入下列公式到单元格 B9:

= SUMPRODUCT (A2:A7;B2:B7)

注意第一列 A2:A7 包括随机变量的数值——日汽车销售量,第二列 B2:B7 包括对应的概率。因此,单元格 B9 中的 SUMPRODUCT 函数计算 A2 × B2 + A3 × B3 + A4 × B4 + A5 × B5 + A6 × B6 + A7 × B7,因此它用公式5.4来计算期望值。单元格 B9 显示的结果是1.5。

单元格 C2:C7 中的公式用于计算由期望值或均值得到的标准差(均值在单元格 B9 中),数值表中结果和表5.6中的结果一样。计算日汽车销量的公式输入 B11。用 SUMPRODUCT 函数将

	A	B	C
1	销售量	概率	与期望值离差的平方
2	0	0.18	=(A2-$B$9)^2
3	1	0.39	=(A3-$B$9)^2
4	2	0.24	=(A4-$B$9)^2
5	3	0.14	=(A5-$B$9)^2
6	4	0.04	=(A6-$B$9)^2
7	5	0.01	=(A7-$B$9)^2
8			
9	期望值	=SUMPRODUCT(A2:A7,B2:B7)	
10			
11	方差	=SUMPRODUCT(C2:C7,B2:B7)	
12			
13	标准差	=SQRT(B11)	
14			

	A	B	C	D
1	销售量	概率	与期望值离差的平方	
2	0	0.18	2.25	
3	1	0.39	0.25	
4	2	0.24	0.25	
5	3	0.14	2.25	
6	4	0.04	6.25	
7	5	0.01	12.25	
8				
9	期望值	1.5		
10				
11	方差	1.25		
12				
13	标准差	1.118034		
14				

图 5.2　期望值、方差和标准差的 EXCEL 工作表

C2:C7 列的数值乘以 B2:B7 中相应的数值,然后将结果相加,数值表中显示的结果是 1.25。因为标准差是方差的平方根,我们在单元格 B13 中输入公式 =SQRT(B11) 来计算日汽车销量的标准差,数值表显示的结果是 1.118034。

5.4　二项分布

二项概率分布是一种有多重应用的离散型概率分布,它与我们所说的二项试验的多步骤试验有关。

5.4.1　二项试验

二项分布具有以下 4 个特点:

1. 试验包括 n 个连续相同的子试验。
2. 每次子试验有两个结果。我们把其中一个看做"成功",另一个看做"失败"。
3. "成功"的概率用 p 表示,不随子试验的变化而变化。"失败"的概率用 $1-p$ 表示,也不随子试验的变化而变化。
4. 试验是相互独立的。

如果具有第 2、3、4 个特点,我们说试验是伯努利试验。如果具有第 1 个特点,我们称为二项试验。图 5.3 描述了有 8 次子试验组成的二项试验的一种可能结果。

> 雅各布·伯努利(1654—1705)是伯努利家族的第一位数学家,发表了一篇关于概率的论文,其中包括排列组合理论和伯努利定理。

特点 1:试验由 $n=8$ 次子试验组成。
特点 2:每次子试验的试验结果不是成功 S 就是失败 F。

子试验→　1　2　3　4　5　6　7　8
结果→　　S　F　F　S　S　F　S　S

图 5.3　连续八次二项试验成功与失败的可能序列

在二项试验中,我们感兴趣的是 n 次子试验中成功的次数。如果令 x 表示 n 次试验中成功的次数,那么 x 可能的取值是 $0,1,2,3,\cdots,n$。由于变量的个数是有限的,所以 x 是离散型概率分布。与这个随机变量相对应的概率分布被称为**二项概率分布**(binomial probability distribution)。例如,考虑连续扔五次硬币的试验,每一次都观察正面朝上还是反面朝上。假设我们想知道正面朝上的次数,这个试验满足二项试验的条件吗?关注的随机变量是什么?注意:

1. 每次试验包括 5 次子试验,每次试验扔一次硬币。
2. 每次试验有两个可能的结果:正面或反面。我们令正面朝上为成功,反面朝上为失败。
3. 正面朝上的概率和反面朝上的概率相同,$p = 0.5, 1 - p = 0.5$。
4. 由于任何一次子试验的结果都不会受到其他子试验结果的影响,所以子试验是相互独立的。

因此,该试验满足二项试验的条件。关注的随机变量 x 表示 5 次试验中正面朝上的概率。这种情况下,x 可能的取值为 0,1,2,3,4 或 5。

又例如,考虑保险销售员随机走访 10 个家庭,每次走访的结果可分为:如果该家庭购买保险,则成功;如果该家庭没有购买保险,则失败。从过去的经验,销售人员知道随机选取的家庭购买保险的概率是 0.10。检查二项试验的条件,我们可以看出:

1. 试验包含 10 次子试验,每次涉及一个家庭。
2. 每次子试验可能的结果有两个:某家庭购买保险(成功)或没有购买保险(失败)。
3. 每次子试验中某家庭购买保险的概率都相等,即 $p = 0.10$,不购买保险的概率也相等,$1 - p = 0.9$。
4. 每个试验相互独立,因为这些家庭是随机选取的。

因为满足四个特点,所以这是二项试验。关注的随机变量是走访的家庭中购买保险的个数。本例中 x 可能的取值为 0,1,2,3,4,5,6,7,8,9,或 10。

二项分布的第三个特点被称为**稳定性假设**,它有时很容易与第四个特点混淆。为了说明他们的不同,考虑销售员卖保险的案例。如果随着时间的推移,保险推销员没了热情,例如在第十次成功率可能降至 0.05。这种情况下,就不满足第三个特点,这也就不是二项试验。尽管满足了第四个特点——每个家庭做出购买决定是相互独立的——但如果不满足第三个特点,也不是二项分布。

在有关二项试验的应用中,可以用到一个特殊的数学公式,称为二项概率函数,它能被用于计算 n 次试验中成功 x 次的概率。用第四章介绍的概率概念,我们将用一个案例来说明如何建立这个公式。

5.4.2 马丁服饰店问题

我们考虑进入马丁服饰店的三位顾客的购买决定。根据过去的经验,商店经理估计每一位购买的概率是 0.30。三位顾客中有两位购买的概率是多少?

使用图 5.4 中的树形图,我们能看到观察三位顾客做出购买决定的试验有 8 种可能的结果。用 S 表示成功(购买),F 表示失败(不购买),我们感兴趣的是三次试验中有两次成功的结果。下一步,证明有关连续三次购物决定的试验是二项试验。检查二项试验的 4 个特点,注意:

1. 该实验由连续三次子试验组成,每次试验涉及进入商店的三名顾客之一。

2. 每次试验有两个可能的结果:顾客购买(成功)或不购买(失败)。
3. 顾客购买的概率为0.30,顾客不购买的概率为0.70,每位顾客都一样。
4. 每位顾客的购买决定相互独立。

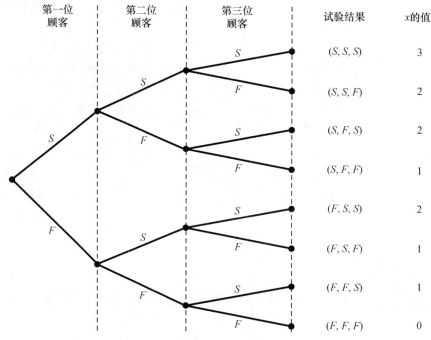

S = 购物
F = 不购物
x = 做出购买决策的顾客数

图 5.4 马丁服饰店问题的树形图

因此,该试验具有二项试验的特点。

n 次试验中正好成功 x 次的试验结果的数目可以通过以下公式来计算。*

$$n \text{ 次试验中正好成功 } x \text{ 次的试验结果的数目}$$

$$\binom{n}{x} = \frac{n!}{x!(n-x)!} \tag{5.6}$$

其中 $n! = n(n-1)(n-2)\cdots(2)(1)$
且定义 $0! = 1$

现在我们回到涉及客户购买决策的马丁服饰店案例。公式5.6用于决定有两位顾客决定购买的试验结果数目;也就是说,在 $n=3$ 次试验中有 $x=2$ 次成功的结果数目。根据公式5.6,我们有

$$\binom{n}{x} = \binom{3}{2} = \frac{3!}{2!(3-2)!} = \frac{3 \times 2 \times 1}{2 \times 1 \times 1} = \frac{6}{2} = 3$$

---

* 这个在第4章中介绍的公式,给出了在 n 个物体中抽取 x 的组合数。在二项试验中,组合公式给出了 n 次试验中 x 次成功的试验结果数量。

公式 5.6 说明了在 3 次试验中成功 3 次的试验个数,得到:

$$\binom{n}{x} = \binom{3}{3} = \frac{3!}{3!(3-3)!} = \frac{3!}{3!0!} = \frac{3 \times 2 \times 1}{3 \times 2 \times 1 \times 1} = \frac{6}{6} = 1$$

从图 5.4 中我们可以看出三次成功的试验结果表示为 (S,S,S)

我们已经知道公式 5.6 能用于决定 x 次成功的试验结果的数目。如果我们想确定 n 次试验中 x 次成功的概率,我们还必须知道每次试验结果的概率。由于二项试验的子试验相互独立,所以我们可以将每次子试验结果的概率简单相乘来计算某一次试验结果的概率。

前 2 位顾客购物,而第 3 位顾客不购物,表示为 (S, S, F),其概率为

$$pp(1-p)$$

任何一次子试验的概率是 0.30,前两次购买第三次不购买的概率是

$$0.30 \times 0.30 \times 0.70 = 0.30^2 \times 0.70 = 0.063$$

其他两个试验结果也是 2 次成功 1 次失败。所有有关 2 次成功 1 次失败的 3 个试验结果的概率如下图所示:

子试验结果			试验结果	试验结果的概率
第一位顾客	第二位顾客	第三位顾客		
购买	购买	不购买	(S,S,F)	$pp(1-p) = p^2(1-p)$ $= (0.30)^2(0.70) = 0.063$
购买	不购买	购买	(S,F,S)	$p(1-p)p = p^2(1-p)$ $= (0.30)^2(0.70) = 0.063$
不购买	购买	购买	(F,S,S)	$(1-p)pp = p^2(1-p)$ $= (0.30)^2(0.70) = 0.063$

注意,正好有两次成功的三个试验结果具有相同的概率。这个结果具有普遍性,在任何一个二项试验中,所有在 n 次试验中成功 x 次的试验结果具有相同的概率。在 n 次子试验中正好成功 x 次的概率如下:

$$n \text{ 次试验中 } x \text{ 次成功的概率} = p^x(1-p)^{(n-x)} \tag{5.7}$$

在马丁服饰店的案例中,这个公式表明任何一个成功 2 次的试验结果的概率都是 $p^2(1-p)^{(3-2)} = p^2(1-p) = 0.30^2 \times 0.70 = 0.063$。

因为公式 5.6 显示了 x 次成功的二项试验结果数目,公式 5.7 给出了 n 次二项试验 x 次成功的概率,将公式 5.6 和 5.7 结合起来,可以得到**二项概率函数**(**binomial probability function**)。

二项概率函数

$$f(x) = \binom{n}{x} p^x (1-p)^{(n-x)} \tag{5.8}$$

其中: $f(x) = n$ 次试验中成功 x 次的概率; $n =$ 试验数目; $\binom{n}{x} = \frac{n!}{x!(n-x)!}$; $p =$ 任何一次试验成功的概率; $1-p =$ 任何一次试验不成功的概率。

在马丁服饰店的案例中,我们计算没有顾客购买,只有一个顾客购买,只有两个顾客购买,三

个顾客都购买的概率。计算过程和结果如表 5.7 所示，它给出了做出购买决策的顾客数目的概率分布。图 5.5 是该概率分布的图形。

表 5.7 做出购买决定的顾客数的概率分布

x	$f(x)$
0	$\dfrac{3!}{0!\,3!}0.30^0 0.70^3 = 0.343$
1	$\dfrac{3!}{1!\,2!}0.30^1 0.70^2 = 0.441$
2	$\dfrac{3!}{2!\,1!}0.30^2 0.70^1 = 0.189$
3	$\dfrac{3!}{3!\,1!}0.30^3 0.70^0 = 0.027$
	1.000

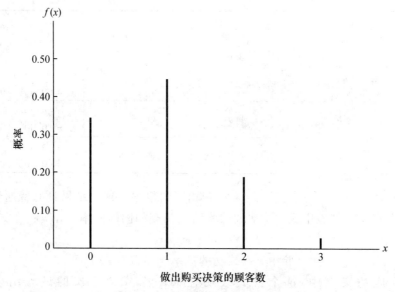

图 5.5 马丁服饰店的概率分布图

二项分布函数能用于任意二项试验。如果某情况有二项试验的 4 个特点，且已知 n, p 和 $(1-p)$ 的值，我们就能使用公式 5.8 计算 n 次试验中 x 次成功的概率。

如果我们考虑马丁服饰店试验的方差，例如 10 个顾客而不是 3 个顾客进入商店，根据公式 5.8 所给出的二项概率函数依然可以使用。假设我们有二项试验 $n=10, x=4, p=0.30$，10 位顾客进入商店只有 4 位购买的概率是

$$f(4) = \dfrac{10!}{4!\,6!}0.30^4 0.70^6 = 0.2001$$

5.4.3 使用 Excel 计算二项概率

对适用于公式的很多概率函数，Excel 提供了计算概率和累积概率的功能。这节中，我们说明

如何用 Excel 的 BINOMDIST 功能来计算二项概率和累积二项概率。首先说明如何计算表 5.7 中的马丁服饰店案例中的二项概率。图 5.6 就是计算过程。公式表在后，数值表在前。

	A	B	C	D	E
1			试验次数(n)	3	
2			成功的概率(p)	0.3	
3					
4		x	f(x)		
5		0	=BINOMDIST(B5,$D$1,$D$2,FALSE)		
6		1	=BINOMDIST(B6,$D$1,$D$2,FALSE)		
7		2	=BINOMDIST(B7,$D$1,$D$2,FALSE)		
8		3	=BINOMDIST(B8,$D$1,$D$2,FALSE)		
9					

	A	B	C	D	E
1			试验次数(n)	3	
2			成功的概率(p)	0.3	
3					
4		x	f(x)		
5		0	0.343		
6		1	0.441		
7		2	0.189		
8		3	0.027		
9					

图 5.6 用于计算购物的顾客数的二项概率的 Excel 表格

输入数据：为了计算二项概率，我们必须知道试验次数 n，成功的概率 p，随机变量 x 的数值。在马丁服饰店的案例中，试验次数为 3，输入这一数值到单元格 D1 中。成功的概率是 0.3，输入这一数值到单元格 D2。因为我们想计算 $x = 0,1,2,3$ 的概率，输入这些数值到单元格 B5:B8。

输入函数和公式：BINOMDIST 函数有 4 个因素：第一个是 x 的值，第二个是 n 的值，第三个是 p 的值，第四个是 FALSE 或 TRUE。如果要求概率，则选择 FALSE 作为第四个因素。如果要求累积概率，则选择 TRUE 作为第 4 个因素。输入公式 =BINOMDIST(B5,$D$1,$D$2,FALSE) 到单元格 C5，来计算 3 次试验中 0 次成功的概率。注意数值表中计算出来的 $f(0)$，0.343，与表 5.7 中显示的相同。将单元格 C5 中的公式复制到单元格 C6:C8 来计算 x 分别为 1, 2, 3 时成功的概率。

我们也能用 Excel 的 BINOMDIST 函数计算累积概率。为了说明，我们考虑 10 个顾客进入马丁服饰店的案例，计算做出购买决定的顾客数量的概率和累积概率。累积概率 $x = 1$ 是 1 个或更少个顾客购买的概率，累积概率 $x = 2$ 是 2 个或 2 个以下顾客购买的概率，以此类推，因此 $x = 10$ 的累积概率是 1。图 5.7 演示了对累积概率的计算过程。公式表在后，数值表在前。

输入数据：我们将试验次数(10)输入到单元格 D1，将成功的概率输入到单元格 D2，将随机变量的值输入到单元格 B5:B15。

输入函数和公式：每个随机变量的二项概率在 C 栏中计算，累积概率在 D 栏中计算。我们输入公式 =BINOMDIST(B5,$D$1,$D$2,FALSE) 到单元格 C5，来计算 3 次试验中 0 次成功的概率。注意我们在 BINOMDIST 函数中将 FALSE 作为第 4 个因素。数值表中单元格 C5 显示概率为 0.0282。把单元格 C5 中的公式复制到单元格 C6:C15 中，来计算其余的概率。

为了计算累积概率，我们首先在单元格 D5 中输入公式 =BINOMDIST(B5,$D$1,$D$2,FALSE)。注意在 BINOMDIST 函数中将 TRUE 作为第四个因素。然后将单元格 C5 中的公式复制到单元格 D6:D15，来计算其余的累积概率。在数值表单元格 D5 中，我们看到 $x = 0$ 的累积概率和 $x = 0$ 的概率相同。后一个剩下的累积概率都是前面累积概率的和，单个的概率在 C 栏中。例如，$x = 4$ 的累积概率是 $0.6496 + 0.2001 = 0.8497$。注意 $x = 10$ 的累积概率是 1。$x = 9$ 的累积概率也是 1，因为 $x = 10$ 的概率是 0（对于精确到小数点后四位来说）。

	A	B	C	D	E
1			试验次数 (n)	10	
2			成功的概率 (p)	0.3	
3					
4		x	f(x)	累积概率	
5		0	=BINOMDIST(B5,$D$1,$D$2,FALSE)	=BINOMDIST(B5,$D$1,$D$2,TRUE)	
6		1	=BINOMDIST(B6,$D$1,$D$2,FALSE)	=BINOMDIST(B6,$D$1,$D$2,TRUE)	
7		2	=BINOMDIST(B7,$D$1,$D$2,FALSE)	=BINOMDIST(B7,$D$1,$D$2,TRUE)	
8		3	=BINOMDIST(B8,$D$1,$D$2,FALSE)	=BINOMDIST(B8,$D$1,$D$2,TRUE)	
9		4	=BINOMDIST(B9,$D$1,$D$2,FALSE)	=BINOMDIST(B9,$D$1,$D$2,TRUE)	
10		5	=BINOMDIST(B10,$D$1,$D$2,FALSE)	=BINOMDIST(B10,$D$1,$D$2,TRUE)	
11		6	=BINOMDIST(B11,$D$1,$D$2,FALSE)	=BINOMDIST(B11,$D$1,$D$2,TRUE)	
12		7	=BINOMDIST(B12,$D$1,$D$2,FALSE)	=BINOMDIST(B12,$D$1,$D$2,TRUE)	
13		8	=BINOMDIST(B13,$D$1,$D$2,FALSE)	=BINOMDIST(B13,$D$1,$D$2,TRUE)	
14		9	=BINOMDIST(B14,$D$1,$D$2,FALSE)	=BINOMDIST(B14,$D$1,$D$2,TRUE)	
15		10	=BINOMDIST(B15,$D$1,$D$2,FALSE)	=BINOMDIST(B15,$D$1,$D$2,TRUE)	
16					

	A	B	C	D	E
1			试验次数 (n)	10	
2			成功的概率 (p)	0.3	
3					
4		x	f(x)	累积概率	
5		0	0.0282	0.0282	
6		1	0.1211	0.1493	
7		2	0.2335	0.3828	
8		3	0.2668	0.6496	
9		4	0.2001	0.8497	
10		5	0.1029	0.9527	
11		6	0.0368	0.9894	
12		7	0.0090	0.9984	
13		8	0.0014	0.9999	
14		9	0.0001	1.0000	
15		10	0.0000	1.0000	
16					

图 5.7　用 Excel 表格计算 10 位顾客中购物人数的概率和累积概率

5.4.4　二项概率分布的期望值和方差

在 5.3 小节中，我们给出了计算离散型随机变量期望值和方差的公式。在某些特殊情况下，当 n 次试验组成的随机变量服从二项概率分布且 p 值已知时，一般可以简化期望值和方差的计算公式。结果如下：

二项概率分布的期望值和方差

$$E(x) = \mu = np \tag{5.9}$$

$$\mathrm{Var}(x) = \sigma^2 = np(1-p) \tag{5.10}$$

对于马丁服饰店的案例，我们使用公式(5.9)来计算做出购买决策的顾客人数期望值。

$$E(x) = np = 3 \times 0.30 = 0.9$$

假设马丁服饰店预计下个月会有 1 000 位顾客进入该商店。其中购买的顾客人数期望值是多少？答案是 $\mu = np = 1\,000 \times 0.30 = 300$。因此，为了增加做出购买决定的顾客人数，马丁服饰店必须吸引更多顾客进入商店，或者提高顾客做出购买决定的概率。

> np 表和验收抽样对质量控制过程很有用，是使用二项分布的很好的例子。这些内容将在本书第 17 章质量控制的统计方法中讨论。

对于马丁服饰店的案例，我们看到做出购买决定的顾客数的方差和标准差是：

$$\sigma^2 = np(1-p) = 3 \times 0.3 \times 0.70 = 0.63$$

$$\sigma = \sqrt{0.63} = 0.79$$

对于进入商店的 1 000 位顾客，做出购买决定的顾客数的方差和标准差是

$$\sigma^2 = np(1-p) = 1\,000 \times 0.3 \times 0.70 = 210$$

$$\sigma = \sqrt{210} = 14.49$$

注释与评论

统计学发展了一些表格来给出二项随机变量的概率和累积概率。在很多统计教材中都能找到这些表格。由于现代计算器和 EXCEL 中的 BINOMDIST 函数的应用,这些表格显得必不可少。

5.5 泊松概率分布

在这一节里,我们考虑一种随机变量,它常用于估计一定时间或空间内发生某事件的次数。例如,感兴趣的随机变量可能是 1 小时内到达洗车店的车辆的数目,10 英里高速公路需修补的地点个数,或是 100 英里内油管泄漏点的个数。如果满足下列两个条件,随机变量的发生次数可以用**泊松概率分布**(Poisson probability distribution)来描述。

> 泊松概率经常用于在车站等车时汽车到达数量的概率。

泊松试验的特点:

1. 对于任何两个相等时间间隔里发生的事件来说,其概率相等。
2. 任一间隔里某事件发生或不发生和其他任何间隔里事件发生还是不发生是相互独立的。

公式(5.11)定义了**泊松概率函数**(Poisson probability function)。

泊松概率函数

$$f(x) = \frac{\mu^x e^{-\mu}}{x!} \qquad (5.11)$$

> Simeon Poisson 1802—1808 年在巴黎理工大学教学。1837 年他发表了《有关犯罪与刑事诉讼的概率研究》,其中的讨论后来变为泊松分布。

其中:$f(x)$ 表示某时间间隔内某事件发生 x 次的概率;μ = 某时间间隔某事件发生次数的期望值或平均数;$e = 2.71828$。

在我们考虑具体的例子以明确泊松分布如何应用之前,注意事件发生次数 x 没有上限,它是个可以取无限个可列数值($x = 0, 1, 2, \cdots$)的离散型随机变量。

5.5.1 有关事件间隔的例子

假设我们感兴趣的是每个工作日早晨 15 分钟内到达银行 ATM 机的车辆数量。如果我们假设任何两个相等的时间间隔内汽车到达的概率相等,且在任何两个相等的时间间隔内汽车到达或不到达,与其他任一时间内汽车到达或不到达是相互独立的,那么就可以应用泊松概率函数。如果这些假设都满足,历史数据的分析显示 15 分钟内汽车平均到达数为 10;这种情况下,可以应用以下概率函数:

> 电话试验中将泊松分布用于打进电话数量的模型。

$$f(x) = \frac{10^x e^{-10}}{x!}$$

随机变量是 $x=15$ 分钟的时间间隔内汽车到达的数量。

如果管理部门想知道 15 分钟内刚好到达 5 辆汽车的概率，我们令 $x=5$，可得：

$$15 \text{ 分钟内刚好到达 5 辆汽车的概率} = f(x) = \frac{10^x e^{-10}}{x!} = 0.0378$$

通过使用计算器估计概率函数，来计算概率。微软 EXCEL 也有一个函数，名叫 POISSON，用于计算泊松概率和累积概率。当计算大量概率和累积概率时，使用这个函数更简便。本节末我们将说明如何使用 Excel 来计算这些概率。

在先前的例子中，泊松分布的期望值是每 15 分钟内有 $\mu=10$ 辆汽车到达。泊松分布的性质是泊松分布的期望和方差相等。因此，15 分钟内到达的汽车数量的方差是 $\sigma^2=10$，标准差是 $\sigma=\sqrt{10}=3.16$。

> 泊松分布的特点是均值和方差相等。

我们举的例子是在 15 分钟内，但其他时间段也适用。假设我们想计算 3 分钟内到达一辆汽车的概率。因为 10 是 15 分钟内到达汽车数量的期望值，我们可以看出 10/15=2/3 是 1 分钟内到达的汽车数量的期望值，2/3×3 分钟=2 是 3 分钟内到达的汽车数量的期望值。因此，3 分钟内到达 x 辆汽车的概率由以下泊松函数给出：

$$f(x) = \frac{2^x e^{-2}}{x!}$$

计算 3 分钟内到达 1 辆汽车的概率，如下所示：

$$3 \text{ 分钟内到达 1 辆汽车的概率} = f(1) = \frac{2^1 e^{-2}}{1!} = 0.2707$$

之前我们计算了 10 分钟内有 5 辆汽车到达的概率是 0.0378。注意 3 分钟内到达 3 辆汽车的概率是不相同的。当计算不同时间间隔的泊松概率时，我们必须按研究的时间间隔调整到达率，然后再计算概率。

5.5.2 有关长度或距离间隔的例子

我们来介绍与时间间隔无关的泊松概率分布的应用。假设我们要研究高速公路重新修整一个月后又出现损坏的情况。我们假设这段高速公路任意长度相同的路段损坏的概率相同，且任一长度间隔内路面损坏与否和其他任何一段长度间隔内路面损坏与否是相互独立的，那么可以使用泊松分布。

假设我们知道修整后 1 个月出现损坏的平均数是每英里 2 处，求 3 英里长的高速公路段上有没有出现损坏的概率。由于我们感兴趣的是高速公路上 3 英里长的距离间隔，所以 $\mu=2\times3=6$ 表示 3 英里长的高速公路段上出现损坏的期望值。使用公式(5.11)，没有损坏的概率是 $f(0)=6^0 e^{-6}/0!=0.0025$。因此，在 3 英里长的高速公路段上没有损坏几乎是不可能的。事实上，在高速公路的这一部分至少有一处损坏的概率是 $1-0.0025=0.9975$。

5.5.3 使用 Excel 计算泊松概率

用于计算泊松概率和累积概率的 Excel 函数叫做 Poisson 函数，它与用来计算二项概率的 Excel 函数很相似，这里我们说明如何使用它来计算泊松概率和累积概率。为了阐述方便，我们用本节前面介绍的例子：15 分钟的时间间隔内到达自动服务窗口的汽车平均数是 10。演示过程如图

5.8 所示。

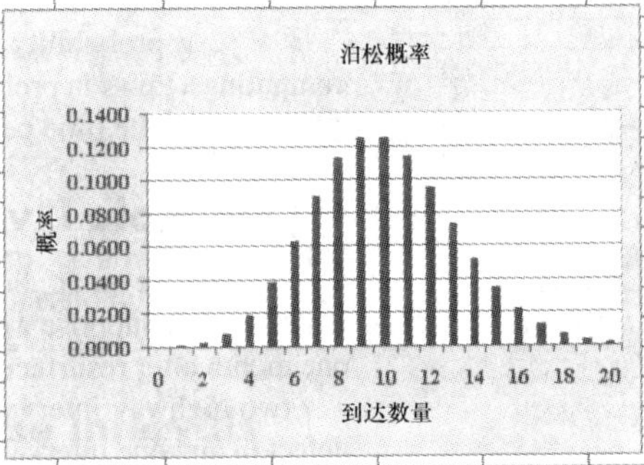

图 5.8 计算泊松概率的 Excel 工作表

输入数据: 为了计算泊松概率,我们必须知道每个时间间隔事件发生的平均数 μ 和要计算概率的事件数量 x。对于自动服务窗口的例子,我们感兴趣的是到达汽车的数量。平均到达数是10,输入到单元格 D1 中。在该节的前面部分,我们计算了5辆汽车到达的概率。但如果我们现在想计算0—20辆汽车到达的概率,只需将数值 $0,1,2,\cdots,20$ 输入到单元格 A4:A24 中。

输入函数和公式: 泊松分布有3个因素,第1个是 x 的值,第2个是 μ 的值,第3个是 FALSE 或 TRUE。如果要求概率,那么我们选择 FALSE 作为第3个因素。把公式 =POISSON(A4, \$D\$1, FALSE)输入到单元格 B4 中,来计算15分钟内没有汽车到达的概率。前面的数值表说明了没有汽车到达的概率是 0.0000。复制单元格 B4 中的公式到单元格 B5:B24 来计算1—20辆汽车到达的概率。注意,数值表中单元格 B9 显示了5辆汽车到达的概率是 0.0378。这个结果和我们前面计算出来的一样。

用 POISSON 函数来计算0—20辆汽车到达的概率很容易,而使用计算器完成这些计算,则需要很大的工作量。我们也能使用 Excel 的 Chart Wizard 来画出到达汽车数的泊松分布,见图5.8中的数值表。这个表用图形的方式表现了15分钟间隔内不同到达数的概率。我们很容易看到最可能的到达数是9或10,比它们小或大的值下降比较平滑。

我们现在来看如果使用 Excel 的 POISSON 函数来计算累积概率,这只是以上步骤的延伸,我们再次使用自助服务窗口的例子,如图5.9演示了其过程。

输入数据: 为计算累积泊松概率,我们必须提供每个时间间隔发生的平均时间的平均数量(μ)和我们感兴趣的 x 的数值。输入平均到达车辆数(10)到单元格 D1 中。如果我们想计算0—20辆汽车到达的累积概率,应该输入数值 $0,1,2,\cdots,20$ 到单元格 A4:A24 中。

	A	B	C	D	E
1			平均到达数	10	
2					
3	到达数量 (x)	概率 f(x)			
4	0	=POISSON(A4,$D$1,FALSE)			
5	1	=POISSON(A5,$D$1,FALSE)			
6	2	=POISSON(A6,$D$1,FALSE)			
7	3	=POISSON(A7,$D$1,FALSE)			
8	4	=POISSON(A8,$D$1,FALSE)			
9	5	=POISSON(A9,$D$1,FALSE)			
10	6	=POISSON(A10,$D$1,FALSE)			
11	7	=POISSON(A11,$D$1,FALSE)			
12	8	=POISSON(A12,$D$1,FALSE)			
13	9	=POISSON(A13,$D$1,FALSE)			
14	10	=POISSON(A14,$D$1,FALSE)			
15	11	=POISSON(A15,$D$1,FALSE)			
16	12	=POISSON(A16,$D$1,FALSE)			
17	13	=POISSON(A17,$D$1,FALSE)			
18	14	=POISSON(A18,$D$1,FALSE)			
19	15	=POISSON(A19,$D$1,FALSE)			
20	16	=POISSON(A20,$D$1,FALSE)			
21	17	=POISSON(A21,$D$1,FALSE)			
22	18	=POISSON(A22,$D$1,FALSE)			
23	19	=POISSON(A23,$D$1,FALSE)			
24	20	=POISSON(A24,$D$1,FALSE)			
25					

	A	B	C	D
1		平均到达数		10
2				
3	到达数量 (x)	概率 f(x)		
4	0	0.0000		
5	1	0.0005		
6	2	0.0023		
7	3	0.0076		
8	4	0.0189		
9	5	0.0378		
10	6	0.0631		
11	7	0.0901		
12	8	0.1126		
13	9	0.1251		
14	10	0.1251		
15	11	0.1137		
16	12	0.0948		
17	13	0.0729		
18	14	0.0521		
19	15	0.0347		
20	16	0.0217		
21	17	0.0128		
22	18	0.0071		
23	19	0.0037		
24	20	0.0019		
25				

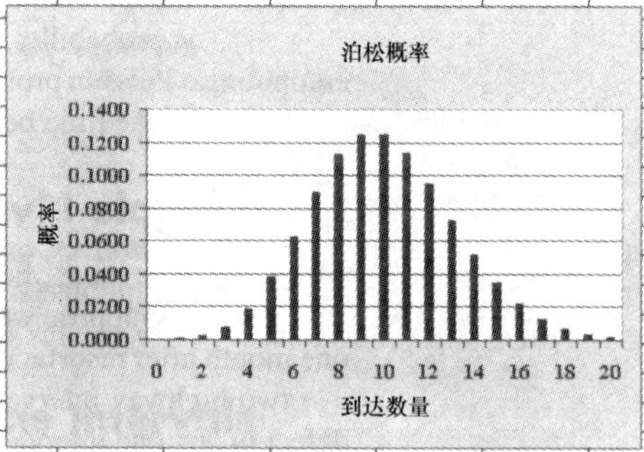

图 5.9 计算累积泊松概率的 Excel 工作表

输入函数和公式：参考图 5.8 中的背景工作表。我们输入到图 5.9 中单元格 B4:B24 的公式与图 5.8 中只有一个不同之处。我们用 TRUE 替代 FALSE 作为第 3 个因素来计算累积概率。将这些公式输入到图 5.9 中的 B4:B24，就可以得到累积概率。

注意在图 5.9 中，有少于或等于 5 辆汽车到达的概率是 0.0671，有少于或等于 4 辆汽车到达的概率是 0.0293。因此，刚好有 5 辆汽车到达的概率是这两个概率值的差：$f(5)=0.0671-0.0293=0.0378$。在之前和图 5.8 中都计算了这个概率。用这些累积概率，很容易计算在特定时间间隔内随机变量的概率。例如，如果我们想知道超过 5 辆且少于 16 辆汽车到达的概率，只有找到了 15 辆到达的累积概率，然后减去有 5 辆到达的累积概率。参考图 5.9 得到的概率，我们有 $0.9513-0.0671=0.8842$。这么高的概率，我们可以得出结论：15 分钟内有 6—15 辆汽车到达的可能性最大。用累积概率计算 20 辆汽车到达的概率，我们也能得出结论：15 分钟内多于 20 辆汽车到达的概率是 $1-0.9984=0.0016$。因此，有多于 20 辆汽车到达几乎不可能。

5.6 超几何分布

超几何分布同二项分布关系密切。这两种概率分布的不同体现在两点：超几何概率分布的子试验不是相互独立的，而且成功的概率随子试验的变化而变化。

超几何分布的一般定义中，r 表示容量为 N 的总体中成功元素的个数，$N-r$ 表示失败的个数。
230 **超几何概率分布（hypergeometric probability function）**用于计算任意选取 n 个元素的概率，我们把不重复选择的 x 个元素视为成功，$n-x$ 个元素视为失败。为了产生这种结果，必须从 r 中选择 x 个成功的元素，同时从 $N-r$ 中选取 $n-x$ 个失败的元素。超几何概率分布函数为 $f(x)$，即在数量

为 n 的样本中选取 x 个成功元素的概率。

超几何概率函数

$$f(x) = \frac{\binom{r}{x}\binom{N-r}{n-x}}{\binom{N}{n}}, \quad 0 \leq x \leq r \quad (5.12)$$

其中：$f(x) = n$ 次试验中 x 次成功的概率；$n =$ 子试验的次数；$N =$ 总体中元素的个数；$r =$ 总体中成功元素的个数。

注意 $\binom{N}{n}$ 表示从样本容量为 N 的总体中选取容量为 n 的样本的方法的个数，$\binom{r}{x}$ 表示从 r 个成功元素中选取 x 个成功元素的方法数，$\binom{N-r}{n-x}$ 表示从 $N-r$ 个失败元素中选取 $n-x$ 个失败元素的方法数。

为了说明使用公式 5.12 的计算过程，我们来考虑下列质量控制的应用。12 个安大略电子公司生产的电子保险丝装一盒，假设检查员随机从待测试的盒子中的 12 个保险丝中选 3 个。如果某盒有 5 个次品，那么检查员从抽取的 3 个保险丝中发现一个次品的概率是多少？这个例子中，$n = 3$，$N = 12$。盒里有 $r = 5$ 个次品保险丝，检查员发现 $x = 1$ 个次品的概率是

$$f(1) = \frac{\binom{5}{1}\binom{7}{2}}{\binom{12}{3}} = \frac{\left(\frac{5!}{1!4!}\right)\left(\frac{7!}{2!5!}\right)}{\left(\frac{12!}{3!9!}\right)} = \frac{5 \times 12}{220} = 0.4773$$

现在假设我们想知道至少有一个次品的概率，最容易的方法是先计算出检查员没发现次品的概率。$x = 0$ 的概率是

$$f(0) = \frac{\binom{5}{0}\binom{7}{3}}{\binom{12}{3}} = \frac{\left(\frac{5!}{0!5!}\right)\left(\frac{7!}{3!4!}\right)}{\left(\frac{12!}{3!9!}\right)} = \frac{1 \times 35}{220} = 0.1591$$

因为 0 个次品的概率是 $f(0) = 0.1591$，所以我们得出结论：至少有一个次品的概率是 $1 - 0.1591 = 0.8409$。因此，检查员至少发现一个次品保险丝的可能性很大。

超几何分布的期望值和方差公式如下：

$$E(x) = \mu = n\frac{r}{N} \quad (5.13)$$

$$\text{Var}(x) = \sigma^2 = n\frac{r}{N}\left(1 - \frac{r}{N}\right)\left(\frac{N-n}{N-1}\right) \quad (5.14)$$

在之前的例子中 $n = 3$，$r = 5$，$N = 12$，因此，次品保险丝数目的均值和方差为

$$\mu = n\frac{r}{N} = 3 \times \frac{5}{12} = 1.25$$

$$\sigma^2 = n\frac{r}{N}\left(1 - \frac{r}{N}\right)\left(\frac{N-n}{N-1}\right) = 3 \times \frac{5}{12}\left(1 - \frac{5}{12}\right)\left(\frac{12-3}{12-1}\right) = 0.60$$

标准差是 $\sigma = \sqrt{0.60} = 0.77$。

使用 Excel 计算超几何概率

用于计算超几何概率的 Excel 函数叫作 HYPGEOMDIST。它只能计算概率,不能计算累积概率。HYPGEOMDIST 函数有四个因素:x, n, r, N。它的使用方法与用于计算二项分布的 BINOMDIST 和用于计算泊松分布的 POISSON 类似,所以我们不显示表格数据,只显示公式。回忆从一个装有 12 个保险丝并包含 5 个次品的盒子里选取 3 个用于检查的例子,我们想计算选取的 3 个保险丝中有一个次品的概率。这个例子中,$x = 1, n = 3, r = 5, N = 12$。在工作表单元格输入正确的公式 = HYP-GEOMDIST(1,3,5,12),在 Excel 工作表单元格中输入正确的公式,得到的超几何概率是 0.4773。

如果我们想知道选取的 3 个保险丝中没有次品的概率,就是 $x = 0, n = 3, r = 5, N = 12$,所以使用 HYPGEOMDIST 函数计算随机选取的 3 个保险丝中没有次品的概率,我们在 Excel 工作表中输入公式 = HYPGEOMDIST(0,3,5,12),得到的概率是 0.1591。

注释与评论

考虑 n 次子试验的超几何分布。其中 $p = (r/N)$ 表示第一次试验成功的概率。如果总体很大,那么公式 5.14 中的 $(N-n)/(N-1)$ 趋近于 1。结果,期望值和方差写作 $E(x) = np$,$\text{Var}(x) = np(1-p)$。注意这些公式和用于计算二项分布期望值和方差的公式 5.9 和 5.10 一致。当总体容量很大时,超几何分布可以近似看做 n 次子试验且成功概率 $p = r/N$ 的二项分布。

本章小结

随机变量提供了一种用数量来描述试验结果的方法。随机变量的概率分布描述了概率是如何分布于随机变量所取的各个值。对于任意离散型随机变量 x,概率分布定义为概率函数,用 $f(x)$ 表示,它给出了每个随机变量取值的概率。一旦定义了概率函数,我们就能计算期望值、方差、标准差。

二项分布用于确定 n 次试验中 x 次成功的概率,具有以下特点:
1. 试验包含 n 个相同的子试验。
2. 每次子试验都有两个可能的结果,一种称为成功,另一种称为失败。
3. 成功的概率用 p 表示,失败的概率是 $1-p$,不随子试验的变化而变化。
4. 子试验之间相互独立。

当四个特点满足时,二项概率分布用于确定 n 次试验中 x 次成功的概率。同时给出了二项概率分布期望值和方差的计算公式。

当想确定特定时间或空间范围某一事件发生 x 次的概率,泊松分布适用。需要满足以下几个假定:
1. 在任意两个相等的时间间隔内,事件发生的概率相等。
2. 某一时间间隔内某一事件的发生还是不发生与其他任一个时间间隔期内该事件发生还是不发生相互独立。

第三个离散型概率分布——超几何概率分布在 5.6 节介绍,像二项分布一样,用于计算 n 次试验中 x 次成功的概率。但与二项分布不同的是,成功的概率随试验的变化而变化。

关键术语

随机变量	期望值	二项概率函数
离散型随机变量	方差	泊松概率分布
连续型随机变量	标准差	泊松概率函数
概率分布	二项试验	超几何分布
概率函数	二项概率分布	超几何概率函数
离散型均匀概率分布		

主要公式

离散型均匀概率函数

$$f(x) = 1/n \quad (5.3)$$

其中 n 表示随机变量可能取值的个数。

离散型随机变量的期望值

$$E(x) = \mu = \sum xf(x) \quad (5.4)$$

离散型随机变量的方差

$$\text{Var}(x) = \sigma^2 = \sum (x-\mu)^2 f(x) \quad (5.5)$$

n 次子试验中成功 x 次的试验结果次数

$$\binom{n}{x} = \frac{n!}{x!(n-x)!} \quad (5.6)$$

二项概率函数

$$f(x) = \binom{n}{x} p^x (1-p)^{(n-x)} \quad (5.8)$$

二项概率分布的期望值

$$E(x) = \mu = np \quad (5.9)$$

二项概率分布的方差

$$\text{Var}(x) = \sigma^2 = np(1-p) \quad (5.10)$$

泊松概率函数

$$f(x) = \frac{\mu^x e^{-\mu}}{x!} \quad (5.11)$$

超几何概率分布

$$f(x) = \frac{\binom{r}{x}\binom{N-r}{n-x}}{\binom{N}{n}}, \quad 0 \leq x \leq r \quad (5.12)$$

超几何分布的期望值

$$E(x) = \mu = n\frac{r}{N} \quad (5.13)$$

超几何分布的方差

$$\text{Var}(x) = \sigma^2 = n\frac{r}{N}\left(1 - \frac{r}{N}\right)\left(\frac{N-n}{N-1}\right) \quad (5.14)$$

第六章 连续型概率分布

目　录

统计实务：宝洁公司
6.1　均匀概率分布
　　　以面积作为概率的度量
6.2　正态概率分布
　　6.2.1　正态曲线
　　6.2.2　标准正态概率分布
　　6.2.3　所有正态概率分布的计算

6.2.4　格雷尔轮胎公司问题
6.2.5　应用 Excel 计算正态分布概率
6.3　指数概率分布
　　6.3.1　指数分布概率的计算
　　6.3.2　泊松分布与指数分布的关系
　　6.3.3　应用 Excel 计算指数概率

统计实务

宝洁公司[*]
俄亥俄州,辛辛那提市

　　宝洁公司生产和经销多种产品,如清洁剂、一次性尿布、非处方药、牙膏、肥皂、漱口液及纸巾。在世界范围内,宝洁公司所拥有的名牌产品种类要多于任何一家消费品生产公司。

　　作为一个应用统计方法制定决策的倡导者,宝洁公司雇用的员工具有不同的学术背景:工程学、统计学、运筹学和商务。这些人提供的主要的定量技术包括:概率决策和风险分析、高级模拟、质量改进及一些数量方法(例如线性规划、回归分析、概率分析等)。

　　宝洁公司的化工部门是脂肪醇的主要供应商,这些脂肪醇主要从天然物质如椰子油等和石油提取物中提炼得到。化工部门想了解扩大脂肪醇生产规模的经济风险和时机,因此就会需要宝洁公司概率决策和风险分析方面的专家提供相应的帮助。在对相关问题进行研究和建模后,专家们认为获取利润的关键在于石油和以椰子油为原料的成本差异。虽然未来的成本是不可知的,但是分析师们可以用下列连续随机变量来表示它们:

x = 从椰子油中提炼 1 磅脂肪醇的成本价格
y = 从石油中提炼 1 磅脂肪醇的成本价格

> 因为获取利润的关键在于上述两个随机变量间的差异,所以可以用第三个随机变量来进行分析。专家们考察了 x 和 y 的概率分布,然后根据该信息来建立关于价格差 d 的概率分布。该连续型概率分布说明:价格差小于或等于 0.0655 美元的概率为 90%,价格差小于或者等于 0.035 美元的概率为 50%。另外,价格差小于或等于 0.0045 美元的概率只有 10%。
>
> 化工部门认为是否能量化原料价格差异的影响是能否达成一致的关键因素。求得的概率用来对原料价格差异做一种敏感性分析。通过这些分析所产生的充分认识将成为为经营管理提供建议的基础。
>
> 在宝洁脂肪醇生产相关的经济分析方面,连续型随机变量和其概率分布的应用是非常有帮助的。通过第六章的学习,读者将会对连续型随机变量和其概率分布,以及统计学中一个重要的概率分布——正态分布有一定的了解。
>
> * 作者感谢为统计实务提供了本案例的宝洁公司工作人员 Joel Kahn。
> † 为保护宝洁公司的数据资料,已对价格差做出修正。

在第五章我们讨论了关于离散型随机变量及其概率分布,本章我们将开始学习连续型随机变量。我们将特别讨论三种连续型概率分布:均匀分布、正态分布、指数分布。

离散型随机变量和连续型随机变量的一个基本差别是概率的计算方法。对于一个离散型随机变量来讲,概率函数 $f(x)$ 规定的是一个随机变量取某个特殊值的概率。而连续型随机变量对应的概率函数,即**概率密度函数(probability density function)**,同样用 $f(x)$ 表示。不同在于概率密度函数不是直接给出概率,而是由一个给定区间的图 $f(x)$ 下面的面积给定,其中连续型随机变量 x 是该区间内的一个值。所以,当计算连续型随机变量的概率时,我们计算的是随机变量在某区间的概率。

由于在任何特殊点,$f(x)$ 曲线下的面积都是 0,所以连续型随机变量的概率的定义中有一个隐含意义,就是任何一个随机变量取特殊值的概率都是 0。在 6.1 节中,我们将说明服从均匀分布的连续型随机变量满足这些概念。

本章将主要描述和说明正态分布及其应用。正态分布在统计推断中具有广泛的应用,所以十分重要。本章的结尾处将讨论指数分布,指数分布在等待时间、服务时间等方面非常有用。

6.1 均匀概率分布

假定随机变量 x 表示一架飞机从芝加哥飞往纽约所需的时间,假设飞行时间为 120—140 分钟这个区间。因为飞行时间可能为该区间中的任何一个值,所以说 x 为连续型随机变量

> 当概率与区间长度成比例,该随机变量服从均匀分布。

而不是离散型随机变量。假设由足够的飞行数据可以得到这样的结论:任意 1 分钟间隔内的飞行时间的概率和其他任意 1 分钟间隔都是一样的,这样每一个 1 分钟间隔内概率都是相等的,则随机变量 x 就称为是服从均匀分布。因此定义了飞行时间随机变量 x 服从均匀分布的概率密度函数为:

$$f(x) = \begin{cases} 1/20, & (120 \leq x \leq 140) \\ 0, & 其他 \end{cases}$$

图 6.1 为该概率密度函数的图。一般情况下,服从均匀分布的随机变量 x 的概率密度函数由下述公式定义:

均匀分布概率密度函数:

$$f(x) = \begin{cases} \dfrac{1}{b-a}, & (a \leq x \leq b) \\ 0, & 其他 \end{cases} \tag{6.1}$$

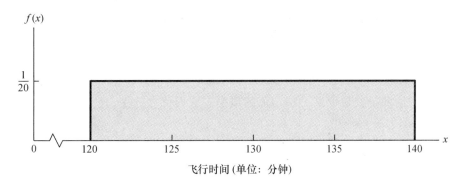

图 6.1 飞行时间的均匀概率分布密度函数

飞行时间随机变量中,$a = 120, b = 140$。

如引言中所述,对于连续型随机变量,我们考虑概率时仅仅根据一个随机变量在某个指定区间取值的可能性。在飞行时间的例子中,一个概率问题是:飞行时间在 120—130 分钟的概率是多少? 即 $P(120 \leq x \leq 130)$ 的值为多少? 由于飞行时间必须在 120—140 分钟之间,又因为该概率在区间内服从均匀分布,因此可以有 $P(120 \leq x \leq 130) = 0.5$。下面的小节中,我们将说明此概率是由从 120—130 分钟之间图 $f(x)$ 下的面积计算得到的(见图 6.2)。

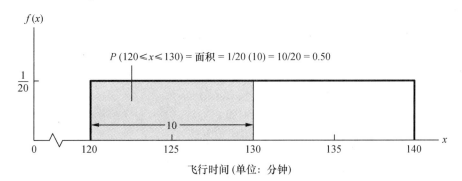

图 6.2 面积给出了飞行时间在 120—130 分钟之间的概率

以面积作为概率的度量

我们来观察图 6.2,考虑区间从 $x = 120$ 到 $x = 130$ 图 $f(x)$ 下的面积。该区域为矩形,矩形的面积非常简单地可以由其长乘以宽得到。该区间的宽度为 130 - 120 = 10, 高为概率密度函数 $f(x)$ = 1/20, 于是可以得到面积为宽 × 长 = 10 × (1/20) = 10/20 = 0.5。

比较 $f(x)$ 图形下的面积和概率,你能得出什么结论?它们是相等的。事实上这个结论对于所有的连续型随机变量都成立。一旦一个概率密度函数给定,x 在较低值 x_1 和较高值 x_2 之间取值的概率就可以通过计算图形 $f(x)$ 在该区域下的面积得到。

给定了飞行时间的均匀概率分布以及运用面积作为概率测度,我们就可以回答若干关于飞行时间的概率问题。比如求飞行时间在 128—136 分钟之间的概率是多少,区间宽度为 136 - 128 = 8,均匀分布的高度为 $f(x)$ = 1/20, 从而可以得到概率 $P(128 \leq x \leq 136)$ = 8 × (1/20) = 0.40。

注意有 $P(120 \leq x \leq 140)$ = 20 × (1/20) = 1, 也就是图形 $f(x)$ 下的全部区域面积为 1。该性质对所有的连续型概率分布都成立,类似于离散型概率分布函数中所有的概率之和为 1 的条件。对于任何一个连续型概率密度函数来说,我们必须要求 x 无论取任何值,$f(x) \geq 0$ 都成立。这类似于在离散型概率分布函数中的 $f(x) \geq 0$。

在处理连续型随机变量和离散型随机变量时的两个主要区别在于:

1. 我们不再讨论随机变量取某一特定值的概率。取而代之的是,我们将讨论随机变量在某一给定的区间内的概率。

2. 连续型随机变量在某一给定区间 x_1 到 x_2 之间取值的概率被定义为 x_1 到 x_2 之间概率密度函数图形下的面积。这说明了连续型随机变量取任何特殊值的概率都为 0, 因为在单个点处图形 $f(x)$ 下的面积为 0。

> 为了明确任何一点的概率为 0, 请参见图 6.2 并计算单点的概率,如 x = 125。$P(x = 125) = P(125 \leq x \leq 125)$ = 0(1/20) = 0。

连续型随机变量的期望和方差的计算与离散型随机变量的期望和方差的计算方法类似。然而,因为计算过程涉及微积分法,所以我们将把一些公式推导留给更高级的课程介绍。

对于这部分介绍的均匀概率分布,其期望和方差计算公式为

$$E(x) = \frac{a+b}{2}$$

$$\text{Var}(x) = \frac{(b-a)^2}{12}$$

在上述公式中,a, b 分别为随机变量可以取到的最小值和最大值。

运用上述公式计算从芝加哥到纽约的飞行时间的均匀概率分布,我们可得:

$$E(x) = \frac{120+140}{2} = 130$$

$$\text{Var}(x) = \frac{(140-120)^2}{12} = 33.33$$

飞行时间的标准差可以通过求方差的平方根得到。因此得到 σ = 5.77 分钟。

注释与评论

为了弄清为什么概率密度函数的高度不是概率,我们考虑下述服从均匀概率分布的随机变量。

$$f(x) = \begin{cases} 2, & (0 \leqslant x \leqslant 0.5) \\ 0, & 其他 \end{cases}$$

该概率密度分布函数的高度 $f(x)$ 在 x 取值为 0—0.5 之间时为 2，然而我们知道概率值是不可能大于 1 的。因此，我们看到 $f(x)$ 不可以理解为 x 的概率。

6.2 正态概率分布

正态概率分布(normal probability distribution)是描述连续型随机变量最重要的概率分布。正态分布已经在实际工作中得到广泛应用，比如随机变量为人的身高和体重、测试成绩、科学测量以及降水量等。它同样也应用于统计推断中，正态分布是本书余下部分重点讨论的内容。在这些应用中，正态分布给出了一种通过抽样获得的可能结果的描述。

> 法国数学家 Abrahan de Movire 1733 年出版了概率论，提出了正态分布。

6.2.1 正态曲线

图 6.3 中，钟形曲线直观地阐明了正态概率分布的外形或者形状。定义正态曲线的概率密度函数分布如下：

正态概率密度分布函数

$$f(x) = \frac{1}{\sigma\sqrt{2\pi}} e^{-(x-\mu)^2/2\sigma^2} \tag{6.2}$$

其中：μ = 均值；σ = 标准差；π = 3.14159；e = 2.71828。

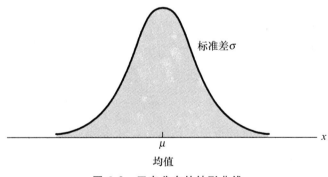

图 6.3 正态分布的钟形曲线

通过观察，我们注意到正态分布的一些特征：

1. 有一个完整的正态概率分布族，每一分布都有独立的平均值 μ 和标准差 σ。

> 正态曲线有两个参数 μ 和 σ。他们决定了正态分布的位置和形状。

2. 正态曲线的最高点位于平均值上，这一点也同样也是分布的众数和中位数。

3. 分布的均值可以是任何一个数值：负数，0 和正数。3 个具有相同标准差不同均值

(-10,0 和 20)的正态分布如下图所示：

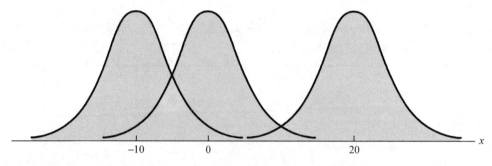

4. 正态分布是对称的，均值左侧的正态曲线一一对应于均值右侧的正态曲线。正态曲线两侧尾部是无限向两个方向延伸的，且理论上永远不会与水平轴相交。因为是对称的，所以正态分布不偏斜，其偏度是0。

5. 标准差决定了正态曲线的峰值和宽度。标准差越大则曲线越宽，峰值越小则数据越分散。两个具有相同平均值不同标准差的正态分布如下：

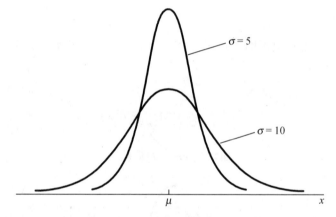

6. 正态随机变量的概率是由正态曲线图形下的面积给定。正态分布概率曲线图形下的全部面积之和为1。由于正态分布是对称的，正态曲线图形下均值左侧和右侧的全部区域面积各为0.5。

7. 一些常用区间的取值比例：

a. 68.3%的可能，正态随机变量的取值在均值左右的+1或-1倍标准差的范围内。

b. 95.4%的可能，正态随机变量的取值在均值左右的+2或-2倍标准差的范围内。

c. 99.7%的可能，正态随机变量的取值在均值左右的+3或-3倍标准差的范围内。

> 这些百分数是3.3节中介绍的经验法则的基础。

图6.4说明了性质(a)，(b)，(c)。

6.2.2 标准正态概率分布

服从正态概率分布的随机变量，若有均值为0，标准差为1，则称为**标准正态分布**(standard

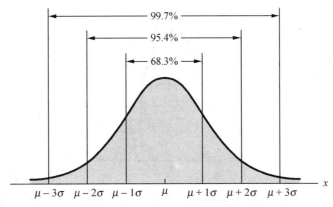

图 6.4 任何正态分布曲线下的面积

normal probability distribution）。字母 z 通常用来表示这一特殊的正态随机变量。图 6.5 即为标准正态分布的密度函数图。它的图形与一般的正态分布相似，但是具有特殊性质：$\mu=0,\sigma=1$。

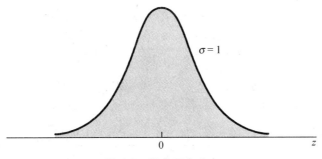

图 6.5 标准正态分布

因为 $\mu=0,\sigma=1$，标准正态概率密度函数的公式是公式 6.2 的简化。

标准正态概率密度函数

$$f(z) = \frac{1}{\sqrt{2\pi}}e^{-z^2/2}$$

与其他连续型随机变量相似的是，任何正态分布的概率计算都是通过计算概率密度函数图形下的面积得到的。因此，要计算任何特殊区间内的正态随机变量的概率，必须计算正态曲线相应区间图形下的面积。

对于标准正态分布，其正态曲线下的面积已经给出，且已经编制成表，以便我们计算概率。

> 对于正态概率密度函数，正态曲线的高度不同。需要高等数学的知识来计算其代表的概率区域。

我们需要计算的概率类型包括（1）标准正态随机变量 z 小于或者等于给定值的概率；（2）z 介于两个给定值之间的概率；（3）z 大于或者等于给定值的概率。为了说明如何利用服从标准正态分布的累积概率表来计算这三种类型的概率，我们将看一些实例。

首先，我们将看如何计算服从正态分布的随机变量 z 小于等于 1.00 的概率，即 $P(z\leqslant 1.00)$，该累积概率为下图中正态

> 因为标准正态随机变量是连续的，$P(z\leqslant 1.00) = P(z<1.00)$。

曲线图 $z = 1.00$ 的左边部分面积。

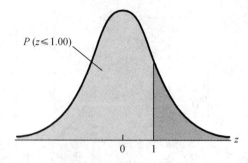

参考标准正态概率表。$z = 1.00$ 对应的累积概率是 1.0 行和 0.00 列对应的数值。首先我们找到表格左侧列 1.0，接着找到行 1.0。通过查表，我们发现对应的值是 0.8413；因此，$P(z \leq 1.00) = 0.8413$。下面的表说明了这些步骤。

z	0.00	0.01	0.02
⋮			⋮
0.9	0.8153	0.8186	0.8212
1.0	0.8413	0.8438	0.8461
1.1	0.8643	0.8665	0.8686
1.2	0.8849	0.8869	0.8888
⋮	⋮		⋮

$P(z \leq 1.00)$

为了阐释第二种类型的累积概率，我们将计算 z 在区间 -0.50 到 1.25 的概率，即 $P(-0.50 \leq z \leq 1.25)$。下图显示了其面积或所求概率。

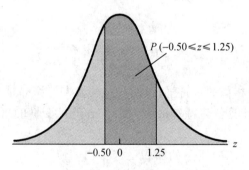

计算这个概率需要三步：首先，我们需要找到正态曲线 $z = 1.25$ 左侧的面积。第二步，找到正态曲线 $z = -0.50$ 左侧的面积。最后，我们从 $z = 1.25$ 左侧的面积中减去 $z = -0.50$ 左侧的面积从而得到 $P(-0.50 \leq z \leq 1.25)$。

为了找到正态曲线位于 $z = 1.25$ 左侧的区域，我们首先在标准正态分布表中定位于行 1.2，然后向列 0.05 移动。因为行 1.2 和列 0.05 的对应值为 0.8944，所以 $P(z \leq 1.25) = 0.8944$。同样，为了找到正态曲线位于 $z = -0.50$ 左侧的区域，我们定位行 -0.5 和列 0.00 对应数值，即 0.3085，$P(z \leq -0.50) = 0.3085$。因此，$P(-0.50 \leq z \leq 1.25) = P(z \leq 1.25) - P(z \leq -0.50) = 0.8944 -$

0.3085 = 0.5859。

我们来考虑另一个例子,计算 z 位于两个给定数值之间的概率。通常,我们感兴趣的是计算一个正态随机变量的概率,其距均值有一定数量的标准差。假设我们想计算距均值一个标准差的正态随机变量的概率,即 $P(-1.00 \leq z \leq 1.00)$。为了计算这一概率,我们必须找到曲线位于 -1.00 和 1.00 之间的区域。之前我们知道 $P(z \leq 1.00) = 0.8413$。接着考虑标准正态分布表,我们发现曲线位于 $z = -1.00$ 左侧的面积是 0.1587,所以 $P(z \leq -1.00) = 0.1587$。因此,$P(-1.00 \leq z \leq 1.00) = P(z \leq 1.00) - P(z \leq -1.00) = 0.8413 - 0.1587 = 0.6826$。下图显示了这个概率。

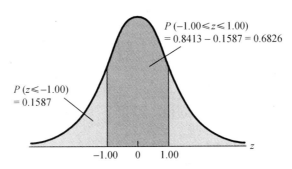

为了说明如何计算第三种概率,假设我们想计算 z 值至少为 1.58 的概率,即 $P(z \geq 1.58)$。该值对应于累积正态表的行 $z = 1.5$ 和列 0.08,即 0.9429,因此,$P(z \leq 1.58) = 0.9429$。因为正态曲线的总面积是 1,所以 $P(z \geq 1.58) = 1 - P(z \leq 1.58) = 1 - 0.9429 = 0.0571$。下图显示了这一概率。

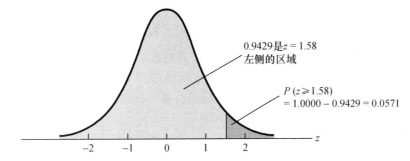

我们已经说明了如果计算给定 z 值的情况下的概率。在某些情况下,我们已知某一概率并且对找到对应的 z 值感兴趣。假设我们找到一个 z 值使其概率大于 0.10,如下图所示:

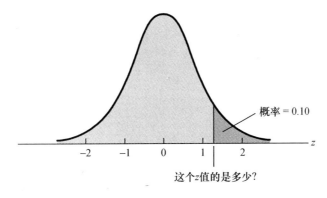

这个问题同之前的问题相反。之前我们知道具体的 z 值，接着找到对应的概率或面积。这个例子中，我们知道概率或面积，来求对应的 z 值。我们使用了查询标准正态概率表的另一种方法。

> 给定概率，我们能使用标准正态分布表倒推出对应的 z 值。

回忆标准正态分布表给出了曲线在某一特定值左侧的区域。我们已知曲线右侧尾部的面积是 0.10。因此，对应于未知值 z 左侧的曲线下的区域面积是 0.9000。查表得 0.8997 是累计概率值，最接近于 0.9000。提供这一结果的表如下：

z	0.06	0.07	0.08	0.09
⋮				⋮
1.0	0.8554	0.8577	0.8599	0.8621
1.1	0.8770	0.8790	0.8810	0.8830
1.2	0.8962	0.8980	0.8997	0.9015
1.3	0.9131	0.9147	0.9162	0.9177
1.4	0.9292	0.9292	0.9306	0.9319
⋮	⋮	⋮	⋮	⋮

累积概率值接近 0.9000

从表格的左栏和顶行读出 z 的值，查得相应 z 值为 1.28*。因此，概率大约为 0.9000（实际为 0.8997）将在 z = 1.28 的左侧。即 z 取值大于 1.28 的概率大约为 0.10。

这些例子说明了标准正态分布的累积概率表能够用来查找与服从标准正态分布的随机变量 z 关联的概率。要求的问题有两种类型：① z 取定一个值或者多个值，要我们用表格求相应的面积或者概率；② 给出一个面积或者概率，要我们运用表格求相应的 z 值。因此，我们要灵活运用标准正态概率分布表解决所要求的概率问题。在许多情况下，作标准正态分布的草图，标出阴影部分的面积将使得问题形象化，有助于我们正确解题。

> 随后我们将说明如何用 Excel 来计算这些概率。

6.2.3 所有正态概率分布的计算

之所以如此广泛地讨论标准正态分布，是因为所有的正态分布都是由标准正态分布计算得到的。也就是说，一个均值为 μ，方差为 σ 的正态分布，在求其概率的问题时，首先要将它转化成标准正态分布，然后运用标准正态概率表和 z 值进行求解。

标准正态分布的转化

$$z = \frac{x - \mu}{\sigma} \qquad (6.3)$$

> 标准正态随机变量公式和第三章中计算一组数据 z 值的公式相似。

若有 x 等于其均值 μ，那么 $z = (\mu - \mu)/\sigma = 0$。因此，可知 x 等于其均值 μ 对应于 z 值为 0。假设 x 为比均值多一个标准差，即 $x = \mu + \sigma$。由公式（6.3），相应的 z 值为 $z = (\mu + \sigma - \mu)/\sigma = 1$。因此，取值为比均值多一个标准差的 x 对应于 z = 1。换言之，我们可以把 z 理解为与 x 均值相差的标

---

* 在表中可以采用插值的方法得到面积 0.9000 对应的更为近似的 z 值。如此得到多一位有效数字的 z 值为 1.282。当然，实际应用中，绝大多数情况下简单使用表中接近的希望概率值就足够了。

准差个数。

为了说明这种转化如何使得我们可以计算任何正态分布的概率,假设有一均值 $\mu = 10$,方差 $\sigma = 2$ 的正态分布,那么随机变量取值在 10 和 14 之间的概率是多少?由公式(6.3),当 $x = 10$ 时,$z = (x - \mu)/\sigma = (10 - 10)/2 = 0$;当 $x = 14$ 时,$z = (x - \mu)/\sigma = (14 - 10)/2 = 2$。因此,所求问题 x 值分布于 10 到 14 之间的概率等价于标准正态随机变量 z 分布于 0 到 2 之间的概率。换言之,所求概率即为 x 值介于其均值和其均值与两个标准差之间的概率。使用 $z = 2.00$ 和标准正态分布表,我们知道 $P(z \leq 2) = 0.9772$。因为 $P(z \leq 0) = 0.5000$,我们能计算 $P(0.00 \leq z \leq 2.00) = P(z \leq 2) - P(z \leq 0) = 0.9772 - 0.5000 = 0.4772$。因此 x 介于 10 和 14 之间的概率是 0.4772。

6.2.4 格雷尔轮胎公司问题

现在我们来看正态概率分布的一个应用实例。假设格雷尔轮胎公司研制出了一种新型的子午轮胎。这种轮胎将在全国的连锁商店销售。因为该轮胎为新产品,格雷尔公司的管理者认为这种轮胎的行驶里程是保证其为市场接受的一个重要因素。在轮胎行驶里程保证政策定案之前,格雷尔公司的管理者们需要有关该种轮胎所能行驶的里程数 x 的概率信息。

在这种轮胎的实际测试中,格雷尔公司的工程技术人员估算出轮胎的行驶里程均值 $u = 36\,500$ 英里,标准差为 $\sigma = 5\,000$。此外,所收集的数据表明:轮胎行驶里程假设服从正态分布是合理的。那么,行驶里程 x 大于 40 000 的概率是多大?这个问题可以通过图 6.6 中的阴影部分的面积求得。

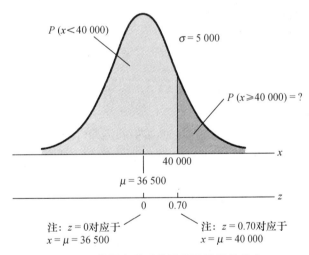

图 6.6 格雷尔公司轮胎行驶里程的分布

当 $x = 40\,000$ 时,我们有

$$z = \frac{x - \mu}{\sigma} = \frac{40\,000 - 36\,500}{50\,000} = \frac{3\,500}{5\,000} = 0.70$$

现在我们来看图 6.6 的底部。在格雷尔轮胎的正态分布图中,$x = 40\,000$ 对应服从标准正态分布的 $z = 0.70$。通过标准正态概率表,得到标准正态曲线在 $z = 0.70$ 左侧的面积为 0.7580。因此,$1.000 - 0.7580 = 0.2420$,即 z 大于 0.70 的概率,也即 x 超过 40 000 的概率。所以得出大约 24.2% 的轮胎行驶里程会超过 40 000 英里。

假定格雷尔公司正在考虑一项质量保证,即如果轮胎没有达到保证的行驶里程,公司将调换轮胎并打折。如果格雷尔公司希望对不超过 10% 的轮胎给予调换和折扣,那么保证的行驶里程该为多少?这个问题由图 6.7 来解释。

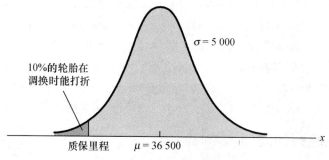

图 6.7　格雷尔公司的打折保证

由图 6.7 可知,在某一未知的保证行驶里程左侧曲线下的面积为 0.10。所以,我们必须首先求得 z 值,使其满足左侧标准正态分布曲线下方的面积为 0.10。由于表 6.1 不给定 z 值为负的情况,所以我们必须利用正态分布曲线的对称性查找尾部右侧切得面积为 0.10 的 z 值。负的 z 值将切得的面积为 0.10 对应于尾部左侧,与尾部右侧切得的面积为 0.10 的 z 值与给出的累积概率为 0.90 的 z 值是一致的。查标准正态概率表可知,累积概率为 0.90 的 z 值大约为 1.28。因此 $z = -1.28$ 切得尾部左侧面积 0.10,即 $z = -1.28$ 为与格雷尔轮胎公司要求的保证行驶里程相对应的服从标准正态分布的随机变量值,于是有:

$$z = \frac{x - \mu}{\sigma} = -1.28$$

$$x - \mu = -1.28\sigma$$

$$x = \mu - 1.28\sigma$$

> 我们需要的质保里程是均值以下 1.28 个 σ。因此,$x = \mu - 1.28\sigma$。

当 $\mu = 36\,500, \sigma = 5\,000$ 时,

$$x = 36\,500 - 1.28 \times 5\,000 = 30\,100$$

于是可以得出保证行驶里程为 30 100 英里时,大约 10% 的轮胎达不到这样的要求。因此,公司在有了这些信息后,可能将轮胎的保证行驶里程数定为 30 000 英里。

> 质保里程定在 30 000 英里,实际调换时的打折率为 9.68%。

我们再一次看到概率分布在提供决策信息方面所起的重要作用。也就是说,一旦确定了某个应用问题的概率分布,就可以获得问题的相关概率信息。概率不能够直接做决定,但是给出的信息能够帮助决策者更好的理解风险和问题的不确定因素。最终,这些信息可以帮助决策者做出好的决策。

6.2.5　应用 Excel 计算正态分布概率

Excel 给出了计算概率和服从标准正态分布的 z 值的两个函数,即 NORMSDIST 和 NORMSINV。NORMSDIST 函数是在给定 z 值的情况下求累积概率,而 NORMSINV 函数是在给定概率的情况下求 z 值。两个相似的函数,NORMSDIST 和 NORMSINV 可以用来解决任何正态分布中求累积概率和 x 值的问题。下面开始介绍如何使用 NORMSDIST 和 NORMSINV 函数。

NORMSDIST 函数给定了标准正态曲线在某一给定 z 值左侧下方的面积。运用 NORMSDIST 求得的累积概率与我们从标准正态概率表查到的值是相等的。NORMSDIST 函数的使用也就是由计算机代为查询累积概率值。NORMSINV 函数则与 NORMSDIST 函数相反,它是把累积概率作为已知信息,给出 z 值对应的累积概率。

> 在函数 NORMSDIST 和 MORMSINV 中的字母 S 提醒我们这些函数和标准正态概率分布有关。

下面我们通过计算概率和 z 值来看这两个函数是如何运作的,而概率和 z 值的计算在前面部分已经能够由查标准正态概率表求得。我们看图 6.8,公式工作表是背景工作表,数值工作表是前景工作表。

输入数据:工作表中不输入数据,我们只需要将 z 值和概率直接代入到所需的公式中。

输入函数和公式:NORMSDIST 函数有一个输入信息:我们要求的累积概率对应的 z 值。为了说明 NORMSDIST 函数的用法,我们以计算图 6.8 中单元格 D3:D8 中的六个概率值为例。

	A	B	C	D	E
1			概率:标准正态分布		
2					
3			$P(z \leq 1)$	=NORMSDIST(1)	
4			$P(-.50 \leq z \leq 1.25)$	=NORMSDIST(1.25)-NORMSDIST(-0.5)	
5			$P(-1.00 \leq z \leq 1.00)$	=NORMSDIST(1)-NORMSDIST(-1)	
6			$P(z \geq 1.58)$	=1-NORMSDIST(1.58)	
7					
8					
9			给定概率求z值		
10					
11			高尾概率为0.10的z值	=NORMSINV(0.9)	
12			高尾概率为0.025的z值	=NORMSINV(0.975)	
13			低尾概率为0.025的z值	=NORMSINV(0.025)	
14					

	A	B	C	D	E
1			概率:标准正态分布		
2					
3			$P(z \leq 1)$	0.8413	
4			$P(-.50 \leq z \leq 1.25)$	0.5858	
5			$P(-1.00 \leq z \leq 1.00)$	0.6827	
6			$P(z \geq 1.58)$	0.0571	
7					
8					
9			给定概率求z值		
10					
11			高尾概率为0.10的z值	1.28	
12			高尾概率为0.025的z值	1.96	
13			低尾概率为0.025的z值	-1.96	
14					

图 6.8　计算服从标准正态分布的 z 值和概率的 Excel 工作表

为了计算某给定的 z 值左侧的累积概率(低尾面积),我们仅仅需要求函数 NORMSDIST 在 z 处的值。例如要求 $P(z \leq 1)$,在 D3 单元格输入公式 = NORMSDIST(1),结果得 0.8413,这与我们从标准正态概率表查得的值是一致的。

要计算 z 取值于某个区间的概率,我们计算函数 NORMSDIST 在区间终点的值,再减去函数 NORMSDIST 在起始端点的值。例如,要求 $p(-0.50 \leq z \leq 1.25)$,在单元格 D4 中输入公式 = NORMSDIST(1.25) - NORMSDIST(-0.50)。单元格 D5 中概率同理可得。

> 单元格 D4 中的概率 0.5858,不同于我们先前计算的 0.5859,因为四舍五入。

要计算某一给定 z 值右侧的概率(高尾面积),我们用 1 减去由整条曲线在 z 值左侧的面积(低尾面积)表示的累积概率。例如,要求 $P(z \geq 1.58)$,在单元格 D6 中输入公式 = 1 - NORMSDIST(1.58)即可。

计算给定累积概率(低尾面积)对应的 z 值,我们用 NORMSINV 函数。要求对应于一个高尾概率为 0.10 的 z 值,我们在单元格 D12 中输入公式 = NORMSINV(0.9)即可求得。事实上,NORMSINV(0.9)给出的是对应于累积概率为 0.90(低尾面积)的 z 值。但是,它跟相关联的高尾面积 0.10 对应的 z 值是一致的。

图 6.8 中计算了另两个 z 值，这些 z 值将在接下来的章节中得到广泛的应用。要求与一高尾概率为 0.025 相对应的 z 值，在单元格 D12 输入公式 = NORMSINV(0.975)。要求与一低尾概率 0.025 相对应的 z 值，在单元格 D13 中输入公式 = NORMSINV(0.025)。我们可以看到 z = 1.96 对应于高尾概率 0.025 而 z = -1.96 对应于低尾概率 0.025。

现在我们来看 Excel 函数计算服从任何正态分布的 x 值及概率的情况。NORMDIST 函数给定的是正态曲线在某一给定的随机变量 x 左侧的面积，即求的是累积概率。NORMSINV 函数则与之相反，它把累积函数作为已知，求与已知的累积概率相对应的 x 值。NORMDIST 和 NORMSINV 函数在解任何正态分布时与 NORMDIST 和 NORMSINV 函数在解标准正态分布的步骤是相同的。

通过计算本章前面介绍的格雷尔轮胎公司实例中的 x 值和概率，我们来看这些函数是如何运作的。回顾格雷尔轮胎的寿命，其均值为 36 500 英里，标准差为 5 000 英里。如图 6.9 所示，公式工作表是背景工作表，数值工作表为前景工作表。

	A	B	C	D	E	F
1				概率：正态分布		
2						
3			P(x <= 20000)	=NORMDIST(20000,36500,5000,TRUE)		
4			P(20000 <= x <= 40000)	=NORMDIST(40000,36500,5000,TRUE)-NORMDIST(20000,36500,5000,TRUE)		
5			P(x >= 40000)	=1-NORMDIST(40000,36500,5000,TRUE)		
6						
7				给定概率求 x 值		
8						
9			低尾概率为0.10的 x 值	=NORMINV(0.1,36500,5000)		
10			高尾概率为0.025的 x 值	=NORMINV(0.975,36500,5000)		
11						

	A	B	C	D	E	F
1				概率：正态分布		
2						
3			P(x <= 20000)	0.0005		
4			P(20000 <= x <= 40000)	0.7576		
5			P(x >= 40000)	0.2420		
6						
7				给定概率求 x 值		
8						
9			低尾概率为0.10的 x 值	30092.24		
10			高尾概率为0.025的 x 值	46299.82		
11						

图 6.9 计算标准服从标准正态分布的 z 值及概率的 Excel 工作表

输入数据：工作表中不输入数据。我们只需要将 z 值和概率直接带入到所需的公式中。

输入函数和公式：NORMSDIST 函数有四个自变量：我们所要求的累积概率对应的 z 值，均值 μ，标准差 σ，值 TRUE 或者 FALSE。对于这四个输入值，如果要求累积概率，则输入 TRUE，如果要求曲线高度，则输入 FALSE。因为我们总是用 NORMSDIST 来计算累积概率，所以在这四个自变量中总是选 TRUE。

计算某一给定的 x 值左侧（低尾部分）的累积概率，我们仅需要计算 x 处的 NORMSDIST 值。例如，要求格雷尔轮胎行驶的里程不超过 20 000 英里的概率，我们在单元格 D3 中输入公式 = NORMSDIST(20 000,36 500,5 000,TRUE)。数值工作表显示累积概率为 0.0005。所以，可以得到这样的结论：几乎所有的格雷尔轮胎的行驶里程能够达到至少 20 000 英里。

计算某个区间 x 的概率，我们先求函数 NORMSDIST 在区间终点的值，再减去在区间起点的值。单元格 D4 中的公式给出的是轮胎的寿命在 20 000—40 000 英里的概率，即 $P(20\,000 \leq z \leq 40\,000)$。从数值表中，我们可以看到该概率是 0.7576。

计算某一给定值 x 右侧（高尾部分）的概率，我们必须用 1 减去曲线下方 x 左侧的面积（低尾面积)。单元格 D5 中的公式求得了格雷尔轮胎寿命至少达 40 000 英里的概率。我们得到该概率为 0.2420。

要求某一给定的累积概率对应的 x 值,我们采用 NORMINV 函数。NORMINV 函数只有 3 个自变量。第一个变量是累积概率,第二个和第三个变量分别是均值和标准差。例如,要求对应于低尾面积为 0.10 的格雷尔公司轮胎行驶里程,我们在单元格 D9 中输入公式 = NORMINV(0.1, 36 500, 50 000)即可求得。由数值工作表,我们可以看到 10% 的格雷尔轮胎行驶里程将不会超过 30 092.25 英里。

要求前 2.5% 的格雷尔轮胎最小的行驶里程,我们需要求得高尾面积为 0.025 对应的 x 值,方法与计算求得累积概率为 0.975 对应的 x 值是相同的,因此,我们在单元格 D10 中输入公式 = NORMINV(0.975, 36 500, 5 000)计算所求的轮胎行驶里程。由数值工作表可知,2.5% 的格雷尔轮胎寿命将持续至少 46 299.81 英里。

6.3 指数概率分布

指数概率分布(exponential probability distribution)用于描述两辆汽车到达某一洗车店的时间间隔、给一辆卡车装货所需时间、高速公路上两个主要故障之间的距离等随机变量。指数概率分布函数如下:

指数概率密度函数

$$f(x) = \frac{1}{\mu}e^{-x/\mu} \quad (x \geq 0, \mu > 0) \tag{6.4}$$

其中 μ = 期望值或均值

举一个指数概率分布的例子,假定 x 表示一辆卡车在 Schips 装货所需时间,且 x 服从指数分布,如果均值或平均装载时间为 15 分钟($\mu = 15$),则其概率密度函数就是

$$f(x) = \frac{1}{15}e^{-x/15}$$

图 6.10 中的曲线就是该概率密度函数。

6.3.1 指数分布概率的计算

与任意连续型概率分布一样,对应的某一区间曲线下面的面积就是随机变量在该区间取值的概率。在 Schips 装载码头的例子中,装载一辆卡车费时 6 分钟以下的概率 $P(x \leq 6)$ 被定义为图 6.10 中曲线下方从 $x = 0$ 到 $x = 6$ 的区域。同样,装载一辆卡车费时 18 分钟以下的概率 $P(x \leq 18)$ 被定义为曲线下方从 $x = 0$ 到 $x = 18$ 的区域。注意,装载一辆卡车费时 6 分钟和 18 分钟之间的概率 $P(6 \leq x \leq 18)$ 被定义为曲线下方从 $x = 6$ 到 $x = 18$ 的区域。

为了计算上述的概率分布,我们使用如下公式,它可以计算出指数随机变量所取值小于或等于某一特定值 x 的概率,这个特定值用 x_0 表示。

> 在排队应用中,指数分布常用于服务时间。

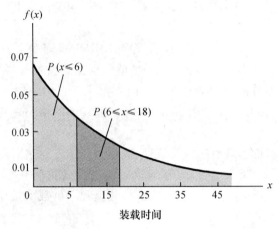

图 6.10 Schips 装载码头中的指数函数分布

指数分布：累积概率

$$P(x \leq x_0) = 1 - e^{-x_0/\mu} \tag{6.5}$$

对于 Schips 装载码头的例子，x = 装载时间，μ = 15 分钟。使用公式（6.5）

$$P(x \leq x_0) = 1 - e^{-x_0/15}$$

因此，装载一辆卡车费时 6 分钟以下的概率是

$$P(x \leq 6) = 1 - e^{-6/15} = 0.3297$$

使用公式（6.5），我们计算装载一辆卡车费时 18 分钟以下的概率

$$P(x \leq 18) = 1 - e^{-18/15} = 0.6988$$

因此，装载一辆卡车费时在 6 分钟和 18 分钟之间的概率等于 0.6988 − 0.3297 = 0.3691。任何其他区间的概率也可以计算出来。

先前的例子中，装载一辆卡车的平均时间是 $\mu = 15$。指数分布的一个特点就是分布的期望值和标准差相等。因此，装载一辆卡车的平均时间的标准差是 $\sigma = 15$ 分钟，方差是 $\sigma^2 = 15^2 = 225$。

> 指数分布的一个特点就是分布的期望值和方差相等。

6.3.2 泊松分布与指数分布的关系

在 5.5 节中，介绍了一种离散型概率分布——泊松分布，它用来描述某一段时间或空间内某事件发生的次数。回顾泊松分布：

$$f(x) = \frac{\mu^x e^{-\mu}}{x!} \tag{6.6}$$

其中 μ = 某时间间隔内某事件发生次数的期望值或平均数。

连续型指数概率分布与离散型泊松分布是有联系的。如果说泊松分布给出的是某区间某事件发生次数的描述，那么指数分布给出的就是对事件发生之间的区间长度的描述。

> 如果达到数服从泊松分布，到达间隔时间必须服从指数分布。

为了说明这种关系，假设一个小时到达某洗车店的汽车数目服从均值为 10 的泊松分布。给出每小时 x 辆车到达洗车店的概率的泊松概率函数是：

$$f(x) = \frac{10^x e^{-10}}{x!}$$

因为达到平均数是每小时 10 辆车，所以两辆汽车到达的间隔时间是

$$1 \text{ 小时} / 10 \text{ 辆车} = 0.1 \text{ 小时} / \text{辆车}$$

因此，对应的描述两辆汽车到达间隔时间的指数分布均值是 $\mu = 0.1$ 小时/辆车，正确的指数分布密度函数为：

$$f(x) = \frac{1}{0.1} e^{-x/0.1} = 10e^{-10x}$$

6.3.3　应用 Excel 计算指数分布概率

Excel 的 EXPONDIST 函数可以用来计算指数分布概率。我们通过本节开头介绍过的计算 Schips 装载码头一辆卡车装载时间的相关概率的例子来说明。根据图 6.11 中我们描述的任务，背景工作表为公式表，前景工作表为数值表。

	A	B	C	D	E	F	G
1				概率：指数分布			
2							
3			P(x <= 18)	=EXPONDIST(18,1/15,TRUE)			
4			P(6 <= x <= 18)	=EXPONDIST(18,1/15,TRUE)-EXPONDIST(6,1/15,TRUE)			
5			P(x >= 8)	=1-EXPONDIST(8,1/15,TRUE)			
6							

	A	B	C	D	E
1		概率：指数分布			
2					
3			P(x <= 18)	0.6988	
4			P(6 <= x <= 18)	0.3691	
5			P(x >= 8)	0.5866	
6					

图 6.11　计算指数概率分布的 Excel 工作表

输入数据：工作表中没有数据输入，我们可以简单地输入适当的指数随机变量值到所需公式 262
中，随机变量 x 为装载时间。

输入函数和公式：EXPONDIST 函数有三个自变量：x 值，$1/\mu$，TRUE 或 FALSE。如果所求为累积概率，我们选择 TRUE；如果所求为概率密度函数高度，我们选择 TRUE。我们总是选择 TRUE，因为我们总是计算累积概率问题。

我们计算的第一个概率是装载时间少于 18 分钟的概率。对于 Schips 问题，$1/\mu = 1/15$，所以我们输入公式 =EXPONDIST(18,1/15,TRUE) 到单元格 D3 中，来计算累积概率。从数值表中，我们看出装载时间少于 18 分钟的概率是 0.6988。

我们计算的第二个概率是装载时间在 6—18 分钟之间的概率。为了找到这个概率，我们首先计算时间区间的上端点的累积概率，减去区间下端点的累积概率。由我们输入到单元格 D4 中的公式，可以求得该概率值。数值表显示该概率是 0.3691。

最后一个概率是装载时间在 8 分钟以上的概率。因为 EXPONDIST 函数只计算累计概率，我们通过输入公式 =1 - EXPONDIST(18,1/15,TRUE) 到单元格 D5，计算这一概率。数值表显示该概率为 0.5866。

注释与评论

正如我们在图 6.10 中看到的,指数分布向右偏。指数分布的偏度是 2。指数分布给我们显示了一种偏度分布的形状。

本章小结

本章全面地讨论了连续型随机变量的概率分布。离散型概率分布与连续型概率分布的主要区别在于计算概率的方法不同。离散型概率分布的概率函数 $f(x)$ 给出了随机变量 x 取不同值时的概率,而连续型概率分布的概率密度函数 $f(x)$ 不直接给出概率值,而是由概率密度函数 $f(x)$ 图形或曲线下的面积给出概率值。因为曲线上某一点下的面积等于 0,所以我们注意到连续型随机变量取任何特定值时的概率都为 0。

本章详细讨论了三种连续型概率分布:均匀分布、正态分布和指数分布。统计推断中正态分布应用广泛,本书其余部分还将多次用到该分布。

关键术语

概率密度函数　　　　正态概率分布　　　　指数概率分布
均匀概率分布　　　　标准正态概率分布

主要公式

均匀分布概率密度函数

$$f(x) = \begin{cases} \dfrac{1}{b-a}, & (a \leq x \leq b) \\ 0, & \text{其他} \end{cases} \quad (6.1)$$

正态概率密度分布函数

$$f(x) = \frac{1}{\sigma\sqrt{2\pi}} e^{-(x-\mu)^2/2\sigma^2} \quad (6.2)$$

标准正态分布的转化

$$z = \frac{x - \mu}{\sigma} \quad (6.3)$$

指数概率密度函数

$$f(x) = \frac{1}{\mu} e^{-x/\mu} \quad (x \geq 0, \mu > 0) \quad (6.4)$$

指数分布:累积概率

$$P(x \leq x_0) = 1 - e^{-x_0/\mu} \quad (6.5)$$

案例问题　Specialty 玩具公司

Specialty 玩具公司销售众多新颖的儿童玩具。管理部门了解到每个假期是推出新玩具的最好时机,因为许多家庭利用这一时间来寻找灵感以便准备圣诞礼物。当 Specialty 玩具公司在潜在市场推出新玩具时,选择了 10 月作为进入时间。

为了使玩具 10 月在商店出现,Specialty 玩具公司每年给其制造商下一次性订单。儿童玩具的需求极不稳定,如果新玩具流行起来,那么市场短缺将增加需求,能大量盈利。然而,新玩具也会滞销,这使得

Specialty 玩具公司存货增加,必须降价销售。公司面临的最重要的问题是决定订购多少套玩具,以满足预期的需求。如果订购太少,造成缺货;如果订购过多,利润会减少,因为必须低价销售以清空存货。

下一季,Specialty 玩具公司计划推出名为 Weather Teddy 的新产品。这个会说话的玩具熊,由台湾的公司制造。当孩子按 Teddy 的手时,玩具熊开始说话。一个内置的仪器从 5 种反应声音中选取 1 种,来预测天气状况。反应声音从"天气看起来不错!好好玩吧!"到"我认为可能会下雨,别忘记带伞"。虽然不是完美的天气预报员,但对这个产品的测试表明,其预报相当准确。Specialty 玩具公司的一些经理声称,Teddy 预报天气的能力和许多当地电视台的天气预报员一样好。

同其他产品一样,Specialty 玩具公司面临生产多少 Teddy 玩具的问题。管理部门建议订单数量为 15 000,18 000,24 000 或 28 000。建议的订单数量的范围过宽,说明了关于市场潜力有相当大的分歧。产品管理团队要求你分析各种产品缺货的概率和估计潜在利润,以决定生产多少。Specialty 玩具公司希望以 24 美元的价格销售 Weather Teddy,其成本是 16 美元。如果假期过后仍有库存,公司将以每个 5 元的价格销售剩余存货。回顾相似产品的销售历史,公司高级销售预测人员说,需求将在 10 000 套和 30 000 套之间,销售 20 000 套的概率是 0.90。

管理报告

准备一份管理报告,包括以下问题,并且建议 Weather Teddy 的订单数量。

1. 使用销售预测人员的预测来描述正态概率分布能用于估计需求分布。画出分布图,说明其均值和标准差。

2. 根据管理团队建议的订单数量,计算缺货的概率。

3. 根据管理团队建议的在三种不同情况下的订单数量,计算预期利润。最坏的情况下销售 10 000 套,最可能的情况下销售 20 000 套,最好的情况下销售 30 000 套。

4. Specialty 玩具公司的一位经理觉得潜在利润太大,订单数量有 70% 的概率满足需求,缺货的概率是 30%。在这一策略下,订单数量应该是多少?三种销售情况下预期利润是多少?

5. 写出你自己关于订单数量的建议,注意联系预期利润。写出理性的建议。

第七章　抽样和抽样分布

目　录

统计实务：MeadWestvaco 公司
7.1　电子联合公司的抽样问题
7.2　简单随机抽样
　　7.2.1　有限总体抽样
　　7.2.2　无限总体抽样
7.3　点估计
7.4　抽样分布简介
7.5　$\bar{x}$ 的抽样分布
　　7.5.1　$\bar{x}$ 的期望值
　　7.5.2　$\bar{x}$ 的标准差
　　7.5.3　$\bar{x}$ 的抽样分布的类型
　　7.5.4　EAI 问题中 $\bar{x}$ 的抽样分布
　　7.5.5　$\bar{x}$ 的抽样分布的实际值

7.5.6　样本容量与 $\bar{x}$ 的抽样分布之间的关系
7.6　$\bar{p}$ 的抽样分布
　　7.6.1　$\bar{p}$ 的期望值
　　7.6.2　$\bar{p}$ 的标准差
　　7.6.3　$\bar{p}$ 的抽样分布的类型
　　7.6.4　$\bar{p}$ 的抽样分布的实际值
7.7　抽样方法
　　7.7.1　分层随机抽样
　　7.7.2　整群抽样
　　7.7.3　系统抽样
　　7.7.4　便利抽样
　　7.7.5　判断抽样

统计实务

MeadWestvaco 公司[*]
斯坦福(Stamford)，康涅狄格(Connecticut)

MeadWestvaco 公司是包装材料、涂布纸和特种纸、消耗品和办公用品以及特种化学制品的领头生产厂家。它有 30 000 多名雇员，业务遍及世界 33 个国家，惠及全球大约 100 个国家的消费者。MeadWestvaco 公司在纸张的生产上处于领先地位，年产量为 180 万吨。它的产品包括课本纸，光面杂志纸，饮料包装纸和办公用品。MeadWestvaco 公司的内部顾问小组运用抽样分析提供各种信息，使公司获得了巨大的生产效益，并在本行业中保持了较强的竞争力。

例如，公司拥有大片的林地，这些林地为公司提供了许多产品的原材料。木材管理人员需要关于林地和森林的准确而可靠的信息，以此来评估公司的生产能力，从而满足公司未来的原材料需求。森林现有的木材是多少？森林过去的增长率是多少？预计将来的增长率是多少？Mead-Westvaco 公司的管理人员可以根据这些问题的答案来拟订计划，包括长期种植计划和开发计划。

MeadWestvaco 公司如何获取它所需要的有关自己大片林地方面的信息呢？从林地各个样本中收集到的数据为了解公司拥有的木材总数提供了依据。为了确认样本林地，首先根据地理位置和数目品种把林地划分为 3 个部分，公司分析人员根据地图和随机数据从每个部分抽取 1/5—1/7 英亩作为随机样本，公司的林业人员收集数据并从这些样本林地里了解林地的总体情况。

整个公司的林业人员都要参与数据收集过程。两人小组定期收集各样本林地每一棵树的信息。然后将这些信息输入到公司连续森林存货（CFI）计算机系统中。CFI 系统会输出一系列频率分布和总数据，其中包括对树木品种、现有森林数量、过去森林增长率和预计未来森林增长率以及森林数量进行统计。抽样和有关样本数据统计汇总资料所提供的信息是公司了解森林和对林地资产进行有效管理的关键。

本章将介绍简单随机抽样和样本的抽取程序。另外，还介绍如何利用统计量（如样本均值和样本比例）来估计总体均值和总体比例。本章还将介绍抽样分布的重要概念。

* 本章作者感谢 Edward P. Winkofsky 博士提供此案例。

在第一章中，我们定义了总体和样本，它们的定义重述如下：
1. 总体是特定研究中所有相关元素的集合。
2. 样本是总体的一个子集。

总体的数量特征（如均值和方差）叫做参数。统计推断的目的在于使用样本所包含的信息对总体的参数进行估计和假设检验。

首先我们引用抽样来提供总体参数估计的两种情形：

1. 某轮胎制造商在公司现有轮胎生产线上开发出一种能增加行驶里程的新式轮胎。为了评估这种新式轮胎的平均里程，制造商抽取了一个由 120 个新式轮胎组成的样本进行测试。测试结果表明样本均值为 36 500 英里。因此，新式轮胎总体平均寿命的一个估计值就是 36 500 英里。

2. 某政党成员们正在考虑支持某候选人参加美国参议院的竞选，并且该党的领导人要对支持该候选人的登记选民比例进行估计。然而，从时间和成本的角度来考虑，与登记选民总体的每个人交流是不合算的，所以，抽取了一个由 400 位登记选民组成的样本并且这 400 位选民中有 160 位表示支持该候选人。于是，登记选民总体中支持该候选人估计的比例就是 160/400 = 0.40。

这两个例子阐明了使用抽样的一些原因。注意在关于轮胎行驶里程的例子里，收集轮胎寿命的数据将会使每个被测试的轮胎报废。显然，测试总体中的每一个轮胎是不可行的；而抽样是获得所需要的轮胎行驶里程的唯一切实可行的方法。在关于选举的例子里，与每位选民交流从理论上来说是可行的，但这样做时间和成本都不允许，所以，对登记选民进行抽样调查是一种好办法。

认识到抽样结果只是对总体特征值的一种估计是很重要的，我们并不期望样本平均值 36 500 英里正好等于所有轮胎总体的平均行程，同样也不期望登记选民对候选人的支持率也正好是 40%。理由很简单：样本只是总体的一部分。用合适的抽样方法，样本结果也许会提供对总体各个参数"较好"的估计。但是，我们能期望样本结果到底有多好呢？幸运的是，有一些统计程序可以解决这个问题。

> 样本平均值估计了总体平均值，样本比例估计了总体比例。诸如这种估计方法，会产生一些样本误差。本章提供了估计样本误差大小的统计方法基础。

本章将说明如何利用简单随机抽样方法从总体中抽取样本。然后说明如何用从简单随机样本中获得的数据来计算总体均值、总体标准差和总体比例的估计值。另外，还将介绍抽样分布的重要概念。如前所述，了解样本分布情况有助于我们对样本的估计值和相应的总体参数之间的拟合情况作出说明。最后一部分讨论了其他在实践中经常用到的抽样方法。

7.1 电子联合公司的抽样问题

电子联合公司（The Electronics Associates）的人事部经理想拟定一份公司 2 500 位经理的简介。需要介绍的特征有经理们的平均年薪和已完成公司培训计划的经理所占的比例。

该项研究将 2 500 位经理作为总体，参考公司的个人档案，可以知道总体中每一人的年薪数据和完成培训的情况。含有该总体 2 500 位经理信息的数据文件在随书附带的 CD 中。

用第三章所给的电子联合公司的数据集和公式，计算总体的平均年薪及其标准差。

$$总体均值：\mu = 51\ 800\ 美元$$

$$总体标准差：\sigma = 4\ 000\ 美元$$

有关培训计划的数据表明 2 500 名经理中有 1 500 名已经完成了培训计划。令 p 表示总体完成培训计划的经理所占的比例，得到：$p = 1\ 500/2\ 500 = 0.60$。总体的平均年薪（$\mu = 51\ 800$ 美元）、总体年薪的标准差（$\sigma = 4\ 000$ 美元）和总体中完成培训计划的经理所占的比重（$p = 0.60$）都是电子联合公司经理总体的参数。

现在假设有关电子联合公司经理的所有必需的数据无法很容易地从公司的数据库中获得。我们现在所关心的问题是，公司人事部经理如何从经理样本而不是从所有 2 500 位经理总体中得到这些总体参数的估计值。假设他们将抽取由 30 位经理组成的样本。显然，用 30 位经理的数据制作简介的时间和成本比用全部经理要少得多。如果人事经理确信 30 位经理样本就可以提供有关所有经理的足够信息，那么利用样本比运用总体要好得多。我们首先通过说明如何选择由 30 位经理组成的样本来探究运用样本的可能性。

> 从样本中收集信息往往比从总体中收集信息所花费的成本要少得多，特别是在需要通过面谈来收集信息的情况下。

7.2 简单随机抽样

从总体中抽取样本的方法很多，其中最常见的一种就是**简单随机抽样**（simple random sampling）。简单随机抽样的定义和简单随机样本的抽取程序取决于总体是有限总体还是无限总体。

由于电子联合公司抽样问题包括了一个 2 500 位经理的有限总体,所以我们首先考虑有限总体抽样。

7.2.1 有限总体抽样

从容量为 N 的有限总体中抽取容量为 n 的简单随机样本定义如下:

简单随机样本(有限总体)

从容量为 N 的有限总体中抽样,如果容量为 n 的每个样本被抽中的概率相等,则称容量为 n 的样本为简单随机样本。

从有限总体中抽取简单随机样本的方法都是基于随机数字的使用。通过在 Excel 工作表的任意单元格中输入公式 =RAND( ),我们可以利用此 RAND 函数来生成 0—1 之间的随机数字。产生的数字称为随机数字是因为 RAND 函数使用的数学程序保证了 0—1 之间的每一个数字被抽到的概率相等。

> 生成随机数字时 Excel 的 RAND 函数在 0—1 之间遵从均匀概率分布。

我们来看一下如何利用这些随机数字来选择简单随机样本:
步骤 1. 给总体每一个元素指定一个随机数字。
步骤 2. 选择与最小的 n 个随机数字相对应的 n 个元素。

因为总体中每 n 个元素被指定到最小的 n 个随机数字的概率是相同的,所以每 n 个元素被抽到作为样本的概率也是相同的。如果我们采用这两个步骤,每个容量为 n 的样本被抽到的概率相同,因此,被抽取的样本符合简单随机样本的定义。

我们考虑这样一个例子,从容量为 16 的总体中抽取容量为 5 的简单随机样本。表 7.1 列出了美国国家棒球队中的 16 个球队,假设我们要选择含有 5 个球队的简单随机样本来对他们如何管理他们的小球队特许权进行深度的访谈。

表 7.1 国家棒球队表

亚利桑那州(队)	密尔沃基(队)
亚特兰大(队)	蒙特利尔(队)
芝加哥(队)	纽约(队)
辛辛那提(队)	费城(队)
科罗拉多(队)	匹兹堡(队)
佛罗里达(队)	圣迭戈(队)
休斯敦(队)	旧金山(队)
洛杉矶(队)	圣路易斯(队)

简单随机抽样的第一步要求我们为总体的 16 个球队中每一个球队指定一个随机数字。图 7.1 显示了用来生成随机数字的工作表,每一个随机数字都与总体 16 个球队的每一球队相对应。这些棒球队的名字在 A 列,生成的随机数字在 B 列。从含有公式的背景工作表中,我们可以看出公式 =RAND( )已经被输入到单元格 B2:B17 以此来生成 0—1 之间的随机数字。从前景的数值工作表中,我们可以得到亚利桑那州(队)被指定的随机数字为 0.850862,亚特兰大(队)被指定的随机数字为 0.706245,以此类推。

第二步是选择与最小的 5 个随机数字相对应的 5 个球队来作为样本。浏览查找图 7.1 中的随

	A	B	C
1	球队	随机数字	
2	Arizona	=RAND()	
3	Atlanta	=RAND()	
4	Chicago	=RAND()	
5	Cincinnati	=RAND()	
6	Colorado	=RAND()	
7	Florida	=RAND()	
8	Houston	=RAND()	
9	Los Angeles	=RAND()	
10	Milwaukee	=RAND()	
11	Montreal	=RAND()	
12	New York	=RAND()	
13	Philadelphia	=RAND()	
14	Pittsburgh	=RAND()	
15	San Diego	=RAND()	
16	San Francisco	=RAND()	
17	St. Louis	=RAND()	
18			

	A	B	C
1	球队	随机数字	
2	Arizona	0.850862	
3	Atlanta	0.706245	
4	Chicago	0.724789	
5	Cincinnati	0.614784	
6	Colorado	0.553815	
7	Florida	0.857324	
8	Houston	0.179123	
9	Los Angeles	0.525636	
10	Milwaukee	0.471490	
11	Montreal	0.158452	
12	New York	0.523103	
13	Philadelphia	0.851552	
14	Pittsburgh	0.806185	
15	San Diego	0.327713	
16	San Francisco	0.374168	
17	St. Louis	0.066942	
18			

图 7.1 用来产生与每个球队相对应的随机数字的工作表

机数字,我们可以看到与最小的随机数字(0.066942)相对应的球队是圣路易斯(队),同时与接下来最小的四个随机数字相对应的球队依次是蒙特利尔(队)、休斯敦(队)、圣迭戈(队)和旧金山(队)。因此这 5 个球队组成了简单随机样本。

在图 7.1 中浏览查找随机数字列表而找到最小的 5 个随机数字是烦琐的,并且容易出错。Excel 的 SORT 过程简化了这一步骤。举例说明,通过对图 7.1 中的棒球队列表进行排序,我们可以找到与最小的 5 个随机数字相对应的 5 个球队。参考图 7.1 中的前景工作表,我们将所涉及的步骤描述如下:

步骤 1. 选中 A2:B17 区域中的单元格;

步骤 2. 选择**数据**菜单;

步骤 3. 选择**排序**项;

步骤 4. 排序对话框出现时,

通过文本选择其中的**随机数字**,

选择按**升序**排列,

然后点击**确定**。

完成这些步骤后将会得到图 7.2*所示的工作表,与最小的 5 个随机数字相对的球队位于第 2—6 行之间,它们就是我们需要的简单随机样本。注意到图 7.2 中的随机数字是按升序排列的,球队并没有按原来的顺序排列。如:圣路易斯(队)在图 7.1 中排在最后一位,但它却是简单随机样本中第一个被抽取的球队。

---

* 为了在这张工作表中按升序显示图 7.1 中的随机数字,我们关闭了用于说明的在排序之前的自动重新计算选项,如果不关闭该选项,排序之后就会产生一组新的随机数字,但是还是会抽取到同样的 5 个球队。

	A	B	C
1	球队	随机数字	
2	St. Louis	0.066942	
3	Montreal	0.158452	
4	Houston	0.179123	
5	San Diego	0.327713	
6	San Francisco	0.374168	
7	Milwaukee	0.471490	
8	New York	0.523103	
9	Los Angeles	0.525636	
10	Colorado	0.553815	
11	Cincinnati	0.614784	
12	Atlanta	0.706245	
13	Chicago	0.724789	
14	Pittsburgh	0.806185	
15	Arizona	0.850862	
16	Philadelphia	0.851552	
17	Florida	0.857324	
18			

图7.2 用EXCEL的排序功能选出5个简单随机样本球队

现在使用简单随机抽样方法从总体为2 500位电子联合公司经理中抽取30位经理组成简单随机样本。我们首先要"创造"2 500个随机数,每个数字都对应着总体中的一位经理。然后选择与最小的30个数字相对应的经理样本作为我们的样本。当我们描述所涉及的步骤时,参考图7.3。

> 对于从这样大的总体中选择与最小的30个随机数相对的经理样本来说,Excel的排序功能是相当有用的。

输入数据:背景工作表的前三列是2 500位电子联合公司经理中前30位经理的年薪数据和培训情况(完整的工作表包括了所有的2 500位经理)。

输入函数和公式:在背景工作表中,标有**随机数**的输入到D1中,公式=RAND( )输入到D2:D2501用于生成对应于每一位经理的0—1之间的随机数字。第1位经理的随机数字是0.613872,第2位是0.473204,以此类推。

应用工具:剩下的工作就是找到与最小的30个随机数相对应的经理,为此我们将A—D列的数据按D列中随机数字的升序排列。

步骤1. 选中区域A2:D2501;

步骤2. 选择"数据"菜单;

步骤3. 选择"排序"项;

步骤4. 排序对话框出现时;

　　通过文本选择其中的"随机数字",

　　选择"按升序排列",

　　然后单击"确定"。

完成这些步骤之后将会得到图7.3所示的前景表。列在第2—31行的经理都与最小的30个随机数字相对应,因此,该组30位经理是简单随机样本。注意图7.3前景表中的随机数字是按升

	A	B	C	D
1	经理	年薪	培训计划	随机数字
2	1	55769.50	No	0.613872
3	2	50823.00	Yes	0.473204
4	3	48408.20	No	0.549011
5	4	49787.50	No	0.047482
6	5	52801.60	Yes	0.531085
7	6	51767.70	No	0.994296
8	7	58346.60	Yes	0.189065
9	8	46670.20	No	0.020714
10	9	50246.80	Yes	0.647318
11	10	51255.00	No	0.524341
12	11	52546.60	No	0.764998
13	12	49512.50	Yes	0.255244
14	13	51753.00	Yes	0.010923
15	14	53547.10	No	0.238003
16	15	48052.20	No	0.635675
17	16	44652.50	Yes	0.177294
18	17	51764.90	Yes	0.415097
19	18	45187.80	Yes	0.883440
20	19	49867.50	Yes	0.476824
21	20	53706.30	Yes	0.101065
22	21	52039.50	Yes	0.775323
23	22	52973.60	No	0.011729
24	23	53372.50	No	0.762026
25	24	54592.00	Yes	0.066344
26	25	55738.10	Yes	0.776766
27	26	52975.10	Yes	0.828493
28	27	52386.20	Yes	0.841532
29	28	51051.60	Yes	0.899427
30	29	52095.60	Yes	0.486284
31	30	44956.50	No	0.264628

The formula in cells D2:D2501 is =RAND().

	A	B	C	D	E
1	经理	年薪	培训计划	随机数字	
2	812	49094.30	Yes	0.000193	
3	1411	53263.90	Yes	0.000484	
4	1795	49643.50	Yes	0.002641	
5	2095	49894.90	Yes	0.002763	
6	1235	47621.60	No	0.002940	
7	744	55924.00	Yes	0.002977	
8	470	49092.30	Yes	0.003182	
9	1606	51404.40	Yes	0.003448	
10	1744	50957.70	Yes	0.004203	
11	179	55109.70	Yes	0.005293	
12	1387	45922.60	Yes	0.005709	
13	1782	57268.40	No	0.005796	
14	1006	55688.80	Yes	0.005796	
15	278	51564.70	No	0.005966	
16	1850	56188.20	No	0.006250	
17	844	51766.00	Yes	0.006708	
18	2028	52541.30	No	0.007767	
19	1654	44980.00	Yes	0.008095	
20	444	51932.60	Yes	0.009686	
21	556	52973.00	Yes	0.009711	
22	2449	45120.90	Yes	0.010595	
23	13	51753.00	Yes	0.010923	
24	2187	54391.80	No	0.011364	
25	1633	50164.20	No	0.011603	
26	22	52973.60	No	0.011729	
27	1530	50241.30	No	0.013570	
28	820	52793.90	No	0.013669	
29	1258	50979.40	Yes	0.014042	
30	2349	55860.90	Yes	0.014532	
31	1698	57309.10	No	0.014539	

图 7.3 由 EXCEL 选出的简单随机样本

注:32—2501 行未显示。

序排列的,这些经理并不是按最初的顺序排列。例如,总体中的 812 号经理就是与最小的随机数字相关,是样本中的第 1 个元素,总体中的第 13 号经理(见背景工作表中的第 14 行)就是样本中的第 22 个观测值(前景工作表的第 23 行)。

7.2.2 无限总体抽样

在有些情况下总体是无限的或者是由于总体容量太大需要将其视为无限总体。举个例子来说,假设一个快餐店想要通过对顾客简单随机抽样并对样本中的每位顾客进行简短的问卷调查来获得顾客的资料。在这种情况下,连续不断进入快餐店的顾客可以被看做是无限的总体。从无限总体中抽取简单随机样本的定义如下:

> 事实上如果在研究的总体中包括无法列清或数不尽的元素就认为是无限总体。

简单随机样本(无限总体)

从无限总体中抽取的简单随机样本要满足以下条件:
1. 每个元素都来自同一个总体。
2. 被抽取的每个元素是相互独立的。

对于快餐店选择顾客简单随机样本的例子,进入快餐店的任何顾客都满足第一个条件,独立的选择顾客样本可以满足第二个条件。满足第二个条件是为了避免选择性偏差。例如,当连续进入快餐店的5个顾客被选为样本,而他们恰好是一起来吃饭的朋友,这时就会产生选择性偏差。我们可能会认为这些顾客会具有相似的资料记录。当确保选择某个特定的顾客而不会影响其他任何顾客的选择时,就会避免选择性偏差。换言之,被抽取的顾客必须是独立的。

> 对于无限总体,样本选择的过程必须特别强调独立选择元素,由此避免了某个特定元素出现选择误差从而导致较高被选中的概率。

快餐店的领头企业麦当劳对这种情况运用了简单的随机抽样程序。抽样程序基于这样一个事实:一些顾客使用折扣券。无论何时,有顾客出示折扣券,则后面的顾客需要填写一份个人资料调查表。因为,来客出示折扣券的情况是随机和独立的,所以这种抽样的方法保证了被抽取到的顾客是独立的。因此,满足了从无限总体中抽取一个简单样本所需要的条件。

无限总体通常与随时间推移不断进行地持续过程相关。例如:生产线上被制造的零件、银行发生的业务、打到技术支持中心的电话和进入商店的顾客都可以看做是来自无限总体。在这些例子中,创造性的抽样程序确保不会出现选择性偏差,而被抽取的样本元素是独立的。

注释与评论

从容量为 N 的总体中抽取 n 个元素作为一个简单的随机样本所产生的不同样本的个数是:

$$\frac{N!}{n!(N-n)!}$$

这个公式中 $N!$ 和 $n!$ 就是第四章提到的阶乘。对于 $N=2500$ 以及 $n=30$ 的电子联合公司的问题,可以用这个公式计算出由 30 位电子联合公司经理组成的不同的简单随机样本的个数大约是 2.75×10^{69} 个。

7.3 点估计

既然我们已经说明如何抽取一个简单随机样本,下面我们回到电子联合公司的简单随机样本上。表 7.2 显示了用 *Excel* 抽取出的由 30 位经理组成的简单随机样本以及与年薪和参加培训计划情况相对应的数据。符号 x_1, x_2 等表示样本中第 1 个经理的年薪,第 2 个经理的年薪等。在管理培训一栏中用"是"来表示参加了管理培训计划。

为了估计某个总体参数值,我们来计算对应的样本特征,即**样本统计量(sample statistic)**。例如,为了估计电子联合公司经理总体年薪的均值 μ 和总体标准差 σ,我们要运用表 7.2 中的数据计算出相应的样本统计量:样本均值 $\bar{x}$ 以及样本标准差 s。用第三章中的样本均值和样本标准差公

式,则样本均值为:

$$\bar{x} = \frac{\sum x_i}{n} = \frac{1\,554\,420}{30} = 51\,814(美元)$$

样本标准差为:

$$s = \sqrt{\frac{\sum(x_i - \bar{x})^2}{n-1}} = \sqrt{\frac{325\,009\,260}{29}} = 3\,348(美元)$$

表 7.2 30 名 EAI 经理组成的简单随机样本的年薪和参加培训计划的情况

年薪 (美元)	是否参加了 管理培训	年薪 (美元)	是否参加了 管理培训
$x_1 = 49\,094.30$	是	$x_{16} = 51\,766.00$	是
$x_2 = 53\,263.90$	是	$x_{17} = 52\,541.30$	否
$x_3 = 49\,643.50$	是	$x_{18} = 44\,980.00$	是
$x_4 = 49\,894.90$	是	$x_{19} = 51\,932.60$	是
$x_5 = 47\,621.60$	否	$x_{20} = 52\,973.00$	是
$x_6 = 55\,924.00$	是	$x_{21} = 45\,120.90$	是
$x_7 = 49\,092.30$	是	$x_{22} = 51\,753.00$	否
$x_8 = 51\,404.40$	是	$x_{23} = 54\,391.80$	否
$x_9 = 50\,957.70$	是	$x_{24} = 50\,164.20$	否
$x_{10} = 55\,109.70$	是	$x_{25} = 52\,973.60$	否
$x_{11} = 45\,922.60$	是	$x_{26} = 50\,241.30$	否
$x_{12} = 57\,268.40$	否	$x_{27} = 52\,793.90$	否
$x_{13} = 55\,688.80$	是	$x_{28} = 50\,979.40$	是
$x_{14} = 51\,564.70$	否	$x_{29} = 55\,860.90$	是
$x_{15} = 56\,188.20$	否	$x_{30} = 57\,309.10$	否

为了估计总体中已经参加了管理培训计划的经理所占的比例 p,我们使用相应的样本比例 $\bar{p}$。用 x 表示样本中参加了管理培训计划的经理人数。如表 7.2 所示,$x = 19$。因此,当样本容量 $n = 30$ 时,样本比例是

$$\bar{p} = \frac{x}{n} = \frac{19}{30} = 0.63$$

通过前面的计算,我们完成的统计程序就叫做点估计。我们提到的样本均值 $\bar{x}$ 叫做总体均值 μ 的**点估计量**(point estimator),样本标准差 s 为总体标准差 μ 的点估计量,同样样本比例 $\bar{p}$ 为总体比例 p 的点估计量。实际数值 $\bar{x}$、s 或者 $\bar{p}$ 称为参数的**点估计**(point estimate)。因此,对于表 7.2 所示的 30 名电子联合公司经理组成的简单随机样本来说,51 814.00 美元是 μ 的点估计,3 348.00 美元是 σ 的点估计,0.63 是 p 的点估计。表 7.3 总结了样本的结果,并将总体参数的点估计值与实际值进行了比较。

表 7.3　由 30 名 EAI 经理组成的简单随机样本得到的点估计总结

总体参数	参数值	点估计量	点估计
μ = 年薪的总体均值	51 800.00 美元	$\bar{x}$ = 年薪的样本均值	51 814.00 美元
σ = 年薪的总体标准差	4 000 美元	s = 年薪的样本标准差	3 347.72 美元
P = 总体中完成管理培训计划所占的比例	0.60	$\bar{p}$ = 样本中完成管理培训计划经理所占的比例	0.63

如表 7.3 所示，没有点估计正好等于相应的总体参数。差异是预期产生的，因为用于预测的是总体的样本而不是总体。在下一章中，我们将说明如何构造一个区间估计，从而为点估计值和总体参数的接近程度提供信息。

注释与评论

在关于点估计的讨论中，我们用 $\bar{x}$ 表示样本均值，用 $\bar{p}$ 表示样本比例，使用 $\bar{p}$ 是因为样本比例也是一个样本均值。假设一个由 n 个元素组成的样本中，数据值是 $x_1, x_2, \cdots, x_n$，当第 i 个元素中出现了我们感兴趣的某个特征时，令 $x_i = 1$；此特征没有出现时，令 $x_i = 0$。则样本比例的计算公式是 $\sum x_i / n$，也就是样本均值的计算公式。考虑到符号的一致性，我们在字母上画横线以提醒读者：用样本比例 $\bar{p}$ 来估计总体比例与用样本均值 $\bar{x}$ 来估计总体均值是一样的。有些统计学课本用 $\hat{p}$ 而不是用 $\bar{p}$ 来表示样本比例。

7.4　抽样分布简介

前面一节中，我们用经理样本的均值 $\bar{x}$ 和其样本比例 $\bar{p}$ 来分别表示总体均值 μ 和总体比例 p 的点估计。对于表 7.2 中含有 30 位 EAI 经理的简单随机样本来说，μ 和 p 的点估计值分别是 $\bar{x} = 51\,814$ 美元和 $\bar{p} = 0.63$。假设再抽取 30 位 EAI 经理作为一个简单随机样本并且得到了下面的点估计：

样本均值：$\bar{x} = 52\,669.70$ 美元

样本比例：$\bar{p} = 0.63$

这些结果表明，第 2 个样本提供了不同的 $\bar{x}$ 和 $\bar{p}$ 的值。实际上，我们并没有预期第 2 个样本和第 1 个样本得出同样的点估计。

现在，假设反复抽取 30 位经理作为一个新的简单随机样本，每次都计算出 $\bar{x}$ 和 $\bar{p}$ 的值。表 7.4 显示了 500 个由 30 位经理组成的简单随机样本的一部分计算结果，表 7.5 给出了 500 个 $\bar{x}$ 值的频数和相对频数分布。图 7.4 是 $\bar{x}$ 值相对频数的直方图。

表 7.4　500 个由 30 位经理组成的简单随机样本的 $\bar{x}$ 和 $\bar{p}$ 的值

样本编号	样本均值($\bar{x}$)	样本比例($\bar{p}$)
1	51 814	0.63
2	52 670	0.70
3	51 780	0.67
4	51 588	0.53
⋮	⋮	⋮
500	51 752	0.50

表 7.5　500 个由 30 位经理组成的简单随机样本均值 $\bar{x}$ 的频数分布

平均年薪（美元）	频数	相对频数
49 500.00—49 999.99	2	0.004
50 000.00—50 499.99	16	0.032
50 500.00—50 999.99	52	0.104
51 000.00—51 499.99	101	0.202
51 500.00—51 999.99	133	0.266
52 000.00—52 499.99	110	0.220
52 500.00—52 999.99	54	0.108
53 000.00—53 499.99	26	0.052
53 500.00—53 999.99	6	0.012
总计	500	1.000

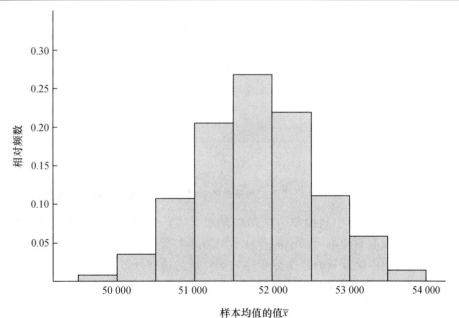

图 7.4　由 30 位 EAI 经理组成的简单随机样本均值 $\bar{x}$ 的相对频数分布直方图

回顾第五章，我们将随机变量定义为试验结果的一种数量描述。如果我们将抽取简单随机样本的过程看成一个试验，则样本均值 $\bar{x}$ 就是试验结果的一种数量描述。所以样本均值 $\bar{x}$ 就是一个随机变量。因此，正如其他随机变量，$\bar{x}$ 也有均值或期望，标准差和概率分布。因为 $\bar{x}$ 的各种可能取值是不同简单随机样本的结果，所以 $\bar{x}$ 的概率分布称为 $\bar{x}$ 的**抽样分布**（**sampling distribution**）。

重新参考图 7.4,我们需要列举 30 位经理的每一个可能样本,计算每一个样本均值以便确定 $\bar{x}$ 的抽样分布。然而 500 个 $\bar{x}$ 值的直方图仅仅给出了这个抽样分布的近似值。从近似值中我们可以看到这个分布的外形像一口钟。我们还注意到 500 个 $\bar{x}$ 值分布最集中的值和均值都很接近总体均值 $\mu = 51\,800$ 美元。下一节将更加全面地描述 $\bar{x}$ 抽样分布的特征。

图 7.5 中,500 个样本相对频率的直方图概括了 500 个样本比例 $\bar{p}$ 的值。正如 $\bar{x}$ 的情况,$\bar{p}$ 也是一个随机变量。如果从总体中将容量为 30 的所有可能样本都抽取出来,将每个样本的 $\bar{p}$ 值都计算出来所得到的概率分布称为 $\bar{p}$ 的抽样分布。图 7.5 中,500 个样本值的相对频率分布直方图给出了 $\bar{p}$ 的抽样分布的近似图。

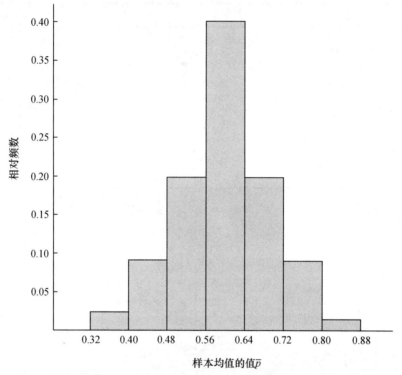

图 7.5　由 30 位 EAI 经理组成的简单随机样本均值 $\bar{p}$ 的相对频数直方图

实践中,我们一般从总体中只抽取一个简单随机样本。本节中,我们将抽样过程重复了 500 次,仅仅是为了说明,抽取的样本可以不同并且不同的样本所得到的样本统计量 $\bar{x}$ 和 $\bar{p}$ 的值也可能不同。任何一个特定样本统计量的概率分布称为统计量的抽样分布。7.5 节将介绍 $\bar{x}$ 抽样分布的特征,7.6 节将介绍统计量 $\bar{p}$ 的抽样分布的特征。

7.5　$\bar{x}$ 的抽样分布

在上节中提到样本均值 $\bar{x}$ 是随机变量,其概率分布被称为 $\bar{x}$ 的抽样分布。

$\bar{x}$ 的抽样分布

$\bar{x}$ 的抽样分布是所有可能的样本均值 $\bar{x}$ 的概率分布

本节的目的是描述 $\bar{x}$ 抽样分布的特征。正如所研究过的其他概率分布,$\bar{x}$ 抽样分布同样具有期望值或均值、标准差和抽样分布特有的类型和外形。让我们首先考虑所有可能的 $\bar{x}$ 值的均值,即 $\bar{x}$ 的期望值。

7.5.1 $\bar{x}$ 的期望值

在 EAI 抽样问题中,我们看到从不同简单随机样本中得到了一系列样本均值 $\bar{x}$。因为随机变量 $\bar{x}$ 可能取很多不同的值,所以我们常对所有可能的取值感兴趣,这些 $\bar{x}$ 是从各种不同的简单随机样本中得到的。随机变量 $\bar{x}$ 的均值就是 $\bar{x}$ 的期望值。令 $E(\bar{x})$ 为期望值,μ 为从中抽取样本的总体均值。可以看出,在简单随机样本抽样中,这两个值是相等的。

$\bar{x}$ 的期望值

$$E(\bar{x}) = \mu \tag{7.1}$$

式中:$E(\bar{x}) = \bar{x}$ 的期望值;$\mu = $ 总体均值。

> $\bar{x}$ 的期望值与所抽取样本的总体均值是相等的。

该结果表明,在简单随机样本中,$\bar{x}$ 的期望值或者均值等于总体的均值。在 7.1 节中,我们看到 EAI 经理年薪总体的均值是 $\mu = 51\,800$ 美元。因此根据公式(7.1),在研究 EAI 的问题中,所有可能样本均值的均值也是 51 800 美元。

当点估计的期望值等于总体参数时,我们就说点估计是**无偏的**(unbiased),因此,公式(7.1)说明 $\bar{x}$ 是总体均值 μ 的一个无偏估计。

7.5.2 $\bar{x}$ 的标准差

让我们来定义 $\bar{x}$ 抽样分布的标准差。我们将使用以下符号:

$\sigma_{\bar{x}} = \bar{x}$ 抽样分布的标准差

$\sigma = $ 总体标准差

$n = $ 样本容量

$N = $ 总体容量

可以看出,运用简单随机样本,$\bar{x}$ 标准差的取值取决于总体是有限的还是无限的。两个 $\bar{x}$ 的标准差表达式如下:

$\bar{x}$ 的标准差

有限总体 　　　　　无限总体

$$\sigma_{\bar{x}} = \sqrt{\frac{N-n}{N-1}} \left(\frac{\sigma}{\sqrt{n}} \right) \qquad \sigma_{\bar{x}} = \frac{\sigma}{\sqrt{n}} \tag{7.2}$$

比较上面的两个公式,我们可以看出,有限总体含有 $\sqrt{(N-n)/(N-1)}$ 因子,而无限总体则没有。该因子通常被称为**有限总体校正因子**(finite population correction factor)。在很多实际的问题中,我们发现,尽管所涉及的总体是有限的,但容量很"大",而样本容量则相对较"小"。在这些情况下，有限总体校正因子 $\sqrt{(N-n)/(N-1)}$ 接近于 1。因此，$\bar{x}$ 的标准差在有限总体和无限总体之间取值的差异可以忽略不计。当这种情况发生时，即使总体是有限的，$\sigma/\sqrt{n}$ 仍然是 $\bar{x}$ 的标准差的很好的近似值。从这个结论中，我们得出了计算 $\bar{x}$ 的标准差的一般准则或经验法则，如下：

用以下公式计算 $\bar{x}$ 的标准差

$$\sigma_{\bar{x}} = \frac{\sigma}{\sqrt{n}} \tag{7.3}$$

只要：

1. 总体是有限的；
2. 总体有限并且样本容量小于或等于总体容量的 5%，也就是说，$n/N \leq 0.05$。

在 $n/N > 0.05$ 的情况下，应用式(7.2)中有限总体所对应的公式来计算 $\sigma_{\bar{x}}$。本书假定总体容量很大，$n/N \leq 0.05$ 并且可采用公式(7.3)计算 $\sigma_{\bar{x}}$。

> 问题 17 说明当 $n/N \leq 0.05$ 时，有限总体校正因子对 $\sigma_{\bar{x}}$ 的值影响很小。

公式(7.3)表明要计算 $\sigma_{\bar{x}}$ 需要知道总体标准差 σ。为了强调说明 $\sigma_{\bar{x}}$ 和 σ 之间的差异，我们称 $\bar{x}$ 的标准差 $\sigma_{\bar{x}}$ 为均值标准误差。一般来说，标准误差是描述点估计的标准差的术语。

> 术语标准误差通常用于描述点估计的标准差。

后面将会看到 $\sigma_{\bar{x}}$ 的值有助于确定样本均值偏离总体均值的程度。现在我们回到 EAI 的例子中，计算由 30 位经理组成的所有可能样本均值的标准差。

在 7.1 节中，我们得出 2 500 位 EAI 经理们的年薪的总体标准差为 $\sigma = 4\,000$。在这种情况下，总体是有限的，$N = 2\,500$。然而，样本容量是 30，所以得到 $n/N = 30/2\,500 = 0.012$。由于样本容量低于总体容量的 5%，我们可以忽略有限总体校正因子，运用公式(7.3)来计算标准误差。

$$\sigma_{\bar{x}} = \frac{\sigma}{\sqrt{n}} = \frac{4\,000}{\sqrt{30}} = 730.3$$

7.5.3 $\bar{x}$ 的抽样分布的类型

前面有关 $\bar{x}$ 的抽样分布的期望值和标准差的结论适用于同样的总体。识别 $\bar{x}$ 的抽样分布特征的最后一步是确定抽样分布的类型或者形状。我们将考虑两种情况：(1)正态分布总体；(2)非正态分布总体。

正态分布总体　很多情况下，假定从中抽取简单随机样本的总体是正态分布或者接近正态分布。当总体是正态分布时，对于任何样本容量，$\bar{x}$ 的抽样分布都是正态分布。

非正态分布总体　当从中抽取简单随机样本的总体是非正态分布时，**中心极限定理(central limit theorem)** 则有助于识别 $\bar{x}$ 的抽样分布的形状。当应用于 $\bar{x}$ 的抽样分布时，中心极限定理的陈述如下：

> 中心极限定理
>
> 从总体中抽取容量为 n 的简单随机样本，当样本容量逐渐增加时，样本均值 $\bar{x}$ 的抽样分布则趋近于正态分布。

图 7.6 说明了中心极限定理对于 3 种不同的总体是如何起作用的。每一列都代表一种总体。

如图上部所示,3 种总体都不是正态分布。总体Ⅰ服从均匀分布。总体Ⅱ通常被称为"兔耳"分布。它具有对称性,但是其值更可能落在分布的尾部区域。总体Ⅲ形如指数分布,但是相对右偏。

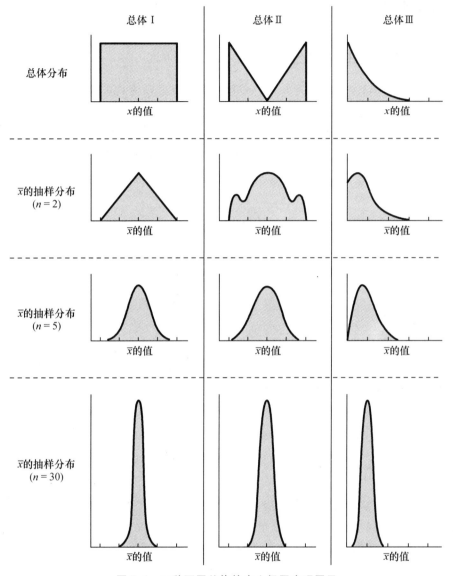

图 7.6　三种不同总体的中心极限定理图示

图 7.6 下面的三个区域分别显示样本容量为 $n=2$,$n=5$ 和 $n=30$ 的抽样分布的形状。当样本容量为 2 时,每个抽样分布呈现与其相应总体分布不同的形状;样本容量为 5 时,总体Ⅰ和总体Ⅱ各自的抽样分布已经看起来近似正态分布,对于总体Ⅲ来说,虽然其抽样分布也开始看起来近似正态分布,但是仍然有些右偏;最后,样本容量为 30 时,3 种抽样分布都可以近似看做正态分布。

作为研究者,我们通常想知道的是究竟样本容量有多大时,才可以运用中心极限定理,从而认为抽样分布可以近似看做正态分布。通过大量分析不同总体和不同样本容量的抽样分布,统计工作者对这个问题进行了研究。一般统计做法就是假定对于多数应用而言,只要样本容量大于等于30,$\bar{x}$的抽样分布就近似于正态分布。当总体高度偏斜或者存在极端值时,样本容量可能需要大于或等于50。最后,如果总体是离散型的,近似于正态分布的样本容量取决于总体比例。在7.6节讨论$\bar{p}$的抽样分布时,我们会对这个问题给以更多的阐述。

7.5.4 EAI问题中$\bar{x}$的抽样分布

EAI问题中已知$E(\bar{x})=51\,800$美元,$\sigma_{\bar{x}}=730.3$。这点并没有说明总体分布的任何信息,它可能是也可能不是正态分布。如果总体是正态分布,$\bar{x}$的抽样分布也是正态分布。如果总体不是正态分布,从样本容量是30位经理和中心极限定理这两方面,我们可以得到$\bar{x}$的抽样分布可以近似看做正态分布。两种情况下,我们都可以得出$\bar{x}$的抽样分布可以被描述成正态分布的结论,如图7.7所示。

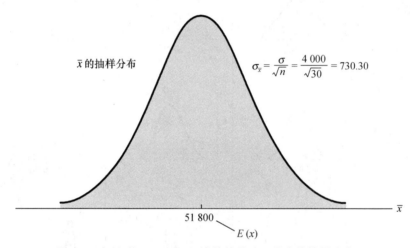

图7.7 由30位EAI经理组成的简单随机样本的抽样分布$\bar{x}$

7.5.5 $\bar{x}$的抽样分布的实际值

当抽取一个简单随机样本时,样本均值$\bar{x}$的值可以用来估计总体均值μ的值,但样本均值不一定正好等于总体均值。我们对$\bar{x}$的抽样分布感兴趣的根本原因是可以用它来提供有关抽样误差大小的信息。为了说明这个用途,我们再回到EAI的问题上来。

假定人事部经理认为:如果样本均值在总体均值上下500美元的范围之内,用样本均值来估计总体均值是可以接受的。然而保证样本均值在总体均值上下500美元之内是不可能的。实际上,表7.5和图7.4表明500个样本均值中有些值与总体均值相差了2000美元以上。所以,我们必须考虑人事部经理对概率条件的需要,也就是说人事部经理关心以下问题:从一个由30位经理组成的简单随机样本中得到的样本均值在总体均值上下500美元范围之内的概率是多少?

既然我们能识别$\bar{x}$的抽样分布的特征(见图7.7),就可以使用这个分布来回答上面的概率问题。再参考图7.8所示的$\bar{x}$的抽样分布。由于总体均值为51 800美元,所以人事部经理想了解均值在51 300—52 300美元之间的概率。图7.8中抽样分布阴影部分的面积正好就是这个概率值。因为此抽样分布是正态分布,其均值为51 800美元且均值的标准差为730.3,所以可以使用标准正态概率分布表来计算阴影面积或者此概率值。

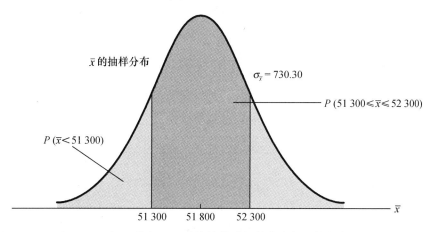

图 7.8 由 30 位经理组成的简单随机样本中得到的样本均值
在总体均值上下 500 美元范围之内的概率分布图

首先,计算区间上限处(52 300)的值并通过查表得到该点左侧曲线下方区域(左尾区域)的面积。然后,计算区间下限处(51 300)的值并查表求得该点左侧曲线下方区域(另一个左尾区域)的面积。第一个左尾区域面积减去第二个左尾区域面积就得到所需的概率。

$\bar{x}$ = 52 300 时,得到

$$z = \frac{52\ 300 - 51\ 800}{730.30} = 0.68$$

查阅标准正态概率分布表,可以得到累积概率(左方区域 $z = 0.68$)0.7517。$\bar{x}$ = 51 300 时,得到

$$z = \frac{51\ 300 - 51\ 800}{730.30} = -0.68$$

当 $z = -0.68$ 时,其左侧曲线下方区域的面积是 0.2483。因此,$P(51\ 300 \leq \bar{x} \leq 52\ 300) = P(z \leq 0.68) - P(z < -0.68) = 0.7517 - 0.2483 = 0.5034$。

也可以用 Excel 的 NORMDIST 函数计算要求的概率。用 NORMDIST 函数的好处在于不必单独计算 z 值。用 NORMDIST 函数来计算区间上限给出了曲线下 52 300 左边区域的面积。将公式 = NORMDIST(52 300,51 800,730.30,TURE) 输入 Excel 的某一个单元格中,可得到累积概率为 0.7532。用 NORMDIST 函数来计算区间下限给出了曲线下 51 300 左边区域的面积。将公式 = NORMDIST(51 300,51 800,730.30,TURE) 输入 Excel 的某一个单元格中,可得到累积概率为 0.2468。因此 $\bar{x}$ 在区间 51 300—52 300 之间的概率为 0.7532 - 0.2468 = 0.5064。我们注意到这个结果与用表格计算出来的结果有些差异,那是因为用普通表格计算 z 值时精确到小数点后两位。用 NORMDIST 函数计算出来的结果更加精确。

> 用 Excel 中的 NORMDIST 函数比表要简单,并能提供更准确的结果。

前面的计算表明一个由 30 位 EAI 经理组成的简单随机样本所得到的样本均值在总体均值上下 500 美元范围内的概率是 0.5064。因此,抽样误差超过 500 美元的概率是 1 - 0.5064

> $\bar{x}$ 的抽样分布可以用于提供样本均值与总体均值接近程度的相关信息。

=0.4936。换言之,30 位 EAI 经理组成的简单随机样本提供的样本均值在上下 500 美元范围内和范围之外的机会之比大约是 50:50。也应该考虑扩大样本容量,接下来,我们通过分析样本容量与 $\bar{x}$ 的抽样分布之间的关系来探测这种可能性。

7.5.6 样本容量与 $\bar{x}$ 的抽样分布之间的关系

假设在 EAI 抽样问题中,考虑抽取 100 位经理而不是原来的 30 位经理作为一个简单随机样本。直观上来看,样本容量越大,所提供的信息也越多。也就是说,$n=100$ 的样本均值比 $n=30$ 的样本均值能更好地估计总体均值。为了能说明究竟有多好,我们来考虑样本容量与 $\bar{x}$ 的抽样分布之间的关系。

首先注意在不考虑样本容量时,$E(\bar{x})=\mu$。因此,在不考虑样本容量 n 时,$\bar{x}$ 的所有可能取值的均值等于总体均值 μ。但是,我们又注意到均值的标准误差 $\sigma_{\bar{x}}=\sigma/\sqrt{n}$ 与样本容量的平方根有关。尤其是当样本容量增加时,均值的标准误差 $\sigma_{\bar{x}}$ 会减少。当 $n=30$ 时,EAI 问题均值的标准误差是 730.30。然而,如果将样本容量增加到 $n=100$ 时,均值的标准误差就会减少到

$$\sigma_{\bar{x}} = \frac{\sigma}{\sqrt{n}} = \frac{4\,000}{\sqrt{100}} = 400$$

图 7.9 显示了 $n=30$ 和 $n=100$ 时 $\bar{x}$ 的抽样分布。因为,当 $n=100$ 时,抽样分布的标准误差较小,这时 $\bar{x}$ 的各个取值差异较小并且整体上比 $n=30$ 时 $\bar{x}$ 的取值偏离总体均值的程度要小。

在 $n=100$ 的情况下,我们可以用 $\bar{x}$ 的抽样分布来计算由 100 位 EAI 经理组成的简单随机样本均值落在总体均值是上下 500 美元范围之内的概率。既然此抽样分布是均值为 51 800,标准差为 400 的正态分布(见图 7.10),我们可以计算出相应的 z 值并且根据标准正态概率分布表来求这个概率。然而,Excel 中的 NORMDIST 函数会更加容易而且结果更精确。将公式 NORMDIST(52 300, 51 800, 400, TRUE)输入 Excel 的工作表中,则会得到 $x=52\,300$ 相应的累计概率。其结果是 0.8944。将公式 NORMDIST(51 300, 51 800, 400, TRUE)输入 Excel 的工作表中,则会得到 $x=51\,300$ 相应的累计概率。其结果是 0.1056。因此,$\bar{x}$ 在区间 51 300—52 300 之间的概率就是 0.8944 − 0.1056 = 0.7888。通过将样本容量从 30 提高到 100,我们就提高了抽样误差不大于 500 美元的概率,即在总体均值上下 500 美元范围内获取样本均值的概率由 0.5064 提高到 0.7888。

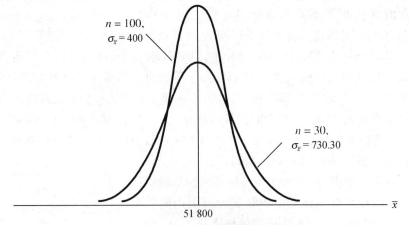

图 7.9 $n=30$ 和 $n=100$ 位 EAI 经理随机样本的抽样分布比较

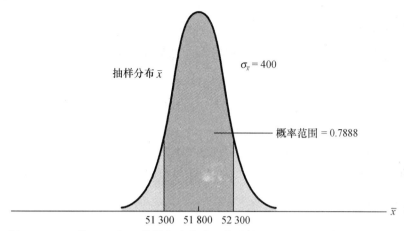

图 7.10　100 位 EAI 经理的样本均值在总体均值上下 500 美元范围内的概率

讨论中重要的一点是当样本容量增加时,均值的标准差就会减少。因此,样本容量越大,样本均值落在离总体均值指定范围内的概率越大。

注释与评论

1. 在说明 EAI 问题中 $\bar{x}$ 的抽样分布时,我们利用了一个事实:已知总体均值 $\mu = 51\,800$,总体标准差是 $\sigma = 4\,000$。不过,通常总体均值 μ 的值和确定 $\bar{x}$ 的抽样分布所需的总体标准差 σ 均为未知。第八章将介绍如何在 μ 和 σ 未知的情况下应用样本均值 $\bar{x}$ 和样本标准差 s。

2. 中心极限定理的理论证明需要对样本进行独立观察。在放回抽样中,有限总体和无限总体都会满足该条件。尽管中心极限定理不会直接用于有限总体的不放回抽样,但是一般的统计实践在总体容量较大的情况下,已经将其应用于有限总体中。

7.6　$\bar{p}$ 的抽样分布

样本比例 $\bar{p}$ 是总体比例的点估计。计算样本比例的公式如下:

$$\bar{p} = \frac{x}{n}$$

式中:x = 样本中研究对象的元素个数;n = 样本容量。

正如 7.4 节中所提到的,样本比例 $\bar{p}$ 是一个随机变量且其概率分布被称为 $\bar{p}$ 的抽样分布。

$\bar{p}$ 的抽样分布

$\bar{p}$ 的抽样分布是样本比例 $\bar{p}$ 的所有可能取值的概率分布。

为了测定样本比例 $\bar{p}$ 接近总体比例 p 的程度,我们需了解 $\bar{p}$ 的抽样分布的特征;$\bar{p}$ 的期望值、$\bar{p}$ 的标准差以及 $\bar{p}$ 的抽样分布的形状。

7.6.1 $\bar{p}$ 的期望值

$\bar{p}$ 的期望值,也就是 $\bar{p}$ 所有可能取值的均值,等于总体比例 p。

$\bar{p}$ 的期望值

$$E(\bar{p}) = p \tag{7.4}$$

式中:$E(\bar{p}) = \bar{p}$ 的期望值;p = 总体比例;

因为 $E(\bar{p}) = p$,所以 $\bar{p}$ 是 p 的无偏估计。回顾 7.1 节,EAI 总体中 $p = 0.60$,其中 p 是已经参加了公司管理培训计划的经理所占的比例。因此,EAI 样本问题中的期望值 $\bar{p}$ 为 0.60。

7.6.2 $\bar{p}$ 的标准差

与计算样本均值 $\bar{x}$ 的标准差一样,$\bar{p}$ 的标准差的大小也取决于总体是有限总体还是无限总体。计算 $\bar{p}$ 的标准差的两个公式如下:

$\bar{p}$ 的标准差

有限总体 无限总体

$$\sigma_{\bar{p}} = \sqrt{\frac{N-n}{N-1}}\sqrt{\frac{p(1-p)}{n}} \qquad \sigma_{\bar{p}} \sqrt{\frac{p(1-p)}{n}} \tag{7.5}$$

比较式(7.5)中的两个公式,可以看出它们只相差一个有限总体校正因子 $\sqrt{(N-n)/(N-1)}$。

与样本均值出现的情形一样,如果与样本容量相比,有限总体的容量很大,有限总体和无限总体表达式之间的差异可以忽略不计。遵循前面推荐样本均值一样的经验法则,也就是说,如果总体是有限的,当 $n/N \leq 0.05$ 时,就使用公式 $\sigma_{\bar{p}} = \sqrt{p(1-p)/n}$。如果总体是有限的,且 $n/N > 0.05$,就应该使用含有有限总体校正因子的那个表达式。以后除非有特别说明,本书都假定:与样本容量相比总体容量很大,有限总体校正因子可以忽略不计。

在 7.5 节中,我们用均值的标准误差来描述 $\bar{x}$ 的标准差。一般情况下,标准误差用来描述点估计的标准差。因此,对于比例来说,我们同样用比例的标准误差来描述 $\bar{p}$ 的标准差。让我们重新回到 EAI 的例子中并且计算由 30 位 EAI 经理组成的简单随机样本的样本比例标准误差。

在研究 EAI 问题时,已知参加了管理培训计划的经理所占的比例是 0.60。因为 $n/N = 30/2\,500 = 0.012$,所以当我们计算 $\bar{p}$ 的标准差时,可以将有限总体校正因子忽略不计。对于由 30 位经理组成的简单随机样本来说,$\sigma_{\bar{p}}$ 就是:

$$\sigma_{\bar{p}} = \sqrt{\frac{p(1-p)}{n}} = \sqrt{\frac{0.60(1-0.60)}{30}} = 0.0894$$

7.6.3 $\bar{p}$ 的抽样分布的类型

现在已知 $\bar{p}$ 的均值和标准差,我们还想知道 $\bar{p}$ 的抽样分布类型。应用与 $\bar{p}$ 有关的中心极限定理可以得到以下结果:

样本容量足够大时,就可以将 $\bar{p}$ 的抽样分布近似看成正态概率分布。

对于 $\bar{p}$，当满足以下两个条件时，就可以认为样本容量很大：

$$np \geq 5$$
$$n(1-p) \geq 5$$

> 这些标准与我们用于 $n \geq 30$ 的 $\bar{x}$ 的大样本标准有些不同。原因是 p 或 $1-p$ 的值会导致样本分布偏离 $n \geq 30$。

在实际应用中，当需要估计总体比例时，我们发现样本容量总是足够大以致可以将 $\bar{p}$ 的抽样分布近似看成正态分布。

回顾前面的 EAI 问题，已知参加培训计划的经理所占的比例是 $p=0.60$。对于容量为 30 的简单随机样本，可得，$np=30\times0.60=18$，$n(1-p)=30\times0.40=12$。因此，可以将 $\bar{p}$ 的抽样分布近似看成正态概率分布，如图 7.11 所示。

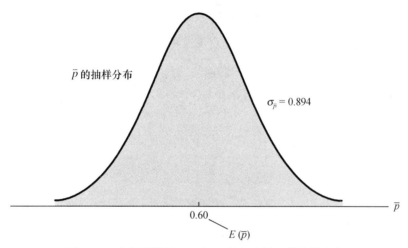

图 7.11 参加培训的 EAI 经理所占比例 $\bar{p}$ 的抽样分布

7.6.4 $\bar{p}$ 的抽样分布的实际值

$\bar{p}$ 的抽样分布的实际值可以用来提供有关抽样误差的概率信息。例如，假设在 EAI 问题中，人事部经理想知道样本比例 $\bar{p}$ 的值在参加了培训计划的 EAI 经理总体比例上下 0.05 范围内浮动的概率，也就是说，样本比例 $\bar{p}$ 的值在 0.55—0.65 之间的概率是多少。如图 7.12，深色阴影部分面积就是这个概率。利用抽样分布可以近似看成均值为 0.60，标准差为 0.0894 的正态分布这一事实，可以用 Excel 中的 NORMDIST 函数来计算。将公式 = NORMDIST(0.65,0.60,0.0894,TRUE) 输入 Excel 表格中得到对应于 $\bar{p}=0.65$ 的累积概率。用 Excel 计算出来的结果是 0.7120。将公式 = NORMDIST(0.55,0.60,0.0894,TRUE) 输入 Excel 表格中得到对应于 $\bar{p}=0.55$ 的累积概率。用 Excel 计算出来的结果是 0.2880。因此，$\bar{p}$ 在区间 0.55—0.65 内的概率是 $0.7120-0.2880=0.4240$。

如果我们考虑将样本容量增加为 $n=100$，则比例的标准误差变成：

$$\sigma_{\bar{p}} = \sqrt{\frac{0.60(1-0.60)}{100}} = 0.0490$$

对于有 100 位 EAI 经理的样本，可以计算出样本比例落在总体比例上下 0.05 范围内的概率。因为可以将此抽样分布近似看做均值为 0.60，标准差为 0.0490 的正态分布，所以我们可以用 Excel 中的 NORMDIST 函数进行计算。将公式 = NORMDIST(0.65,0.60,0.0490,TRUE) 输入 Excel

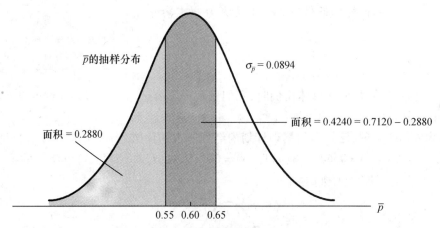

图 7.12　样本比例 $\bar{p}$ 在参加了培训的 EAI 经理总体比例上下 0.05 范围内浮动的概率

表格中得到对应于 $\bar{p}=0.65$ 的累积概率。用 Excel 计算出来的值是 0.8462。将公式 = NORMDIST (0.55,0.60,0.0490,TRUE) 输入 Excel 表格中得到对应于 $\bar{p}=0.55$ 的累积概率。用 Excel 计算出来的值是 0.1538。因此，$\bar{p}$ 在区间 0.55—0.65 内的概率是 0.8462 – 0.1538 = 0.6924。增加样本容量可以使样本均值在总体均值上下 0.05 范围内浮动的概率增加 0.2684（从 0.4240 到 0.6924）。

7.7　抽样方法

我们已经描述了简单随机抽样的程序，并讨论了运用简单随机抽样时 $\bar{x}$ 和 $\bar{p}$ 的抽样分布特征。然而，简单随机抽样不是唯一可供选择的抽样方法。在某些情况下，分层随机抽样、整群抽样和系统抽样等备选抽样方法比简单随机抽样具有更多的优点。本节简单分析几种可供选择的抽样方法。

> 本节简单介绍了除简单随机抽样外的抽样方法。

7.7.1　分层随机抽样

在**分层随机抽样**中，总体中的元素首先被分成若干组，这些组称为层。每个元素属于且只属于一个层。分层标志可以是部门、地区、年龄、工业类型等，它由样本设计者进行选取。然而，最好的分层结果应该是尽可能使每一个层内的元素比较相似。如图 7.13 所示，总体被分成 H 层。

图 7.13　分层随机抽样图

总体分层以后，从每一层中抽取一个简单随机样本。接着，用公式将每一层的抽样结果结合起来对研究对象的总体参数进行估计。分层随机抽样的价值取决于层内元素的同质性。如果层内元素之间很相似，那么层内方差也会很小。因此，用相对较小的样本容量就可以得到该层特征的良好估计。也就是说，如果层内元素是同质的，那么分层随机抽样程序就可以用相对较小的总体样本容量获得与简单随机抽样相同精确的结果。

> 当每一层内的元素的差异相对较小时，分层随机抽样具有最好的效果。

7.7.2 整群抽样

在整群抽样中，总体中的元素首先被分为组，这些组称为群。每个元素属于而且只属于一个群（图7.14）。然后从这些群中抽取若干群形成一个简单随机样本。被抽中群的所有元素都属于样本中的元素。如果群内元素是异质的时，整群抽样往往能够提供最佳的结果。在理想的状况，每群都是整个总体的一个小规模的代表。整群抽样的价值取决于每个群代表总体的程度。就这点而言，如果所有的群对总体的代表程度差不多的话，则只要抽取少量的群就可以得到总体参数的良好估计。

> 当每个群都是总体的小规模代表时，整群抽样可以获得最佳的效果。

图 7.14　整群抽样图

整群抽样的一个主要应用是区域抽样，其中群是城市的街区或其他界限明确的区域。整群抽样需要的总体容量比简单随机抽样和分层随机抽样所需要的样本容量都要大。然而，整群抽样可以节约成本，因为当某调查者被派去调查一个样本群（如城市的街区）时，在相对较短的时间里，可以获得较多的样本观测值。所以尽管样本容量很大，总的抽样成本却可能会较低。

7.7.3 系统抽样

在某些抽样的情况下，尤其是总体容量较大的情况下，抽取简单随机样本往往是很浪费时间，因为首先要寻找随机数，然后要在总体元素目录中计数或寻找出对应这些随机数的元素。代替简单随机抽样的一种方法就是**系统抽样**。例如，如果从含有5 000个元素的总体中抽取50个元素作为一个样本，就可以在总体的5 000/500 = 100个元素中抽取一个元素。这种情形下的系统抽样要求先从总体的前100个元素随机抽取一个元素。其他样本元素可以这样来确定：从第1个被抽取的元素开始，在总体中每隔100个元素抽取一个作为样本元素。实际上，在第1个元素被抽取以后，样本中的50个元素可以通过在总体中每隔100个元素确定一个这样的等距离移动来确定。用这种方式抽取50个元素通常要比用简单随机抽样方法容易得多。因为抽取第1个元素是随机的，所以一般假设系统抽样也具有简单随机抽样的特征。这个假设尤其适用于总体元素目录中的元素是随机排列的。

7.7.4 便利抽样

到目前为止,我们所讨论的抽样方法都称为**概率抽样**(probability sampling)技术。因为总体中某元素被抽中作为样本的概率是已知的。概率抽样的优点是,某些适当的样本统计量的抽样分布一般可以确定。可用本章所介绍的简单随机抽样公式来确定抽样分布的特征。然后就可以用抽样分布对可能出现与样本相关的结果误差进行概率描述。

便利抽样(convenience sampling)是一种非概率抽样技术。顾名思义,确定样本时主要考虑到便利。事先并没有确定某元素被选入样本或者说被抽中的概率未知。例如,某大学教授正在进行一项研究,他将自愿参与的学生作为样本元素,因为这些学生随时准备参与该项研究,所以花费很小或者根本就没有成本。同样,某检员可以从装满橙子的柳条箱中随意抽取几箱而对一批橙子进行抽样。因为将每个橙子作上标记,再按照概率抽样方法是不切实际的。再如,野生动物的捕捉和消费者研究志愿小组人员等样本都是便利抽样。

便利抽样的优点是样本的抽取和数据的收集相对比较容易,然而评价样本代表总体的"优度"是不可能的。便利抽样的效果可能很好,也可能不好。没有什么合理的统计程序可以用来对样本结果的质量进行概率分析和推断。有时候,研究人员将适用于概率抽样的统计方法运用到便利抽样中,因为他们认为可以将便利样本看做概率样本。然而,这种观点并没有足够的证据,所以我们要谨慎解释用于推断总体的便利抽样样本的结果。

7.7.5 判断抽样

另一种非概率抽样技术是**判断抽样**(judgment sampling)。在这种方法中,先由研究人员从总体中抽取他或她认为最能代表总体的个体和元素进入样本。这种方法通常是一种相对容易的抽样方法。例如,某记者可以抽取他认为能够代表所有参议员观点的两名或三名参议员进行调查。然而,样本结果的质量却要取决于抽样人员的判断。我们在用判断样本所得出的结论对总体进行推断时也要小心谨慎。

注释与评论

我们建议使用简单随机抽样、分层随机抽样、整群抽样或者系统抽样等概率抽样方法中的一种来进行抽样。因为这些方法可以用公式评价样本结果的"优度",即样本结果与被估计总体参数的接近程度。对于便利抽样或者判断抽样来说,对"优度"的评价是不可能的。因此,用非概率方法所得到的统计信息来解释抽样结果时一定要小心。

本章小结

本章介绍了简单随机抽样和抽样分布的概念,说明了如何抽取一个简单随机样本,如何根据样本中所收集到的数据建立总体参数的点估计。因为不同的简单随机样本提供点估计的值并不相同。所以诸如 $\bar{x}$ 和 $\bar{p}$ 等点估计量都是随机变量。这些随机变量的概率分布被称为抽样分布。我们还专门描述了样本均值 $\bar{x}$ 和样本比例 $\bar{p}$ 的抽样分布。

在考虑 $\bar{x}$ 和 $\bar{p}$ 的抽样分布的特征时,我们提到了 $E(\bar{x}) = \mu$, $E(\bar{p}) = p$。$\bar{x}$ 和 $\bar{p}$ 的期望值分别是 μ 和 p 的无偏估计。在建立了估计值标准差和标准

误差的计算公式后,我们介绍了将 $\bar{x}$ 和 $\bar{p}$ 的抽样分布近似看成正态分布的必要条件。文中也讨论了其他的抽样方法,包括分层随机抽样、整群抽样、系统抽样、便利抽样和判断抽样。

关键术语

参数　　　　　　　　　抽样分布　　　　　　　　分层随机抽样方法
简单随机样本　　　　　　无偏性　　　　　　　　　整群抽样
样本统计量　　　　　　　有限总体校正因子　　　　系统抽样
点估计量　　　　　　　　标准误差　　　　　　　　便利抽样
点估计　　　　　　　　　中心极限定理　　　　　　判断抽样

主要公式

$\bar{x}$ 的期望值

$$E(\bar{x}) = \mu \quad (7.1)$$

$\bar{x}$ 的标准差

有限总体　　　　　无限总体

$$\sigma_{\bar{x}} = \sqrt{\frac{N-n}{N-1}}\left(\frac{\sigma}{\sqrt{n}}\right) \quad \sigma_{\bar{x}} = \frac{\sigma}{\sqrt{n}} \quad (7.2)$$

$\bar{p}$ 的期望值

$$E(\bar{p}) = p \quad (7.4)$$

$\bar{p}$ 的标准差

有限总体　　　　　　　　无限总体

$$\sigma_{\bar{p}} = \sqrt{\frac{N-n}{N-1}}\sqrt{\frac{p(1-p)}{n}} \quad \sigma_{\bar{p}} = \sqrt{\frac{p(1-p)}{n}}$$

$$(7.5)$$

第八章 区间估计

目 录

统计实务:Food Lion 公司
8.1 总体均值的区间估计:假设 σ 已知
    8.1.1 误差幅度和区间估计
    8.1.2 应用 Excel 构造置信区间
    8.1.3 实用建议
8.2 总体均值的区间估计:假设 σ 未知
    8.2.1 误差幅度和区间估计
    8.2.2 应用 Excel 构造置信区间

    8.2.3 实用建议
    8.2.4 使用小样本
    8.2.5 区间估计步骤的概述
8.3 确定样本容量
8.4 总体比例的区间估计
    8.4.1 应用 Excel 构造置信区间
    8.4.2 确定样本容量

统计实务

Food Lion 公司[*]
萨利苏瑞,北卡罗莱纳

    Food Lion 公司作为一个食品城在 1957 年成立。它是美国最大的连锁超市之一,旗下的 1 200 个连锁店遍布于美国东南部和中大西洋区域的 11 个州。公司销售 24 000 多种不同的产品,并提供全国性和地方性的知名品牌商品,以及越来越多的专门生产以作为 Food Lion 自有品牌的高品质产品。通过标准化的存储模式,创新性的仓库设计,节能型的设施以及与供应商数据同步等手段来提高运营效率,公司可以维持低廉的价格并保证产品质量。Food Lion 公司期待未来持续的创新、增长、价格领导并服务于顾客。
    作为一家存货高度密集的企业,Food Lion 公司决定采用 LIFO(后进先出)法对存货进行价值评估。这个方法使得当前成本和当前收入相匹配,这使得价格的突然变化对盈亏账目的影响达到最小。除此之外,LIFO 方法在通货膨胀时期减少了净收入,因此能减少收入税款。
    Food Lion 公司为以下 7 种存货建立了 LIFO 指数:存货、家庭用纸、宠物用品、保健美容用品、乳制品、烟草以及酒类。食品的 LIFO 指数为 1.008,表明由于最近一年的通货膨胀,当前成本反映的存货价值增加了 0.008 个百分点。
    LIFO 指数的建立要求每一件存货的年末存货价值以当年的年末成本和前一年的年末成本

来评估。为了避免在清点全部的 1 200 家连锁店时浪费过多地时间和金钱,Food Lion 公司从中抽取了 50 家连锁店组成简单随机样本并从每家样本连锁店中抽取了一些年末实物存货。然后用每件存货的当年的年末成本和前一年的年末成本建立所需要的每种存货的 LIFO 指数。

在最近一年里,美容保健用品的 LIFO 指数的样本估计是 1.015。根据 95% 的置信水平,Food Lion 公司计算出样本估计的误差幅度为 0.006。因此,从 1.009 到 1.021 的区间就是总体 LIFO 指数的 95% 的置信区间估计。可以证明这个精度是很好的。

在这一章中,你将会学习如何计算与样本估计相关的误差幅度。你也会学习到如何使用这个信息来构造和解释总体均值和总体比例的区间估计。

* 本书作者感谢 Food Lion 公司的税务经理 Keith Cunningham 和税务会计 Bobby Harkey 提供此案例。

第七章中,我们已经说明了点估计量是用来估计总体参数的样本统计量。例如,样本均值 $\bar{x}$ 是总体均值 μ 的点估计量,而样本比例 $\bar{p}$ 则是总体比例 p 的点估计量。由于点估计量并不能提供总体参数精确的估计值,所以统计学家常常通过在点估计上加减一个被称为**误差幅度(margin of error)**的值来计算区间估计:

$$\text{点估计} \pm \text{误差幅度}$$

区间估计的目的是提供信息说明由样本得出的点估计与参数估计值的接近程度。

本章中我们将介绍如何建立总体均值 μ 和总体比例 p 的区间估计。总体均值区间估计的一般形式如下:

$$\bar{x} \pm \text{误差幅度}$$

同样,总体比例区间估计的一般形式是:

$$\bar{p} \pm \text{误差幅度}$$

$\bar{x}$ 和 $\bar{p}$ 的抽样分布在计算这两个区间估计时起关键作用。

8.1 总体均值的区间估计:假设 σ 已知

为了进行总体均值的区间估计,我们必须用到总体标准差 σ 或样本标准差 s 来计算误差幅度。在 σ 未知的多数应用中,用 s 来计算误差幅度。然而,在一些应用中,能够获得大量的相关历史数据,可以在抽样前估计出总体的标准差。同样,在质量控制问题的应用中,过程被认为是得到正确控制的或者在"控制中",将总体标准差视为已知是合适的。我们提到的这些例子都是 σ 已知的例子。在本节中,我们将引用一个 σ 已知的例子并说明如何针对这个例子构造一个区间估计。

每周 Lloyd's 百货店都会抽取 100 位顾客作为一个简单随机样本来了解顾客们每次购物的开销额。用 x 代表每次购物的开销额,则样本均值 $\bar{x}$ 给出了 Lloyd's 所有顾客每次购物平均开销额 μ 的点估计。几年来 Lloyd's 一直使用这种周调查。根据历史数据,Lloyd's 现在假设总体标准差的值为:$\sigma = 20$ 美元。历史数据同时表明了总体呈现正态分布。

在最近的一周里,Lloyd's 调查了 100 位顾客 ($n = 100$) 并获得样本均值为 $\bar{x} = 82$ 美元。每次购物开销额的样本均值给出了总体均值的点估计。在下面的讨论中,我们将介绍如何计算此估计的误差幅度并进行总体均值的区间估计。

8.1.1 误差幅度和区间估计

在第七章中,我们曾说明了 $\bar{x}$ 的抽样分布能够用来计算 $\bar{x}$ 落在 μ 给定范围内的概率。在 Lloyd's 的例子中,历史数据表明每次购物开销额总体是标准差为 $\sigma=20$ 美元的正态分布。因此,用在第七章所学的知识,我们可以得出 $\bar{x}$ 的抽样分布是均值 μ 未知而标准差已知且为 $\sigma_{\bar{x}}=\sigma/\sqrt{n}=20/\sqrt{100}=2$ 的正态分布。此抽样分布如图 8.1* 所示。因为抽样分布表明了 $\bar{x}$ 值如何分布在总体均值 μ 的周围。所以 $\bar{x}$ 的抽样分布提供有关 $\bar{x}$ 和 μ 之间可能存在差异的信息。

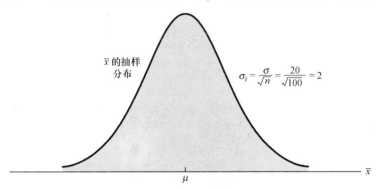

图 8.1 100 位顾客的平均消费额组成的简单随机样本的抽样分布图

运用标准正态分布表,我们发现任意一个正态分布随机变量 95% 的值落在其均值上下 1.96 个标准差的范围内。因此,当 $\bar{x}$ 的抽样分布是正态分布时,95% 的 $\bar{x}$ 值必定是落在均值 μ 的上下 $1.96\sigma_{\bar{x}}$ 的范围内。在 Lloyd's 的例子中,我们知道 $\bar{x}$ 的抽样分布是标准差为 $\sigma_{\bar{x}}=2$ 的正态分布。由于 $\pm 1.96\sigma_{\bar{x}}=\pm 1.96(2)=\pm 3.92$,我们能够得出用样本容量为 $n=100$ 所得到的 $\bar{x}$ 值中 95% 将落在总体均值 μ 上下 3.92 的范围内。见图 8.2。

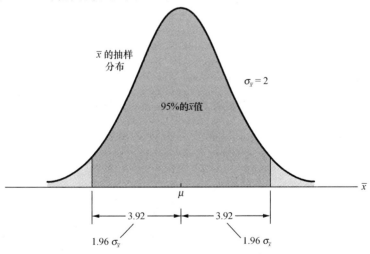

图 8.2 $\bar{x}$ 的样本均值在总体均值 μ 上下 3.92 范围内的概率分布图

---

* 我们利用开销额总体是正态分布的事实得出了 $\bar{x}$ 的抽样分布也是正态分布。如果总体不是正态分布,我们可以利用中心极限定理和 $n=100$ 这个大样本容量来得出 $\bar{x}$ 的抽样分布近似正态分布。在每一种情况下,$\bar{x}$ 的抽样分布都会出现如图 8.1 所示的情形。

在本章的引言部分,我们提到了总体均值 μ 区间估计的一般形式为 $\bar{x} \pm$ 误差幅度。对于 Lloyd's 这个例子,假如我们设误差幅度等于 3.92 并且用 $\bar{x} \pm 3.92$ 来计算 μ 的区间估计。为了解释这个区间估计,考虑由三个不同的简单随机样本所得到的 $\bar{x}$ 值。这三个简单随机样本都由 100 位 Lloyd's 顾客组成。第一个样本均值的可能取值见图 8.3 中的 $\bar{x}_1$。这一情况下,从图 8.2 可以看出由 $\bar{x}_1 \pm 3.92$ 形成的区间包含了总体均值 μ。现在考虑如果第二个样本均值的可能取值为图 8.3 中的 $\bar{x}_2$ 会是什么结果。虽然这个样本均值不同于第一个样本均值,但是可以看出由 $\bar{x}_2 \pm 3.92$ 形成的区间也包含了总体均值 μ。然而,如果第三个样本均值的可能取值如图 8.3 中的 $\bar{x}_3$ 所示又会是什么结果?这次由 $\bar{x}_3 \pm 3.92$ 形成的区间并没有包含了总体均值 μ。因为 $\bar{x}_3$ 落在了抽样分布的上尾区并且大于 $\mu + 3.92$,所以 $\bar{x}_3 \pm 3.92$ 形成了不包含 μ 的区间。

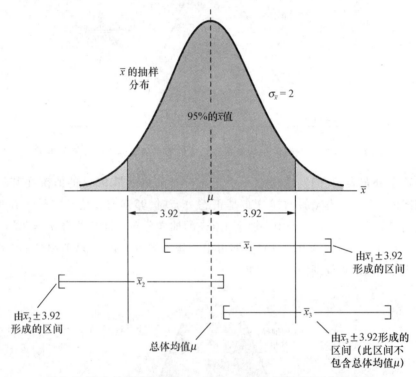

图 8.3　样本均值的取值为 $\bar{x}_1, \bar{x}_2$ 和 $\bar{x}_3$ 时形成的不同区间分布图

在图 8.3 中阴影区域内的任何样本均值 $\bar{x}$ 都可以得出含有总体均值 μ 的区间估计。因为 95% 的所有可能样本均值落在阴影区域内,所以由 $\bar{x} \pm 3.92$ 形成的所有区间中 95% 的区间含有总体均值 μ。

回顾上文,在最近的一周内,Lloyd's 的质保小组调查了 100 顾客并且得到样本平均开销额为 $\bar{x} = 82$。利用 $\bar{x} \pm 3.92$ 来

> 此讨论说明了为什么区间会被称为 95% 置信区间。

构造区间估计,我们得到 82 ± 3.92。因此,根据最近一周的数据,μ 的具体区间估计为从 82 − 3.92 = 78.08 到 82 + 3.92 = 85.92。因为由 $\bar{x} \pm 3.92$ 构造的区间中有 95% 的区间包含总体均值,所以我们就说我们以 95% 的置信水平肯定区间(78.08,85.92)包含总体均值 μ。也可以说这个区间是在 95% 的**置信水平**(confidence level)上构建的。数值 0.95 被称为**置信系数**(confidence coefficient)。区间(78.08,85.92)被称为 95% **置信区间**(confidence interval)。

有时与区间估计有关的另一个术语是显著性水平(level of significance),它由希腊字母 α 来表示。显著性水平和置信系数的关系如下所示:

$$\alpha = 显著性水平 = 1 - 置信系数$$

显著性水平表示在区间估计的过程中,产生一个不包含 μ 的区间的概率。例如,对应于 0.95 的置信系数的显著性水平是 $\alpha = 1 - 0.95 = 0.05$。在 Lloyd's 的例子中,显著性水平($\alpha = 0.05$)是通过抽取样本,计算样本均值和发现 $\bar{x}$ 位于抽样分布的一个尾部区域内的概率(见图 8.3 中的 $\bar{x}_3$)。当样本均值恰好落入抽样分布的尾部区域内(它发生的概率是 0.05),所产生的置信区间将不包含 μ。

> 显著性水平也称显著水平。

给定误差幅度为 $z_{\alpha/2}(\sigma/\sqrt{n})$,在 σ 已知的情况下,总体均值区间估计的一般形如下:

假设 σ 已知时总体均值的区间估计为:

$$\bar{x} \pm z_{\alpha/2}\left(\frac{\sigma}{\sqrt{n}}\right) \tag{8.1}$$

其中,$(1 - \alpha)$ 为置信系数,$z_{\alpha/2}$ 为给出标准正态分布上尾面积为 $\alpha/2$ 的值。

我们用式(8.1)来构造 Lloyd's 例子中的 95% 的置信区间。对于这个 95% 的置信区间,置信系数为 $1 - \alpha = 0.95$,因此 $\alpha = 0.05$。运用标准正态分布表,我们可以看出上尾区面积为 $\alpha/2 = 0.05/2 = 0.025$ 时,所得到的 $z_{\alpha/2} = 1.96$。由于在 Lloyd's 的例子中,样本均值 $\bar{x} = 82$,$\sigma = 20$,样本容量 $n = 100$,所以我们得到

$$82 \pm 1.96 \frac{20}{\sqrt{100}}$$

$$82 \pm 3.92$$

因此,利用公式(8.1),误差幅度为 3.92 且 95% 的置信区间为从 82 − 3.92 = 78.08 到 82 + 3.92 = 85.92。

尽管经常使用 95% 的置信水平,但是也可以考虑其他的置信水平如 90% 和 99% 等。表 8.1 列出了常用到的置信水平所对应的 $z_{\alpha/2}$ 值。运用这些值和公式(8.1),对于 Lloyd's 例子,90% 的置信区间为

$$82 \pm 1.645 \frac{20}{\sqrt{100}}$$

$$82 \pm 3.29$$

表 8.1 常用置信区间的 $z_{\alpha/2}$ 值

置信水平	α	$\alpha/2$	$z_{\alpha/2}$
90%	0.10	0.05	1.645
95%	0.05	0.025	1.960
99%	0.01	0.005	2.576

因此，90% 的置信水平下，误差幅度为 3.29 且置信区间为从 82 - 3.29 = 78.71 到 82 + 3.29 = 85.29。同样，99% 的置信区间为

$$82 \pm 2.576 \frac{20}{\sqrt{100}}$$

$$82 \pm 5.15$$

所以，在 99% 的置信水平下，误差幅度为 5.15 且置信区间为从 82 - 5.15 = 76.85 到 82 + 5.15 = 87.15。

比较在 90%、95% 和 99% 这三种不同置信水平下所得到的结果，我们可以看出为了得到更高的置信度，误差幅度和置信区间的宽度必须更大。

8.1.2 应用 Excel 构造置信区间

我们将使用 Lloyd's 百货店的例子来说明如何应用 Excel 来构造在 σ 未知的情况下总体均值的置信区间估计。所需要做的步骤如图 8.4 所示，背景是公式工作表，前景是数值工作表。

输入数据：将标签和销售数据输入到 A1:A101 单元格区域中。

输入函数和公式：分别用 Excel 的 COUNT 和 AVERAGE 函数来计算单元格 D4:D5 中的数据的样本容量和样本均值。数值工作表显示了样本容量为 100 和样本均值为 82。已知的总体标准差 (20) 输入到单元格 D7 中，而所需的置信系数 (0.95) 输入到单元格 D8 中。在单元格 D9 中输入公式 "= 1 - D8" 来计算显著性水平，数值工作表中显示的与置信系数 0.95 相关的显著性水平为 0.05。用 Excel 的 CONFIDENCE 函数来计算单元格 D11 中的误差幅度。CONFIDENCE 函数需要三处输入：显著性水平（单元格 D9）、总体标准差（单元格 D7）和样本容量（单元格 D4）。因此，为了计算与 95% 的置信区间相关的误差幅度，需要在单元格 D11 中输入以下公式：

= CONFIDENCE(D9,D7,D4)

结果值 3.92 就是与总体每周平均开销额区间估计相关的误差幅度。

单元格区域 D13:D15 给出了点估计以及置信区间的上限和下限。因为点估计就是样本均值，所以将公式 "= D5" 输入到单元格 D13 即可。为了计算 95% 的置信区间的下限 $\bar{x}$ - 误差幅度，我们将公式 "= D13 - D11" 输入到单元格 D14 中。为了计算 95% 的置信区间的下限 $\bar{x}$ + 误差幅度，将公式 "= D13 + D11" 输入到单元格 D15 中。数值工作表给出了下限为 78.08 和上限为 85.92。换句话说，总体均值 95% 的置信区间为从 78.08 到 85.92。

其他问题的模板 为了将这张工作表作为其他这类问题的模板，我们必须在 A 列中输入新问题的数据，则需用新的数据列来更新单元格 D4 和 D5 中的公式，且已知的总体标准差需要被输入到单元格 D7 中。这样做之后，相应的点估计和 95% 的置信区间将出现在单元格 D13:D15 中。如果需要不同置信系数的置信区间估计，我们只需简单地改变一下单元格 D8 中的值。

	A	B	C	D	E
1	销售额			总体均值的区间估计：	
2	72			σ已知	
3	91				
4	74		样本容量	=COUNT(A1:A101)	
5	115		样本均值	=AVERAGE(A1:A101)	
6	71				
7	120		总体标准差	20	
8	37		置信系数	0.95	
9	96		显著性水平	=1-D8	
10	91				
11	105		误差幅度	=CONFIDENCE(D9,D7,D4)	
12	104				
13	89		点估计	=D5	
14	70		下限	=D13-D11	
15	125		上限	=D13+D11	
16	43				
17	61				
100	71				
101	84				
102					

	A	B	C	D	E
1	销售额			总体均值的区间估计：	
2	72			σ已知	
3	91				
4	74		样本容量	100	
5	115		样本均值	82	
6	71				
7	120		总体标准差	20	
8	37		置信系数	0.95	
9	96		显著性水平	0.05	
10	91				
11	105		误差幅度	3.92	
12	104				
13	89		点估计	82	
14	70		下限	78.08	
15	125		上限	85.92	
16	43				
17	61				
100	71				
101	84				
102					

图 8.4 构造 Lloyd's 百货店的 95% 置信区间 Excel 工作表

注：第 18—99 行已设为隐藏。

不必在单元格 D4 和 D5 中输入新的数据，进一步简化图 8.4 的使用而将其作为其他问题的模板。为了这样做，我们需要重新输入单元格中的公式，如下：

$$\text{单元格 D4：} = \text{COUNT(A:A)}$$

$$\text{单元格 D5：} = \text{AVERGAGE(A:A)}$$

对于这种 A:A 法列出的数据，Excel 的 COUNT 函数将计算出 A 列中数值的个数；Excel 的 AVERAGE 函数将计算出 A 列中数值的平均值。因此，解决新问题只需在 A 列中输入新数据并在单元格 D7 中输入已知的总体标准差的值。

> Lloyd's 数据集中包含有用 A:A 法输入数据列而得到的名为模板的工作表。

这张工作表也可以用作给定样本容量、样本均值和总体标准差的课后习题的模板。在这种情况下，我们只需简单地用给定的样本容量、样本均值和总体标准差去代替单元格 D4、D5 和 D7 中的值即可。

8.1.3 实用建议

如果总体遵从正态分布,由公式(8.1)得出的置信区间是准确的。换言之,如果反复使用公式(8.1)来得到95%的置信区间,那么,所产生的区间中恰好有95%的区间将包含总体均值。如果总体分布不遵从正态分布,由式(8.1)得出的置信区间将是一个近似的区间。这种情况下,近似的程度取决于总体分布和样本容量。

在大多数的应用中,用公式(8.1)对总体均值进行区间估计时样本容量 $n \geq 30$ 是合适的。如果总体不是正态分布但大致对称,那么样本容量 ≥ 15 可以预期得到较好的近似置信区间估计。对于更小的样本容量,公式(8.1)仅仅应用于分析人员认为或者假设总体至少是近似正态分布的情况。

注释与评论

1. 本节中所讨论的区间估计方法是建立在假设总体标准差是已知的基础之上。σ 已知指的是利用可得的历史数据和其他的信息能够使得我们在抽取样本对总体均值进行估计之前获得总体标准差的良好估计。所以,严格来说,我们并不是把 σ 的实际值当作已知,而只是指在抽样之前获得了标准差的良好估计,这样就不需再用同一样本来估计总体均值和总体标准差了。

2. 样本容量 n 出现在区间估计公式(8.1)的分母中。因此,如果一个样本容量得出的区间太宽以至于不能进行实际应用,我们可以考虑增加样本容量。由于 n 在分母中,较大的样本容量将得出较小的误差幅度、较窄的区间估计和较高的精度。确定为达到某一精度的简单随机样本容量的方法将在8.3节中讨论。

8.2 总体均值的区间估计:假设 σ 未知

当对总体均值进行区间估计时,我们通常也没有对总体标准差的良好估计。在这些情况下,我们必须使用同一样本来估计 μ 和 σ。这种情况就代表 σ **未知**的例子。当用 s 来估计 σ 时,误差幅度和总体均值的区间估计是建立在以 **t 分布**(t distribution)著称的概率分布的基础上。尽管 t 分布的数学发展是建立在从中抽样的总体是正态分布的假设基础之上,但是研究表明 t 分布也能很好地应用于总体明显不是正态分布的许多情况中。在本节的后面,我们将给出总体不是正态分布时 t 分布应用的原则。

t 分布是一种与正态分布类似的概率分布,每一个特定 t 分布的形状取决于一个称为**自由度**(degrees of freedom)的参数。自由度为1对应的 t 分布是唯一的,自由度为2的是这样,自由度为3的也是这样,依此类推。随着自由度的增加,t 分布和正态分布的区别就变得越来越小。图8.5给出了自由度为10和20的 t 分布,以及它们与正态分布的关系。可以看出,自由度越大的 t 分布和标准正态分布的差异性越少而相似性越多。同时,也可以看出 t 分布的

> 以"学生"笔名写作的威廉·西利·哥赛特(William Sealy Cosset)是 t 分布理论的创立者。哥赛特是牛津大学数学系毕业生,在位于爱尔兰的都柏林的金尼斯酿酒厂(Guinness Brewery)工作。在用少量材料做温度实验时,他建立 t 分布理论。

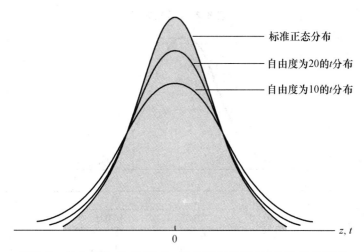

图 8.5 自由度为 10 和 20 的 t 分布与标准正态分布比较示意图

均值为零。

我们给 t 分布加一个下标来表示 t 分布的上尾面积。例如,正如我们用 $z_{0.025}$ 来表示对应标准正态分布的上尾面积为 $\alpha_{0.025}$ 的 z 值一样,我们用 $t_{0.025}$ 来表示对应 t 分布的上尾面积为 $\alpha_{0.025}$ 的 t 值。一般来说,我们用符号 $t_{\alpha/2}$ 来表示 t 分布的上尾面积为 $\alpha/2$ 的 t 值。见图 8.6。

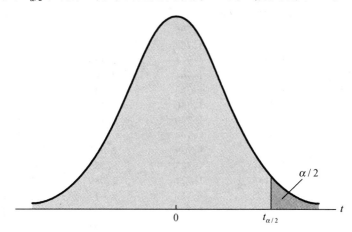

图 8.6 t 分布的上尾面积为 $\alpha/2$ 的 t 值示意图

表 8.2 给出了上尾面积分别是 0.20、0.10、0.05、0.025、0.01 和 0.005 所对应的 t 值。表中的每一行都各自对应所示自由度下的各个 t 分布。例如,对于自由度为 10 的 t 分布,$t_{0.025} = 2.228$。同样,对于自由度为 20 的 t 分布,$t_{0.025} = 2.086$。随着自由度不断增加,$t_{0.025}$ 不断接近 $z_{0.025} = 1.96$。事实上,标准正态分布中的 z 值可以在 t 分布表中的自由度为无穷大(标有 ∞)的那行找到。如果自由度超过 100,则可以用自由度为无穷大的那行来估计实际的 t 值;换言之,对于自由度超过 100 的 t 分布,标准正态分布的 z 值可以提供 t 值的良好估计。附录 B 中的表 2 是一张更完善的 t 分布表,其包含 1 至 100 的所有自由度。

> 随着自由度的增加,t 分布逐渐趋近于标准正态分布。

表 8.2　t 分布表

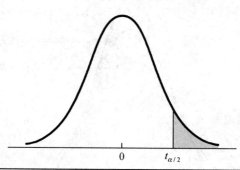

	0.20	0.10	0.05	0.025	0.01	0.005
1	1.376	3.078	6.314	12.706	31.821	63.656
2	1.061	1.886	2.920	4.303	6.965	9.925
3	0.978	1.638	2.353	3.182	4.541	5.841
4	0.941	1.533	2.132	2.776	3.747	4.604
5	0.920	1.476	2.015	2.571	3.365	4.032
6	0.906	1.440	1.943	2.447	3.143	3.707
7	0.896	1.415	1.895	2.365	2.998	3.499
8	0.889	1.397	1.860	2.306	2.896	3.355
9	0.883	1.383	1.833	2.262	2.821	3.250
10	0.879	1.372	1.812	2.228	2.764	3.169
11	0.876	1.363	1.796	2.201	2.718	3.106
12	0.873	1.356	1.782	2.179	2.681	3.055
13	0.870	1.350	1.771	2.160	2.650	3.012
14	0.868	1.345	1.761	2.145	2.624	2.977
15	0.866	1.341	1.753	2.131	2.602	2.947
16	0.865	1.337	1.746	2.120	2.583	2.921
17	0.863	1.333	1.740	2.110	2.567	2.898
18	0.862	1.330	1.734	2.101	2.552	2.878
19	0.861	1.328	1.729	2.093	2.539	2.861
20	0.860	1.325	1.725	2.086	2.528	2.845
21	0.859	1.323	1.721	2.080	2.518	2.831
22	0.858	1.321	1.717	2.074	2.508	2.819
23	0.858	1.319	1.714	2.069	2.500	2.807
24	0.857	1.318	1.711	2.064	2.492	2.797
25	0.856	1.316	1.708	2.060	2.485	2.787
26	0.856	1.315	1.706	2.056	2.479	2.779
27	0.855	1.314	1.703	2.052	2.473	2.771
28	0.855	1.313	1.701	2.048	2.467	2.763
29	0.854	1.311	1.699	2.045	2.462	2.756
30	0.854	1.310	1.697	2.042	2.457	2.750
40	0.851	1.303	1.684	2.021	2.423	2.704
50	0.849	1.299	1.676	2.009	2.403	2.678
60	0.848	1.296	1.671	2.000	2.390	2.660
80	0.846	1.292	1.664	1.990	2.374	2.639
100	0.845	1.290	1.660	1.984	2.364	2.626
∞	0.842	1.282	1.645	1.960	2.326	2.576

注：附录 B 中的表 2 是一张更完善的 t 分布表。

8.2.1 误差幅度和区间估计

在 8.1 节中，我们说明了 σ 已知的情况下总体均值的区间估计是

$$\bar{x} \pm z_{\alpha/2} \frac{\sigma}{\sqrt{n}}$$

为了计算 σ 未知的情况下总体均值 μ 的区间估计，我们用样本标准差 s 来估计，用 t 分布值 $t_{\alpha/2}$ 来代替 $z_{\alpha/2}$。得出的误差幅度为 $t_{\alpha/2} s/\sqrt{n}$。由于此误差幅度，当 σ 未知时，总体均值区间估计的一般表达式如下：

总体均值的区间估计：假设 σ 未知

$$\bar{x} \pm t_{\alpha/2} \frac{s}{\sqrt{n}} \tag{8.2}$$

式中，s 是样本标准差，$(1-\alpha)$ 为置信系数，$t_{\alpha/2}$ 是使得自由度为 $n-1$ 的 t 分布上尾面积为 $\alpha/2$ 的 t 值。

式(8.2)中的 t 值与自由度个数有关是因为 $n-1$ 与用 s 作为总体标准差 σ 的估计有关。样本标准差的公式是：

$$s = \sqrt{\frac{\sum (x_i - \bar{x})^2}{n-1}}$$

自由度是指计算 $\sum (x_i - \bar{x})^2$ 时独立信息的个数。计算 $\sum (x_i - \bar{x})^2$ 时涉及的 n 个信息如下：$x_1 - \bar{x}$、$x_2 - \bar{x}$、$\cdots$、$x_n - \bar{x}$。在 3.2 节中，已经知道对任何的数据集 $\sum (x_i - \bar{x}) = 0$。因此，$x_i - \bar{x}$ 的值只有 $n-1$ 个是独立的。也就是说，如果我们知道 $n-1$ 个值，剩下的值就能用 $x_i - \bar{x}$ 的和为 0 这一条件来确定。因此，$n-1$ 是与 $\sum (x_i - \bar{x})^2$ 有关的自由度个数，所以，它也是式(8.2)中的 t 分布自由度的个数。

为了说明在 σ 未知的情况下区间估计的步骤，我们将考虑一项研究，设计这项研究的目的是估计美国家庭总体的平均信用卡债务。一个由 $n=85$ 个家庭组成的样本给出了如表 8.3 所示的信用卡余额。对于这一情况，无法提前得到总体标准差 σ 的估计。因此，必须用样本数据来估计总体均值和总体标准差。使用表 8.3 中的数据，我们计算得出样本均值为 $\bar{x}=5\,900$ 美元，样本标准差为 $s=3\,058$ 美元。由于置信系数为 95%，自由度为 $n-1=84$，查附录 B 的表 2 得：$t_{0.025}=1.989$。现在可以利用式(8.2)来计算总体均值的区间估计。

$$5\,900 \pm 1.989 \frac{3\,058}{\sqrt{85}}$$

$$5\,900 \pm 660$$

总体均值的点估计为 5 900 美元，误差幅度为 660 美元，且 95% 的置信区间为从 $5\,900-660=5\,240$ 美元到 $5\,900+660=6\,560$ 美元。因此，我们以 95% 的概率相信对于所有的家庭来说，总体平均信用卡余额在 5 240 美元和 6 560 美元之间。

表 8.3　85 个家庭组成的样本的信用卡余额

9 616	5 994	3 344	7 888	7 581	9 980
5 364	4 652	13 627	3 091	12 545	8 718
8 348	5 376	968	943	7 959	8 452
7 348	5 998	4 714	8 762	2 563	4 935
381	7 530	4 334	1 407	6 787	5 938
2 998	3 678	4 911	6 644	5 071	5 266
1 686	3 581	1 920	7 644	9 536	10 658
1 962	5 625	3 780	11 169	4 459	3 910
4 920	5 619	3 478	7 979	8 047	7 503
5 047	9 032	6 185	3 258	8 083	1 582
6 921	13 236	1 141	8 660	2 153	
5 759	4 447	7 577	7 511	8 003	
8 047	609	4 667	14 442	6 795	
3 924	414	5 219	4 447	5 915	
3 470	7 636	6 416	6 550	7 154	

320 ## 8.2.2　应用 Excel 构造置信区间

我们将利用表 8.3 中的信用卡余额来说明如何应用 Excel 来构造在 σ 未知的情况下总体均值的区间估计。首先，运用在第三章中提到的 Excel 的描述性统计分析工具对数据进行汇总。相关步骤如图 8.7 所示。背景是公式工作表，前景是数值工作表。

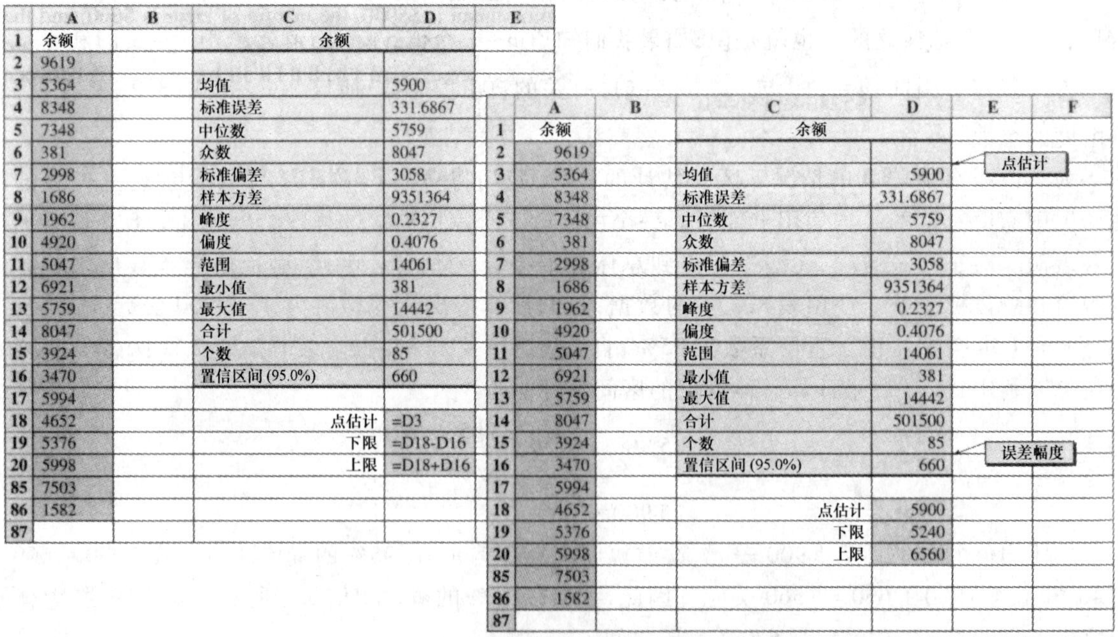

	A	B	C	D	E
1	余额		余额		
2	9619				
3	5364		均值	5900	
4	8348		标准误差	331.6867	
5	7348		中位数	5759	
6	381		众数	8047	
7	2998		标准偏差	3058	
8	1686		样本方差	9351364	
9	1962		峰度	0.2327	
10	4920		偏度	0.4076	
11	5047		范围	14061	
12	6921		最小值	381	
13	5759		最大值	14442	
14	8047		合计	501500	
15	3924		个数	85	
16	3470		置信区间 (95.0%)	660	
17	5994				
18	4652		点估计	=D3	
19	5376		下限	=D18-D16	
20	5998		上限	=D18+D16	
85	7503				
86	1582				
87					

	A	B	C	D	E	F
1	余额		余额			
2	9619					
3	5364		均值	5900		
4	8348		标准误差	331.6867		
5	7348		中位数	5759		
6	381		众数	8047		
7	2998		标准偏差	3058		
8	1686		样本方差	9351364		
9	1962		峰度	0.2327		
10	4920		偏度	0.4076		
11	5047		范围	14061		
12	6921		最小值	381		
13	5759		最大值	14442		
14	8047		合计	501500		
15	3924		个数	85		
16	3470		置信区间 (95.0%)	660		
17	5994					
18	4652		点估计	5900		
19	5376		下限	5240		
20	5998		上限	6560		
85	7503					
86	1582					
87						

图 8.7　构造信用卡余额的 95% 的置信区间 Excel 工作表

注：第 21—84 行设置为隐藏。

输入数据：将标签和信用卡余额输入到 A1：A86 单元格区域中。
应用分析工具：以下步骤描述了如何对这些数据运用 Excel 的描述性统计分析工具：
步骤 1. 选择"工具"菜单；
步骤 2. 选择"数据分析"选项；
步骤 3. 从分析工具列表中选择"描述统计"；
步骤 4. 当描述性对话框出现时，

　　将 A1：A86 输入到"输入区域"框中，
　　选择"逐列"分组，
　　选择"标志位于第一行"，
　　选择"输出区域"，
　　将 C4 输入到"输出区域"框中，
　　选择"汇总统计"，
　　选择"平均数置信度"，
　　将 95 输入到"平均数置信度"框中，
　　单击"确定"。

则样本均值（$\bar{x}$）出现在单元格 D3 中，误差幅度，即标签为"置信水平（95%）"出现在单元格 D16 中。值的工作表显示了 $\bar{x}=5\,900$ 且误差幅度等于 660。

输入函数和公式：单元格区域 D18：D20 给出了点估计和置信区间的上限和下限。因为点估计就是样本均值，所以将公式"=D3"输入到单元格 D18 中。为了计算 95% 的置信区间的下限 $\bar{x}$ − 误差幅度，我们将公式"=D18 − D16"输入到单元格 D19 中。为了计算 95% 的置信区间的上限 $\bar{x}$ + 误差幅度，我们将公式"=D18 + D16"输入到单元格 D20 中。值的工作表显示出的下限为 5 240，上限为 6 560。换句话说，总体均值 95% 的置信区间是从 5 240 到 6 560。

8.2.3 实用建议

如果总体遵从正态分布，由式（8.2）得出的置信区间是精确的且可以适用于任何的样本容量。如果总体不是正态分布，由式（8.2）得出的置信区间只是近似的。这一情况下，近似的程度取决于总体分布和样本容量。

在大多数应用中，用式（8.2）对总体均值进行区间估计时样本容量 $n \geqslant 30$ 是合适的。然而，如果总体分布高度偏斜或含有一些离群点，则大多数的统计学家建议至少将样本容量增加至 50。如果总体不是正态分布但大致对称，样本容量大于等于 15 就能得出良好的置信区间估计。对于更小的样本容量，式（8.2）仅仅适用于分析人员认为或假设总体至少是近似正态分布的情况。

> 如果总体分布高度偏斜或含有一些离群点，那么所需的样本容量更大。

8.2.4 使用小样本

下例中我们对小样本的总体均值进行了区间估计。正如所提到的，总体分布的情况是确定区间估计方法是否给出可接受结果的一个因素。

Scheer Industries 正在考虑引进一种新的计算机辅助程序以培训维修人员进行机器维修。为了全面地评估此程序，生产经理要求对维修人员总体完成计算机辅助程序培训的平均时间进行估计。

抽取含有 20 位雇员的样本,且样本中的每位雇员都完成这项培训。20 位雇员按天计的培训时间的数据如表 8.4 所示。图 8.8 是样本数据的直方图。根据此直方图,对于总体分布,能得出什么结论呢?首先,样本数据并不支持总体是正态分布的结论,然而我们也没有看到任何的偏斜或离群点。因此,根据前一小节的原则,我们得出的结论是:以 t 分布的区间估计对于含有 20 位雇员的样本来说是可以接受的。

表 8.4　20 位主要行业雇员的培训时间表　　　　　　　　　　　　　　　　　　　单位:天

52	59	54	42
44	50	42	48
55	54	60	55
44	62	62	57
45	46	43	56

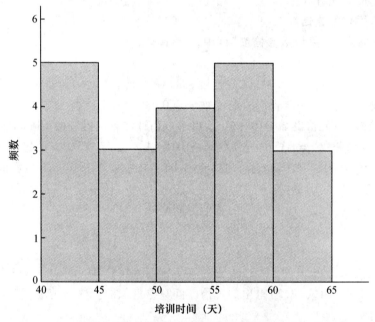

图 8.8　主要行业样本培训时间直方图

接着,计算样本均值和样本标准差,如下:

$$\bar{x} = \frac{\sum x_i}{n} = \frac{1\,030}{20} = 51.5(\text{天})$$

$$s = \sqrt{\frac{\sum (x_i - \bar{x})^2}{n-1}} = \sqrt{\frac{889}{20-1}} = 6.84(\text{天})$$

对于 95% 的置信区间,用表 8.2 和自由度 $n-1=19$ 来得到 $t_{0.025}=2.093$。用公式(8.2)得出总体均值的区间估计。

$$51.5 \pm 2.093 \frac{6.84}{\sqrt{20}}$$

$$51.5 \pm 3.2$$

其中,总体均值的点估计为 51.5 天,误差幅度为 3.2 天且 95% 的置信区间为从 51.5 − 3.2 = 48.3 天到 51.5 + 3.2 = 54.7 天。

使用样本数据的直方图来判断总体分布的情况并不总是具有结论性的,但是在许多情况下,这是唯一获得信息的方法。直方图以及分析人员的判断力经常被用于确定是否能用公式(8.2)进行区间估计。

8.2.5 区间估计步骤的概述

我们提供了两种对总体均值进行区间估计的方法。对于 σ 已知的情况,公式(8.1)要用到 σ 和标准正态分布来计算误差幅度并进行区间估计。对于 σ 未知的情况,公式(8.2)要用到样本标准差 s 和 t 分布来计算误差幅度并进行区间估计。

图 8.9 概括了两种情况下区间估计的方法步骤。在多数应用中,样本容量 $n \geq 30$ 是适当的。然而,如果总体是正态分布或近似正态分布,也可以用更小的样本容量。对于 σ 未知的情况,如果认为总体分布是高度偏斜或有一些离群值时,建议使用 $n \geq 50$ 的样本容量。

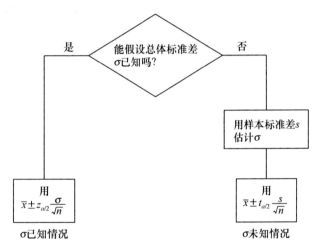

图 8.9　总体均值区间估计过程汇总

注释与评论

1. 当 σ 已知时,误差幅度 $z_{\alpha/2}(\sigma/\sqrt{n})$ 是固定的且对于任何容量为 n 的样本都是一样的。当 σ 未知时,误差幅度 $t_{\alpha/2}(s/\sqrt{n})$ 随样本的不同而不同。之所以不同是因为所选样本的样本标准差 s 是变化的。较大的 s 值得出的误差幅度较大,而较小的 s 得出的误差幅度较小。

2. 当总体偏斜时,置信区间估计会发生怎样的变化呢?考虑一个向右偏的总体,即存在较大的数值将分布拉向右边。当这种偏度存在时,样本均值 $\bar{x}$ 和样本标准差 s 是正相关的。较大的 s 值往往与较大的 $\bar{x}$ 值相关。因此,当 $\bar{x}$ 大于总体均值时,s 往往大于 σ。偏斜使得误差幅度 $t_{\alpha/2}(s/\sqrt{n})$ 要大于 σ 已知时的误差幅度。如果用真实的 σ 值,有较大误差幅度的置信区间往往比原本的置信区间包含总体均值 μ 的概率要大。但是当 $\bar{x}$ 小于总体均值时,$\bar{x}$ 和 s 之间的相关性也使误差幅度变小。

这一情况下,如果已知并使用 σ 有较小误差幅度的置信区间往往比原本的置信区间包含总体均值的概率要小。由于这个原因,建议对高度偏斜的总体采用较大的样本容量。

8.3 确定样本容量

前面两节的实用建议中,提到当总体不服从正态分布时,样本容量在构造近似置信区间中的作用。本节主要关注样本容量问题的另一方面。我们将描述如何选择足够大的样本容量来得到预定的误差幅度。为了解决这个问题,我们回到 8.1 节所提到的 σ 已知的例子中。运用公式(8.1),得到的区间估计为:

$$\bar{x} \pm z_{\alpha/2} \frac{\sigma}{\sqrt{n}}$$

> 如果预定的误差幅度是在抽样之前选定的,这一节中的过程就能用来确定满足预定误差幅度所要求的样本容量。

数值 $z_{\alpha/2}(\sigma/\sqrt{n})$ 就是误差幅度。因此,我们看出,$z_{\alpha/2}$、总体标准差 σ 和样本容量 n 共同确定误差幅度。一旦选择了一个置信系数 $1-\alpha$,$z_{\alpha/2}$ 也可以被确定。那么,如果有 σ 的值,就可以确定满足预定误差幅度的样本容量 n。用来计算需要样本容量 n 的公式构造如下。

令 E = 预定的误差幅度:

$$E = z_{\alpha/2} \frac{\sigma}{\sqrt{n}}$$

求解 $\sqrt{n}$,我们有

$$\sqrt{n} = \frac{z_{\alpha/2} \sigma}{E}$$

在等式两边同时取平方,我们求出了下面的样本容量的公式。

总体均值区间估计需要的样本容量

$$n = \frac{(z_{\alpha/2})^2 \sigma^2}{E^2} \quad (8.3)$$

> 式(8.3)可以为选取样本容量提供建议。然而,分析人员要通过判断来确定最终是否要增加样本容量。

在选定的置信水平下,样本容量就可以通过给定的误差幅度求得。

在式(8.3)中,E 是使用者愿意接受的误差幅度,$z_{\alpha/2}$ 的值直接来自构造置信区间时的置信水平。尽管使用者的偏好也必须考虑,95% 的置信区间是最常选择的值($z_{0.025} = 1.96$)。

最后,使用式(8.3)要求总体标准差 σ 的值已知。然而,即使 σ 未知,如果我们有 σ 的先验或计划值,仍然能使用式(8.6)。在实际中,可以选择下面过程其中之一。

1. 将从以前研究数据中得出的总体标准差的估计作为 σ 的计划值。

2. 初步选择一个样本做试验研究。从试验得出的样本标准差能用来作为 σ 的计划值。

> 总体标准差 σ 的计划值必须在样本容量确定之前就指定。这里讨论的是得到 σ 的指定值的 3 种方法。

3. 对 σ 值作出判断或"做最好的猜测"。例如,我们可以从估计总体中最大数据值和最小数据值开始。最大值和最小值的差给出了数据全距的估计值。最后,把全距除以 4,这经常假设为是标准差的粗略近似值,因此也就是 σ 的可以接受的计划值。

让我们通过考虑下面的例子示范用式(8.3)确定样本容量。调查美国汽车租金的研究发现中型汽车的租金花费大约为平均每天 55 美元。假设进行这项研究的组织者希望作一项新的研究来估计美国中型汽车每天租金花费的当前总体均值。设计新的研究时,让我们同样假设项目指挥者希望构造每天租金花费的总体均值的 95% 的置信区间,且误差幅度为 2 美元。

项目指挥者规定了预定的误差幅度为 E,95% 的置信区间表明了 $z_{0.025}=1.96$。因此,要计算需要的样本容量时我们只要总体标准差 σ 的计划值。在这一点上,分析人员回顾了以前研究中的样本数据,求出了每天租金花费的样本标准差为 9.65 美元。用 9.65 作为 σ 的计划值,我们可以得到

> 式(8.3)给出了满足预定的误差幅度要求必需的最小样本容量。如果计算出的样本容量不是整数,就把它去尾进一到下一个整数,这样给出的误差幅度会比要求的小一点点。

$$n = \frac{(z_{\alpha/2})^2 \sigma^2}{E^2} = \frac{1.96^2 \times 9.65^2}{2^2} = 89.43$$

因此,为了满足项目指挥 2 美元的误差幅度的要求,新的研究需要样本容量至少为 89.43 辆租用的中型汽车。在计算出的 n 不是整数的情况下,我们去尾进一到下一个整数。因此,推荐的样本容量为 90 辆租用的中型汽车。

8.4 总体比例的区间估计

在本章的引言中,我们曾提到总体比例 p 的区间估计的一般形式为

$$\bar{p} \pm 误差幅度$$

$\bar{p}$ 的抽样分布在计算此区间估计的误差幅度时起关键作用。

在第七章中,我们曾提到当 $np \geq 5$ 且 $n(1-p) \geq 5$ 时,$\bar{p}$ 的抽样分布可以近似看做正态分布。图 8.10 显示了近似正态分布的 $\bar{p}$ 的抽样分布。$\bar{p}$ 的抽样分布的均值是总体比例 p 且 $\bar{p}$ 的标准差是

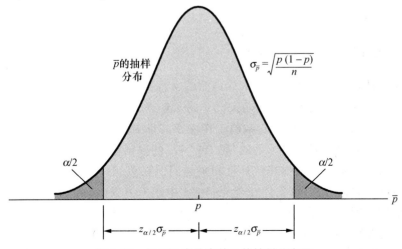

图 8.10 近似正态分布的 $\bar{p}$ 的抽样分布图

$$\sigma_{\bar{p}} = \sqrt{\frac{p(1-p)}{n}} \qquad (8.4)$$

由于 $\bar{p}$ 的抽样分布是近似正态分布，如果我们选择 $z_{\alpha/2}\sigma_{\bar{p}}$ 作为总体比例区间估计的误差幅度，那么所得出的区间中有 $100(1-\alpha)\%$ 区间包含真实的总体比例。不巧的是，由于 p 未知，计算误差幅度时不能直接使用 $\sigma_{\bar{p}}$，而 p 正是我们要进行估计的。所以用 $\bar{p}$ 来代替 p，则得出的总体比例区间估计的误差幅度如下：

$$误差幅度 = z_{\alpha/2}\sqrt{\frac{\bar{p}(1-\bar{p})}{n}} \qquad (8.5)$$

对于此误差幅度，则总体比例的区间估计的一般表达式如下：

总体比例的区间估计

$$\bar{p} \pm z_{\alpha/2}\sqrt{\frac{\bar{p}(1-\bar{p})}{n}} \qquad (8.6)$$

> 当构造总体比例的置信区间时，$z_{\alpha/2}\sqrt{\bar{p}(1-\bar{p})/n}$ 给出了误差幅度。

式中：$1-\alpha$ 是置信系数，$z_{\alpha/2}$ 是标准正态分布的上尾面积为 $\alpha/2$ 的 z 值。

下例说明了总体比例误差幅度和区间估计的计算方法。在全国范围内调查了 900 名女性高尔夫球手来了解在美国女性高尔夫球手是如何看待她们在高尔夫课程里的待遇的。此调查发现，有 396 名女性高尔夫球手对自己能达到的击球次数很满意。因此，女性高尔夫球手对自己能达到的击球次数很满意的总体比例的点估计为 $396/900 = 0.44$。用式(8.9)和 95%的置信区间，我们可以得到

$$\bar{p} \pm z_{\alpha/2}\sqrt{\frac{\bar{p}(1-\bar{p})}{n}}$$

$$0.44 \pm 1.96\sqrt{\frac{0.44(1-0.44)}{900}}$$

$$0.44 \pm 0.0324$$

因此，在置信水平为 95% 时，误差幅度为 0.0324，总体比例的区间估计为 $(0.4076, 0.4724)$。采用百分数，统计结果可以表述为：置信水平为 95% 时，所有女性高尔夫球手对击球次数感到满意的比例为 $(40.76\%, 47.24\%)$。

8.4.1 应用 Excel 构造置信区间

Excel 能用来构造对自己能达到击球次数满意的女性高尔夫球手的总体比例的区间估计。对于每个被调查的女性，调查中的回馈信息记录了"是"或"否"。当我们描述构造 95% 的置信区间时，参考图 8.11。公式工作表在背景中，数值工作表在前景中。

输入数据：把 900 名女性高尔夫球手的"是"或"否"的数据输入到单元格 A1:A901

输入函数和公式：我们需要的描述统计量和兴趣回馈在单元格 D3:D6 中给出。因为 Excel 的 COUNT 函数只对数值数据起作用，我们在单元格 D3 中用 COUNT 函数来计算样本容量。把我们想对它构造区间估计的回答"是"或"否"输入到单元格 D4 中。图 8.11 显示了"是"已经被输入到单元格 D4 中，这说明我们希望构造对自己能到达的击球次数很满意的女性高尔夫球手的总体比例的区间估计。如果我们希望构造对她们能达到的击球次数不满意的女性高尔夫球手的总体比

	A	B	C	D	E
1	回馈			总体比例的区间估计	
2	是				
3	否		样本容量	=COUNTA(A2:A901)	
4	是		回馈情况	是	
5	是		回馈数	=COUNTIF(A2:A901,D4)	
6	否		样本比例	=D5/D3	
7	否				
8	否		置信系数	0.95	
9	是		置信水平(alpha)	=1-D8	
10	是		z值	=NORMSINV(1-D9/2)	
11	是				
12	否		标准误差	=SQRT(D6*(1-D6)/D3)	
13	否		误差幅度	=D10*D12	
14	是				
15	否		点估计	=D6	
16	否		下限	=D15-D13	
17	是		上限	=D15+D13	
18	否				
900	是				
901	是				
902					

	A	B	C	D	E	F	G
1	回馈		总体比例的区间估计				
2	是						
3	否		样本容量	900			
4	是		回馈情况	是		输入回馈结果"是"	
5	是		回馈数	396			
6	否		样本比例	0.44			
7	否						
8	否		置信系数	0.95			
9	是		置信水平	0.05			
10	是		z值	1.96			
11	是						
12	否		标准误差	0.0165			
13	否		误差幅度	0.0324			
14	是						
15	否		点估计	0.44			
16	否		下限	0.4076			
17	是		上限	0.4724			
18	否						
900	是						
901	是						
902							

图 8.11 女性高尔夫球手的 95% 置信区间工作表

例的区间估计,我们要在单元格 D4 中输入"否"。因为"是"输入到单元格 D4,单元格 D5 中的 COUNTIF 函数计算样本中回答"是"的个数。样本比例就能在单元格 D6 里通过把单元格 D5 中回答"是"的个数除以单元格 D3 中的样本容量。

单元格区域 D8:D10 用来计算恰当的 z 值。把置信系数 0.95 输入到单元格 D8 中,在单元格 D9 中输入公式"=1-D8"计算置信水平 α。与 $\alpha/2$ 的上尾面积相应的 z 值通过在单元格 D10 中输入公式"=NORMSINV(1-D9/2)"计算得到。值的工作表显示 $z_{0.025}=1.960$。

单元格 D12:D13 给出了标准误差的估计值和误差幅度。在单元格 D12 中,我们输入公式"=SQRT(D6*(1-D6)/D3)",用样本比例和样本容量作为输入来计算标准误差。公式"=D10*

D12"输入到单元格 D13 中计算误差幅度。

单元格区域 D15:D17 给出了点估计和置信区间的上限和下限。单元格 D15 中的点估计是样本比例。单元格 D16 和 D17 中的下限和上限可以通过把点估计减去或加上误差幅度得到。我们可以看到对自己达到的击球次数很满意的女性高尔夫球手的比例的区间估计为 0.4076 到 0.4724。

其他问题的模板 图 8.12 中的工作表能作为构造总体比例 p 的置信区间的模板。为了把这张工作表作为其他这类问题的模板,我们必须首先在 A 列中输入新的数据。将感兴趣的回馈输入到单元格 D4 中,单元格 D3 和 D5 中的值就会根据新的数据修正。这样做以后,点估计和 95% 的置信区间显示在单元格 D15:D17 中。如果想要一个不同置信系数的置信区间,我们只要改变单元格 D8 中的数值即可。

8.4.2 确定样本容量

让我们考虑得到指定精度水平的总体比例估计需要多大的样本容量这一问题。在构造 p 的区间估计时确定样本容量的基本原理和 8.3 节中估计总体均值时确定样本容量的基本原理相似。

在这一节的前面,我们已经指出与总体比例估计有关的误差幅度为 $z_{\alpha/2}\sqrt{\bar{p}(1-\bar{p})/n}$。误差幅度的值是基于 $z_{\alpha/2}$ 的值、总体比例 p 和样本容量 n 的值的。样本容量越大,给出的误差幅度越小,精度越高。

令 E = 预定的误差幅度

$$E = z_{\alpha/2}\sqrt{\frac{\bar{p}(1-\bar{p})}{n}}$$

在这个等式里求解 n,能够得到预定误差幅度的样本容量公式。

$$n = \frac{(z_{\alpha/2})^2\bar{p}(1-\bar{p})}{E^2}$$

从中可以看出除非在抽样后得出 $\bar{p}$,否则我们不能用此公式来计算得到预定误差的样本容量。那么,在计算样本时所需要的就是 $\bar{p}$ 的计划值。用 p^* 来表示 $\bar{p}$ 的计划值,则可以使用下面的公式来计算满足预定误差幅度的样本容量。

总体比例区间估计需要的样本容量

$$n = \frac{(z_{\alpha/2})^2 p^*(1-p^*)}{E^2} \tag{8.7}$$

在实际工作中,计划值 p^* 可以使用以下方法来选择。
1. 用以前有相同或相似原理的研究的样本比例。
2. 初步选择一个样本,做试验研究。这个样本的样本比例能用作计划值 p^*。
3. 判断或"最好的猜测"计划值 p^*。
4. 如果前述方法均不适用,就取计划值 $p^* = 0.50$。

让我们回到对女性高尔夫球手的调查中,假设公司关心的是做一项新的调查来估计对自己能达到的击球次数很满意的女性高尔夫球手总体当前比例的估计值。如果调查指挥者希望新的研究能在 95% 的置信水平得出误差幅度为 0.025 的总体比例估计,由于 $E = 0.025$ 和 $z_{\alpha/2} = 1.96$,在回答样本容量问题时还需要计划值 p^*。使用前面的调查结果 $\bar{p}=0.44$ 作为计划值 p^*。由式(8.7)得

$$n = \frac{(z_{\alpha/2})^2 p^*(1-p^*)}{E^2} = \frac{(1.96)^2(0.44)(1-0.44)}{(0.025)^2} = 1\,514.5$$

因此,样本容量至少为 1 514.5 名女性高尔夫球手才能满足误差幅度的要求。去尾进一到下一个整数,这表明推荐 1 515 名女性高尔夫球手组成的样本可以满足预定的误差幅度的要求。

第 4 种备选方法建议选择 $p^*=0.50$ 作为计划值 p^*。这个 p^* 值经常在不能得到任何信息时使用。为了理解为什么这样,注意式(8.7)的分子,可以看出样本容量和 $p^*(1-p^*)$ 的值成比例。$p^*(1-p^*)$ 的值越大,就可以得到越大的样本容量。表 8.5 给出了一些可能的 $p^*(1-p^*)$ 值。可以看出 $p^*(1-p^*)$ 的最大值在 $p^*=0.50$ 时取得。因此,任何对一个计划值的不确定性都能被采用 $p^*=0.50$ 来减弱,因为它给出了最大的推荐样本容量。事实上,推荐最大的可能样本容量使我们奉行了保守的原则。如果样本比例的结果和 0.50 的计划值不同,那么误差幅度就比预期的要小。因此,用 $p^*=0.50$,我们保证了样本容量足够满足预定的误差幅度。

表 8.5 一些可能的 $p^*(1-p^*)$ 值

p^*	$p^*(1-p^*)$	
0.10	$0.10 \times 0.90 = 0.09$	
0.30	$0.30 \times 0.70 = 0.21$	
0.40	$0.40 \times 0.60 = 0.24$	
0.50	$0.50 \times 0.50 = 0.25$	←——最大的 $p^*(1-p^*)$ 值
0.60	$0.60 \times 0.40 = 0.24$	
0.70	$0.70 \times 0.30 = 0.21$	
0.90	$0.90 \times 0.10 = 0.09$	

在女性高尔夫球手的调查例子里,由 $p^*=0.50$ 的计划值得出的样本容量为

$$n = \frac{(z_{\alpha/2})^2 p^*(1-p^*)}{E^2} = \frac{(1.96)^2(0.50)(1-0.50)}{(0.025)^2} = 1\,536.6$$

因此,推荐的比较大的样本容量为 1 537 名女性高尔夫球手。

注释与评论

估计总体比例的误差幅度几乎总是为 0.10 或更小。在由盖洛普和哈里斯做的全国公众民意调查中一般报告的误差幅度为 0.03 和 0.04。用这些误差幅度,由式(8.7)几乎总是得出大到足以满足将 $\bar{p}$ 抽样分布近似视为正态分布时所要求的 $np \geq 5$ 且 $n(1-p) \geq 5$ 的样本容量。

本章小结

在这一章,我们给出了构造总体均值和总体比例的区间估计的方法。点估计可能是也可能不是总体参数的良好估计。区间估计则能给出估计精度的测量方法。总体均值和总体比例区间估计的一般式都为:点估计 ± 误差幅度。

我们提到了两种情况下总体均值的区间估计。

在 σ 已知的情况下,抽样前用历史数据和其他信息来得出 σ 的估计值。新样本的数据分析则是在 σ 已知的假设下进行的。在 σ 未知的情况下,样本数据既要估计总体均值又要估计总体标准差。到底选择哪种区间估计的方法取决于分析人员对哪种方法能提供更好的 σ 估计值的判断。

在 σ 已知的情况下,区间估计的方法步骤是建立在 σ 的假设值和正态分布的基础之上。在 σ 未知的情况下,区间估计的方法步骤会用到样本标准差 s 和 t 分布。两种情况下,所获得置信区间的精度取决于总体分布和样本容量。如果总体是正态分布,那么,即使是小样本容量,所获得到区间估计在两种情况下都是精确的。如果总体不是正态分布,那么所得到的区间估计只是近似的。样本越大,估计精度越好。但是对于偏度较大的总体,为得到较好的估计则需较大的样本容量。对于获得良好估计所需的样本容量的实用建议,在 8.1 节和 8.2 节中有所陈述。在多数情况下,容量大于 30 的样本能提供较高精度的置信区间估计。

总体比例区间估计的一般式为 $\bar{p}\pm$ 误差幅度。在实际中,用于总体比例区间估计的样本容量通常很大。因此,其区间估计的方法步骤是建立在标准正态分布的基础上的。

在指定抽样计划前常常就已经选定了预定的误差幅度。我们也阐述了如何选择足够大的样本容量来满足预定的误差幅度。

关键术语

区间估计　　　　　置信系数　　　　　σ 未知
误差幅度　　　　　置信区间　　　　　t 分布
σ 已知　　　　　显著性水平　　　　自由度
置信水平

主要公式

假设 σ 已知时总体均值的区间估计为:

$$\bar{x} \pm z_{\alpha/2}\left(\frac{\sigma}{\sqrt{n}}\right) \tag{8.1}$$

总体均值的区间估计:假设 σ 未知

$$\bar{x} \pm t_{\alpha/2}\frac{s}{\sqrt{n}} \tag{8.2}$$

总体均值区间估计需要的样本容量

$$n = \frac{(z_{\alpha/2})^2 \sigma^2}{E^2} \tag{8.3}$$

总体比例的区间估计

$$\bar{p} \pm z_{\alpha/2}\sqrt{\frac{\bar{p}(1-\bar{p})}{n}} \tag{8.6}$$

总体比例区间估计需要的样本容量

$$n = \frac{(z_{\alpha/2})^2 p^*(1-p^*)}{E^2} \tag{8.7}$$

案例问题 1　博克投资服务

BIS(Bock Investment Services)的目标是成为南卡罗来纳州(South Carolina)主要的金融市场咨询服务机构。为了给它现在的客户提供更好的服务以及吸引新的客户,它建立了每周的时事通信。BIS 正在考虑给它的时事通信里增加一个新的功能,使得它能报告基金经理每周的电话调查结果。为了调查提供这项服务的可行性,以及为了确定时事通信里应该包括什么类型的信息,BIS 选择了 45 只金融市场基金作为简单随机样本。得到的数据的一部分如表 8.6 所示,该表报告了基金资产过去 7 天、30 天的收益。在给金融市场基金经理打电话获取额外信息之前,BIS 决定对已经搜集到的数据做一些初步的分析。

管理报告

1. 用恰当的描述统计量来汇总有关金融市场基金的资产和收益的数据。
2. 对金融市场基金总体的平均资产、7 天平均收益和 30 天平均收益构造 95% 的置信区间。给出每一个区间估计的合理解释。
3. 从 BIS 如何利用这种类型的信息来准备它的每周时事通信这一方面来讨论你的发现的意义。
4. 你建议 BIS 搜集其他什么样的有用的信息来提供给它的客户。

表 8.6 博克投资服务数据

资本市场基金	资产 (百万美元)	7 天收益率 (%)	30 天收益率 (%)
Amcore	103.9	4.10	4.08
Alger	156.7	4.79	4.73
Arch MM/Trust	496.5	4.17	4.32
BT Instit Treas	197.8	4.37	4.32
Benchmark Div	2 755.4	4.54	4.47
Bradford	707.6	3.88	3.83
Captial Cash	1.7	4.29	4.22
Cash Mgt Trust	2 707.8	4.14	4.04
Composite	122.8	4.03	3.91
Cowen Standby	694.7	4.25	4.19
Cortland	217.3	3.57	3.51
Declaration	38.4	2.67	2.61
Dreyfus	4 832.8	4.01	3.89
Elfun	81.7	4.51	4.41
FFB Cash	506.2	4.17	4.11
Federated Master	738.7	4.41	4.34
Fidelity Cash	13 272.8	4.51	4.42
Flex-fund	172.8	4.60	4.48
Fortis	105.6	3.87	3.85
Franklin Money	996.8	3.97	3.92
Freedom Cash	1 079.0	4.07	4.01
Galaxy Money	996.8	3.97	3.92
Government Cash	409.4	3.83	3.82
Hanover Cash	794.3	4.32	4.23
Heritage Cash	1 008.3	4.08	4.00

(续表)

资本市场基金	资产 (百万美元)	7 天收益率 (%)	30 天收益率 (%)
Infinity/Alpha	53.6	3.99	3.91
John Hancock	226.4	3.93	3.87
Landmark Funds	481.3	4.28	4.26
Liquid Cash	388.9	4.61	4.64
MarketWatch	10.6	4.13	4.05
Merrill Lynch Money	27 005.6	4.24	4.18
NCC Funds	113.4	4.22	4.14
Overland	291.5	4.26	4.17
Pierpont Money	1 991.7	4.50	4.40
Portico Money	161.6	4.28	4.20
Prudential MoneyMart	6 835.1	4.20	4.16
Reserve Primary	1 408.8	3.91	3.86
Schwab Money	10 531.0	4.16	4.07
Smith Barney Cash	2 947.6	4.16	4.12
Stagecoach	1 502.2	4.18	4.13
Strong Money	470.2	4.37	4.29
Transamerica Cash	175.5	4.20	4.19
United Cash	323.7	3.96	3.89
Woodward Money	1 330.0	4.24	4.21

资料来源：*Barron's*, October, 1994。

案例问题 2　海湾房地产公司

海湾房地产公司(Gulf Real Estate Properties)是位于西南佛罗里达(Florida)的一家房地产公司。这家公司做广告说它是"房地产市场的专家"，通过搜集有关位置、定价、售价和售出一单元要的时间的数据来监控观光公寓的销售。把每一套观光公寓分类，如果直接位于墨西哥海湾就作为海景公寓，如果离海湾比较近但是不直接位于海湾，就作为非海景公寓。在那不勒斯(Naples)和佛罗里达的多样定价服务的样本数据给出了 40 套海景公寓和 18 套无海景公寓的销售数据。* 价格以千美元为单位，数据见表 8.7。

管理报告

1. 用恰当的描述统计量来汇总 40 套海景公寓的 3 个变量。
2. 用恰当的描述统计量来汇总 18 套无海景公寓的 3 个变量。
3. 比较你得出的汇总结果。讨论有助于房地产中介理解观光公寓市场的任何具体的统计结果。

---

* 数据基于那不勒斯 MLS 报告的观光公寓销售情况(Coldwell Banker, 2000 年 6 月)。

表 8.7 海湾房地产公司的销售数据

海景公寓			非海景公寓		
定价	销售价格	销售的天数	定价	销售价格	销售的天数
495.0	475.0	130	217.0	217.0	182
379.0	350.0	71	148.0	135.5	338
552.5	534.5	95	239.0	230.0	150
334.9	334.9	119	279.0	259.0	110
550.0	505.0	92	215.0	214.0	58
169.9	165.0	197	279.0	267.5	169
210.0	210.0	56	179.9	176.5	130
975.0	945.0	73	149.9	144.9	149
314.0	314.0	126	235.0	230.0	114
315.0	305.0	88	199.8	192.0	120
885.0	800.0	282	210.0	195.0	61
975.0	975.0	100	226.0	212.0	146
469.0	445.0	56	149.9	146.5	137
329.0	305.0	49	160.0	160.0	281
365.0	330.0	48	322.0	292.5	63
332.0	312.0	88	187.5	179.0	48
520.0	495.0	161	247.0	227.0	52
425.0	405.0	149			
675.0	669.0	142			
409.0	400.0	28			
649.0	649.0	29			
319.0	305.0	140			
425.0	410.0	85			
359.0	340.0	107			
469.0	449.0	72			
895.0	875.0	129			
439.00	430.0	160			
435.0	400.0	206			
235.0	227.0	91			
329.0	309.0	114			
595.0	555.0	45			
339.0	315.0	150			
215.0	200.0	48			
395.0	375.0	135			
449.0	425.0	53			
499.0	465.0	86			
439.0	428.5	158			

4. 对于销售一套海景公寓的平均销售价格和平均花费的天数构造 95% 的置信区间。请解释你的结果。

5. 对于销售一套非海景公寓的平均销售价格和平均花费的天数构造 95% 的置信区间。请解释你的结果。

6. 假设分店经理要求估计以 40 000 美元的误差幅度来估计海景公寓的平均销售价格和以 15 000 美元的误差幅度来估计海景公寓的平均销售价格。用 95% 的置信水平，需要多大的样本容量？

7. 海湾房地产公司刚签了 2 份新的定价合同：海景公寓的定价为 589 000 美元，非海景公寓的定价为 285 000 美元。你估计每一套最终的销售价格和销售要花费的天数是多少？

案例问题 3 大都市调研公司

大都市调研公司是一家顾客调研机构，它做的调查是为了评价多种产品和顾客所得到的服务。在某一特定的调研中，大都市调研公司关心的是了解顾客对底特律一家大的制造公司生产汽车的满意度情况。给那些拥有这个制造公司汽车的个人发送的问卷显示了对早期的传动问题的抱怨。为了更多的了解传动失效，大都市调研公司用了一家在底特律的传动修理公司给出的实际传动修理的样本。下面的数据给出了 50 辆汽车在传动失效时实际行驶的英里数。

85 092	32 609	59 465	77 437	32 534	64 090	32 464	59 902
39 323	89 641	94 219	116 803	92 857	63 436	65 605	85 861
64 342	61 978	67 998	59 817	101 769	95 774	121 352	69 568
74 276	66 998	40 001	72 069	25 066	77 098	69 922	35 662
74 425	67 202	118 444	53 500	79 294	64 544	86 813	116 269
37 831	89 341	73 341	85 288	138 114	53 402	85 586	82 256
77 539	88 798						

管理报告

1. 用恰当的描述统计量汇总传动失效的数据。
2. 对于传动失效的汽车总体构造到失效时平均行驶的英里数的 95% 的置信区间。对区间估计给出合理的解释。
3. 讨论你的统计发现对于那些经历了早期的传动失效的汽车拥有人的看法有什么意义？
4. 如果调研公司想要以 5 000 英里的误差幅度估计汽车在传动失效时平均行驶的英里数需要抽取多少修理记录？用 95% 的置信水平。
5. 为了更全面地评估传动失效问题，你将会搜集什么样的其他信息？

第九章 假设检验

目 录

统计实务：JOHN MORRELL & COMPANY
9.1 构造原假设和备择假设
 9.1.1 检验研究中的假设
 9.1.2 检验声明的正确性
 9.1.3 检验决策中的假设
 9.1.4 对原假设和备择假设的小结
9.2 第Ⅰ类错误和第Ⅱ类错误
9.3 总体均值的假设检验：σ 已知的情况
 9.3.1 单尾检验
 9.3.2 双尾检验
 9.3.3 应用 Excel 构造假设检验

 9.3.4 小结和实用建议
 9.3.5 区间估计和假设检验的关系
9.4 总体均值的假设检验：σ 未知的情况
 9.4.1 单尾检验
 9.4.2 双尾检验
 9.4.3 应用 Excel 构造假设检验
 9.4.4 小结和实用建议
9.5 总体比例的假设检验
 9.5.1 应用 Excel 构造假设检验
 9.5.2 小结

统计实务

JOHN MORRELL & COMPANY[*]
俄亥俄州，辛辛那提市

  John Morrel 公司 1827 年成立于英国，被认为是美国迄今持续经营最久的肉制品生产商。它是弗吉尼亚州（Virginia）史密斯菲尔德食品公司（Smithfield）全资拥有并独立管理的子公司。John Morrel 公司以 13 个区域品牌向消费者提供大量的肉加工食品和新鲜肉食品。这 13 个品牌包括 John Morrell、E-Z-Cut、Tobin's First Prize、Dinner Bell、Hunter、Kretschmar、Rath、Rodeo、Shenson、Farmers Hickory Brand、Iowa Quality 和 Peyton's。每个品牌都有高度的品牌认知度和顾客忠诚度。

  Morrell 的市场研究向管理层提供了有关公司各种产品以及与它们具有类似产品的竞争品牌产品之间差异的最新信息。最近的一次研究调查了 Morrell 的方便炖牛肉与主要的两个竞争对手类似牛肉制品相比的消费者偏好。在三种产品的比较检验中，用消费者样本来表示产品在口味、外表、气味和整体喜好等方面的评分情况。

一个调查问题是关于 Morrell 的方便炖牛肉是否是 50% 以上消费者的首要选择。令 p 表示首选 Morrell 产品的消费者的总体比例,则此调查问题的假设检验如下:

$$H_0: p \leq 0.50$$
$$H_a: p > 0.50$$

原假设 H_0 来表示首选 Morrell 产品的消费者比例等于或低于 50%。如果样本数据支持拒绝 H_0 而接受备择假设 H_a,Morrell 将得出研究结论:在三种产品的比较中,多于 50% 的消费者首选其产品。

在独立的口味检验研究中,抽取辛辛那提市、密尔沃基市和洛杉矶市的 224 位顾客作为样本,其中 150 位顾客将 Morrell 的方便炖牛肉作为首选产品。使用统计假设检验过程,则原假设被拒绝。此研究提供的统计数据支持备择假设 H_a 且结论为多于 50% 的消费者首选 Morrell 产品。

总体比例的点估计是 $\bar{p} = 150/224 = 0.67$。因此,样本数据支持某食品杂志广告的说法——在三种食品口味的比较中,Morrell 的方便型炖牛肉以 2 比 1 胜出。

在本章,我们将讨论如何构造假设的一般形式以及如何像 Morrell 例子所示的那样进行检验。通过样本数据的分析,我们能够确定一个假设是否应该被拒绝。

* 本书作者感谢 John Morrell 的营销副总裁提供此案例。

第七章和第八章说明了如何用样本来构造总体参数的点估计和区间估计。本章将通过说明怎样用假设检验来确定应当还是不应当拒绝有关总体参数的陈述来继续讨论推断。

对于假设检验,从对总体参数作试探性的假设开始。试探性的假设成为**原假设**(null hypothesis),记为 H_0。我们定义了另一个假设,称为**备择假设**(alternative hypothesis),它和原来假设的陈述相反,备择假设记为 H_a。假设检验过程涉及用样本数据来检验由 H_0 和 H_a 表示相反的陈述。

本章叙述了假设检验过程,说明了怎么对总体均值和总体比例构造假设检验。下面首先给出一个例子来说明原假设和备择假设的构造方法。

9.1 构造原假设和备择假设

在一些应用中,如何构造原假设和备择假设并不明显。必须小心,确保构造的假设是恰当的,使得假设检验的结论能够向研究者或决策者提供他们想要的信息。这里对三种不同类型的情况给出了确定了原假设和备择假设的指导方针,这三种情况在假设检验中普遍使用。

> 学习如何正确构造假设需要练习。正确选择假设 H_0 和 H_a 需要预计一些初步的结论。本节的例子说明了不同形式的 H_0 和 H_a 取决于不同的应用。

9.1.1 检验研究中的假设

考虑某一特定的车型,其通常的平均燃油效率为每加仑汽油行驶 24 英里。为了增加每加仑汽油行驶的英里数,生产研究组建立了新的燃料注入系统。为了评估新的系统,将制造出几个并安装到汽车上,然后把它们用于研究控制的行驶检验。这里,生产研究小组要寻找证据来得出这样的结论:新的系统增加了平均每加仑汽油行驶的英里数。在这种情况下,研究假设是新的系统给出的平均每加仑汽油行驶的英里数将超过 24,也就是说,$\mu > 24$。作为一般的指导方针,研究假设应当叙述为备择假设。因此,这个研究恰当的原假设和备择假设应该是:

$$H_0: \mu \leq 24$$
$$H_a: \mu > 24$$

如果样本结果表明不能拒绝 H_0,研究者就不能得出结论说明新的燃料注入系统比较好。也许要做更多的研究和随后的检验。然而如果样本结果表明 H_0 可以被拒绝,研究者就能做出推断,$H_a: \mu > 24$ 是正确的。根据这个结论,研究者就有必要的统计支持来证明新的系统增加了平均每加仑汽油行驶的英里数,因而可以考虑开始生产新的燃料注入系统。

> 如果样本数据和原假设矛盾,就能做出结论说研究假设是正确的。

在这些研究中,对原假设和备择假设的表述应该使得,当原假设 H_0 被拒绝时,支持该结论或行为。因此研究假设应该被表达为备择假设。

9.1.2 检验声明的有效性

作为对检验声明的有效性的说明,考虑这种情况,无酒精饮料的生产厂商说他们产品用的两升容器平均至少能装 67.6 盎司液体。抽取了两升容器作为样本,测量它们的容量来检验制造厂商的声明。在这种类型的假设检验里,一般假设制造厂商的声明是正确的,除非样本证据是矛盾的。对于无酒精饮料的例子用这种方法,可以如下表达原假设和备择假设。

$$H_0: \mu \geq 67.6$$
$$H_a: \mu < 67.6$$

如果样本结果表明不能拒绝 H_0,就不能置疑制造厂商的声明。但是,如果样本结果表明可以拒绝 H_0,就可以做出这样的推断,$H_a: \mu < 67.6$ 是正确的。根据这个结论,统计的证据表明制造厂商的声明是不正确的,无酒精饮料容器平均容量比厂商的 67.6 盎司液体要少。必须考虑对厂商采取恰当的行动。

在任何涉及检验声明的正确性的情况中,原假设通常是建立在声明为真这一假设的基础上。表述备择假设时,应该使得拒绝 H_0 就可以提供统计证据说陈述的假设是不正确的。当拒绝 H_0 时,就应该考虑一些行动来纠正声明。

> 制造厂商的声明通常有助于提出疑问,把它陈述为原假设。如果拒绝原假设,就能做出结论说声明是错误的。

9.1.3 检验决策中的假设

在检验研究假设和检验声明的正确性时,如果拒绝 H_0,就要采取一些行动。但是在许多情况中,无论不能拒绝 H_0 还是拒绝 H_0 的时候,都必须采取行动。一般来说,当决策者必须在两种行动中做出选择时,这种类型的情况就发生了。这里,一种行动与原假设有关,另一种与备择假设有关。例如,根据刚收到的零件送货这一样本,质量控制检验员就必须决定是接受这批货物还是把这批货退回给供应商,退回是因为它不符合规格。假设某一特定的零件规格要求每个零件的平均长度为 2 英寸。如果平均长度大于或小于 2 英寸的标准,零件就会在装配操作中造成质量问题。在这种情况下,原假设和备择假设就应该被表述如下:

$$H_0: \mu = 2$$
$$H_a: \mu \neq 2$$

如果样本结果表明不能拒绝 H_0，质量控制检验员就没有理由怀疑货物符合规格，就应该接受这批货物。但是，如果样本结果表明应当拒绝 H_0，结论就是零件不符合规格。在这种情况下，质量控制检验员就有充分的证据把货物退回给供应商。因此，对于这些类型的情况，我们可以看出当可以拒绝或不能拒绝 H_0 时，都应该采取行动。

9.1.4 对原假设和备择假设的小结

本章的假设检验涉及两个总体参数：总体均值和总体比例。确定有关总体参数的假设检验属于哪种形式的情况为：两种形式是在原假设中用不等式，第三种形式是在原假设中用等式。对于涉及总体均值的假设检验，令 μ_0 表示假设的值。从下面三种假设检验的形式里选择一种。

$$H_0: \mu \geq \mu_0 \qquad H_0: \mu \leq \mu_0 \qquad H_0: \mu = \mu_0$$
$$H_a: \mu < \mu_0 \qquad H_a: \mu > \mu_0 \qquad H_a: \mu \neq \mu_0$$

> 这里给出了总体均值假设检验的三种可能的形式。注意到，等式几乎总是出现在原假设 H_0 中。

原因在后面会说清楚，前两种形式称为单尾检验。第三种形式称为双尾检验。

在许多情况中，H_0 和 H_a 的选择并不明显，必须经过判断才能选择适当的形式。然而，正如前面的形式所示，表达式的等式部分（$\geq$，$\leq$ 或 $=$）总是出现原假设里。选择恰当的 H_0 和 H_a 时，要谨记备择假设经常是检验想要确定的。因此，问问用户是否在寻找证据支持 $\mu < \mu_0$，$\mu > \mu_0$ 或 $\mu \neq \mu_0$ 将有助于确定 H_a。通过下面的习题对如何对总体均值的假设检验选择适当的形式进行练习。

9.2 第 I 类错误和第 II 类错误

原假设和备择假设都是关于总体相反的陈述。不是原假设 H_0 正确就是备择假设 H_a 正确，但不会是两者都正确。在观念上，假设检验的过程中就应当使得当 H_0 正确时就接受了 H_0，当 H_a 正确时就拒绝 H_0。遗憾的是，并不是总能得出正确的结论。因为假设检验是根据样本信息进行的，我们必须允许错误的可能。表 9.1 说明了在假设检验里可能犯的两种类型的错误。

表 9.1 假设检验中的错误和正确的结论

		总体条件	
		H_0 为真	H_a 为真
结论	接受 H_0	正确的结论	第 II 类错误
	拒绝 H_0	第 I 类错误	正确的结论

表 9.1 中的第一行表明当结论是接受 H_0 时可能发生的情况。如果 H_0 为真，结论是正确的。但是，如果 H_a 为真，我们就犯了**第 II 类错误（Type II error）**；也就是说，当 H_0 为假时，我们却接受了它。表 9.1 中的第二行表明当结论是拒绝 H_0 时可能发生的情况。如果 H_0 为真，我们就犯了**第 I 类错误（Type I error）**；也就是说，当 H_0 为真时，我们就拒绝了它。但是，如果 H_a 为真，拒绝 H_0 就是正确的。

回忆一下 9.1 节讨论的假设检验说明，其中，汽车生产研究组研制了新的燃料注入系统可以

增加特定汽车的每加仑汽油行驶的英里数。用当前的模型得到平均值为每加仑汽油行驶 24 英里,假设检验表述如下:

$$H_0: \mu \leq 24$$
$$H_a: \mu > 24$$

备择假设 $H_a: \mu > 24$,表明研究者在寻找样本证据来支持使用新的燃料注入系统可以使每加仑汽油行驶英里数的总体均值超过 24。

在这个应用中,当 H_0 为真时拒绝它的第 I 类错误相当于,当新的燃料注入系统实际上不比现在的系统好时,研究人员却得出结论说新的燃料注入系统提高了每加仑汽油行驶的英里数($\mu > 24$)。相反,当 H_0 为假时接受它的第 II 类错误相当于,当新的燃料注入系统提高了每加仑汽油行驶的英里数时,研究者的结论是新的燃料注入系统不比现在的系统好($\mu \leq 24$)。

对于每加仑汽油行驶英里数的假设检验,原假设为 $H_0: \mu \leq 24$。假设原假设为等式,即 $\mu = 24$。当原假设为等式时出现第 I 类错误的概率被称为检验的**显著性水平**(level of significance)。因此,对于每加仑汽油行驶英里数的假设检验,显著性水平就是当 $\mu = 24$ 时,拒绝 $H_0: \mu \leq 24$ 的概率。由于这个概率的重要性,现在重述显著性水平的定义,如下:

> 显著性水平
> 显著性水平是指当原假设为真,即等式时,出现第 I 类错误的概率

通常用希腊字母 α 来表示显著性水平,且 α 通常取 0.05 或 0.01。

在实践中,进行假设检验的人员将选定显著性水平。通过选择 α,此人可以控制出现第 I 类错误的概率。如果出现第 I 类错误的成本很高,α 的值则要小一点。如果出现第 I 类错误的成本不是很高,通常使用较大的 α 值。仅仅为了避免第 I 类错误的假设检验被称为显著性检验。大多数的假设检验都是这种类型。

尽管大多数的假设检验都控制了出现第 I 类错误的概率,但是它们并不总能控制出现第 II 类错误*的概率。因此,如果决定接受 H_0,那么就不能确定对这个决定有多大的把握。由于在进行显著性检验时出现第 II 类错误的不确定性,统计学家经常建议用这样的叙述:"不拒绝 H_0"而不是"接受 H_0"。用"不拒绝 H_0"这样的叙述,就建议保留两种判断和行动。实际上,通过不直接接受 H_0,统计学家就避免了出现第 II 类错误的风险。当不能确定和控制出现第 II 类错误的概率时,就不能做出接受 H_0 的结论。在这样的情况下,只有两种结论是正确的;不能拒绝 H_0 或者拒绝 H_0。

> 如果样本数据和原假设 H_0 一致,我们就做出结论说"不能拒绝 H_0"。这个结论优于"接受 H_0"因为接受 H_0 的结论使我们处于犯第 II 类错误的风险之中。

9.3 总体均值的假设检验:σ 已知的情况

在第八章中,我们曾提到 σ 已知的情况在应用中可以在抽样前使用历史数据和其他信息来得

---

* 有关更详尽地描述确定和控制出现第 II 类错误的概率的方法步骤的文章,参见:如 *Statistics for Business and Economics*,9th ed.,Anderson,D. R.,D. J. Sweeney,and T. A Williams,Cincinnati:South-Western,2005。

到总体标准差的良好估计。在这种情况下,对于实际应用,总体标准差可以被认为是已知的。本节我们将说明对于 σ 已知的总体均值如何进行假设检验。

如果样本是从正态分布的总体中抽取的,那么本节介绍的方法将是准确的。对于不能合理假设总体是正态分布的情况,如果样本足够大,则仍能应用这些方法。在本节的最后还针对总体分布和样本容量提供了一些实用的建议。

9.3.1 单尾检验

对于总体均值的**单尾检验(One-tailed tests)** 可以采取以下两种形式之一:

下尾检验　　　上尾检验

$H_0: \mu \geq \mu_0$　　$H_0: \mu \leq \mu_0$

$H_a: \mu < \mu_0$　　$H_a: \mu > \mu_0$

我们来考虑一个涉及下尾检验的例子。

联邦贸易委员会(The Federal Trade Commission,FTC)定期做研究来检验制造厂商对他们的产品作出的描述。例如,大罐 Hilltop 咖啡的标签上写着这个罐至少装了 3 磅的咖啡。FTC 认为即使所有罐总体的平均填充重量为每罐 3 磅,Hilltop 的生产过程也不可能在每罐内都正好装 3 磅。然而,只要总体平均填充重量为每罐至少 3 磅,消费的权益也算是受到了保护。因为,FTC 将大罐咖啡标签信息解释为总体平均填充重量为每罐至少 3 磅,这也正如 Hilltop 所声称的一样。通过进行一次下尾检验,我们来说明 FTC 如何核实 Hilltop 对其产品的描述的。

第一步是为这个检验构造原假设和备择假设。如果总体平均填充重量是每罐至少 3 磅,那么 Hilltop 对其产品的描述就是正确的。此结果为这次检验构造了原假设。然而,如果总体平均填充重量为每罐少于 3 磅,Hilltop 的陈述就不正确。此结果则构造了备择假设。用 μ 来表示总体平均填充重量,则原假设和备择假设如下:

$H_0: \mu \geq 3$

$H_a: \mu < 3$

注意到此处总体均值的假设值为 $\mu_0 = 3$。

如果样本数据表明不能拒绝 H_0,统计证据就不支持实际重量不符合标签这一结论,因此,不需要对 Hilltop 公司采取任何行动。但是,如果样本数据表明可以拒绝 H_0,我们就做出结论说,备择假设 $H_a: \mu < 3$ 为真。在这种情况下,结论就是装得不满,控告他们违背标签规定是正当的。

假设抽取了 36 罐咖啡作为随机样本且样本均值 $\bar{x}$ 作为总体均值 μ 的估计。如果样本均值 $\bar{x}$ 小于 3 磅,样本结果将导致对原假设的怀疑。现在所要知道的是 $\bar{x}$ 究竟要小于 3 磅多少,我们才甘愿指出较大的差异而冒犯第 I 类错误的风险谴责 Hilltop 公司违背标签规定。回答此问题的关键的因素就是决策者选择的显著性水平的值。

正如前面一节所提到的,显著性水平,记为 α,是当原假设完全是等式时拒绝 H_0 而出现第 I 类错误的概率。决策者必须确定显著性水平。如果出现第 I 类错误的成本较高,则为显著性水平选择一个较小的值。如果成本不是很高,则较大的值较合适。在 Hilltop 咖啡的研究中,FTC 检验计划的主管作了下面的描述:"如果公司以 $\mu = 3$ 满足重量规格,那么我们并不想对这个公司采取行动,但是我愿意冒的风险是犯这种错误的概率是 1%。"从主管的描述中可以看出,为此假设检验设

定的显著性水平为 α = 0.01。因此,我们必须设计假设检验以达到当 μ = 3 时出现第 I 类错误的概率为 0.01。

对于 Hilltop 咖啡的研究,通过构造原假设和备择假设以及为其选定显著性水平,我们已经进行了假设检验的前两步。现在,要准备进行假设检验的第三步:搜集样本数据且计算所谓的检验统计量。

检验统计量(Test Statistic) 对于 Hilltop 咖啡的研究,前面的 FTC 检验表明假设总体标准差已知且为 $\sigma = 0.18$。除此之外,这些检验也表明了假设咖啡罐总体的填充重量满足正态分布。由第七章中的抽样分布研究,我们得知如果抽样的总体满足正态分布,则 $\bar{x}$ 的抽样分布也为正态分布。因此,对于 Hilltop 咖啡的研究,$\bar{x}$ 的抽样分布为正态分布。已知 $\sigma = 0.18$ 且样本容量为 $n = 36$,图 9.1 显示了当原假设完全为等式时的 $\bar{x}$ 的抽样分布;也就是说 $\mu = \mu_0 = 3$。* 注意其中给定的 $\bar{x}$ 的标准误差为 $\sigma_{\bar{x}} = \sigma/\sqrt{n} = 0.18/\sqrt{36} = 0.03$。

> $\bar{x}$ 的标准误差就是 $\bar{x}$ 的抽样分布的标准差。

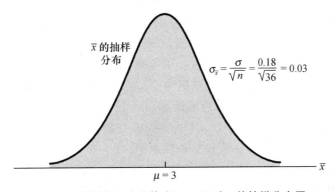

图 9.1　原假设完全为等式($\mu = 3$)时 $\bar{x}$ 的抽样分布图

因为 $\bar{x}$ 的抽样分布是正态分布,所以抽样分布

$$z = \frac{\bar{x} - \mu_0}{\sigma_{\bar{x}}} = \frac{\bar{x} - 3}{0.03}$$

就是标准正态分布。$z = -1$ 意味着 $\bar{x}$ 值小于均值的假设值一个标准误差,而 $z = -2$ 意味着 $\bar{x}$ 值小于均值的假设值两个标准误差,以此类推。可以使用标准正态分布概率表来查找与任意 z 值相对的下尾概率,如 $z = -3.00$ 的下尾概率为 0.0013。因此,获得 z 值小于均值 3 个以上标准误差的概率为 0.0013。因此,获得 $\bar{x}$ 值小于假设的总体均值 $\mu_0 = 3$ 的概率也是 0.0013。如果原假设为真,此结果是不可能出现的。

对于 σ 已知的总体均值的假设检验,我们用标准正态随机变量 z 作为检验统计量来确定 $\bar{x}$ 对 μ 假设值的偏离程度是否足以证明要拒绝原假设。

总体均值的假设检验的检验统计量:假设 σ 已知

$$z = \frac{\bar{x} - \mu_0}{\sigma/\sqrt{n}} \tag{9.1}$$

---

* 在构造假设检验的抽样分布时,假设 H_0 满足等式。

下尾检验的关键问题是：检验统计量究竟多小，我们才能选择拒绝原假设？有两种方法可以回答这个问题。

第一种方法是用检验统计量来计算一个称为 *p*-值（*p*-value）的概率。*p*-值衡量的是样本结果对原假设的支持程度，它是确定在给定的显著性水平下是否拒绝原假设的基础。第二种方法需要我们首先为检验统计量确定一个值，此值被称为**临界值**（**critical value**）。对于下尾检验，临界值作为一个衡量标准用以确定一个检验统计量的值是否小到足以拒绝原假设。我们首先从 *p*-值法开始。

p-值法　在实际应用中，尤其是在诸如 Excel 等计算机软件包中，*p*-值法是用来判断是否拒绝原假设时的首选方法。为了进一步讨论假设检验中 *p*-值的用法，现在给出 *p*-值的正式的定义。

p-值

p-值是用检验统计量计算得出的概率，能够衡量样本结果对原假设的支持程度。

因为一个 *p*-值代表一种概率，所以它的取值范围是在 0 到 1 之间。通常，*p*-值越大，样本结果对原假设的支持程度越高。相反，*p*-值较小表明由样本检验统计量通常不能得出 H_0 为真的假设。*p*-值较小常常导致拒绝 H_0，而 *p*-值较大表明原假设不被拒绝。

使用 *p*-值法需要两个步骤。首先，我们需要用检验统计量的值来计算 *p*-值。用来计算 *p*-值的方法取决于检验是下尾检验、上尾检验还是双尾检验。对于下尾检验，*p*-值是获得检验统计量的值等于或小于由样本得出值的概率。因此，为了计算在 σ 已知时下尾检验的 *p*-值，需要求出标准正态曲线下检验统计量左边的面积。在计算 *p*-值之后，则需判断它是否小到足以拒绝原假设；正如我们将要介绍的，此判断要涉及比较 *p*-值和显著性水平。

通过计算 Hilltop 咖啡下尾检验中的 *p*-值，我们可以说明 *p*-值法。假设含有 36 罐 Hilltop 咖啡的样本得出的样本均值为 $\bar{x} = 2.92$ 磅。$\bar{x} = 2.92$ 是否小到足以拒绝原假设呢？因为这是下尾检验，所以 *p*-值为标准正态曲线下检验统计量左边区域的面积。用 $\bar{x} = 2.92$、$\sigma = 0.18$ 以及 $n = 36$，计算得出的检验统计量 z 的值为

$$z = \frac{\bar{x} - \mu_0}{\sigma/\sqrt{n}} = \frac{2.92 - 3}{0.18/\sqrt{36}} = -2.67$$

因此，*p*-值为检验统计量 z 等于或小于 -2.67（标准正态曲线下检验统计量左边的面积）的概率。

使用标准正态分布概率表，我们求出当 $z = -2.67$ 时下尾区域的面积为 0.0038。如图 9.2 所示，$\bar{x} = 2.92$ 对应于 $z = -2.67$ 以及 *p*-值 = 0.0038。这样的 *p*-值表明从 $\mu = 3$ 的总体中抽样而获得的样本均值（或检验统计量）等于或小于 $\bar{x} = 2.92$（$z = -2.67$）是一个小概率事件。此 *p*-值并没有为原假设提供较多的支持，但是它是否小到足以使我们拒绝 H_0 呢？答案取决于检验的显著性水平。

正如前面提到的，FTC 检验计划主管选定的显著性水平的值为 0.01。选择 $\alpha = 0.01$ 意味着当原假设完全为等式 $\mu_0 = 3$ 时，主管能接受的原假设被拒绝的概率为 0.01。Hilltop 咖啡研究中的 36 罐咖啡组成的样本得出的 *p*-值 = 0.0038，它意味着当原假设完全为等式时，获得的均值小于或等于 $\bar{x} = 2.92$ 的概率为 0.0038。因为 0.0038 小于 $\alpha = 0.01$，所以我们拒绝 H_0。因此，在 0.01 这个显著性水平下，我们找到了足够的统计证据来拒绝原假设。

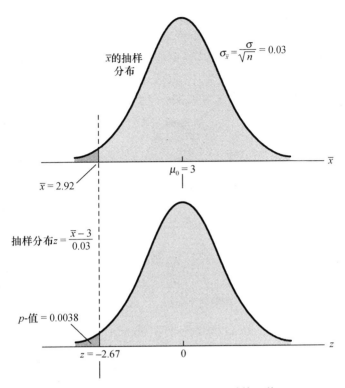

图 9.2 $\bar{x} = 2.92$ 且 $z = -2.67$ 时的 p-值

现在陈述使用 p-值法判断原假设是否被拒绝的一般准则,如下:

使用 p-值法的拒绝准则

$$\text{如果 } p\text{-值} \leq \alpha, \quad \text{则拒绝 } H_0$$

在 Hilltop 咖啡的检验中, p-值 $= 0.0038$ 导致拒绝原假设。尽管做出拒绝决定的基础与将 p-值和由 FTC 主管选定的显著性水平比较有关,但是等于 0.0038 的观测 p-值意味着对于任何的 $\alpha \geq 0.0038$ 我们都将拒绝 H_0。因此,通常也将 p-值称为**观测显著性水平**(observed level of significance)。

Excel 的 NORMSDIST 函数也可以被用来计算 Hilltop 咖啡研究中的 p-值。将函数 = NORMSDIST(-2.67) 输入到 Excel 工作表的单元格中,将得出与 $z = -2.67$ 相对应的累计概率(下尾区域面积)。得出的结果为 0.0038,它与用标准正态分布概率表得出的 p-值相同。

> 用 Excel 的 NORMSDIST 函数来计算 p-值更容易。

不同的决策者对于出现第 I 类错误的看法不同且选定的显著性水平也不同。通过将 p-值作为假设检验结果的一部分,另一位决策者可以将此 p-值与其选定的显著性水平相比较,而可能会做出与拒绝 H_0 相反的决策。

临界值法 对于下尾检验,临界值就是对应于检验统计量的抽样分布下尾区面积为 α(显著性水平)的检验统计量值。换言之,临界值是导致拒绝原假设的最大的检验统计量值。让我们重新回到 Hilltop 咖啡的例子中,来看如何使用这种方法。

当 σ 已知时,检验统计量 z 的抽样分布是正态分布。因此,临界值就是对应于标准正态分布下

尾区面积为 $\alpha = 0.01$ 的检验统计量的值。运用标准正态分布概率表，我们求出 $z = -2.33$ 得出的下尾区面积为 0.01（见图 9.3）。因此，如果由样本得出检验统计量值小于或等于 -2.33，相应的 p-值就将小于或等于 0.01；此时，我们应该拒绝原假设。因此，在 Hilltop 咖啡的研究中，对于值为 0.01 的显著性水平，临界值法的拒绝准则为

$$如果\ z \leq -2.33，\quad 则拒绝\ H_0。$$

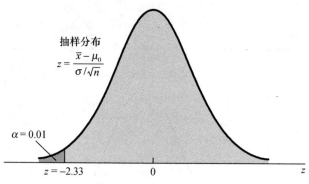

图 9.3　临界值 $z = -2.33$ 时的假设检验

在 Hilltop 咖啡的例子中，$\bar{x} = 2.92$ 且检验统计量为 $z = -2.33$。因为 $z = -2.67 < -2.33$，所以我们可以拒绝 H_0 得出 Hilltop 咖啡装得不满的结论。

为了适用于任意的显著性水平，我们将临界值法的拒绝准则一般化。下面是下尾检验的拒绝准则

下尾检验的拒绝准则:临界值法

$$如果\ z \leq -z_\alpha，\quad 则拒绝\ H_0$$

其中，$-z_\alpha$ 是关键值，也就是说，它是在标准正态分布下尾区中面积为 α 的 z 值。

假设检验的 p-值法和临界值法总能得出相同的拒绝决策；也就是说，无论何时，当 p-值小于等于 α 时，检验统计量的值将小于或等于临界值。p-值法的优点是 p-值告诉我们结果的显著程度（观测显著性水平）。如果使用临界值法，我们仅仅知道在给定显著性水平下结果是显著的。

在本节的初始，曾提到总体均值的单尾检验可以采取以下两种形式之一：

下尾检验　　上尾检验
$H_0: \mu \geq \mu_0$　　$H_0: \mu \leq \mu_0$
$H_a: \mu < \mu_0$　　$H_a: \mu > \mu_0$

我们已经用 Hilltop 咖啡的研究例子说明了如何进行下尾检验，可以使用同样的方法来进行上尾检验。仍然用公式（9.1）来计算统计量 z。但是，对于上尾检验，p-值是指获得检验统计量值大于或等于样本得出值的概率。因此，为了计算 σ 已知时上尾检验的 p-值，我们必须求出标准正态曲线下检验统计量右边区域的面积。使用临界值法使我们在统计量大于或等于临界值 z_α 时拒绝原假设；换言之，如果 $z \geq z_\alpha$，则拒绝 H_0。

9.3.2　双尾检验

在假设检验中，总体均值的双尾检验的一般形式如下：

$$H_0: \mu = \mu_0$$
$$H_a: \mu \neq \mu_0$$

在这一小节中,我们将介绍当 σ 已知时如何进行总体均值的双尾检验。举例说明,来看一下 MaxFlight 公司的假设检验情形。

美国高尔夫协会(USGA)制定规则,高尔夫装备制造商必须确保其产品能用于 USGA 的活动中。MaxFlight 公司使用高新技术生产过程生产出的高尔夫球的平均发球距离为 295 码。但是,有时生产过程也会出现偏差,由其生产出的高尔夫球的平均发球距离低于或高于 295 码。当平均发球距离低于 295 码,公司担心因高尔夫球的发球距离不同于广告所说而丧失销售额。当平均发球距离高于 295 码,MaxFlight 公司的高尔夫球可能会因超过发射和滚动的距离标准而被 USGA 拒绝。

MaxFlight 公司的质量控制计划包括定期抽取 50 个高尔夫球作为样本来监测生产过程。对于每一个样本进行假设检验来确定是否生产过程出现了偏差。让我们来构造原假设和备择假设。首先,假设生产过程是正常运行的,也就是说,生产出的高尔夫球的平均发球距离为 295 码。此假设构造了原假设。备择假设是指平均距离不是 295 码。当假设均值 $\mu_0 = 295$ 时,MaxFlight 公司假设检验的原假设和备择假设如下:

$$H_0: \mu = 295$$
$$H_a: \mu \neq 295$$

如果样本均值 $\bar{x}$ 显著低于 295 码或显著高于 295 码,那么我们将拒绝 H_0。在这种情况下,应该采取正确的行动来纠正生产过程的偏差。相反,如果 $\bar{x}$ 与假设均值 $\mu_0 = 295$ 的偏离程度不显著,那么将不拒绝 H_0 且不必对生产过程采取行动。

质量控制小组选定 $\alpha = 0.05$ 作为检验的显著性水平。由已知生产过程出现偏差时进行的检验得出的数据表明总体标准差可以被假设已知为 $\sigma = 12$。因此,当样本容量 $n = 50$ 时,$\bar{x}$ 的标准差为

$$\sigma_{\bar{x}} = \frac{\sigma}{\sqrt{n}} = \frac{12}{\sqrt{50}} = 1.7$$

因为样本容量很大,利用中心极限定理我们可以得出 $\bar{x}$ 的抽样分布为近似正态分布的结论。图 9.4 显示了当假设总体均值 $\mu_0 = 295$ 时,MaxFlight 公司假设检验中的 $\bar{x}$ 的抽样分布。

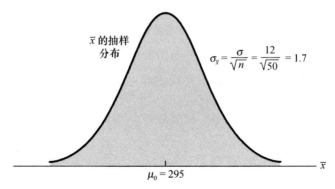

图 9.4　MaxFlight 公司假设检验中的 $\bar{x}$ 的抽样分布图

假设抽取 50 个高尔夫球组成样本且样本均值 $\bar{x} = 297.6$ 码。此样本均值支持了总体均值大于

295 码的结论。但此 $\bar{x}$ 值是否足够大以致使我们在 0.05 的显著性水平下拒绝 H_0 呢？在前面的小节中我们提到两种方法可以回答此问题：p-值法和临界值法。

p-值法 回顾以下内容：p-值是一个用检验统计量计算得到的概率，衡量的是样本结果对原假设的支持程度。对于双尾检验，检验统计量的值落在任一尾部区域都表明样本结果对原假设的支持程度不够。双尾检验的 p-值是指获得的检验统计量值不太可能或根本不可能由样本结果得出的概率。我们来看一下如何计算 MaxFlight 公司假设检验中的 p-值。

首先计算检验统计量的值。对于 σ 已知的情况，检验统计量 z 是标准正态随机变量。将 $\bar{x} = 297.6$ 代入公式(9.1)，得到的检验统计量的值为

$$z = \frac{\bar{x} - \mu_0}{\sigma/\sqrt{n}} = \frac{297.6 - 295}{12/\sqrt{50}} = 1.53$$

现在为了计算 p-值，我们必须求出获得一个检验统计量的值至少不太可能为 $z = 1.53$ 的概率。很明显，$z \geq 1.53$ 的值都是至少不太可能获得的。但是，由于这是双尾检验，$z \leq -1.53$ 的值同样是不太可能由样本结果得出的。参考图 9.5，可以看出这时双尾检验的 p-值由 $P(z \leq -1.53) + P(z \geq 1.53)$ 得出。由于正态分布曲线是对称的，我们可以求出在标准正态曲线下 $z = 1.53$ 右边的面积然后将其乘以 2 来计算此概率。标准正态分布表显示了 $z = 1.53$ 左边的区域面积为 0.9370。因此，标准正态曲线下检验统计量 $z = 1.53$ 右边区域的面积为 $1.0000 - 0.9370 = 0.0630$。将其乘以 2，则求出 MaxFlight 公司双尾检验中的 p-值为 p-值 $= 2 \times 0.0630 = 0.1260$。

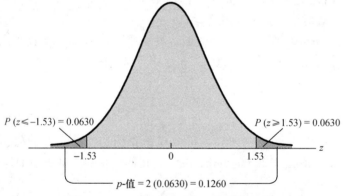

图 9.5　MaxFlight 公司假设检验的 p-值

下面我们将此 p-值和显著性水平做比较来看一下是否应该拒绝原假设。当显著性水平为 $\alpha = 0.05$ 时，由于 p-值 $= 0.1260 > 0.05$，所以我们不拒绝 H_0。因为原假设不被拒绝，所以不必采取行动来调整 MaxFlight 公司的生产过程。

与单尾检验中的 p-值的计算过程相比，双尾检验 p-值的计算过程看起来似乎有点复杂。但是，遵循下面三个步骤可以将其简化。

双尾检验中 p-值的计算过程：

1. 计算检验统计量 z 的值。
2. 如果检验统计量的值落在上尾区($z > 0$)，则求标准正态曲线下 z 右边区域的面积。如果检验统计量的值落在下尾区($z < 0$)，则求标准正态曲线下 z 左边区域的面积。

3. 将第 2 步得出的尾部区域面积或概率乘以 2,则得到 p-值。

临界值法 在结束此节之前,我们来看一下如何比较检验统计量 z 和临界值以做出双尾检验中的假设检验决定。图 9.6 显示出检验中的临界值同时出现在标准正态分布的上尾区和下尾区。当显著性水平 $\alpha = 0.05$ 时,超出临界值的尾部面积为 $\alpha/2 = 0.05/2 = 0.025$。运用标准正态分布概率表,求出检验统计量的临界值为 $-z_{0.025} = -1.96$ 和 $z_{0.025} = 1.96$。因此,临界值法下的双尾拒绝准则为

如果 $z \leqslant -1.96$ 或 $z \geqslant 1.96$, 则拒绝 H_0。

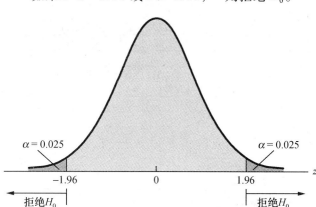

图 9.6 MaxFlight 公司假设检验的临界值

因为 MaxFlight 研究中的检验统计量的值为 $z = 1.53$,所以在 $\alpha = 0.05$ 显著性水平下统计证据不足以让我们拒绝原假设。

9.3.3 应用 Excel 构造假设检验

根据 p-值法,可以用 Excel 进行 σ 已知时总体均值的单尾检验和双尾检验。回顾可知,用来计算 p-值的方法取决于检验是上尾检验、下尾检验、还是双尾检验。因此,在 Excel 程序中,我们将描述使用样本结果来计算三种 p-值:上尾检验中的 p-值、下尾检验中的 p-值以及双尾检验中的 p-值。之后可以选择一个 α 值并确定哪一种 p-值对于所进行的假设检验比较合适。我们将示范如何进行 MaxFlight 公司的双尾检验。当描述有关的作业时,参考图 9.7。背景是公式工作表,前景是数值工作表。

输入数据:将标签和样本中 50 个高尔夫球的距离数据输入到单元格区域 A1:A5 中

输入函数和公式:需要的描述统计量在单元格 D4 和 D5 中给出。Excel 的 COUNT,AVERAGE 函数分别计算了样本容量、样本均值。将已知的总体标准差(12)输入到单元格 D7 中,且将总体均值的假设值(295)输入到单元格 D8 中。

通过在单元格 D10 中输入公式 D7/SQRT(D4) 得出标准误差。在单元格 D11 中输入公式 (D5-D8)/D10,求出检验统计量 z 为 1.5321。为了计算下尾检验的 p-值,将公式 = NORMDIST(D11) 输入 D13。在单元格 D14 中,用 1 减去下尾检验的 p-值来计算上尾检验的 p-值。最后,在单元格 D15 中取两个单尾检验中最小 p-值的两倍来求得双尾检验的 p-值。数值工作表显示出 p-值(下尾) = 0.9372、p-值(上尾) = 0.0628 以及 p-值(双尾) = 0.1255。

	A	B	C	D	E
1	码数		总体均值的假设检验：		
2	303		σ已知的情形		
3	282				
4	289		样本容量	=COUNT(A2:A51)	
5	298		样本均值	=AVERAGE(A2:A51)	
6	283				
7	317		总体标准差	12	
8	297		假设值	295	
9	308				
10	317		标准误差	=D7/SQRT(D4)	
11	293		检验统计量z	=(D5-D8)/D10	
12	284				
13	290		p-值（下尾检验）	=NORMSDIST(D11)	
14	304		p-值（上尾检验）	=1-D13	
15	290		p-值（双尾检验）	=2*(MIN(D13,D14))	
16	311				
50	301				
51	292				
52					

	A	B	C	D	E
1	码数		总体均值的假设检验：		
2	303		σ已知的情形		
3	282				
4	289		样本容量	50	
5	298		样本均值	297.6	
6	283				
7	317		总体标准差	12	
8	297		假设值	295	
9	308				
10	317		标准误差	1.6971	
11	293		检验统计量z	1.5321	
12	284				
13	290		p-值（下尾检验）	0.9372	
14	304		p-值（上尾检验）	0.0628	
15	290		p-值（双尾检验）	0.1255	
16	311				
50	301				
51	292				
52					

图 9.7　α 已知情况下的假设检验工作表

现在完成了用 Excel 来构造假设检验的步骤。对于 MaxFlight 公司的双尾检验，当 α = 0.05 时，我们不能拒绝原假设 $H_0: \mu = 295$，因为此时 p-值（双尾）= 0.1255 大于 α。因此，质量控制经理没有任何理由怀疑生产出的高尔夫球总体的平均发球距离为 295 码。

其他问题的模板　图 9.7 中的工作表可以作为 σ 已知时进行单尾或双尾假设检验的模板。只需在 A 列中输入合适的数据，调整单元格 D4 和 D5 中的公式范围，将总体的标准差输入到单元格 D7 中，且将假设值输入到 D8 中。标准误差、检验统计量以及三个 p-值均可求出。根据假设检验的类型（下尾、上尾或双尾），我们可以选择合适的 p-值来作出是否拒绝的决策。

不必在单元格 D4 和 D5 中输入新数据，我们可以进一步简化图 9.7 作为其他这类问题模板的

过程。为了做到这一点,只需重新输入公式,如下:

$$\text{单元格 D4}:= \text{COUNT}(A:A)$$
$$\text{单元格 D5}:= \text{AVERAGE}(A:A)$$

通过使用 A:A 这种指定数据范围的方法,Excel 的 COUNT 函数能够计算出 A 列中数值的个数且 Excel 的 AVERAGE 函数能够计算出 A 列中所有数值的平均数。因此,为了解决一个新问题,仅仅需要在 A 列中输入新数据、在单元格 D7 中输入已知的总体标准差以及在单元格 D8 中输入总体均值的假设值。

> GolfTest 数据集包含有名为 Template 的工作表,其中用到了 A:A 法来输入数据范围。

在给定 n、$\bar{x}$ 和 σ 的情况下,此工作表也可以作为练习题的模板。忽略 A 列中的数据并分别将 n、$\bar{x}$ 和 σ 输入到单元格 D4、D5 和 D7 中,然后将合适的总体均值的假设值输入到单元格 D8 中,与下尾、上尾、和双尾假设检验相对应的 p-值将出现在单元格区域 D13:D15 中。

9.3.4 小结和实用建议

我们陈述了有关总体均值下尾检验和双尾检验的几个例子。以这几个例子为基础,现在来总结 σ 已知时总体均值假设检验的步骤,如表 9.2 所示。注意 μ_0 为总体均值的假设值。

表 9.2 有关总体均值假设检验的小结:σ 已知的情况

	下尾检验	上尾检验	双尾检验
原假设和备择假设	$H_0: \mu \geq \mu_0$ $H_a: \mu < \mu_0$	$H_0: \mu \leq \mu_0$ $H_a: \mu > \mu_0$	$H_0: \mu = \mu_0$ $H_a: \mu \neq \mu_0$
检验统计量	$z = \dfrac{\bar{x} - \mu_0}{\sigma/\sqrt{n}}$	$z = \dfrac{\bar{x} - \mu_0}{\sigma/\sqrt{n}}$	$z = \dfrac{\bar{x} - \mu_0}{\sigma/\sqrt{n}}$
拒绝准则:p-值法	如果 p-值 $\leq \alpha$,则拒绝 H_0	如果 p-值 $\leq \alpha$,则拒绝 H_0	如果 p-值 $\leq \alpha$,则拒绝 H_0
拒绝准则:临界值法	如果 $z \leq -z_\alpha$,则拒绝 H_0	如果 $z \geq z_\alpha$,则拒绝 H_0	如果 $z \leq -z_{\alpha/2}$ 或 $z \geq z_{\alpha/2}$,则拒绝 H_0

本节所描述的两个例子的假设检验的步骤适用于任一假设检验。

假设检验的步骤

步骤 1. 构造原假设和备择假设;

步骤 2. 选定显著性水平;

步骤 3. 搜集样本数据并计算检验统计量的值;

p-值法

步骤 4. 用检验统计量的值计算 p-值;

步骤 5. 如果 p-值 $\leq \alpha$,则拒绝 H_0;

临界值法

步骤 4. 用显著性水平来确定临界值以及确定临界值和拒绝准则;

步骤 5. 用检验统计量的值和拒绝准则来确定是否要拒绝 H_0。

有关假设检验中样本容量的实用建议类似于第八章所给的区间估计中样本容量的建议。在大多数的应用中,样本容量 $n \geq 30$ 对本节的假设检验过程比较适合。在样本容量小于 30 的情况下,从中抽样的总体的分布情况是重要的考虑因素。如果总体是正态分布,我们所描述的假设检验过程是准确的且适用于任何的样本容量。如果总体不是正态分布但至少大致对称,则样本容量小至 15 可以被认为能够提供可接受的结果。对于更小的样本容量,本节所描述的假设检验过程仅适用于分析人员认为或愿意假设总体至少可以近似看做正态分布的情况。

9.3.5 区间估计和假设检验的关系

通过讨论区间估计和假设检验的关系,我们来结束本节。第八章中说明如何构造总体均值的置信区间。对于 σ 已知的情况,与 $1-\alpha$ 的置信系数相对应的总体均值的置信区间为:

$$\bar{x} \pm z_{\alpha/2} \frac{\sigma}{\sqrt{n}} \tag{9.2}$$

进行假设检验要求我们首先对总体参数的值建立相对的假设。对于总体均值的情况,双尾假设检验的形式为

$$H_0: \mu = \mu_0$$
$$H_a: \mu \neq \mu_0$$

其中,μ_0 是总体均值的假设值。根据双尾假设检验的临界值方法,针对在 μ_0 上下 $z_{\alpha/2}$ 个标准误差的范围内浮动的所有样本均值 $\bar{x}$,我们都不拒绝 H_0。因此,在显著性水平为 α 的双尾假设检验中,样本均值 $\bar{x}$ 不能拒绝的区域为:

$$\mu_0 \pm z_{\alpha/2} \frac{\sigma}{\sqrt{n}} \tag{9.3}$$

仔细比较式(9.2)和式(9.3),就可以洞察统计推断中估计和假设检验方法的关系。特别注意到,两种方法都要求计算 $z_{\alpha/2}$ 和 $\sigma/\sqrt{n}$。关注 α,可以看出区间估计的 $1-\alpha$ 的置信系数对应于假设检验中的显著性水平 α。例如,95% 的置信区间对应在 0.05 的显著性水平下的假设检验。而且,式(9.2)和式(9.3)表明了,因为 $z_{\alpha/2}(\sigma/\sqrt{n})$ 是两个表达式的加减值,如果 $\bar{x}$ 在由式(9.3)定义的不能拒绝区域内,假设值 μ_0 就是在由式(9.4)定义的置信区间内。相反,如果假设值 μ_0 在由式(9.2)定义的置信区间内,样本均值 $\bar{x}$ 就在由式(9.3)定义的不能拒绝假设 $H_0: \mu = \mu_0$ 的区域内。这些观测值推导出了下面用置信区间得出双尾假设检验结论的过程。

置信区间方法应用到假设检验
假设的形式

$$H_0: \mu = \mu_0$$
$$H_a: \mu \neq \mu_0$$

> 对于双尾假设检验,如果总体均值的置信区间不包括 μ_0,就拒绝原假设。

1. 从总体中抽取简单随机样本且用样本均值 $\bar{x}$ 构造总体均值 μ 的置信区间。

$$\bar{x} \pm z_{\alpha/2} \frac{\sigma}{\sqrt{n}}$$

2. 如果置信区间包含假设值 μ_0,就不拒绝 H_0;否则,就拒绝 H_0。

回到 MaxFlight 的假设检验中,下面是其假设检验。

$$H_0: \mu = 295$$
$$H_a: \mu \neq 295$$

为了用 $\alpha = 0.05$ 的显著性水平检验这个假设,抽取了 50 个高尔夫球作为样本,求出样本平均发球距离为 $\bar{x} = 297.6$ 码。回忆总体标准差为 $\sigma = 12$。用这些结果以及 $z_{0.025} = 1.96$,可以发现总体均值 95% 的置信区间为:

$$\bar{x} \pm z_{0.025} \frac{\sigma}{\sqrt{n}}$$

$$297.6 \pm 1.96 \frac{12}{\sqrt{50}}$$

$$297.6 \pm 3.3$$

或

$$(294.3, 300.9)$$

这个发现能使得质量控制经理以 95% 的置信水平得出结论,高尔夫球总体的平均发球距离在 294.3 到 300.9 码之间。因为总体均值的假设值 $\mu_0 = 295$ 在这个区间内,假设检验的结论是,不能拒绝原假设 $H_0: \mu = 295$。

注意到这种讨论和例子是关于总体均值的双尾假设检验的。但是,对于其他总体参数的双尾检验仍然存在相同的置信区间和假设关系。另外,这种关系能扩展到做总体参数的单尾检验。然而,这样做就要求建立单尾的置信区间。这种情况在实际问题中很少见。

注释与评论

我们已经说明了如何利用 Excel 来计算 p-值。p-值越小,拒绝 H_0 的证据就越多,支持 H_a 的证据也就越多。对于 p-值的说明,统计学家建议的一般原则如下:

- 小于 0.01——绝大多数的证据支持 H_a 为真的结论。
- 0.01 到 0.05 之间——较多的证据支持 H_a 为真的结论。
- 0.05 到 0.10 之间——较少的证据支持 H_a 为真的结论。
- 大于 0.10——没有足够的证据支持 H_a 为真的结论。

9.4 总体均值的假设检验:σ 未知的情况

本节我们将描述如何进行 σ 未知情况下总体均值的假设检验。因为 σ 未知的情况对应于在抽样前不能估计总体标准差的情形,所以样本必须用来既估计 μ 又估计 σ。因此,为了进行 σ 未知情况下总体均值的假设检验,可以用样本均值 $\bar{x}$ 估计 μ 以及样本的标准差 s 估计 σ。

对于 σ 未知情况下假设检验过程的步骤与 9.3 节中描述的 σ 已知情况下的假设检验过程的步骤相同。但是,对于 σ 未知的情况,检验统计量和 p-值的计算有些不同。回顾 σ 已知的情况,检验统计量的抽样分布为标准正态分布。然而,对于 σ 未知的情况,检验统计量的分布服从 t 分布且因用样本来估计 μ 和 σ 而略有差异性。

在 8.2 节中,我们介绍了 σ 未知情况下总体均值的区间估计是基于 t 分布的概率分布。σ 未知情况下总体均值的假设检验同样是基于 t 分布。对于 σ 未知的情况,检验统计量有着自由度为 $n-1$ 的 t 分布。

总体均值的假设检验统计量:σ 未知的情况

$$t = \frac{\bar{x} - \mu_0}{s/\sqrt{n}} \tag{9.4}$$

在第八章中,我们曾提到 t 分布是基于假设从中抽样的总体分布为正态分布。然而,研究表明当样本容量足够大时可以放松限制考虑此假设。在本节最后,我们将给出有关总体分布的实用建议。

9.4.1 单尾检验

我们首先考虑一个有关 σ 未知情况下总体均值的单尾检验的例子。一本商务旅行杂志想按商务旅客中总体的评分情况对跨大西洋的门户机场进行等级分类,使用从低分 0 至高分 10 的等级量表且总体平均评分大于 7 分的机场将被指定为上等服务机场。此杂志社的员工调查了每个机场的 60 个商务旅客作为样本来获得评分数据。伦敦希思罗机场(London's Heathrow Airport)的样本得出的样本平均评分为 $\bar{x} = 7.25$ 且样本的标准差为 $s = 1.052$。此数据是否表明希思罗机场将被指定为上等服务机场?

我们想要构造的假设检验是其中拒绝 H_0 的决策将使我们得出希思罗机场的总体平均评分大于 7 的结论。因此,所需的上尾检验的备择假设为 $H_a: \mu > 7$。此上尾检验的原假设和备择假设的形式如下:

$$H_0: \mu \leq 7$$
$$H_a: \mu > 7$$

我们将采用 $\alpha = 0.05$ 作为此假设检验的显著性水平。

将 $\bar{x} = 7.25$、$\mu_0 = 7$、$s = 1.052$ 以及 $n = 60$ 代入公式(9.4),则检验统计量的值为

$$t = \frac{\bar{x} - \mu_0}{s/\sqrt{n}} = \frac{7.25 - 7}{1.052/\sqrt{60}} = 1.84$$

t 抽样分布的自由度为 $n - 1 = 60 - 1 = 59$。由于检验是上尾检验,所以 p-值是指 t 分布曲线下 $t = 1.84$ 下方的面积。

大多数的课本给出的 t 分布表没有包含足够的详细信息来确定精确的 p-值,如与 $t = 1.84$ 相应的 p-值。举例说明,运用附录 B 中的表 2,自由度为 59 的 t 分布给出下面的信息。

上尾区面积	0.20	0.10	0.05	0.025	0.01	0.005
t 值(自由度 59)	0.848	1.296	1.671	2.001	2.391	2.662

$t = 1.84$

我们看出 $t = 1.84$ 在 1.671 和 2.001 之间。虽然此表并没有给出精确的 p-值,但是行"上尾区面

积"中的值显示出 p-值一定是小于 0.05 且大于 0.025。对于显著性水平 $\alpha = 0.05$,p-值的这个范围是我们所知的做出决策拒绝原假设且得出结论希思罗机场应该被分为上等服务机场的所有依据。

Excel 的 TDIST 函数可以被用来确定与检验统计量 $t = 1.84$ 相关的精确的 p-值。TDIST 函数的一般形式如下:

TDIST(test statistic, degrees of freedom, tails)

> 在随后的"应用 Excel 构造假设检验"小节中,我们将举例说明当检验统计量为负值时,如何用 TDIST 函数来计算 t 分布的下尾区域的面积。

test statistic 的值只能是非负值。如果 tails 的值为 1,则函数返回与检验统计量相应的 t 分布的上尾区域的面积。在希思罗机场的研究中,我们得出检验统计量的值为 $t = 1.84$。如果我们将函数 = TDIST(1.84,95,1) 输入到 Excel 的工作表中,所得的值为 0.0354。p-值 $= 0.0354 < 0.05$ 导致拒绝原假设并且得出希思罗机场应该被分为上等服务机场的结论。

临界值法也能用于做出拒绝决策。对于 $\alpha = 0.05$ 和自由度为 59 的 t 分布来说,$t_{0.05} = 1.671$ 是检验的临界值。因此,拒绝准则为

$$\text{如果 } t_{0.05} \geq 1.671, \quad \text{则拒绝 } H_0$$

对于检验统计量 $t_{0.05} = 1.84 \geq 1.671$,$H_0$ 被拒绝且能得出希思罗被分为上等服务机场的结论。

9.4.2 双尾检验

为了说明如何进行未知情况下总体均值的双尾检验,我们首先考虑 Holiday Toys 公司面临的假设检验情况。公司制造商通过 1 000 多个零售店分销其产品。为了计划应对即将来到的冬季的产量水平,在知道零售商的实际需求之前,Holiday 必须决定每种产品生产多少件。对于今年最重要的新玩具来说,Holiday 的营销经理预期平均每个零售店的实际需要为 40 件。在依据此估计做出最后生产决定之前,Holiday 决定抽取 25 个零售店作为样本进行调查以获得有关新产品需求的更多的信息。为每个零售店提供有关新玩具成本、建议零售价以及其特色的信息,然后要求每个零售店指定预期的订单量。

用 μ 来表示零售店总体的每店的平均订单量,样本数据将用于进行下面的双尾检验:

$$H_0: \mu = 40$$
$$H_a: \mu \neq 40$$

如果 H_0 不被拒绝,Holiday 将依据营销经理做出的零售店总体的每店平均订单量为 $\mu = 40$ 件的估计继续进行其生产计划。然而,如果拒绝 H_0,Holiday 将立即重新改进此产品的生产计划。如果零售店总体的每店平均订单量小于或大于预期,那么由于 Holiday 要改进生产计划,则要用到双尾假设检验。因为无法获得历史数据(这是一种新产品),所以总体均值 μ 和总体标准差必须都用来自样本数据的 $\bar{x}$ 和 s 来估计得到。

含有 25 个零售店的样本给出了样本均值为 $\bar{x} = 37.4$ 以及样本标准差为 $s = 11.79$ 件。在接着使用 t 分布之前,分析人员构造了样本数据的直方图来核查总体分布的类型。样本数据的直方图显示没有偏斜和极端的离群值的迹象,因此分析人员得出的结论为使用自由度为 $n - 1 = 24$ 的 t 分布是合适的。将 $\bar{x} = 37.4$、$\mu_0 = 40$、$s = 11.79$ 以及 $n = 25$ 代入公式(9.4),检验统计量的值为

$$t = \frac{\bar{x} - \mu_0}{s/\sqrt{n}} = \frac{37.4 - 40}{11.79/\sqrt{25}} = -1.10$$

因为我们进行的是双尾假设检验,所以 p-值是 t 分布曲线下 $t = -1.10$ 左边区域面积的两倍。运用附录 B 中的表 2,对于自由度 24,t 分布表给出下面的信息。

上尾区面积	0.20	0.10	0.05	0.025	0.01	0.005
t 值(自由度 59)	0.857	1.318	1.711	2.064	2.492	2.797

$t = 1.10$

t 分布表仅仅包含正 t 值。然而,由于 t 分布具有对称性,我们可以求出曲线下 $t=1.10$ 右边区域的面积并将其乘以 2 来求出 p-值。可以看出 $t = 1.10$ 处于 0.857 和 1.318 之间。从行"上尾区面积"中,可以看出 $t=1.10$ 右尾区的面积处于 0.20 和 0.10 之间。将此值乘以 2,得到的 p-值一定处于 0.40 和 0.20 之间。对于显著性水平 $\alpha = 0.05$,现在得知 p-值大于 α。因此,H_0 不被拒绝。无法得到足够的证据支持 Holiday 应该为即将到来的季节改变生产计划的结论。

可以使用 Excel 的 TDIST 函数来确定双尾假设检验的 p-值。回顾 TDIST 函数的一般形式如下:

TDIST(test statistic, degrees of freedom, tails)

test statistic 只能取非负值且 tails 的值是 1 还是 2 取决于检验是单位检验还是双尾检验。对于 Holiday Toys 公司的双尾假设检验,自由度为 24 且检验统计量的值为 −1.10。tails 的值取 2,在 Excel 工作表的单元格中输入函数 =TDIST(1.10,24,2)得出的结果为 t 分布曲线下值 1.10 右区域的面积与值 −1.10 左区域面积之和;也就是得出了 Holiday Toys 公司双尾假设检验的 p-值。此值为 0.2822。对于显著性水平 $\alpha = 0.05$,因为 p-值大于 α 所以我们不拒绝 H_0。

> Excel 的 TDIST 函数使得计算 p-值更为容易。

检验统计量也可以与临界值相比较来做出双尾假设检验的决策。对于 $\alpha = 0.05$ 且自由度为 24 的 t 分布来说,此双尾假设检验的临界值为 $-t_{0.025} = -2.064$ 和 $t_{0.025} = 2.064$。运用检验统计量的拒绝准则为

如果 $t_{0.025} \leqslant -2.064$ 或 $t_{0.025} \geqslant 2.064$,则拒绝 H_0

根据检验统计量 $t = -1.10$,所以不拒绝 H_0。这个结果表明 Holiday 公司在预期 $\mu = 40$ 的基础上应该继续进行其为应对即将到来季节而制订的生产计划。

9.4.3 应用 Excel 构造假设检验

可以使用 Excel 进行有关 σ 未知情况下总体均值的单尾和双尾假设检验。此方法类似于在 σ 已知情况中采用的方法步骤。用样本数据和检验统计量 t 来计算 3 个 p-值:p-值(下尾)、p-值(上尾)、p-值(双尾)。之后使用者可以选择 α 且针对正在进行的假设检验类型确定选择哪种 p-值比较合适。

首先,我们说明如何使用 Excel 的 TDIST 函数来计算下尾的 p-值。之前,我们介绍了 TDIST 函数的一般形式如下:

TDIST(test statistic, degrees of freedom, tails)

回顾 test statistic 只能取非负值且 tails 的值取 1 时得出的结果为 t 分布曲线下检验统计量值右边区域的面积。对于下尾假设检验,检验统计量的值通常为负值且 p-值为 t 分布曲线下检验统计量值左边区域的面积。因为 t 分布曲线是对称的,所以曲线下检验统计量(下尾 p-值)的左边区域的面积与负检验统计量右边区域的面积相等。因此,当检验统计量为负值时,TDIST 函数以下面的

形式来计算下尾 p-值：

$$\text{TDIST}(\text{-test statistic, degrees of freedom}, 1)$$

当检验统计量为非负时，为了计算 p-值（下尾），我们从 1 中减去由 TDIST 函数得出的上尾区的面积，形式如下：

$$1 - \text{TDIST}(\text{test statistic, degrees of freedom}, 1)$$

我们用 Excel 的 IF 函数来确定检验统计量的值为正还是为负且指明如何用 TDIDT 函数来计算下尾 p-值。

$$\text{IF}(\text{test statistic} < 0, \text{negative } t, \text{nonnegative } t)$$

其中

$$\text{Negative } t: \text{TDIST}(\text{-test statistic, degrees of freedom}, 1)$$

$$\text{Nonnegative } t: 1 - \text{TDIST}(\text{test statistic, degrees of freedom}, 1)$$

因此，如果检验统计量的值为负，将用 TDIST 函数的第一种形式来计算下尾 p-值；如果检验统计量值为非负，将使用第二种形式。

一旦计算出下尾 p-值，则计算上尾 p-值和双尾 p-值将变得容易。上尾 p-值只需用 1 减去下尾 p-值得到，双尾 p-值由上尾 p-值和下尾 p-值之中最小值的两倍得出。

现在我们构造 Excel 工作表来进行 Holiday Toys 公司的双尾假设检验。当描述相关作业时，参考图 9.8。背景为公式工作表，前景为数值工作表。

输入数据：将标签和 25 个零售店的订单数量的样本数据输入到单元格区域 A1:A26 中。

输入函数和公式：所需的描述统计量在单元格区域 D4:D6 中给出。分别用 Excel 的 COUNT 函数、AVERAGE 函数以及 STDEV 函数来计算样本容量、样本均值和样本标准差。将总体均值的假设值（40）输入到单元格 D8 中。

用样本标准差作为总体标准差的估计值，则单元格 D10 中标准误差的估计值可以通过用单元格 D6 中的样本标准差除以单元格 D4 中的样本容量的平方根来获得。将公式 =(D5-D8)/D10 输入到单元格 D11 中来计算检验统计量 $t(-1.1026)$。用单元格 D4 中的样本容量减去 1 来计算得到单元格 D12 中的自由度。

为了计算下尾检验的 p-值，我们将以下公式输入到单元格 D14 中：

$$= \text{IF}(D11<0, \text{TDIST}(-D11, D12, 1), 1 - \text{TDIST}(D11, D12, 1))$$

之后在单元格 D15 中用 1 减去下尾检验的 p-值来计算上尾检验的 p-值。最后，在单元格 D16 中用两个单尾检验的 p-值中的最小值乘以 2 来计算双尾检验的 p-值。数值工作表显示出三个 p-值为 p-值（下尾）$=0.1406$，p-值（上尾）$=0.8594$ 及 p-值（双尾）$=0.2811$。

现在已经完成了工作表的构造。对于 Holiday Toys 公司的双尾假设检验问题，采用 $\alpha=0.05$ 时，我们不能拒绝 $H_0: \mu=40$。因为此时 p-值（双尾）$=0.2811$ 大于 α。此结果表明 Holiday 公司在预期 $\mu=40$ 的基础上应该继续进行其为应对即将到来季节而制定的生产计划。图 9.8 中的工作表也可用于涉及 t 分布的任意的单尾假设检验。如果需要下尾假设检验，则通过比较 p-值（下尾）和 α 的大小来做出是否拒绝的决策。如果需要上尾假设检验，则通过比较 p-值（上尾）和 α 的大小来做出是否拒绝的决策。

其他问题的模板 图 9.8 中的工作表可以用于有关 σ 未知情况下总体均值任意假设检验的模板，只需在 A 列中输入合适的数据，调整单元格区域 D4:D6 中的公式的范围以及在单元格 D8

234 基于 Excel 的商务与经济统计

	A	B	C	D	E
1	订单数			总体均值的假设检验：	
2	26			σ未知的情形	
3	23				
4	32		样本容量	=COUNT(A2:A26)	
5	47		样本均值	=AVERAGE(A2:A26)	
6	45		样本标准差	=STDEV(A2:A26)	
7	31				
8	47		假设值	40	
9	59				
10	21		标准误差	=D6/SQRT(D4)	
11	52		检验统计量 t	=(D5-D8)/D10	
12	45		自由度	=D4-1	
13	53				
14	34		p-值（下尾检验）	=IF(D11<0,TDIST(-D11,D12,1),1-TDIST(D11,D12,1))	
15	45		p-值（上尾检验）	=1-D14	
16	39		p-值（双尾检验）	=2*MIN(D14,D15)	
17	52				
25	30				
26	28				
27					

	A	B	C	D	E	F
1	订单数			总体均值的假设检验：		
2	26			σ未知的情形		
3	23					
4	32		样本容量	25		
5	47		样本均值	37.4		
6	45		样本标准差	11.79		
7	31					
8	47		假设值	40		
9	59					
10	21		标准误差	2.3580		
11	52		检验统计量 t	-1.1026		
12	45		自由度	24		
13	53					
14	34		p-值（下尾检验）	0.1406		
15	45		p-值（上尾检验）	0.8594		
16	39		p-值（双尾检验）	0.2811		
17	52					
25	30					
26	28					
27						

图 9.8　σ 未知情况下的假设检验工作表

注：第 18—24 行设为隐藏。

中输入假设值即可，之后将得出标准误差、检验统计量以及三个 p-值。根据假设检验的类型（下尾、上尾或双尾），我们可以选择合适的 p-值来做出是否拒绝的决策。

不需在单元格区域 D4:D6 中输入新的数据范围，我们可以进一步简化图 9.8 作为其他这类问题模板的使用过程。为了做到这点，我们只需重新输入单元格中的公式形式，如下：

单元格 D4：=COUNT(A:A)

单元格 D5：=AVERAGE(A:A)

单元格 D6：=STDEV(A:A)

通过使用 A:A 这种指定数据范围的方法，Excel 的 COUNT 函数能够计算出 A 列中数值的个数且 Excel 的 AVERAGE 函数能够计算出 A 列中所有数值的平均数而 Excel 的

> Orders 数据集包含有名为 Template 的工作表，其中用到了 A:A 法来输入数据范围。

STDEV 函数也将计算出 A 列中所有数值的标准差。因此,为了解决新问题,只需在 A 列中输入新数据及在单元格 D8 中输入总体均值的假设值。

9.4.4 小结和实用建议

表 9.3 给出了有关 σ 未知情况下总体均值假设检验的方法步骤的小结。这些方法步骤与 σ 已知情况下的方法步骤不同的关键所在为用 s 而不是用 σ 来计算检验统计量。因此,检验统计量服从 t 分布。

表 9.3 有关总体均值假设检验的小结:σ 未知的情况

	下尾检验	上尾检验	双尾检验
原假设和备择假设	$H_0: \mu \geq \mu_0$ $H_a: \mu < \mu_0$	$H_0: \mu \leq \mu_0$ $H_a: \mu > \mu_0$	$H_0: \mu = \mu_0$ $H_a: \mu \neq \mu_0$
检验统计量	$t = \dfrac{\bar{x} - \mu_0}{s/\sqrt{n}}$	$t = \dfrac{\bar{x} - \mu_0}{s/\sqrt{n}}$	$t = \dfrac{\bar{x} - \mu_0}{s/\sqrt{n}}$
拒绝准则:p-值法	如果 p-值 $\leq \alpha$,则拒绝 H_0	如果 p-值 $\leq \alpha$,则拒绝 H_0	如果 p-值 $\leq \alpha$,则拒绝 H_0
拒绝准则:临界值法	如果 $t \leq -t_\alpha$,则拒绝 H_0	如果 $t \geq t_\alpha$,则拒绝 H_0	如果 $t \leq -t_{\alpha/2}$ 或 $t \geq t_{\alpha/2}$,则拒绝 H_0

如何应用本节中的假设检验过程取决于从中抽样的总体分布类型及其样本容量。当总体是正态分布时,本节中所描述的假设检验能够为任意样本容量提供精确的结果。当总体不是正态分布时,这些过程都是近似的。然而,我们也发现大于 50 的样本容量几乎在任何情况下都能得出良好的结果。如果总体是近似正态分布,小样本容量(比如 $n < 15$)也能得出可接受的结果。在总体分布不能看做近似正态分布的情形下,只要总体不具有高度的偏斜性且不包含极端值,则 $n \geq 15$ 的样本容量也将得出可接受的结果。如果总体具有较高的偏度或含有极端值,则建议使用接近 50 的样本容量。

9.5 总体比例的假设检验

在本节中,我们将介绍如何进行总体比例 p 的假设检验。用 p_0 表示总体比例的假设值,则总体比例假设检验的三种形式如下:

$$H_0: p \geq p_0 \quad H_0: p \leq p_0 \quad H_0: p = p_0$$
$$H_a: p < p_0 \quad H_a: p > p_0 \quad H_a: p \neq p_0$$

第一种形式被称为下尾检验,第二种形式被称为上尾检验,第三种形式被称为双尾检验。

总体比例的假设检验是以样本比例 $\bar{p}$ 和假设的总体比例 p_0 之间的差异为基础的。用来进行假设检验的方法类似于进行总体均值假设检验的方法。仅有的不同点是我们使用样本比例和其标准差来计算检验统计量。之后,使用 p-值法和临界值法来确定是否拒绝原假设。

让我们来考虑一个与松树溪高尔夫球场(Pine Creek golf course)有关的例子。在过去的一年中,松树溪高尔夫球场的球员中 20% 是女性。为了增加女球员的比例,松树溪高尔夫球场进行了专门的改善以来吸引女性高尔夫球员。进行改善一个月后,球场经理要求进行一次统计检验来确定松树溪球场中的女性高尔夫球员比例是否有所增加。因为研究的目的是确定女性高尔夫球员的比例是否增加,所以备择假设为 $H_a: p > 0.20$ 的上尾检验是合适的。松树溪球场假设检验的原假设和备择假设的形式如下:

$$H_0: p \leq 0.20$$
$$H_a: p > 0.20$$

如果 H_0 被拒绝,那么检验结果将为女性高尔夫球员比例有所增加及改善是有效的结论提供统计上的支持。球场经理指定所进行的假设检验的显著性水平为 $\alpha = 0.05$。

假设检验过程的下一步是抽取样本并计算合适的检验统计量的值。为了说明如何完成松树溪上尾假设检验中的此步,我们首先对如何计算任何形式下的总体比例假设检验的检验统计量的值进行一般的讨论。样本比例 $\bar{p}$——总体参数 p 的点估计量是构造检验统计量的基础。

当原假设完全为等式时,$\bar{p}$ 的期望值等于假设值 p_0;也即是说,$E(\bar{p}) = p_0$。$\bar{p}$ 的标准差为

$$\sigma_{\bar{p}} = \sqrt{\frac{p_0(1-p_0)}{n}}$$

在第七章中,我们曾提到如果 $np \geq 5$ 且 $n(1-p) \geq 5$,则 $\bar{p}$ 的抽样分布可以近似看做正态分布*。在这些经常在实际中用到的情况下,定义变量如下:

$$z = \frac{\bar{p} - p_0}{\sigma_{\bar{p}}} \tag{9.5}$$

其分布为标准正态概率正态分布。当 $\sigma_{\bar{p}} = \sqrt{p_0(1-p_0)/n}$ 时,标准正态随机变量 z 是用来进行总体比例假设检验的统计量。

有关总体比例假设检验的统计量

$$z = \frac{\bar{p} - p_0}{\sqrt{\frac{p_0(1-p_0)}{n}}} \tag{9.6}$$

现在,我们来计算松树溪假设检验的统计量。假设抽取一个由 400 名球员组成的随机样本,且其中有 100 名球员为女性。样本中女性高尔夫球员的比例为

$$\bar{p} = \frac{100}{400} = 0.25$$

由公式(9.6)得,检验统计量的值为

$$z = \frac{\bar{p} - p_0}{\sqrt{\frac{p_0(1-p_0)}{n}}} = \frac{0.25 - 0.20}{\sqrt{\frac{0.20(1-0.20)}{400}}} = \frac{0.05}{0.02} = 2.50$$

因为松树溪假设检验为上尾检验,所以 p-值为 z 大于或等于 $z = 2.50$ 的概率;也就是说,其为标准正态分布曲线下 $z = 2.50$ 右边区域的面积。运用标准正态概率分布表,我们可以得到 $z = 2.50$

---

* 在涉及总体比例假设检验的大多数应用中,样本容量都是足够大而可以被看做近似正态分布的。由于每个 $\bar{p}$ 值的概率是由二项式分布得到的,所以精确的 $\bar{p}$ 的抽样分布是离散的。因此,对于小样本情况,由于不能采用近似正态分布,其假设检验更为复杂。

左边区域的面积为 0.9938。因此,松树溪假设检验的 p-值为 1.0000 – 0.9938 = 0.0062。图 9.9 显示了 p-值的计算过程。

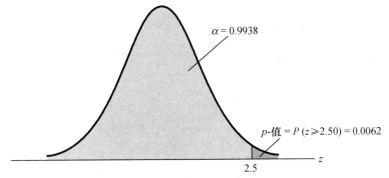

图 9.9　计算松树溪假设检验的 p-值

回顾球场经理指定的显著性水平为 $\alpha = 0.05$。在 $\alpha = 0.05$ 的显著性水平下,p-值 = 0.0062 < 0.05 为我们提供了足够的统计证据来拒绝 H_0。因此,检验结果在统计方面支持结论:专门的改善增加了松树溪高尔夫球场的女性球员的比例。

采用临界值法也可以做出是否拒绝原假设的决策。对应于标准正态概率分布上尾区面积为 0.05 的临界值为 $z_{0.05} = 1.645$。因此,临界值法下的拒绝准则为:如果 $z \geq 1.645$ 则拒绝 H_0。因为 $z = 2.50 > 1.645$,所以拒绝 H_0。

我们再次看出 p-值法和临界值法能够得出相同的假设检验结论,但是 p-值法可以提供更多的信息。对于 p-值 = 0.0062,只要显著性水平大于或等于 0.0062 就可以拒绝原假设。

9.5.1　应用 Excel 构造假设检验

采用 p-值法时,也可以运用 Excel 来进行总体比例的单尾和双尾假设检验。此法类似于运用 Excel 来进行总体均值假设检验的方法。最大的不同点是总体均值假设检验的统计量以 $\bar{x}$ 抽样分布为基础而总体比例的假设检验的统计量以 $\bar{p}$ 的抽样分布为基础。因此,尽管为了做出假设检验的决策需要使用不同的公式来计算检验统计量,但是检验中临界值和 p-值的计算过程是相同的。

我们将通过示范如何运用 Excel 来进行松树溪高尔夫球场研究中的上尾假设检验来以例说明此方法。当我们描述所涉及的作业时,参考图 9.10。公式工作表在背景,数值的工作表在前景。

输入数据:将标签和此研究中每位高尔夫球员的性别输入到单元格 A1:A401 中。

输入函数和公式:所需的描述性统计量在单元格 D3、D5 和 D6 中给出。因为数据不是数值型的,所以在单元格 D3 中使用 Excel 的 COUNTA 函数而不是 COUNT 函数来计算样本的容量。我们在单元格 D4 中输入女性来确认我们想要计算其比例的回答。之后,在单元格 D5 中用 COUNTIF 函数来确定在单元格 D4 中确认的回答类型的数量。在单元格 D6 中通过将回答数除以样本容量就可以计算出样本容量。

将总体比例的假设值(0.20)输入到单元格 D8 中。通过单元格 D10 中输入公式 = SQRT(D8 * (1 – D8)/D3)可以得到标准误差。将公式 " = (D6 – D8)/D10" 输入到单元格 D11 中来计算检验统计量 z(2.50)。为了计算下尾检验的 p-值,我们将公式 " = NORMSDIST(D11)" 输入到单元格 D13 中。之后,在单元格 D14 中用 1 减去下尾检验的 p-值来计算上尾检验的 p-值。最后,在单元

	A	B	C	D	E
1	高尔夫球员			总体比例的假设检验	
2	女				
3	男		样本容量	=COUNTA(A2:A401)	
4	女		感兴趣的回答	女	
5	男		回答数量	=COUNTIF(A2:A903,D4)	
6	男		样本比例	=D5/D3	
7	女				
8	男		假设值	0.2	
9	男				
10	女		标准误差	=SQRT(D8*(1-D8)/D3)	
11	男		检验统计量z	=(D6-D8)/D10	
12	男				
13	男		p-值（下尾）	=NORMSDIST(D11)	
14	男		p-值（上尾）	=1-D13	
15	男		p-值（双尾）	=2*MIN(D13,D14)	
16	女				
400	男				
401	男				
402					

	A	B	C	D	E	F
1	高尔夫球员			总体比例的假设检验		
2	女					
3	男		样本容量	400		
4	女		感兴趣的回答	女		
5	男		回答数量	100		
6	男		样本比例	0.25		
7	女					
8	男		假设值	0.20		
9	男					
10	女		标准误差	0.02		
11	男		检验统计量z	2.5000		
12	男					
13	男		p-值（下尾）	0.9938		
14	男		p-值（上尾）	0.0062		
15	男		p-值（双尾）	0.0124		
16	女					
400	男					
401	男					
402						

图9.10 松树溪高尔夫项目的假设检验工作表

注：第17行至399行设为隐藏。

格D15中用两个单尾检验p-值的最小值乘以2来计算出双尾检验的p-值。数值工作表显示出如下的3种p-值：p-值（下尾）=0.9938、p-值（上尾）=0.0062及p-值（双尾）=0.0124。

现在完成了运用工作表的检验过程。对于松树溪上尾检验，因为p-值（上尾）=0.0062小于α=0.05，所以我们拒绝总体比例小于或等于0.20的原假设。实际上，对于此p-值，只要显著性水平等于或大于0.0062，我们都将拒绝原假设。

其他问题的模板 图9.10中的工作表可以用来作为$np \geq 5$且$n(1-p) \geq 5$的总体比例假设检验的模板。只需在列A中输入合适的数据，调整单元格D3和D5中的公式范围，在单元格D4中输入合适的回答,且在单元格 D8 中输入假设值。之后,将得出样本误差、检验统计量及三种 p-值。依据假设检验的类型(下尾、上尾或双尾),我们就可以选择合适的 p-值来做出拒绝决策。

9.5.2 小结

用来进行总体比例假设检验的方法步骤类似于进行总体均值假设检验的方法步骤。虽然我们只示范说明了如何进行总体比例的上尾假设检验,但是可以使用类似的方法步骤来进行总体比例的下尾检验和双尾检验。表 9.4 给出了有关总体比例假设检验的小结。假设 $np \geq 5$ 且 $n(1-p) \geq 5$,则 $\bar{p}$ 的抽样分布可以近似看做正态概率分布。

表 9.4 有关总体比例假设检验的小结

	下尾检验	上尾检验	双尾检验
原假设和备择假设	$H_0: p \geq p_0$ $H_a: p < p_0$	$H_0: p \leq p_0$ $H_a: p > p_0$	$H_0: p = p_0$ $H_a: p \neq p_0$
检验统计量	$z = \dfrac{\bar{p}-p_0}{\sqrt{\dfrac{p_0(1-p_0)}{n}}}$	$z = \dfrac{\bar{p}-p_0}{\sqrt{\dfrac{p_0(1-p_0)}{n}}}$	$z = \dfrac{\bar{p}-p_0}{\sqrt{\dfrac{p_0(1-p_0)}{n}}}$
拒绝准则:p-值法	如果 p-值 $\leq \alpha$,则拒绝 H_0	如果 p-值 $\leq \alpha$,则拒绝 H_0	如果 p-值 $\leq \alpha$,则拒绝 H_0
拒绝准则:临界值法	如果 $z \leq -z_\alpha$,则拒绝 H_0	如果 $z \geq z_\alpha$,则拒绝 H_0	如果 $z \leq -z_{\alpha/2}$ 或 $z \geq z_{\alpha/2}$,则拒绝 H_0

本章小结

假设检验是一种运用样本数据来确定是否应该拒绝有关总体参数值的描述的统计过程。其中的假设是两种有关总体参数的对立假设。一项描述被称为原假设(H_0),而另一项描述被称为备择假设(H_a)。在 9.1 节中,我们给出了为三种在实际中常见的情况构造假设的一般原则。

只要历史数据或其他信息为我们提供了假设总体标准差已知的依据,则假设检验过程就可以建立在标准正态分布的基础上。当 σ 未知时,可以使用样本的标准差 s 来估计 σ 且假设检验过程是以 t 分布为基础的。两种情况下,结果的可靠程度既取决于总体分布的类型又取决于样本容量。如果总体是正态分布,那么假设检验过程都是适用的。即便是对于小样本容量,情况也是如此。如果总体不是正态分布,则需要较大的样本容量。有关确定样本容量的一般原则在 9.3 节和 9.4 节中已经给出。

对于进行总体比例假设检验的情况,假设检验使用的统计量是建立在标准正态分布的基础上。

在所有的情况下,都是使用检验统计量的值来计算检验中的 p-值。由检验统计量计算得出的 p-值是一种概率,其衡量的是样本对原假设的支持程度。如果 p-值小于或等于显著性水平 α,则应该拒绝原假设。

通过比较检验统计量的值和临界值的大小,也可以得出假设检验的结论。对于下尾检验来说,如果检验统计量的值小于或等于临界值则拒绝原假设。对于上尾检验来说,如果检验统计量的值大于或等于临界值则拒绝原假设。双尾检验包含有两个临界值:一个在抽样分布的下尾区,另一个抽样分布的上尾区。在这种情况下,如果检验统计量的值小于或等于下尾的临界值或大于或等于上尾的临界值则拒绝原假设。

关键术语

原假设	第 I 类错误	p-值
备择假设	显著性水平	临界值
第 II 类错误	单尾检验	双尾检验

主要公式

总体均值的假设检验统计量：σ 已知的情况

$$z = \frac{\bar{x} - \mu_0}{\sigma/\sqrt{n}} \quad (9.1)$$

总体均值的假设检验统计量：σ 未知的情况

$$t = \frac{\bar{x} - \mu_0}{s/\sqrt{n}} \quad (9.4)$$

有关总体比例的假设检验统计量

$$z = \frac{\bar{p} - p_0}{\sqrt{\dfrac{p_0(1-p_0)}{n}}} \quad (9.6)$$

案例问题 1　Quality Associates 公司

　　Quality Associates 公司是一家咨询公司，它为客户做出能用来控制制造工艺的抽样和统计过程的建议。在某一具体的应用中，客户给了 Quality Associates 公司 800 个观测值，这些观测值是从客户满意的操作过程中抽取的，标准差为 0.21。因此，用这些数据，假设总体标准差为 0.21。然后，Quality Associates 公司建议，周期性的抽取样本容量为 30 的随机样本来检测正在进行的生产过程。通过分析新的样本客户很快就能知道生产过程是否令人满意。当生产过程没有正常运行时，就应当采取校正措施来消除问题。设计规格表明过程的均值应该为 12。Quality Associates 公司建议的假设检验如下：

$$H_0: \mu = 12$$
$$H_a: \mu \neq 12$$

拒绝 H_0 的任何时候，都要采取纠正措施。

　　下面的 4 个样本是在采用新统计操作的第一天，以每小时一次的频度搜集到的。这些数据见数据集 Quality。

样本 1	样本 2	样本 3	样本 4
11.55	11.62	11.91	12.02
11.62	11.69	11.36	12.02
11.52	11.59	11.75	12.05
11.75	11.82	11.95	12.18
11.90	11.97	12.14	12.11
11.64	11.71	11.72	12.07

（续表）

样本 1	样本 2	样本 3	样本 4
11.80	11.87	11.61	12.05
12.03	12.10	11.85	11.64
11.94	12.01	12.16	12.39
11.92	11.99	11.91	11.65
12.13	12.20	12.12	12.11
12.09	12.16	11.61	11.90
11.93	12.00	12.21	12.22
12.21	12.28	11.56	11.88
12.32	12.39	11.95	12.03
11.93	12.00	12.01	12.35
11.85	11.92	12.06	12.09
11.76	11.83	11.76	11.77
12.16	12.23	11.82	12.20
11.77	11.84	12.12	11.79
12.00	12.07	11.60	12.30
12.04	12.11	11.95	12.27
11.98	12.05	11.96	12.29
12.30	12.37	12.22	12.47
11.98	12.05	11.96	12.29
12.30	12.37	12.22	12.47
12.18	12.25	11.75	12.03
11.97	12.04	11.96	12.17
12.17	12.24	11.95	11.94
11.85	11.92	11.89	11.97
12.30	12.37	11.88	12.23
12.15	12.22	11.93	12.25

管理报告

1. 在 0.10 的显著性水平下，对每一个样本构造假设检验，并确定是否应该采取行动。给出每一个样本的检验统计量和 p-值。

2. 考虑每一个样本的标准差。假设总体标准差为 0.21 合理吗？

3. 计算样本均值 $\bar{x}$ 围绕 $\mu = 12$ 的界限，使得只要新的样本均值在这些界限的范围内，就可以认为运行过程是令人满意的。如果 $\bar{x}$ 超出了上限或者下限，就必须采取纠正措施。这些极限成为质量控制过程的上控制限和下控制限。

4. 请讨论将显著性水平的值调大会出现什么情况。如果修改了显著性水平什么错误就会增多？

案例问题 2 失业研究

美国劳动统计局每月出版系列的失业情况统计,包括失业的人数、失业的个人平均已失业时间。1998年11月,劳动统计局报告说,失业时间的平均长度为14.6周。

费城(Philadelphia)的市长要求在费城地区对失业状况做研究。抽取了50名费城的失业居民做样本,调查的数据包括年龄和失业的周数。1998年11月搜集的部分数据如下。数据文件BLS中含有全部的数据集。

年龄	失业的周数	年龄	失业的周数	年龄	失业的周数
56	2	22	11	25	12
35	19	48	6	25	1
22	7	48	22	59	33
57	37	25	5	49	26
40	18	40	20	33	13

管理报告

1. 用描述统计量汇总数据。
2. 构造费城失业居民平均年龄的95%的置信区间。
3. 构造假设检验来确定在费城失业的平均期限是否大于全国的平均期限14.6周。用0.01的显著性水平,你的结论是什么?
4. 可以识别失业年龄和失业期限的关系吗?说明理由。

第十章 两个总体均值和比例的统计推断

目 录

统计实务:菲松斯公司(FISONS CORPORATION)

10.1 两个总体均值之差的推断:σ_1 和 σ_2 已知
    10.1.1 $\mu_1 - \mu_2$ 的区间估计
    10.1.2 用 Excel 构造置信区间
    10.1.3 $\mu_1 - \mu_2$ 的假设检验
    10.1.4 用 Excel 进行假设检验
    10.1.5 实用建议

10.2 两个总体均值之差的推断:σ_1 和 σ_2 未知
    10.2.1 $\mu_1 - \mu_2$ 的区间估计
    10.2.2 用 Excel 构造置信区间

    10.2.3 $\mu_1 - \mu_2$ 的假设检验
    10.2.4 用 Excel 进行假设检验
    10.2.5 实用建议

10.3 两个总体均值之差的推断:配对样本
    用 Excel 进行假设检验

10.4 两个总体比例之差的推断
    10.4.1 $p_1 - p_2$ 的区间估计
    10.4.2 用 Excel 构造置信区间
    10.4.3 $p_1 - p_2$ 的假设检验
    10.4.4 用 Excel 进行假设检验

统计实务

菲松斯公司(FISONS CORPORATION)[*]
纽约州,罗切斯特

纽约罗切斯特菲松斯公司成立于1966年,是英国菲松斯总公司在美国的子公司。

菲松斯制药部用了大量的统计方法来研制和测试新药品。制药工业测试的过程通常包括三个阶段:(1)临床前的检测,(2)长期的使用和安全测试,以及(3)临床功效测试。在这些连续的阶段中,药物能通过严格检测的可能性在降低,但是进一步检测的成本却急剧上升。产业调查显示,一种新药品的研发要花费12年和2.5亿美元。因此,在检测的早期阶段排除不能成功的新药品显得很重要,而鉴别出有希望成功的新药品作进一步检测也同等重要。

统计在制药研究中起着重要作用,这方面政府有严格的控制。在临床前的检测中,典型的是用一次2个或3个总体的统计研究来决定新药品是否应该继续长期使用和进行安全性研究的程序。这些总体可能包含一种新药品、一种对照药品和一种标准药品。当新药品送到药理研究组进行功效评价——评价该药品有无产生预期效果的能力时,临床前的检测过程就开始了。

> 作为过程的一部分,统计学家要设计一个能用来检测新药品的试验。这个设计必须明确样本容量和统计分析方法。在两个总体的研究中,一个样本由新药品(总体 1)功效的数据组成,另一个由标准药品(总体 2)功效的数据组成。根据期望效用,在神经学、心脏病学和免疫学等学科来检测新药品和标准药品。在大多数研究中,统计方法涉及新药品和标准药品的总体均值之差的假设检验。与标准药品相比,如果新药品缺乏功效或是产生令人失望的结果,就停止而不再对其做进一步的检测。与标准药品相比,只有新药品显示出令人满意的效果,才能进入到长期使用和安全性检测的程序中。
>
> 在长期使用和安全性检测及临床试验过程中,要进一步搜集数据和进行多个总体的研究。食品与药品管理局(The Food and Drug Administration, FDA)要求在做这些检测前就要确定统计方法,以避免因数据相关而导致偏差。另外,为了避免人为偏差,一些临床试验都是在无论是调查对象还是调查者都不知道谁用的是什么药的情况下进行的。如果新药品达到所有与标准药品有关的要求,新药品的申请(NDA)就被 FDA 归档认可。这个应用要经过机构的统计学家和科学家严格审核。
>
> 本章将介绍如何对两个总体的均值和比例进行区间估计和假设检验。而这些方法将会在分析独立随机样本和配对样本中用到。

第八章和第九章介绍了如何对一个总体的均值和比例进行区间估计和假设检验。本章将讨论如何构造两个总体的区间估计和假设检验进行统计推断,其中重点是两个总体均值之差和比例之差。例如,男性总体的平均起薪和女性总体的平均起薪之差的区间估计,或是为确定在供应商 A 生产的零件这个总体中次品比例和供应商 B 生产的零件这个总体中次品比例是否存在差异,而进行假设检验。假设在两个总体标准差已知的情况下,本章以讨论如何对两个总体均值之差进行区间估计和假设检验为开端,来介绍两个总体的统计推断。

10.1 两个总体均值之差的推断:σ_1 和 σ_2 已知

设 μ_1, μ_2 分别为总体 1 和总体 2 的均值,本节的重点是均值差 $\mu_1 - \mu_2$ 的推断。为了对这个差进行推断,分别从总体 1 和总体 2 中选取一个样本容量为 n_1 和 n_2 的简单随机样本。由于这两个样本是相互独立选取的,所以它们是独立简单随机样本。本节将在假设这两个总体标准差 σ_1, σ_2 已知的前提下,选取样本并进行讨论。当 σ_1, σ_2 已知时,用下面的例子介绍如何对两个总体均值之差进行区间估计和计算边际误差。

10.1.1 $\mu_1 - \mu_2$ 的区间估计

HomeStyle 分别在城里、郊区购物中心的两个商店中出售家具。区域经理发现在一个商店很畅销的产品,在另一个商店却不是一直畅销。经理认为出现这种情况可能是因为这两个地方的顾客在统计上有差异。顾客的年龄、教育和收入等都有所不同。假设经理要对这两个商店顾客平均年龄之间的差异进行研究。

定义总体 1 为在城里商店购物的所有顾客,总体 2 为在郊区商店购物的所有顾客。

μ_1 = 总体 1 的均值(城里商店购物所有顾客的平均年龄)

μ_2 = 总体 2 的均值(郊区商店购物所有顾客的平均年龄)

两个总体均值之差为 $\mu_1 - \mu_2$。

为了估计 $\mu_1 - \mu_2$,分别从总体 1 和总体 2 中选取 n_1 和 n_2 位顾客的简单随机样本。计算这两个样本的均值。

$\bar{x}_1$ = 由 n_1 位城里商店顾客组成的简单随机样本的样本平均年龄

$\bar{x}_2$ = 由 n_2 位郊区商店顾客组成的简单随机样本的样本平均年龄

这两个样本均值之差就是这两个总体均值之差的点估计。

两个总体均值之差的点估计

$$\bar{x}_1 - \bar{x}_2 \tag{10.1}$$

图 10.1 概述了用两个独立简单随机样本来估计两个总体均值之差的过程。

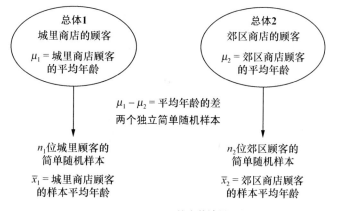

图 10.1 两总体均值之差的估计

正如其他点估计量,估计量 $\bar{x}_1 - \bar{x}_2$ 的标准误差描述了估计量抽样分布的变化程度。对于两个独立简单随机样本,$\bar{x}_1 - \bar{x}_2$ 的标准误差如下:

> $\bar{x}_1 - \bar{x}_2$ 的标准误差是 $\bar{x}_1 - \bar{x}_2$ 抽样分布的标准差。

$\bar{x}_1 - \bar{x}_2$ 的标准误差

$$\sigma_{\bar{x}_1 - \bar{x}_2} = \sqrt{\frac{\sigma_1^2}{n_1} + \frac{\sigma_2^2}{n_2}} \tag{10.2}$$

如果这两个总体都是服从正态分布或是如果样本容量足够大——由中心极限定理就可以保证 $\bar{x}_1$ 和 $\bar{x}_2$ 的抽样分布近似于正态分布,这样 $\bar{x}_1 - \bar{x}_2$ 的抽样分布将服从均值为 $\mu_1 - \mu_2$ 的正态分布。

如第八章中介绍,区间估计可由点估计加减边际误差得到。当要估计两个总体均值之差时,区间估计有如下形式:

$$\bar{x}_1 - \bar{x}_2 \pm 边际误差$$

当 $\bar{x}_1 - \bar{x}_2$ 的抽样分布服从正态分布时,边际误差可以写成:

> 边际误差 $= z_{\alpha/2} \times$ 标准误差。

$$边际误差 = z_{\frac{\alpha}{2}} \sigma_{\bar{x}_1 - \bar{x}_2} = z_{\frac{\alpha}{2}} \sqrt{\frac{\sigma_1^2}{n_1} + \frac{\sigma_2^2}{n_2}} \tag{10.3}$$

因此,两个总体均值之差的区间估计如下:

两个总体均值之差的区间估计:σ_1 和 σ_2 已知

$$\bar{x}_1 - \bar{x}_2 \pm z_{\frac{\alpha}{2}} \sqrt{\frac{\sigma_1^2}{n_1} + \frac{\sigma_2^2}{n_2}} \tag{10.4}$$

其中,置信系数为 $1-\alpha$。

再看 HomeStyle 的例子。根据对先前顾客统计调查得到的数据,假定两个总体的标准差分别为 $\sigma_1 = 9$ 年,$\sigma_2 = 10$ 年。HomeStyle 顾客的两个独立简单随机样本中选取的数据,给出如下结论。

	城里商店	郊区商店
样本容量	$n_1 = 36$	$n_2 = 49$
样本均值	$\bar{x}_1 = 40$	$\bar{x}_2 = 35$

由式(10.1),可得两个总体的平均年龄之差的点估计 $\bar{x}_1 - \bar{x}_2 = 40 - 35 = 5$。即城里商店顾客的平均年龄要比郊区商店顾客的平均年龄大 5。在 95% 置信度下,$z_{\frac{\alpha}{2}} = z_{0.025} = 1.96$,由此可得边际误差,再根据式(10.4)得

$$\bar{x}_1 - \bar{x}_2 \pm z_{\frac{\alpha}{2}} \sqrt{\frac{\sigma_1^2}{n_1} + \frac{\sigma_2^2}{n_2}}$$

$$40 - 35 \pm 1.96 \sqrt{\frac{9^2}{36} + \frac{10^2}{49}}$$

$$5 \pm 4.06$$

在 95% 置信度下,边际误差为 4.06,而两总体均值之差的置信区间为 [0.94, 9.06]。

10.1.2 用 Excel 构造置信区间

在 Excel 的数据分析工具中,并没有对两个总体均值进行区间估计的程序。但是可以通过建立一个 Excel 工作表模板来构造区间估计。以 HomeStyle 家具店研究中的两个总体均值之差的区间估计为例。具体操作参见图 10.2。背景表为公式工作表,前景表为数值工作表。

输入数据: A 列是由 36 位城里顾客组成的简单随机样本的年龄数据,B 列是由 49 位郊区顾客组成的简单随机样本的年龄数据。

输入公式和函数: 所需的描述统计量如单元格 E5:F6 中所示。已知的总体标准差见单元格 E8 和 F8。利用两个总体标准差和样本容量,在单元格 E9 中输入如下的公式:

$$= \text{SQRT}(E8^2/E5 + F8^2/F5)$$

可计算得点估计量 $\bar{x}_1 - \bar{x}_2$ 的标准误差。

由单元格 E11:E14 可以计算得合适的 z 值和误差幅度。置信系数见单元格 E11(0.95),相应

	A	B	C	D	E	F	G
1	城里	郊区		总体均值差异的区间估计:			
2	38	29		σ_1和σ_2已知			
3	46	35					
4	32	39				城里	郊区
5	23	10		样本容量		=COUNT(A2:A37)	=COUNT(B2:B50)
6	39	37		样本均值		=AVERAGE(A2:A37)	=AVERAGE(B2:B50)
7	40	52					
8	35	40		总体标准差	9		10
9	35	37		标准误差	=SQRT(E8^2/E5+F8^2/F5)		
10	36	43					
11	41	38		置信系数	0.95		
12	32	28		置信区间	=1-E11		
13	38	37		z值	=NORMSINV(1-E12/2)		
14	44	51		误差幅度	=E13*E9		
15	50	23					
16	47	25		差异的点估计	=E6-F6		
17	59	37		下限	=E16-E14		
18	38	38		上限	=E16+E14		
36	44	19					
37	62	40					
49		22					
50		47					
51							

	A	B	C	D	E	F	G
1	城里	郊区		总体均值差异的区间估计:			
2	38	29		σ_1和σ_2已知			
3	46	35					
4	32	39				城里	郊区
5	23	10		样本容量		36	49
6	39	37		样本均值		40	35
7	40	52					
8	35	40		总体标准差		9	10
9	35	37		标准误差	2.07		
10	36	43					
11	41	38		置信系数	0.95		
12	32	28		置信区间	0.05		
13	38	37		z值	1.960		
14	44	51		误差幅度	4.06		
15	50	23					
16	47	25		差异的点估计	5		
17	59	37		下限	0.94		
18	38	38		上限	9.06		
36	44	19					
37	62	40					
49		22					
50		47					
51							

图 10.2 使用 Excel 工作表在 95% 置信度下构造 HomeStyle 家具店的置信区间

注:第 19—35 和第 38—48 隐藏。

的显著性水平($\alpha = 1 - $置信系数)在单元格 E12 中计算得到;在单元格 E13 中,利用 NORMSINV 函数来计算所需的 z 值;在单元格 E14 中,误差幅度由标准误差和 z 值相乘而得。

在单元格 E16 中,两个总体均值之差的点估计由样本均值之差计算得到。置信区间的上、下限分别在单元格 E17(0.94) 和 E18(9.06) 计算出来,因此在 95% 置信度下两个总体均值之差的置信区间为 [0.94, 9.06]。

应用于其他问题的模板。当总体标准差已知时,可以将这个工作表作为模板来对总体均值之差进行区间估计。对于同类型的其他问题,首先要在 A、B 列中输入新问题的数据。为了计算新数据的样本均值和样本容量,必须对单元格 E5:F6 中用到的数据区域作相应的修改。同时,假设已知的总体标准差也要输到单元格 E8 和 F8 中。接着,点估计和在 95% 置信度下的置信区间就如单元格 E16:E18 中所示。只需修改单元格 E11 中的值,可得到不同置信度下的置信区间。

对于其他问题,为了进一步简化模板图 10.2 的使用,可以对单元格 E5:F6 中的输入作如下修改:

$$单元格\ E5: = COUNT(A:A)$$
$$单元格\ F5: = COUNT(B:B)$$
$$单元格\ E6: = AVERAGE(A:A)$$
$$单元格\ F6: = AVERAGE(B:B)$$

使用 A:A 的方法表示单元格 E5 和 E6 中指定的数据区域,Excel 的 COUNT 函数可以计算出 A 列中数值的个数,而 AVERAGE 函数可以计算出 A 列中数值的平均数。类似地,在单元格 F5 和 F6 中使用该方法,可得相应的统计量。因此,只要在 A 和 B 列中输入新数据并在单元格 E8 和 F8 中输入已知的总体标准差,就可以解答新问题。

> HomeStyle 中的数据集中包含的一个名为模板的工作表,其中就使用了 A:A 和 B:B 方法表示数据区域。

那些样本容量、样本均值和总体标准差已知的课后习题,也可以用这个模板工作表来解答。这时不用改数据,只要用已知的样本容量、样本均值和总体标准差替换单元格 E5:F6 和 E8:F8 中的原有值。而且更改单元格 E11 中的置信系数,就可以得到不同置信度下的置信区间。

10.1.3　$\mu_1 - \mu_2$ 的假设检验

此处只考虑两个总体均值之差的假设检验。用 D_0 表示 μ_1 和 μ_2 假定的差,有如下三种假设检验的形式:

$$H_0:\mu_1 - \mu_2 \geq D_0 \quad H_0:\mu_1 - \mu_2 \leq D_0 \quad H_0:\mu_1 - \mu_2 = D_0$$
$$H_a:\mu_1 - \mu_2 < D_0 \quad H_a:\mu_1 - \mu_2 > D_0 \quad H_a:\mu_1 - \mu_2 \neq D_0$$

在大多数情况下,取 $D_0 = 0$。以双尾检验为例,当 $D_0 = 0$ 时,原假设为 $H_0:\mu_1 - \mu_2 = 0$。此时,原假设为 μ_1 和 μ_2 相等。当 $H_a:\mu_1 - \mu_2 \neq 0$ 成立,即 μ_1 和 μ_2 不相等时,拒绝原假设 H_0。

第九章介绍的假设检验的步骤在这里仍适用。首先,必须确定一个显著性水平;接着,计算出检验统计量的值;然后,查表得 p-值来确定原假设是否成立。对于两个独立简单随机样本,它的点估计量 $\bar{x}_1 - \bar{x}_2$ 的标准误差 $\sigma_{\bar{x}_1 - \bar{x}_2}$ 已由式(10.2)给出,而且可以用正态分布来描述 $\bar{x}_1 - \bar{x}_2$ 的抽样分布。当 σ_1 和 σ_2 已知时,两个总体均值之差的检验统计量如下:

$\mu_1 - \mu_2$ 假设检验的检验统计量:σ_1 和 σ_2 已知

$$z = \frac{(\bar{x}_1 - \bar{x}_2) - D_0}{\sqrt{\dfrac{\sigma_1^2}{n_1} + \dfrac{\sigma_2^2}{n_2}}} \tag{10.5}$$

下面假设检验的例子中将给出这个检验统计量的用法。

为评估两个培训中心教育质量的差异,作为研究的一部分对参加培训者进行标准考试。用考试成绩平均分之差来评价这两个培训中心教育质量的差异,总体均值如下:

$\mu_1 =$ 参加 A 中心培训者的考试成绩平均分
$\mu_2 =$ 参加 B 中心培训者的考试成绩平均分

首先假设这两个培训中心的教育质量不存在差异。因此,用考试成绩的平均分来表示时,原

假设为 $\mu_1 - \mu_2 = 0$。如果由样本分析得出两个总体的考试成绩平均分不同,则拒绝原假设。这个结论表明两个中心存在质量差异,需要进一步的调查研究存在质量差异的原因。双尾检验的原假设和备择假设如下:

$$H_0 : \mu_1 - \mu_2 = 0$$
$$H_a : \mu_1 - \mu_2 \neq 0$$

在不同的环境中,以前标准考试成绩的标准差接近 10 分。因此,假定总体标准差已知,且 $\sigma_1 = \sigma_2 = 10$,并给定显著性水平 $\alpha = 0.05$。

从培训中心 A 和 B,分别选取 $n_1 = 30$ 人,$n_2 = 40$ 人的独立简单随机样本。两个样本均值分别为 $\bar{x}_1 = 82, \bar{x}_2 = 78$。这些数据能否表明这两个培训中心的总体均值存在显著性差异?为了解答这个问题,先由式(10.5)来计算检验统计量。

$$z = \frac{(\bar{x}_1 - \bar{x}_2) - D_0}{\sqrt{\frac{\sigma_1^2}{n_1} + \frac{\sigma_2^2}{n_2}}} = \frac{(82 - 78) - 0}{\sqrt{\frac{10^2}{30} + \frac{10^2}{40}}} = 1.66$$

接着,计算双尾检验的 p-值。由于检验统计量 z 位于分布的右侧尾部,故先算出在 $z = 1.66$ 右侧的面积。查标准正态分布表,得 $z = 1.66$ 左侧的面积为 0.9515。因此,分布右侧尾部的面积为 1 − 0.9515 = 0.0485。因为是双尾检验,所以 p-值 = 0.097。此时,p-值 = 0.097 大于显著性水平 $\alpha = 0.05$,故接受原假设 H_0。即这两个培训中心在教育质量上不存在显著的差异。

本章将继续用第九章中介绍的 p-值法进行假设检验。此外,当然也可以用检验统计量和临界值拒绝法则。当显著性水平 $\alpha = 0.05$ 时,$z_{\frac{\alpha}{2}} = z_{.025} = 1.96$,若 $|z| \geq 1.96$,则拒绝 H_0。由于 $z = 1.66$,故接受 H_0。

上述例子中,介绍了两个总体均值之差的双尾假设检验。这里也可以考虑右尾、左尾检验。这些单侧检验所用的检验统计量同公式(10.5),拒绝法则和 p-值的计算可以参照第九章的介绍。

10.1.4 用 Excel 进行假设检验

当 σ_1 和 σ_2 假定已知时,用 Excel 程序进行假设检验以确定在两个总体均值之间是否存在着显著性差异的这种方法,叫做 z-检验:两样本等方差。以中心 A 和中心 B 的考试成绩的样本数据为例。假定各中心考试成绩的标准差为 10 分,则两个总体的考试成绩的方差为 100。具体步骤,参见图 10.3 中的 Excel 工作表和图 10.4 中的对话框。

输入数据:A 列是由在中心 A 培训的 30 人组成的简单随机样本的考试成绩,B 列是由在中心 B 培训的 40 人组成的简单随机样本的考试成绩。

应用工具:为确定这两个中心的考试成绩是否存在显著性差异,而进行假设检验的步骤如下:
步骤 1. 选择"工具"菜单;
步骤 2. 选择"数据分析"选项;
步骤 3. 从分析工具列表中选择"z-检验:两样本等方差";
步骤 4. 当"z-检验:两样本等方差"的对话框跳出后(如图 10.4),
在"变量 1 的区域"框内输入 A1:A31,

	A	B	C	D	E	F	G
1	中心A	中心B					
2	97	64					
3	95	85					
4	89	72		z检验：两样本均值			
5	79	64					
6	78	74			中心A	中心B	
7	87	93		均值	82	78	
8	83	70		已知方差	100	100	
9	94	79		样本容量	30	40	
10	76	79		假设的差异	0		
11	79	75		z	1.6562		
12	83	66		P(Z≤z)单尾	0.0488		
13	84	83		单尾检验z值	1.6449		
14	76	74		P(Z≤z)双尾	0.0977		
15	82	70		双尾检验z值	1.9600		
16	85	82					
17	85	82					
29	88	65					
30	60	78					
31	73	66					
32		84					
40		80					
41		76					
42							

图 10.3　使用 Excel 对这两个中心考试成绩的均值相等进行假设检验

在"变量 2 的区域"框内输入 B1:B41，

在"假设平均差"框内输入 0，

在"变量 1 的方差（已知）"框内输入 100，

在"变量 2 的方差（已知）"框内输入 100，

选择"标志"，

在"α"框内输入 0.05，

选择"输出区域"并在该框中输入 D4，

单击"确定"。

描述性统计量见单元格 E7:F9 中。检验统计量的值如单元格 E11 所示，为 1.6562。检验的 p-值，记为"$P(Z<=z)$ 双尾"，见单元格 E14。因为 p-值为 0.0977 大于显著性水平 $\alpha = 0.05$，所以可以得到这两个总体的均值相同的结论。

> 这里的检验统计量值为 1.6562，与前文中只保留两位小数的 1.66 略有不同；而 p-值为 0.0977。

也可以用 z-检验：两样本等方差，进行单尾假设检验。这时只要用单尾检验的 p-值，记为"$P(Z<=z)$ 单尾"（见单元格 E12）来为假设检验作决策。

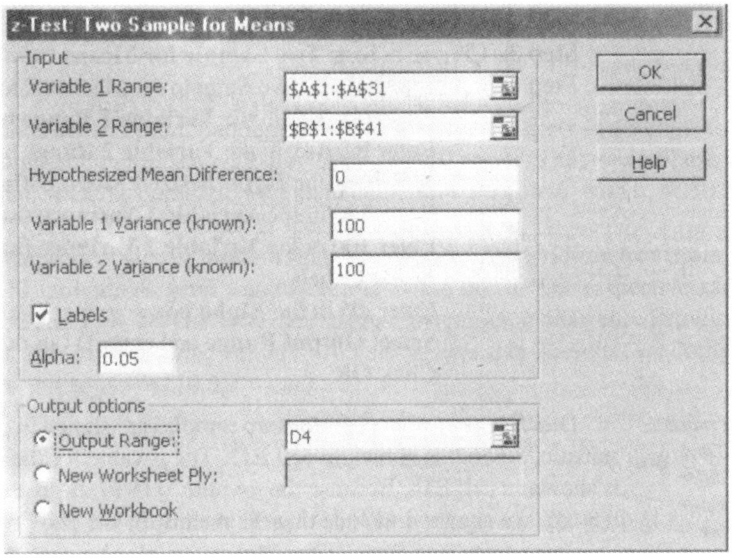

图 10.4　Excel 的 z-检验：两样本等方差的对话框

10.1.5　实用建议

本节中介绍的都是大容量($n_1 \geq 30, n_2 \geq 30$)随机样本的区间估计和假设检验。而当两个样本的容量或是其中之一小于 30 时，需要重新考虑总体分布。总之，当用较小的样本容量时，必须假设这两个总体的分布近似于正态分布。

10.2　两个总体均值之差的推断：σ_1 和 σ_2 未知

本节将在两个总体标准差 σ_1 和 σ_2 未知的情况下，介绍两个总体均值之差的推断。此时，要用样本标准差 s_1 和 s_2 来估计未知的总体标准差。当用样本标准差时，本节中的区间估计和假设检验就必须建立在 t 分布的基础上。

10.2.1　$\mu_1 - \mu_2$ 的区间估计

当 σ_1 和 σ_2 未知时，下面的例子将给出如何计算两个总体均值之差的边际误差并进行区间估计。克里尔沃特国家银行(ClearWater National Bank)为了确定其两家支行客户支票账户使用情况的差异，进行了一项研究。选取切莉格罗夫(Cherry Grove)支行的 28 个支票账户组成一个简单随机样本，毕彻蒙特(Beechmont)支行的 22 个支票账户组成另一个独立简单随机样本。每个支票账户都有当前余额的记录。账户余额总结如下：

	切莉格罗夫	毕彻蒙特
样本容量	$n_1 = 28$	$n_2 = 22$
样本均值	$\bar{x}_1 = 1\,025$ 美元	$\bar{x}_2 = 910$ 美元
样本的标准差	$s_1 = 150$ 美元	$s_2 = 125$ 美元

克里尔沃特国家银行要估计的是，这两家支行客户的支票账户平均余额之差。下面来构造这两个总体均值之差的边际误差和区间估计。

在前节中，当总体标准差 σ_1 和 σ_2 已知时，区间估计由如下形式构成：

$$\bar{x}_1 - \bar{x}_2 \pm z_{\frac{\alpha}{2}} \sqrt{\frac{\sigma_1^2}{n_1} + \frac{\sigma_2^2}{n_2}}$$

当 σ_1 和 σ_2 未知时，用样本标准差 s_1 和 s_2 来估计 σ_1 和 σ_2，并用 $t_{\frac{\alpha}{2}}$ 替换 $z_{\frac{\alpha}{2}}$。因此，有如下区间估计的形式：

> 当用 s_1 和 s_2 来估计 σ_1 和 σ_2 时，两个总体均值之差用 t 分布来推断。

两个总体均值之差的区间估计：σ_1 和 σ_2 未知

$$\bar{x}_1 - \bar{x}_2 \pm t_{\frac{\alpha}{2}} \sqrt{\frac{s_1^2}{n_1} + \frac{s_2^2}{n_2}} \tag{10.6}$$

其中，置信系数为 $1 - \alpha$。

上式中，t 分布虽然是个近似分布，但使用相对简单并且能得出很好的结论。而 $t_{\frac{\alpha}{2}}$ 自由度的确定是唯一的难题。公式如下：

自由度：两个独立随机样本的 t 分布

$$df = \frac{\left(\dfrac{s_1^2}{n_1} + \dfrac{s_2^2}{n_2}\right)^2}{\dfrac{1}{n_1 - 1}\left(\dfrac{s_1^2}{n_1}\right)^2 + \dfrac{1}{n_2 - 1}\left(\dfrac{s_2^2}{n_2}\right)^2} \tag{10.7}$$

> 该公式用图 10.5 中的工作表很容易计算。

再看克里尔沃特国家银行的例子，下面将给出在 95% 的置信度下，如何用式 (10.6) 对这两家支行总体的平均支票账户余额之差进行区间估计。选自切莉格罗夫支行的样本数据的统计量如下：$n_1 = 28$，$\bar{x}_1 = 1\,025$ 美元，$s_1 = 150$ 美元；毕彻蒙特支行的样本数据的统计量如下：$n_2 = 28$，$\bar{x}_2 = 1\,025$ 美元，$s_2 = 150$ 美元。计算 $t_{\frac{\alpha}{2}}$ 的自由度：

$$df = \frac{\left(\dfrac{s_1^2}{n_1} + \dfrac{s_2^2}{n_2}\right)^2}{\dfrac{1}{n_1 - 1}\left(\dfrac{s_1^2}{n_1}\right)^2 + \dfrac{1}{n_2 - 1}\left(\dfrac{s_2^2}{n_2}\right)^2}$$

$$= \frac{\left(\dfrac{150^2}{28} + \dfrac{125^2}{22}\right)^2}{\dfrac{1}{28 - 1}\left(\dfrac{150^2}{28}\right)^2 + \dfrac{1}{22 - 1}\left(\dfrac{125^2}{22}\right)^2} = 47.8$$

为得到一个更大的 t 值和更准确的区间估计，这里取自由度为 47。查 t 分布表，得 $t_{0.025} = 2.012$。由式 (10.6)，在 95% 置信度下的两个总体均值之差的区间估计如下：

$$\bar{x}_1 - \bar{x}_2 \pm t_{0.025} \sqrt{\frac{s_1^2}{n_1} + \frac{s_2^2}{n_2}}$$

$$1\,025 - 910 \pm 2.012 \sqrt{\frac{150^2}{28} + \frac{125^2}{22}}$$

$$115 \pm 78$$

由以上可知,两家支行总体的平均支票账户余额之差的点估计为 115 美元,边际误差为 78 美元。因此,在 95% 置信度下,两个总体均值之差的置信区间为[37,193]。

公式(10.7)中自由度的手工计算非常烦琐。不过,注意到公式(10.6)和(10.7)中都有式 s_1^2/n_1 和 s_2^2/n_2,因此这些式子只需计算一次。

> 这个建议有助于使用公式(10.7)手工计算自由度。

10.2.2 用 Excel 构造置信区间

以克里尔沃特国民银行两家支行的总体均值之差的区间估计为例。具体操作,参见图 10.5。计算公式如背景工作表中所示,所得值如前景工作表中所示。

	A	B	C	D	E	F	G
1	Cherry Grove	Beechmont		总体均值之差的区间估计:			
2	1263	996.7		σ_1和σ_2未知			
3	897	897					
4	849	912			Cherry Grove	Beechmont	
5	891	894.9		样本容量	=COUNT(A2:A29)	=COUNT(B2:B23)	
6	964	785		样本均值	=AVERAGE(A2:A29)	=AVERAGE(B2:B23)	
7	810	750.7		样本标准差	=STDEV(A2:A29)	=STDEV(B2:B23)	
8	877	882.2					
9	899	1110		方差估计	=E7^2/E5+F7^2/F5		
10	847	907.2		标准误差	=SQRT(E9)		
11	1070	1226.1					
12	1252	762.1		置信系数	0.95		
13	920	835.5		显著性水平	=1-E12		
14	1256	1048		自由度	=E9^2/((1/(E5-1))*(E7^2/E5)^2+(1/(F5-1)*(F7^2/F5)^2))		
15	1196	773.8		*t*值	=TINV(E13,E14)		
16	1150	807		误差幅度	=E15*E10		
17	1024	972					
18	1016	980		差异点估计	=E6-F6		
19	1126	876.6		下限	=E18-E16		
20	1289	943		上限	=E18+E16		
21	1220	992.7					
22	912	704.3					
23	1026	962.9					
24	786						
25	989						
26	1133						
27	990						
28	999						
29	1049						
30							

	A	B	C	D	E	F	G
1	Cherry Grove	Beechmont		总体均值之差的区间估计:			
2	1263	997		σ_1和σ_2未知			
3	897	897					
4	849	912			Cherry Grove	Beechmont	
5	891	895		样本容量	28	22	
6	964	785		样本均值	1025	910	
7	810	751		样本标准差	150	125	
8	877	882					
9	899	1110		方差估计	1513.8550		
10	847	907		标准误差	38.9083		
11	1070	1226					
12	1252	762		置信系数	0.95		
13	920	836		显著性水平	0.05		
14	1256	1048		自由度	47.8		
15	1196	774		*t*值	2.012		
16	1150	807		误差幅度	78		
17	1024	972					
18	1016	980		差异点估计	115		
19	1126	877		下限	37		
20	1289	943		上限	193		
21	1220	993					
22	912	704					
23	1026	963					
24	786						
25	989						
26	1133						
27	990						
28	999						
29	1049						
30							

图 10.5　使用 Excel 工作表在 95% 置信度下构造克里尔沃特国民银行的置信区间

输入数据: A 列是由 28 位切莉格罗夫支行的客户组成的简单随机样本的支票账户余额,B 列是由 22 位毕彻蒙特支行的客户组成的简单随机样本的支票账户余额。

输入公式和函数： 所需的描述统计量如单元格 E5:F7 中所示。利用两个样本标准差和样本容量，在单元格 E9 中输入如下公式：

$$= E7^2/E5 + F7^2/F5$$

可计算得点估计量 $\bar{x}_1 - \bar{x}_2$ 的方差。对该方差取平方根，在单元格 E10 中可得到标准误差的估计。

由单元格 E12:E16 可以计算得恰当的 t 值和边际误差。置信系数见单元格 E11（0.95），相应的显著性水平可在单元格 E13（$\alpha = 0.05$）计算得到。由式（10.7）在单元格 E14 中算出自由度（47.8）；用 TINV 函数在单元格 E15 中算得区间估计所需的 t 值。在单元格 E16 中，将标准差与 t 值相乘得到边际误差。

用单元格 E18 中的样本均值之差，来计算两个总体均值之差的点估计（115）。而置信区间的上、下限，可在单元格 E19（37）和 E20（193）算得。因此，在 95% 置信度下，两个总体均值之差的置信区间为 [37, 193]。

应用于其他问题的模板。 当总体标准差未知时，可以将这个工作表作为模板来对总体均值的差进行区间估计。对于同类型的其他问题，首先要在 A、B 列中输入新问题的数据。为计算新数据的样本均值、样本容量和样本标准差，必须对单元格 E5:F7 中用到的数据区域作相应的修改。接着，点估计和在 95% 置信度下的置信区间如单元格 E18:E20 中所示。只需修改单元格 E12 的值，即可得到不同置信度下的置信区间。

对于其他问题，为了进一步简化模板图 10.5 的使用，可以对单元格 E5:F7 中的输入作如下修改：

单元格 E5：= COUNT(A:A)

单元格 F5：= COUNT(B:B)

单元格 E6：= ANVERAGE(A:A)

单元格 F6：= ANVERAGE(B:B)

单元格 E7：= STDEV(A:A)

单元格 F7：= STDEV(B:B)

使用 A:A 的方法表示单元格 E5:E7 中指定的数据区域，而 Excel 中的 COUNT 函数可以计算出 A 列中数值的个数，AVERGE 函数可以计算出 A 列中数值的平均数以及 STDEV 函数可求得 A 列中数值的样本标准差。类似地，在单元格 F5:F7 中使用该方法，可得相应的统计量。因此，只要在 A 和 B 列中输入新数据，就可以解答新问题。

> 支票账户的数据集中包含的一个名为模板的工作表，其中就使用了 A:A 和 B:B 方法表示数据区域。

那些样本容量、样本均值和样本标准差已知的课后习题，也可以用这个模板工作表来解答。这时不用改数据，只要用已知的样本容量、样本均值和样本标准差替换单元格 E5:F5 中的原有值。而且修改单元格 E12 中的置信系数，就可以得到在其他置信度下的置信区间。

10.2.3 $\mu_1 - \mu_2$ 的假设检验

当总体标准差 σ_1 和 σ_2 未知时，考虑两个总体均值之差的假设检验。设 D_0 为 μ_1 和 μ_2 假定的差；当 σ_1 和 σ_2 已知时，上节已给出如下检验统计量：

$$z = \frac{(\bar{x}_1 - \bar{x}_2) - D_0}{\sqrt{\frac{\sigma_1^2}{n_1} + \frac{\sigma_2^2}{n_2}}}$$

检验统计量 z 服从标准正态分布。

当 σ_1 和 σ_2 未知时,分别取 s_1、s_2 为 σ_1 和 σ_2 的估计量。用这些样本标准差代替 σ_1 和 σ_2,得到如下检验统计量:

$\mu_1 - \mu_2$ 假设检验的检验统计量:σ_1 和 σ_2 未知

$$t = \frac{(\bar{x}_1 - \bar{x}_2) - D_0}{\sqrt{\frac{s_1^2}{n_1} + \frac{s_2^2}{n_2}}} \tag{10.8}$$

由公式(10.7)可得 t 的自由度。

下面在假设检验的例子中将给出这个检验统计量的用法。

考虑一个新计算机软件包的开发,以帮助系统分析员来减少设计、开发和使用信息系统的时间。为了评估这个新软件包的效益,选取 24 位系统分析员组成随机样本。其中 12 位分析员使用现有技术开发信息系统,而另外 12 位使用新软件包。

该研究中包含了两个总体:一个是由使用现有技术的系统分析员组成的总体,另一个是由使用新软件包的系统分析员组成的总体。就完成信息系统设计的时间的减少而言,总体的均值如下:

$\mu_1 =$ 由使用现有技术的系统分析员完成项目的平均时间

$\mu_2 =$ 由使用新软件包的系统分析员完成项目的平均时间

负责这个新软件包评估项目的研究者,试图说明新软件包可以减少完成项目的平均时间。因此,研究者要证明 μ_2 比 μ_1 小,即两个总体的均值之差 $\mu_1 - \mu_2$ 大于 0。构造假设检验:

$$H_0: \mu_1 - \mu_2 \leq 0$$
$$H_a: \mu_1 - \mu_2 > 0$$

给定显著性水平 $\alpha = 0.05$。

这 24 位分析员完成项目的时间,如表 10.1 所示。由公式(10.8)中的检验统计量,得

$$t = \frac{(\bar{x}_1 - \bar{x}_2) - D_0}{\sqrt{\frac{s_1^2}{n_1} + \frac{s_2^2}{n_2}}} = \frac{(325 - 286) - 0}{\sqrt{\frac{40^2}{12} + \frac{44^2}{12}}} = 2.27$$

表 10.1 软件检验研究的完成时间的数据和汇总统计量

现有技术	新软件
300	274
280	220
344	308
385	336
372	198
360	300

	现有技术	新软件
	288	315
	321	258
	376	318
	290	310
	301	332
	283	263
汇总统计量		
样本容量	$n_1 = 12$	$n_2 = 12$
样本均值	$\bar{x}_1 = 325$ 小时	$\bar{x}_2 = 286$ 小时
样本标准差	$s_1 = 40$	$s_2 = 44$

由公式(10.7)计算自由度,得

$$df = \frac{\left(\dfrac{s_1^2}{n_1} + \dfrac{s_2^2}{n_2}\right)^2}{\dfrac{1}{n_1-1}\left(\dfrac{s_1^2}{n_1}\right)^2 + \dfrac{1}{n_2-1}\left(\dfrac{s_2^2}{n_2}\right)^2} = \frac{\left(\dfrac{40^2}{12} + \dfrac{44^2}{12}\right)^2}{\dfrac{1}{12-1}\left(\dfrac{40^2}{12}\right)^2 + \dfrac{1}{12-1}\left(\dfrac{44^2}{12}\right)^2} = 21.8$$

取 t 分布的自由度为 21,t 分布表中这一行如下:

右侧尾部面积	0.20	0.10	0.05	0.025	0.01	0.005
$t(21)$ 的值	0.859	1.323	1.721	2.080	2.518	2.831

$t = 2.27$

当使用右尾检验时,p-值就是 $t = 2.27$ 右侧的面积。由上可知,p-值介于 0.025 与 0.01 之间。因此,p-值小于 $\alpha = 0.05$,故拒绝原假设 H_0。即,$\mu_1 - \mu_2 > 0$ 或 $\mu_2 < \mu_1$。亦即,使用新软件包缩短了完成项目的平均时间。

> 查 t 分布表,只可得到 p-值的范围。由 Excel,可得 p-值 = 0.0166。

10.2.4 用 Excel 进行假设检验

当 σ_1 和 σ_2 假定未知时,用 Excel 程序进行假设检验,以确定在两个总体均值之间是否存在着显著性差异的这种方法,称为 t-检验:假定两样本异方差。以软件评估研究的样本数据为例。进行单尾检验,来确定使用新软件包能否缩短完成项目的平均时间。具体步骤,参见图 10.6 中的 Excel 工作表和图 10.7 中的对话框。

输入数据:A 列是由 12 位使用现有技术的分析员组成的简单随机样本的完成时间,B 列是由 12 位使用新软件的分析员组成的简单随机样本的完成时间。

应用工具:为确定现有技术与新软件是否存在显著性差异,而进行假设检验的步骤如下:

步骤 1. 选择"工具"菜单;

步骤 2. 选择"数据分析"选项;

	A	B	C	D	E	F	G
1	现有技术	新软件		t检验：两样本异方差			
2	300	274					
3	280	220			现有技术	新软件	
4	344	308		均值	325	286	
5	385	336		方差	1599.6364	1935.8182	
6	372	198		样本容量	12	12	
7	360	300		假设的均值差	0		
8	288	315		自由度	22		
9	321	258		t统计量	2.2721		
10	376	318		P(T≤t) 单尾	0.0166		
11	290	310		t值：单尾检验	1.7171		
12	301	332		P(T≤t) 双尾	0.0332		
13	283	263		t值：双尾检验	2.0739		
14							

图 10.6 使用 Excel 对完成项目的平均时间相等进行假设检验

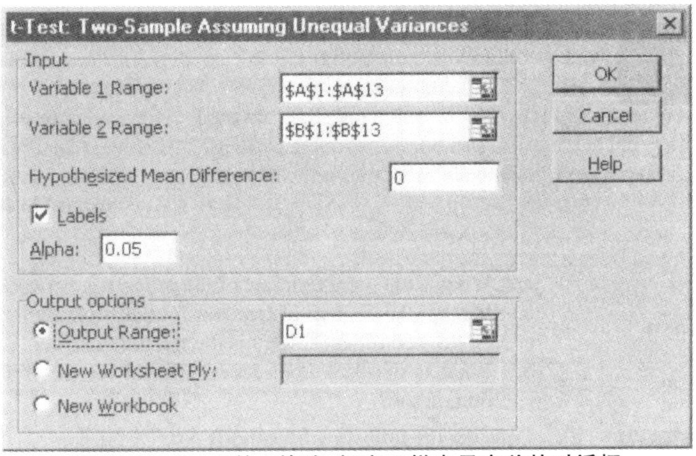

图 10.7 Excel 的 t-检验：假定两样本异方差的对话框

步骤 3. 从分析工具列表中选择"t-**检验**：假定两样本异方差"；

步骤 4. 当 t-检验：假定两样异方差的对话框跳出后（如图 10.4），

在"**变量 1 的区域**"框内输入 A1:A13，

在"**变量 2 的区域**"框内输入 B1:B13，

在"**假设平均差**"框内输入 0，

选择"**标志**"，

在"α"框内输入 0.05，

选择"**输出区域**"再在该框中输入 D1，

单击"**确定**"。

这两个样本的描述性统计量见单元格 E4:F6 中。检验统计量的值，如单元格 E9 所示，为 2.2721。检验的 p-值，记为"$P(T<=t)$ 单尾"，见单元格 E10。因为 p-值为 0.0166 小于显著性水平 $\alpha=0.05$，所以可以得到使用新软件包总体的平均完成时间较小的结论。

也可以用 t-检验：假定两样本异方差，进行双尾假设检验。这时只要用双尾检验的 p-值，记为

"$P(T<=t)$ 双尾"(见单元格 E12)来为假设检验作决策。

10.2.5 实用建议

本节介绍的区间估计和假设检验可用于较小容量的样本。一般地,两个样本的容量相等或是相近,使得总样本容量 $n_1+n_2 \geq 20$ 时,即使它们不是正态,也可以得出很好的结论。然而,当总体分布是高度偏态或包含异常值时,就需要较大的样本容量。只有当总体分布至少是近似正态时,才采用较小的样本容量。

注释与评论

当 σ_1 和 σ_2 未知时,对两个总体均值之差做推断的另一个做法:假定两个总体的标准差相等($\sigma_1 = \sigma_2 = \sigma$)。由该假设,可将两个样本的标准差合并,得到如下合并样本方差:

$$s_p^2 = \frac{(n_1-1)s_1^2 + (n_2-1)s_2^2}{n_1+n_2-2}$$

t 检验统计量变为

$$t = \frac{(\bar{x}_1 - \bar{x}_2) - D_0}{s_p\sqrt{\frac{1}{n_1}+\frac{1}{n_2}}}$$

且自由度为 n_1+n_2-2。这里 p-值的计算和对样本结论的说明与本节中前面介绍的相同。

这种做法的缺陷是,一般两个总体的标准差是不相等的,比较常见的是两个总体的标准差不相等。而且如果样本容量 n_1 和 n_2 相差较大,通过合并可能得不到好的结果。

本节介绍的 t 检验,不管两个总体的标准差是否相等都适用。它是比较常规的方法,使用范围广。

10.3 两个总体均值之差的推断:配对样本

假定制造企业的员工可以用两种方法完成生产任务。为使生产量最大化,该企业要确定总体的平均完工时间较短的方法。设 μ_1 为生产方法 1 总体的平均完工时间,μ_2 为生产方法 2 总体的平均完工时间。由于没有初步迹象表明哪种方法好,假定这两个总体的平均完工时间相等。因此,原假设为 $H_0: \mu_1 - \mu_2 \leq 0$。若原假设被拒绝,则总体的平均完工时间不同。这时,就可以用完工时间更短的方法进行生产。原假设和备择假设如下:

$$H_0: \mu_1 - \mu_2 \leq 0$$
$$H_a: \mu_1 - \mu_2 > 0$$

在选择用于搜集生产时间数据和假设检验的抽样过程时,有两种可选设计。一种是基于**独立样本**(independent samples),另一种是基于**配对样本**(matched samples)。

1. 独立样本设计:选取一些使用方法 1 的员工,组成一个简单随机样本;选取一些使用方法 2 的员工,组成另一个简单随机样本。用前节介绍的过程,检验两个总体均值之差。
2. 配对样本设计:选取一个由员工组成的简单随机样本。每个员工都使用这两种方法。员工使用这两种方法的顺序是随机指定的,一些员工先用方法1,而另一些先用方法2。每个员工都有一对数值,一个值是使用方法1的完工时间,另一个使用方法2的完工时间。

在配对样本设计中,两种生产方法是在相同的条件(即相同的员工)下进行检验。因此,这种方法的抽样误差要比独立样本设计的更小。主要原因是:配对样本设计用同一个员工使用这两种生产方法消除了员工的差异。

下面通过检验这两种生产方法的总体均值之差,来分析配对样本设计。使用由6名员工组成的随机样本,他们的完工时间如表10.2所示。其中,每名员工都有一对数值,各表示使用一种方法的完工时间,最后一列为样本中每名员工的完工时间之差 d_i。

表 10.2　配对样本方案的完工时间

员工	使用方法1的完工时间(分钟)	使用方法2的完工时间(分钟)	完工时间之差(d_i)(分钟)
1	6.0	5.4	0.6
2	5.0	5.2	−0.2
3	7.0	6.5	0.5
4	6.2	5.9	0.3
5	6.0	6.0	0.0
6	6.4	5.8	0.6

分析配对样本设计的关键,就是考虑差的列。因此,这里就用这6个值(0.6,−0.2,0.5,0.3,0 和 0.6)来分析两种生产方法的总体均值之差。

设 μ_d = 员工总体差值的平均值。建立原假设和备择假设如下:

$$H_0: \mu_d = 0$$
$$H_a: \mu_d \neq 0$$

如果拒绝原假设 H_0,那么总体的平均完工时间不同。

符号 d 为配对样本数据的差值。表10.2中6个差值的样本均值和样本标准差如下:

> 除了使用符号 d,样本均值和样本标准差的公式和前文中一致。

$$\bar{d} = \frac{\sum d_i}{n} = \frac{1.8}{6} = 0.30$$

$$s_d = \sqrt{\frac{s\sum (d_i - \bar{d})^2}{n-1}} = \sqrt{\frac{0.56}{5}} = 0.3347$$

由于是只有6名员工的小样本,故为便于用 t 分布进行假设检验和区间估计,这里必须假定差值的总体服从正态分布。

根据这个假设,自由度为 $n-1$ 的 t 分布的检验统计量如下。

> 如果样本容量大时,就没必要假设总体服从正态分布。第八章和第九章已介绍了使用 t 分布的样本容量准则。

配对样本假设检验的检验统计量

$$t = \frac{\bar{d} - \mu_d}{s_d / \sqrt{n}} \quad (10.9)$$

给定 $\alpha = 0.05$，由公式(10.9)检验假设 $H_0:\mu_d = 0$ 和 $H_a:\mu_d \neq 0$。将样本结论 $\bar{d} = 0.30$、$s_d = 0.3347$ 以及 $n = 6$ 代入到公式(10.9)，得

$$t = \frac{\bar{d} - \mu_d}{s_d/\sqrt{n}} = \frac{0.30 - 0}{0.3347/\sqrt{6}} = 2.20$$

> 只要算得差值，配对样本的 t 分布过程如同第八章和第九章介绍的一个总体的估计和假设检验。

接着，计算双尾检验的 p-值。因 $t = 2.20 > 0$，故检验统计量在 t 分布的右侧尾部。由自由度 = $n - 1 = 6 - 1 = 5$，查 t 分布表可得 $t = 2.20$ 右侧尾部的面积。t 分布表中，自由度为 5 所对应行的值如下：

右侧尾部面积	0.20	0.10	0.05	0.025	0.01	0.005
$t(5)$ 的值	0.920	1.476	2.015	2.571	3.365	4.032

$t = 2.20$

由此可知，右侧尾部的面积介于 0.025 和 0.05 之间。因为是双尾检验，所以 p-值介于 0.05 和 0.10 之间，则由 p-值大于 $\alpha = 0.05$。因此，接受原假设 $H_0:\mu_d = 0$。用表 10.2 中的数据，由 Excel 可得 p-值为 0.0795。

用第八章中介绍的单个总体的方法，同样可以得到两个总体均值之差的区间估计。在 95% 置信度下，计算如下：

$$\bar{d} \pm t_{0.025} \frac{s_d}{\sqrt{n}}$$

$$0.3 \pm 2.571 \left(\frac{0.3347}{\sqrt{6}}\right)$$

$$0.3 \pm 0.35$$

因此，在 95% 置信度下，边际误差为 0.35，两种生产方法总体均值之差的置信区间为 [-0.05, 0.65] 分钟。

用 Excel 进行假设检验

当使用配对样本设计时，可以用 Excel 的"t-检验：均值的成对双样本"工具检验总体均值之差。以两种生产方法的假设检验为例。具体操作步骤，参见图 10.8 中的 Excel 工作表和图 10.9 中的对话框。

输入数据：A 列是研究对象的 6 名员工；B、C 列中的分别是每名员工使用方法 1、方法 2 的完工时间。

应用工具：以下步骤介绍了如何用 Excel 的"t-检验：均值的成对双样本"工具，对两种方法的总体均值之差进行假设检验。

步骤 1. 选择"工具"菜单；

步骤 2. 选择"数据分析"选项；

步骤 3. 在分析工具列表中，选择"t-检验：均值的成对双样本"；

	A	B	C	D	E	F	G	H
1	员工	方法1	方法2		t检验:均值的成对双样本			
2	1	6	5.4					
3	2	5	5.2			方法1	方法2	
4	3	7	6.5		均值	6.1	5.8	
5	4	6.2	5.9		方差	0.428	0.212	
6	5	6	6		样本容量	6	6	
7	6	6.4	5.8		相关系数	0.8764		
8					假设的均值差	0		
9					自由度	5		
10					t统计量	2.196		
11					P(T≤t)单尾	0.0398		
12					t值单尾	2.015		
13					P(T≤t)双尾	0.0795		
14					t值双尾	2.571		
15								

图 10.8　使用 Excel 对配对样本研究进行假设检验

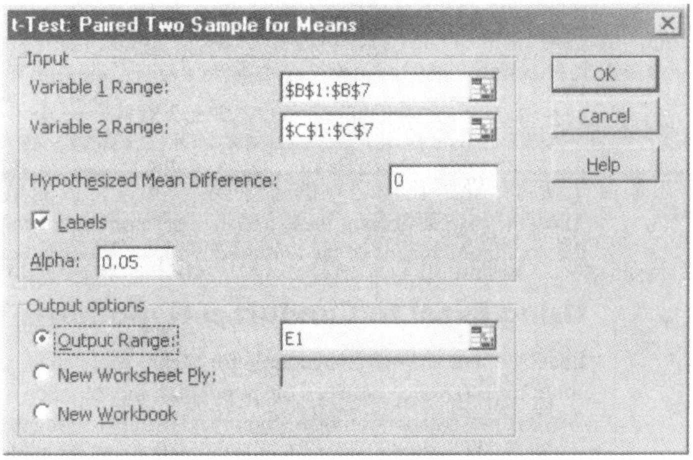

图 10.9　t-检验:均值的成对双样本的对话框

步骤 4. 当"t-检验:均值的成对双样本"的对话框跳出后(见,图 10.9),

在"变量 1 的区域"框中输入 B1:B7,

在"变量 2 的区域"框中输入 C1:C7,

在"假定的均值差"框中输入 0,

选择"标志",

在"α"框中输入 0.05,

选择"输出范围",

在"输出范围"框中输入 E1(结果将出现在工作表中的左上角),

单击"确定"。

结果见图 10.8 的工作表单元格 E1:G14。检验的 p-值,记为 $P(T<=t)$ 双尾,见单元格 F13。因为 p-值为 0.0795 大于显著性水平 $\alpha=0.05$,故接受原假设,即平均完工时间相等。

也可以用该方法进行单尾假设检验。这时只要用单尾检验的 p-值,记为"$P(T<=t)$ 单尾"

（见单元格 F11）来为假设检验作决策。

注释与评论

1. 在本节的例子中，员工都使用这两种方法完成生产任务。这个例子说明了配对样本设计中的元素（员工）都有一对数值。它们也可以是不同但"类似"元素的成对数值。例如，两个不同位置的两个相似的员工（年龄、教育、性别和经验等相似）。这两个员工的不同数据可以用来做配对样本分析。

2. 两个总体均值推断的配对样本方法比独立样本方法更精确，因此，它更为适用。不过，在一些应用中得不到配对，或者是配对要消耗的时间和成本过高。在这种情况下，就只能使用独立样本设计。

10.4 两个总体比例之差的推断

设 p_1 为总体 1 的比例，p_2 为总体 2 的比例。考虑两个总体比例之差 $p_1 - p_2$ 的推断。为了推断对这个差，分别从总体 1、总体 2 中选取了样本容量为 n_1 和 n_2 的两个独立随机样本。

10.4.1 $p_1 - p_2$ 的区间估计

下面的例子将给出如何计算两个总体比例之差的边际误差，并进行区间估计。

一家税务筹划公司，有意比较它的两个区域办公室的工作效率随机地从每个办公室抽取了一些税收申报单作为样本，并核对了税收申报的准确性。然后，估计各办公室中错误申报单的比例，且特别关注它们的差。

p_1 = 总体 1 中错误申报单的比例（办公室 1）
p_2 = 总体 2 中错误申报单的比例（办公室 2）
$\bar{p}_1$ = 总体 1 的一个简单随机样本中错误申报单的比例
$\bar{p}_2$ = 总体 2 的一个简单随机样本中错误申报单的比例

两个总体比例之差为 $p_1 - p_2$，它的点估计如下。

两个总体比例之差的点估计

$$\bar{p}_1 - \bar{p}_2 \tag{10.10}$$

即，两个总体比例之差的点估计量，就是它们的两个独立简单随机样本比例之差。

正如别的点估计量，点估计量 $\bar{p}_1 - \bar{p}_2$ 的抽样分布，反映了重复取这两个独立随机样本时，$\bar{p}_1 - \bar{p}_2$ 的可能值。抽样分布的均值为 $p_1 - p_2$，标准误差如下：

> 涉及比例的样本容量往往足够大，可以保证这个近似分布。

$$\sigma_{\bar{p}_1 - \bar{p}_2} = \sqrt{\frac{p_1(1-p_1)}{n_1} + \frac{p_2(1-p_2)}{n_2}} \tag{10.11}$$

若样本容量足够大，且可以保证 $n_1 p_1$、$n_1(1-p_1)$、$n_2 p_2$ 和 $n_2(1-p_2)$ 都不小于 5，则 $\bar{p}_1 - \bar{p}_2$ 的抽样分布就可近似视为正态分布。

在估计两个总体比例之差时,区间估计有如下形式:

$$\bar{p}_1 - \bar{p}_2 \pm 边际误差$$

当将 $\bar{p}_1 - \bar{p}_2$ 的抽样分布近似视为正态分布时,边际误差为 $z_{\alpha/2}\sigma_{\bar{p}_1-\bar{p}_2}$。然而,由于公式(10.11)中的 $\sigma_{\bar{p}_1-\bar{p}_2}$,包含两个总体的比例 p_1、p_2 未知。因此,这里分别用 $\bar{p}_1$ 和 $\bar{p}_2$ 来估计 p_1 和 p_2。则由

$$边际误差 = z_{\alpha/2}\sqrt{\frac{\bar{p}_1(1-\bar{p}_1)}{n_1} + \frac{\bar{p}_2(1-\bar{p}_2)}{n_2}} \tag{10.12}$$

而两个总体比例之差的区间估计的一般形式如下:

两个总体比例之差的区间估计

$$\bar{p}_1 - \bar{p}_2 \pm z_{\alpha/2}\sqrt{\frac{\bar{p}_1(1-\bar{p}_1)}{n_1} + \frac{\bar{p}_2(1-\bar{p}_2)}{n_2}} \tag{10.13}$$

给定置信系数 $1-\alpha$。

再看税务筹划例子,取自两个办公室的独立简单随机样本给出了如下数据。

办公室 1	办公室 2
$n_1 = 250$	$n_2 = 300$
错误申报单数 = 35	错误申报单数 = 27

两个办公室的样本比例如下

$$\bar{p}_1 = \frac{35}{250} = 0.14$$

$$\bar{p}_2 = \frac{27}{300} = 0.09$$

则,两个总体的错误税收申报单比例之差的点估计为 $\bar{p}_1 - \bar{p}_2 = 0.14 - 0.09 = 0.05$。由此估计办公室 1 的错误率比办公室 2 高 5%。

两个总体比例之差的边际误差和区间估计,可由式(10.13)算得。在 90% 置信度下,$z_{\alpha/2} = z_{0.05} = 1.645$,由

$$\bar{p}_1 - \bar{p}_2 \pm z_{\alpha/2}\sqrt{\frac{\bar{p}_1(1-\bar{p}_1)}{n_1} + \frac{\bar{p}_2(1-\bar{p}_2)}{n_2}}$$

$$0.14 - 0.09 \pm 1.645\sqrt{\frac{0.14(1-0.14)}{250} + \frac{0.09(1-0.09)}{300}}$$

$$0.05 \pm 0.45$$

可知,在 90% 置信度下,边际误差为 0.045、置信区间为 [0.005, 0.095]。

10.4.2 用 Excel 构造置信区间

这里将创建工作表对总体比例之差进行区间估计。以税务筹划公司的两个办公室的错误税收申报单比例之差的区间估计为例,具体操作参见图 10.10。计算公式如背景工作表中所示,所得值如前景工作表中所示。

输入数据:A、B 列中的"是"和"否",表示各办公室的税收申报单是否有误。

264 基于 Excel 的商务与经济统计

	A	B	C	D	E	F	G
1	办公室1	办公室2			总体比例差异的		
2	否	否			区间估计		
3	否	否					
4	否	否			办公室1	办公室2	
5	否	否		样本容量	=COUNTA(A2:A251)	=COUNTA(B2:B301)	
6	否	否		感兴趣的回答	是	是	
7	是	否		回答数量	=COUNTIF(A2:A251,E6)	=COUNTIF(B2:B301,F6)	
8	否	否		样本比例	=E7/E5	=F7/F5	
9	否	否					
10	否	否		置信系数	0.9		
11	否	否		显著性水平	=1-E10		
12	否	否		z值	=NORMSINV(1-E11/2)		
13	否	否					
14	否	否		标准误差	=SQRT(E8*(1-E8)/E5+F8*(1-F8)/F5)		
15	否	否		误差幅度	=E12*E14		
16	否	否					
17	否	是		差异的点估计	=E8-F8		
18	是	否		下限	=E17-E15		
19	否	否		上限	=E17+E15		
250	是	否					
251	否	否					
300		否					
301		否					
302							

	A	B	C	D	E	F	G
1	办公室1	办公室2			总体比例差异的		
2	否	否			区间估计		
3	否	否					
4	否	否			办公室1	办公室2	
5	否	否		样本容量	250	300	
6	否	否		感兴趣的回答	是	是	
7	是	否		回答数量	35	27	
8	否	否		样本比例	0.14	0.09	
9	否	否					
10	否	否		置信系数	0.9		
11	否	否		显著性水平	0.1		
12	否	否		z值	1.645		
13	否	否					
14	否	否		标准误差	0.0275		
15	否	否		误差幅度	0.0452		
16	否	否					
17	否	是		差异的点估计	0.05		
18	是	否		下限	0.0048		
19	否	否		上限	0.0952		
250	是	否					
251	否	否					
300		否					
301		否					
302							

图 10.10　在 90% 置信度下，构建两个办公室的错误税收申报单比例之差的置信区间

注：第 20—249 行和第 252—299 行隐藏。

输入函数和公式：所需的描述性统计量，见单元格 E5:F5 和单元格 E7:F8。用单元格 E5 和 F5 中的 COUNTA 函数，计算各样本的观测次数。在相应返回值的工作表中，选自办公室 1 样本的观测次数显示 250，而办公室 2 样本的观测次数显示 300。单元格 E6 和 F6 中的"是"，是错误申报单的返回值。并用单元格 E7 和 F7 中的 COUNTIF 函数，计算各办公室中"是"的个数。而用单元格 E8 和 F8 中的公式，计算样本比例。单元格 E10 中的置信系数（0.9），用来计算单元格 E11 中相应的显著性水平（$\alpha = 0.10$）。单元格 E12 中用 NORMSINV 函数来求出 z 值，用于计算区间估计中的误差幅度。

425　　由单元格 E8 和 F8 中的样本比例和单元格 E5 和 F5 中的样本容量，在单元格 E14 中可计算出点估计量 $\bar{p}_1 - \bar{p}_2$ 的标准误差 $\sigma_{\bar{p}_1 - \bar{p}_2}$ 的点估计。在单元格 E15 中，将标准误差和 z 值相乘得误差幅度。

两个总体比例之差的估计量——样本比例之差可在单元格 E17 中计算得到,它的结果如返回值的工作表中所示,为 0.05。单元格 E19 和 E18 中的置信区间的上、下限,由点估计加减边际误差得到。如返回值的工作表中所示,在 90% 置信度下,两个总体比例之差的置信区间为 [0.0048, 0.0952]。

应用于其他问题的模板。当其他求两个总体比例之差的区间估计的问题时,这个工作表可以作为模板。首先,在 A、B 列中输入新数据;然后,使用新数据时,修正用来计算样本容量和求返回目标值个数的数据区域;最后,在单元格 E6:F6 中规定好目标返回值,就可以在单元格 E17:E19 中,得到在 90% 置信度下的置信区间。只要修改单元格 E10 中的值,即可得不同置信度下的区间估计。

也可以用这个工作表模板,来解答课后那些有汇总样本数据的习题。不需更改数据,只要将已知的样本容量输入到单元格 E5:F5 中、样本比例输入到单元格 E8:F8 中,在单元格 E17:E19 就可得到置信区间。并且只要修改单元格 E10 中的值,可得不同置信度下的区间估计。

10.4.3 $p_1 - p_2$ 的假设检验

考虑两个总体比例之差的假设检验,重点是对两个总体比例相等性的检验。在这种情况下,假设检验的三种形式如下:

$H_0: p_1 - p_2 \geq 0$　　$H_0: p_1 - p_2 \leq 0$　　$H_0: p_1 - p_2 = 0$
$H_a: p_1 - p_2 < 0$　　$H_a: p_1 - p_2 > 0$　　$H_a: p_1 - p_2 \neq 0$

> 在全部的假设中,目标返回值个数之差为 0。

当原假设 H_0 成立时,即 $p_1 - p_2 = 0$。亦即,总体的比例相等 $p_1 = p_2$。

由点估计量 $\bar{p}_1 - \bar{p}_2$ 的抽样分布来确定检验统计量。公式(10.11)中,$\bar{p}_1 - \bar{p}_2$ 的标准误差如下:

$$\sigma_{\bar{p}_1-\bar{p}_2} = \sqrt{\frac{p_1(1-p_1)}{n_1} + \frac{p_2(1-p_2)}{n_2}}$$

在原假设 H_0 成立的前提下,两个总体的比例相等,即 $p_1 = p_2 = p$。由此,$\sigma_{\bar{p}_1-\bar{p}_2}$ 改写成

$$\sigma_{\bar{p}_1-\bar{p}_2} = \sqrt{\frac{p(1-p)}{n_1} + \frac{p(1-p)}{n_2}} = \sqrt{p(1-p)\left(\frac{1}{n_1} + \frac{1}{n_2}\right)} \tag{10.14}$$

由于 p 未知,合并两个样本的点估计量($\bar{p}_1$ 和 $\bar{p}_2$),得 p 的单个点估计量如下

$$\bar{p} = \frac{n_1 \bar{p}_1 + n_2 \bar{p}_2}{n_1 + n_2} \tag{10.15}$$

这个 p 的合并估计量就是 $\bar{p}_1$ 和 $\bar{p}_2$ 的加权平均。

用 $\bar{p}$ 替换公式(10.14)中的 p,得到 $\bar{p}_1 - \bar{p}_2$ 标准误差的估计。检验统计量中就包含了这个标准误差,这两个总体比例之差的检验统计量的一般形式就是 $\sigma_{\bar{p}_1-\bar{p}_2}$ 的估计除点估计量。

$p_1 - p_2$ 假设检验的检验统计量

$$z = \frac{\bar{p}_1 - \bar{p}_2}{\sqrt{\bar{p}(1-\bar{p})\left(\frac{1}{n_1} + \frac{1}{n_2}\right)}} \tag{10.16}$$

该检验统计量适用于大样本的情况,即当 $n_1 p_1$、$n_1(1-p_1)$、$n_2 p_2$ 和 $n_2(1-p_2)$ 都大于或等于 5 时。再看税务筹划公司的例子,假设该公司为确定两个办公室的错误比例是否相同进行假设检

验。双尾检验的原假设和备择假设如下：

$$H_0: p_1 - p_2 = 0$$
$$H_a: p_1 - p_2 \neq 0$$

若拒绝原假设 H_0，公司就可以得到这两个办公室的错误率不同的结论。给定显著性水平 $\alpha = 0.10$。

由从办公室 1 抽取的 250 份申报单样本数据得到 $\bar{p}_1 = 0.14$、办公室 2 抽取的 300 份申报单样本数据得到 $\bar{p}_2 = 0.09$，计算 p 的合并点估计

$$\bar{p} = \frac{n_1 \bar{p}_1 + n_2 \bar{p}_2}{n_1 + n_2} = \frac{250(0.14) + 300(0.09)}{250 + 300} = 0.1127$$

根据合并点估计和样本比例之差，检验统计量的值如下：

$$z = \frac{\bar{p}_1 - \bar{p}_2}{\sqrt{p(1-p)\left(\frac{1}{n_1} + \frac{1}{n_2}\right)}} = \frac{(0.14 - 0.09)}{\sqrt{0.1127(1 - 0.1127)\left(\frac{1}{250} + \frac{1}{300}\right)}} = 1.85$$

在计算双尾检验的 p-值前，首先必须注意到 $z = 1.85$ 位于标准正态分布的右侧尾部。由 $z = 1.85$，查正态分布表，得右侧尾部的面积为 $(1 - 0.9678) = 0.0322$。因此，可得 p-值为 0.0644。由于 p-值小于显著性水平 $\alpha = 0.10$，故拒绝原假设 H_0，即两个办公室的错误率不同。假设检验的结论和前面在 90% 置信度下的置信区间的结论一致。

10.4.4 用 Excel 进行假设检验

这里将创建工作表对两个总体比例之差进行假设检验。以检验税务筹划公司的两个办公室的错误申报单的比例是否存在显著性差异为例。详细步骤参见图 10.11。背景是公式工作表，前景是数值工作表。

输入数据：A、B 列中的"是"和"否"，表示各办公室的税收申报单是否有误。

输入函数和公式：所需的描述性统计量，见单元格 E5:F6 和单元格 E7:F8。与区间估计所用的相同，见图 10.10。两个总体比例之差的假设值，如单元格 E10 所示，为 0。用单元格 E11 中的样本比例之差，来计算两个总体比例之差的点估计。由两个样本的比例和样本容量，在单元格 E13 中可计算得到总体比例 p 的合并估计，它的值为 0.1127。然后，将 p 的合并估计和样本容量代入公式(10.14)，在单元 E14 中算得 $\sigma_{\bar{p}_1 - \bar{p}_2}$ 的估计。

由单元格 E15 中的公式(E11 - E10)/E14，可得检验统计量 $z(1.8462)$。分别在单元格 E17 和 E18 中，由函数 NORMSDIST 计算得到 p-值(左尾)和 p-值(右尾)。在单元格 E19 中，根据 2 倍的单尾 p-值中较小的值得 p-值(双尾)。如返回值的工作表所示，p-值(双尾)为 0.0649。因为该值小于显著性水平 $\alpha = 0.10$，故拒绝原假设 H_0，即两个办公室的错误率不同。

这个工作表模板也可以用来解答课后的那些涉及总体比例之差的假设检验的习题。首先，必须在 A、B 列中输入新数据。其次，在单元格 E5:E7 中输入新数据的区域和目标返回值。工作表中剩余的数据会在假设检验时按照要求自动更新。

> 由于取舍，这里的 p-值(0.649)与正态概率表中的(0.644)不同。

只需在单元格 E5:F5 和单元格 E7:F8 中输入给定的值，就可以利用这个工作表来完成那些样本统计量已给定的习题。工作表中剩余的数据会根据假设检验进行自动更新。若假定的差不为 0

	A	B	C	D	E	F	G
1	办公室1	办公室2			总体比例之差的		
2	否	否			假设检验		
3	否	否					
4	否	否			办公室1	办公室2	
5	否	否		样本容量	=COUNTA(A2:A251)	=COUNTA(B2:B301)	
6	否	否		感兴趣的回答	是	是	
7	是	否		回答数	=COUNTIF(A2:A251,E6)	=COUNTIF(B2:B301,F6)	
8	否	否		样本比例	=E7/E5	=F7/F5	
9	否	否					
10	否	否		假设值	0		
11	否	否		差异点估计	=E8-F8		
12	否	否					
13	否	否		p的合并估计	=(E5*E8+F5*F8)/(E5+F5)		
14	否	否		标准误差	=SQRT(E13*(1-E13)*(1/E5+1/F5))		
15	否	否		检验统计量	=(E11-E10)/E14		
16	否	否					
17	否	是		p值（左尾）	=NORMSDIST(E15)		
18	是	否		p值（右尾）	=1-NORMSDIST(E15)		
19	否	否		p值（双尾）	=2*MIN(E17,E18)		
250	是	否					
251	否	否					
300		否					
301		否					
302							

	A	B	C	D	E	F	G
1	办公室1	办公室2			总体比例之差的		
2	否	否			假设检验		
3	否	否					
4	否	否			办公室1	办公室2	
5	否	否		样本容量	250	300	
6	否	否		感兴趣的回答	是	是	
7	是	否		回答数	35	27	
8	否	否		样本比例	0.14	0.09	
9	否	否					
10	否	否		假设值	0		
11	否	否		差异点估计	0.05		
12	否	否					
13	否	否		p的合并估计	0.1127		
14	否	否		标准误差	0.0271		
15	否	否		检验统计量	1.8462		
16	否	否					
17	否	是		p值（左尾）	0.9676		
18	是	否		p值（右尾）	0.0324		
19	否	否		p值（双尾）	0.0649		
250	是	否					
251	否	否					
300		否					
301		否					
302							

图 10.11　两个办公室错误申报单的比例之差的假设检验

注：第 20—249 行和第 252—299 行隐藏。

时，必须在单元格 E10 中做相应的修改。

本章小结

本章讨论了两个总体的区间估计和假设检验。首先，介绍了当独立简单随机样本已选定、总体标准差 σ_1 和 σ_2 已知时，如何推断两个总体均值之差。用标准正态分布 z 来构造区间估计，并以此作为假设检验的检验统计量。接着，考虑总体标准差未知时，用样本标准差 s_1 和 s_2 来代替总体标准差。在这种情况下，用 t 分布来构造区间估计并以此作为假设检验的检验统计量。

然后，讨论了如何用配对样本设计，来推断两个总体均值之差。配对样本设计中的每个元素都有一对数值，各数值来自不同的总体。在统计分析中，用到成对数据的差。由于配对样本过程提高了估计的精度,因此,它更适用于独立简单样本。

最后,讨论了两个总体比例之差的区间估计和假设检验。分析两个总体比例之差的统计过程,与分析两个总体均值之差的过程相似。

本章中还介绍了如何用 Excel 来构造区间估计,进行假设检验。许多工作表可以作为模板,用来解决现实中遇到的问题以及课后的习题和案例。

关键术语

独立样本　　　　　　　配对样本　　　　　　　p 的合并估计量

主要公式

两个总体均值之差的点估计量
$$\bar{x}_1 - \bar{x}_2 \tag{10.1}$$

$\bar{x}_1 - \bar{x}_2$ 的标准误差
$$\sigma_{\bar{x}_1-\bar{x}_2} = \sqrt{\frac{\sigma_1^2}{n_1} + \frac{\sigma_2^2}{n_2}} \tag{10.2}$$

两个总体均值之差的区间估计:σ_1 和 σ_2 已知
$$\bar{x}_1 - \bar{x}_2 \pm z_{\alpha/2} \sqrt{\frac{\sigma_1^2}{n_1} + \frac{\sigma_2^2}{n_2}} \tag{10.4}$$

$\mu_1 - \mu_2$ 假设检验的检验统计量:σ_1 和 σ_2 已知
$$z = \frac{(\bar{x}_1 - \bar{x}_2) - D_0}{\sqrt{\frac{\sigma_1^2}{n_1} + \frac{\sigma_2^2}{n_2}}} \tag{10.5}$$

两个总体均值之差的区间估计:σ_1 和 σ_2 未知
$$\bar{x}_1 - \bar{x}_2 \pm t_{\alpha/2} \sqrt{\frac{s_1^2}{n_1} + \frac{s_2^2}{n_2}} \tag{10.6}$$

自由度:两个独立随机样本的 t 分布
$$df = \frac{\left(\frac{s_1^2}{n_1} + \frac{s_2^2}{n_2}\right)^2}{\frac{1}{n_1-1}\left(\frac{s_1^2}{n_1}\right)^2 + \frac{1}{n_2-1}\left(\frac{s_2^2}{n_2}\right)^2} \tag{10.7}$$

$\mu_1 - \mu_2$ 假设检验的检验统计量:σ_1 和 σ_2 未知
$$t = \frac{(\bar{x}_1 - \bar{x}_2) - D_0}{\sqrt{\frac{s_1^2}{n_1} + \frac{s_2^2}{n_2}}} \tag{10.8}$$

配对样本假设检验的检验统计量
$$t = \frac{\bar{d} - \mu_d}{s_d/\sqrt{n}} \tag{10.9}$$

两个总体比例之差的点估计
$$\bar{p}_1 - \bar{p}_2 \tag{10.10}$$

$\bar{p}_1 - \bar{p}_2$ 的标准误差
$$\sigma_{\bar{p}_1-\bar{p}_2} = \sqrt{\frac{p_1(1-p_1)}{n_1} + \frac{p_2(1-p_2)}{n_2}} \tag{10.11}$$

两个总体比例之差的区间估计
$$\bar{p}_1 - \bar{p}_2 \pm z_{\alpha/2} \sqrt{\frac{\bar{p}_1(1-\bar{p}_1)}{n_1} + \frac{\bar{p}_2(1-\bar{p}_2)}{n_2}} \tag{10.13}$$

当 $p_1 = p_2 = p$ 时,$\bar{p}_1 - \bar{p}_2$ 的标准误差
$$\sigma_{\bar{p}_1-\bar{p}_2} = \sqrt{p(1-p)\left(\frac{1}{n_1} + \frac{1}{n_2}\right)} \tag{10.14}$$

当 $p_1 = p_2 = p$ 时,p 的合并估计量
$$\bar{p} = \frac{n_1\bar{p}_1 + n_2\bar{p}_2}{n_1 + n_2} \tag{10.15}$$

$p_1 - p_2$ 假设检验的检验统计量
$$z = \frac{(\bar{p}_1 - \bar{p}_2)}{\sqrt{\bar{p}(1-\bar{p})\left(\frac{1}{n_1} + \frac{1}{n_2}\right)}} \tag{10.16}$$

案例问题　Par 公司

Par 公司是一家高尔夫设备的主要制造商。管理层认为,耐磨、持久的高尔夫球的引进会使 Par 公司的市场占有率增加。因此,Par 公司的研究组设计了一款涂层耐磨、持久的高尔夫球,且涂层的检验很成功。

一位研究者提出对新涂层影响球的推进距离的担心。Par 公司对耐磨的新球与原有高尔夫球的推进距离进行比较。为比较这两个球的推进距离,分别选取 40 个新球和现有球。为消除其他因素对这两个球的平均距离的影响,采用了机械击球的方式。用最精确的码来测量距离,检验结果如下,这些数据可在随书 CD 中获得。

球型		球型		球型		球型	
现有	新	现有	新	现有	新	现有	新
264	277	270	272	263	274	281	283
261	269	287	259	264	266	274	250
267	263	289	264	284	262	273	253
272	266	280	280	263	271	263	260
258	262	272	274	260	260	275	270
283	251	275	281	283	281	267	263
258	262	256	276	255	250	279	261
266	289	260	269	272	263	274	255
259	286	278	268	266	278	276	263
270	264	275	262	268	264	262	279

管理报告

1. 制定并给出合理的假设检验,为 Par 公司比较现有和新高尔夫球的推进距离。
2. 分析数据并说明假设检验的结论。求假设检验的 p-值,可以给 Par 公司提出什么建议?
3. 给出各球的数据的描述性统计量汇总。
4. 在 95% 置信度下,分别求各球总体均值的置信区间和两个总体均值之差的置信区间。
5. 讨论是否有必要用更大的样本和更多的高尔夫球进行检验。

第十一章 总体方差的推断

目 录

统计实务：美国审计总署

11.1 单个总体方差的推断

    11.1.1 区间估计

    11.1.2 用 Excel 构造置信区间

    11.1.3 假设检验

    11.1.4 用 Excel 进行假设检验

11.2 两个总体方差的推断

    用 Excel 进行假设检验

统计实务

美国审计总署[*]
哥伦比亚特区,华盛顿

美国审计总署(The U.S. General Accounting Office, GAO),是联邦政府的立法分支里的一个独立、非政治性的审计组织。美国审计总署的审计员决定了现有的和拟议的联邦项目的有效性。为履行其职责,评价者必须精通记录的审查、立法研究和统计分析技术。

在一个案例中,美国审计总署的审计员研究了为清理全国的河流和湖泊而建立的内政部项目。作为计划的一部分,联邦的拨款要发放到全美的各个小城镇。为此,美国审计总署审查了记录并视察了几个废物处理厂。

美国审计总署审计的一个目的,是要确保处理厂里排出的废液(处理的污水)达到适当的标准。此外,审计还要审查样本的含氧量、pH 值和固体悬浮物的数量。项目的一个要求是每天在每个处理厂要进行不同的测试并将数据定期地送到国家工程部。美国审计总署对数据进行研究,以确定废液的各种不同指标是否在可接受的范围内。

例如,要仔细地检验废液的平均 pH 值。另外,也得检验报告中 pH 值的方差。下面的检验给出了 pH 值总体方差的假设检验。

$$H_0 : \sigma^2 = \sigma_0^2$$
$$H_a : \sigma^2 \neq \sigma_0^2$$

在这个检验中,σ_0^2 为正常运行处理厂 pH 值的方差。在某一处理厂的检验中,拒绝了原假设。进一步的分析表明这个处理厂的 pH 值方差显著低于正常值。

审计员来到处理厂审查测量设备,并和处理厂经理讨论他们的统计结果。由于操作者不会使用,审计员发现他们没有使用测量设备,而是由工程师告知操作者 pH 值的可接受范围,让其不必进行实际检测而直接记录一个与合格值近似的数值。因为处理厂数据异常的低方差,所以拒绝了 H_0。美国审计总署猜想其他的处理厂也会有类似的问题,建议设立一个设备操作培训项目,以改善污染控制项目的数据收集。

本章将要介绍单个总体和两个总体方差的统计推断。将会用两个新的分布——卡方分布和 F 分布,对总体方差进行区间估计和假设检验。

* 作者感谢美国审计总署的阿特佛蒙(Art Foreman)和戴尔李德曼(Dale Ledman)提供了这个统计实务。

前四章中统计推断的检验方法包括了总体均值和总体比例,本章将扩展到总体方差的推断。以填充液体洗涤剂容器的生产过程为一个例子,其方差就提供了重要的决策信息。调整填充过程,使得每个容器填充的平均总量为 16 盎司。虽然期望得到 16 盎司的平均值,但填充重量的方差也很重要。也就是说,即使准确地调整填充过程的平均值到 16 盎司,但却不可能每个容器刚好是 16 盎司。选取一些容器作为样本,可以计算容器里填充质量的样本方差。用这个值来估计生产过程中已填充质量的总体方差。如果方差小,生产过程就继续。反之,样本方差很大时,即使是平均值刚好是 16 盎司,也有可能是充得过满或是未充满。在这种情况下,需要再次调整填充过程,以减小容器的填充方差。

> 在许多的生产应用中,控制过程的方差对保证质量非常的重要。

本章的第一节介绍单个总体方差的推断,第二节讨论两个总体方差推断。

11.1 单个总体方差的推断

样本方差

$$s^2 = \frac{\sum (x_i - \bar{x})^2}{n - 1} \tag{11.1}$$

是总体方差 σ^2 的点估计量。用样本方差对总体方差做推断时,$(n-1)s^2/\sigma^2$ 的抽样分布发挥了很大作用。抽样分布描述如下:

$(n-1)s^2/\sigma^2$ 的抽样分布
从正态分布中选取样本容量为 n 的简单随机样本,

$$\frac{(n-1)s^2}{\sigma^2} \tag{11.2}$$

> 服从卡方分布的样本取自于正态分布总体。

的抽样分布服从自由度为 $n-1$ 的卡方分布。

图 11.1 给出了 $(n-1)s^2/\sigma^2$ 的抽样分布的几种可能的形式。

> 可以用 Excel 的 CHIDIST 函数,来计算卡方分布的概率。

卡方分布也有概率分布表。只要当从正态分布中选取样本容量为 n 的简单随机样本,$(n-1)s^2/\sigma^2$ 的抽样分布服从卡方分布,就可以用卡方分布对总体方差进行区间估计和假设检验。

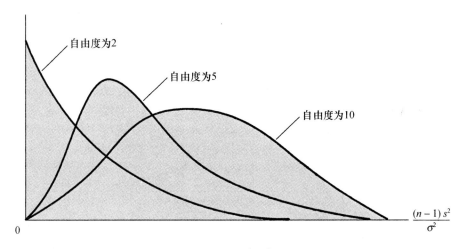

图 11.1 不同自由度下的 $(n-1)s^2/\sigma^2$ 的抽样分布（卡方分布）

11.1.1 区间估计

以估计容器填充过程的总体方差为例，介绍如何用卡方分布对总体方差 σ^2 进行区间估计。选取 20 个容器作为样本，填充重量的样本方差 $s^2 = 0.0025$。由 20 个容器组成的样本，不可能得出生产过程中已填充容器重量总体方差的精确值。因此，这里只要求得总体方差的区间估计。

用 χ_α^2 表示，卡方分布上 χ_α^2 右侧的概率为 α 的值。例如，图 11.2 中的自由度为 19 的卡方分布，当 $\chi_\alpha^2 = 32.852$ 时，在 32.852 右侧的概率为 2.5%；当 $\chi_\alpha^2 = 8.907$ 时，在 8.907 右侧的概率为 97.5%。查看表 11.1，核实这些自由度为 19（表的第 19 行）的卡方值。附录 B 的表 3 给出了更详细的卡方值表。

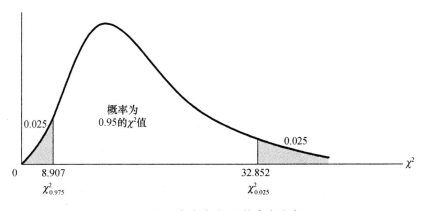

图 11.2 自由度为 19 的卡方分布

由图 11.2 可知，95% 的卡方值介于 $\chi_{0.975}^2$ 和 $\chi_{0.025}^2$ 之间。即 $P(\chi_{0.975}^2 \leq \chi_\alpha^2 \leq \chi_{0.025}^2) = 0.95$。

表 11.1 取自卡方分布表的部分值

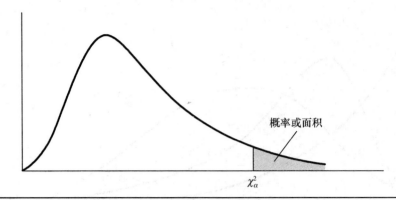

自由度	右尾面积							
	0.99	0.975	0.95	0.90	0.10	0.05	0.025	0.1
1	0.000	0.001	0.004	0.016	2.706	3.841	5.024	6.635
2	0.020	0.051	0.103	0.211	4.605	5.991	7.378	9.210
3	0.115	0.216	0.352	0.584	6.251	7.815	9.348	11.345
4	0.297	0.484	0.711	1.064	7.779	9.488	11.143	13.277
5	0.554	0.831	1.145	1.610	9.236	11.070	12.832	15.086
6	0.872	1.237	1.635	2.204	10.645	12.592	14.449	16.812
7	1.239	1.690	2.167	2.833	12.017	14.067	16.013	18.475
8	1.647	2.180	2.733	3.490	13.362	15.507	17.535	20.090
9	2.088	2.700	3.325	4.168	14.684	16.919	19.023	21.666
10	2.558	3.247	3.940	4.865	15.987	18.307	20.483	23.209
11	3.053	3.816	4.575	5.578	17.275	19.675	21.920	24.725
12	3.571	4.404	5.226	6.304	18.549	21.026	23.337	26.217
13	4.107	5.009	5.892	7.041	19.812	22.362	24.736	27.688
14	4.660	5.629	6.571	7.790	21.064	23.685	26.119	29.141
15	5.229	6.262	7.261	8.547	22.307	24.996	27.488	30.578
16	5.812	6.908	7.962	9.312	23.542	26.296	28.845	32.000
17	6.408	7.564	8.672	10.085	24.769	27.587	30.191	33.409
18	7.015	8.231	9.390	10.865	25.989	28.869	31.526	34.805
19	7.633	8.907	10.117	11.651	27.204	30.144	32.852	36.191
20	8.260	9.591	10.851	12.443	28.412	31.410	34.170	37.566
21	8.897	10.283	11.591	13.240	29.615	32.671	35.479	38.932
22	9.542	10.982	12.338	14.041	30.813	33.924	36.781	40.289
23	10.196	11.689	13.091	14.848	32.007	35.172	38.076	41.638
24	10.856	12.401	13.848	15.659	33.196	36.415	39.364	42.980
25	11.524	13.120	14.611	16.473	34.382	37.652	40.646	44.314
26	12.198	13.844	15.379	17.292	35.563	38.885	41.923	45.642
27	12.878	14.573	16.151	18.114	36.741	40.113	43.195	46.963
28	13.565	15.308	16.928	18.939	37.916	41.337	44.461	48.278
29	14.256	16.047	17.708	19.768	39.087	42.557	45.722	49.588
30	14.953	16.791	18.493	20.599	40.256	43.773	46.979	50.892
40	22.164	24.433	26.509	29.051	51.805	55.758	59.342	63.691
60	37.485	40.482	43.188	46.459	74.397	79.082	83.298	88.379
80	53.540	57.153	60.391	64.278	96.578	101.879	106.629	112.329
100	70.065	74.222	77.929	82.358	118.498	124.342	129.561	135.807

*注:附录 B 的表 3 是更详细的卡方值表。

由式(11.2)知 $(n-1)s^2/\sigma^2$ 服从卡方分布,因此,可以用 $(n-1)s^2/\sigma^2$ 替代 χ^2,

$$\chi^2_{0.975} \leqslant \frac{(n-1)s^2}{\sigma^2} \leqslant \chi^2_{0.025} \tag{11.3}$$

实际上,式(11.3)给出了在95%置信度下的区间估计,$(n-1)s^2/\sigma^2$ 的可能值介于 $\chi^2_{0.975}$ 和 $\chi^2_{0.25}$ 之间。为了总体方差 σ^2 的区间估计,将式(11.3)进行代数变换。整理式(11.3)左边的不等式,得到

$$\chi^2_{0.975} \leqslant \frac{(n-1)s^2}{\sigma^2}$$

$$\sigma^2 \chi^2_{0.975} \leqslant (n-1)s^2$$

或

$$\sigma^2 \leqslant \frac{(n-1)s^2}{\chi^2_{0.975}} \tag{11.4}$$

同样,整理式(11.3)右边的不等式,得到

$$\frac{(n-1)s^2}{\chi^2_{0.025}} \leqslant \sigma^2 \tag{11.5}$$

将式(11.4)和式(11.5)合并,得

$$\frac{(n-1)s^2}{\chi^2_{0.025}} \leqslant \sigma^2 \leqslant \frac{(n-1)s^2}{\chi^2_{0.975}} \tag{11.6}$$

由于式(11.3)表示的是95%的 $(n-1)s^2/\sigma^2$ 值,故式(11.6)就是在95%置信度下的总体方差 σ^2 的区间估计。

再看填充重量总体方差的区间估计。20个容器组成的样本,它的样本方差 $s^2 = 0.0025$。样本容量为20,可知自由度为19。如图11.2所示,可得 $\chi^2_{0.975} = 8.907$ 和 $\chi^2_{0.025} = 32.852$。代入式(11.6),由总体方差的区间估计如下:

$$\frac{(19)(0.0025)}{32.852} \leqslant \sigma^2 \leqslant \frac{(19)(0.0025)}{8.907}$$

或

$$0.001446 \leqslant \sigma^2 \leqslant 0.005333$$

> 对总体方差置信区间的上、下限分别取平方根,可得总体标准差的置信区间。

两边取平方根,得出在95%置信度下的总体标准差的置信区间:

$$0.380 \leqslant \sigma \leqslant 0.0730$$

由此,本节介绍了用卡方分布对总体方差、标准差进行区间估计。需要说明的是,前面用的是 $\chi^2_{0.975}$ 和 $\chi^2_{0.025}$,所以区间估计的置信度是95%。将式(11.6)拓展为其他置信度下更为一般的情况,总体方差的区间估计如下:

总体方差的区间估计

$$\frac{(n-1)s^2}{\chi^2_{\alpha/2}} \leqslant \sigma^2 \leqslant \frac{(n-1)s^2}{\chi^2_{(1-\alpha/2)}} \tag{11.7}$$

其中,χ^2 值可在置信度为 $1-\alpha$、自由度为 $n-1$ 的卡方分布表中查得。

11.1.2 用 Excel 构造置信区间

可以用 Excel 为填充洗涤剂的容器构造在 95% 置信度下的置信区间。具体操作参见图 11.3。计算公式工作表如背景中所示,数值工作表如前景中所示。

	A	B	C	D	E
1	盎司		总体方差的区间估计		
2	15.92				
3	16.02		样本容量	=COUNT(A2:A21)	
4	15.99		方差	=VAR(A2:A21)	
5	16.02				
6	15.91		置信系数	0.95	
7	15.98		显著性水平	=1-D6	
8	16.06		卡方值(左尾)	=CHIINV(1-D7/2,D3-1)	
9	15.97		卡方值(右尾)	=CHIINV(D7/2,D3-1)	
10	15.97				
11	16.07		点估计	=D4	
12	15.94		下限	=((D3-1)*D4)/D9	
13	15.96		上限	=((D3-1)*D4)/D8	
14	16.04				
15	16.01				
16	16.07				
17	16.01				
18	15.9				
19	15.96				
20	16				
21	15.99				

	A	B	C	D	E
1	盎司		总体方差的区间估计		
2	15.92				
3	16.02		样本容量	20	
4	15.99		方差	0.0025	
5	16.02				
6	15.91		置信系数	0.95	
7	15.98		显著性水平	0.05	
8	16.06		卡方值(左尾)	8.9065	
9	15.97		卡方值(右尾)	32.8523	
10	15.97				
11	16.07		点估计	0.0025	
12	15.94		下限	0.0014	
13	15.96		上限	0.0053	
14	16.04				
15	16.01				
16	16.07				
17	16.01				
18	15.90				
19	15.96				
20	16.00				
21	15.99				

图 11.3 液体洗涤剂填充过程的 Excel 工作表

输入数据:A 列是 20 个容器,各容器中洗涤剂的盎司数。

输入函数和公式:所需的描述性统计量,见单元格 D3:D4 中。分别用 Excel 的 COUNT 函数和 VAR 函数,计算样本容量和样本方差。

用单元格 D6:D9 来计算卡方值。在单元格 D6 中输入置信系数,单元格 D7 中输入公式 =1-D6 算得显著性水平(α)。用 Excel 的 CHINV 函数来计算左尾和右尾的值。函数 CHINV 的形式为 CHINV(右尾的概率,自由度)。在单元格 D8 中输入公式 "=CHINV(1-D7/2,D3-1)" 来计算左尾的卡方值,返回值工作表给出了自由度为 19 的卡方值 $\chi^2_{0.975} = 8.9065$;在单元格 D9 中输入公式 "=CHINV(D7/2,D3-1)",相应地来计算右尾概率为 25% 的卡方值,返回值工作表同样给出了 $\chi^2_{0.025} = 32.8523$。

单元格 D11:D13 给出了点估计和置信区间的上、下限。由于点估计就是样本方差,故在单元格 D11 中输入公式 "=D4"。由不等式(11.7),得 95% 置信度下的置信区间的下限为

$$\frac{(n-1)s^2}{\chi^2_{\alpha/2}} = \frac{(n-1)s^2}{\chi^2_{0.025}}$$

因此,在单元格 D12 中输入公式 "=((D3-1)*D4)/D9",可以计算得到 95% 置信度下置信区间的下限。同样由不等式(11.7),得 95% 置信度下的置信区间的上限为

$$\frac{(n-1)s^2}{\chi^2_{(1-\alpha/2)}} = \frac{(n-1)s^2}{\chi^2_{0.975}}$$

在单元格 D13 中输入公式 "=((D3-1)*D4)/D8",可以计算得到 95% 置信度下置信区间的上

限。如数值工作表所示,下限为 0.0014、上限为 0.0053。也就是说,在 95% 置信度下,总体方差的置信区间为 [0.0014, 0.0053]。

11.1.3 假设检验

用 σ_0^2 表示总体方差的假定值,总体方差假设检验的三种形式如下:

$$H_0: \sigma^2 \geq \sigma_0^2 \qquad H_0: \sigma^2 \leq \sigma_0^2 \qquad H_0: \sigma^2 = \sigma_0^2$$
$$H_a: \sigma^2 < \sigma_0^2 \qquad H_a: \sigma^2 > \sigma_0^2 \qquad H_a: \sigma^2 \neq \sigma_0^2$$

这三种形式与第 9、10 章中的总体均值和比例的单尾和双尾假设检验的形式相似。

总体方差的假设检验,用总体方差的假定值 σ_0^2 和样本方差 s^2 来计算 χ^2 检验统计量的值。假定总体服从正态分布,检验统计量如下:

总体方差假设检验的检验统计量

$$\chi^2 = \frac{(n-1)s^2}{\sigma_0^2} \tag{11.8}$$

其中,χ^2 服从自由度为 $n-1$ 的卡方分布。

计算 χ^2 检验统计量后,可以用 p-值法或临界值法来确定原假设是否成立。

考虑下面的例子。圣路易斯公交公司为树立可靠的形象,鼓励司机们遵循既定的时刻表。公司将到达每个站点的时间差尽量小,作为一项基准政策。用到达时间的方差来描述时,公司规定到达时间的方差为 4 或是更小的规定标准。为帮助公司确定到达时间的总体方差是否要超过 4,建立以下假设检验

> 到达时间的方差为 4 或是更小,则标准差为 2 分钟或是更小。

$$H_0: \sigma^2 \leq 4$$
$$H_a: \sigma^2 > 4$$

先假定原假设 H_0 成立,即假定到达时间的总体方差在公司的规定标准之内。如果拒绝原假设 H_0,则由样本表明总体方差超过了公司的规定标准。在这种情况下,就需要减小总体的方差。给定显著性水平 $\alpha = 0.05$。

为检验是否达到公司规定的标准,假定到达市区十字路口某车站的时间是中午 12:15,并选取该站的 24 个到达时间作为一组样本。这 24 个到达时间的数据为超过中午 12:00 的分钟数。例如,到达时间为 14 时,表示车到达的时间为中午 12:14(早了 1 分钟)。24 个到达时间的样本均值 $\bar{s} = 14.76$ 分钟,样本方差 $s^2 = 4.9$。尽管样本均值与规定时间相近,然而样本方差为 4.9 未达到公司的规定。若到达时间的总体分布近似于正态分布,则检验统计量的值如下:

$$\chi^2 = \frac{(n-1)s^2}{\sigma_0^2} = \frac{(24-1)(4.9)}{4} = 28.18$$

自由度为 23 的卡方分布如图 11.4 所示。由于是右尾检验,在检验统计量 $\chi^2 = 28.18$ 右侧的面积就是检验的 p-值。

与 t 分布表一样,在卡方分布表中也查不到精确的 p-值。不过,可以查卡方分布表得 p-值的范围。由表 11.1 可以查到自由度为 23 的卡方分布的值如下表所示。

右尾面积	0.10	0.05	0.025	0.01
$\chi^2(23)$ 的值	32.007	35.172	38.076	41.638
	$\chi^2 = 28.18$			

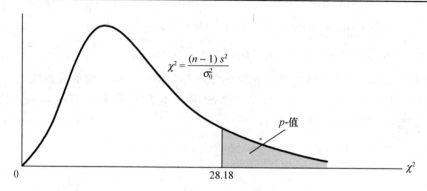

图 11.4 圣路易斯巴士公司的卡方分布

因为 $\chi^2 = 28.18$ 小于 32.007，所以 p-值大于 0.10。由 Excel 可得，对应于 $\chi^2 = 28.18$ 的 p-值为 0.2091。由于 p-值 $> \alpha = 0.05$，故接受原假设，即样本表明到达时间的总体方差达到公司的规定。

> 用 Excel 得，p-值 = CHIDIST(28.18,23) = 0.2091。

正如其他假设检验，用临界值方法也可以得出假设检验的结论。当 $\alpha = 0.05$ 时，右尾假设检验的临界值为 $\chi^2_{0.05}$。由自由度 23 查表 11.1 得，$\chi^2_{0.05} = 35.172$。因此，公交到达时间例子的拒绝法则如下：

$$\text{若 } \chi^2_{0.05} \geq 35.172, \text{ 拒绝 } H_0$$

因为检验统计量的值 $\chi^2 = 28.18$，故接受原假设。

实践中，上述介绍的右尾检验是检验总体方差最常用的方法。如到达时间、生产时间、填充重量和零件尺寸等的方差必须尽量小，而不允许较大的方差。先假定总体方差的最大允许值，再检验原假设——总体的方差不大于最大允许值，以及备择假设——总体的方差大于最大允许值。根据这个检验过程，当拒绝原假设、总体方差过大时，就采取纠正措施。

鉴于总体均值和比例的检验方法，可以构造其他形式的假设检验。考虑机动车管理局的例子，来介绍总体方差的双尾检验。据统计数据，个人申请驾照的考试得分方差 $\sigma^2 = 100$。在采取新型测试后，机动车管理局局长要新测试得分的方差保持在历史水平。为评估新测试得分的方差，建立如下假设检验：

$$H_0: \sigma^2 = 100$$
$$H_a: \sigma^2 \neq 100$$

若拒绝原假设 H_0，则表明方差发生改变。为让新测试的方差和原来测试的相同，需对新测试中的一些问题进行修改。在给定显著性水平 $\alpha = 0.05$ 的前提下，对由 30 个接受新测试的驾照申请者组成的样本，进行假设检验。

这 30 个测试得分组成的样本，它的样本方差 $s^2 = 162$。卡方检验统计量的值如下：

$$\chi^2 = \frac{(n-1)s^2}{\sigma_0^2} = \frac{(30-1)(162)}{100} = 46.98$$

接着,计算 p-值。自由度为29,查表11.1得如下卡方值:

右尾面积	0.10	0.05	0.025	0.01
$\chi^2(29)$ 的值	39.087	42.557	45.722	49.588

$$\chi^2 = 46.98$$

因此,由检验统计量 $\chi^2 = 46.98$,可知卡方分布右尾的面积介于0.025与0.01之间,即 p-值介于0.05与0.02之间。由Excel可得,对应于 $\chi^2 = 46.98$ 的 p-值为0.0374。因为 p-值 $\leq \alpha = 0.05$,故拒绝 H_0,即新测试得分的方差与过去的方差 $\sigma^2 = 100$ 不相等。总体方差假设检验的过程汇总,如表11.2所示。

表11.2　总体方差的假设检验汇总

	左尾检验	右尾检验	双尾检验
假设	$H_0: \sigma^2 \geq \sigma_0^2$ $H_a: \sigma^2 < \sigma_0^2$	$H_0: \sigma^2 \leq \sigma_0^2$ $H_a: \sigma^2 > \sigma_0^2$	$H_0: \sigma^2 = \sigma_0^2$ $H_a: \sigma^2 \neq \sigma_0^2$
检验统计量	$\chi^2 = \frac{(n-1)s^2}{\sigma_0^2}$	$\chi^2 = \frac{(n-1)s^2}{\sigma_0^2}$	$\chi^2 = \frac{(n-1)s^2}{\sigma_0^2}$
拒绝法则:p-值法	若 p-值 $\leq \alpha$,则拒绝 H_0	若 p-值 $\leq \alpha$,则拒绝 H_0	若 p-值 $\leq \alpha$,则拒绝 H_0
拒绝法则:临界值法	若 $\chi^2 \leq \chi^2_{(1-\alpha)}$,则拒绝 H_0	若 $\chi^2 \geq \chi^2_{\alpha}$,则拒绝 H_0	若 $\chi^2 \leq \chi^2_{(1-\alpha/2)}$ 或 $\chi^2 \geq \chi^2_{\alpha/2}$,则拒绝 H_0

11.1.4　用Excel进行假设检验

在第9、10章中,介绍了各种用Excel进行的假设检验。检验的一般过程,首先计算检验统计量,可得到三个 p-值:p-值(左尾)、p-值(右尾)和 p-值(双尾)。接着,根据假设检验的形式,相应地选取 p-值作决策。这里同样采取这种方法,用Excel对总体方差进行假设检验。以圣路易斯公交公司为例。具体操作,参见图11.5。计算公式工作表如背景中所示,数值工作表如前景中所示。

输入数据: A列是由24个超过中午12:00的分钟数表示的到达时间。

输入函数和公式: 所需的描述性统计量,如D3:D5中所示。用Excel的COUNT函数来计算样本容量,VAR函数来计算样本均值和样本方差。如数值的工作表所示,$n = 24$,$\bar{x} = 14.76$ 和 $s^2 = 4.9$。

将假定的总体方差 $\sigma_0^2 = 4$ 输入到单元格D7中。在单元格D9中输入公式"=(D3-1)*D5/D7",计算检验统计量 $\chi^2(28.18)$;单元格D10中输入公式"=D3-1",得相应检验统计量的自由度。最后,用函数CHIDIST来计算单元格D12:D14中的 p-值。函数CHIDIST的形式为CHIDIST(检验统计量,自由度);函数CHIDIST的返回值是检验统计量右尾的概率。在单元格D12中输入公式"=1-CHIDIST(D9,D10)",计算出拒绝域在左尾的单尾检验的 p-值;类似地,在单元格D13中输入公

280 基于 Excel 的商务与经济统计

	A	B	C	D	E
1	时间		总体方差的假设检验		
2	15.7				
3	16.9		样本容量	=COUNT(A2:A25)	
4	12.8		样本均值	=AVERAGE(A2:A25)	
5	15.6		样本方差	=VAR(A2:A25)	
6	14				
7	16.2		假设值	4	
8	14.8				
9	19.8		检验统计量	=(D3-1)*D5/D7	
10	13.2		自由度	=D3-1	
11	15.3				
12	14.7		p-值（左尾）	=1-CHIDIST(D9,D10)	
13	10.2		p-值（右尾）	=CHIDIST(D9,D10)	
14	16.7		p-值（双尾）	=2*MIN(D12,D13)	
15	13.6				
25	12.7				
26					

	A	B	C	D	E
1	时间		总体方差的假设检验		
2	15.7				
3	16.9		样本容量	24	
4	12.8		样本均值	14.76	
5	15.6		样本方差	4.9	
6	14.0				
7	16.2		假设值	4	
8	14.8				
9	19.8		检验统计量	28.18	
10	13.2		自由度	23	
11	15.3				
12	14.7		p-值（左尾）	0.7909	
13	10.2		p-值（右尾）	0.2091	
14	16.7		p-值（双尾）	0.4181	
15	13.6				
25	12.7				
26					

图 11.5　公交车到达时间的方差的假设检验

式"= CHIDIST(D9,D10)"，计算出拒绝域在右尾的单尾检验的 p-值；在单元格 D14 中输入公式"= 2 * MIN(D12,D13)"，计算双尾检验的 p-值。如数工作表中所示，p-值（左尾）= 0.7909，p-值（右尾）= 0.2091 和 p-值（双尾）= 0.4181。由于圣路易斯公交公司的例子中拒绝域在右尾，于是 p-值为 0.2091。而 p-值大于显著性水平 0.05，因此接受原假设 H_0。即由样本方差 $s^2 = 4.9$，可得出到达时间达到公司规定标准的结论。

这个工作表可作为其他总体方差假设检验的模板。首先，在 A 列中输入数据，根据数据修改单元格 D3 和 D4 中函数用到的数据范围，并在单元格 D6 中输入假定值 σ_0^2；然后，在单元格 D11:D13 中选取适合检验的 p-值。也可以用这个工作表来完成那些样本容量、样本方差和假定值已知的习题。如，前面对由机动车管理局推行的新测试得分的方差进行的双尾检验。它的样本容量为 30，样本方差 $s^2 = 162$，总体方差的假定值 $\sigma_0^2 = 100$。由图 11.5 中的工作表，在单元格 D3 中输入 30，单元格 D5 中输入 162 和单元格 D7 中输入 100，而在单元格 D14 中可以得到恰当的双尾检验的 p-值，p-值为 0.0374。

> 用 A:A 法，避免了修改单元格 D3:D5 中函数用到的数据范围。

11.2　两个总体方差的推断

在很多统计应用中，需要对两个总体方差进行比较。例如，比较两个不同生产过程中产品质量的方差、两种组装方法组装时间的方差或两种加热器温度的方差。对两个总体方差作比较时，需要用到分别来自总体 1 和总体 2 中的两个独立随机样本。根据样本方差 s_1 和 s_2，对两个总体方差 σ_1 和 σ_2 进行推断。当两个正态分布的方差相等（$\sigma_1 = \sigma_2$）时，两个样本方差之比 s_1^2/s_2^2 的抽样分布如下。

当 $\sigma_1 = \sigma_2$ 时，s_1^2/s_2^2 的抽样分布

分别取自方差相等的两个正态分布，样本容量为 n_1 和 n_2 的两个独立简单随机样本。

$$\frac{s_1^2}{s_2^2} \tag{11.9}$$

的抽样分布服从第一自由度为 n_1-1、第二自由度为 n_2-1 的 F 分布。其中，s_1^2 是取自总体 1 容量为 n_1 的随机样本的方差；s_2^2 是取自总体 2 容量为 n_2 的随机样本的方差。

> 服从 F 分布的样本取自两个正态分布。

图 11.6 是第一、第二自由度分别为 20 的 F 分布图。由图可知，F 分布不对称且 F 值非负。F 分布的形状由第一、第二自由度决定。

用 F_α 表示 F 值，在 F 分布上该值右侧的概率为 α。如图 11.6 所示，在第一、第二自由度分别为 20 的 F 分布上，$F_{0.05}$ 右侧的概率为 0.05。查 F 分布表可得 $F_{0.05}$ 的值，部分 F 分布表如表 11.3 所示。由第一、第二自由度分别为 20，查对应的右尾面积为 0.05 的行，得 $F_{0.05}=2.12$。注意，该表可以查得右尾面积为 0.10、0.05、0.025 和 0.01 的 F 值。附录 B 的表 4 为更详细的 F 分布表。

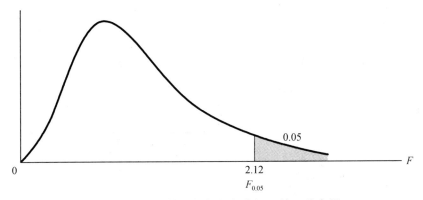

图 11.6　第一、第二自由度分别为 20 的 F 分布图

下面介绍如何用 F 分布对两个总体方差进行假设检验。首先检验两个总体方差是否相等。建立假设如下：

$$H_0: \sigma_1^2 = \sigma_2^2$$
$$H_a: \sigma_1^2 \neq \sigma_2^2$$

假设这两个总体方差相等。若拒绝 H_0，可得出这两个总体方差不相等的结论。

进行假设检验，需要取自两个不同总体的两个独立随机样本，并求得两个样本方差。假定样本容量较大的总体为总体 1。因此，样本容量 n_1、样本方差 s_1^2 对应的总体方差较大，而样本容量 n_2、样本方差 s_2^2 对应的总体方差较小。基于对两个总体为正态分布的假定，由样本方差的比得出如下 F 检验统计量：

当 $\sigma_1 = \sigma_2$ 时，总体方差假设检验的检验统计量

$$F = \frac{s_1^2}{s_2^2} \tag{11.10}$$

样本容量较大的总体为总体 1，检验统计量服从第一自由度为 n_1-1、第二自由度为 n_2-1 的 F 分布。

表 11.3 从 F 分布表中查值

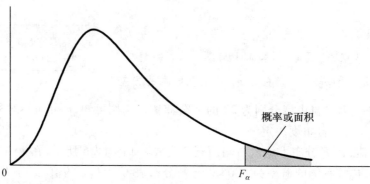

第二自由度	右尾面积	第一自由度				
		10	15	20	25	30
10	0.10	2.32	2.24	2.20	2.17	2.16
	0.05	2.98	2.85	2.77	2.73	2.70
	0.025	3.72	3.52	3.42	3.35	3.31
	0.01	4.85	4.56	4.41	4.31	4.25
15	0.10	2.06	1.97	1.92	1.89	1.87
	0.05	2.54	2.40	2.33	2.28	2.25
	0.025	3.06	2.86	2.76	2.69	2.64
	0.01	3.80	3.52	3.37	3.28	3.21
20	0.10	1.94	1.84	1.79	1.76	1.74
	0.05	2.35	2.20	2.12	2.07	2.04
	0.025	2.77	2.57	2.46	2.40	2.35
	0.01	3.37	3.09	2.94	2.84	2.78
25	0.10	1.87	1.77	1.72	1.68	1.66
	0.05	2.24	2.09	2.01	1.96	1.92
	0.025	2.61	2.41	2.30	2.23	2.18
	0.01	3.13	2.85	2.70	2.60	2.54
30	0.10	1.82	1.72	1.67	1.63	1.61
	0.05	2.16	2.01	1.93	1.88	1.84
	0.025	2.51	2.31	2.20	2.12	2.07
	0.01	2.98	2.70	2.55	2.45	2.39

注:附录 B 的表 4 是更详细的 F 值表。

由于作为 F 检验统计量分子的样本方差 s_1^2 较大,故检验统计量的值在 F 分布的右尾。因此, F 分布表 11.3 和附录 B 的表 4 只需给出右尾的概率。若假设检验不采取这种方法,就必须知道左尾的概率。那样就需要更多的计算或更详细的 F 分布表。下面考虑对两个总体方差相等的假设检验。

杜拉斯(Dullus)县学校要重订明年的校车服务合同,可以在米尔班克公司和高尔夫帕克公司这两个汽车公司中选取一个。用到达或接送时间的方差作为汽车公司服务质量的主要测度。若两个公司到达时间的方差相等,则学校的管理层选择提供优惠财务条款的一方。然而,若样本数据表明两个公司到达时间的方差存在显著性差异,那么管理层要特别考虑服务的方差更小或更好的公司。建立假设如下:

$$H_0: \sigma_1^2 = \sigma_2^2$$
$$H_a: \sigma_1^2 \neq \sigma_2^2$$

若拒绝 H_0,即两个公司的服务质量存在差异。给定显著性水平 $\alpha = 0.10$,进行假设检验。

由米尔班克公司的 26 个到达时间组成的样本,样本方差为 48;由米高尔夫帕克公司的 16 个到达时间组成的样本,样本方差为 20。因为米尔班克样本的样本方差较大,故记米尔班克为总体 1。由式(11.10),检验统计量的值为

$$F = \frac{s_1^2}{s_2^2} = \frac{48}{20} = 2.40$$

相应 F 分布的第一自由度为 25、第二自由度为 15。

正如其他的假设检验,用 p-值法或临界值法都可以得到假设检验的结论。表 11.3 给出了自由度分别为 25、15 的 F 分布的如下右尾面积以及相应的 F 值。

右尾面积	0.10	0.05	0.025	0.01
$F(25,15)$ 的值	1.89	2.28	2.69	3.28

↑
F = 2.40

因为 F = 2.40 介于 2.28 与 2.69 之间,所以分布右尾的面积介于 0.025 与 0.05 之间。又由于是双尾检验,故 p-值介于 0.05 与 0.10 之间。对于该检验,选取显著性水平 $\alpha = 0.10$。因此,p-值小于 $\alpha = 0.10$,拒绝原假设。即这两家汽车公司接送时间的方差不同。建议杜拉斯县学校的管理层特别考虑服务的方差更小或更好的高尔夫帕克公司。

当检验统计量 F = 2.40 时,用 Excel 中的函数可得双尾的 p-值为 0.081。由 p-值小于 $\alpha = 0.10$,故拒绝两个总体方差相等的假设。

> 由 Excel,p-值 = 2 * FDIST(2.4, 25,15) = 0.081。

在显著性水平 $\alpha = 0.10$ 下,用临界值法进行双尾假设检验时,要选择使得分布两侧尾部的面积分别为 $\alpha/2 = 0.05$ 的临界值。由公式(11.10)求得的检验统计量通常位于分布的右尾,故只要确定右尾的临界值。查表 11.3,得 $F_{0.05} = 2.28$。因此,即使是用双尾检验,拒绝法则如下:

$$若 F \geq 2.28,拒绝 H_0$$

因为检验统计量 F = 2.40 大于 2.28,故拒绝原假设 H_0,即两家汽车公司接送时间的方差不同。

两个总体方差也有可能需要进行单尾检验。主要是用 F 分布来确定一个总体方差是否大于另一个总体方差。两个总体方差的单尾检验一般就是指右尾检验:

$$H_0: \sigma_1^2 \leq \sigma_2^2$$
$$H_a: \sigma_1^2 > \sigma_2^2$$

这种形式的检验,p-值和临界值通常是位于 F 分布的右尾。因此,只需右尾的 F 值,简化了 F 分布的计算和分布表。

> 两个总体的单尾检验,通常是指右尾检验。使用这种方法不需要左尾的 F 值。

以一项公众舆论的调查为例,来介绍如何用 F 分布对两

个总体方差进行单侧检验。分别用 31 位男性组成样本和 41 位女性组成样本,研究他们对当前时事政治问题的看法。研究者的目的是,样本数据能否显示出女性对时事政治问题的看法差异比男性大。由单尾假设检验,女性记为总体 1、男性为总体 2。建立假设检验如下:

$$H_0: \sigma^2_{女性} \leq \sigma^2_{男性}$$
$$H_a: \sigma^2_{女性} > \sigma^2_{男性}$$

若拒绝 H_0,研究者可得出女性对时事政治问题的看法差异较大的结论。

分子为女性样本方差、分母为男性样本方差的检验统计量,服从第一自由度为 40、第二自由度为 30 的 F 分布。在给定显著性水平 $\alpha = 0.05$ 下,进行假设检验。据调查得,女性样本方差 $s_1^2 = 120$、男性样本方差 $s_2^2 = 80$。检验统计量如下:

$$F = \frac{s_1^2}{s_2^2} = \frac{120}{80} = 1.50$$

查附录 B 中的表 4,得 $F_{0.10}(40,30) = 1.57$。由检验统计量 $F = 1.50$ 小于 1.57,故右尾的面积必大于 0.10,即 p-值大于 0.10。当 $F = 1.50$ 时,由 Excel 可求得 p-值为 0.1256。因为 p-值大于 $\alpha = 0.05$,所以接受 H_0。即女性对时事政治问题的看法差异较大的假设不成立。两个总体方差假设检验的汇总,如表 11.4 所示。

> 由 Excel,p-值 = 2 * FDIST(1.5, 40,30) = 0.1256。

表 11.4 总体方差的假设检验汇总

	右尾检验	双尾检验
假设	$H_0: \sigma^2 \leq \sigma_0^2$ $H_a: \sigma^2 > \sigma_0^2$	$H_0: \sigma^2 = \sigma_0^2$ $H_a: \sigma^2 \neq \sigma_0^2$ 注释:总体 1 的方差较大
检验统计量	$F = \dfrac{s_1^2}{s_2^2}$	$F = \dfrac{s_1^2}{s_2^2}$
拒绝法则:p-值法	若 p-值 $\leq \alpha$,则拒绝 H_0	若 p-值 $\leq \alpha$,则拒绝 H_0
拒绝法则:临界值法	若 $F \geq F_\alpha$,则拒绝 H_0	若 $F \geq F_{\alpha/2}$,则拒绝 H_0

用 Excel 进行假设检验

可以用 Excel 中的两个样本方差的 F 检验工具,比较两个总体方差进行假设检验。以杜拉斯县学校的研究为例,介绍如何用 Excel 进行双尾假设检验。具体操作参见图 11.7、图 11.8 中的对话框。

输入数据:A 列是由米尔班克公司的 26 个到达时间组成样本的数据,B 列是由高尔夫帕克公司的 16 个到达时间组成样本的数据。

应用工具:以下步骤阐述了如何使用 Excel 的两个样本方差的 F 检验工具。

步骤 1. 选择"**工具**"菜单;

步骤 2. 选择"**数据分析**";

	A	B	C	D	E	F	G
1	米尔班克	高尔夫帕克		两个样本方差的F检验			
2	35.9	21.6					
3	29.9	20.5			米尔班克	高尔夫帕克	
4	31.2	23.3		均值	20.2308	20.2438	
5	16.2	18.8		方差	48.0206	20.0000	
6	19.0	17.2		样本容量	26	16	
7	15.9	7.7		自由度	25	15	
8	18.8	18.6		F	2.4010		
9	22.2	18.7		$P(F \leq f)$ 单尾	0.0405		
10	19.9	20.4		F值,单尾	2.2797		
11	16.4	22.4					
16	18.0	27.9					
17	28.1	20.8					
18	12.1						
26	15.2						
27	28.2						
28							

图 11.7 两个校车公司接送时间的方差的假设检验

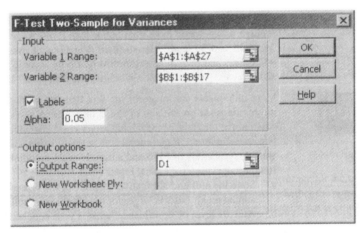

图 11.8 两个样本方差的 *F* 检验的对话框

步骤 3. 当数据分析对话框跳出后,
从分析工具列表中选取"**两个样本方差的 F 检验**",
单击"**确定**";

步骤 4. 当两个样本方差的 F 检验对话框跳出后(图 11.8),
在"**变量 1 的范围**"中输入 A1:A27,
在"**变量 2 的范围**"中输入 B1:B27,
选择"**标签**",
在"α"框中输入 0.05,
(注释:在 Excel 操作中,取右尾面积为 α)
选择"**输出范围**",并在该框中输入 D1,
单击"**确定**"。

输出量单尾的 $P(F<=f)=0.0405$,是检验统计量 $F=2.401$ 的单尾面积。因此,双尾的 p-值为 0.081,当给定显著性水平为 0.10 时,拒绝原假设。若假设检验是单尾检验(给定 $\alpha=0.05$),p-值就是单元格 E9 中的单尾面积。

注释与评论

研究证实了 F 分布受限于正态分布的假设。只有当可以假设两个总体都是近似于正态分布时,才可以使用 F 分布。

本章小结

本章介绍了如何对总体方差做推断。在介绍的过程中,引进了两个新的概率分布:卡方分布和 F 分布。用卡方分布可以对正态分布的方差进行区间估计和假设检验,而 F 分布可以对两个正态分布的方差进行假设检验。特别地,当在两个方差相等 $\sigma_1^2=\sigma_2^2$ 的正态分布中选取样本容量分别为 n_1 和 n_2 的两个独立简单随机样本时,这两个样本方差的比 s_1^2/s_2^2 的抽样分布,服从第一自由度为 n_1-1、第二自由度为 n_2-1 的 F 分布。

主要公式

总体方差的区间估计

$$\frac{(n-1)s^2}{\chi_{\alpha/2}^2} \leq \sigma^2 \leq \frac{(n-1)s^2}{\chi_{(1-\alpha/2)}^2} \quad (11.7)$$

总体方差假设检验的检验统计量

$$\chi^2 = \frac{(n-1)s^2}{\sigma_0^2} \quad (11.8)$$

当 $\sigma_1^2 = \sigma_2^2$ 时,总体方差假设检验的检验统计量

$$F = \frac{s_1^2}{s_2^2} \quad (11.10)$$

案例问题　空军训练计划

空军的一门电子学入门性课程采用了个性化指导系统,每位学生在上正课前要先看视频讲课。让学生们独立学习,直到他们完成训练并通过测试。令人关注的是,学生们完成培训计划这个部分的速度不同,有些学生完成得较快,而有些学生就需要更多的时间。这些较快的学生要等较慢的学生完成入门性课程,再一起进行其他方面的训练。为此,拟议了有电脑辅助教学的替代系统,使用这种方法,所有学生先同时看视频讲课,然后再用电脑来接受进一步的教学。电脑会指导学生,在课程的自我训练中独立完成。

为了比较拟议的和现有的教学方法,随机地指定全班 122 位学生来接受这两种方法中的一种。其中的 61 位学生为一组来接受现有的计划教学,另 61 位学生为一组来接受拟议的电脑辅助教学。每位学生的时间以小时计。在名为 "Training" 的 CD 文档数据集里包含了以下数据:

					现有训练方法的完成课程时间（小时）									
76	76	77	74	76	74	74	77	72	78	73	78	75	80	79	72
69	79	72	70	70	81	76	78	72	82	72	73	71	70	77	78
73	79	82	65	77	79	73	76	81	69	75	75	77	79	76	78
76	76	73	77	84	74	74	69	79	66	70	74	72			

					拟议的电脑辅助方法的完成课程时间（小时）									
74	75	77	78	74	80	73	73	78	76	76	74	77	69	76	75
72	75	72	76	72	77	73	77	69	77	75	76	74	77	75	78
72	77	78	78	76	75	76	76	75	76	80	77	76	75	73	77
77	77	79	75	75	72	82	76	76	74	72	78	71			

管理报告

1. 用恰当的描述统计量来总结各方法的训练时间数据。从样本数据中可观察到有何异同点？
2. 用第十章中的方法来说明这两种方法总体均值有何差异，并讨论结果。
3. 计算各方法的标准差和方差，检验这两种训练方法的总体方差相等的假设，并讨论结果。
4. 对于这两种方法之间存在的差异有何结论？又有何建议？并做出解释。
5. 为了未来培训计划的最终决策，有没有必要采用其他的数据和做其他的检验？

第十二章 方差分析和试验设计

目 录

统计实务:伯克营销服务公司
12.1 方差分析简介
　　12.1.1 方差分析的假设
　　12.1.2 基本概念
12.2 方差分析:k 个总体均值相等的检验
　　12.2.1 总体方差的组间估计
　　12.2.2 总体方差的组内估计
　　12.2.3 方差估计的比较:F 检验
　　12.2.4 方差分析表
　　12.2.5 Excel 的使用
12.3 多重比较
　　12.3.1 费舍尔最小显著差异法(Fisher's LSD)
　　12.3.2 第一类错误的概率
12.4 试验设计简介
　　数据收集

12.5 完全随机设计
　　12.5.1 总体方差的组间估计
　　12.5.2 总体方差的组内估计
　　12.5.3 方差估计的比较:F 检验
　　12.5.4 方差分析表
　　12.5.5 Excel 的使用
　　12.5.6 成对比较
12.6 随机区组设计
　　12.6.1 空中交通管制员的压力测试
　　12.6.2 方差分析表
　　12.6.3 计算和结论
　　12.6.4 Excel 的使用
12.7 因子试验
　　12.7.1 方差分析的过程
　　12.7.2 计算和结论
　　12.7.3 Excel 的使用

统计实务

伯克营销服务公司[*]
俄亥俄州,辛辛那提

　　伯克营销服务公司(Burke Marketing Services, Inc.)是最有经验的市场调研公司之一。每天,伯克公司比世界上其他的市场调研公司要做更多的建议、有更多的项目。利用先进的技术,伯克公司提供多种多样的研究,给出了几乎所有营销问题的答案。

　　在一项研究中,一家公司雇佣伯克公司来对新型婴儿干麦片的市场潜力进行评估。为保密,

麦片的制造商记为 Anon 公司。Anon 公司的产品开发者认为,要增强麦片的味道有以下四个关键因素:

1. 麦片中小麦和玉米的比例;
2. 甜味剂的类型:糖、蜂蜜或人工甜味剂;
3. 果料的添加与否;
4. 烹调时间的长短。

伯克公司设计了一个试验,来确定麦片中这四个因素的作用。如对固定比例的小麦和玉米、糖、调味料和较短的烹调时间进行试验;对不同比例的小麦、玉米和相同的其他三个因素进行试验,等等。让一组的小孩来品尝这些麦片,然后记录下他们对每种口味的看法。

用方差分析的方法对品尝测试获得的数据进行研究。分析的结果如下:

- 小麦和玉米的比例及甜味剂的类型对口味有相当大的影响。
- 实际上,调味料掩盖了麦片的香味。
- 烹调时间对味道无影响。

这些信息可以帮助 Anon 公司辨别出让麦片味道好的真正因素。

伯克公司使用的试验设计和方差分析,对产品的设计很有帮助。本章将介绍如何进行试验设计和方差分析。

* 作者感谢伯克营销公司的罗纳德泰德汉(Ronald Totham)博士提供了该统计实务。

本章要介绍方差分析(ANOVA)。首先,介绍如何对观测数据进行方差分析,来检验三个或更多总体均值是否相等。其次,分别讨论如何用方差分析法分析由完全随机设计、随机区组设计和因子试验中获得的数据。接下来的几章中,将会发现方差分析在分析试验数据和观测数据的回归分析结论中发挥的主要作用。

12.1 方差分析简介

国家计算机产品公司(National Computer Products, Inc., NCP)位于亚特兰大、达拉斯和西雅图的 3 家工厂生产打印机和传真机。为度量这些工厂里员工对全面质量概念的了解,从各厂中选取 6 名员工作为随机样本,并对他们进行质量意识测试。这 18 名员工的测试得分如表 12.1 中所示。各组的样本均值、样本方差和样本标准差已知。经理要用这些数据来检验这 3 家工厂的平均测试得分相等的假设。

假定亚特兰大工厂的所有员工为总体 1,达拉斯工厂的所有员工为总体 2,西雅图工厂的所有员工为总体 3。设

μ_1 = 总体 1 的平均测试得分

μ_2 = 总体 2 的平均测试得分

μ_3 = 总体 3 的平均测试得分

尽管 μ_1、μ_2 和 μ_3 的实际值未知,但可以用样本均值来检验以下假设。

表 12.1　18 名员工的测试得分

观测	工厂 1 亚特兰大	工厂 2 达拉斯	工厂 3 西雅图
1	85	71	59
2	75	75	64
3	82	73	62
4	76	74	69
5	71	69	75
6	85	82	67
样本均值	79	74	66
样本方差	34	20	32
样本标准差	5.83	4.47	5.66

$H_0: \mu_1 = \mu_2 = \mu_3$

$H_a:$ 所有总体的均值不全相等

> 若拒绝 H_0,则所有的总体均值不全相等,其中至少有两个不同。

如下所述,方差分析是一种统计过程,可以用来确定这三个样本均值是否存在显著的差异而拒绝 H_0。

在本章简介中提到方差分析可用来分析观察研究和试验研究中获得的数据。为方便方差分析在这些研究中的使用,先介绍响应变量、因素和处理这几个术语的概念。

国家计算机产品公司的例子中的两个变量:工厂的位置和质量意识测试的得分。因为要确定的是这 3 家工厂的平均测试得分是否相等,所以测试得分是因变量或**响应变量**(response variable),而工厂的位置就是自变量或**因素**(factor)。一般地,为调查选取的因素的值称为因素水平或**处理**(treatments)。因此,国家计算机产品公司例子中有三个处理:亚特兰大、达拉斯和西雅图。这三个处理定义了例子中的三个总体。对于每个处理或总体来说,考试得分是响应变量。

12.1.1　方差分析的假设

方差分析时需要三个假设:

1. **对于各总体,响应变量服从正态分布**。如在国家计算机产品公司例子中,每个工厂的测试得分(响应变量)必须服从正态分布。

> 若样本容量相等,方差分析对违背正态分布的假设并不敏感。

2. **对于所有总体,响应变量的方差 σ^2 相同**。如在国家计算机产品公司例子中,三个工厂的测试得分的方差必须相同。

3. **观测值是独立的**。如在国家计算机产品公司例子中,每个员工的测试得分相互独立。

12.1.2　基本概念

若三个总体的均值相等,可预计它们的三个样本均值相差不大。实际上,三个样本均值之间相差越小,它们的三个总体的均值就越有可能相等。反之,样本均值相差越大,它们的总体均值就越有可能不相等。也就是说,若样本均值的相异性"小",就接受 H_0;否则,若样本均值的相异性"大",就接受 H_1。

如果原假设 $H_0: \mu_1 = \mu_2 = \mu_3$ 成立,可以用样本均值的变异性来构造 σ^2 的估计。若满足方差分析的假设,每个样本都服从均值为 μ、方差为 σ^2 的正态分布。回顾第七章,来自正态总体容量为 n 的简单随机样本,它的样本均值 $\bar{x}$ 服从均值为 μ、方差为 σ^2/n 的正态分布。$\bar{x}$ 的抽样分布如图 12.1 所示。

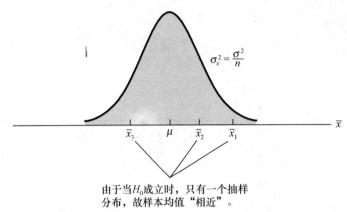

图 12.1 当 H_0 成立时,$\bar{x}$ 的抽样分布

因此,如果原假设成立,就可以将表 12.1 中的三个样本均值:$\bar{x}_1 = 79$,$\bar{x}_2 = 74$ 和 $\bar{x}_3 = 66$,分别看做是在图 12.1 中的抽样分布中随机取得的值。在这种情况下,就可用这三个 $\bar{x}$ 值的均值和方差来估计抽样分布的均值和方差。当样本容量相等时,如国家计算机产品公司例子,样本均值是 $\bar{x}$ 的抽样分布的均值最好的估计。因此,在国家计算机产品公司例子中,$\bar{x}$ 的抽样分布均值的估计值为 $(79 + 74 + 66)/3 = 73$。该估计值称为**总样本均值**。这三个样本均值的方差,就是 $\bar{x}$ 的抽样分布的方差 $\sigma_{\bar{x}}^2$ 的估计。

$$s_{\bar{x}}^2 = \frac{(79-73)^2 + (74-73)^2 + (66-73)^2}{3-1} = \frac{86}{2} = 43$$

由 $\sigma_{\bar{x}}^2 = \sigma^2/n$,求解 σ^2 得

$$\sigma^2 = n\sigma_{\bar{x}}^2$$

因此,

$$\sigma^2 \text{ 的估计} = n(\sigma_{\bar{x}}^2 \text{ 的估计}) = ns_{\bar{x}}^2 = 6(43) = 258$$

而称 $ns_{\bar{x}}^2 = 258$,为 σ^2 的**组间(between-treatments)估计**。

σ^2 的组间估计,建立在原假设成立的前提上。在这种情况下,每个样本来自同一总体,且只有一个 $\bar{x}$ 的抽样分布。为了说明 H_0 不成立的情况,假定这些总体的均值全不相等。由于这三个样本来自均值不同的正态总体,故有三个不同的抽样分布。如图 12.2 所示,样本均值之间相差的要比 H_0 成立时的大。因此,$\sigma_{\bar{x}}^2$ 就会较大,以致 σ^2 的组间估计会变大。一般地,当总体均值不同时,组间估计往往会高估总体方差 σ^2。

每个样本之间的差异,也会影响由方差分析得到的结论。从每个总体选取简单随机样本,每个样本方差都是 σ^2 的无偏估计。因此,可以将单个的 σ^2 的估计合并成一个总的估计。这种方法

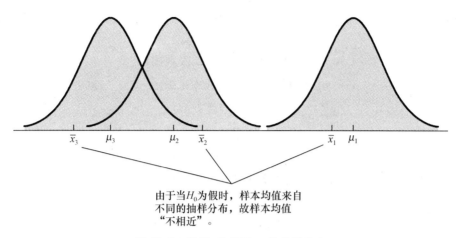

由于当H_0为假时,样本均值来自不同的抽样分布,故样本均值"不相近"。

图 12.2 当 H_0 为假时,$\bar{x}$ 的抽样分布

得到的 σ^2 的估计,称为 σ^2 的合并估计或**组内(within-treatments)估计**。由于每个样本方差是 σ^2 的估计只建立在每个样本之间的差异上,σ^2 的组内估计不会受到总体均值不等的影响。当样本容量相等时,通过计算单个样本方差的均值得到 σ^2 的组内估计。如国家计算机产品公司的例子,得

$$\sigma^2 \text{ 的组内估计} = \frac{34 + 20 + 32}{3} = \frac{86}{3} = 28.67$$

在国家计算机产品公司的例子中,σ^2 的组间估计(258)要远大于 σ^2 的组内估计(28.67)。而这两个估计之间的比 $258/28.67 = 9.00$。然而,已知只有当 H_0 成立时,组间法才会给出 σ^2 的良好估计;当 H_0 不成立时,组间估计法会高估 σ^2。而组内法在这两种情况下都能给出 σ^2 的良好估计。因此,若原假设成立,这两个估计会比较相近,它们的比值会接近于 1。若原假设不成立,组间估计会远大于组内估计,它们的比值会比较大。下一节将会说明比值多大时必须拒绝 H_0。

总之,方差分析的逻辑是基于同一个总体方差 σ^2 的两个独立估计。σ^2 的一个估计是基于样本均值间的差异;另一个估计是基于样本数据之间的差异。通过比较这两个 σ^2 的估计,就能确定总体的均值是否相等。

注释与评论

在 10.1 节、10.2 节中,介绍了两个总体的均值相等的假设检验。同样,方差分析也可以用来检验两个总体的均值是否相等。然而,方差分析常用于检验三个或更多总体均值相等的问题。

12.2 方差分析:k 个总体均值相等的检验

方差分析可以用来检验 k 个总体均值是否相等。假设检验的一般形式:

$$H_0: \mu_1 = \mu_2 = \cdots = \mu_k$$
$$H_a: \text{所有总体的均值不全相等}$$

其中,μ_j = 第 j 个总体的均值。

假定分别从 k 个总体或处理中，选取样本容量为 n_j 的简单随机样本。根据所得的样本数据，设

x_{ij} = 第 j 个处理的第 i 次观测值

n_j = 第 j 个处理的观测次数

$\bar{x}_j$ = 第 j 个处理的样本均值

s_j^2 = 第 j 个处理的样本方差

s_j = 第 j 个处理的样本标准差

第 j 个处理的样本均值、样本方差的公式如下：

$$\bar{x}_j = \frac{\sum_{i=1}^{n_j} x_{ij}}{n_j} \tag{12.1}$$

$$s_j^2 = \frac{\sum_{i=1}^{n_j} (x_{ij} - \bar{x}_j)^2}{n_j - 1} \tag{12.2}$$

记总样本均值为 $\bar{\bar{x}}$，它是所有观测值之和除以总观测次数。即

$$\bar{\bar{x}} = \frac{\sum_{j=1}^{k} \sum_{i=1}^{n_j} x_{ij}}{n_T} \tag{12.3}$$

其中，

$$n_T = n_1 + n_2 + \cdots + n_k \tag{12.4}$$

若每个样本的容量为 n，则 $n_T = kn$；公式（12.3）简化为

$$\bar{\bar{x}} = \frac{\sum_{j=1}^{k} \sum_{i=1}^{n_j} x_{ij}}{kn} = \frac{\sum_{j=1}^{k} \sum_{i=1}^{n_j} x_{ij}/n}{k} = \frac{\sum_{j=1}^{k} \bar{x}_j}{k} \tag{12.5}$$

即当样本容量相同时，总样本均值恰好是 k 个样本均值的平均数。

由于在国家计算机产品公司的例子中，各样本都是由 6 个观测值组成，故总样本均值可由公式（12.5）算得。根据表 12.1 中的数据，由如下结果

$$\bar{\bar{x}} = \frac{79 + 74 + 66}{3} = 73$$

若原假设成立（$\mu_1 = \mu_2 = \mu_3 = \mu$），总样本均值 73 是总体均值 μ 的最好估计。

12.2.1 总体方差的组间估计

前节引入了 σ^2 的组间估计的概念，并介绍了当样本容量相等时如何来计算该估计。σ^2 的这种估计称为**组间离差均方（mean square due to treatments）**，记为 MSTR。计算 MSTR 的一般公式为

$$\text{MSTR} = \frac{\sum_{j=1}^{k} n_j (\bar{x}_j - \bar{\bar{x}})^2}{k - 1} \tag{12.6}$$

公式(12.6)中的分子,称为**组间离差平方和**(sum of squares due to treatments),记为 SSTR。分母 $k-1$ 为 SSTR 的自由度。因此,组间均方有如下计算公式:

组间离差均方

$$\text{MSTR} = \frac{\text{SSTR}}{k-1} \tag{12.7}$$

其中,

$$\text{SSTR} = \sum_{j=1}^{k} n_j (\bar{x}_j - \bar{\bar{x}})^2 \tag{12.8}$$

若 H_0 成立,MSTR 是 σ^2 的无偏估计。然而,若 k 个总体均值不相等,则 MSTR 不是 σ^2 的无偏估计;事实上,MSRT 高估了 σ^2。

根据表 12.1 中国家计算机产品公司的数据,可得

$$\text{SSTR} = \sum_{j=1}^{k} n_j (\bar{x}_j - \bar{\bar{x}})^2 = 6(79-73)^2 + 6(74-73)^2 + 6(66-73)^2 = 516$$

$$\text{MSTR} = \frac{\text{SSTR}}{k-1} = \frac{516}{2} = 258$$

12.2.2 总体方差的组内估计

同样,前节引入了 σ^2 的组内估计的概念,并介绍了当样本容量相等时如何来计算该估计。σ^2 的这种估计称为**组内离差均方**(mean square due to error),记为 MSE。计算 MSE 的一般公式为

$$\text{MSE} = \frac{\sum_{j=1}^{k}(n_j - 1)s_j^2}{n_T - k} \tag{12.9}$$

公式(12.9)中的分子,称为**组内离差平方和**,记为 SSE。分母为 SSE 的自由度。因此,组内离差均方公式又有如下形式。

组内离差均方

$$\text{MSE} = \frac{\text{SSE}}{n_T - k} \tag{12.10}$$

其中,

$$\text{SSE} = \sum_{j=1}^{k}(n_j - 1)s_j^2 \tag{12.11}$$

注意到,MSE 取决于处理内的变异,它不受原假设是否成立的影响。因此,MSE 总是 σ^2 的无偏估计。

根据表 12.1 中国家计算机产品公司的数据,可得

$$\text{SSE} = \sum_{j=1}^{k}(n_j - 1)s_j^2 = (6-1)34 + (6-1)20 + (6-1)32 = 430$$

$$\text{MSE} = \frac{\text{SSE}}{n_T - k} = \frac{430}{18-3} = \frac{430}{15} = 28.67$$

12.2.3 方差估计的比较：F 检验

若原假设成立，MSTR 和 MSE 是 σ^2 的两个独立无偏估计。由第十一章中可知，对于正态分布，σ^2 的两个独立无偏估计的比的抽样分布服从 F 分布。因此，若原假设和方差分析的假设都成立，MSTR/MSE 的抽样分布服从第一自由度为 $k-1$、第二自由度为 $n_T - k$ 的 F 分布。即若原假设成立，MSTR/MSE 的值可以在 F 分布中找到。

> 在 11.2 节中，有对 F 分布以及使用 F 分布表的介绍。

然而，若原假设为假时，MSTR 就会高估 σ^2 以至于 MSTR/MSE 的值变大。因此，如果在自由度为 $k-1$、$n_T - k$ 的 F 分布中算得的 MSTR/MSE 的值足够大，就必须拒绝 H_0。因为拒绝 H_0 的决策取决于 MSTR/MSE 的值，所以 k 个总体均值相等的检验中用到的检验统计量如下：

k 个总体均值相等的检验统计量

$$F = \frac{\text{MSTR}}{\text{MSE}} \tag{12.12}$$

检验统计量服从第一自由度为 $k-1$、第二自由度 $n_T - k$ 的 F 分布。

再看国家计算机产品公司例子，给定显著性水平 $\alpha = 0.05$，进行假设检验。检验统计量的值为

$$F = \frac{\text{MSTR}}{\text{MSE}} = \frac{258}{28.67} = 9$$

分子的自由度为 $k-1 = 3-1 = 2$，分母的自由度为 $n_T - k = 18 - 3 = 15$。由于只在检验统计量的值大时拒绝原假设，且 p-值等于在 F 分布中检验统计量 $F=9$ 右侧的面积。如图 12.3 给出了 $F=$ MSTR/MSE 的抽样分布、检验统计量的值以及假设检验的 p-值。

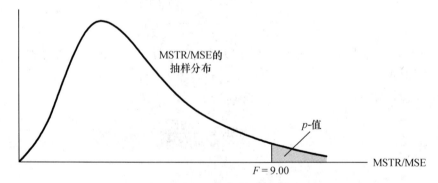

图 12.3　用 MSTR/MSE 的抽样分布计算 p-值

查附录 B 的表 4，可以找到第一自由度为 2、第二自由度为 15 的 F 分布，它的如下右尾面积所对应的值。

右尾面积	0.10	0.05	0.025	0.01
$F(2,15)$ 的值	2.70	3.68	4.77	6.36

$F = 9$

由于 $F = 9$ 大于 6.36，故 $F = 9$ 右侧的面积要小于 0.01，即 p-值小于 0.01。又因为 p-值小于

$\alpha = 0.05$,所以拒绝 H_0,即这三个总体的均值不相等。也就是说,国家计算机产品公司的三个工厂总体的平均测试得分不相等。

由 F 分布表只给出了右尾面积为 0.01、0.05、0.025 和 0.01 的值,故不能直接在表中查得精确的 p-值。Excel 给出了 p-值,它是标准方差分析输出的一部分。在下节将以国家计算机产品公司为例,介绍如何使用 Excel 得到检验统计量 $F=9$ 所对应的 p-值为 0.0027。

> 由 Excel, p-值 = FDIST(9, 2, 14) = 0.0027。

正如其他假设检验,该检验也可用临界值法。由 $\alpha = 0.05$,在 $F(2,15)$ 中的 F 临界值右侧的面积就是 0.05。查 F 分布表,得 $F_{0.05} = 3.68$。因此,国家计算机产品公司例子的右尾拒绝规则为

$$\text{若 } F \geq 3.68, \text{拒绝 } H_0$$

由于 $F=9$,故拒绝 H_0,可以得到这三个总体的均值不相等的结论。检验 k 个总体均值相等的全过程汇总如下:

k 个总体均值相等的检验

$$H_0: \mu_1 = \mu_2 = \cdots = \mu_k$$
$$H_a: \text{所有总体均值不全相等}$$

检验统计量

$$F = \frac{\text{MSTR}}{\text{MSE}}$$

拒绝规则

p-值法:若 p-值 $\leq \alpha$,则拒绝 H_0

临界值法:若 $F \geq F_\alpha$,则拒绝 H_0

其中,F_α 的值取决于自由度为 $k-1$、$n_T - k$ 的 F 分布。

12.2.4 方差分析表

前面的计算结果可以由表列出,这个表称为方差分析表。国家计算机产品公司例子的方差分析表,如表 12.2 所示。"总"变异的离差平方和,称为总离差平方和(SST)。由国家计算机产品公司例子,可观察到 SST = SSTR + SSE,并且总离差平方和的自由度是 σ^2 的组间估计的自由度和 σ^2 的组内估计的自由度的和。

表 12.2 国家计算机产品公司例子的方差分析表

变异的来源	离差平方和	自由度	均方	F 值
因素	516	2	258.00	9.00
误差	430	15	28.67	
总计	946	17		

在此指出,如果将由 18 次观测组成的整个集合视为一个数据集,那么 SST 除以它的自由度 $n_T - 1$ 就是总样本方差。将整个数据集作为一个样本,计算总离差平方和 SST 的公式为

$$\text{SST} = \sum_{j=1}^{k} \sum_{i=1}^{n_j} (x_{ij} - \bar{\bar{x}})^2 \tag{12.13}$$

在国家计算机产品公司例子的方差分析表中,得到的结果同样适用于其他问题。即,

$$\text{SST} = \text{SSTR} + \text{SSE} \tag{12.14}$$

也就是说，SST 可以被分解为两个部分：组间离差平方和和组内离差平方和。同样地，SST 的自由度 $n_T - 1$ 也可以被分解为 SSTR 的自由度 $k - 1$ 和 SSE 的自由度 $n_T - k$。方差分析可以看成是总离差平方和自由度**划分**（**Partitioning**）为其对应来源的过程：因素（处理）影响和误差影响。用离差平方和除以适当的自由度，可以得到方差的估计和用于检验总体均值相等的 F 值。

> 方差分析可以看成是把总体方差划分为独立组件的统计过程。

12.2.5 Excel 的使用

可以用 Excel 的方差分析：单因素工具，对国家计算机产品公司的总体均值之间的差异进行假设检验。具体操作见图 12.4 中的 Excel 工作表。

	A	B	C	D	E	F	G	H
1	观测	亚特兰大	达拉斯	西雅图				
2	1	85	71	59				
3	2	75	75	64				
4	3	82	73	62				
5	4	76	74	69				
6	5	71	69	75				
7	6	85	82	67				
8								
9	Anova: 单因素							
10								
11	汇总							
12	组别	计数	和	均值	方差			
13	亚特兰大	6	474	79	34			
14	达拉斯	6	444	74	20			
15	西雅图	6	396	66	32			
16								
17								
18	ANOVA							
19	变异来源	SS	df	MS	F	P-值	F临界值	
20	组间	516	2	258	9	0.0027	3.6823	
21	组内	430	15	28.6667				
22								
23	合计	946	17					
24								

图 12.4　国家计算机产品公司例子的 Excel 的方差分析：单因素工具的输出

输入数据：A 列是各工厂的观测次数，B、C、D 列中的是每个工厂的测试得分。

应用工具：以下步骤描述了如何用 Excel 的方差分析：单因素工具，检验这三个工厂的平均得分相等的假设。

步骤 1. 选择"工具"菜单；

步骤 2. 选择"数据分析"选项；

步骤 3. 从分析工具列表中选取"方差分析：单因素"；

步骤 4. 当方差分析：单因素框跳出后（见图 12.5），
在"输入范围"框中输入 B1:D7，
选择"按列分组"，

选择"位于第一行的标志",

在"**α**"框中输入 0.05,

选择"输出范围",

在输出范围框中输入 A9(为使输出结果出现在工作表的左上角),

单击"确定"。

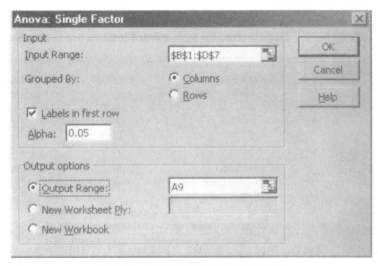

图 12.5　方差分析：单因素的对话框

方差分析：单因素的输出结果,如工作表中的单元格 A9:G23 所示。单元格 A11:E15 中的是数据的汇总。注意到,每个工厂的样本均值和样本方差与表 12.1 中的一致。单元格 A18:G23 中的方差分析表,与表 12.2 基本一致。在 Excel 中,处理的变异来源记为**组间**、误差的变异来源记为**组内**,而且 Excel 同时给出了检验的 p-值和 F 临界值。

可以用单元格 F20 中的 p-值(0.0027),做假设检验的决策。因此,在显著性水平 $\alpha = 0.05$ 下,由于 p-值小于 $\alpha = 0.05$,故拒绝 H_0,即由 p-值法得到的同样是这三个工厂的平均测试得分不相等的结论。

注释与评论

1. 可以由 k 个样本均值的加权平均计算得到总样本均值：

$$\bar{\bar{x}} = \frac{n_1 \bar{x}_1 + n_2 \bar{x}_2 + \cdots + n_k \bar{x}_k}{n_T}$$

若每个样本的均值已知,计算总样本均值这个公式的计算要比公式(12.3)简单。

2. 若每个样本都有 n 次观测,公式(12.6)可写成

$$\text{MSTR} = \frac{n \sum_{j=1}^{k} (\bar{x}_j - \bar{\bar{x}})^2}{k-1} = n \frac{\sum_{j=1}^{k} (\bar{x}_j - \bar{\bar{x}})^2}{k-1}$$

$$= n s_{\bar{x}}^2$$

注意到,这个结果与 12.1 节中,在介绍 σ^2 的组间估计的概念时提到的一样。公式(12.6)是在样本容量不相等时,这个结果的一般情况。

3. 若每个样本都有 n 次观测,则 $n_T = kn$,因此,由 $n_T - k = k(n-1)$,公式(12.9)可改写成

$$\text{MSE} = \frac{\sum_{j=1}^{k}(n-1)s_j^2}{k(n-1)} = \frac{(n-1)\sum_{j=1}^{k}s_j^2}{k(n-1)} = \frac{\sum_{j=1}^{k}s_j^2}{k}$$

即当样本容量相等时,MSE 就是 k 个样本方差的平均数。注意到,这个结果与 12.1 节中,在介绍 σ^2 的组内估计的概念时用的一样。

4. 每个总体均值的置信区间估计,可用

$$\bar{x} \pm t_{\alpha/2}\frac{\sqrt{\text{MSE}}}{\sqrt{n}}$$

t 值的自由度就是 σ^2 的组内估计的自由度。

12.3 多重比较

若用方差分析检验 k 个总体的均值是否相等时拒绝原假设,它只能得出所有总体的均值不全相等的结论。而在很多情况下,需要作进一步的检验以确定到底是哪些均值存在着差异。本节的目的就是介绍两个多重比较程序,并以此对各均值之间进行配对统计比较。

12.3.1 费舍尔最小显著差异法(Fisher's LSD)

假定由方差分析拒绝总体均值相等的原假设。在这种情况下,可以用费舍尔最小显著差异法来确定哪些均值存在差异。为说明费舍尔最小显著差异法是如何对各均值之间进行配对比较,回顾 12.1 节中介绍的国家计算机产品公司例子。由方差分析,得到 3 家工厂总体的平均测试得分不相等。接下来的问题是:已经知道这些工厂存在差异,但到底差异在哪? 也就是说,是总体 1 和 2 的均值不同? 或是总体 1 和 3 的均值不同? 还是总体 2 和 3 的均值不同?

在第十章中,介绍了两个总体均值相等的假设检验。对总体方差的估计方法做微小的修改,费舍尔最小显著差异法就是一种检验两个总体均值是否相等的 t 检验方法。费舍尔最小显著差异法的主要步骤如下:

费舍尔最小显著差异法

$$H_0: \mu_i = \mu_j$$
$$H_a: \mu_i \neq \mu_j$$

检验统计量

$$t = \frac{\bar{x}_i - \bar{x}_j}{\sqrt{\text{MSE}\left(\frac{1}{n_i} + \frac{1}{n_j}\right)}} \tag{12.16}$$

拒绝规则

p-值法:若 p-值 $\leq \alpha$,则拒绝 H_0

临界值法:若 $t \leq -t_{\alpha/2}$ 或 $t \geq t_{\alpha/2}$,则拒绝 H_0

其中，$t_{\alpha/2}$ 的值是服从自由度为 $n_T - k$ 的 t 分布的临界值。

给定显著性水平 $\alpha = 0.05$，用上述过程来确定总体 1（亚特兰大）和总体 2（达拉斯）的均值之间是否存在显著差异。由表 12.1 知，亚特兰大工厂的样本均值为 79、达拉斯工厂的样本均值为 74。由表 12.2 知 MSE 的值为 28.67，它是 σ^2 的估计，其自由度为 15。根据国家计算机产品公司的数据，检验统计量的值为

$$t = \frac{79 - 74}{\sqrt{28.67\left(\frac{1}{6} + \frac{1}{6}\right)}} = 1.62$$

查 t 分布表（附录 B 的表 2），得 $t = 1.341$ 所对应的右尾面积为 0.10 和 $t = 1.753$ 所对应的右尾面积为 0.05。因为检验统计量 $t = 1.62$ 介于两者之间，所以右尾面积要介于 0.05 与 0.10 之间。又因为该检验为双尾检验，故由 p-值是介于 0.10 与 0.20 之间。用 Excel 可以得到 $t = 1.62$ 所对应的 p-值为 0.1261。由此可知，p-值大于 $\alpha = 0.05$，故接受原假设，即亚特兰大工厂总体的平均得分与达拉斯工厂总体的平均得分相等。

> 用 Excel，得 p-值 = TDIST(1.62, 15, 2) = 0.1261。

可以很容易地确定，当样本均值之间存在多大差异时必须拒绝 H_0。这时，检验统计量要用 $\bar{x}_i - \bar{x}_j$，检验的主要步骤如下：

检验统计量为 $\bar{x}_i - \bar{x}_j$ 时的费舍尔最小显著差异法

$$H_0 : \mu_i = \mu_j$$
$$H_a : \mu_i \neq \mu_j$$

检验统计量

$$\bar{x}_i - \bar{x}_j$$

在显著性水平为 α 下的拒绝规则

若 $|\bar{x}_i - \bar{x}_j| > \text{LSD}$，则拒绝 H_0

其中，

$$\text{LSD} = t_{\alpha/2} \sqrt{\text{MSE}\left(\frac{1}{n_i} + \frac{1}{n_j}\right)} \tag{12.17}$$

且 $t_{\alpha/2}$ 服从自由度为 $n_T - k$ 的 t 分布。

在国家计算机产品公司的例子中，$t_{0.025} = 2.131$ 且 LSD 的值为

$$\text{LSD} = 2.131\sqrt{28.67\left(\frac{1}{6} + \frac{1}{6}\right)} = 6.59$$

> 由 $\alpha = 0.05$ 和自由度为 15 得到这个 t 值。

注意到，当样本容量相等时，只要计算 LSD 值。这样就可以根据 LSD 值，来确定两个样本均值之间差异的大小。例如，总体 1（亚特兰大）与总体 3（西雅图）的样本均值之差为 $79 - 66 = 13$。这个差值比 6.59 大，也就意味着要拒绝亚特兰大工厂总体的平均测试得分与西雅图工厂总体的平均得分相等的原假设。类似地，由总体 2 和 3 的样本均值之差为 8，大于 6.59，同样拒绝达拉斯工厂总体的平均测试得分与西雅图工厂总体的平均得分相等的原假设。也就是说，可以得出亚特兰大和达拉斯工厂都与西雅图工厂不同的结论。

同样可以用费舍尔最小显著差异法，对两个总体之差进行区间估计。一般步骤如下：

用费舍尔最小显著差异法对两个总体之差进行区间估计

$$\bar{x}_i - \bar{x}_j \pm \text{LSD} \tag{12.18}$$

其中，

$$\text{LSD} = t_{\alpha/2} \sqrt{\text{MSE}\left(\frac{1}{n_i} + \frac{1}{n_j}\right)} \tag{12.19}$$

且 $t_{\alpha/2}$ 为服从自由度为 $n_T - k$ 的 t 分布的临界值。

若式(12.18)的置信区间中包含 0，则接受两个总体均值相等的假设；反之，两个总体均值之间存在差异。在国家计算机产品公司的例子中，LSD = 6.59（相应的 $t_{0.025} = 2.131$）。因此，在 95% 置信度下，总体 1 和 2 均值之差的区间估计为 79 - 74 ± 6.59 = 5 ± 6.59，即置信区间为 (-1.59, 11.59)。因为该区间包含 0，所以接受这两个总体均值相等的假设。

12.3.2 第一类错误的概率

讨论费舍尔最小显著差异法的前提，是由方差分析拒绝总体均值相等的原假设。在这种情况下，用费舍尔最小显著差异法来确定哪里存在差异。由于这种方法只有在方差分析中得到较大的 F 值时才能使用，技术上称其为受保护或受限制的费舍尔最小显著差异法。为了说明这个特性在多重比较检验中的重要性，必须先解释单个成对比较下的第一类错误率和全部试验组比较的第一类错误率之间的差异。

在国家计算机产品公司的例子中，用费舍尔最小显著差异法进行 3 重成对比较。

检验 1	检验 2	检验 3
$H_0: \mu_1 = \mu_2$	$H_0: \mu_1 = \mu_3$	$H_0: \mu_2 = \mu_3$
$H_a: \mu_1 \neq \mu_2$	$H_a: \mu_1 \neq \mu_3$	$H_a: \mu_2 \neq \mu_3$

在每种情况中，都给定显著性水平 $\alpha = 0.05$。因此，对于每个检验，若原假设成立，犯第一类错误的概率为 $\alpha = 0.05$；相应地不会犯第一类错误的概率就为 0.95。在讨论多重比较中，将犯第一类错误的概率（$\alpha = 0.05$）称为**单个成对比较下的第一类错误率**。单个成对比较下的第一类错误率就是单个成对比较的显著性水平。

现在考虑一个略有不同的问题。在进行 3 重成对比较时，至少会犯一次第一类错误概率是多少？为了解答这个问题，必须注意到不会犯第一类错误的概率为 $(0.95)(0.95)(0.95) = 0.8574$。* 因此，至少会犯一次第一类错误概率为 0.1426。从而，当用费舍尔最小显著差异法进行 3 重成对比较时，犯第一类错误的概率不是 0.05 而是 0.1426，称该错误率为**全试验第一类错误率**。为避免混淆，将全部试验组比较的第一类错误率记为 α_{EW}。

全试验第一类错误率，随着问题的总体数增多而增大。例如，有 5 个总体的问题会有 10 重成对比较。如果用单个成对比较下的第一类错误率为 0.05 的费舍尔最小显著差异法检验所有可能的成对比较，那么这时的全试验第一类错误率为 $1 - (1 - 0.05)^{10} = 0.40$。在这种情况下，就必须要选择一种能更好控制全试验第一类错误率的方法。

---

* 假定 3 次检验是独立的，因此三个事件的联合概率就是每个事件概率的乘积。实际上，因为每次检验都用了 MSE，所以它们不是独立的，因此，误差被低估了。

Bonferroni 校正就是一种可控制全试验第一类错误率的方法,对每个检验它采用了较小的单个成对比较下的第一类错误率。例如,若要检验 C 重成对比较,而它最大的全试验第一类错误率为 α_{EW},这时单个成对比较下的第一类错误率就取为 α_{EW}/C。在国家计算机产品公司的例子中,若要用费舍尔最小显著差异法检验这 3 重比较且它最大的全试验第一类错误率为 $\alpha_{EW}=0.05$,由单个成对比较下的第一类错误率 $\alpha=0.05/3=0.017$。对于有 5 个总体的问题,它有 10 重可能的比较,由 Bonferroni 校正可得单个成对比较下的第一类错误率 $0.05/10=0.005$。

对于固定的样本容量,犯第一类错误概率的减小可能导致犯第二类错误概率的增大。犯第二类错误,是指接受了两个总体均值相等的假设,但事实上它们并不相等。因此,很多情况都是为了不增大犯第二类错误的概率,而不采用较小的单个成对比较下的第一类错误率进行检验。其他方法,如 Turkey 法和 Duncan 多重极差检验给这种情况提供了帮助。然而,在统计中对哪个方法是"最好的"一直都有很大的争议。实际上,根本就没有一种方法对于解决所有问题都是最好的。

12.4 试验设计简介

统计研究可分为试验性研究和观察性研究。在试验设计中,首先要确定响应变量。接着,在研究中控制 1 个或多个因素,以便获得因素如何影响变量的数据。而在**观察性**或**非试验性研究**中,不需控制因素。调查是观察性试验的最常见的类型。

> 在观察性研究中很难建立因果关系;而在试验性研究中却比较容易。

介绍方差分析时用到的国家计算机产品公司的例子,就是一次观察性研究。为度量国家计算机产品公司的员工对质量管理的了解程度,分别从国家计算机产品公司的 3 家工厂中各随机选取 6 名员工作为样本,并对他们进行了质量意识测试。再用方差分析对这些员工的测试得分进行分析,以检验这 3 家工厂总体的平均测试得分相等的假设。

作为一个试验性统计研究的例子。考虑凯密公司(Chemitech, Inc.)遇到的问题,凯密公司为城市供水开发了一个新过滤系统。这个新过滤系统的部件要从几个供应商处购得,然后凯密公司会在它的哥伦比亚工厂和南卡罗来纳工厂进行组装。工业工程小组负责确定新过滤系统最佳的组装方法。经过考虑各种可能的不同方法,小组筛选出 3 种方法:方法 A、方法 B 和方法 C。这些方法用于组装的步骤各不相同。凯密公司的经理要知道哪种组装方法每周可以生产出最多的过滤系统。

在凯密公司的试验中,组装方法就是自变量或**因素**。因为这 3 种方法都与这个因素相关,所以它们就是试验的**处理**,每个处理对应一种方法。凯密问题是只包含了单个定性因素(组装方法)的**单因素试验**。其他一些试验可能包含多个因素,并且这些因素可能是定性的也可能是定量的。

这 3 种组装方法或处理定义了凯密试验的三个总体。三个总体分别由使用方法 A、方法 B 和方法 C 的员工组成。注意,对于每个总体的因变量或响应变量,是每周组装的过滤系统个数,而这个试验的目的就是确定这三个总体的平均每周生产数是否相等。

假定一个由 3 名员工组成的随机样本,选自凯密工厂里的所有组装工人。这 3 名随机抽取的工人,在试验设计中就称为**试验单元**。而用于解决凯密问题的试验设计称为**完全随机设**

> 随机化,是指将处理随机地分配给试验单元。在费舍尔的研究之前,是在系统化或主管的基础上分配处理。

计。这种设计需要将这3种组装方法或处理随机地分配给每名工人或试验单元。例如，方法A可能会随机地分配给第二名工人，方法B可能给第一名工人和方法C给第三名工人。正如例子中所说明，对于所有的试验设计，一条重要的准则就是**随机化**。

在这种试验中，每个处理只有一个测量尺度——组装个数。为了获得每个试验的其他数据，必须重复这个基础试验过程。例如，将随机选取的3名工人增加到15名，再随机地分别将这三个处理各分配给5名工人。将每种组装方法分配给了5名工人，相当于经过了5次重复试验。**重复**过程是试验设计的又一重要准则。图12.6给出了凯密试验的完全随机设计。

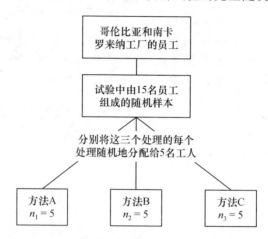

图12.6　评估凯密公司组装方法试验的完全随机设计

数据收集

只要试验设计合理，就可以进行收集和分析数据。在凯密公司的例子中，先对工人们进行组装方法指导，然后工人们再用各自的方法组装新过滤系统。经过分配和培训，每个工人每周的组装个数，如表12.3所示。在这3种组装方法中，每种方法样本的平均组装数如下表。

组装方法	平均组装数
A	62
B	66
C	52

表12.3　15名工人的组装数量

观测	方法		
	A	B	C
1	58	58	48
2	64	69	57
3	55	71	59
4	66	64	47
5	67	68	49
样本均值	62	66	52
样本方差	27.5	26.5	31.0
样本标准差	5.24	5.15	5.57

由这些数据来看,方法 B 比其他方法有更高的生产率。

问题是这三个样本均值的差异是否足够显著,能否得到 3 种组装方法所对应总体的均值存在差异的结论。将该问题转述成统计形式,其中的符号定义如下:

$$\mu_1 = 方法 A 平均每周的生产个数$$
$$\mu_2 = 方法 B 平均每周的生产个数$$
$$\mu_3 = 方法 C 平均每周的生产个数$$

尽管不可能知道 μ_1、μ_2 和 μ_3 的真实值,不过可以用样本均值来检验以下假设。

$$H_0: \mu_1 = \mu_2 = \mu_3$$
$$H_a: 所有总体的均值不全相等$$

在完全随机化试验设计中遇到的数据分析问题,与用来检验两个总体均值是否相等的方差分析中遇到的一样。在下节中,将介绍如何把方差分析应用于像凯密公司组装方法试验这样的情况中。

> Excel 中的数据分析工具——方差分析:单因素,可以用来做完全随机试验。

注释与评论

1. 试验设计中的随机化与观察性研究中的概率抽样类似。
2. 在一些医学试验中,都是用双盲研究来消除潜在的偏差。在这种研究中,不管是进行治疗的医生还是受治疗者都不知道用了什么治疗法。这个研究方法同样有助于许多其他类型的试验。

12.5 完全随机设计

当要分析从完全随机设计中得到的数据时,检验的假设与 12.2 节中介绍的假设的一般形式一样。

$$H_0: \mu_1 = \mu_2 = \cdots = \mu_k$$
$$H_a: 所有总体的均值不全相等$$

因此,在检验这些数据的均值是否相等时,可以采用 12.1 节和 12.2 节中介绍的方差分析法。而方差分析需要计算总体方差 σ^2 的两个独立估计。

12.5.1 总体方差的组间估计

σ^2 的组间估计,称为**组间离差均方**,记为 MSTR。计算 MSTR 的公式如下:

$$\text{MSTR} = \frac{\sum_{j=1}^{k} n_j (\bar{x}_j - \bar{\bar{x}})^2}{k-1} \tag{12.20}$$

式(12.20)中的分子,称为**组间离差平方和**,记为 SSTR。分母 $k-1$ 为 SSTR 的自由度。

由表 12.3 中凯密公司的数据,可得如下结果(注释:$\bar{\bar{x}} = 60$):

$$\text{SSTR} = \sum_{j=1}^{k} n_j(\bar{x}_j - \bar{\bar{x}})^2 = 5(62-60)^2 + 5(66-60)^2 + 5(52-60)^2 = 520$$

$$\text{MSTR} = \frac{\text{SSTR}}{k-1} = \frac{520}{3-1} = 260$$

12.5.2 总体方差的组内估计

σ^2 的组内估计,称为**组内离差均方**,记为 MSE。计算 MSE 的公式如下:

$$\text{MSE} = \frac{\sum_{j=1}^{k}(n_j - 1)s_j^2}{n_T - k} \tag{12.21}$$

式(12.21)中的分子,称为**组内离差平方和**,记为 SSE。分母 $n_T - k$ 是 SSE 的自由度。

由表 12.3 中凯密公司的数据,可得如下结果:

$$\text{SSE} = \sum_{j=1}^{k}(n_j - 1)s_j^2 = 4(27.5) + 4(26.5) + 4(31) = 340$$

$$\text{MSE} = \frac{\text{SSE}}{n_T - k} = \frac{340}{15 - 3} = 28.33$$

12.5.3 方差估计的比较:F 检验

若原假设和方差分析的假设都成立,MSTR/MSE 的抽样分布服从第一自由度为 $k-1$、第二自由度为 $n_T - k$ 的 F 分布。若 k 个总体的均值不全相等,则 MSTR 就会高估 σ^2 导致 MSTR/MSE 变大。因此,如果在自由度为 $k-1$、$n_T - k$ 的 F 分布中随机选取的 MSTR/MSE 足够大,就必须拒绝 H_0。而完全随机设计的检验统计量为

$$F = \frac{\text{MSTR}}{\text{MSE}} \tag{12.22}$$

回到凯密公司的问题中,给定显著性水平 $\alpha = 0.05$,进行假设检验。检验统计量的值为

$$F = \frac{\text{MSTR}}{\text{MSE}} = \frac{260}{28.33} = 9.18$$

分子的自由度为 $k - 1 = 3 - 1 = 2$,分母的自由度为 $n_T - k = 15 - 3 = 12$。由于只在检验统计量的值大时拒绝原假设,且 p-值等于在 F 分布中检验统计量 $F = 9.18$ 右侧的面积。查附录 B 的表 4,得 F 值 6.93 右侧的面积为 0.01。因此,F 值 9.18 右侧的面积必定小于 0.01,即凯密公司假设检验的 p-值小于 0.01。或者可以用 Excel,得到 $F = 9.18$ 所对应的 p-值为 0.0038。因为 p-值小于等于 $\alpha = 0.05$,所以拒绝 H_0。该检验表明,所有总体的均值不全相等。

> 用 Excel 得,p-值 = FDIST(9.18, 2, 12) = 0.0038。

12.5.4 方差分析表

下式给出了总离差平方和 SST 的构成。

$$\text{SST} = \text{SSTR} + \text{SSE} \tag{12.23}$$

对于各离差平方和的自由度,该式也成立。即,总离差平方和的自由度为 SSTR 和 SSE 的自由度相加。完全随机设计的方差分析表的一般形式如表 12.4 所示,凯密问题的方差分析表如表

12.5 所示。

表 12.4　完全随机设计的方差分析表

变异的来源	离差平方和	自由度	均方	F
因素	SSTR	$k-1$	$\text{MSTR} = \dfrac{\text{SSTR}}{k-1}$	$\dfrac{\text{MSTR}}{\text{MSE}}$
误差	SSE	$n_T - k$	$\text{MSE} = \dfrac{\text{SSE}}{n_T - k}$	
总计	SST	$n_T - 1$		

表 12.5　完全随机设计的方差分析表

变异的来源	离差平方和	自由度	均方	F
因素	520	2	260.00	9.18
误差	340	12	28.33	
总计	860	14		

12.5.5　Excel 的使用

在 12.2 节中, 介绍了如何用 Excel 的方差分析:单因素工具, 来检验观察性研究中 k 个总体的均值是否相等。分析从完全随机化试验设计中得到的数据时, 因为要检验的假设与 12.2 节中介绍的假设的一般形式一样, 所以可以用 Excel 的方差分析:单因素工具, 来检验这些数据的均值是否相等。

由凯密问题的数据, 相应的方差分析:单因素工具的输出结果如图 12.7 所示。可以用单元格 $F19$ 中的 p-值来做假设检验的决策。给定显著性水平 $\alpha = 0.05$, 由于 p-值为 0.0038 小于 $\alpha = 0.05$, 故拒绝 H_0。

12.5.6　成对比较

用费舍尔最小显著差异法, 检验凯密问题中所有可能的成对比较。给定显著性水平为 5%, 查自由度 $n_T - k = 15 - 3 = 12$ 的 t 分布表, 得 $t_{0.025} = 2.179$。将 MSE = 28.33 代入式(12.17), 得费舍尔最小显著差异。

$$\text{LSD} = t_{\alpha/2}\sqrt{\text{MSE}\left(\frac{1}{n_i} + \frac{1}{n_j}\right)} = 2.179\sqrt{28.33\left(\frac{1}{5} + \frac{1}{5}\right)} = 7.34$$

若两样本均值的差距大于 7.34, 则拒绝相应总体的均值相等的假设。由表 12.3 中凯密公司的数据, 可得如下结果:

样本之差	是否显著
方法 A - 方法 B = 62 - 66 = -4	否
方法 A - 方法 C = 62 - 52 = 10	是
方法 B - 方法 C = 66 - 52 = 14	是

因此, 方法 A 与方法 C 均值、方法 B 与方法 C 均值之间的差异导致总体的均值之间存在差异。方

	A	B	C	D	E	F	G	H
1	观测	方法A	方法B	方法C				
2	1	58	58	48				
3	2	64	69	57				
4	3	55	71	59				
5	4	66	64	47				
6	5	67	68	49				
7								
8	Anova: 单因素							
9								
10	汇总							
11	组别	计数	和	均值	方差			
12	方法A	5	310	62	27.5			
13	方法B	5	330	66	26.5			
14	方法C	5	260	52	31			
15								
16								
17	ANOVA							
18	变异来源	SS	df	MS	F	P-值	F临界值	
19	组间	520	2	260	9.1765	0.0038	3.8853	
20	组内	340	12	28.3333				
21								
22	合计	860	14					
23								

图 12.7　国家计算机产品公司例子的 Excel 的方差分析：单因素工具的输出量

法 A 和 B 的均值都比方法 C 大。然而，需要其他的检验方法来比较方法 A 和方法 B。目前的研究得不出这两种方法存在差异。

12.6　随机区组设计

在此之前，我们考虑的是完全随机的试验设计，为检验处理均值之间的差异，要用

$$F = \frac{\text{MSTR}}{\text{MSE}}$$

这个比例来计算 F 值。

当外部因素（试验中未考虑到的因素）存在差异时，就会产生问题导致比例中的 MSE 变大。在这种情况下，式(12.23)中的 F 值会变小，而得出处理均值之间不存在差异，但实际上存在差异。

> 当试验单元同质时，完全随机化设计很有用；而当试验单元不具有同质性时，就要用区组将试验单元划分为若干个同质组。

本章将要介绍另一种试验设计——随机区组设计。它的目的是，通过消除来自 MSE 的变异，来控制变异的一些外部来源。该设计更好地估计了误差方差，使假设检验更有效地鉴定了处理均值之间的差异。以空中交通管制员的压力研究为例进行说明。

12.6.1　空中交通管制员的压力测试

一项研究测量了空中交通管制员的疲劳和压力,提出对管制员的工作站进行重新设计和修改的建议。经过对几个工作站设计的思考,选取了三种最有可能减少管制员的压力的设计。关键的问题是:这三种设计对管制员的压力的影响存在何种程度上的差异?为了回答这个问题,必须设计一个可以在每种设计下都能测量管制员的压力的试验。

在完全随机设计中,随机地指派由管制员组成的随机样本到各工作站。然而,管制员之间在处理压力的能力上存在着差异。同一个压力对于一个管制员来说是高强度,而对另一个管制员可能是中等强度甚至仅是低等程度。因此,在考虑到组间的变异来源(MSE)的同时,必须意识到随机误差和每个管制员的个人差异而产生的变异。事实上,管理者们认为管制员的变异性是 MSE 的主要来源。

> 在商业中的试验研究中,它包含的试验单元往往是高度异质的,因此常采用随机区组设计。

随机区组设计是区分由个人差异造成影响的一种方法。该设计可以识别由管制员个人差异带来的变异性,并将其从 MSE 中剔除。随机区组设计要求一个管制员的单样本,对每个管制员在每种设计下都进行检验。用试验设计的术语来讲,工作站是试验中的**因素**、管制员是**区组**。工作站因素的三个处理或总体对应于三种不同设计的工作站。为简化,分别称不同设计的工作站为系统 A、系统 B 和系统 C。

> 实验设计中的区组与分层抽样相似。

随机区组设计的随机,是指随机地指派管制员到处理(系统)中。若按照同样的顺序检验这三个系统中的每个管制员,那么会因为是检验的顺序而不是因为真实的系统差异而产生观测的差异。

为获取必要的数据,将这三个不同设计的工作站建在俄亥俄州奥伯林(Oberlin, Ohio)的克利夫兰控制中心(Cleveland Control Center)。随机选取 6 个管制员,并将他们指派到各个系统中工作。接着,对研究中的每个管制员进行面试和医学测试,测量得在每个系统中的各管制员的压力。记录的数据如表 12.6 中所示。

表 12.6　空中交通管制员的压力测试的随机区组设计

		处理		
		系统 A	系统 B	系统 C
	管制员 1	15	15	18
	管制员 2	14	14	14
区组	管制员 3	10	11	15
	管制员 4	13	12	17
	管制员 5	16	13	16
	管制员 6	13	13	13

搜集到的压力的总汇,如表 12.7 所示。该表包含了列的总计(处理)、行的总计(区组)以及方差分析中的离差平方和要用到的一些样本均值。因为压力值越小越好,而由样本数据可知系统 B 有最小平均压力为 13,所以系统 B 最好。然而,依然存在的问题是:能否由样本的结论,得出这三个系统总体的平均压力水平不同?即它们之间的差异是否显著?这里可以用完全随机设计中的

方差分析来回答这个问题。

表 12.7 空中交通管制员的压力测试的压力数据汇总

		处理			行或区组的总计	区组的均值
		系统 A	系统 B	系统 C		
区组	管制员 1	15	15	18	48	$\bar{x}_{1?} = 48/3 = 16.0$
	管制员 2	14	14	14	42	$\bar{x}_{2?} = 42/3 = 14.0$
	管制员 3	10	11	15	36	$\bar{x}_{3?} = 36/3 = 12.0$
	管制员 4	13	12	17	42	$\bar{x}_{4?} = 42/3 = 14.0$
	管制员 5	16	13	16	45	$\bar{x}_{5?} = 45/3 = 15.0$
	管制员 6	13	13	13	39	$\bar{x}_{6?} = 39/3 = 13.0$
列或处理的总计		81	78	93		
处理的均值		$\bar{x}_{.1} = 81/6$ $= 13.5$	$\bar{x}_{.2} = 78/6$ $= 13.0$	$\bar{x}_{.3} = 93/6$ $= 15.5$	252	$\bar{x} = 252/18 = 14.0$

12.6.2 方差分析过程

随机区组设计中的方差分析,需要将总离差平方和(SST)划分成三个部分:组间的离差平方和(SSTR)、区组的离差平方和(SSBL)和组内的离差平方和(SSE)。这个划分的公式如下:

$$SST = SSTR + SSBL + SSE \tag{12.24}$$

随机区组设计的方差分析表中离差平方和的划分汇总,如表12.8所示。表中所用符号的定义为

$k = $ 处理的个数

$b = $ 区组的个数

$n_T = $ 总的样本容量($n_T = kb$)

表 12.8 由 k 个处理和 b 个区组的随机区组设计的方差分析表

变异的来源	离差平方和	自由度	均方	F
组间	SSTR	$k-1$	$MSTR = \dfrac{SSTR}{k-1}$	$\dfrac{MSTR}{MSE}$
区组	SSBL	$b-1$	$MSBL = \dfrac{SSBL}{b-1}$	
组内	SSE	$(k-1)(b-1)$	$MSE = \dfrac{SSE}{(k-1)(b-1)}$	
总计	SST	$n_T - 1$		

注意,方差分析表同样也给出了总的自由度 $n_T - 1$,可划分为组间的自由度 $k-1$、区组的自由度 $b-1$ 和组内的自由度 $(k-1)(b-1)$。均方列给出了离差平方和与其自由度的比值,可以用 F 比值 MSTR/MSE 来检验处理的均值之间是否存在显著性差异。随机区组设计的主要作用,是通过区组将管制员的个人差异从 MSE 中剔除,得到更有效的检验来确定这三个系统总体的平均压力水平是否不同。

12.6.3 计算和结论

检验随机区组设计中处理的均值之间是否存在差异要用到 F 统计量。为了计算这个统计量，必须先计算 MSTR 和 MSE。而计算这两个均方，又必须得先计算 SSTR 和 SSE。计算了这些之后，还得计算 SSBL 和 SST。为了简化说明，将这些计算归为 4 步。k、b 和 n_T 的定义同上，其他符号定义如下：

$$x_{ij} = 第 j 个处理的第 i 个区组的观测值$$

$$\bar{x}_{\cdot j} = 第 j 个处理的样本均值$$

$$\bar{x}_{i\cdot} = 第 i 个区组的样本均值$$

$$\bar{\bar{x}} = 总样本均值$$

步骤 1. 计算总离差平方和(SST)：

$$\text{SST} = \sum_{i=1}^{b}\sum_{j=1}^{k}(x_{ij} - \bar{\bar{x}})^2 \tag{12.25}$$

步骤 2. 计算组间离差平方和(SSTR)：

$$\text{SSTR} = b\sum_{j=1}^{k}(\bar{x}_{\cdot j} - \bar{\bar{x}})^2 \tag{12.26}$$

步骤 3. 计算区组离差平方和(SSBL)：

$$\text{SSBL} = k\sum_{i=1}^{b}(\bar{x}_{i\cdot} - \bar{\bar{x}})^2 \tag{12.27}$$

步骤 4. 计算组内离差平方和(SSE)：

$$\text{SSE} = \text{SST} - \text{SSTR} - \text{SSBL} \tag{12.28}$$

由表 12.7 中空中管制员的数据，根据以上步骤得：

步骤 1. $\text{SST} = (15-14)^2 + (15-14)^2 + (18-14)^2 + \cdots + (13-14)^2 = 70$；

步骤 2. $\text{SSTR} = 6[(13.5-14)^2 + (13.0-14)^2 + (15.5-14)^2] = 21$；

步骤 3. $\text{SSBL} = 3[(16-14)^2 + (14-14)^2 + (12-14)^2 + \cdots + (13-14)^2] = 30$；

步骤 4. $\text{SSE} = 70 - 21 - 30 = 19$。

将这些离差平方和除以其自由度，得到相应的均方值，如表 12.9 所示。

表 12.9 空中交通管制员的压力测试的方差分析表

变异的来源	离差平方和	自由度	均方	F
组间	21	2	10.5	10.5/1.9 = 5.53
区组	30	5	6.0	
组内	19	10	1.9	
总计	70	17		

给定显著性水平 $\alpha = 0.05$，进行假设检验。检验统计量的值为

$$F = \frac{\text{MSTR}}{\text{MSE}} = \frac{10.5}{1.9} = 5.53$$

分子的自由度为 $k-1=3-1=2$，分母的自由度为 $(k-1)(b-1)=(3-1)(6-1)=10$。由于只在检验统计量的值大时拒绝原假设，且 p-值等于在 F 分布中检验统计量 $F=5.53$ 右侧的面积。查附录 B 的表 4，得自由度分别为 2 和 10 的 $F=5.53$ 介于 $F_{0.025}=5.46$ 和 $F_{0.01}=7.56$ 之间。因此，右尾的面积，即 p-值介于 0.01 与 0.025 之间。或者可以用 Excel，得到 $F=5.53$ 所对应的 p-值为 0.0241。因为 p-值小于 $\alpha=0.05$，所以拒绝原假设 $H_0:\mu_1=\mu_2=\mu_3$，得出这三个不同设计的工作站总体的平均压力水平不同的结论。

> 用 Excel 得，p-值 = FDIST(5.53,2,10) = 0.0241。

可以对随机区组设计做一些概述。本节介绍的试验设计是**完全(complete)**区组设计，完全是指每个区组都以所有的 k 个处理为条件。即每个管制员(区组)都要在这三个系统(处理)中进行检验。那些不是把所有的处理都应用到每个区组的试验设计，称为**不完全(incomplete)**区组设计。而不完全区组设计的讨论超出了本书的范围。

由于空中交通管制员的压力测试中每个管制员都要用这三个系统，这种方法就体现了完全区组设计。然而，在某些情况下，区组就是将相似的试验单元划分到一个区组中。例如，假定在空中交通管制员的预先试验中，将管制员总体的所受压力从极高到极低分成几组。该区组也可分别从不同的压力组中各选取三个管制员来参与研究。每个区组包含了取自同个压力组的三个管制员。这个区组设计的随机化，是指将每个区组中的三个管制员随机地指派到这三个系统中去。

最后，注意到表 12.8 中的方差分析给出的是检验处理效果的 F 值，而不是检验区组的 F 值。原因是这个试验设计的目的就是检验单因素——工作站。基于个人压力差异的区组，就消除了 MSE 中的这个差异，而不是用这个试验来检验某个人的压力差异。

一些分析员计算了 $F=\text{MSB}/\text{MSE}$，并用这个统计量来检验区组之间的差异。将此作为一个指标，以确定在将来的试验中是否需要同类型的区组。若个人压力的差异是研究的因素，那么就用不同的试验设计。不能将区组的显著性检验作为得到第二个因素结论的基础。

12.6.4 Excel 的使用

可以用 Excel 的方差分析：无重复双因素，来检验这三个工作站的空中交通管制员的平均压力水平是否相同。具体操作参见图 12.8 中的 Excel 工作表。

输入数据：A 列是研究中的每个空中交通管制员，B、C 和 D 列是这三个系统的压力水平的得分。

应用工具：以下步骤给出了如何用 Excel 的方差分析：无重复双因素工具，来检验这三个工作站的空中交通管制员的平均压力水平是否相同。

步骤 1. 选择"**工具**"菜单；

步骤 2. 选择"**数据分析**"选项；

步骤 3. 从分析工具列表中，选择"**方差分析：无重复双因素**"；

步骤 4. 当方差分析：无重复双因素工具的对话框跳出后，
在"**输入范围**"框中输入 A1:D7，
选择"**标志**"，
在"α"框中输入 0.05，

	A	B	C	D	E	F	G	H
1	管制员	系统A	系统B	系统C				
2	1	15	15	18				
3	2	14	14	14				
4	3	10	11	15				
5	4	13	12	17				
6	5	16	13	16				
7	6	13	13	13				
8								
9	Anova: 无重复双因素							
10								
11	汇总	计数	和	均值	方差			
12	1	3	48	16	3			
13	2	3	42	14	0			
14	3	3	36	12	7			
15	4	3	42	14	7			
16	5	3	45	15	3			
17	6	3	39	13	0			
18								
19	系统A	6	81	13.5	4.3			
20	系统B	6	78	13	2			
21	系统C	6	93	15.5	3.5			
22								
23								
24	ANOVA							
25	变异来源	SS	df	MS	F	P-值	F临界值	
26	行	30	5	6	3.1579	0.0574	3.3258	
27	列	21	2	10.5	5.5263	0.0242	4.1028	
28	误差	19	10	1.9				
29								
30	合计	70	17					
31								

图 12.8 空中交通管制员的压力测试,它的 Excel 方差分析:无重复双因素工具的输出量

选择"输出范围",

在输出范围框中输入 A9(为使输出结果出现在工作表的左上角),

单击"确定"。

名为方差分析:无重复双因素的输出量,如工作表中的单元格 A9:G30 中所示。单元格 A11:E21 给出了数据的总汇。方差分析表,如单元格 A24:G30 中所示,与表 12.9 中的方差分析表一致。工作表中的行对应于问题中的区组,列对应于问题中处理。在 Excel 的输出中,同时给出了检验的 p-值和临界 F 值。

可以用单元格 $F27$ 中的 p-值 0.0242,来做假设检验的决策。因此,在显著性水平 $\alpha = 0.05$ 时,由于 p-值小于 $\alpha = 0.05$,故拒绝 H_0。即这三个系统平均压力的得分不同。

注释与评论

在随机区组设计中,因为它的 b 个区组损失了 $b-1$ 个自由度,所以它的组内自由度要小于完全随机设计中组内的自由度。如果 n 比较小,由于组内自由度的减小,区组造成的影响会比较显著;如果 n 比较大,区组的影响会变小。

12.7 因子试验

在此之前,我们考虑的都是单因素的试验设计。然而,在一些试验中,必须考虑到多个变量或因素。**因子试验**(factorial experiment)和其方差分析表的计算,是同时考虑了两个或更多因素的重要设计。因为试验的条件是包含了所有可能因素的组合,所以才使用了**因子**(factorial)这个术语。例如,对于因素 A 的 a 个水平和因素 B 的 b 个水平,试验将会包含 ab 个处理组合的数据。本节将要介绍的是双因素因子试验。也可以将这个基本的方法拓展到更多因素的试验中。

为了说明双因素因子试验,考虑有关管理学研究生入学资格通考(Graduate Management Admissions Test,GMAT)的研究。管理学研究生入学资格通考是商学院用来评估申请者有没有学习该领域研究生课程能力的标准化考试。管理学研究生入学资格通考的得分范围为 200—800 分,得分越高说明其能力越强。

为了尝试提高学生们管理学研究生入学资格通考的成绩,一所历史悠久的得克萨斯大学考虑提供以下 3 种 GMAT 的备考计划。

1. 针对管理学研究生入学资格通考中提出的各类问题,提供一个长达 3 小时的复习。
2. 有关考试材料的 1 天计划,同时做样卷并打分。
3. 一次强化的 10 周课程,以确认每个学生的缺点并建立起个性化方案并加以改进。

因此,在这个研究中,管理学研究生入学资格通考的备考计划是一个因素,并且它包含了三个处理:3 小时的复习、1 天计划和 10 周的课程。在选择要采用的计划前,必须做进一步的研究以确定所提出的计划对管理学研究生入学资格通考的成绩有何种程度的影响。

参加管理学研究生入学资格通考的学生,一般来自三个学院:商学院、工程学院和文理学院。因此这个试验的第二个因素是,学生的本科学院是否会影响得分。本科学院这个因素也包含三个处理:商学、工程和文理。该因子试验包含因素 A(备考计划)的三个处理和因素 B(本科学院)的三个处理,总计 9 个处理组合。这些处理组合或试验条件的汇总,如表 12.10 所示。

表 12.10 管理学研究生入学资格通考双因素试验的 9 个处理组合

		因素 B:学院		
		商学	工程	文理
	3 小时的复习	1	2	3
因素 A:备考计划	1 天计划	4	5	6
	10 周的课程	7	8	9

对应于如表 12.10 所示的 9 个处理组合,各选取由 2 个学生组成的样本:商学院的 2 个学生采

用 3 小时的复习、2 个采用 1 天计划以及 2 个采用 10 周的课程。同样地，2 个工程学院的学生和 2 个文理学院的学生分别会采用这 3 种备考计划中的每一种。各处理组合的样本容量为 2，用试验设计的术语来讲就是两次重复。当然可以用更多的重复和更大的样本容量，而此处的做法是为了简化计算。

在这个试验设计中，要求在这三个本科学院中各随机选取 6 名要读研的学生。再将每个学院的 2 名学生随机地指派到每个备考计划中，因此这个研究中共用了 18 名学生。

假定随机选取的学生参加了备考计划和管理学研究生入学资格通考。他们所得的成绩，如表 12.11 所示。

表 12.11 双因素试验的管理学研究生入学资格通考成绩

		因素 B:学院		
		商学	工程	文理
因素 A:备考计划	3 小时的复习	500 580	540 460	480 400
	1 天计划	460 540	560 620	420 480
	10 周的课程	560 600	600 580	480 410

由表 12.11 中的数据，经过方差分析计算得到以下问题的答案。
- 主要影响（因素 A）：备考计划对于管理学研究生入学资格通考成绩的影响是否相同？
- 主要影响（因素 B）：本科学院对管理学研究生入学资格通考成绩的影响是否相同？
- 交互作用影响（因素 A 和因素 B）：是不是某些学院的学生能在某一种备考计划中取得更好的成绩，而其他学院的学生能在另一种备考计划中取得更好的成绩？

因为采用了因子试验，所以必须研究一种新的影响——**交互作用(interaction)**。如果交互作用对管理学研究生入学资格通考成绩有很大的影响，那么可以得出备考计划的影响取决于本科学院的结论。

12.7.1 方差分析的过程

双因素因子试验中的方差分析过程，与完全随机化试验和随机区组试验的相似。在这个过程中，又要将总离差平方和与自由度划分成它们各自的来源。双因素因子试验的总离差平方和的划分公式如下：

$$SST = SSA + SSB + SSAB + SSE \tag{12.29}$$

总离差平方和与自由度划分的总汇，如表 12.12 所示。以下是所用到的符号：

a = 因素 A 水平的个数
b = 因素 B 水平的个数
r = 重复次数
n_T = 试验中总的观测次数；$n_T = abr$

表 12.12　r 次重复双因素因子试验的方差分析表

变异的来源	离差平方和	自由度	均方	F
因素 A	SSA	$a-1$	$\text{MSA} = \dfrac{\text{SSA}}{a-1}$	$\dfrac{\text{MSA}}{\text{MSE}}$
因素 B	SSB	$b-1$	$\text{MSB} = \dfrac{\text{SSB}}{b-1}$	$\dfrac{\text{MSB}}{\text{MSE}}$
交互作用	SSAB	$(a-1)(b-1)$	$\text{MSAB} = \dfrac{\text{SSAB}}{(a-1)(b-1)}$	$\dfrac{\text{MSAB}}{\text{MSE}}$
误差项	SSE	$ab(r-1)$	$\text{MSE} = \dfrac{\text{SSE}}{ab(r-1)}$	
总计	SST	$n_T - 1$		

12.7.2　计算和结论

为计算因素 A、因素 B 和交互作用的显著性检验要用到 F 统计量,需要计算 MSA、MSB、MSAB 和 MSE。而要计算这 4 个均方,又必须先计算 SSA、SSB、SSAB 和 SSE。计算了这些以后,还得计算 SST。为了简化说明,将这些计算归为 5 步。除 a、b、r 和 n_T 同上定义外,还用到以下符号。

x_{ijk} = 因素 A 的第 i 个处理和因素 B 的第 j 个处理的第 k 次重复的观测值

$\bar{x}_{i\cdot}$ = 因素 A 的第 i 个处理中的观测样本均值

$\bar{x}_{\cdot j}$ = 因素 B 的第 j 个处理中的观测样本均值

$\bar{x}_{ij}$ = 因素 A 的第 i 个处理和因素 B 的第 j 个处理组合的观测样本均值

$\bar{\bar{x}}$ = 所有 n_T 次观测的总样本均值

步骤 1. 计算总离差平方和:

$$\text{SST} = \sum_{i=1}^{a}\sum_{j=1}^{b}\sum_{k=1}^{r}(x_{ijk} - \bar{\bar{x}})^2 \tag{12.30}$$

步骤 2. 计算因素 A 的离差平方和:

$$\text{SSA} = br\sum_{i=1}^{a}(\bar{x}_{i\cdot} - \bar{\bar{x}})^2 \tag{12.31}$$

步骤 3. 计算因素 B 的离差平方和:

$$\text{SSB} = ar\sum_{j=1}^{b}(\bar{x}_{\cdot j} - \bar{\bar{x}})^2 \tag{12.32}$$

步骤 4. 计算交互作用的离差平方和:

$$\text{SSAB} = r\sum_{i=1}^{a}\sum_{j=1}^{b}(\bar{x}_{ij} - \bar{x}_{i\cdot} - \bar{x}_{\cdot j} + \bar{\bar{x}})^2 \tag{12.33}$$

步骤 5. 计算误差项的离差平方和:

$$\text{SSE} = \text{SST} - \text{SSA} - \text{SSB} - \text{SSAB} \tag{12.34}$$

试验中搜集的数据与各种不同的和,如表 12.13 所示。由这些数据可以计算出离差平方和。根据公式(12.30)—(12.34),计算管理学研究生入学资格通考的双因素因子试验的如下离差平方和。

表 12.13　管理学研究生入学资格通考的双因素试验的数据汇总

全部的处理组合		因素 B:学院			行总计	因素 A 的均值
		商学	工程	文理		
因素 B：备考计划	3 小时的复习	500 $\frac{580}{1\ 080}$ $\bar{x}_{11}=\frac{1\ 080}{2}=540$	540 $\frac{460}{1\ 000}$ $\bar{x}_{12}=\frac{1\ 000}{2}=500$	480 $\frac{400}{880}$ $\bar{x}_{13}=\frac{880}{2}=440$	2 960	$\bar{x}_{1.}=\frac{2\ 960}{6}=493.33$
	1 天计划	460 $\frac{540}{1\ 000}$ $\bar{x}_{21}=\frac{1\ 000}{2}=500$	560 $\frac{620}{1\ 180}$ $\bar{x}_{22}=\frac{1\ 180}{2}=590$	420 $\frac{480}{900}$ $\bar{x}_{23}=\frac{900}{2}=450$	3 080	$\bar{x}_{2.}=\frac{3\ 080}{6}=513.33$
	10 周的课程	560 $\frac{600}{1\ 160}$ $\bar{x}_{31}=\frac{1\ 160}{2}=580$	600 $\frac{580}{1180}$ $\bar{x}_{32}=\frac{1\ 180}{2}=590$	480 $\frac{410}{890}$ $\bar{x}_{33}=\frac{890}{2}=445$	3 230	$\bar{x}_{3.}=\frac{3\ 230}{6}=538.33$
列总计		3 240	3 360	2 670	9 270 ←全部总计	
因素 B 的均值		$\bar{x}_{.1}=\frac{3\ 240}{6}=540$	$\bar{x}_{.2}=\frac{3\ 360}{6}=560$	$\bar{x}_{.3}=\frac{2\ 670}{6}=445$	$\bar{\bar{x}}=\frac{9\ 270}{18}=515$	

步骤 1.

$$SST = (500-515)^2 + (580-515)^2 + (540-515)^2 + \cdots + (410-515)^2 = 82\ 450$$

步骤 2.

$$SSA = (3)(2)[(493.33-515)^2 + (513.33-515)^2 + (538.33-515)^2] = 6\ 100$$

步骤 3.

$$SSB = (3)(2)[(540-515)^2 + (560-515)^2 + (445-515)^2] = 45\ 300$$

步骤 4.

$$SSAB = 2[(540-493.33-540+515)^2 + (500-493.33-560+515)^2$$
$$+ \cdots + (445-538.33-445+515)^2] = 11\ 200$$

步骤 5.

$$SSE = 82\ 450 - 6\ 100 - 45\ 300 - 11\ 200 = 19\ 850$$

将这些离差平方和除以它们相应的自由度，如表 12.14 所示，得到了检验两个主要影响（备考计划与本科学院）和交互作用影响的均方值。检验备考计划之间差异的 F 比率为 1.38。当 $F=1.38$ 时，用 Excel 得对应的 p-值为 0.299 4。由于 p-值大于 $\alpha=0.05$，故接受原假设，即这 3 种备考计划之间不存在显著差异。然而，就本科学院的影响而言，对应于 $F=10.27$ 的 p-值为 0.004 8。因此由方差分析的结果，可知来自这三个本科学院的学生，他们的管理学研究生入学资格通考成绩存在差异。也就是说，这三个本科学院的学生在管理学研究生入学资格通考中表现不一。最后，交互作用的 F 值为 1.27，其所对应的 p-值为 0.350 3。由此可知，交互作用的影响之间

> 用 Excel 的 FDIST 函数，可以很容易地得到每个 F 值的 p-值。

不存在显著差异。即,可以认为来自不同学院的学生,他们采用这3种备考计划对管理学研究生入学资格通考的影响不存在差异。

表 12.14 管理学研究生入学资格通考的双因素研究方差分析表

变异的来源	离差平方和	自由度	均 方	F
因素 A	6 100	2	3 050	3 050/2 260 = 1.38
因素 B	45 300	2	22 650	22 650/2 206 = 10.27
交互作用	11 200	4	2 800	2 800/2 206 = 1.27
误差项	19 850	9	2 206	
总计	82 450	17		

综上,可知本科学院是最显著的因素。检查表 12.13 中的计算,得各样本均值:商学学生 $\bar{x}_{.1}$ = 540,工程学生 $\bar{x}_{.2}$ = 560 和文理学生 $\bar{x}_{.3}$ = 445。对每个处理的均值进行检验,由以上三个样本均值预测,商学院和工程学院的备考对成绩的提高不存在差异,而文理学院的备考对成绩的提高比其他两个学院显著低。由于这次观测,这个大学可能会考虑用其他方法来帮助学生们准备管理学研究生入学资格通考。

12.7.3 Excel 的使用

可以用 Excel 的方差分析:可重复双因素工具,来分析管理学研究生入学资格通考的双因素试验。具体操作参见 Excel 工作表中的图 12.9。

输入数据:A 列是研究中的每个备考计划(因素 A),B、C 和 D 列分别是商学院学生、工程学院学生和文理学院学生的管理学研究生入学资格通考的成绩。

应用工具:以下步骤描述了如何用 Excel 的方差分析:可重复双因素工具,来分析管理学研究生入学资格通考的双因素试验的数据。

步骤 1. WT 选择"工具"菜单;

步骤 2. 选择"数据分析"选项;

步骤 3. 从分析工具列表中,选取"方差分析:可重复双因素";

步骤 4. 当方差分析:可重复双因素工具的对话框跳出后(见图 12.10),

在"输入范围"框中输入 A1:D7,

在"每个样本的行数"框中输入 2,

在"α"框中输入 0.05,

选择"输出范围",

在输出范围框中输入 A9(为使输出结果出现在工作表的左上角),

单击"确定"。

名为方差分析:可重复双因素的输出量,如工作表中单元格 A9:G44 所示。单元格 A11:E34 给出了数据的汇总。方差分析表,如单元格 A37:G44 中所示,它与表 12.14 中的方差分析表基本一致。"样本"对应因素 A,"列"对应因素 B 以及"组内"对应误差项。在 Excel 的输出量中,同时给出了每个 F 检验的 p-值和临界 F 值。

可以用单元格 F39 中的 p-值 0.2294,对因素 A(备考计划)做假设检验的决策。给定显著性水

	A	B	C	D	E	F	G	H
1		商学	工程	文理				
2	3小时复习	500	540	480				
3		580	460	400				
4	1天计划	460	560	420				
5		540	620	480				
6	10周课程	560	600	480				
7		600	580	410				
8								
9	Anova: 可重复双因素							
10								
11	汇总	商学	工程	文理	合计			
12	3小时复习							
13	计数	2	2	2	6			
14	和	1080	1000	880	2960			
15	均值	540	500	440	493.3333			
16	方差	3200	3200	3200	3946.667			
17								
18	1天计划							
19	计数	2	2	2	6			
20	和	1000	1180	900	3080			
21	均值	500	590	450	513.3333			
22	方差	3200	1800	1800	5386.667			
23								
24	10周课程							
25	计数	2	2	2	6			
26	和	1160	1180	890	3230			
27	均值	580	590	445	538.3333			
28	方差	800	200	2450	5936.667			
29								
30	合计							
31	计数	6	6	6				
32	和	3240	3360	2670				
33	均值	540	560	445				
34	方差	2720	3200	1510				
35								
36								
37	ANOVA							
38	变异来源	SS	df	MS	F	P-值	F临界值	
39	样本	6100	2	3050	1.3829	0.2994	4.2565	
40	列	45300	2	22650	10.2695	0.0048	4.2565	
41	交互作用	11200	4	2800	1.2695	0.3503	3.6331	
42	组内	19850	9	2205.5556				
43								
44	合计	82450	17					
45								

图 12.9 管理学研究生入学资格通考的试验,它的 Excel 的方差分析:可重复双因素工具的输出量

平 $\alpha=0.05$,由于 p-值大于 $\alpha=0.05$,故接受 H_0。同样地,由单元格 F40 中的 p-值 0.0048,可以对因素 B(学院)做假设检验的决策。因为 p-值小于 $\alpha=0.05$,所以拒绝 H_0。最后,在单元格 F41 中交互作用的 p-值 0.3503,说明交互作用的影响不显著。

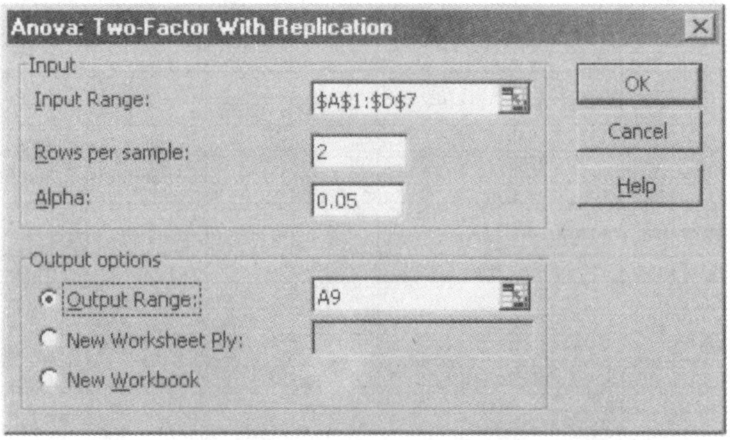

图 12.10　Excel 的方差分析：可重复双因素工具的对话框

本章小结

本章给出了如何用方差分析来检验几个总体或处理的均值之间是否存在差异。并介绍了完全随机设计、随机区组设计和双因素因子试验。其中，用完全随机设计和随机区组设计来检验单因素的均值之间的差异。随机区组设计中区组的主要目的是剔除误差项中变异的外部来源。区组更好地估计了真实的误差方差，更好地检验了总体或处理中因素的均值之间是否存在显著性差异。

方差分析和试验设计中检验的基础，是总体方差 σ^2 的两个独立估计。在单因素的例子中，一个估计量是基于处理之间的变异。只要当均值 μ_1, μ_2,…,μ_k 全部相等时，这个估计量是 σ^2 的无偏估计；另一个估计量是基于样本之间观测值的变异，这个估计量也是 σ^2 的无偏估计。通过计算这 2 个估计量的比值（F 统计量），得到可以确定是否拒绝原假设（总体或处理的均值相等）的拒绝规则。在所有的试验中，总离差平方和与其自由度的划分，有助于计算恰当的值来进行方差分析的计算和检验。还介绍了如何用费舍尔最小显著差异法和 Bonferroni 校正，对成对比较进行检验以确定哪些均值存在差异。

关键术语

方差分析表	因素	区组
划分	处理	随机区组设计
多重比较	单因素试验	因子试验
单个成对比较下的第一类错误率	试验单元	重复
全部试验组比较的第一类错误率	完全随机化试验	交互作用

主要公式

k 个总体均值相等的检验

第 j 个处理的样本均值

$$\bar{x}_j = \frac{\sum_{i=1}^{n_j} x_{ij}}{n_j} \qquad (12.1)$$

第 j 个处理的样本方差

$$s_j^2 = \frac{\sum_{i=1}^{n_j}(x_{ij}-\bar{x}_j)^2}{n_j-1} \qquad (12.2)$$

总样本均值

$$\bar{\bar{x}} = \frac{\sum_{j=1}^{k}\sum_{i=1}^{n_j} x_{ij}}{n_T} \qquad (12.3)$$

$$n_T = n_1 + n_2 + \cdots + n_k \qquad (12.4)$$

组间离差均方

$$\text{MSTR} = \frac{\text{SSTR}}{k-1} \qquad (12.7)$$

组间离差平方和

$$\text{SSTR} = \sum_{j=1}^{k} n_j(\bar{x}_j - \bar{\bar{x}})^2 \qquad (12.8)$$

组内离差均方

$$\text{MSE} = \frac{\text{SSE}}{n_T - k} \qquad (12.10)$$

组内离差平方和

$$\text{SSE} = \sum_{j=1}^{k}(n_j - 1)s_j^2 \qquad (12.11)$$

k 个总体均值相等的检验统计量

$$F = \frac{\text{MSTR}}{\text{MSE}} \qquad (12.12)$$

总离差平方和

$$\text{SST} = \sum_{j=1}^{k}\sum_{i=1}^{n_j}(x_{ij}-\bar{\bar{x}})^2 \qquad (12.13)$$

总离差平方和的分解

$$\text{SST} = \text{SSTR} + \text{SSE} \qquad (12.14)$$

多重检验

费舍尔最小显著差异法的检验统计量

$$t = \frac{\bar{x}_i - \bar{x}_j}{\sqrt{\text{MSE}\left(\frac{1}{n_i}+\frac{1}{n_j}\right)}} \qquad (12.16)$$

费舍尔最小显著差异

$$\text{LSD} = t_{\alpha/2}\sqrt{\text{MSE}\left(\frac{1}{n_i}+\frac{1}{n_j}\right)} \qquad (12.17)$$

完全随机设计

组间离差均方

$$\text{MSTR} = \frac{\sum_{j=1}^{k} n_j(\bar{x}_j - \bar{\bar{x}})^2}{k-1} \qquad (12.20)$$

组内离差均方

$$\text{MSE} = \frac{\sum_{j=1}^{k}(n_j-1)s_j^2}{n_T - k} \qquad (12.21)$$

F 检验统计量

$$F = \frac{\text{MSTR}}{\text{MSE}} \qquad (12.22)$$

随机区组设计

总离差平方和

$$\text{SST} = \sum_{i=1}^{b}\sum_{j=1}^{k}(x_{ij}-\bar{\bar{x}})^2 \qquad (12.25)$$

组间离差平方和

$$\text{SSTR} = b\sum_{j=1}^{k}(\bar{x}_{\cdot j}-\bar{\bar{x}})^2 \qquad (12.26)$$

区组的离差平方和

$$\text{SSBL} = k\sum_{i=1}^{b}(\bar{x}_{i\cdot}-\bar{\bar{x}})^2 \qquad (12.27)$$

组内离差平方和

$$\text{SSE} = \text{SST} - \text{SSTR} - \text{SSBL} \qquad (12.28)$$

析因试验

总离差平方和

$$\text{SST} = \sum_{i=1}^{a}\sum_{j=1}^{b}\sum_{k=1}^{r}(x_{ijk}-\bar{\bar{x}})^2 \qquad (12.30)$$

因素 A 的离差平方和

$$\text{SSA} = br\sum_{i=1}^{a}(\bar{x}_{i\cdot}-\bar{\bar{x}})^2 \qquad (12.31)$$

因素 B 的离差平方和

$$\text{SSB} = ar\sum_{j=1}^{b}(\bar{x}_{\cdot j}-\bar{\bar{x}})^2 \qquad (12.32)$$

交互作用的离差平方和

$$SSAB = r \sum_{i=1}^{a} \sum_{j=1}^{b} (\bar{x}_{ij} - \bar{x}_{i\cdot} - \bar{x}_{\cdot j} + \bar{\bar{x}})^2 \quad (12.33)$$

误差项的离差平方和

$$SSE = SST - SSA - SSB - SSAB \quad (12.34)$$

案例问题 1 温特沃斯医学中心

作为对 65 岁或以上老年人的长期研究的一部分，温特沃斯医学中心的社会学家和医生在纽约北部对地理位置和抑郁症之间的关系进行了调查。选取了 60 位健康的老年人作为样本，其中佛罗里达居民、纽约居民和北卡罗来纳居民各 20 位。对所选取的每个人，用标准测试度量了他们的抑郁症。所得数据如下，得分越高表明抑郁症越严重。这些数据可在名为 Medical 1 的文件中获得。

研究的第二个部分，考虑 65 岁或以上且患有慢性疾病，如关节炎、高血压和/或心脏病的老年人，他们的地理位置与抑郁症之间的关系。在这种条件下，选取 60 位老年人作为样本，其中同样包含的是佛罗里达居民、纽约居民和北卡罗来纳居民各 20 位。研究中记录的抑郁程度如下，这些数据也可在数据盘里名为 Medical 2 的文件中获得。

Medical 1 中的数据			Medical 2 中的数据		
佛罗里达	纽约	北卡罗来纳	佛罗里达	纽约	北卡罗来纳
3	8	10	13	14	10
7	11	7	12	9	12
7	9	3	17	15	15
3	7	5	17	12	18
8	8	11	20	16	12
8	7	8	21	24	14
8	8	4	16	18	17
5	4	3	14	14	8
5	13	7	13	15	14
2	10	8	17	17	16
6	6	8	12	20	18
2	8	7	9	11	17
6	12	3	12	23	19
6	8	8	15	19	15
9	6	8	16	17	13
7	8	12	15	14	14
5	5	6	13	9	11
4	7	3	10	14	12
7	7	8	11	13	13
3	8	11	17	11	11

管理报告

1. 用描述性统计量来汇总这两项研究的数据。由这些抑郁症的得分，有何初步结论？

2. 对这两个数据集进行方差分析,并建立每种情况下的假设。有何结论?
3. 对每个处理的均值进行推断,有何结论?
4. 讨论这项研究的拓展,或你认为有用的其他分析。

案例问题 2 工业销售(ID)专业人员的工资

过去 10 年里,《工业销售》(*Industrial Distribution*,ID)记录了工业销售专业人员的工资。在 1997 年年薪调查的 358 名受试者中,27% 的受试者其公司的销售额超过 4 000 万美元,而一般的工业销售专业人员公司的销售额为 1 200 万美元。那些在小到中型公司(600 万到 2 000 万美元)工作的员工要比大公司的收入高。收入最低的员工一般在销售额少于 100 万美元的公司。1996 年,一般的外部销售人员的工资都有 50 000 美元,而一般的内部销售人员只有 30 000 美元(见 1997 年 11 月的《工业销售》)。假定一个在旧金山地区的工业销售专业人员的本地分会,对其全体的会员进行调查来研究外部销售人员和内部销售人员,他们的经验(年数)与工资之间的关系。在调查中,将受试者的经验(年数)划分为三个水平:低(1—10 年)、中(11—20 年)和高(21 年或更久)。所得数据的一部分如下给出,由 120 个观测组成的完整数据集可在数据盘里为名 ID salary 的文档中获得。

观测	工资(美元)	岗位	经验(年数)
1	28 938	内部	中
2	27 694	内部	中
3	45 515	外部	低
4	27 031	内部	中
5	37 283	外部	低
6	32 718	内部	低
7	54 081	外部	高
8	23 621	内部	低
9	47 835	外部	高
10	29 768	内部	中
⋮	⋮	⋮	⋮
115	33 080	内部	高
116	53 702	外部	中
117	58 131	外部	中
118	32 788	内部	高
119	28 070	内部	中
120	35 259	外部	低

管理报告

1. 用描述性统计量汇总这些数据。
2. 不考虑经验(年数)和岗位,在 95% 置信度下,对所有销售人员的平均年薪进行区间估计。
3. 在 95% 置信度下,对外部销售人员的平均年薪进行区间估计,并将结果与《工业销售》公布的全国值进行比较。

4. 在 95% 置信度下,对内部销售人员的平均年薪进行区间估计,并将结果与《工业销售》公布的全国值进行比较。

5. 不考虑经验(年数),在 95% 置信度下,对外部和内部销售人员的平均年薪之差进行区间估计,有何结论?

6. 不考虑经验(年数)的影响,给定显著性水平 $\alpha = 0.05$,用方差分析检验岗位对工资的影响是否存在显著性差异?

7. 不考虑岗位的影响,给定显著性水平 $\alpha = 0.05$,用方差分析检验经验(年数)对工资的影响是否存在显著性差异?

8. 对每个处理的均值进行推断。给定显著性水平 $\alpha = 0.05$,检验岗位、经验(年数)和交互作用对工资的影响是否存在显著性差异?

第十三章 简单线性回归

目 录

统计实务:联合数据系统公司
13.1 简单线性回归模型
    13.1.1 回归模型和回归方程
    13.1.2 样本回归方程
13.2 最小二乘法
    应用 Excel 绘制散点图并估计样本回归方程
13.3 样本决定系数
    13.3.1 应用 Excel 计算样本决定系数
    13.3.2 相关系数
13.4 模型假定
13.5 显著性检验
    13.5.1 σ^2 的估计
    13.5.2 t 检验
    13.5.3 β_1 的置信区间
    13.5.4 F 检验
    13.5.5 解释显著性检验时要注意的问题
13.6 Excel 的回归工具
    13.6.1 应用 Excel 回归工具解决阿曼德比萨店的问题
    13.6.2 对样本回归方程输出的解释
    13.6.3 方差分析输出的解释
    13.6.4 回归统计量输出的解释
13.7 运用样本回归方程进行估计和预测
    13.7.1 点估计
    13.7.2 区间估计
    13.7.3 y 均值的置信区间估计
    13.7.4 个体 y 值的预测区间估计
    13.7.5 应用 Excel 进行置信区间估计和预测区间估计
13.8 残差分析:验证模型假设的有效性
    13.8.1 残差对 x 的散点图
    13.8.2 残差对 $\hat{y}$ 的散点图
    13.8.3 应用 Excel 的回归工具绘制残差图
    13.8.4 标准化残差
    13.8.5 应用 Excel 绘制标准化残差图
    13.8.6 正态概率图
13.9 异常值与有特殊影响的观测值
    13.9.1 检测异常值
    13.9.2 检测有特殊影响的观测值

统计实务

联合数据系统公司[*]
得克萨斯,达拉斯

在迅速发展的客户关系管理(CRM)行业中,联合数据系统公司(Alliance Data Systems, ADS)为客户提供了交易处理、借贷服务和营销服务。ADS 的客户集中在四个行业:零售业、石油/便利商品业、公用事业和运输业。1983 年,联合数据系统公司开始向零售业、石油业和日常餐饮业提供终端信贷处理服务;今天该公司已有多达 6 500 名员工向世界范围内的客户提供服务;仅仅在美国就运作着超过 140 000 家点对点销售终端,ADS 每年处理的交易额超过 25 亿美元。在美国私人信贷服务市场中,该公司名列第二,代理 49 个项目,拥有约 7 200 万张用户服务卡。2001 年,ADS 开始提供公共服务,现已经在纽约股票交易所上市。

作为其提供的市场服务的一种,ADS 设计了直接邮寄营销推广活动并进行推销。由于其数据库拥有超过 1 000 万消费者的消费习惯资料,ADS 可以针对消费者的习惯开展业务进而从直邮营销推广活动得益。分析开发部门利用回归模型计算和预测消费者对直邮营销推广活动的反应,一些回归模型预测了消费个体接到推销单后购买的概率,还有些模型预测了消费者购买的金额。

就某一特定营销推广活动,一家零售连锁店想吸引更多的消费者。为预测该营销推广活动的作用,ADS 分析员从消费者数据库中选取了一个样本,并送给样本个体推销资料,然后收集了这些样本个体的交易资料。样本数据是针对消费者对营销推广活动反应的购买量收集的,同时还收集了一些被认为在预测销售方面有用的特定的消费者变量。预测消费量方面最为有用的特定的消费者变量是过去 39 个月中在相关连锁店的信用购买量。ADS 分析员对信用购买量和相关连锁店的销售量建立了回归方程:

$$\hat{y} = 26.7 + 0.00205x$$

式中:$\hat{y}$ = 购买量,x = 相关连锁店的消费量。

利用这个方程,我们可以预测在过去 39 个月中花销 10 000 美元的消费者会在直邮营销推广活动中支出 47.20 美元。在这一章,你将学会如何按上述方法建立和估计回归方程。

ADS 分析员所建立的最终模型还包括其他一些变量,这些变量增加了前面方程的预测能力。这些变量诸如缺失/存在银行信用卡,估计的收入水平和在指定的一个店中每次购物的平均支出。下一章将学习怎样将这些附加的变量加入到多元回归方程中。

* 作者感谢联合数据系统公司分析发展部主管菲利浦·克莱蒙斯(Philip Clemance)提供该统计实务案例。

联合数据系统公司提供信息管理决策通常以两个或更多的变量之间的关系为基础。例如,在考虑到广告支出和销售量之间的关系之后,营销经理会试图预测在某一个确定的广告支出水平下销售量的大小。又如,公共部门可以利用每天最高温度和用电量之间的关系,根据预计的下一个月的最高温度来预测下个月的用电量。有时候,经理会凭直觉判断两个变量之间的关系。然而,如果可以获得足够的数据,就可以用回归分析这种统计过程来建立方程,描述变量之间的关系。

在回归术语中,被预测的变量称为**因变量**(dependent variable)。被用于预测因变量的变量称为**自变量**(independent variable)。例如,在分析广告支出对销售量的影响的例子中,想要预测销售量的营销经理会将销售量设定为因变量,而广告支出则成为预测销售量的自变量。如果用统计符号表示,y 代表因变量,x 代表自变量。

> 研究两变量之间关系的统计方法由弗朗西斯·高尔顿爵士(1822—1911)发现。高尔顿致力于分析父亲身高与儿子身高之间的关系,他的追随者卡尔·皮尔逊(1857—1936)对 1078 组父子身高的关系进行了分析。

本章介绍的是最简单的回归分析,它只包括一个因变量和一个自变量,两个变量之间的关系可以用一条直线近似描述,这种回归分析被称为**简单线性回归**(simple linear regression)。包括两个或更多自变量的回归分析被称为多元回归分析;多元回归及曲线关系的情况将在第十四章和十五章中讨论。

13.1 简单线性回归模型

阿曼德比萨店是在五个州连锁经营的意大利食品餐馆。其最成功的餐馆都位于大学校园附近。经理们认为这些餐馆的季度销售额(用 y 表示)与学生数量(用 x 表示)存在正相关的关系;也就是说,有较多学生的校园附近的餐馆会比那些学生数量少的校园附近的餐馆的销售量要大。利用回归分析,我们可以建立方程来描述因变量 y 是如何与自变量 x 相关的。

13.1.1 回归模型和回归方程

在阿曼德比萨店的例子中,总体包括所有的阿曼德比萨店,对总体中的每一个餐馆,都有一个 x 值(学生数量)和相应的 y 值(季度销售额)。描述 y 如何与 x 和误差项相关的方程称为**回归模型**。简单线性回归模型如下:

简单线性回归模型

$$y = \beta_0 + \beta_1 x + \varepsilon \tag{13.1}$$

β_1 和 β_0 称为模型的参数,ε 称为误差项的随机变量。误差项解释了 y 的变化中不能通过 x 和 y 的线性关系解释的部分。

所有阿曼德比萨店的总体也可以被视为子总体的集合,各子总体都有不同的 x 值。例如,定义一个子总体为位于学生数为 8 000 的校园附近的所有的阿曼德比萨店,另一个子总体则是坐落在有 9 000 名学生的学校附近的所有阿曼德比萨店,等等。每个子总体都有相应的 y 值的分布,即对应坐落在学生数为 8 000 的校园附近的餐馆有一个 y 值的分布,对应坐落在学生数为 9 000 的校园附近的餐馆有一个 y 值分布,以此类推。每个 y 值分布有其各自的均值或期望值。描述 y 的期望值(用 $E(y)$ 表示)与 x 相关关系的方程称为**回归方程**。简单线性回归方程如下:

简单线性回归方程

$$E(y) = \beta_0 + \beta_1 x \tag{13.2}$$

简单线性回归方程的图形是一条直线:β_0 是回归直线的截距,β_1 是斜率,$E(y)$ 是给定的 x 值所对应的 y 的均值或期望值。

简单线性回归的回归直线的可能形式见图 13.1。图 13.1(A)中的回归直线表示 y 的均值与 x 正相关,x 值越大,对应的 $E(y)$ 值也越大。图 13.1(B)中的回归直线表示 y 的均值与 x 负相关,x 值越大,对应的 $E(y)$ 值越小。图 c 中的回归直线表明 y 的均值与 x 不相关,也就是说,对任意 x 值,y 的均值都不变。

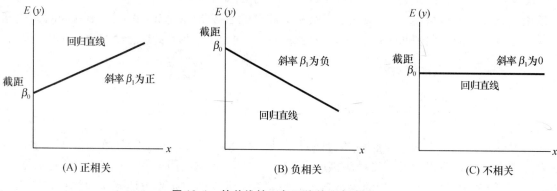

图 13.1　简单线性回归可能的回归直线

13.1.2　样本回归方程

如果总体参数值 β_0 和 β_1 已知，则可以利用方程（13.2）计算对某一给定的 x 值所对应的 y 的均值。实际上参数值通常是未知的，必须利用样本数据进行估计才能得出。样本统计量（用 b_0 和 b_1 表示）作为对总体参数 β_0 和 β_1 的估计值，以样本统计量 b_0 和 b_1 的值分别代替回归方程中的 β_0 和 β_1，得到**样本回归方程**。简单样本线性回归方程表述如下：

简单样本线性回归方程

$$\hat{y} = b_0 + b_1 x \tag{13.3}$$

简单样本线性回归方程的图形称为样本回归直线；b_0 是 y 轴上的截距，b_1 是斜率。下一节将说明怎样利用最小二乘法计算出样本回归方程的 b_0 和 b_1 的值。

一般的，$\hat{y}$ 是与给定的 x 值对应的 y 的均值，即 $E(y)$ 的点估计值。所以，若要估计学生数为 10 000 的校园附近的所有餐馆季度销售额的均值或期望值，阿曼德需要将 10 000 代入方程 13.3 中的 x。然而，在有些情况下，阿曼德更希望预测某一特定餐馆的销售额。例如，阿曼德想要预测位于 Talbot 大学附近餐馆的季度销售额，已知该校有 10 000 名学生。事实上，$\hat{y}$ 也是与给定的 x 值对应的 y 值的最优估计，因此，要预测 Talbot 大学附近餐馆的季度销售额，阿曼德也需要把 10 000 代入方程（13.3）中的 x。

对给定的 x 值，$\hat{y}$ 既是 $E(y)$ 的点估计值，又是与之对应的个体 y 值的点估计，我们称 $\hat{y}$ 为 y 的估计值。图 13.2 是简单线性回归估计过程的一个小结。

> β_0 和 β_1 的估计过程类似于第七章讨论的 μ 的估计过程。β_0 和 β_1 是未知的待定参数，b_0 和 b_1 是用于估计未知参数的样本统计量。

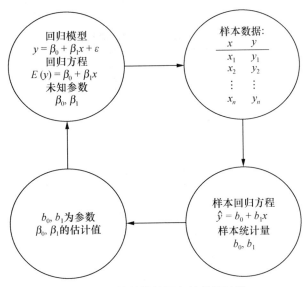

图 13.2 简单线性回归的估计过程

注释与评论

1. 回归分析不能理解为建立变量之间因果关系的过程,它仅仅表明一个变量与另一变量之间是怎样相关或者是何种程度的相关。任何关于因果关系的结论必须建立在人们对实际应用情况了解的判断之上。

2. 简单线性回归的回归方程是 $E(y) = \beta_0 + \beta_1$。在回归分析中,回归方程通常可以写成 $E(y|x) = \beta_0 + \beta_1 x$ 的形式,以强调回归方程给出的是与给定 x 值相对应的 y 值的均值。

13.2 最小二乘法

最小二乘法(least squares method)是使用样本数据来计算样本回归方程的过程。为了说明最小二乘法,假设我们收集的数据来自坐落在大学校园附近的 10 家阿曼德比萨店,对样本中的第 i 个观测值或比萨店,x_i 是学生人数(千人),y_i 是季度销售额(千美元)。表 13.1 是 10 家样本比萨店的 x_i 值和 y_i 值。我们可以看到在第一家比萨店,$x_1 = 2$ 和 $y_1 = 58$,即此比萨店附近的校园中有 2 000 名学生,季度销售额为 58 000 美元。第二家比萨店中,$x_2 = 6$,$y_2 = 105$,即在第二家比萨店附近的校园中有 6 000 名学生,季度销售额为 105 000 美元。季度销售额最多的是第十家比萨店,附近校园有 26 000 名学生,销售额为 202 000 美元。

图 13.3 描述了表 13.1 中数据的**散点图**(scatter diagram),横坐标表示的是学生的人数,纵坐标表示的是季度销售额。回归分析的散点图是以自变量 x 的值为横坐标,以因变量 y 的值为纵坐标。散点图可以使我们以图形的形式更直观地观察数据,也可以得到变量之间可能关系的初步

> 在简单线性回归中,每一个观测值由两个值构成:一个是自变量,一个是因变量。

结论。

表 13.1 学生人数和 10 家阿曼德比萨店的季度销售额

比萨店 i	学生数（千人） x_i	季度销售额（千美元） y_i
1	2	58
2	6	105
3	8	88
4	8	118
5	12	117
6	16	137
7	20	157
8	20	169
9	22	149
10	26	202

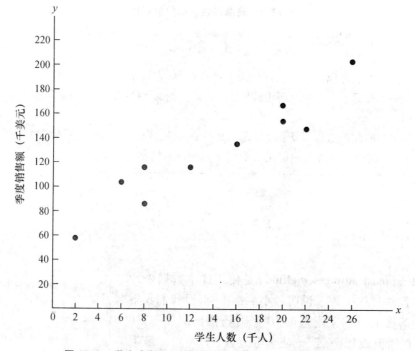

图 13.3 学生人数和阿曼德比萨店季度销售额的散点图

从图 13.3 中可以得出的初步结论是什么呢？校园的学生人数越多，比萨店的季度销售额越高，另外，学生人数与季度销售额数据关系的散点图大体呈一条直线，事实上，x 和 y 之间是正线性相关关系。因此，我们选取简单线性模型拟合季度销售额和学生人数之间的关系。接下来，我们运用表 13.1 中的数据估计样本线性回归方程中 b_0 和 b_1 的值。对于第 i 个比萨店，样本回归方程为

$$\hat{y}_i = b_0 + b_1 x_i \tag{13.4}$$

式中,$\hat{y}_i$ = 第 i 个比萨店的季度销售额估计值(千美元);b_0 = 样本回归直线在 y 轴上的截距;b_1 = 样本回归直线的斜率;x_i = 第 i 个比萨店的学生人数(千人)。

若以 y_i 表示第 i 家比萨店季度销售额的观测值(实际值),回归方程式(13.4)中的 $\hat{y}_i$ 表示第 i 家比萨店季度销售额的估计值,样本中每一家比萨店都会对应一个季度销售额的观测值 y_i 和估计值 $\hat{y}_i$。因为样本回归直线是对数据很好的拟合,所以需要使观测值与估计值之间的差距最小。

最小二乘法根据样本数据计算出 b_0 和 b_1 的值,使因变量观测值 y_i 与估计值 $\hat{y}_i$ 之差的平方和达到最小。最小二乘法的准则如式(13.5)所示。

最小二乘法的准则

$$\min \sum (y_i - \hat{y}_i)^2 \quad (13.5)$$

> 卡尔·弗里德里西·高斯(1777—1855)提出了最小二乘法。

式中:y_i = 第 i 个样本因变量的观测值;$\hat{y}_i$ = 第 i 个样本因变量的估计值。

可以运用不同的计算方法(参见附录13.1)求解使式(13.5)达到最小的 b_0 和 b_1 值,具体方法见式(13.6)和式(13.7)。

样本回归方程的斜率和 y 轴上的截距*

$$b_1 = \frac{\sum (x_i - \bar{x})(y_i - \bar{y})}{\sum (x_i - \bar{x})^2} \quad (13.6)$$

$$b_0 = \bar{y} - b_1 \bar{x} \quad (13.7)$$

> 用计算器计算 b_1 时,在中间计算过程中尽量多保留几位有效数字。建议至少要在小数点后保留 4 个有效数字。

式中:x_i = 自变量的第 i 个观测值,y_i = 因变量的第 i 个观测值,$\bar{x}$ = 自变量的平均值,$\bar{y}$ = 因变量的平均值,n = 观测样本数目。

还需要进行一些必要的计算来完善表13.2中阿曼德比萨店的样本回归方程中的最小二乘法。因为有10个比萨店作为观测样本,所以 $n=10$。而且由于式(13.6)和式(13.7)中要求有 $\bar{x}$ 和 $\bar{y}$,所以我们计算 $\bar{x}$ 和 $\bar{y}$。

$$\bar{x} = \frac{\sum x_i}{n} = \frac{140}{10} = 14$$

$$\bar{y} = \frac{\sum y_i}{n} = \frac{1\,300}{10} = 130$$

由式(13.6)和式(13.7)的计算方法以及表13.2的信息,可以计算阿曼德比萨店样本回归方程的斜率和截距,斜率 b_1 的计算过程如下所述。

---

* b_1 也可以利用下面的公式计算得出

$$b_1 = \frac{\sum x_i y_i - \left(\sum x_i \sum y_i\right)/n}{\sum x_i^2 - \left(\sum x_i\right)^2/n}$$

通常建议使用式(13.6)的形式计算 b_1 的值。

332 基于 Excel 的商务与经济统计

表 13.2　阿曼德比萨店样本回归方程的最小二乘法的计算

餐馆 i	x_i	y_i	$x_i - \bar{x}$	$y_i - \bar{y}$	$(x_i - \bar{x})(y_i - \bar{y})$	$(x_i - \bar{x})^2$
1	2	58	−12	−72	864	144
2	6	105	−8	−25	200	64
3	8	88	−6	−42	252	36
4	8	118	−6	−12	72	36
5	12	117	−2	−13	26	4
6	16	137	2	7	14	4
7	20	157	6	27	162	36
8	20	169	6	39	234	36
9	22	149	8	19	152	64
10	26	202	12	72	864	144
合计	140	1 300			2 840	568
	$\sum x_i$	$\sum y_i$			$\sum (x_i - \bar{x})(y_i - \bar{y})$	$\sum (x_i - \bar{x})^2$

$$b_1 = \frac{\sum (x_i - \bar{x})(y_i - \bar{y})}{\sum (x_i - \bar{x})^2} = \frac{2\,840}{568} = 5$$

y 轴上截距 b_0 的计算如下：

$$b_0 = \bar{y} - b_1 \bar{x} = 130 - 5 \times 14 = 60$$

这样，我们就得到以下的样本回归方程

$$\hat{y} = 60 + 5x$$

图 13.4 是这个方程的散点图。

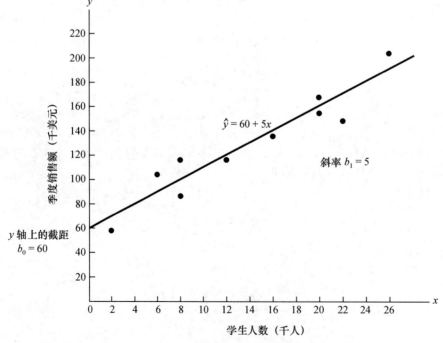

图 13.4　阿曼德比萨店的样本回归方程的直线图

此样本回归方程的斜率($b_1=5$)为正数,这表明,随着学生人数的增加,季度销售额也增加。实际上,我们可以得出如下结论:学生人数每增加 1 000 人,季度销售额就期望增加 5 000 美元(由于季度销售额的单位为千美元,学生人数的单位为千人),也就是说,每增加一个学生,季度销售额就增加 5 美元。

如果我们相信由最小二乘法得出的样本回归方程充分地描述了 x 和 y 之间的关系,那么对于一个给定的 x 值,用这个回归方程计算出 y 的预测值也将会是合理的。例如,如果要预测一家坐落在一个拥有 16 000 个学生的校园附近的比萨店的季度销售额,就可以进行如下计算

> 利用样本回归方程进行预测时,必须注意超出取值范围的自变量的值,因为数值超出取值范围时,线性关系并不一定成立。

$$\hat{y} = 60 + 5 \times 16 = 140$$

因此,我们预测这家比萨店的季度销售额为 140 000 美元。下一节将讨论运用回归方程进行预测时准确性的评价方法。

应用 Excel 绘制散点图并估计样本回归方程

2.4 节演示了如何用 Excel 的图表功能来绘制散点图。一旦生成散点图,Excel 的绘图菜单就提供了估计样本回归方程和绘制样本回归线的选项。下面我们利用表 13.1 中阿曼德比萨店的数据演示这些功能,对于下文的描述,请参考图 13.5。

输入数据:首先将变量名**餐馆**、**人数**和**销售额**分别输入工作表单元格 A1:C1 中。为了区别 10 个观测值,将数字 1—10 分别输入 A2:A11 中。接着将样本数据对应地输入单元格 B2:C11 中。

应用工具:首先利用 Excel 的图表向导绘制散点图,接着演示如何利用上面提到的功能来计算样本回归方程并绘出样本回归直线。

步骤 1. 选中单元格 B1:C11;

步骤 2. 点击标准工具栏中的"**图表向导**"(或者选择"**插入**"菜单,然后再选择"**图表选项**");

步骤 3. 当出现"**图表向导——4 步骤之 1——图表类型**"对话框时,
  选择"**图表类型**"清单中的"**XY 散点图**",
  从"**子图表类型**"选择"**散点图**",
  单击"**下一步**";

步骤 4. 当出现"**图表向导——4 步骤之 2——图表源数据**"对话框时,
  单击"**下一步**";

步骤 5. 当出现"**图表向导——4 步骤之 3——图表选项**"对话框时,
  选择"**标题**",然后从图表标题框中删去"**销售额**",在"**数值(x)**"轴文本框中输入"**学生人数(单位:千人)**",在"**数值(y)**"轴文本框中输入"**季度销售额(单位:千美元)**",接着选中"**图例**",取消对"**显示图例**"的选择,单击"**下一步**";

步骤 6. 当出现"**图表向导——4 步骤之 4——图表位置**"时,
  作为新工作表插入(通常使用当前工作表中的缺省项),单击"**完成**"就可看到需要的散点图;

步骤 7. 将鼠标放在散点图中的任何一个数据点上,右击就会显示一列选项;

步骤 8. 选择"**添加趋势线**"一项;

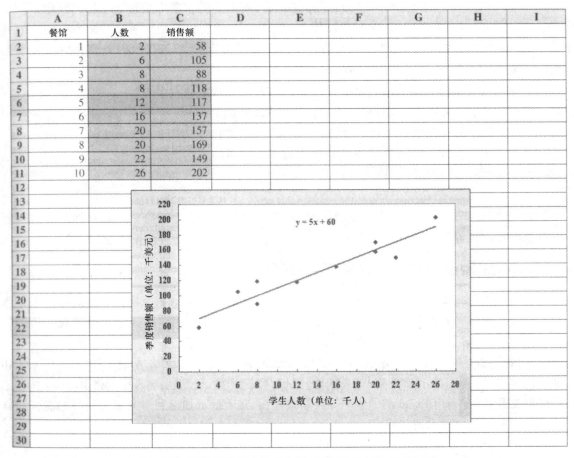

图 13.5 阿曼德比萨店的散点图、样本回归方程、回归直线

步骤 9. 当出现"添加趋势线"对话框时，
选择"类型"，并从"趋势预测/回归分析类型"中选择"线性"，
然后再单击"选项"，选择"显示公式"，
单击"确定"就完成了。

图 13.5 给出了散点图、样本回归方程以及样本回归直线。

注释与评论

1. 通过最小二乘法得到的样本回归方程可以使因变量的观测值 y_i 和估计值 $\hat{y}_i$ 之差的平方和最小。如果引入其他一些标准，如使 y_i 与 $\hat{y}_i$ 之差的绝对值最小，那将会得到一个不同的回归方程。在实践中，最小二乘法是使用最广的方法。

2. 利用 Excel 计算截距和斜率参数的功能也可以用来计算样本回归方程中的截距和斜率。例如，对于表 13.5 中 B 和 C 栏中的阿曼德的数据，只要在工作表任何一个空白单元格中输入公式"= INTERCEPT(C2:C11,B2:B11)"，就可以计算样本回归直线在 y 轴上的截距；在工作表的任何一个空白单元格中输入公式"= SLOPE(C2:C11,B2:B11)"，就可以计算样本回归直线的斜率参数。

13.3 样本决定系数

上文提到的阿曼德比萨店通过建立回归方程 $\hat{y}=60+5x$ 准确地衡量学生人数 x 和比萨店季度销售额 y 之间的线性关系。现在,存在一个问题,即我们建立的回归方程与实际数据的拟合程度如何? 在这一节,我们通过**样本决定系数(coefficient of determination)** 来衡量样本回归方程的拟合优度。

对于第 i 个观测值,我们称因变量的观测值 y_i 与估计值 $\hat{y}_i$ 的差为**第 i 个残差(ith residual)**。第 i 个残差表示用 $\hat{y}_i$ 来估计 y_i 时的误差。这样,对于第 i 个观测值,其残差就是 $y_i - \hat{y}_i$。这些残差或误差的平方和是通过最小二乘法使之达到最小。这个数值也称为误差平方和(sum of squares due to error),记为 SSE。

误差平方和

$$\text{SSE} = \sum (y_i - \hat{y}_i)^2 \tag{13.8}$$

误差平方和的值就是衡量运用样本回归方程估计因变量的值时产生的误差。

表 13.3 给出了阿曼德比萨店一例中计算误差平方和所需的计算步骤。例如,对于第一家比萨店,它的自变量和因变量的值分别是 $x_1 = 2, y_1 = 58$。利用样本回归方程,可以得出第一家比萨店季度销售额的估计值是 $\hat{y}_1 = 60 + 5 \times 2 = 70$。这样,对第一家比萨店,用 $\hat{y}_1$ 来估计 y_1 时,产生的误差(残差)就是 $y_1 - \hat{y}_1 = 58 - 70 = -12$,误差平方就是 $(-12)^2$,即表 13.3 中的最后一栏。然后计算样本中每一家比萨店的残差,并计算残差平方和,得到 SSE = 1 530。这样 SSE = 1 530 就可以衡量用样本回归方程 $\hat{y} = 60 + 5x$ 预测比萨店的季度销售值时产生的误差。

表 13.3 阿曼德比萨店的 SSE 计算

餐馆 i	x_i = 学生人数 (单位:千人)	y_i = 季度销售额 (单位:千美元)	预测销售额 $\hat{y}_i = 60 + 5x$	误差 $y_i - \hat{y}_i$	误差平方 $(y_i - \hat{y}_i)^2$
1	2	58	70	-12	144
2	6	105	90	15	255
3	8	88	100	-12	144
4	8	118	100	18	324
5	12	117	120	-3	9
6	16	137	140	-3	9
7	20	157	160	-3	9
8	20	169	160	9	81
9	22	149	170	-21	441
10	26	202	190	12	144
					SSE = 1 530

现在,假设学生人数未知,如何估计比萨店的季度销售额呢? 如果没有任何相关变量资料,以

样本平均值作为任何一家给定的比萨店季度销售额的估计值。表 13.2 列示了销售额数据 $\sum y_i = 1\,300$,因此 10 家阿曼德比萨店样本季度销售额的平均值 $\bar{y} = \dfrac{\sum y_i}{n} = 1\,300/10 = 130$。表 13.4 是用样本平均值 $\bar{y} = 130$ 估计样本中每一家比萨店的季度销售额差额的平方。对于第 i 个样本,其差 $y_i - \bar{y}$ 就可以衡量用样本平均值 $\bar{y}$ 估计销售额时产生的误差。相应的误差平方和,称为总离差平方和(total sum of squares),记为 SST。

总离差平方和

$$\text{SST} = \sum (y_i - \bar{y})^2 \tag{13.9}$$

表 13.4 的最后一列的和就是阿曼德比萨店的总离差平方和,即 SST = 15 730。

表 13.4 阿曼德比萨店的 SST 计算

餐馆 i	x_i = 学生人数 (单位:千人)	y_i = 季度销售额 (单位:千美元)	离差 $y_i - \bar{y}$	离差平方 $(y_i - \bar{y})^2$
1	2	58	−72	5 184
2	6	105	−25	625
3	8	88	−42	1 764
4	8	118	−12	144
5	12	117	−13	169
6	16	137	7	49
7	20	157	27	729
8	20	169	39	1 521
9	22	149	19	361
10	26	202	72	5 184
				SST = 15 730

图 13.6 给出了样本回归线 $\hat{y} = 60 + 5x$,以及 $\bar{y} = 130$ 对应的直线。可以看到那些样本点紧密地分布在样本回归直线附近,相对而言各样本点距离 $\bar{y} = 130$ 直线要稍远一些。例如,对于样本中的第 10 家比萨店,用 $\bar{y} = 130$ 作为 y_{10} 的估计值时产生的误差要大于用回归方程计算的 $\hat{y}_{10} = 60 + 5 \times 26 = 190$ 作为估计值所产生的误差。可以考虑用 SST 来衡量观测值与直线 $\bar{y}$ 的接近程度,而用 SSE 来衡量观测值与用最小二乘法得到的直线 $\hat{y}$ 的接近程度。

> SST = 15 370,SSE = 1 530,样本回归直线较直线 $y = \bar{y}$ 对数据有更好的拟合性。

为了衡量样本回归直线上的 $\hat{y}$ 偏离 $\bar{y}$ 的程度,就需要计算另一个平方和。这个平方和称为回归平方和(sum of squares due to regression),记为 SSR。

回归平方和

$$\text{SSR} = \sum (\hat{y}_i - \bar{y})^2 \tag{13.10}$$

由上述讨论可知 SSE、SSR 和 SSE 之间是相关的。事实上,这三个平方和之间的关系是统计学中的最重要的结论之一。

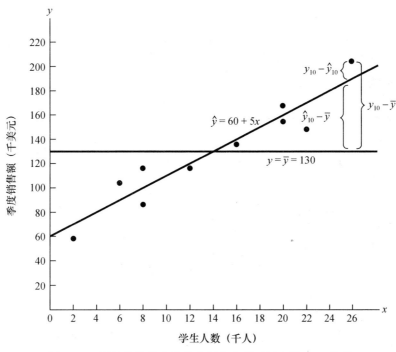

图 13.6 阿曼德比萨店的样本回归方程以及直线 $y=\bar{y}$ 的差

SST、SSR 和 SSE 之间的关系

$$\text{SST} = \text{SSR} + \text{SSE} \qquad (13.11)$$

式中:SST = 总离差平方和;SSR = 回归平方和;SSE = 误差平方和。

> 可以认为 SSR 是 SST 中被解释的部分,SSE 是 SST 中不被解释的部分。

式(13.11)表明总离差平方和由回归平方和与误差平方和两部分组成。因此,只要知道了这三个平方和中的任意两个,就可以很简单地计算出第三个平方和。例如,在阿曼德比萨店一例中,我们已经知道 SSE = 1 530,SST = 15 730,所以,通过式(13.11)就可以推导出 SSR,即回归平方和的值为

$$\text{SSR} = \text{SST} - \text{SSE} = 15\,370 - 1\,530 = 14\,200$$

现在来看如何运用这三个平方和:SST、SSR 和 SSE 来衡量样本回归方程的拟合优度。如果每个因变量 y_i 的观测值都恰好落在样本归直线上,那么这个样本回归直线的拟合程度就达到最佳。在这种情况下,对于每一个观测值,$y_i - \hat{y}_i$ 都为 0,因此,SSE = 0。由于 SST = SSR + SSE,所以,在样本回归方程达到最佳拟合时,SSR 恒等于 SST,SSR 与 SST 的比率,即 SSR/SST 恒等于 1。而 SSE 的值越大,回归方程的拟合也就越差。由式(13.11)可以推导出 SSE = SST − SSR。因此,当 SSR = 0,即 SSE = SST 时,SSE 的值最大,这时回归方程的拟合水平也就最差。

SSR/SST 这个比率的取值在 0—1 之间,这个比率通常用于衡量样本回归方程的拟合优度。这个比率就被称为样本决定系数,记为 r^2。

样本决定系数

$$r^2 = \frac{\text{SSR}}{\text{SST}} \qquad (13.12)$$

在阿曼德比萨店一例中,样本决定系数的值为

$$r^2 = \frac{SSR}{SST} = \frac{14\,200}{15\,370} = 0.9027$$

当我们用百分比的形式表示样本决定系数时,r^2 也可以理解为总离差平方和中百分之多少可以由样本回归方程来解释。对于阿曼德比萨店来说,我们可以得出结论,在预测季度销售额时,总离差平方和中的 90.27% 可以由样本回归方程 $\hat{y} = 60 + 5x$ 来解释。换言之,季度销售额中 90.27% 的变化可以由学生人数和季度销售额之间的线性关系来解释。可见这个样本回归方程有很好的拟合优度。

> 最小二乘法能够得出使 r^2 最大的样本回归方程。

13.3.1 应用 Excel 计算样本决定系数

13.2 节用 Excel 生成了阿曼德比萨店的散点图,继而演示了如何运用 Excel 中的选项计算样本回归方程,并绘出图形。现在将演示怎样运用 Excel 计算样本决定系数。

步骤 1. 把鼠标指针放在散点图的任何一个数据点上,右击就会出现一列选项;

步骤 2. 选择"添加趋势线"选项;

步骤 3. 当"添加趋势线"标签出现时,单击"选项"标签,选定"**在图表上显示 R 平方值**"复选框并单击"**确定**"。

图 13.7 列出了阿曼德比萨店一例的散点图、样本回归方程、样本回归方程的图形、样本决定系数,可以看到 $r^2 = 0.9027$。

13.3.2 相关系数

第三章介绍了**相关系数(Correlation Coefficient)**,它是用来衡量两个变量 x、y 之间的线性相关程度强弱的指标。相关系数的取值在 -1 — $+1$ 之间。当相关系数为 $+1$ 时,表示两变量 x 和 y 之间呈现完全正线性相关,也就是说,所有数据点都落在一条斜率为正数的直线上;当相关系数为 -1 时,则表示两变量 x 和 y 之间呈完全负线性相关,即所有的数据点都落在一条斜率为负数的直线上。相关系数接近于 0,表示 x 和 y 之间不存在线性相关关系。

在 3.5 节中,我们给出了计算样本相关系数的公式。如果已经进行了回归分析,并且计算了样本决定系数的值,那么样本相关系数的计算公式如下:

$$样本相关系数 \quad r_{xy} = \pm\sqrt{r^2} \tag{13.13}$$

式中:b_1 为样本回归方程 $\hat{y} = b_0 + b_1 x$ 的斜率。

如果样本回归方程中的斜率为正($b_1 > 0$),样本相关系数的符号也为正;如果样本回归方程中的斜率为负($b_1 < 0$),样本相关系数的符号也为负。

以阿曼德比萨店为例,与样本回归方程 $\hat{y} = 60 + 5x$ 相对应的样本决定系数为 0.9027。因为这个样本回归方程的斜率为正,由式(13.13)可知,简单线性相关系数就是 $+\sqrt{0.9027} = 0.9501$。样本相关系数 $r_{xy} = 0.9501$ 表示 x 和 y 之间呈强正线性相关。

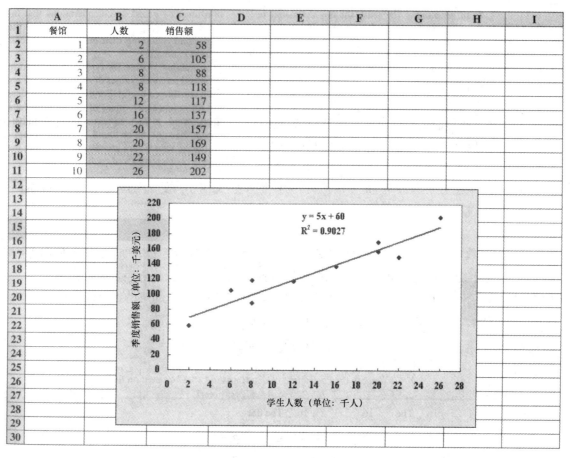

图 13.7 运用 Excel 计算样本决定系数

在两个变量呈线性关系的情况下，样本决定系数和样本相关系数都可以用来衡量相关关系的强弱。样本决定系数的取值范围为 0—1，而限定在线性关系下的样本相关系数的取值为 −1— +1。样本相关系数只适用于两变量之间呈线性相关的情况，而样本决定系数还适用于非线性关系，以及两个或两个以上自变量的情况。从这一点来说，样本决定系数的应用范围要更广泛一些。

注释与评论

1. 在用最小二乘法建立样本回归方程时，我们没有对误差项进行概率假设，也没有对 x 和 y 之间关系的显著性进行统计检验。更大的 r^2 也仅仅表示最小二乘法建立的直线与数据拟合得更好。也就是说，观测值更加集中在最小二乘法建立的直线附近。但是，从统计上讲，仅由 r^2 值来判断，我们并不能得出 x 和 y 之间关系是否显著的结论。要得出这样的结论，还要考虑样本容量，以及最小二乘估计量合适的样本分布的性质。

2. 在实际应用中，对于社会科学典型数据来说，r^2 的值低于 0.25 的通常也是有用的。而对于物理学和生命科学数据来说，会经常发现 r^2 的值达到 0.6 或者更大；实际上，在有些情况下，r^2 的值还会大于

0.90。在实际应用中,由于每次应用的情况不同,r^2的值依赖于每个应用问题的具体特点。

13.4 模型假定

回归分析中,我们假定一个合适的模型用来描述自变量和因变量之间的关系。在自变量和因变量之间是简单线性回归关系时,假定的回归模型为

$$y = \beta_0 + \beta_1 x + \varepsilon$$

接着运用最小二乘法分别求出b_0和b_1的值,作为模型参数β_0和β_1的估计值。从而得到样本回归方程为

$$\hat{y} = b_0 + b_1 x$$

已知样本决定系数(r^2的值)可以用来衡量样本回归方程的拟合优度。但是,即便样本回归方程有较大的r^2值,也不能就因此使用这个方程,除非进行更加深入地推论、分析假定模型的适合性。判定假定的模型是否合适的一个重要的步骤就是对自变量和因变量之间的关系进行显著性检验。回归分析的显著性检验是以关于误差项ε的假定为基础的。

回归模型$y = \beta_0 + \beta_1 x + \varepsilon$中关于误差项$\varepsilon$的假定

1. 误差项ε是平均值或期望值为0的随机变量,也就是说,$E(\varepsilon)=0$。

含义:因为β_0和β_1都是常数,即$E(\beta_0)=\beta_0$,$E(\beta_1)=\beta_1$,这样,对于一个给定的x值,y的均值或期望值就是

$$E(y) = \beta_0 + \beta_1 x \qquad (13.14)$$

正如之前提到的,式(13.14)可以看做是回归方程。

2. 对于x的所有值,误差项ε的方差,记为σ^2,都是相同的。

含义:对于回归直线中的y,其方差等于σ^2,而且对于x的所有值,y的方差都相同,都等于σ^2。

3. 误差项ε是独立的。

含义:特定x值对应的ε值与任意其他x值对应的ε值不相关;因此,特定的x值对应的y值都与任意其他的x值对应的y值不相关。

4. 误差项ε是正态分布的随机变量。

含义:因为y是ε的线性函数,所以y也是正态分布的随机变量。

图13.8显示了回归模型假定及其含义。注意在这个图表的说明中,$E(y)$值随着特定的x值的变化而变化。但是不管x的取值如何变化,误差项ε的概率分布以及由此产生的y的概率分布总是正态分布,每一个分布都有相同的方差。在任意一个特定点,误差项ε的值依赖于y的实际值是大于$E(y)$还是小于$E(y)$。

注意一点,即必须对x和y之间关系的形式进行设定。也就是说,$\beta_0+\beta_1 x$代表的直线是以变量之间存在的直线关系为基础的。但是不能忽略这样一个事实,对于变量间未知的关系来说,其

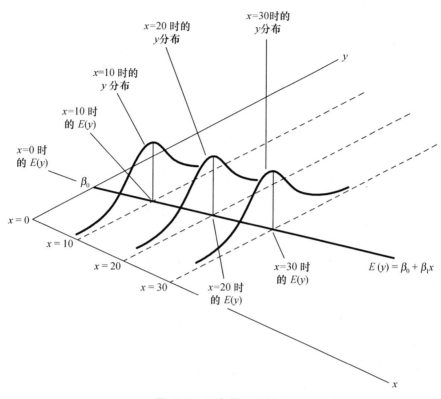

图 13.8 回归模型的假定

注:在每个 x 值上,y 有着同样形状的分布。

他一些模型,如 $y = \beta_0 + \beta_1 x^2 + \varepsilon$,可能是更好的模型。

13.5 显著性检验

在简单线性回归方程中,y 的平均值或期望值是 x 的线性函数,即 $E(y) = \beta_0 + \beta_1 x$。如果 β_1 的值为 0,那么 $E(y) = \beta_0 + 0x = \beta_0$。在这种情况下,$y$ 的平均值与 x 的值无关,因此可以得出这样的结论,x 和 y 之间无线性相关关系。反之,如果 β_1 的值不等于 0,就可以推断两个变量之间线性相关。这样,为了检验回归关系的显著性,可以通过假设检验来判断 β_1 的值是否等于 0。进行假设检验时需要先估计回归模型中 ε 的方差 σ^2。

13.5.1 σ^2 的估计

从回归模型以及它的假定条件能推断出 ε 的方差 σ^2 也可以表示 y 值与回归直线之间的方差,把上文中 y 值与回归直线之间的差称为残差,则误差平方和 SSE 可以用来衡量 y 值与样本回归直线的变异,用 SSE 除以它的自由度就得到均方误差(mean square error,MSE),MSE 可以用来估计 σ^2 的值。

对于直线 $\hat{y}_i = b_0 + b_1 x_i$,SSE 可以表示为

$$SSE = \sum(y_i - \hat{y}_i)^2 = \sum(y_i - b_0 - b_1 x_i)^2$$

每一个平方和都与其自由度相关。统计学家已经给出 SSE 的自由度为 $n-2$，因为在计算 SSE 时，需要估计两个参数 β_0 和 β_1 的值。这样，均方误差就可以用 SSE 除以 $n-2$ 计算得到。MSE 是 σ^2 的无偏估计，因为 MSE 的值可以用来估计 σ^2 的值，所以也可以用符号 s^2 表示 MSE。

均方误差（σ^2 的估计值）

$$s^2 = \text{MSE} = \frac{\text{SSE}}{n-2} \tag{13.15}$$

在 13.3 节中，以阿曼德比萨店为例，计算得到的 SSE = 1 530，因此

$$s^2 = \text{MSE} = \frac{1\,530}{8} = 191.25$$

这个值就是 σ^2 的无偏估计值。

我们用 s^2 的平方根来估计 σ 的值。s 称为估计误差标准差。

估计误差标准差

$$s = \sqrt{\text{MSE}} = \sqrt{\frac{\text{SSE}}{n-2}} \tag{13.16}$$

仍以阿曼德比萨店为例，$s = \sqrt{\text{MSE}} = \sqrt{191.25} = 13.829$。在下面的讨论中，将用估计的标准差进行 x 和 y 之间的显著性关系的检验。

13.5.2 t 检验

简单线性回归模型 $y = \beta_0 + \beta_1 x + \varepsilon$，如果 x 和 y 线性相关，必然有 $\beta_1 \neq 0$。t 检验的目的就是检验能否得到 $\beta_1 \neq 0$ 的结论。利用样本数据进行以下关于 β_1 的假设检验。

$$H_0: \beta_1 = 0$$
$$H_a: \beta_1 \neq 0$$

如果拒绝 H_0，即得出结论：$\beta_1 \neq 0$，从而可知两个变量的关系在统计上存在显著关系。但是，如果不能拒绝 H_0，那么就没有充足的理由认为两个变量之间存在显著关系。β_1 的最小二乘估计量 b_1 的样本概率分布是进行假设检验的基础。

下面先来考虑以下问题：如果用一组不同的随机样本进行同样的回归研究，将会出现什么样的结果。例如，假设阿曼德比萨店一例中，用的是另外 10 家比萨店的季度销售额的数据作为一组样本，对这组样本进行回归分析得出的样本回归方程，可能与前面得到的样本回归方程相似，即都为 $\hat{y} = 60 + 5x$。但是得到完全相同的回归方程（截距正好等于 60，斜率也正好等于 5）这一点却让人怀疑。确实，最小二乘估计量 b_0 和 b_1 都是有其本身样本分布的样本统计量。b_1 的抽样分布的性质如下所示。

b_1 的抽样分布

期望值

$$E(b_1) = \beta_1$$

标准差

$$\sigma_{b_1} = \frac{\sigma}{\sqrt{\sum (x_i - \bar{x})^2}} \quad (13.17)$$

分布形态

正态

注意 b_1 的期望值等于 β_1，所以 b_1 是 β_1 的无偏估计量。

因为 σ 的值未知，所以，要利用式(13.17)中的 s 的估计值，求出 σ_{b_1} 的估计值，记为 s_{b_1}。这样，就得到 σ_{b_1} 的估计值如下：

b_1 的样本标准差

$$s_{b_1} = \frac{s}{\sqrt{\sum (x_i - \bar{x})^2}} \quad (13.18)$$

> b_1 的标准差也称为 b_1 的标准误差。因此，s_{b_1} 给出了 b_1 的标准误差的估计值。

对于阿曼德比萨店，$s = 13.829$，$\sum (x_i - \bar{x})^2 = 568$（见表13.2）。因此将

$$s_{b_1} = \frac{13.829}{\sqrt{568}} = 0.5803$$

作为 b_1 的标准差的估计值。

检验变量之间是否存在显著关系的 t 检验的基础是：检验统计量

$$\frac{b_1 - \beta_1}{s_{b_1}}$$

服从自由度为 $n-2$ 的 t 分布。如果原假设为真，那么就有 $\beta_1 = 0$ 和 $t = b_1/s_{b_1}$。

现在在 $\alpha = 0.01$ 的显著性水平下，对阿曼德比萨店进行显著性检验。检验统计量的值为

$$t = \frac{b_1}{s_{b_1}} = \frac{5}{0.5803} = 8.62$$

查 t 分布表，自由度 $n-2 = 10-2 = 8$，右尾区域为 0.005 的 $t = 3.355$。相应于检验统计量 $t = 8.62$ 的 t 分布右尾区域必须小于 0.005。因为是双尾检验，故将该值乘以2，得出与 $t = 8.62$ 相对应的 p 值必须小于 $2 \times 0.005 = 0.01$。可以使用 Excel 得出，当 $t = 8.62$，p 值 $= 0.0000$，因为 p 值 $\leq \alpha = 0.01$，故拒绝 H_0，得出结论 β_1 不等于0，这足以说明学生数与季度销售额间存在显著的关系。以下是简单线性回归显著性检验 t 检验的小结。

> 使用 Excel，p 值 = TDIST(8.62, 8, 2) = 0.0000。

简单线性回归显著性的 t 检验

$$H_0: \beta_1 = 0$$
$$H_a: \beta_1 \neq 0$$

t 检验统计量

$$t = \frac{b_1}{s_{b_1}} \quad (13.19)$$

拒绝规则

p-值法：如果 p-值 $\leq \alpha$，则拒绝 H_0

临界值法：如果 $t \leq -t_{\alpha/2}$ 或者 $t \geq -t_{\alpha/2}$，则拒绝 H_0

其中 $t_{\alpha/2}$ 是自由度为 $n-2$ 的 t 分布的临界值。

13.5.3 β_1 的置信区间

β_1 的置信区间可以表示如下：

$$b_1 \pm t_{\alpha/2} s_{b_1}$$

b_1 是点估计，$t_{\alpha/2} s_{b_1}$ 是误差幅度，该区间的置信系数为 $1-\alpha$，$t_{\alpha/2}$ 就是自由度为 $n-2$ 的 t 分布的右尾中面积为 $\alpha/2$ 的 t 值。假如用 99% 的置信度估计阿曼德比萨店一例中 β_1 的置信区间，从附录 B 的表 2 中查到与 $\alpha=0.01$ 以及自由度为 $n-2=10-2=8$ 相对应的 t 值为 $t_{0.025}=3.355$，这样，在 99% 的置信度下，β_1 的置信区间估计值为

$$b_1 \pm t_{\alpha/2} s_{b_1} = 5 \pm 3.355(0.5803) = 5 \pm 1.95$$

或者表示为 $(3.05, 6.95)$。

在用 t 检验进行显著性检验时，检验的假设为

$$H_0: \beta_1 = 0$$
$$H_a: \beta_1 \neq 0$$

可以利用 99% 的置信度下的置信区间代替 $\alpha=0.01$ 的显著性水平，来推断阿曼德比萨店的假设检验结论。因为假设 β_1 的值等于 0，这个 0 并不在置信区间 $(3.05, 6.95)$ 内，所以可以拒绝 H_0，得出学生人数与季度销售额之间存在显著的统计关系。一般说来，置信区间可以用来检验关于 β_1 的双边假设。如果假设的 β_1 值在置信区间内，就不能拒绝 H_0；反之，则拒绝 H_0。

13.5.4 F 检验

基于 F 概率分布的 F 检验也可以用来进行回归分析中的显著性检验。在只有一个自变量的情况下，F 检验和 t 检验得出的结论是相同的，也就是说，如果 t 检验表明 $\beta_1 \neq 0$，由此可推断出自变量与因变量之间存在显著关系，那么 F 检验的结果也会表明两变量之间存在显著关系。在多于一个自变量的情况下，只有 F 检验才能用来进行总体显著性的检验。

用 F 检验来判定回归关系在统计上是否显著的依据是以 σ^2 的两个独立的估计值为基础的。通过 MSE 可以求出 σ^2 的估计值，如果原假设 $H_0: \beta_1=0$ 为真，用回归平方和 SSR 除以它的自由度，就会得到另一个与 MSE 独立的 σ^2 的估计值，这个估计值称为基于回归的均方和，也可以称为回归均方，记为 MSR。一般表示为

$$\text{MSR} = \frac{\text{SSR}}{\text{回归自由度}}$$

对于本书考虑的模型，回归自由度恒等于自变量的个数，因此，

$$\text{MSR} = \frac{\text{SSR}}{\text{自变量个数}} \tag{13.20}$$

由于本章只考虑只有一个自变量的回归模型，所以就有 MSR = SSR/1 = SSR。因此，对于阿曼德比萨店来说，MSR = SSR = 14 200。

如果原假设 $H_0:\beta_1=0$ 为真,MSR 和 MSE 就是 σ^2 的两个独立的估计值,MSR/MSE 的样本分布服从第一自由度为 1、第二自由度为 $n-2$ 的 F 分布。因此,当 $\beta_1=0$ 时,MSR/MSE 的值应接近于 1。但是,如果原假设为假($\beta_1\neq 0$),用 MSR 估计 σ^2 的值就会过高,MSR/MSE 的值就会变大,这样一来,较大的 MSR/MSE 值就表示可以拒绝 H_0,并得出 x 和 y 之间的关系在统计上显著的结论。

下面在显著性水平 $\alpha=0.01$ 时,对阿曼德比萨店一例进行 F 检验。检验统计量

$$F=\frac{\text{MSR}}{\text{MSE}}=\frac{14\,200}{191.25}=74.25$$

> 在简单线性回归中,F 检验和 t 检验的结果相同。
> Excel 中,p-值 = FDIST(74.25,1,8) = 0.0000。

从 F 分布表(附录 B 表 4)中,查到在显著性水平 $\alpha=0.01$ 时,分子自由度 1 和分母自由度 $n-2=10-2=8$ 的 F 分布中 $F_{0.01}=11.26$。对应于检验统计量 $F=74.25$ 的 F 分布右尾区域必须小于 0.01。故可得出 p-值须小于 0.01。利用 Excel 可以得到 $F=74.25$ 时,p-值 = 0.0000。因为 p-值 $\leq\alpha=0.01$,所以可以拒绝 H_0,F 检验的结果说明学生人数与季度销售额之间存在显著关系。

利用 F 检验进行显著性检验的过程可概括如下:

检验总体显著性的 F 检验

$$H_0:\beta_1=0$$
$$H_a:\beta_1\neq 0$$

F 检验统计量

$$F=\frac{\text{MSR}}{\text{MSE}} \quad (13.21)$$

拒绝规则

p-值法:如果 p-值 $<\alpha$,拒绝 H_0
临界值法:如果 $F>F_\alpha$,则拒绝 H_0

> 若 H_0 为假,MSE 仍是 σ^2 的无偏估计,而 MSR 则过高估计了 σ^2。若 H_0 为假,MSE 和 MSR 均是 σ^2 的无偏估计,在这种情况下,MSR/MSE 的值应该接近于 1。

其中,F_α 以分子自由度为 1 而分母自由度为 $n-2$ 的 F 分布的临界值。

第十二章进行了方差分析(ANOVA),并讲述了怎样运用方差分析表方便地概括方差分析中需要计算的部分。类似的 ANOVA 表也可以概括回归中显著性的 F 检验的结果。表 13.5 就是用于简单线性回归中 ANOVA 表(ANOVA table)的一般形式,表 13.6 是阿曼德比萨店一例中 F 检验计算值的 ANOVA 表。回归、误差和总离差列于方差来源一列中,SSR、SSE 和 SST 作为对应的平方和列在第二列,回归平方和的自由度为 1,残差平方和的自由度为 $n-2$,总离差平方和的自由度为 $n-1$,3 个自由度都列在第三列,第四列是 MSR 和 MSE 的值,第五列是 $F=$ MSR/MSE 的值。回归分析中,几乎所有的计算机输出都包括概括显著性 F 检验的方差分析表。

表 13.5 简单线性回归方差分析表的一般形式

变异来源	平方和	自由度	均方和	F
回归	SSR	1	$\text{MSR}=\dfrac{\text{SSR}}{1}$	$F=\dfrac{\text{MSR}}{\text{MSE}}$
误差	SSE	$n-2$	$\text{MSE}=\dfrac{\text{SSE}}{n-2}$	
总离差	SST	$n-1$		

> 在每个方差分析表中,总离差平方和是回归平方和与误差平方和之和;此外,总自由度是回归自由度与误差自由度之和。

表 13.6　阿曼德比萨店问题中的方差分析表

变异来源	平方和	自由度	均方和	F
回归	14 200	1	$\frac{14\,200}{1}=14\,200$	$\frac{14\,200}{191.25}=74.25$
误差	1 530	8	$\frac{1\,530}{8}=191.25$	
总离差	15 730	9		

13.5.5　解释显著性检验时要注意的问题

即便拒绝了原假设 $H_0:\beta_1=0$，进而得出 x 和 y 之间存在显著关系的结论，也不能就此推断 x 和 y 之间存在因果关系。只有在分析者能够从理论判断上表明 x,y 之间的关系是因果关系的情况下，才能得出因果关系存在的结论。以阿曼德比萨店为例，已经得出学生人数 x 和季度销售额之间存在显著关系，而且，样本回归方程 $\hat{y}=60+5x$ 也给出了这种关系的最小二乘估计。但是我们不能仅仅因为已经知道学生人数 x 和季度销售额 y 之间存在统计上的显著关系，就以此推断 x 的变化引起 y 的变化。这样的一个因果关系结论的适用性在于支持理论判断和分析者良好的判断。如果阿曼德比萨店的管理者有很好的理由相信学生人数的增加就是引起季度销售额增加的最可能的原因，显著性检验的结果才能够使他们得出 x,y 之间存在因果关系的结论。

> 回归分析可以用于确定变量之间的关联关系，但不能用于表明变量之间存在因果关系。

另外，仅仅因为能够拒绝 $H_0:\beta_1=0$，并得出存在统计上的显著性也并不能得出 x,y 之间是线性关系的结论，而仅能说 x,y 是相关的，而且，在样本 x 的观测值范围之内，线性关系可以解释 y 变化的显著部分，图 13.9 为这种说法作了注释。显著性检验表明可以拒绝原假设 $H_0:\beta_1=0$，并进而推导出 x,y 之间显著相关的结论，但是，图中显示 x,y 之间的真实关系并不是线性的。虽然在样本 x 观测值范围之内，$\hat{y}=b_0+b_1x$ 表示的线性关系逼近程度很高，但是，在样本 x 观测值之外，方程的线性逼近程度已经变弱了。

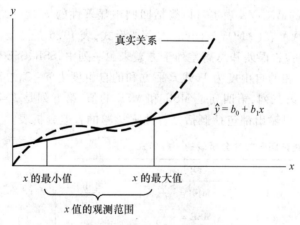

图 13.9　非线性关系的线性近似示例

假定存在显著关系,在样本 x 观测值范围之内,可以用样本回归方程预测 x 对应的 y 值。在阿曼德比萨店一例中,x 的取值范围在 2—26 之间。但是除非有理由表明样本回归模型在这个范围之外还有效,否则在这个自变量范围之外进行预测时就要谨慎小心。对于阿曼德比萨店,因为在 0.01 的显著性水平下回归关系显著,所以在运用这个模型估计学生人数在 2 000—26 000 范围内对应的季度销售额就比较准确。

注释与评论

1. 关于误差项的假定(13.4 节)是为了进行本节的显著性检验。b_1 的抽样分布,以及后面讲到的 t、F 检验都是在这些假定基础上直接得出的。
2. 不要把统计上的显著性与实际的显著性混淆了。在样本容量很大时,对于一个很小的 b_1 值,就会得出统计上显著的结论。在这样的情况下,得出变量间关系实际也存在显著性的结论时一定要谨慎。
3. 样本相关系数 r_{xy} 也可以检验 x 和 y 之间线性关系的显著性。用 ρ_{xy} 表示总体相关系数,假设如下:

$$H_0: \rho_{xy} = 0$$
$$H_a: \rho_{xy} \neq 0$$

如果 H_0 被拒绝,则可以得出 x 和 y 之间存在显著关系。这种检验方法具体见附录 13.2。但是,这一节前面所讲到的 t 检验和 F 检验得出的结论与用相关系数进行显著性检验得出的结论是一致的。因此,如果 t 检验或 F 检验已经得出结论,就没必要再用相关系数进行显著性检验了。

13.6 Excel 的回归工具

前面各节介绍如何利用 Excel 分别执行回归分析中的各项任务。Excel 还可以提供更为复杂的回归工具。这一节将演示如何运用 Excel 回归工具进行全面回归分析,包括对表 13.1 中的阿曼德比萨店的数据进行显著性统计检验。

13.6.1 应用 Excel 回归工具解决阿曼德比萨店的问题

描述如何运用 Excel 回归工具对阿曼德比萨店的数据进行全面回归分析的任务时,请参考图 13.10 和图 13.11。

输入数据:先把变量名**餐馆**、**学生人数**和**销售额**分别输入工作表单元格 A1:C1 中。为了区分这 10 个观测值,我们在单元格 A1:A11 中输入 1—10 的数字,然后将样本数据输入到单元格 B2:C11 中。

应用工具:下列步骤描述如何应用 Excel 进行回归分析计算。

步骤 1. 选择"**工具**"菜单;
步骤 2. 选择"**数据分析**"选项;
步骤 3. 从分析工具下拉单中选择"**回归**";
步骤 4. 当出现回归对话框时(见表 12.11),
   在"**y 值输入区域**"框中输入 C1:C11,

	A	B	C	D	E	F	G	H	I	J
1	餐馆	人数	销售额							
2	1	2	58							
3	2	6	105							
4	3	8	88							
5	4	8	118							
6	5	12	117							
7	6	16	137							
8	7	20	157							
9	8	20	169							
10	9	22	149							
11	10	26	202							
12										
13	输出结果									
14										
15	回归统计量									
16	多元R	0.9501								
17	R平方	0.9027								
18	调整R平方	0.8906								
19	标准误差	13.8293								
20	样本数	10								
21										
22	ANOVA									
23		df	SS	MS	F	显著性F值				
24	回归	1	14200	14200	74.2484	2.55E-05				
25	残差	8	1530	191.25						
26	总离差	9	15730							
27										
28		回归系数	标准误差	t统计量	P值	下限95%	上限95%	下限99.0%	上限99.0%	
29	截距	60	9.2260	6.5033	0.0002	38.7247	81.2753	29.0431	90.9569	
30	人数	5	0.5803	8.6167	2.55E-05	3.6619	6.3381	3.0530	6.9470	
31										

图 13.10 阿曼德比萨店的回归工具输出结果

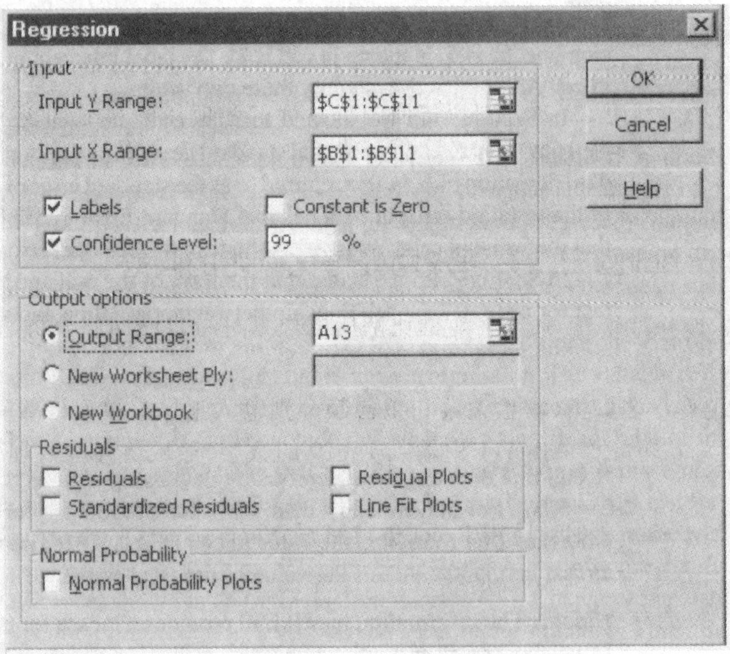

图 13.11 阿曼德比萨店问题的回归对话框

在"x 值输入区域"框中输入 B1:B11,

选择"标志",

选择"置信度",

在"置信度"框中输入 99,

选择"输出区域",

在"输出区域"框中输入 A13(为了区分方便,输出出现在工作表中左上角部分),

单击"确定"。

从图 13.10 中第 13 行开始的回归输出可命名为"输出结果",因为 Excel 以标准列宽自动显示输出,所以很多行和列中标题都看不到,可以重新规范,以提高可读性,重新定义单元格的格式,这样数值就可以显示出第 4 位小数。用科学计数法显示的数值没有经过调整,为了提高可读性,在后面的回归输出中也会进行类似的调整。

> Excel 的输出结果可以重新定义格式以提高可读性。

在"输出结果"的第一部分,标题为回归统计量,包括概括统计量,如样本决定系数(R^2)。结果的第二部分标题是 AVONA,包括方差分析表。结果的第三部分没有命名,包括回归系数和相关信息。现在就开始解释 A28:I30 单元格中回归输出的信息。

13.6.2 对样本回归方程输出的解释

第 29 行是关于估计回归直线 y 的截距的信息。第 30 行是样本回归线斜率的信息。单元格 B29 显示了样本回归直线的截距:$b_0 = 60$,单元格 B30 显示的是样本回归直线的斜率:$b_1 = 5$。以截距作为单元格 A29 的标题,以学生人数作为单元格 A30 的标志,从而区分这两个值。

13.5 节已计算出 b_1 的估计误差标准差 $s_{b_1} = 0.5803$,单元格 C30 显示的就是 b_1 的估计误差标准差。正如前文所述,b_1 的标准差也可以指 b_1 的估计误差标准差,因此可以用 s_{b_1} 估计 b_1 的标准差。单元格 C28 的标志为标准误差,这表示单元格 C30 中的值就是 b_1 的标准差或者标准差的估计值。

13.5 节中提及用于学生人数和季度销售额之间关系的显著性检验的原假设和备则假设的形式:

$$H_0: \beta_1 = 0$$
$$H_a: \beta_1 \neq 0$$

显著关系的 t 检验需要计算 t 统计量,$t = b_1/s_{b_1}$。对于阿曼德比萨店一例中的数据,计算得到的 t 值为 $t = 5/0.5803 = 8.62$。现在回过头来看,单元格 D30 中的值是 8.62,单元格 D28 的标志——t 统计量说明单元格 30 中的值就是 t 统计量的值。

t 检验 单元格 E30 中的信息给出了一个进行显著性检验的方法。单元格 E30 中的值是与 t 检验相对应的 p 值。p-值在 Excel 中是以科学计数法表示的。为了得到 p-值的小数形式,将小数点左移 5 位,得到 p-值为 0.0000255。因此,与显著性 t 检验相对应的 p 值为 0.0000255。在给定显著性水平为 α 时,判定是否拒绝 H_0,可以这样得到

如果 p- 值 < α,则拒绝 H_0

因为 p-值 = 0.0000255 < α = 0.01,所以可以拒绝 H_0,并得出学生人数和季度销售额之间存在显著性关系的结论。因为 p-值法可以作为回归分析结果中的一部分自动生成,所以通常用 p-值来进行

回归分析中的假设检验。

单元格 F28：I30 的信息可以用于 y 的截距和回归方程中斜率的置信区间估计。Excel 总是给出置信度为 95% 时置信区间的下限和上限。在回归对话框中（见图 13.11），选择置信度，并在置信度框中输入了 99。因此，在结果中，Excel 给出的就是置信度为 99% 时置信区间的下限和上限。例如，单元格 H30 中的值就是置信度为 99% 时 β_1 估计值的下限，单元格 I30 中的值就是上限。这样，在置信度为 99% 时，β_1 的估计值就在 3.05—6.95 之间。单元格 F30 和 G30 中的值就是置信度为 95% 时，β_1 估计值的下限和上限。因此，在置信度为 95% 时，β_1 估计值就在 3.66—6.34 之间。

13.6.3 方差分析输出的解释

单元格 A22：F26 中的信息概括了根据阿曼德比萨店一例中的数据计算得到的方差分析的计算值。3 个方差来源的标签分别是回归、残差和总离差。单元格 B23 中的标签 df 表示自由度，单元格 C23 中的标签 SS 表示平方和，单元格 D23 中的标签 MS 表示均方和。

> Excel 将误差平方和当做残差平方和。

从单元格 C24：C26 中，可以看到回归平方和为 14 200，残差或误差平方和为 1 530，总离差平方和为 15 730。单元格 B24：B26 中的值就是各平方和及其对应的自由度。因此，回归平方和的自由度为 1，回归平方和的自由度加上残差平方和的自由度就等于总离差平方和的自由度，回归平方和加上残差平方和就等于总离差平方和。

13.5 节中讲到用误差或残差平方和除以它的自由度得到的均方误差可以用来估计 σ^2 的值。单元格 D25 中的值 191.25 就是均方误差。回归均方是回归平方和除以它的自由度得到的，单元格 D24 中的值 14 200 就是均方回归。

F 检验　13.5 节中讲到得基于 F 概率分布的 F 检验可以用于回归中的显著性检验。单元格 F24 中的值 0.0000255 就是 F 检验中的 p-值。因为 p-值 = 0.0000255 < α = 0.01，所以拒绝 H_0，并得出学生人数和季度销售额之间存在显著性关系的结论。注意这个结论与 t 检验中由 p-值得到的结论相同。实际上，显著性 t 检验和显著性 F 检验是等价的，所以两种检验方式得到的 p-值也是相同的。单元格 F23 中用 Excel 的标签"显著性 F 值"来区分显著性 F 检验的 p-值。第九章也提到 p 值经常被认为是观测到的显著性水平。因此，如果把单元格 F24 中的值看做 F 检验对应的显著性水平，那么"显著性 F 值"这个标签更有意义。

13.6.4 回归统计量输出的解释

单元格 A15：B20 是回归统计量的结果。单元格 B20 中的数据 10 是样本观测数目。单元格 B17 中的值 0.9027 是样本决定系数的值，单元格 A17 显示的是对应的标签"R 平方"。单元格 B16 中的值是样本决定系数的平方根，也就是样本相关系数的值 0.9501。注意到 Excel 用标签"多元 R"（单元格 A16 中）表示相关系数。在单元格 A19 中，标准差指的是 σ 的估计值 s 的值。单元格 B19 显示的 s 值为 13.8293。在此，提醒读者，需要记住 Excel 输出，在两个不同的地方都出现了"标准误差"这个标签。在回归统计量部分，标准误差指的是 σ 的估计值 s。在样本回归方程部分，"标准误差"指 s_{b_1}，是 b_1 样本分布的估计误差标准差。

注释与评论

PredInt.xls 宏程序由 John O. McClain 教授开发,他毕业于康奈尔大学管理学院。该程序形式简单易用,广泛涵盖各种回归能力。PredInt.xls 宏程序包括在数据盘中,它提供了如何使用该宏程序的说明。

13.7 运用样本回归方程进行估计和预测

简单线性回归模型是关于 x 和 y 之间关系的假设。利用最小二乘法可以得到样本线性回归方程。如果结果显示 x 和 y 之间存在统计上的显著关系,而且样本回归方程拟合得也较好,那么这个样本回归方程可以用于估计和预测。

13.7.1 点估计

在阿曼德比萨店一例中,样本回归方程 $\hat{y}=60+5x$ 给出了学生人数 x 和季度销售额 y 之间关系的估计。可以根据该样本回归方程求出特定 x 值对应的 y 均值的点估计,或者预测给定 x 值对应的 y 的单个值。例如,假设阿曼德比萨店的管理者想得到所有位于拥有 10 000 名学生的校园附近的比萨店季度销售额的平均值。运用样本回归方程 $\hat{y}=60+5x$,可知在 $x=10$(或 10 000 名学生)时,$\hat{y}=60+5\times10=110$,因此可知所有位于拥有 10 000 名学生的校园附近的比萨店季度销售额的平均值的点估计就是 110 000 美元。

现在假设阿曼德比萨店的管理者想要预测位于 Talbot 大学附近比萨店的季度销售额,Talbot 大学有 10 000 名学生。此时,我们对所有位于拥有 10 000 名学生的校园附近的比萨店季度销售额的平均值不感兴趣,我们感兴趣的是预测单个比萨店的季度销售额。结果表明,个体的点估计与均值的点估计的值是相同的,因此,我们可以预测这个位于 Talbot 大学附近比萨店季度销售额为 $\hat{y}=60+5\times10=110$ 千美元,即 110 000 美元。

13.7.2 区间估计

点估计不能给出与估计精确度有关的任何信息,因此必须求出类似于第八章、第十章、第十一章的区间估计。区间估计的第一种类型**置信区间估计**(Confidence interval estimate),是对给定 x 值对应的 y 的均值的区间估计。区间估计的第二种类型是**预测区间估计**(prediction interval estimate),当想得到给定 x 值对应的 y 的个体值的区间估计时,就可以用预测区间估计。给定 x 值对应的 y 的均值的点估计和给定 x 值对应的 y 的个体值的点估计是相同的,但是这两种情况下的区间估计的结果却并不相同。预测区间估计的误差幅度更大。

> 置信区间估计和预测区间估计表明了回归结果的精确度。区间越小意味着精确度越高。

13.7.3 y 均值的置信区间估计

样本回归方程提供了给定 x 值时 y 的均值的点估计,在描述置信区间估计的过程中,我们会用到以下几个符号：

x_p = 自变量 x 的特定值或给定值

y_p = 对应给定的 x_p 的因变量 y 的值

$E(y_p)$ = 因变量 y 的均值或期望值（当 $x = x_p$ 时）

$\hat{y} = b_0 + b_1 x_p = E(y_p)$ 的点估计（当 $x = x_p$ 时）

假设想要估计所有位于拥有 10 000 名学生的校园附近的比萨店季度销售额的平均值。这时，$x_p = 10, E(y_p)$ 表示对于所有 $x_p = 10$ 的比萨店未知的季度销售额的均值。$E(y_p)$ 的点估计是 $\hat{y}_p = 60 + 5 \times 10 = 110$。

一般的，不能期望 $\hat{y}_p$ 的值恰好等于 $E(y_p)$。如果想知道 $\hat{y}_p$ 与真正的均值 $E(y_p)$ 到底多么接近，就必须估计 $\hat{y}_p$ 的方差。在给定 x_p 时，估计 $\hat{y}_p$ 的方差 $s_{\hat{y}_p}^2$ 的公式如下，记为

$$s_{\hat{y}_p}^2 = s^2 \left[\frac{1}{n} + \frac{(x_p - \bar{x})^2}{\sum (x_i - \bar{x})^2} \right] \tag{13.22}$$

式（13.22）的平方根就是 $\hat{y}_p$ 标准差的估计值。

$$s_{\hat{y}_p} = s \sqrt{\frac{1}{n} + \frac{(x_p - \bar{x})^2}{\sum (x_i - \bar{x})^2}} \tag{13.23}$$

在 13.5 节中，阿曼德比萨店计算结果 $s = 13.829$。当 $x_p = 10, \bar{x} = 14$ 时，$\sum (x_i - \bar{x})^2 = 568$，用式（13.23）可以得到

$$s_{\hat{y}_p} = 13.829 \sqrt{\frac{1}{10} + \frac{(10-14)^2}{568}} = 13.829 \sqrt{0.1282} = 4.95$$

y 均值的置信区间估计的一般表达形式如下：

$E(y_p)$ 的置信区间估计

$$\hat{y}_p \pm t_{\alpha/2} s_{\hat{y}_p} \tag{13.24}$$

> 与此区间估计相关联的误差幅度是 $t_{\alpha/2} s_{\hat{y}_p}$。

其中，置信度为 $1 - \alpha, t_{\alpha/2}$ 以自由度为 $n - 2$ 的 t 分布的基础。

由式（13.24）可以求出在置信度为 95% 时，所有位于拥有 10 000 名学生的校园附近的比萨店季度销售额的平均值的区间估计。计算区间估计，需要知道 t 在 $\alpha/2 = 0.025$，自由度为 $n - 2 = 10 - 2 = 8$ 时的值，在附录 B 中的表 2 中查到 $t_{0.025} = 2.306$。因为 $\hat{y}_p = 110$，误差幅度 $t_{\alpha/2} s_{\hat{y}_p} = 2.306 \times 4.95 = 11.415$，所以置信度为 95% 的置信区间估计就是

$$110 \pm 11.415$$

以美元为单位，在置信度为 95% 时，所有位于拥有 10 000 名学生的校园附近的比萨店季度销售额的平均值的区间估计是 110 000 ± 11 415。所以当学生人数为 10 000 时，季度销售额平均值的置信区间估计是 98 585—121 145 美元。

注意式（13.23）给出的 $\hat{y}_p$ 的估计误差标准差在 $x_p = \bar{x}$ 即 $x_p - \bar{x} = 0$ 时最小。在这种情况下，$\hat{y}_p$ 的估计误差标准差变为

$$s_{\hat{y}_p} = s \sqrt{\frac{1}{n} + \frac{(\bar{x} - \bar{x})^2}{\sum (x_i - \bar{x})^2}} = s \sqrt{\frac{1}{n}}$$

这个结果表明,当 $x_p = \bar{x}$ 时,可以得到最好、最精确的 y 均值的估计值。实际上,随着 x_p 偏离 $\bar{x}$,y 均值的置信区间也逐渐增大。图 13.12 以图形形式说明了这种关系。

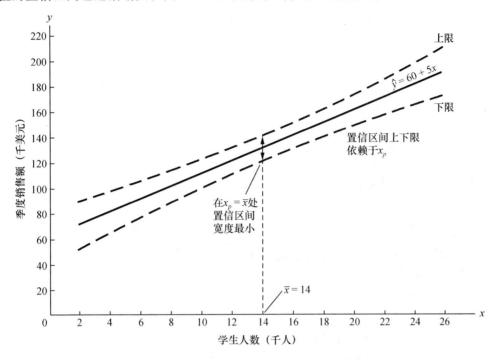

图 13.12 在给定学生人数为 x 时季度销售额 y 的置信区间

13.7.4 个体 y 值的预测区间估计

假设不对所有位于拥有 10 000 名学生的校园附近的比萨店季度销售额的平均值进行区间估计,只需知道位于拥有 10 000 名学生的 Talbot 大学附近比萨店的季度销售额。正如前面所提到的,给定 $x = x_p$ 时,可以由样本回归方程 $\hat{y}_p = b_0 + b_1 x_p$ 求得个体 y 值的点估计为 $\hat{y}_p = 60 + 5 \times 10 = 110$(千美元),即 110 000 美元。注意到这个值与所有位于拥有 10 000 名学生的校园附近的比萨店季度销售额的平均值的点估计是相同的。

为了求出预测区间估计,我们必须首先估计当 $x = x_p$ 时,用 $\hat{y}_p$ 作为个体 y 值的估计值时的方差,这个方差可以由以下两个部分构成。

1. 个体 y 值与均值 $E(y_p)$ 的方差,s^2 就是这个方差的估计值。
2. 用 $\hat{y}_p$ 估计 $E(y_p)$ 产生的方差,$s^2_{\hat{y}_p}$ 给出了这个方差的估计值。

估计个体 y 值方差的计算公式如下,记作 s^2_{ind}。

$$s^2_{\text{ind}} = s^2 + s^2_{\hat{y}_p} = s^2 + s^2 \left[\frac{1}{n} + \frac{(x_p - \bar{x})^2}{\sum (x_i - \bar{x})^2} \right]$$

$$= s^2 \left[1 + \frac{1}{n} + \frac{(x_p - \bar{x})^2}{\sum (x_i - \bar{x})^2} \right] \tag{13.25}$$

因此,个体 y 值标准差的估计值就是

$$s_{\text{ind}} = s\sqrt{1 + \frac{1}{n} + \frac{(x_p - \bar{x})^2}{\sum(x_i - \bar{x})^2}} \tag{13.26}$$

对阿曼德比萨店来说，位于一所拥有 10 000 名学生的校园附近的比萨店季度销售额对应的标准差计算如下：

$$s_{\text{ind}} = 13.829\sqrt{1 + \frac{1}{10} + \frac{(10-14)^2}{568}} = 13.829\sqrt{1.1282} = 14.69$$

预测区间估计通常表示如下：

个体 y 值的预测区间估计为

$$\hat{y}_p \pm t_{\alpha/2} s_{\text{ind}} \tag{13.27}$$

其中，置信度为 $1-\alpha$，$t_{\alpha/2}$ 是自由度为 $n-2$ 的 t 分布的临界值。

> 与此区间估计相关联的误差幅度是 $t_{\alpha/2} s_{\text{ind}}$。

在置信度为 95% 时，可以由 $t_{0.025} = 2.306$，$s_{\text{ind}} = 14.69$，求出位于 Talbot 大学附近比萨店季度销售额的平均值的区间估计。因为 $\hat{y}_p = 110$，误差幅度 $t_{\alpha/2} s_{\text{ind}} = 2.306 \times 14.69 = 33.875$，所以置信度为 95% 的预测区间估计为

$$110 \pm 33.875$$

以美元为单位，在置信度为 95% 时，位于 Talbot 大学附近比萨店季度销售额的预测区间估计是 110 000 ± 33 875，即 76 125—143 875 美元。注意到位于一所拥有 10 000 名学生学校附近的个体比萨店季度销售额的预测区间估计的范围要大于所有位于拥有 10 000 名学生学校附近的比萨店季度销售额平均值置信区间估计的范围（98 585—121 415 美元）。其中的差别反映了这样一个事实：相对于个体 y 值，我们可以更精确地估计 y 的均值。

当自变量 $x_p = \bar{x}$ 时，置信区间估计和预测区间估计都是最精确的，置信区间和范围更宽的预测估计如图 13.13 所示。

13.7.5　应用 Excel 进行置信区间估计和预测区间估计

Excel 的回归工具没有计算置信区间估计和预测区间估计的选项。但是，对于简单线性回归，可以应用回归工具提供的结果，即式（13.24）和（13.27），设计公式计算这两个区间估计。置信区间估计或预测区间估计的一般表达式为：点估计 ± 误差幅度。因此，必须首先有计算点估计和误差幅度的公式。

之前讲到怎样计算所有位于拥有 10 000 名学生学校附近的阿曼德比萨店季度销售额平均值置信区间估计。13.6 节中演示了怎样运用 Excel 回归工具解决阿曼德比萨店的问题。图 13.14 中单元格 A13:I30 中再一次给出了回归工具得到的结果。图 13.14 的单元格 E1:F13 中就是我们描述的含有计算置信区间估计的工作表。背景表是公式工作表，前景表是数值工作表。

输入数据：最初在图 13.10 中求出的数据（单元格 B2:C11）和回归输出（单元格 A13:I30）作为计算区间估计的起点。

输入函数和公式：要想得到位于拥有 10 000 名学生学校附近的阿曼德比萨店季度销售额平均值置信区间的估计，即 $x_p = 10$，在单元格 F2 中输入数字 10。Excel 中的 AVERAGE 函数就可以用

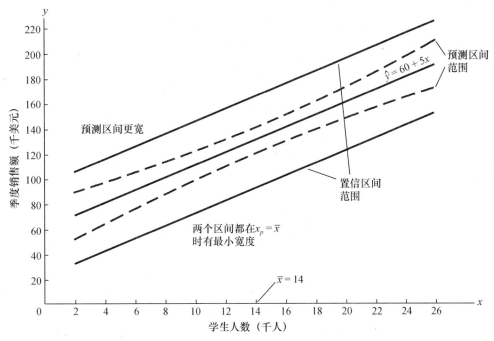

图 13.13　学生人数 x 给定时季度销售额 y 的置信区间和预测估计区间估计

来计算单元格 F3 中的 $\bar{x}$，在单元格 F4 中输入公式"= F2 – F3"，就可以计算 $x_p - \bar{x}$ 的值，同时在单元格 F5 中输入"= F4^2"，计算 $(x_p - \bar{x})^2$ 的值。通过在单元格 F6 中输入下列公式，Excel 的 DEVSQ 函数就可以计算 $\sum(x_i - \bar{x})^2$：

$$= \text{DEVSQ}(B2:B11)$$

为了区分总离差平方和，我们在单元格 E6 中输入标签"$(x - \bar{x})$平方和"。

现在就可以运用公式(13.22)，在单元格 F7 中输入公式"= D25 * (1/B20 + F5/F6)"计算 $s^2_{\hat{y}_p}$ 的值。接着在单元格 F8 中输入公式"= SQRT(F7)"计算 $s_{\hat{y}_p}$。为了计算式(13.24)中需要的 t 值，我们在单元格 F9 中输入公式"= TINV(0.05,8)"。最后，通过在单元格 F10 中输入公式"= F9 * F8"计算 $t_{\alpha/2}s_{\hat{y}_p}$ 的值。为了计算 $E(y_p)$ 的点估计 $\hat{y}_p$，在单元格 F11 中输入公式"B29 + B30 * F2"。然后分别在单元格 F12 和 F13 中输入公式"F11 – F10"和"F11 + F10"计算 95% 置信度下置信区间的下限和上限。

数值工作表显示在 95% 的置信度下，置信区间估计为 98.585—121.417。以美元为单位，在置信度为 95% 时，所有位于拥有 10 000 名学生的校园附近的比萨店季度销售额的平均值置信区间估计是 98 585—121 417 美元。为得出 x_p 的其他值的置信区间估计值，只需简单地将这个工作表作为一个模板在单元格 F2 中输入另一学生人数值，新的置信区间估计值便会出现在单元格 F12 和 F13 中。如果需要其他 α 值的置信区间的估计，只要在单元格 F9 的 TINV 函数的第一个参数输入新的 α 值。

这里所用的置信区间估计公式不能直接作为模板应用于其他回归分析问题中，因为样本观测值个数很可能不同，同时回归输出结果在单元格的位置也不同。同一单元格(E1:F13)可以用于建立置信区间，但要修改单元格 F3、F6、F7 和 F11 中采用的单元格引用以反映数据和回归输出的位

356 基于 Excel 的商务与经济统计

表格一（公式视图）：

	A	B	C	D	E	F
1	餐馆	人数	销售额		置信区间	
2	1	2	58		给定x值	10
3	2	6	105		$\bar{x}$	=AVERAGE(B2:B11)
4	3	8	88		$x-\bar{x}$	=F2-F3
5	4	8	118		$(x-\bar{x})$ 平方和	=F4^2
6	5	12	117		$(x-\bar{x})$ 平方和之和	=DEVSQ(B2:B11)
7	6	16	137		$s_{\hat{y}_p}$方差	=D25*(1/B20+F5/F6)
8	7	20	157		$s_{\hat{y}_p}$标准差	=SQRT(F7)
9	8	20	169		t值	=TINV(0.05,8)
10	9	22	149		误差幅度	=F9*F8
11	10	26	202		点估计	=B29+B30*F2
12					下限	=F11-F10
13	输出结果				上限	=F11+F10
14						
15		回归统计量			预测区间估计	
16	多元R	0.95012295520			yind值的方差	=D25+F7
17	R平方	0.90273363000			yind标准差	=SQRT(F16)
18	调整R平方	0.89057533375			误差幅度	=F9*F17
19	标准误差	13.8293166859			下限	=F11-F18
20	样本数	10			上限	=F11+F18
21						
22	ANOVA					
23		df				
24	回归	1				
25	残差	8				
26	总离差	9				
27						
28		回归系数				
29	截距	60				
30	人数	5				

表格二（数值视图）：

	A	B	C	D	E	F	G	H	I
1	餐馆	人数	销售额		置信区间				
2	1	2	58		给定x值	10			
3	2	6	105		$\bar{x}$	14			
4	3	8	88		$x-\bar{x}$	-4			
5	4	8	118		$(x-\bar{x})$ 平方和	16			
6	5	12	117		$(x-\bar{x})$ 平方和之和	568			
7	6	16	137		$s_{\hat{y}_p}$方差	24.5123			
8	7	20	157		$s_{\hat{y}_p}$标准差	4.9510			
9	8	20	169		t值	2.3060			
10	9	22	149		误差幅度	11.4170			
11	10	26	202		点估计	110			
12					下限	98.5830			
13	输出结果				上限	121.4170			
14									
15		回归统计量			预测区间估计				
16	多元R	0.9501			yind值的方差	215.7623			
17	R平方	0.9027			yind标准差	14.6889			
18	调整R平方	0.8906			误差幅度	33.8725			
19	标准误差	13.8293			下限	76.1275			
20	样本数	10			上限	143.8725			
21									
22	ANOVA								
23		df	SS	MS	F	显著性F值			
24	回归	1	14200	14200	74.2484	2.55E-05			
25	残差	8	1530	191.25					
26	总离差	9	15730						
27									
28		回归系数	标准误差	t统计量	P值	下限95%	上限95%	下限99.0%	上限99.0%
29	截距	60	9.2260	6.5033	0.0002	38.7247	81.2753	29.0431	90.9569
30	人数	5	0.5803	8.6167	2.55E-05	3.6619	6.3381	3.0530	6.9470

图 13.14 用 Excel 计算置信区间和预测区间

置。单元格 F9 中的 TINV 函数所用的显著性水平和自由度也需加以修改。

计算预测区间估计值的公式也需要一些与构建置信区间相同的信息。然而，式（13.27）表明用于计算误差幅度的是 s_{ind} 而不是 $s_{\hat{y}_p}$。当要计算阿曼德比萨店一例中预测值的 95% 的置信区间估计时，可以参照图 13.14 工作表中的单元格 E15:F20。

输入函数和公式：为计算 $s_{ind}^2 = s^2 + s_{\hat{y}_p}^2$，在单元格 F16 中输入公式"=D25+F7"。然后在单元格 F17 中输入公式"=SQRT(F16)"，计算出 s_{ind}。在单元格 E16 和 E17 中输入"yind 的方差"和"yind 标准差"以标志这些值。单元格 F18 的公式"=F9*F17"计算出了误差幅度。输入在单元格 F19 和 F20 的公式"=F11-F18 和 F11+F18"分别计算出了下限和上限估计值。

预测值的 95% 的置信区间估计值是 76.127—143.873。以美元计，预测值的 95% 的置信区间估计值是 76 127—143 873 美元。为计算 x_p 的其他值的预测值的区间估计值，只需简单地在单元格 F2 中输入另一新学生人数值，在单元格 F19 和 F20 中就会出现新的预测值的区间估计值。如果要求新的 α 值下的预测值的区间估计值，则只需在单元格 F9 中的 TINV 函数的第一个参数中输入新的给定的 α 值。

注释与评论

PredInt. xls 宏程序由 John O. McClain 教授开发,他毕业于康奈尔大学管理学院。该程序能够被用来建立置信区间和预测区间。PredInt. xls 宏程序在数据盘中,它提供了如何使用该宏程序的说明。

13.8 残差分析:验证模型假设的有效性

正如前面提到的,样本 i 的残差是因变量的观测值(y_i)与其估计值($\hat{y}_i$)之差。

> **残差分析**是判断回归模型是否合适的主要工具。

样本 i 的残差

$$y_i - \hat{y}_i \tag{13.28}$$

式中:y_i 是因变量的观测值;$\hat{y}_i$ 是因变量的估计值。

也就是说,第 i 个残差来源于运用样本回归方程预测 y_i 值产生的误差。阿曼德比萨店一例中的残差计算在表 13.7 中,因变量的观测值在第 2 列,而运用回归方程 $\hat{y}_i = 60 + 5x_i$ 计算出来的因变量的估计值在第 3 列,相应的残差在第 4 列。对残差的分析有助于判断回归模型的假设是否合适。

表 13.7 阿曼德比萨店一例中的残差

学生人数 x_i	销售额 y_i	估计的销售额 $\hat{y}_i = 60 + 5x_i$	残差 $y_i - \hat{y}_i$
2	58	70	-12
6	105	90	15
8	88	100	-12
8	118	100	18
12	117	120	-3
16	137	140	-3
20	157	160	-3
20	169	160	9
22	149	170	-21
26	202	190	12

现在,回顾阿曼德比萨店一例中的回归假设。假设简单线性回归模型为

$$y = \beta_0 + \beta_1 x + \varepsilon \tag{13.29}$$

该模型表明假定销售额(y)是学生人数(x)的线性函数与误差项 ε 之和。13.4 节对误差项 ε 作了以下假定:

1. $E(\varepsilon) = 0$。
2. ε 的方差 σ^2 对所有的 x 都相等。
3. ε 值是独立的。

4. 误差项 ε 服从正态概率分布。

这些假定为运用 t 检验和 F 检验判断 x 和 y 之间的关系是否显著提供了理论基础，并且，这些假定也是13.7节中的置信区间估计的基础。如果误差项 ε 的假定不成立，回归关系的显著性和区间估计的结果就是无效的。

残差为 ε 提供了最好的信息。因此，残差分析是判断对 ε 的假定是否合适的重要步骤。许多残差分析是以分析散点图为基础的。本节将讨论以下的**残差图**：

1. 残差对 x 的散点图
2. 残差对 $\hat{y}$ 的散点图
3. 标准化残差图
4. 正态概率图

13.8.1 残差对 x 的散点图

残差对 x 的散点图中，自变量的值表示在横轴上，相应的残差值表示在纵轴上，每个残差都对应一个点。每个点的横坐标由 x_i 值得到，纵坐标是相应的残差 $y_i - \hat{y}_i$ 的值。在建立表13.7 阿曼德比萨店一例的残差对 x 的散点图中，第一个点的坐标是 $(2, -12)$，对应于 $x_1 = 2$ 和 $y_1 - \hat{y}_1 = -12$；第二个点的坐标是 $(6, 15)$，对应于 $x_2 = 6$ 和 $y_2 - \hat{y}_2 = 15$，以此类推。图13.15就是残差散点图。

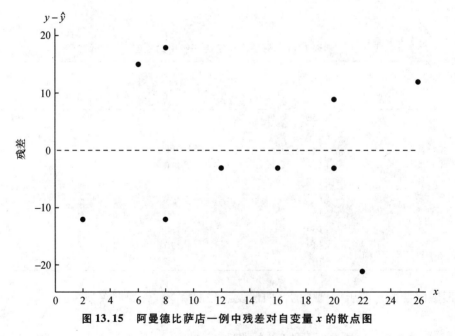

图 13.15　阿曼德比萨店一例中残差对自变量 x 的散点图

在对残差图做出解释之前，先考虑从任一残差图中所观察到的图的一般形式。图13.16 给出了3个例子。如果对于所有的 x 值的 ε 的方差都相等，同时设定的回归模型对变量之间关系具有充分的代表性，残差图应该如图13.16 中的(a)图所示，总体上显示为一种水平带状。然而，如果对于所有的 x 值，ε 的方差不相等（例如，如果对较大的 x 的值，回归直线的变异较大），残差图将如

图 13.16 中(b)图所示,在这种情形下就违背了 ε 同方差的假定。另一可能的残差图形式是(c)图,因此可以推断,假定回归模型不能充分地表示变量之间的关系,应考虑曲线回归模型或多元回归模型。

现在回到图 13.15 所示的阿曼德比萨店残差图。残差较符合图 13.16(a)中的水平带状,因此可以得出结论说明没有证据表明阿曼德例中的回归模型不满足其假定,故阿曼德一例中简单线性回归模型是有效的。

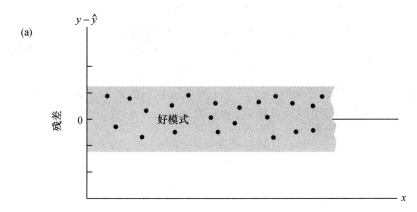

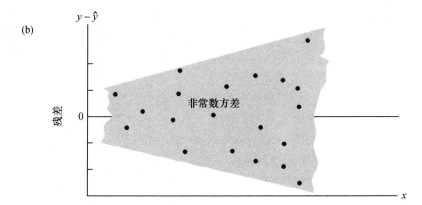

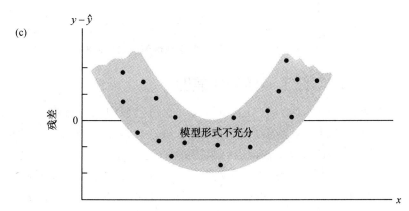

图 13.16　残差散点图的一般形式

经验和良好的判断通常是对残差图进行有效解释的因素。很少有残差图和图 13.16 中的三种形式的其中一种完全一致,然而,经常进行回归分析和检查回归图的分析人员擅长于理解残差图形式上的差别,也能辨别那些存在疑问的模型的残差图。这种残差图提供了一种评价模型的假定是否有效的方法。

13.8.2　残差对 $\hat{y}$ 的散点图

另一种残差图把因变量 $\hat{y}$ 值描绘在横轴上,相应的残差值在纵轴上表示。每一残差都对应一个点。每一点的横坐标是由 $\hat{y}_i$ 得到,纵坐标是相应的第 i 个残差 $y_i - \hat{y}_i$ 的值。在表 13.7 阿曼德数据的例子中,第一个点的坐标是 (70, −12),对应于 $\hat{y} = 70$ 和 $y_i - \hat{y}_i = -12$;第二个点的坐标是 (90, −15),以此类推,描绘出如图 13.17 的残差散点图。注意这个残差散点图的形式与残差对自变量 x 的散点图的相同,这不是导致对模型假定产生怀疑的散点图的形式。就简单的线性回归而言,残差对 x 的图与残差对 $\hat{y}$ 的散点图的形式相同;就多元回归分析来说,因为自变量的个数多于一个,所以残差对 $\hat{y}$ 的散点图的应用更为广泛。

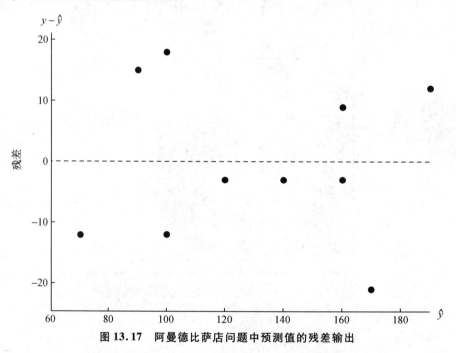

图 13.17　阿曼德比萨店问题中预测值的残差输出

13.8.3　应用 Excel 的回归工具绘制残差图

13.6 节已介绍如何运用 Excel 的回归工具进行回归分析,回归工具也提供了绘制残差散点图的功能。为获得残差散点图,13.6 节描述的步骤需要作一些修改。当回归对话框出现时(参见图 13.11),选择残差散点图选项,回归输出的结果将如前描述一样出现,工作表也会包括残差对自变量即学生人数的散点图。此外,y 的一系列预测值和相应的残差值也会在回归输出下出现。图 13.8 展示了阿曼德一例中的残差输出,可以看到这个图的形式与图 13.15 的形式类似。

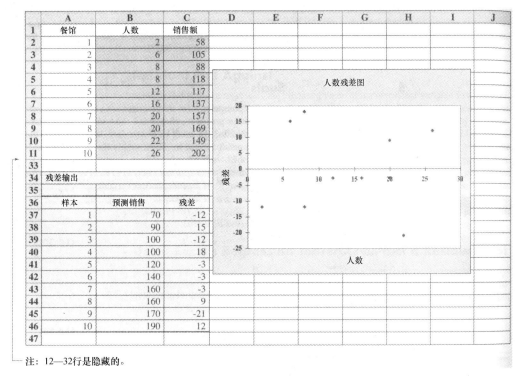

图 13.18 阿曼德比萨店问题的 Excel 残差输出

13.8.4 标准化残差

许多由计算机软件包提供的残差图使用的是残差的标准化形式。如前面几章所述,随机变量的标准化通过该变量减去其均值并除以其标准差得到。在最小二乘法中,残差的均值为 0,因此,只要简单地将每个残差除以其标准差,就得到了**标准化残差**。

第 i 个残差的标准差取决于估计误差标准差 s 和对应的自变量 x_i 的值。

第 i 个残差的标准差

$$s_{y_i - \hat{y}_i} = s \sqrt{1 - h_i} \tag{13.30}$$

式中,$s_{y_i - \hat{y}_i}$ = 残差 i 的标准差;s = 估计误差标准差。

$$h_i = \frac{1}{n} + \frac{(x_i - \bar{x})^2}{\sum (x_i - \bar{x})^2} \tag{13.31}$$

注意:事实上该方程计算了第 i 个残差的标准差的估计值,由于用 s 代替 σ,当研究真实数据时,σ 始终是未知的,总是由 s 来估计。

方程(13.30)表明,由于公式中存在 h_i^*,第 i 个残差的标准差取决于 x_i。计算出每个残差的标准差,然后将每个残差除以其对应的标准差就得到标准化残差。

---

* h_i 是观测值 i 的杠杆。13.9 节中考虑到有特殊影响的观测值时将对杠杆进行进一步的讨论。

观测 i 的标准化残差

$$\frac{y_i - \hat{y}_i}{s_{y_i-\hat{y}_i}} \tag{13.32}$$

表 13.8 列示了阿曼德比萨店一例的标准化残差的计算。前面的计算得出 $s = 13.829$。图 13.19 是对于自变量 x 的标准化残差图。

表 13.8　阿曼德比萨店的标准化残差的计算

比萨店 i	x_i	$x_i - \bar{x}$	$(x_i - \bar{x})^2$	$\dfrac{(x_i - \bar{x})^2}{\sum(x_i - \bar{x})^2}$	h_i	$s_{y_i-\hat{y}_i}$	$y_i - \hat{y}_i$	标准化残差
1	2	−12	144	0.2535	0.3535	11.1193	−12	−1.0792
2	6	−8	64	0.1127	0.2127	12.2709	15	1.2224
3	8	−6	36	0.0634	0.1634	12.6493	−12	−0.9487
4	8	−6	36	0.0634	0.1634	12.6493	18	1.4230
5	12	−2	4	0.0070	0.1070	13.0682	−3	−0.2296
6	16	2	4	0.0070	0.1070	13.0682	−3	−0.2296
7	20	6	36	0.0634	0.1634	12.6493	−3	−0.2372
8	20	6	36	0.0634	0.1634	12.6493	9	0.7115
9	22	8	64	0.1127	0.2127	12.2709	−21	−1.7114
10	26	12	144	0.2535	0.3535	11.1193	12	1.0792
			Total	568				

注：残差值的计算见表 13.7。

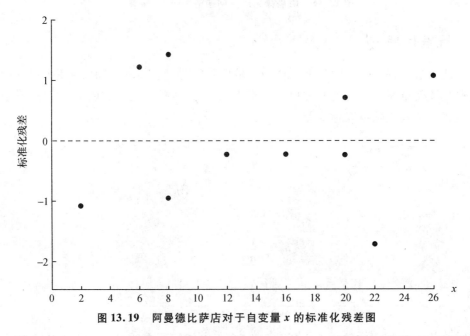

图 13.19　阿曼德比萨店对于自变量 x 的标准化残差图

通过标准化残差图可以更好地分析误差项 ε 的正态分布假定，如果满足这一假定，标准化残差的分布应该近似标准正

> 与正态性的微小偏离不会对回归分析中的统计检验产生很大影响。

态概率分布。① 因此,当观察残差分布图时,预期应当看到 95% 的标准化残差值在 -2—2 之间。可以看到,图 13.19 中阿曼德比萨店一例,所有的标准化残差均在 -2—2 之间。所以,根据标准化残差,可以确定 ε 符合正态分布假定。

下一部分将说明如何利用 Excel 建立所谓的标准化残差图。Excel 的标准化残差图是真正的标准化残差图的近似。在 Excel 中,第 i 个残差的标准差并不是由式 13.30 计算得出,而是用 n 个残差值的标准差估计 $s_{y_i-\hat{y}_i}$,然后用每个残差除以这一估计值,以此获得 Excel 的标准化残差。这些标准化残差的点就是当使用 Excel 回归工具时要求得到的标准化残差图。

下面阐述怎样利用 Excel 为阿曼德比萨店一例建立标准化残差图。阿曼德比萨店问题的残差是 -12,15,-12,18,-3,-3,-3,9,-21,12。使用 Excel 的 STDV 函数,计算出 10 个数据值的标准差 13.0384,结果如表 13.9 所示。表 13.8 计算的标准化残差和 Excel 的标准化残差都被列示其中。Excel 的标准化残差与真正的标准化残差间并无太大差别,一般的,随着样本容量的增加,差别会越来越小。通常我们只对标准化残差图中的点的一般规律感兴趣,在这种情况下,标准化残差和 Excel 的标准化残差之间的微小差异对观察到的规律几乎没有影响,因此当使用残差图判定模型假定有效性时,这些差异不会影响最后得出的结论。

表 13.9 Excel 的标准化残差计算

第 i 个比萨店	取自表 13.8 的值			使用 Excel 的值	
	$y_i - \hat{y}_i$	$s_{y_i-\hat{y}_i}$	标准化残差	估计的 $s_{y_i-\hat{y}_i}$	标准化残差
1	-12	11.1193	-1.0792	13.0384	-0.9204
2	15	12.2709	1.2224	13.0384	1.1504
3	-12	12.6493	-0.9487	13.0384	-0.9204
4	18	12.6493	1.4230	13.0384	1.3805
5	-3	13.0682	-0.2296	13.0384	-0.2301
6	-3	13.0682	-0.2296	13.0384	-0.2301
7	-3	12.6493	-0.2372	13.0384	-0.2301
8	9	12.6493	0.7115	13.0384	0.6903
9	-21	12.2709	-1.7114	13.0384	-1.6106
10	12	11.1193	1.0792	13.0384	0.9204

13.8.5 应用 Excel 绘制标准化残差图

利用 Excel 的回归工具和图表向导可以得到 Excel 的标准化残差图。首先,在 13.6 节中为建立回归分析所描述的步骤中,有一处需要改动。当出现回归对话框(参见图 13.11),选择标准化残差选项,这样除了前面描述的回归输出外,输出结果还包括一系列预测的 y 值、残差和标准化残差,如图 13.20 中单元格 A34:D46 所示。

标准化残差选项不会自动生成标准化残差图,但可以利用 Excel 图表向导建立一个以自变量为横坐标,以标准化残差为纵坐标的散点图。13.2 节给出了怎样利用 Excel 图表向导在回归分析中建立散点图的过程的说明。因为图表向导要求形成散点图的两个变量数据必须位于工作表中

---

① 因为(13.30)中用 s 代替 σ,标准化残差的概率分布不完全是正态的。然而,在大部分回归研究中,当样本容量足够大时,则很好地近似于正态分布。

相邻的列中，故复制自变量的数据并粘贴到单元格 F36:F46 中，复制标准残差的数据粘贴到单元格 G36:G46 中。

根据单元格 F36:G46 中的数据和图表向导得到图 13.20 所示的散点图，这个散点图就是阿曼德比萨店一例的 Excel 形式标准化残差。比较 Excel 的标准化残差图与图 13.19 中的标准化残差图，可以明显地看到同样的规律。这两个表中所有的标准化残差都在 -2—2 之间，即表明误差项 ε 服从正态分布的假定是毋庸置疑的。

	A	B	C	D	E	F	G	H
34	残差输出							
35								
36	样本	预测销售额	残差	标准化残差		人数	标准化残差	
37	1	70	-12	-0.9204		2	-0.9204	
38	2	90	15	1.1504		6	1.1504	
39	3	100	-12	-0.9204		8	-0.9204	
40	4	100	18	1.3805		8	1.3805	
41	5	120	-3	-0.2301		12	-0.2301	
42	6	140	-3	-0.2301		16	-0.2301	
43	7	160	-3	-0.2301		20	-0.2301	
44	8	160	9	0.6903		20	0.6903	
45	9	170	-21	-1.6106		22	-1.6106	
46	10	190	12	0.9204		26	0.9204	
47								
48								
49								
50								
51								
52								
53								
54								
55								
56								
57								
58								
59								
60								
61								

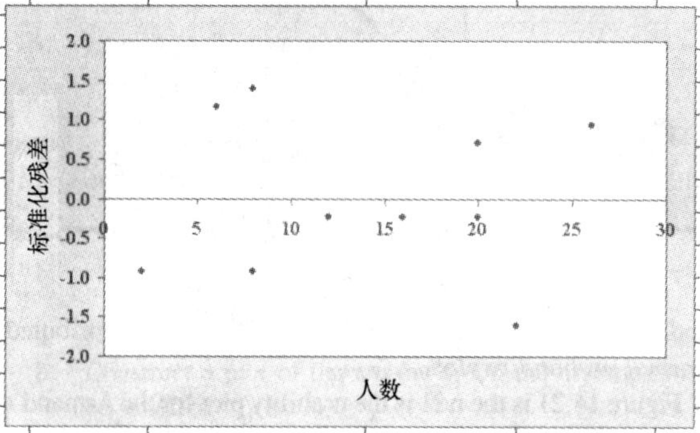

注：1—33行是隐藏的。

图 13.20 阿曼德比萨店一例中对自变量学生人数的 Excel 标准化残差散点图

13.8.6 正态概率图

确定误差项 ε 服从正态分布假定的有效性的另外一种方法是**正态概率图**。为说明如何建立正态概率图，首先介绍正态计分的概念。

619 假设从均值为 0、方差为 1 的标准正态概率分布中随机选取 10 个值，重复抽样过程，并将每个样本中抽到的 10 个值按从小到大的顺序排列。现在只考虑每个样本中的最小值，代表在重复抽样中得到的最小值的随机变量，称为一阶统计量。

统计学家们已经得出，对于从标准正态分布中抽取的样本容量为 10 的样本，其一阶统计量的均值为 -1.55，这个期望值被称为一个正态计分。对于样本容量为 $n=10$ 的样本，有十阶统计量和十个正态计分（参见表 13.10）。一般地，对包含 n 个观测值的数据集合，有 n 阶统计量，故有 n 个正态计分。

表 13.10

N = 10 的正态计分	
阶统计量	正态计分
1	-1.55
2	-1.00
3	-0.65
4	-0.37
5	-0.12
6	0.12
7	0.37
8	0.65
9	1.00
10	1.55

现在来说明怎样利用10个正态计分确定阿曼德比萨店问题中标准化残差是否服从标准正态概率分布。首先将表13.8中的10个标准化残差排序,表13.11中列出了十个正态计分以及排好序的标准化残差。如果满足正态分布假定,最小的标准化残差应接近于最小的正态计分,次小的标准化残差应接近次小的正态计分,以此类推。若建立一个横轴为正态计分,纵轴为相应的标准化残差的散点图,如果标准化残差接近正态分布,那么图中的散点将聚集成一条通过原点的约45°的直线。这样的一个散点图被称为正态概率图。

表 13.11 Armand 比萨店一例中的正态计分和有序标准残差表

正态计分	有序标准残差
-1.55	-1.7114
-1.00	-1.0792
-0.65	-0.9487
-0.37	-0.2372
-0.12	-0.2296
0.12	-0.2296
0.37	0.7115
0.65	1.0792
1.00	1.2224
1.55	1.4230

图13.21是阿曼德比萨店一例的正态概率图。需要判断是否图中的点偏离直线足够大以致推出标准化残差不符合标准正态分布。图13.21可以看到这些点集聚在直线旁,因此有理由得出结论:误差项符合标准正态分布的假定。一般的,散点越是紧密地集中在45°直线上,越支持符合正态性假定。在正态概率图中存在任何明显曲线均说明残差不符合正态分布。

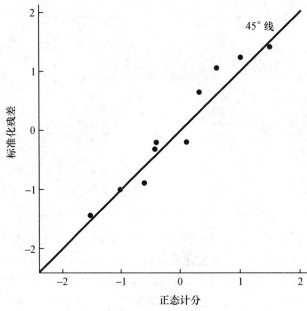

图 13.21　阿曼德比萨店问题的正态概率图

注释与评论

1. 残差分析是用于验证回归模型的假定是否有效的一种主要方法。即使没有找到违背假定的地方，也并不意味着样本回归方程会产生好的预测结果。然而，如果统计检验支持显著性的结论，同时样本决定系数也足够大，应该能够利用样本回归方程得出好的估计值。

2. 如果发现与模型的假定不符，那么就必须在正确的判断下采取合适的纠正措施；经验丰富的统计学家的建议是很有价值的。如果一个或多个假定存在问题，但并不是一定无效，使用者在运用和解释回归结果时就应该特别小心。

13.9　异常值与有特殊影响的观测值

本节讨论如何确定那些可以被划为异常值的观测值以及如何确定在样本回归方程中有特殊影响的观测值，并讨论当确定这类观测值后应采取的措施。

13.9.1　检测异常值

异常值是指不符合其他数据所形成的趋势的数据点（观测值）。异常值代表可疑的或需仔细检验的观测值。对于可能是错误的数据，则需要修正；对于可能意味着违背模型假定的异常值，则应考虑其他的模型；也有可能有些异常值只是简单的偶然发生的非常规的值，这样则保留这些异常值。

为说明检测异常值的过程，考虑表 13.12 中的数据集合，图 13.22 给出了这些数据和部分回归工具输出的散点图表，包括使用标准化残差选项得到的表格形式的残差输出。样本回归方程为 $\hat{y}=64.958-7.3305x$，$R^2=0.4968$，因此 y 值的变化中只有 49.68% 被回归方程所解释。然而，除了观测值 $4(x_4=3,y_4=75)$ 外，图中显示出强负相关的线性关系。事实上，按照其他数据显示出的规律，会得到小得多的 y_4，故观测值 4 是一个异常值，对于简单线性回归的情况，凭借简单的检查散点图常常可以检测出异常值。

表 13.12 说明异常值影响的数据集合

x_i	y_i
1	45
1	55
2	50
3	75
3	40
3	45
4	30
4	35
5	25
6	15

也可以利用标准化残差来判定异常值。如果一个观测值较大地偏离其他数据形成的规律，那么则会对应较大绝对值的标准化残差。建议考虑任何标准化残差小于 -2 和大于 2 的观测值作为异常值。在正态分布的误差中，标准化残差超出极限之外的概率仅为 5%。在图 13.22 中的残差输出部分，观测值 4 的标准化残差是 2.68，这个值说明应将观测值 4 作为异常值。

在确定如何处理异常值之前，应首先检查该观测值受否有效，或许只是在录入数据或向工作表中输入数据时发生了错误。

例如，假设检查表 13.12 中的数据，发现出现错误的数据其正确的数值应为 $x_4=3,y_4=30$。图 13.23 显示了在改正 y_4 值后部分回归工具的输出。样本回归方程为 $\hat{y}=59.237-6.9462x$，并且，R 平方等于 0.8380，标准化残差均在 -2 到 2 之间，因此，修订的数据不包含异常值。使用不正确的数据对拟合优度有着实质性影响。输入正确的数据，R 平方从 0.4968 增至 0.8380，且 b_0 值从 64.985 降至 59.237，直线的斜率从 -7.3305 到 -6.9492。异常值的确认能够使我们改正数据错误并优化回归结果。

13.9.2 检测有特殊影响的观测值

有特殊影响的观测值指对回归结果有很强影响的观测值。一个有特殊影响的观测值可能是个异常值（y 值明显偏离其他数据的趋势的观测值），也可能是对应很大程度上偏离 x 均值的 x 值的观测值（极端 x 值），又或者是由某个偏离趋势的 y 值和某极端 x 值共同影响形成的。鉴于这类观测值对样本回归方程有着特别的影响，因此必须仔细检验。首先，应确保在收集与录入数据过程中没有错误。若发生此类错误，可以修正后建立新的样本回归方程。如果这样的观测值是有效的，那么幸运的是，这样一个点有助于更好地理解合适的模型进而建立更好的样本回归方程。

	A	B	C	D
1	x	y		
2	1	45		
3	1	55		
4	2	50		
5	3	75		
6	3	40		
7	3	45		
8	4	30		
9	4	35		
10	5	25		
11	6	15		
12				
13	结果输出			
14				
15	回归统计量			
16	多元R	0.7049		
17	R平方	0.4968		
18	调整R平方	0.4339		
19	标准误差	12.6704		
20	样本	10		
21				
34	残差输出			
35				
36	观测值	y预测值	残差	标准化残差
37	1	57.6271	-12.6271	-1.0570
38	2	57.6271	-2.6271	-0.2199
39	3	50.2966	-0.2966	-0.0248
40	4	42.9661	32.0339	2.6816
41	5	42.9661	-2.9661	-0.2483
42	6	42.9661	2.0339	0.1703
43	7	35.6356	-5.6356	-0.4718
44	8	35.6356	-0.6356	-0.0532
45	9	28.3051	-3.3051	-0.2767
46	10	20.9746	-5.9746	-0.5001
47				

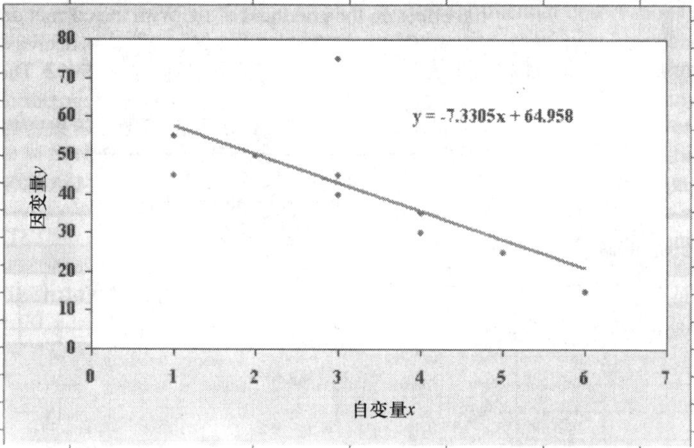

观测值4的标准化残差大于+2，因此我们认为它是一个异常值。

注：22行—33行是隐藏的。

图 13.22　包含有异常值数据集合的 Excel 输出

观测值4的标准化残差大于+2；因此考虑观测值4可能是一个异常值。

为说明有特殊影响的观测值的检测过程，思考表13.13的数据集合。图13.24顶端给出了这些数据的散点图，图表对应的回归方程为 $\hat{y} = 127.47 - 0.04215x$。图13.24底部给出了有特殊影响的观测值7（$x_7 = 70, y_7 = 100$）被删除后，表13.13数据的散点图。对于这些数据，样本回归方程为 $\hat{y} = 138.18 - 1.0909x$。删除观测值7后，$b_0$ 值从127.47增至138.18，直线的斜率由 -0.4215 变成 -1.0909。通过观察图表中两个样本回归方程，可以确定观测值7对回归结果的影响是显著的。显然，观测值7是有特殊影响的观测值。

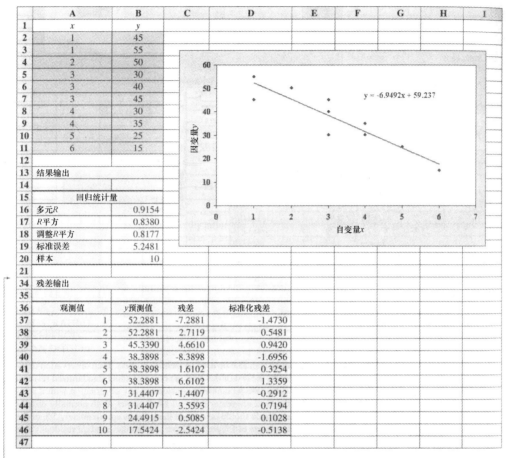

	A	B
1	x	y
2	1	45
3	1	55
4	2	50
5	3	30
6	3	40
7	3	45
8	4	30
9	4	35
10	5	25
11	6	15
12		
13	结果输出	
14		
15	回归统计量	
16	多元R	0.9154
17	R平方	0.8380
18	调整R平方	0.8177
19	标准误差	5.2481
20	样本	10
21		
34	残差输出	
35		
36	观测值	y预测值	残差	标准化残差
37	1	52.2881	-7.2881	-1.4730
38	2	52.2881	2.7119	0.5481
39	3	45.3390	4.6610	0.9420
40	4	38.3898	-8.3898	-1.6956
41	5	38.3898	1.6102	0.3254
42	6	38.3898	6.6102	1.3359
43	7	31.4407	-1.4407	-0.2912
44	8	31.4407	3.5593	0.7194
45	9	24.4915	0.5085	0.1028
46	10	17.5424	-2.5424	-0.5138
47				

注：22行—33行是隐藏的。

图 13.23 修正异常值数据集合的 Excel 输出

表 13.13 说明特殊影响观测值的数据集合

x_i	y_i
10	125
10	130
15	120
20	115
20	120
25	110
70	100

对于自变量是极端值的观测值,称其为高杠杆点。在表 13.13 的数据集合中,观测值 7(已辨别该值为有特殊影响的观测值)就是一个高杠杆点。一个观测值的杠杆由其所对应的自变量偏离自变量均值的程度确定。对于只有一个自变量的情况,第 i 个观测值的杠杆,记作 h_i,可以用式 13.33 计算出来。

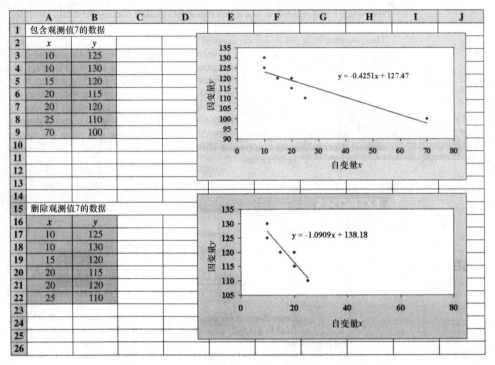

图 13.24 有一个有特殊影响的观测值的数据集合的散点图

观测值 i 的杠杆

$$h_i = \frac{1}{n} + \frac{(x_i - \bar{x})^2}{\sum (x_i - \bar{x})^2} \qquad (13.33)$$

从公式中可以明显看到，x_i 偏离均值 $\bar{x}$ 越远，观测值 i 的杠杆越高。对表 13.13 中的数据，根据公式 13.33 计算观测值 7 的杠杆如下：

$$h_i = \frac{1}{n} + \frac{(x_i - \bar{x})^2}{\sum (x_i - \bar{x})^2} = \frac{1}{7} + \frac{(70 - 24.286)^2}{2\,621.43} = 0.94$$

对简单线性回归，一种主要的统计软件包（Minitab）在 $h_i > 6/n$ 时，确定该观测值具备高杠杆。对于表 13.13 中的数据，$6/n = 6/7 = 0.86$，这样，因为 $h_i = 0.94 > 0.86$，故观测值 7 被认为是高杠杆点。高杠杆的数据点通常是有特殊影响的，由于一定程度上的较大残差和高杠杆共同作用导致的有特殊影响的观测值很难被检测，在确定观测值是否有特殊影响时，这两种因素都应在检测过程中予以考虑，一些关于回归分析的高级教材讨论了这样的检测过程。Excel 本身没有具备检测异常值和有特殊影响的观测值的能力，因此建议在拟合回归直线后重新观察散点图。对任何显著远离直线的点，检查观测值后再进行回归分析，如果结果明显改变，该可疑点就是有特殊影响的观测值。

本章小结

这一章首先介绍如何利用回归分析判断因变量 y 与自变量 x 之间的相关关系。在简单线性回归中,回归模型是 $y = \beta_0 + \beta_1 x + \varepsilon$。简单线性回归方程 $E(y) = \beta_0 + \beta_1 x$ 描述了 y 的均值或期望值如何与 x 相关。利用样本数据和最小二乘法建立样本回归方程 $\hat{y} = b_0 + b_1 x$。实际上,b_0 和 b_1 是用于估计未知参数 β_0 和 β_1 的样本统计量。

样本决定系数用于测度样本回归方程的拟合优度:它可以解释为因变量 y 的总变异中能够由样本回归方程解释的比例。我们将相关系数视为两变量线性关系强弱的描述统计量。

本章讨论了有关回归模型和误差项 ε 的假定,在假定的基础上,t 检验和 F 检验用来检验两变量之间的相关关系在统计上是否显著。并说明了如何利用样本回归方程建立 y 的均值的置信区间以及对单个的 y 值的区间预测。

在简单线性回归中,广泛运用了 Excel。本章演示了如何运用绘图向导描绘散点图和依据数据拟合趋势直线,13.6 节介绍了运用 Excel 的回归工具实现回归问题的综合分析。13.8 节介绍了如何运用回归工具建立残差散点图以及如何利用残差散点图分析回归模型假定的正确性。本章的最后部分介绍了怎样检测异常值和有特殊影响的观测值。

关键术语

因变量	样本决定系数	残差分析
自变量	第 i 个样本残差	残差图
简单线性回归	相关系数	标准化残差
回归模型	均方误差	正态概率图
回归方程	估计误差标准差	异常值
样本回归方程	方差分析表	有特殊影响的观测值
最小二乘法	置信区间	高杠杆点
散点图	预测区间	

主要公式

简单线性回归模型

$$y = \beta_0 + \beta_1 x + \varepsilon \quad (13.1)$$

简单线性回归方程

$$E(y) = \beta_0 + \beta_1 x \quad (13.2)$$

样本回归方程

$$\hat{y} = b_0 + b_1 x \quad (13.3)$$

最小二乘法的准则

$$\min \sum (y_i - \hat{y}_i)^2 \quad (13.5)$$

样本回归方程的斜率和截距

$$b_1 = \frac{\sum (x_i - \bar{x})(y_i - \bar{y})}{\sum (x_i - \bar{x})^2} \quad (13.6)$$

$$b_0 = \bar{y} - b_1 \bar{x} \quad (13.7)$$

误差(残差)平方和

$$SSE = \sum (y_i - \hat{y}_i)^2 \quad (13.8)$$

总离差平方和

$$SST = \sum (y_i - \bar{y})^2 \quad (13.9)$$

回归平方和

$$SSR = \sum (\hat{y}_i - \bar{y}) \quad (13.10)$$

SST,SSR 和 SSE 之间的关系

$$SST = SSR + SSE \quad (13.11)$$

样本决定系数

$$r^2 = \frac{SSR}{SST} \quad (13.12)$$

样本相关系数

$$r_{xy} = \pm \sqrt{r^2} \quad (13.13)$$

均方误差(σ^2 的估计)

$$s^2 = MSE = \frac{SSE}{n-2} \quad (13.15)$$

估计误差标准差

$$s = \sqrt{MSE} = \sqrt{\frac{SSE}{n-2}} \quad (13.16)$$

b_1 的标准差

$$\sigma_{b_1} = \frac{\sigma}{\sqrt{\sum (x_i - \bar{x})^2}} \quad (13.17)$$

b_1 的估计标准差

$$s_{b_1} = \frac{s}{\sqrt{\sum (x_i - \bar{x})^2}} \quad (13.18)$$

t 检验统计量

$$t = \frac{b_1}{s_{b_1}} \quad (13.19)$$

回归均方差

$$MSR = \frac{SSR}{\text{自变量个数}} \quad (13.20)$$

F 检验统计量

$$F = \frac{MSR}{MSE} \quad (13.21)$$

$\hat{y}_p$ 的标准差的估计

$$s_{\hat{y}_p} = s \sqrt{\frac{1}{n} + \frac{(x_p - \bar{x})^2}{\sum (x_i - \bar{x})^2}} \quad (13.23)$$

y 均值的置信区间估计

$$\hat{y}_p \pm t_{\alpha/2} s_{\hat{y}_p} \quad (13.24)$$

估计的单个 y 值的标准差

$$s_{\text{ind}} = s \sqrt{1 + \frac{1}{n} + \frac{(x_p - \bar{x})^2}{\sum (x_i - \bar{x})^2}} \quad (13.26)$$

单个 y 值的预测区间估计

$$\hat{y}_p \pm t_{\alpha/2} s_{\text{ind}} \quad (13.27)$$

第 i 个样本的残差

$$y_i - \hat{y}_i \quad (13.28)$$

第 i 个残差的标准差

$$s_{y_i - \hat{y}_i} = s \sqrt{1 - h_i} \quad (13.30)$$

样本 i 的标准化残差

$$\frac{y_i - \hat{y}_i}{s_{y_i - \hat{y}_i}} \quad (13.32)$$

样本 i 的杠杆

$$h_i = \frac{1}{n} + \frac{(x_i - \bar{x})^2}{\sum (x_i - \bar{x})^2} \quad (13.33)$$

案例问题 1　支出和学生成绩

学生的成绩水平与他们所在州的教育支出相关吗？在许多社区中，当纳税人居住地学区增加了税收收入中的教育支出时，纳税人都问到了这个问题。在这个案例中，要求你分析支出与教育成绩得分的数据，以判断公立学校中，支出与学生成绩之间的关系如何。

通常，联邦政府的全国教育进步评价(National Assessment of Educational Progress, NAEP)计划被用于评估学生所取得的教育成绩。表 13.14 给出了参加 NAEP 计划的 35 个州每年每位学生的当前支出和 NAEP 考试综合成绩。这些数据可在数据文件名为 NAEP 的文件中找到。综合分数是 1996 年 NAEP 考试中数学、科学和阅读(1994 年的阅读)得分之和。除阅读是四年级的学生之外，其他测试的学生都是八年级的。最高的可能分数是 1 300。表 13.15 给出了未参加 NAEP 计划的 13 个州的学生人均支出。这些数据在福布斯(Forbes, 1997 年 11 月 3 日)关于支出与教育成绩水平的文章中可以找到。

表 13.14　参加 NAEP 计划的州中每位学生的支出和综合分数

州	学生人均支出(美元)	综合分数
路易斯安那州	4 049	581
密西西比州	3 423	582
加利福尼亚州	4 917	580
夏威夷	5 532	580
南卡罗来州	4 304	603
亚拉巴马州	3 777	604
佐治亚州	4 663	611
佛罗里达州	4 934	611
新墨西哥州	4 097	614
阿肯色州	4 060	615
特拉华州	6 208	615
田纳西州	3 800	618
亚利桑那州	4 041	618
西弗吉尼亚州	5 247	625
马里兰州	6 100	625
肯德基州	5 020	626
得克萨斯州	4 520	627
纽约州	8 162	628
北卡罗来州	4 521	629
罗德岛	6 554	638
华盛顿州	5 338	639
密苏里州	4 483	641
科罗拉多州	4 772	644
印第安纳州	5 128	649
犹他州	3 280	650
怀俄明州	5 515	657
康涅狄格州	7 629	657
马萨诸塞州	6 413	658
内布拉斯卡	5 410	660
明尼苏达州	5 477	661
衣阿华州	5 060	665
蒙大拿州	4 985	667
威斯康星州	6 055	667
北达科他州	4 374	671
缅因州	5 561	675

表 13.15　未参加 NAEP 计划的州的学生人均支出

州	学生人均支出（美元）
爱达荷州	3 602
南达科他州	4 067
俄克拉荷马州	4 265
内华达州	4 658
堪萨斯州	5 164
伊利诺伊州	5 297
新罕布什尔州	5 387
俄亥俄州	5 438
俄勒冈州	5 588
佛蒙特州	6 269
密歇根州	6 391
宾夕法尼亚州	6 579
阿拉斯加州	7 890

管理报告

1. 给出数据的数字和图形汇总结果。
2. 利用回归分析研究学生人均支出与 NAEP 测试综合分数之间的关系。请论述你的发现。
3. 你认为由这些数据建立的样本回归方程能否用于估计那些没有参加 NAEP 计划的州的综合分数？
4. 假定只考虑那些学生人均支出在 4 000 美元到 6 000 美元的州。就这些州而言，两变量之间的关系与整个数据得出的两变量之间的关系之间存在差别吗？请论述你的发现，并判断如果去除那些学生人均支出少于 4 000 美元和学生人均支出多于 6 000 美元的州的数据是否合适。
5. 估计没有参加 NAEP 计划的州的综合分数。
6. 根据分析，你认为学生的教育成绩水平和各州教育支出的多少相关吗？

案例问题 2　美国交通部

作为交通安全研究的一部分，美国交通部收集了每 1 000 个驾照发生人员死亡的事故数以及在作为样本的 42 个城市中获得驾照的 21 岁以下的司机的百分比。以下数据的收集历时一年，这些数据可以在数据文件名为 Safety 的文件中找到。

年龄在21岁以下的比例	每1 000个驾照发生人员死亡的事故数	年龄在21岁以下的比例	每1 000个驾照发生人员死亡的事故数
13	2.962	17	4.100
12	0.708	8	2.190
8	0.885	16	3.623
12	1.652	15	2.623
11	2.091	9	0.835
17	2.627	8	0.820
18	3.830	14	2.890
8	0.368	8	1.267
13	1.142	15	3.224
8	0.645	10	1.014
9	1.028	10	0.493
16	2.801	14	1.443
12	1.405	18	3.614
9	1.433	10	1.926
10	0.039	14	1.643
9	0.338	16	2.943
11	1.849	12	1.913
12	2.246	15	2.814
14	2.855	13	2.634
14	2.352	9	0.926
11	1.294	17	3.256

管理报告

1. 给出数据的数字和图形汇总结果。
2. 利用回归分析研究致人死亡的事故数与低于21岁的司机所占比例之间的相关关系。请论述你的发现。
3. 你能从分析中得出什么结论和/或提出什么建议？

案例问题3 校友捐赠

校友捐款是大学和学院的重要收入来源之一。如果管理者能够确定那些能使捐赠比例增加的因素，就可以实施能增加收入的政策。研究表明，对自己与老师的关系满意的学生容易毕业。因此，可以认为班级规模较小及师生比率较低会使满意的毕业生的比例更高，这会提高校友中捐赠的比例。表13.16给出了48所大学(*America's Best Colleges*, 2000年)的数据。"低于20人的班级的百分比(%)"是班级学生低于20人的百分比。"师生比率"所在的列是指注册学生数量除以教职员工总数而得到的比率。最后，"校友捐赠率"所在列是向大学捐款的校友百分比。

表 13.16　48 所大学的数据

学校	低于 20 人的班级的百分比（%）	师生比率	校友捐赠率
波士顿大学	39	13	25
布兰迪斯大学	68	8	33
布朗大学	60	8	40
加州理工学院	65	3	46
卡耐基—梅隆大学	67	10	28
凯斯西部保留区大学	52	8	31
威廉玛利学院	45	12	27
哥伦比亚大学	69	7	31
康奈尔大学	72	13	35
达特茅斯学院	61	10	53
杜克大学	68	8	45
埃莫利学院	65	7	37
乔治敦大学	54	10	29
哈佛大学	73	8	46
约翰霍普金斯大学	64	9	27
里海大学	55	11	40
麻省理工大学	65	6	44
纽约大学	63	13	13
西北大学	66	8	30
宾夕法尼亚大学	32	19	21
普林斯顿大学	68	5	67
莱斯大学	62	8	40
斯坦福大学	69	7	34
塔夫茨大学	67	9	29
图莱恩大学	56	12	17
加州大学伯克利分校	58	17	18
加州大学戴维斯分校	32	19	7
加州大学埃尔文分校	42	20	9
加州大学洛杉矶分校	41	18	13
加州大学圣迭戈分校	48	19	8
加州大学圣芭芭拉分校	45	20	12
芝加哥大学	65	4	36
佛罗里达大学	31	23	19
伊利诺斯大学厄吧那香槟分校	29	15	23
密歇根大学	51	15	13
北卡大学教堂山分校	40	16	26
圣母大学	53	13	49
宾夕法尼亚大学	65	7	41
罗切斯特大学	63	10	23
南加州大学	53	13	22
德州大学奥斯汀分校	39	21	13
弗吉尼亚大学	44	13	28
华盛顿大学	37	12	12
威斯康星大学麦迪逊分校	37	13	13
范得比尔特大学	68	9	31
维克森林大学	59	11	38
华盛顿大学路易斯分校	73	7	33
耶鲁大学	77	7	50

管理报告

1. 给出数据的数字和图形汇总结果。
2. 利用回归分析建立样本回归方程,预测给定人数低于20人的班级百分比的情况下校友的捐赠率。
3. 利用回归分析建立样本回归方程,预测给定师生比率的情况下的校友捐赠率。
4. 两个样本回归方程中哪个方程的拟合优度高?对于拟合优度高的回归方程进行残差分析并论述你的发现和结论。
5. 你能从分析中得出什么结论和/或提出什么建议?

案例问题 4 大联盟棒球队的价值

以约翰亨利为首的团队于2002年用7亿美元买下了波士顿红袜队,尽管该队自1918年来从未赢得过世界大赛,并且在2001年运行失误遭受1 140万美元的损失,然而,《福布斯》杂志估计该棒球队的当前价值为42.6亿美元。《福布斯》杂志把棒球队的当前价值与投资者为购买棒球队愿意支付的价款之间的差额归结为对获得有线电视网络价值的严重低估。例如,在购买波士顿红袜一例中,新的所有者可以拥有新英格兰体育新闻网80%的收益。表13.17给出了30个大联盟队的数据(*Forbes*,2002年4月15日)。标有价值的一列包含了在现有运动场等基础上的球队的价值,标有收入的一列说明了息税及折旧前的收益。

表 13.17 大联盟棒球队的数据

球队	价值	税收	收入
New York Yankees	730	215	18.7
New York Mets	482	169	14.3
Los Angeles Dodgers	426	143	−29.6
Boston Red Sox	424	152	−11.4
Atlanta Braves	373	160	9.5
Seattle Mariners	360	166	14.1
Cleveland Indians	356	150	−3.6
Texas Rangers	355	134	−6.5
San Francisco Giants	347	142	6.8
Colorado Rockies	337	129	6.7
Houston Astros	319	125	4.1
Baltimore Orioles	287	133	3.2
Chicago Cubs	280	131	7.9
Arizona Diamondbacks	271	127	−3.9
St. Louis Cardinals	262	123	−5.1
Detroit Tigers	238	114	12.3
Pittsburgh Pirates	231	108	9.5
Milwaukee Brewers	223	108	18.8
Philadelphia Pirates	207	94	2.6

球队	价值	税收	收入
Chicago White Sox	204	101	-3.8
San Diego PaDRES	195	92	5.7
Cincinnati Reds	182	87	4.3
Anaheim Angels	157	103	5.7
Toronto Blue Jays	152	91	-20.6
Oakland Athletics	142	90	6.8
Kansas City Royals	137	85	2.2
Tampa Bay Devil Rays	127	92	-6.1
Florida Marlins	108	81	1.4
Minnesota Twins		75	3.6
Montreal Expos		63	-3.4

管理报告

1. 对这些数据进行数字与图表的概括。
2. 利用回归分析研究价值与净收入之间的关系,讨论你的发现。
3. 利用回归分析研究价值与毛收入之间的关系,讨论你的发现。
4. 从你的分析中能够得到什么结论和建议?

附录 13.1 最小二乘法公式的推导

本章中提到,最小二乘法是最小化残差平方和来确定 b_0 和 b_1 的值的程序。残差平方和是

$$\sum (y_i - \hat{y}_i)^2$$

用 $\hat{y}_i = b_0 + b_1 x_i$ 代换,则得到

$$\sum (y_i - b_0 - b_1 x)^2 \tag{13.34}$$

该式需要被最小化。

为使式(13.34)最小,必须分别对 b_0 和 b_1 求偏导,并使之等于 0,得到

$$\frac{\partial \sum (y_i - b_0 - b_1 x_i)^2}{\partial b_0} = -2 \sum (y_i - b_0 - b_1 x_i) = 0 \tag{13.35}$$

$$\frac{\partial \sum (y_i - b_0 - b_1 x_i)^2}{\partial b_1} = -2 \sum x_i (y_i - b_0 - b_1 x_i) = 0 \tag{13.36}$$

将式(13.35)两边除以 2,并将各项分别求和,得到

$$-\sum y_i + \sum b_0 + \sum b_1 x_i = 0$$

把 $\sum y_i$ 移到等式的右边,且 $\sum b_0 = nb_0$,得到

$$nb_0 + \left(\sum x_i\right)b_1 = \sum y_i \tag{13.37}$$

对(13.36)进行化简,得到

$$\left(\sum x_i\right)b_0 + \left(\sum x_i^2\right)b_1 = \sum x_i y_i \tag{13.38}$$

方程(13.37)和(13.38)被称为正规方程,解方程(13.37)得,

$$b_0 = \frac{\sum y_i}{n} - b_1 \frac{\sum x_i}{n} \tag{13.39}$$

用式(13.39)替换(13.38)中的 b_0,得

$$\frac{\sum x_i \sum y_i}{n} - \frac{\left(\sum x_i\right)^2}{n}b_1 + \left(\sum x_i^2\right)b_1 = \sum x_i y_i \tag{13.40}$$

整理(13.40),得到

$$b_1 = \frac{\sum x_i y_i - \left(\sum x_i \sum y_i\right)/n}{\sum x_i^2 - \left(\sum x_i\right)^2/n} = \frac{\sum (x_i - \bar{x})(y_i - \bar{y})}{\sum (x_i - \bar{x})^2} \tag{13.41}$$

因为 $\bar{y} = \dfrac{\sum y_i}{n}, \bar{x} = \dfrac{\sum x_i}{n}$,重新整理(13.39),得

$$b_0 = \bar{y} - b_1 \bar{x} \tag{13.42}$$

式(13.41)和式(13.42)就是本章中用于计算样本回归方程系数的公式(13.6)和(13.7)。

附录13.2 利用相关性进行显著性检验

根据样本相关系数 r_{xy},通过检验下面的总体相关系数 ρ_{xy} 的假设,可以确定 x 与 y 线性关系是否显著。

$$H_0: \rho_{XY} = 0$$
$$H_a: \rho_{XY} \neq 0$$

若拒绝 H_0,则得出总体相关系数不等于 0 的结论,两个变量间的线性关系是显著的。显著性检验如下:

利用相关性进行显著性检验

$$H_0: \rho_{XY} = 0$$
$$H_a: \rho_{XY} \neq 0$$

检验统计量

$$t = r_{xy}\sqrt{\frac{n-2}{1-r_{xy}^2}} \tag{13.43}$$

拒绝规则

    p-值法 若 p-值 $\leq \alpha$,则拒绝 H_0

    临界值法 若 $t \leq t_{\alpha/2}$ 或 $t \geq t_{\alpha/2}$,则拒绝 H_0

$t_{\alpha/2}$ 是自由度为 $n-2$ 的 t 分布的临界值。

在 13.4 节的样本中,样本容量为 $n=10$,学生人数与销售总额的样本相关系数 $r_{xy}=0.9501$,检验统计量为

$$t = r_{xy}\sqrt{\frac{n-2}{1-r_{xy}^2}} = 0.9501\sqrt{\frac{10-2}{1-(0.9501)^2}} = 8.61$$

查 t 分布表,自由度为 $n-2=10-2=8$,$t=3.355$,$\alpha=0.005$。因此,对应检验统计量 $t=8.61$ 的 t 分布的右尾区域必须小于 0.005。由于该检验统计量是双侧分布,将该值乘 2,即对应 $t=8.62$ 的 p-值必须小于 $2\times0.005=0.01$。Excel 表明 p-值 $=0.0000$,小于 $\alpha=0.01$,故拒绝 H_0,得到结论 ρ_{xy} 不等于 0,足以说明学生人数与销售额之间存在显著的线性关系。

> 使用 Excel,p 值 $=$ TDIST(8.61,8,2) $=0.0000$。

注意检验统计量 t 得到的显著关系的结论与 13.5 节中对阿曼德一例样本回归方程 $\hat{y}=60+5x$ 的 t 检验得出的结论是一致的。运行回归分析不仅可得到 x 和 y 之间显著性关系的结论,还可以得到变量间是怎样相关的。因此大部分的分析师使用计算机软件运行回归分析,就没必要再利用相关系数对显著性单独进行检验。

第十四章 多元回归

目 录

统计实务:国际纸业公司
14.1 多元回归模型
　14.1.1 回归模型和回归方程
　14.1.2 样本多元回归方程
14.2 最小二乘法
　14.2.1 示例:巴特勒汽车运输公司
　14.2.2 应用 Excel 的回归工具建立样本多元线性回归方程
　14.2.3 解释系数时要注意的问题
14.3 多元回归样本决定系数
14.4 模型假定
14.5 显著性检验

14.5.1 F 检验
14.5.2 t 检验
14.5.3 多重共线性
14.6 利用样本回归方程进行估计和预测
14.7 定性自变量
　14.7.1 示例:约翰森滤水公司
　14.7.2 解释参数的含义
　14.7.3 更复杂的定性变量
14.8 残差分析
　14.8.1 对 $\hat{y}$ 的残差图
　14.8.2 对 $\hat{y}$ 的标准化残差图

统计实务

国际纸业公司[*]
纽约,帕切斯

　　国际纸业公司(International Paper)是世界上最大的纸品和林木产品公司。该公司有超过 117 000 名员工,在将近 50 个国家开展业务,其产品出口到超过 130 个国家。国际纸业公司生产建筑材料如木材和胶合板、消费型包装材料如一次性纸杯和容器、工业包装材料如纸板箱和运输容器以及各种用于复印机、打印机、图书印刷和广告材料的用纸。

　　纸浆厂使用木屑和化学材料生产木质纸浆以便制作纸制品。然后,在造纸厂利用木质纸浆生产纸质产品。在白纸产品的生产过程中,必须对纸浆进行漂白处理以便去除其中的污渍。在该过程中使用的关键漂白剂就是二氧化氯,因为它容易燃烧,所以通常在纸浆厂进行生产,然后再以溶液的形式灌注到纸浆中。控制该工序的关键部分就是化学原料的进料速度。过去一般是由经验丰富的操作人员设置化学原料的进料速度,但是这种做法会导致操作人员控制过度。

因此，纸浆厂的化学工程师提出请求，建立一组控制方程，每种化学原料的进料速度一个方程，用于协助操作人员设置进料速度。

根据多元回归分析，统计分析就能建立该工艺采用的4种化学原料的样本回归方程，每个方程都将二氧化氯的生产与使用的化学原料的量以及二氧化氯的溶液浓度联系起来。将4个方程组进行编程并输入每个厂的微型计算机中。在新系统中，操作人员输入二氧化氯溶液的浓度和期望的生产速度，然后计算机软件就会计算为达到期望的生产速度所需的化学原料进料速度。操作人员开始使用控制方程后，二氧化氯反应器的效率得到了提高，溶液浓度处于可接受范围的情况显著增加。

该实例表明了如何将多元回归分析用于开发更好的生产白纸产品的漂白工艺。本章将讨论如何将统计计算机软件包应用于这种用途。第十三章介绍的多数简单线性回归概念可以直接应用于多元回归分析的情况。

* 作者感谢 Marian Williams 和 Bill Griggs 提供该统计实务案例。这种对统计的应用最早发生在香槟国际（Champion International）公司，2000年该公司成为国际纸业公司的组成部分。

第十三章介绍了简单线性回归，并说明如何建立用于描述两个变量之间关系的样本回归方程。现在回顾一下，被预测或被解释的变量称为因变量，用于预测或解释因变量的变量称为自变量。本章将涉及两个或多个自变量的情形，继续探讨回归分析问题。该领域就是多元回归分析（multiple regression analysis）。在多元回归分析中可以考虑更多因素，从而能获得比简单线性回归的估计结果更好的估计。

14.1 多元回归模型

多元回归分析就是研究因变量 y 与两个或多个自变量之间的关系。一般地，用 p 表示自变量的个数。

14.1.1 回归模型和回归方程

前面章节介绍的回归模型和回归方程的概念也适用于多元回归分析的情形。描述因变量 y 与自变量 $x_1, x_2, \cdots, x_p$ 以及误差项 ε 之间关系的方程称为**多元回归模型**（multiple regression model）。首先，假设多元回归模型形式如下：

多元回归模型

$$y = \beta_0 + \beta_1 x_1 + \beta_2 x_2 + \cdots + \beta_p x_p + \varepsilon \tag{14.1}$$

在多元回归模型中，$\beta_0, \beta_1, \beta_2, \cdots, \beta_p$ 都是参数，ε 是随机变量。对该模型进行深入分析可知 y 是 $x_1, x_2, \cdots, x_p (\beta_0 + \beta_1 x_1 + \beta_2 x_2 + \cdots + \beta_p x_p$ 部分）和误差项 ε 的线性函数。误差项表示变量 y 中 p 个自变量的线性影响不能解释的那部分变异。

第14.4节将探讨多元回归模型和 ε 的假定。其中一个假定就是 ε 的均值或期望值为0。该假定的结果就是 y 的均值或期望值，表示为 $E(y)$，等于 $\beta_0 + \beta_1 x_1 + \beta_2 x_2 + \cdots + \beta_p x_p$。描述 y 的均值

与 $x_1, x_2, \cdots, x_p$ 的关系的方程称为**多元回归方程**(multiple regression equation)。

多元回归方程
$$E(y) = \beta_0 + \beta_1 x_1 + \beta_2 x_2 + \cdots + \beta_p x_p \tag{14.2}$$

14.1.2 样本多元回归方程

如果 $\beta_0, \beta_1, \beta_2, \cdots, \beta_p$ 的值已知,方程(14.2)则可以用于计算 $x_1, x_2, \cdots, x_p$ 的值已知的情况下 y 的均值。遗憾的是,通常这些参数都是未知的,必须根据样本数据进行估计。简单随机抽样用于计算样本统计量 $b_0, b_1, b_2, \cdots, b_p$ 作为参数 $\beta_0, \beta_1, \beta_2, \cdots, \beta_p$ 的点估计。这些样本统计量可建立下列**样本多元回归方程**(estimated multiple regression equation):

样本多元回归方程
$$\hat{y} = b_0 + b_1 x_1 + b_2 x_2 + \cdots + b_p x_p \tag{14.3}$$

式中:$b_0, b_1, b_2, \cdots, b_p$ 是 $\beta_0, \beta_1, \beta_2, \cdots, \beta_p$ 的估计值;$\hat{y}$ = 因变量的估计值。

多元回归的估计过程如图 14.1 所示。

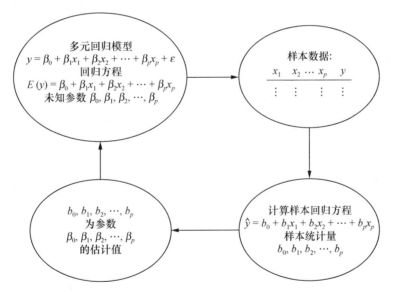

图 14.1 多元回归的估计过程

简单线性回归中 b_0 和 b_1 都是用于估计参数 β_0 和 β_1 的样本统计量。多元回归采用相同的统计推断过程,$b_0, b_1, b_2, \cdots, b_p$ 表示用于估计 $\beta_0, \beta_1, \beta_2, \cdots, \beta_p$ 的样本统计量。

14.2 最小二乘法

第十三章使用**最小二乘法**(least squares method)建立样本回归方程,使之能最好地近似因变量与自变量之间的直线关系。建立多元回归方程采用同样的方法。最小二乘准则如下所述:

最小二乘准则

$$\min \sum (y_i - \hat{y}_i)^2 \tag{14.4}$$

式中:y_i = 第 i 次观测中因变量的观测值;$\hat{y}_i$ = 第 i 次观测中因变量的估计值。

使用下列样本多元回归方程来计算因变量的估计值

$$\hat{y} = b_0 + b_1 x_1 + b_2 x_2 + \cdots + b_p x_p$$

最小二乘法采用样本数据估计 $b_0, b_1, b_2, \cdots, b_p$ 的值,它们使残差的平方和(因变量 y_i 的观测值与因变量的估计值 $\hat{y}_i$ 之间的偏差)最小。

第十三章介绍了计算估计简单线性回归方程 $\hat{y} = b_0 + b_1 x$ 的最小二乘估计量 b_0 和 b_1 的公式。采用相对较小的数据集就能够使用那些公式手工计算 b_0 和 b_1。不过,在多元回归中,回归系数 b_0,$b_1, b_2, \cdots, b_p$ 的公式需要采用矩阵代数,这已超出本书的范畴。因此,介绍多元回归时将重点介绍如何使用 Excel 获得样本回归方程和其他信息,即把重点放在如何解释计算机的输出而不是如何进行多元回归计算。

14.2.1 示例:巴特勒汽车运输公司

下面以巴特勒汽车运输公司所面临的问题为例,阐述多元回归分析。该公司是位于南加利福尼亚的独立汽车运输公司,巴特勒的主要业务是向当地提供速递业务。为了制订更好的工作计划,管理者想估计司机每天的出行总时间。

最初,管理者认为,每天出行总时间与每天速递出行的里程紧密相关。由 10 项运输任务组成的简单随机样本的数据如表 14.1 所示,其散点图如图 14.2 所示。看了散点图后,管理人员假设简单线性回归模型 $y = \beta_0 + \beta_1 x_1 + \varepsilon$ 可以用于描述总出行时间(y)与行驶里程(x_1)之间的关系。使用最小二乘法建立样本回归方程参数 β_0 和 β_1。

表 14.1　巴特勒汽车运输公司的原始数据

速递任务	x_1 = 行驶里程	y = 出行时间(小时)
1	100	9.3
2	50	4.8
3	100	8.9
4	100	6.5
5	50	4.2
6	80	6.2
7	75	7.4
8	65	6.0
9	90	7.6
10	90	6.1

$$\hat{y} = b_0 + b_1 x_1 \tag{14.5}$$

图 14.3 是对表 14.1 中的数据应用简单线性回归后得到的 Excel 输出。* 样本回归方程为

$$\hat{y} = 1.2739 + 0.0678 x_1$$

显著性水平为 0.05 的条件下,$F = 15.8146$,相应的 $p = 0.0041$。这表明二者关系显著,即可以拒绝 $H_0: \beta_1 = 0$,因为 p-值小于 $\alpha = 0.05$。注意,根据 $t = 3.9768$ 及相应的 $p = 0.0041$ 可以得出相同

---

* 应用 Excel 的回归工具获得输出。第 13.6 节介绍了进行简单线性回归计算的步骤。

的结论。综上可知:总出行时间与行驶里程之间关系显著,出行时间越长,行驶里程就越大。由样本决定系数 $R^2=0.6641$,可知出行时间的变异中的 66.41% 可以用行驶里程的线性影响来解释。此结论相当好,但是管理者可能希望考虑添加第二个自变量来解释因变量中余下的部分变异。

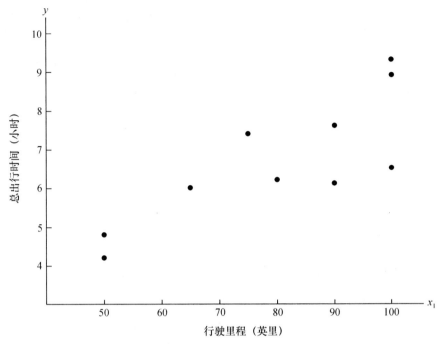

图 14.2 巴特勒汽车公司原始数据的散点图

	A	B	C	D	E	F	G	H	I	J
1	任务	行驶里程	出行时间							
2	1	100	9.3							
3	2	50	4.8							
4	3	100	8.9							
5	4	100	6.5							
6	5	50	4.2							
7	6	80	6.2							
8	7	75	7.4							
9	8	65	6							
10	9	90	7.6							
11	10	90	6.1							
12										
13	输出结果									
14										
15	回归统计量									
16	多元R	0.8149								
17	R平方	0.6641								
18	调整R平方	0.6221								
19	标准误差	1.0018								
20	样本数	10								
21										
22	ANOVA									
23		df	SS	MS	F	显著性F值				
24	回归	1	15.8713	15.8713	15.8146	0.0041				
25	残差	8	8.0287	1.0036						
26	总离差	9	23.9							
27										
28		回归系数	标准误差	t统计量	P-值	下限95%	上限95%	下限99.0%	上限99.0%	
29	截距	1.2739	1.4007	0.9095	0.3897	-1.9562	4.5040	-3.4261	5.9739	
30	行驶里程	0.0678	0.0171	3.9768	0.0041	0.0285	0.1072	0.0106	0.1251	
31										

图 14.3 巴特勒汽车公司问题的一个自变量的回归工具输出

在确定另一个自变量的过程中,管理者认为速递的次数也可能会影响总出行时间。添加速递次数后的巴特勒汽车运输公司的数据如表 14.2 所示,应用 Excel 的回归工具来建立以行驶里程(x_1)和速递次数(x_2)作为自变量的样本多元线性回归方程。

表 14.2 以行驶里程(x_1)和速递次数(x_2)为自变量的巴特勒汽车运输公司的数据

任务	x_1 = 行驶里程	x_2 = 速递次数	y = 出行时间(小时)
1	100	4	9.3
2	50	3	4.8
3	100	4	8.9
4	100	2	6.5
5	50	2	4.2
6	80	2	6.2
7	75	3	7.4
8	65	4	6.0
9	90	3	7.6
10	90	2	6.1

14.2.2 应用 Excel 的回归工具建立样本多元线性回归方程

第 13.6 节介绍如何使用 Excel 的回归工具建立解决阿曼德比萨店问题的样本回归方程,建立解决巴特勒汽车运输公司问题样本多元线性回归方程的程序对其稍作修改即可。相关步骤如图 14.4 和图 14.5。

	A	B	C	D	E	F	G	H	I	J
1	任务	行驶里程	速递次数	出行时间						
2	1	100	4	9.3						
3	2	50	3	4.8						
4	3	100	4	8.9						
5	4	100	2	6.5						
6	5	50	2	4.2						
7	6	80	2	6.2						
8	7	75	3	7.4						
9	8	65	4	6						
10	9	90	3	7.6						
11	10	90	2	6.1						
12										
13	输出结果									
14										
15	回归统计量									
16	多元R	0.9507								
17	R平方	0.9038								
18	调整R平方	0.8763								
19	标准误差	0.5731								
20	样本数	10								
21										
22	ANOVA									
23		df	SS	MS	F	显著性F值				
24	回归	2	21.6006	10.8003	32.8784	0.0003				
25	残差	7	2.2994	0.3285						
26	总离差	9	23.9							
27										
28		回归系数	标准误差	t统计量	P-值	下限95%	上限95%	下限99.0%	上限99.0%	
29	截距	-0.8687	0.9515	-0.9129	0.3916	-3.1188	1.3813	-4.1986	2.4612	
30	行驶里程	0.0611	0.0099	6.1824	0.0005	0.0378	0.0845	0.0265	0.0957	
31	速递次数	0.9234	0.2211	4.1763	0.0042	0.4006	1.4463	0.1496	1.6972	
32										

图 14.4 巴特勒汽车公司问题的两个自变量的回归工具输出

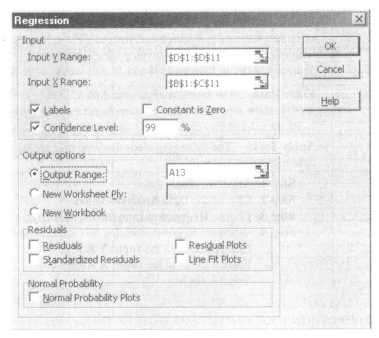

图 14.5 巴特勒汽车公司例子中的回归对话框

输入数据:将标志"任务"、"行驶里程"、"速递次数"和"出行时间"输入工作表的单元格 A1:D1 中,将样本数据输入单元格 B2:D11。在单元格 A2:A11 中输入编号 1—10 以标志各次观测。

应用工具:下面的步骤介绍如何使用回归工具进行多元回归分析:

步骤 1. 选择"**工具**"菜单;

步骤 2. 选定"**数据分析**"选项;

步骤 3. 从"**分析工具**"列表中选择"**回归**";

步骤 4. 出现"回归工具"对话框时(请参见图 14.5),

在"**Y 值输入区域**"框中输入 D1:D11,

在"**X 值输入区域**"框中输入 B1:C11,

选择"**标志**",

选择"**置信水平**",

在"**置信水平**"框中输入 99,

选择"**输出区域**",

在"**输出区域**"框中输入 A13(将输出位置确定在工作表的左上角),

单击"**确定**"。

在如图 14.4 所示的 Excel 输出中,自变量 x_1 的标志是"里程"(请参见单元格 A30),自变量 x_2 的标志是"速递次数"(请参见单元格 A31)。样本回归方程为

$$\hat{y} = -0.8687 + 0.0611x_1 + 0.9234x_2 \tag{14.6}$$

注意:应用 Excel 的回归工具进行多元回归计算与将其用于简单线性回归的方法差不多,主要区别就在于,多元回归需要更大区域的单元格,以便能识别自变量。

14.2.3 解释系数时要注意的问题

对比只有一个自变量"行驶里程"的样本回归方程和包含"速递次数"作为第二个自变量的样本回归方程,注意,两种情形下 b_1 的值都相同。在简单线性回归中,将 b_1 解释为自变量变化一个单位时 y 的变化估计值。例如,巴特勒汽车运输公司的问题只涉及一个自变量即"行驶里程", $b_1 = 0.0678$。因此,0.0678 就是行驶里程每增加一英里,相应出行时间的增加量的期望值的估计值。在多元回归分析中,必须对这种解释稍作修改,即在多元回归分析中,将各回归系数解释如下: b_i 表示当所有其他自变量保持不变时,自变量 x_i 变化一个单位时相应的 y 值的变化的估计值。在涉及两个自变量的巴特勒汽车运输公司的示例中, $b_1 = 0.0611$,因此,0.0611 小时就是在速递次数保持不变时,行驶里程每增加一英里,出行时间增加量的期望值的估计。与此相似,因为 $b_2 = 0.9234$,所以当行驶里程保持不变时,速递次数增加一次,相应出行时间的增加量的期望值的估计值为 0.9234 小时。

14.3 多元回归样本决定系数

介绍简单线性回归时讲到总离差平方和可以分解为两部分:回归平方和和误差平方和,这种划分方法同样适用于多元回归中的平方和。

SST、SSR 和 SSE 的关系

$$SST = SSR + SSE \qquad (14.7)$$

式中:SST = 总离差平方和 = $\sum(y_i - \bar{y})^2$;SSR = 回归平方和 = $\sum(\hat{y}_i - \bar{y})^2$;SSE = 误差平方和 = $\sum(y_i - \hat{y}_i)^2$。

因为计算这三个平方和非常烦琐,所以依靠计算机软件包来确定这三个值。对有两个自变量的巴特勒汽车运输公司问题,分析图 14.4 中 Excel 输出方差部分就可以知道三个平方和:SST = 23.9,SSR = 21.6006 和 SSE = 2.2994。由于只有一个自变量(里程数),图 14.3 的 Excel 输出显示 SST = 23.9,SSR = 15.8713 和 SSE = 8.0287。两种情况下 SST 值都相同,因为它与 $\hat{y}$ 无关,但是当加入第二个自变量(速递次数)时,SSR 会增加,而 SSE 则会下降。即样本多元线性回归方程能更好地拟合样本数据。

第十三章采用样本决定系数 $r^2 = $ SSR/SST 衡量样本回归方程的拟合优度。该概念同样适用于多元回归。多元回归样本决定系数(multiple coefficient of determination)用于衡量样本多元回归方程的拟合优度,多元回归样本决定系数表示为 R^2,其计算方法如下:

多元回归样本决定系数

$$R^2 = \frac{SSR}{SST} \qquad (14.8)$$

> 在 Excel 回归工具输出中,标志 R 用来确定 R^2 的值。

多元回归样本决定系数就是因变量变异中可以由样本多元线性回归方程解释的比例。因此,将其乘以 100,就可以解释为 y 的变异中可以由样本回归方程解释的百分比。

两自变量巴特勒汽车运输公司案例中,由 SSR = 21.6006 和 SST = 23.9,可得

$$R^2 = \frac{21.6006}{23.9} = 0.9038$$

因此,出行时间 y 的变异中有 90.38% 可以由以行驶里程和速递次数作为自变量的样本多元回归方程来解释。从图 14.4 中可以看到,Excel 输出也提供了多元回归样本决定系数,表示为 $R^2 = 0.9038$(见单元格 B17)。

如图 14.3 所示,只有一个自变量即行驶里程(x_1)的样本回归方程的 R^2 为 0.6641。因此,当将速递次数作为第二个自变量时,可以由样本回归方程解释的出行时间变异的百分比由 66.41% 增加到 90.38%。一般而言,R^2 的值总是随模型自变量个数的增加而增加。

> 增加自变量使预测误差变小,这样使得误差平方和 SSE 减小。因为 SSR = SST − SSE,若 SSE 变小,则 SSR 增大,导致 R^2 = SSR/SST 增大。

许多分析师都喜欢根据自变量的个数调整 R^2 的值,以便避免高估自变量个数导致增加对样本回归方程可以解释的变异比例的影响。如果用 n 表示观测次数,p 表示自变量的个数,那么调整的多元回归样本决定系数的计算方法如下所述:

调整的多元回归样本决定系数

$$R_a^2 = 1 - (1 - R^2)\frac{n-1}{n-p-1} \tag{14.9}$$

> 若模型中增加一个变量,即使该变量统计上并不是显著的,R^2 也会变大。调整的多元决定系数则考虑了模型中变量的个数。

巴特勒汽车运输公司案例中,$n = 10$ 和 $p = 2$,我们有

$$R_a^2 = 1 - (1 - 0.9038)\frac{10-1}{10-2-1} = 0.8763$$

因此,对两个自变量进行调整后,得到调整的多元回归样本决定系数为 0.8763。如图 14.4 所示,Excel 输出也提供了该值,调整的 $R^2 = 0.8763$(见单元格 B18)。

14.4 模型假定

14.1 节介绍了下列多元回归模型:

多元回归模型

$$y = \beta_0 + \beta_1 x_1 + \beta_2 x_2 + \cdots + \beta_p x_p + \varepsilon \tag{14.10}$$

有关多元回归模型中的误差项 ε 的假定与简单线性回归相似。

多元回归模型中的误差项 ε 的假定 $y = \beta_0 + \beta_1 x_1 + \beta_2 x_2 + \cdots + \beta_p x_p + \varepsilon$

1. 误差项是均值或期望值为 0 的随机变量,即 $E(\varepsilon) = 0$。

   含义:在 $x_1, x_2, \cdots, x_p$ 值已知的情况下,y 的均值或期望值为

$$E(y) = \beta_0 + \beta_1 x_1 + \beta_2 x_2 + \cdots + \beta_p x_p \tag{14.11}$$

   方程(14.11)就是第 14.1 节介绍的多元回归方程。在该方程中,$E(y)$ 表示 $x_1, x_2, \cdots, x_p$ 值已知的情况下,所有可能的 y 值的平均值。

2. ε 的方差表示为 σ^2,对于自变量 $x_1, x_2, \cdots, x_p$ 的所有值都是相同的。

   含义:y 的方差等于 σ^2,对于所有 $x_1, x_2, \cdots, x_p$ 的值都是相同的。

3. ε 的值是独立的。

含义：对于特定的一组自变量的误差幅度与任何其他一组值的误差幅度不相关。

4. 误差 ε 是服从正态分布的随机变量，它反映了 y 值与 y 的期望值 $\beta_0 + \beta_1 x_1 + \beta_2 x_2 + \cdots + \beta_p x_p$ 之间的偏差。

含义：因为 $x_1, x_2, \cdots, x_p$ 值一定的情况下，$\beta_0, \beta_1, \beta_2, \cdots, \beta_p$ 是常量，因变量 y 也是正态分布的随机变量。

要获得有关方程(14.11)给出的关系形式的更多信息，请考虑下列两自变量多元回归方程。

$$E(y) = \beta_0 + \beta_1 x_1 + \beta_2 x_2$$

该方程的图形是三维立体图。图14.6就是这样的图。注意，ε 是 y 的实际值与当 $x_1 = x_1^*$ 和 $x_2 = x_2^*$ 时期望值 $E(y)$ 之间的差值。

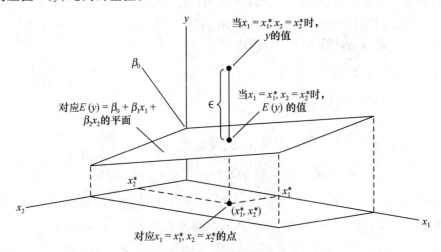

图14.6 带有两个自变量的多元回归分析的回归方程图形

进行回归分析时，经常用响应变量代替因变量。而且，因为多元回归方程生成平面图或曲面，该图就称为响应曲面。

14.5 显著性检验

本节将介绍如何对多元回归关系进行显著性检验。简单线性回归中采用的显著性检验是 t 检验和 F 检验。在简单线性回归中，两种检验都可以获得相同的结论，即如果拒绝原假设，则能得出结论 $\beta_1 \neq 0$。在多元回归中，t 检验和 F 检验有不同的用途。

1. 利用 F 检验判断因变量和模型中所有自变量之间是否存在显著关系，称 F 检验为总体显著性检验。

2. 如果 F 检验得出总体显著，则可以使用 t 检验判断各个自变量是否显著。对模型中的各个自变量进行单独的 t 检验，它是对个别显著性的检验。

下面将阐述 F 检验和 t 检验并将其应用于巴特勒汽车运输公司的案例。

14.5.1 F 检验

第 14.1 节中定义的多元回归模型为

$$y = \beta_0 + \beta_1 x_1 + \beta_2 x_2 + \cdots + \beta_p x_p + \varepsilon$$

F 检验的假设与多元回归模型的参数有关。

$$H_0: \beta_1 = \beta_2 = \cdots = \beta_p = 0$$

$$H_a: 一个或多个参数不等于 0$$

如果拒绝 H_0，就有足够的统计证据可以得出结论：有一个或多个参数不等于 0，y 与一组自变量 $x_1, x_2, \cdots, x_p$ 的总体关系是显著的。不过，如果不能拒绝 H_0，那么就没有足够证据说明它们之间存在显著关系。

在介绍 F 检验的步骤之前，需要复习均方(mean square)。均方是平方和除以其相应的自由度。在多元回归中，总离差平方和(SST)有 $n-1$ 个自由度，回归平方和(SSR)有 p 个自由度，误差平方和(SSE)有 $n-p-1$ 个自由度。因此，回归均方(MSR)为 SSR/p，均方误差(MSE)为 SSE/$(n-p-1)$。

$$\text{MSR} = \frac{\text{SSR}}{p} \tag{14.12}$$

并且

$$\text{MSE} = \frac{\text{SSE}}{n-p-1} \tag{14.13}$$

如第十三章所述，MSE 是误差项的方差 σ^2 的无偏估计。如果 $H_0: \beta_1 = \beta_2 = \cdots = \beta_p = 0$ 为真，那么 MSR 也可以提供 σ^2 的无偏估计，MSR/MSE 的值应该接近 1。不过，如果 H_0 为假，则 MSR 高估了 σ^2 的值，MSR/MSE 的值也会变得更大。为了确定 MSR/MSE 的值要多大才会拒绝 H_0，我们利用这样的事实：如果 H_0 为真且多元回归模型的假定有效，那么 MSR/MSE 的抽样分布就是分子为 p 个自由度，分母为 $n-p-1$ 个自由度的 F 分布。多元回归的显著性 F 检验如下：

总体显著性的 F 检验

$$H_0: \beta_1 = \beta_2 = \cdots = \beta_p = 0$$

$$H_a: 一个或多个参数不等于 0$$

F 检验统计量

$$F = \frac{\text{MSR}}{\text{MSE}} \tag{14.14}$$

拒绝规则

临界值法：如果 $F > F_\alpha$，拒绝 H_0

p-值法：如果 p-值 $< \alpha$，拒绝 H_0

式中，F_α 为分子有 p 个自由度和分母有 $n-p-1$ 个自由度的 F 分布的临界值。

下面将 F 检验应用于巴特勒汽车运输公司的多元回归问题。采用两个自变量，假设就如下所示：

$$H_0: \beta_1 = \beta_2 = 0$$

$$H_a: \beta_1, \beta_2 至少又一个不等于 0$$

图 14.7 是如图 14.4 所示的 Excel 输出的一部分，它将行驶里程(x_1)和速递次数(x_2)作为两个自

变量。从对输出的方差部分的分析中,已知 MSR = 10.8003,MSE = 0.3285。根据方程(14.14),可得检验统计量。

$$F = \frac{10.8003}{0.3285} = 32.9$$

	A	B	C	D	E	F	G	H	I
13	输出结果								
14									
15		回归统计量							
16	多元R	0.9507							
17	R平方	0.9038							
18	调整R平方	0.8763							
19	标准误差	0.5731							
20	样本数	10							
21									
22	ANOVA								
23		df	SS	MS	F	显著性F值			
24	回归	2	21.6006	10.8003	32.8784	0.0003			
25	残差	7	2.2994	0.3285					
26	总离差	9	23.9						
27									
28		回归系数	标准误差	t统计量	P-值				
29	截距	-0.8687	0.9515	-0.9129	0.3916				
30	行驶里程	0.0611	0.0099	6.1824	0.0005				
31	速递次数	0.9234	0.2211	4.1763	0.0042				
32									
33									
34									
35									
36									

单元格F24中的"显著性F值"是指用以检验总体显著性的p-值。

单元格E30中的p-值用来检验"行驶里程"的显著性。

单元格E31中的p-值用来检验"速递次数"的显著性。

图 14.7 有两个自变量的巴特勒汽车公司例子的部分 Excel 输出
注:第 1—12 行隐藏。

注意到,在 Excel 的输出中,$F = 32.8784$,由于在计算中使用了 MSR 和 MSE 的四舍五入值,故计算结果与 Excel 得到的值有所不同。$\alpha = 0.01$,方差分析表(图 14.7)的最后一列中 p-值 = 0.0003,小于 $\alpha = 0.01$,说明应该拒绝 $H_0: \beta_1 = \beta_2 = 0$。或者根据附录 B 中的表4,查到第一自由度为 2,第二自由度为 7 的 F 值,$F_{0.01} = 9.55$。由于 $32.9 > 9.55$,则拒绝 $H_0: \beta_1 = \beta_2 = 0$,并得出结论:出行时间 y 和两个自变量行驶里程、速递次数之间存在显著关系。

如上所述,均方误差是误差项 ε 的方差 σ^2 的无偏估计。如图 14.7 中所示,σ^2 的估计值为 MSE = 0.3285。MSE 的平方根为误差项的标准差估计值。如 14.5 节中定义,这种标准差称为估计误差标准差,表示为 s。因此,$s = \sqrt{MSE} = \sqrt{0.3285} = 0.5731$。注意,估计误差标准差在图 14.7 中 Excel 输出的单元格 B19 中。

表 14.3 是常规方差分析(ANOVA)表,它提供了多元回归模型的 F 检验结果。检验统计 F 在最后一列中。

表 14.3　有 p 个自变量的多元回归模型的 ANOVA 表

变异来源	平方和	自由度	均方	F 值
回归	SSR	p	$\text{MSR} = \dfrac{\text{SSR}}{p}$	$F = \dfrac{\text{MSR}}{\text{MSE}}$
误差	SSE	$n-p-1$	$\text{MSE} = \dfrac{\text{SSE}}{n-p-1}$	
总体	SST	$n-1$		

可以将它看做 F_α,分子有 p 个自由度,分母有 $n-p-1$ 个自由度,从而可以得出假设检验结果。从图 14.7 所示的巴特勒汽车运输公司的 Excel 输出中,可以看到 Excel 的方差分析表包含该信息及 F 检验的 p-值。

14.5.2　t 检验

如果 F 检验显示存在显著的多元回归关系,则可以进行 t 检验以判断各个参数的显著性。检验参数显著性的 t 检验的步骤如下:

检验参数显著性的 t 检验
对于任何参数 β_i

$$H_0: \beta_i = 0$$
$$H_a: \beta_i \neq 0$$

t 检验统计

$$t = \frac{b_i}{S_{b_i}} \tag{14.15}$$

拒绝规则

临界值法:如果 $t \leq -t_{\alpha/2}$ 或 $t \geq t_{\alpha/2}$,则拒绝 H_0

p-值法:如果 p-值 $\leq \alpha$,则拒绝 H_0

式中,$t_{\alpha/2}$ 是以自由度为 $n-p-1$ 的 t 分布的临界值。

在统计检验中,s_{b_i} 是对 b_i 的标准差或标准误差估计值。计算机软件包可以求得 s_{b_i} 的值。

现在对巴特勒汽车运输公司的回归问题进行 t 检验。参见图 14.7 所示的 Excel 输出中的单元格 B30:E31。b_1,b_2,s_{b_1} 和 s_{b_2} 的值如下所示:

$$b_1 = 0.0611 \quad s_{b_1} = 0.0099$$
$$b_2 = 0.9234 \quad s_{b_2} = 0.2211$$

根据方程(14.15),可以获得与参数 β_1 和 β_2 有关的假设统计检验。

$$t = 0.0611/0.0099 = 6.1717$$
$$t = 0.9234/0.2211 = 4.1764$$

注意,图 14.7 的 Excel 输出中有这两个 t 检验值及相应的 p-值。Excel 输出上的 p-值 0.0005 和 0.0042 表明在显著性水平 $\alpha = 0.01$ 下,拒绝 $H_0: \beta_1 = 0$ 和 $H_0: \beta_2 = 0$。因此,两个参数

> Excel 输出中的 t 值为 6.1824 和 4.1763。差异是由于四舍五入引起的。

在统计上存在显著关系。此外,自由度为 $n-p-1=10-2-1=7$,查附录 B 表 2 得 $t_{0.005}=3.499$。由于 $6.1717>3.499$,拒绝 $H_0:\beta_1=0$。与此相似,由于 $4.1764>3.499$,拒绝 $H_0:\beta_2=0$。

14.5.3 多重共线性

回归分析中使用自变量指代任何用于预测或解释因变量值的变量,但并不是指自变量本身在任何统计意义上都是独立的。相反,一定程度上多元回归问题中的多数自变量都是彼此相关的。例如,在涉及两个自变量 x_1(行驶里程)和 x_2(速递次数)的巴特勒汽车运输公司的案例中,将行驶里程作为因变量,速递次数作为自变量,以判断这两个变量本身是否相关。然后,可以计算样本相关系数 $r_{x_1x_2}$ 以确定变量相关的程度。这样可以求得 $r_{x_1x_2}=0.16$。因此,两个自变量之间存在一定程度的线性相关关系。在多元回归分析中,**多重共线性(multicollinearity)** 就是指自变量之间的相关。

为了更好地阐述潜在的多重共线性问题,现在将巴特勒汽车运输公司的案例稍作修改。不是由 x_2 表示速递次数,而是由 x_2 表示消耗汽油的加仑数。显然,x_1(行驶里程)和 x_2 是相关的,即使用的汽油加仑数取决于行驶里程。因此,可以从逻辑上得出结论:x_1 和 x_2 是高度相关的自变量。

假设获得方程 $\hat{y}=\beta_0+\beta_1 x_1+\beta_2 x_2$ 并且 F 检验表明变量间存在显著关系。然后,假设对 β_1 进行 t 检验以判断 $\beta_1\neq 0$ 是否为真,并且不能拒绝 $H_0:\beta_1=0$。这就意味着出行时间与行驶里程无关吗?不一定。对该结论的解释很可能是:由于模型中有 x_2,因此 x_1 对确定 y 的值并没有显著的影响。在示例中,这种解释是有道理的。如果知道消耗汽油的加仑数,则不能获得对通过求得行驶里程预测 y 值有用的太多其他信息。与此相似,t 检验并不能得出 $\beta_2=0$ 的结论。由于模型中有 x_1,可以知道消耗的汽油加仑数不会增加太多信息。

总之,在个别参数显著性的 t 检验中,多重共线性引发的问题就是:如果对多元回归方程进行的总体 F 检验显示存在显著关系,也可能得出没有一个参数显著地不为零的结论。如果自变量之间几乎不相关,则不会出现这个问题。

> 如果自变量高度相关,则不可能确定任何特定自变量对因变量的单独影响。

统计学家已提出几种检验,用于判定多重共线性是否高到足以引发问题的程度。根据经验法则检验,如果任何两个自变量的样本相关系数的绝对值超过 0.7,则可能存在多重共线性问题。其他类型的检验则更复杂,已超出本书的范畴。

如果可能,应该尽量避免包含高度相关的自变量,不过,实践中要严格遵守该方针是不太可能的。当决策者有理由相信确实存在多重共线性时,他们就必须意识到很难分别确定单个自变量对因变量的影响。

注释与评论

通常,多重共线性不会影响进行回归分析或解释结果的方式。不过,如果多重共线性严重,即如果有两个或多个自变量彼此高度相关,则难以解释单个参数的 t 检验结果。除了本节介绍的问题外,多重共线性比较严重的情况也会导致最小二乘估计的符号出错。即在模拟的研究中,研究人员先创建基本的回归模型,然后应用最小二乘法估计 β_0,β_1,β_2 等的值,结果表明在存在多重共线性的条件下,最小二乘估计量的符号可能与被估计的参数符号相反。例如,实际上 β_2 的值为 +10,它的估计值 b_2 则可能为 -2。因此,如果多重共线性比较严重,则个别系数是不可靠的。

14.6 利用样本回归方程进行估计和预测

在多元回归中,估计 y 均值和预测单个 y 值的程序与简单线性回归中的程序相似。首先,回顾一下第十三章中介绍的内容,x 值已知的情况下,y 的期望值的点估计与单个 y 值的期望值的点估计相同。这两种情况下,使用 $\hat{y} = b_0 + b_1 x$ 作为点估计值。

在多元回归中,采用相同的程序,即将 $x_1, x_2, \cdots, x_p$ 值代入样本回归方程并使用相应的 $\hat{y}$ 值作为点估计值。假设以巴特勒汽车运输公司为例,我们使用与 x_1(行驶里程)和 x_2(速递次数)有关的样本回归方程确定两个估计值:

1. 行驶里程为 100 英里并进行两次速递的所有汽车的出行时间均值的置信区间估计。
2. 行驶里程为 100 英里并进行两次速递的特定汽车的出行时间的预计区间估计。

根据样本回归方程 $\hat{y} = -0.8687 + 0.0611 x_1 + 0.9234 x_2$,其中 $x_1 = 100, x_2 = 2$,可以获得 $\hat{y}$ 的值。

$$\hat{y} = -0.8687 + 0.0611 \times 100 + 0.9234 \times 2 = 7.09$$

因此,两种情况下出行时间的点估计均约为 7 小时。

要对 y 的均值和单个 y 值进行区间估计,可以采用与涉及一个自变量的回归分析的程序相似的程序。虽然所需的公式超出了本书的范畴,但是一旦用户指定了 $x_1, x_2, \cdots, x_p$ 的值通常就可以利用多元回归分析软件包计算出置信空间。遗憾的是,Excel 的回归工具并没有这种功能。不过,运行 PredInt.xls 宏,就能进行置信区间估计和预计区间估计。表 14.4 是巴特勒汽车运输公司案例所选 x_1 和 x_2 的置信度为 95% 的置信区间估计和预计区间估计;通过运行 PredInt macro 就可以获得这些值。注意,单个 y 值的区间估计比 y 的期望值的区间估计更宽。这种差异反映了这样的事实:x_1 和 x_2 已知的情况下,可以估计所有汽车的平均出行时间,并且比预测单辆汽车的出行时间的精度还要高。

> PredInt.xls 宏也可以用于计算置信空间和预测空间。

表 14.4 巴特勒汽车运输公司置信度为 95% 的置信区间和预计区间估计

x_1 的值	x_2 的值	$\hat{y}$ 的值	置信区间		预测区间	
			下限	上限	下限	上限
50	2	4.035	3.146	4.924	2.414	5.656
50	3	4.958	4.127	5.789	3.369	6.548
50	4	5.882	4.815	6.948	4.157	7.606
100	2	7.092	6.258	7.925	5.500	8.683
100	3	8.015	7.385	8.645	6.520	9.510
100	4	8.938	8.135	9.742	7.363	10.514

14.7 定性自变量

到目前为止，所有示例都与定量自变量有关，如学生总人数、行驶里程和速递次数。不过，许多情况下必须使用**定性自变量**(qualitative independent variables)如性别(男、女)、支付方式(现金支付、信用卡、支票)等。本节旨在介绍在回归分析中如何处理定性自变量。以约翰森滤水公司的管理者所面临的问题为例，说明定性自变量的用法并解释其含义。

> 自变量分为定性自变量和定量自变量。

14.7.1 示例：约翰森滤水公司

约翰森滤水公司向整个南佛罗里达州地区的滤水系统提供维修服务，客户请求约翰森公司为他们的滤水系统提供维修服务。为了估计服务时间和服务成本，约翰森公司的管理者想预测每次维修所需的修理时间。因此，将修理时间作为因变量，认为修理时间与两个因素相关，即上次提供维修服务距今的月数和修理问题类型(机械或电气)。10 次请求提供服务的电话样本数据如表 14.5 所示。

表 14.5 约翰森滤水公司的数据样本

服务请求	上次维修服务距今的月数	维修类型	维修时间(小时)
1	2	电气	2.9
2	6	机械	3.0
3	8	电气	4.8
4	3	机械	1.8
5	2	电气	2.9
6	7	电气	4.9
7	9	机械	4.2
8	8	机械	4.8
9	4	电气	4.4
10	6	电气	4.5

y 表示修理所需小时数，x_1 表示上次提供维修服务距今的月数。只用 x_1 预测 y 的回归模型为

$$y = \beta_0 + \beta_1 x_1 + \varepsilon$$

利用 Excel 的回归工具和样本回归方程，可得 Excel 输出，其中部分输出如图 14.8 所示。样本回归方程为

$$\hat{y} = 2.1473 + 0.3041 x_1 \qquad (14.16)$$

在 0.05 的显著性水平下，t(或 F)检验的 p-值为 0.0163 表明上次提供维修服务距今的月数与修理时间显著相关。$R^2 = 0.5342$ 表明仅 x_1 就能解释修理时间 53.42% 的变异。

为了将故障类型纳入回归模型，我们定义下面的变量。

$$x_2 = \begin{cases} 0 & \text{修理类型是机械的} \\ 1 & \text{修理类型是电气的} \end{cases}$$

在回归分析中，称 x_2 为虚拟变量或指标变量。使用该虚拟变量，可将多元回归模型写为

$$y = \beta_0 + \beta_1 x_1 + \beta_2 x_2 + \varepsilon$$

表 14.6 是经修订的数据集，其中包含虚拟变量的值。根据 Excel 和表 13.6 中的数据，可以得

	A	B	C	D	E	F	G
1	输出结果						
2							
3	回归统计量						
4	多元R	0.7309					
5	R平方	0.5342					
6	调整R平方	0.4759					
7	标准误差	0.7810					
8	样本数	10					
9							
10	ANOVA						
11			df	SS	MS	F	显著性F值
12	回归		1	5.5960	5.5960	9.1739	0.0163
13	残差		8	4.8800	0.6100		
14	总离差		9	10.476			
15							
16			回归系数	标准误差	t统计量	P-值	
17	截距		2.1473	0.6050	3.5493	0.0075	
18	月数		0.3041	0.1004	3.0288	0.0163	
19							

图 14.8 以上次维修服务距今的月数为自变量的约翰森滤水公司例子的部分 Excel 输出

Excel 回归计算的输出显示在一个新的工作表上,因为我们选择 New Worksheet Ply 作为"回归"对话框的输出选项。

出模型参数的估计值。图 14.9 中的 Excel 输出表明样本多元线性回归方程为

$$\hat{y} = 0.9305 + 0.3876x_1 + 1.2627x_2 \tag{14.17}$$

表 14.6 约翰森滤水公司案例中以虚拟变量表示修理类型的数据(机械修理,$x_2=0$;电气修理,$x_2=1$)

客户	上次维修后间隔月数	维修类型	维修时间(小时)
1	2	1	2.9
2	6	0	3.0
3	8	1	4.8
4	3	0	1.8
5	2	1	2.9
6	7	1	4.9
7	9	0	4.2
8	8	0	4.8
9	4	1	4.4
10	6	1	4.5

在 0.05 的显著性水平下,与 F 检验($F=21.357$)相关的显著性 F 值或 p-值 0.001 表示存在显著的回归关系。图 14.9 中输出的 t 检验部分表明上次服务距今的月数(p-值 = 0.0004)和修理类型(p-值 = 0.0051)在统计上存在显著关系。此外,$R^2 = 0.8592$ 和调整的 $R^2 = 0.8190$ 表明,样本回归方程能很好地解释修理时间的变异。因此,事实证明方程(14.17)对于估计多个提供服务的请求所必需的修理时间很有帮助。

14.7.2 解释参数的含义

约翰森滤水公司示例的多元回归方程为

$$E(y) = \beta_0 + \beta_1 x_1 + \beta_2 x_2 \tag{14.18}$$

	A	B	C	D	E	F	G
1	输出结果						
2							
3		回归统计量					
4	多元R	0.9269					
5	R平方	0.8592					
6	调整R平方	0.8190					
7	标准误差	0.4590					
8	样本数	10					
9							
10	ANOVA						
11			df	SS	MS	F	显著性F值
12	回归		2	9.0009	4.5005	21.3570	0.0010
13	残差		7	1.4751	0.2107		
14	总离差		9	10.476			
15							
16		回归系数	标准误差	t统计量	P-值		
17	截距	0.9305	0.4670	1.9926	0.0866		
18	月数	0.3876	0.0626	6.1954	0.0004		
19	类型	1.2627	0.3141	4.0197	0.0051		
20							

图 14.9 将上次服务距今的月数和修理类型作为自变量的约翰森滤水问题的部分 Excel 输出

下面以 $x_2 = 0$(机械修理)的情况为例,解释存在定性自变量时参数 $\beta_0, \beta_1, \beta_2$ 的含义。用 $E(y|机械)$ 表示已知为机械修理时修理时间的均值和期望值,则可得

$$E(y | 机械) = \beta_0 + \beta_1 x_1 + \beta_2(0) = \beta_0 + \beta_1 x_1 \quad (14.19)$$

与此相似,对于电气修理($x_2 = 1$),可得

$$E(y | 电气) = \beta_0 + \beta_1 x_1 + \beta_2(1) = \beta_0 + \beta_1 x_1 + \beta_2 = (\beta_0 + \beta_2) + \beta_1 x_1 \quad (14.20)$$

将方程(14.19)与方程(14.20)相比较,可知电气和机械修理时间的期望值是 x_1 的线性函数。两方程的斜率均为 β_1,但是 y 轴上的截距不同。机械修理的方程(14.19)在 y 轴上的截距为 β_0,电气修理的方程(14.20)上 y 轴上的截距为 $(\beta_0 + \beta_2)$。β_2 表示电气修理时间的期望值与机械修理时间的期望值之差。

如果 β_2 为正,则表示电气修理时间的期望值大于机械修理时间的期望值;如果 β_2 为负,则表示电气修理时间的期望值小于机械修理时间的期望值。最后,如果 $\beta_2 = 0$,则电气和机械修理时间的期望值之间没有差异,故修理类型与修理时间不相关。

根据样本多元线性回归方程 $\hat{y} = 0.9305 + 0.3876 x_1 + 1.2627 x_2$,可知 0.9305 是 β_0 的估计值,1.2627 是 β_2 的估计值。因此,当 $x_2 = 0$ 时(机械修理)

$$\hat{y} = 0.9305 + 0.3876 x_1 \quad (14.21)$$

而且,当 $x_2 = 1$ 时(电气修理)

$$\hat{y} = 0.9305 + 0.3876 x_1 + 1.2627 \times 1 = 2.1932 + 0.3876 x_1 \quad (14.22)$$

实际上,利用修理类型作为虚拟变量就可以获得两个可以预测修理时间的方程,一个预测电气修理时间,另一个则预测机械修理时间。此外,由于 $b_2 = 1.2627$,可知电气修理比机械修理时间长 1.2627 小时。

图 14.10 是根据表 14.6 中约翰森公司的数据绘制的图。纵轴表示修理时间小时数(y),横轴表示上次修理服务距今的月数(x_1)。机械修理的数据点用 M 表示,电气修理的数据点用 E 表示。将方程(14.21)绘制在图上,用图形表示这两个可以预测修理时间的方程,其中一个方程预测机械修理时间,另一个则预测电气修理时间。

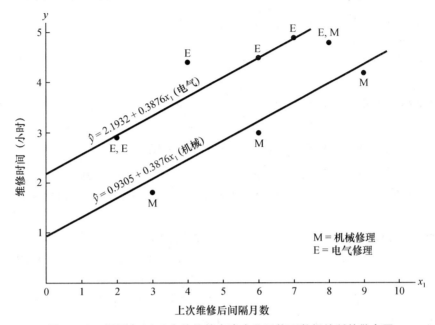

图 14.10　根据表 14.6 中的约翰森滤水公司修理数据绘制的散点图

14.7.3　更复杂的定性变量

因为约翰森滤水公司示例的定性自变量有两种情况(机械和电气),将虚拟变量定义为 0 表示机械修理和 1 表示电气修理比较方便。不过,对于有两种以上情况的定性自变量,在定义和解释虚拟变量的含义时要多加小心。下面将介绍,如果定性自变量有 k 种情况,则需要 $k-1$ 个虚拟变量,每个虚拟变量取值为 0 或 1。

> 必须采用 $k-1$ 个虚拟变量表示具有 k 种情况的定性变量模型。定义和解释虚拟变量的含义时必须多加小心。

例如,假设复印机制造商将特定州的销售区域划分为三个区:A,B 和 C。管理者希望使用回归分析预测每周的复印机销售量,并将如销售人员人数、广告支出等作为自变量。假设管理者认为销售区域也是预测复印机销售量的重要因素。因为销售区域是定性变量,它具有 A,B 和 C 三种情况,所以我们需要 $3-1=2$ 个虚拟变量,用于表示销售区域。每个变量取值为 0 或 1。

$$x_1 = \begin{cases} 1 & (B\ 销售区域) \\ 0 & (其他) \end{cases}$$

$$x_2 = \begin{cases} 1 & (C\ 销售区域) \\ 0 & (其他) \end{cases}$$

该定义可得下列 x_1 和 x_2 的值。

区域	x_1	x_2
A	0	0
B	1	0
C	0	1

将与区域 A 对应的观测值取值为 $x_1=0,x_2=0$；将与区域 B 对应的观测值取值为 $x_1=1,x_2=0$；将与区域 C 对应的观测值取值为 $x_1=0,x_2=1$。

销售量的期望值 $E(y)$ 关于虚拟变量的回归方程可写为

$$E(y) = \beta_0 + \beta_1 x_1 + \beta_2 x_2$$

为了帮助解释参数 β_0,β_1,β_2 的含义，考虑回归方程的下列 3 个变体。

$$E(y \mid 区域 A) = \beta_0 + \beta_1(0) + \beta_2(0) = \beta_0$$
$$E(y \mid 区域 B) = \beta_0 + \beta_1(1) + \beta_2(0) = \beta_0 + \beta_1$$
$$E(y \mid 区域 C) = \beta_0 + \beta_1(0) + \beta_2(1) = \beta_0 + \beta_2$$

因此，β_0 是区域 A 销售量的均值或期望值；β_1 是区域 B 与区域 A 销售量均值之差；β_2 是区域 C 和区域 A 销售量均值之差。

需要两个虚拟变量，因为销售区域是具有三种情况的定性自变量。不过，用 $x_1=0,x_2=0$ 表示区域 A，$x_1=1,x_2=0$ 表示区域 B，$x_1=0,x_2=1$ 表示区域 C。这样就可以将 β_1 解释为区域 A 与区域 B 之间的差值，β_2 表示区域 C 与区域 B 的差值。

关键是要记住，在多元回归分析中，具有 k 种情况的定性自变量需要 $k-1$ 个虚拟变量。因此如果销售区域有第四个区域，表示为区域 D，则必须定义虚拟变量 x_3。例如，三个虚拟变量定义如下：

$$x_1 = \begin{cases} 1 & (B 销售区域) \\ 0 & (其他) \end{cases}, \quad x_2 = \begin{cases} 1 & (C 销售区域) \\ 0 & (其他) \end{cases}, \quad x_3 = \begin{cases} 1 & (D 销售区域) \\ 0 & (其他) \end{cases}$$

14.8　残差分析

第十三章提到对自变量 x 的残差图可以用来验证简单线性回归模型假定的有效性。由于多元回归分析有两个或更多的自变量，因此必须用这种方法对每一个自变量检验残差图。在多元回归分析中更普遍的方法是建立对预测值 $\hat{y}$ 的残差图。

14.8.1　对 $\hat{y}$ 的残差图

对预测值 $\hat{y}$ 的残差图以因变量的预测值 $\hat{y}$ 为横轴，以残差值为纵轴，对应每个残差绘制一个点。每个点的横坐标取决于 $\hat{y}$，纵坐标则是对应的第 i 个残差值 $y_i - \hat{y}_i$。对于巴特勒汽车公司多元回归的例子，用 Excel 得到的样本回归方程（参见 14.4）：

$$\hat{y}_i = -0.8687 + 0.0611 x_1 + 0.9234 x_2$$

其中，$x_1=$行驶里程，$x_2=$速递次数，表 14.7 给出了基于该方程的预测值和残差。巴特勒汽车公司一例对 $\hat{y}$ 的残差图如图 14.11 所示。残差图没有显示出异常性。

表 14.7　巴特勒汽车公司的预测值及残差

运行英里数(x_1)	运送次数(x_2)	运行时间(y)	预测时间($\hat{y}$)	残差($y_i - \hat{y}$)
100	4	9.3	8.9385	0.3615
50	3	4.8	4.9583	−0.1583
100	4	8.9	8.9385	−0.0385
100	2	6.5	7.0916	−0.5916
50	2	4.2	4.0349	0.1615
80	2	6.2	5.8689	0.3311
75	3	7.4	6.4867	0.9133
65	4	6.0	6.7987	−0.7987
90	3	7.6	7.4037	0.1963
90	2	6.1	6.4803	−0.3803

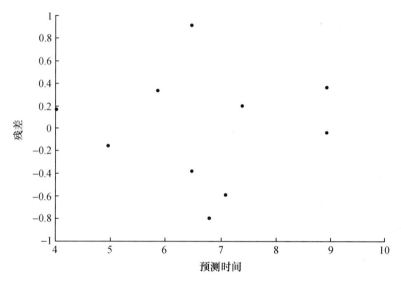

图 14.11　巴特勒汽车公司问题对预测时间 $\hat{y}$ 的残差图

简单线性回归的残差分析也可以用对 $\hat{y}$ 的残差图进行。简单线性回归对 $\hat{y}$ 的残差图与对 x 的残差图实质上是相同的,二者都提供了相同的信息。然而,在多元线性回归中,更倾向于用对 $\hat{y}$ 的残差图来确定是否满足模型假定。

14.8.2　对 $\hat{y}$ 的标准化残差图

第十三章指出在残差图中经常使用标准化残差。之前说明了怎样建立对 x 的标准化残差图,并讨论了如何利用标准化残差图检验异常值,以及判定误差项 ε 符合正态分布的假定。回顾前面所述,任何标准化残差小于 −2 或大于 2 的观测值被看做是异常值。在正态分布中,标准化残差在这个区间限度之外的概率仅为 5%。

在多元回归分析中,手工计算标准化残差十分复杂,如 13.8 节所述,可以利用 Excel 回归工具计算标准化残差。在多元回归分析中,用同样的程序方法来计算标准化残差,但不是对每个自变量建立标准化残差图,而是对预测值 $\hat{y}$ 建立标准化残差图。

图 14.12 给出了标准化残差和相应的使用 Excel 回归工具和图表向导得到的巴特勒汽车公司问题中对 $\hat{y}$ 的标准化残差图。标准化残差图没有显示出任何异常,不存在小于 -2 或者大于 $+2$ 的标准化残差。可以发现,对 $\hat{y}$ 的标准化残差图与图 14.11 对 $\hat{y}$ 残差图样式相同,但通常更多使用标准化残差图,因为标准化残差图可以更容易地监测到图中异常值,以确定回归模型的正态假定是否合理。

	A	B	C	D	E	F	G	H
35	残差输出							
36								
37	观测值	预测时间	残差	标准化残差		预测时间	标准化残差	
38	1	8.9385	0.3615	0.7153		8.9385	0.7153	
39	2	4.9583	-0.1583	-0.3132		4.9583	-0.3132	
40	3	8.9385	-0.0385	-0.0761		8.9385	-0.0761	
41	4	7.0916	-0.5916	-1.1704		7.0916	-1.1704	
42	5	4.0349	0.1651	0.3267		4.0349	0.3267	
43	6	5.8689	0.3311	0.6550		5.8689	0.6550	
44	7	6.4867	0.9133	1.8069		6.4867	1.8069	
45	8	6.7987	-0.7987	-1.5802		6.7987	-1.5802	
46	9	7.4037	0.1963	0.3884		7.4037	0.3884	
47	10	6.4803	-0.3803	-0.7523		6.4803	-0.7523	

图 14.12 巴特勒汽车公司问题对预测时间 $\hat{y}$ 的标准化残差图

注:第 1—34 行隐藏。

本章小结

本章介绍了多元回归分析,它是第十三章的简单线性回归的延伸。通过多元回归分析我们能了解因变量与两个或多个自变量之间的关系。回归方程 $E(y) = \beta_0 + \beta_1 x_1 + \beta_2 x_2 + \cdots + \beta_p x_p$ 表明 y 的均值或期望值与自变量 $x_1, x_2, \cdots, x_p$ 的值相关。利用数据和最小二乘法建立样本回归方程 $\hat{y} = b_0 +$ $b_1 x_1 + b_2 x_2 + \cdots + b_p x_p$。实际上,$b_0, b_1, b_2, \cdots, b_p$ 都是样本统计量,它们用于估计模型的未知参数 $\beta_0, \beta_1, \beta_2, \cdots, \beta_p$。本章的 Excel 回归工具都突出这样一个事实:统计软件包是进行多元回归分析所需的大量计算的现实手段。

多元回归样本决定系数可以衡量样本回归方

程的拟合优度。它可以确定能由样本回归方程解释的 y 值的变异的比例。调整的多元回归样本决定系数，一种类似的衡量拟合优度的手段，它根据自变量的个数进行调整，从而可以避免高估增加自变量个数的影响。

F 检验和 t 检验是用于判断变量之间的关系在统计学上是否显著。F 检验判断因变量与所采用的所有自变量组之间是否存在总体显著关系。t 检验可以判断回归模型中在其他自变量的值已知的情况下因变量和单个自变量之间是否存在显著关系。自变量之间存在相关关系称为多重共线性。本章也讨论了多重共线性问题。

定性变量部分说明了怎样把虚拟变量加入到多元回归分析中，残差分析部分说明残差分析在验证模型假定有效性和检验异常值中的应用。

关键术语

多元回归分析 最小二乘法 多重共线性
多元回归模型 多元回归样本决定系数 定性自变量
多元回归方程 调整的多元回归样本决定 虚拟变量
样本多元线性回归方程 系数

主要公式

多元回归模型
$$y = \beta_0 + \beta_1 x_1 + \beta_2 x_2 + \cdots + \beta_p x_p + \varepsilon \quad (14.1)$$

多元回归方程
$$E(y) = \beta_0 + \beta_1 x_1 + \beta_2 x_2 + \cdots + \beta_p x_p \quad (14.2)$$

样本多元回归方程
$$\hat{y} = b_0 + b_1 x_1 + b_2 x_2 + \cdots + b_p x_p \quad (14.3)$$

最小二乘准则
$$\min \sum (y_i - \hat{y}_i)^2 \quad (14.4)$$

SST, SSR 和 SSE 之间的关系
$$SST = SSR + SSE \quad (14.7)$$

多元回归判断系数
$$R^2 = \frac{SSR}{SST} \quad (14.8)$$

调整的多元回归样本决定系数
$$R_a^2 = 1 - (1 - R^2)\frac{n-1}{n-p-1} \quad (14.9)$$

回归均方
$$MSR = \frac{SSR}{p} \quad (14.12)$$

均方误差
$$MSE = \frac{SSE}{n-p-1} \quad (14.13)$$

F 检验统计量
$$F = \frac{MSR}{MSE} \quad (14.14)$$

t 检验统计量
$$t = \frac{b_i}{s_{b_i}} \quad (14.15)$$

案例问题 1 消费者研究公司

消费者研究公司(Consumer Research, Inc)是一家独立机构,为许多公司进行消费者态度和行为研究。在一项调查中,某客户要求公司对消费者的特征进行调查,以便能预测对信用卡用户的消费金额。该公司收集了50位消费者样本的年收入、家庭成员数量和信用卡消费。相关数据如下表所示:

收入 (千美元)	家庭规模	消费额 (美元)	收入 (千美元)	家庭规模	消费额 (美元)
54	3	4 016	54	6	5 573
30	2	3 159	30	1	2 583
32	4	5 100	48	2	3 866
50	5	4 742	34	5	3 586
31	2	1 864	67	4	5 037
55	2	4 070	50	2	3 605
37	1	2 731	67	5	5 345
40	2	3 348	55	6	5 370
66	4	4 764	52	2	3 890
51	3	4 110	62	3	4 705
25	3	4 208	64	2	4 157
48	4	4 219	22	3	3 579
27	1	2 477	29	4	3 890
33	2	2 514	39	2	2 972
65	3	4 214	35	1	3 121
63	4	4 965	39	4	4 183
42	6	4 412	54	3	3 730
21	2	2 448	23	6	4 127
44	1	2 995	27	2	2 921
37	5	4 171	26	7	4 603
62	6	5 678	61	2	4 273
21	3	3 623	30	2	3 067
55	7	5 301	22	4	3 074
42	2	3 020	46	5	4 820
41	7	4 828	66	4	5 149

管理报告

1. 利用描述性统计的方法对数据进行概括。请对你的发现加以评论。
2. 建立样本回归方程,首先将年收入作为自变量,然后将家庭成员数量作为自变量。哪个变量能更好地预测信用卡年消费?请对你的发现进行讨论。
3. 建立样本回归方程,将年收入和家庭成员数量作为自变量。请对你的发现进行讨论。
4. 年收入为40 000美元的三口之家,其预测的信用卡年消费为多少?
5. 请讨论是否需要将其他自变量添加到模型中。还有其他什么变量有用?

案例问题 2 预测学生学业水平考试成绩

为了预测在考虑贫穷和其他收入指标的情况下学区的得分，《辛辛那提资讯》(The Cincinnati Enquirer)从俄亥俄州教育部门的教育管理服务部和俄亥俄州税收部收到相关数据(The Cincinnati Enquirer，1997年11月30日)。首先，该报获得了1996年上半年第4、6、9和12年级学生在数学、阅读、科学、写作和思想品德测验方面的数据。通过合并这些数据，他们算出各个地区通过测验的学生的总体百分比。

记录了学校所在地区的学生中获得有未成年家庭援助(ADC)的百分比，有资格免费或减免学费的学生百分比，以及所在地区中等收入家庭的收入。在608中学所在地区收集到的部分数据如下所示。若需完整的数据集，请参见文件 Enquirer。

次序	学区	县	通过百分率(%)	在ADC计划的百分率(%)	享受免费午餐的百分率(%)	中等收入（美元）
1	渥太华希尔区	卢卡斯	93.85	0.11	0.00	48 231
2	怀俄明市	汉密尔顿	93.08	2.95	4.59	42 672
3	橡树城	蒙哥马利	92.92	0.20	0.38	42 403
4	马爹利市	汉密尔顿	92.37	1.50	4.83	32 889
5	印第安希尔区	汉密尔顿	91.77	1.23	2.70	44 135
6	梭仑市	凯霍加	90.77	0.68	2.24	34 993
7	差格林福斯市	凯霍加	89.89	0.47	0.44	38 921
8	玛丽蒙特市	汉密尔顿	89.80	3.00	2.97	31 823
9	阿林顿上街	富兰克林	89.77	0.24	0.92	38 358
10	哥伦维尔区	里青	89.22	1.14	0.00	36 235
⋮	⋮	⋮	⋮	⋮	⋮	⋮

根据通过率所在列的值对这些数据进行排序；这些数据是通过测验的学生的总体百分比。在ADC计划的百分率所在列的数据是各学区的获得未成年家庭援助的学生百分比，免费午餐的学生百分比所在列的数据是有资格免费或减免午餐费的学生百分比。中等收入所在列是各地区中等收入家庭的收入。另外，还显示了各学校所在的郡。注意，某些情况下享受免费午餐的百分率列中的值为0，它表示该地区没有参与免费午餐计划。

管理报告

应用本章介绍的方法分析该数据集、在管理报告中陈述分析所得的汇总数据，其中包括关键统计结果、结论和建议。在附录中列出你认为合适的所有技术资料。

案例问题 3 校友捐赠

校友捐赠是高等院校收入的重要来源。如果管理人员能确定向学校捐赠的校友百分比增长的系数，他们就能实施增长收入的政策。研究证明，对与教师的联系越满意的学生，毕业的可能性越大。因此，有人可能会认为，班级人数越少，师生比率越大，感到满意的学生百分比提高，进而导致向学校捐赠的校友的百分比越高。表14.8是48所全国性大学的相关数据(America's Best Colleges，2000年版)。

表 14.8 48 所全国性大学的校友数据

	州	毕业率（%）	人数在 20 人以下的班级的百分比	学生—教职工比率（%）	校友捐赠率（%）
Boston College	MA	85	39	13	25
Brandeis University	MA	79	68	8	33
Brown University	RI	93	60	8	40
California Institute of Technology	CA	85	65	3	46
Carnegie Mellon University	PA	75	67	10	28
Case Western Reserve Univ.	OH	72	52	8	31
College of William and Mary	VA	89	45	12	27
Columbia University	NY	90	69	7	31
Cornell University	NY	91	72	13	35
Dartmouth College	NH	94	61	10	53
Duke University	NC	92	68	8	45
Emory University	GA	84	65	7	37
Georgetown University	DC	91	54	10	29
Harvard University	MA	97	73	8	46
Johns Hopkins University	MD	89	64	9	27
Lehigh University	PA	81	55	11	40
Massachusetts Inst. of Technology	MA	92	65	6	44
New York University	NY	72	63	13	13
Northwestern University	IL	90	66	8	30
Pennsylvania State University	PA	80	32	19	21
Princeton University	NJ	95	68	5	67
Rice University	TX	92	62	8	40
Stanford University	CA	92	69	7	34
Tufts University	MA	87	67	9	29
Tulane University	LA	72	56	12	17
U. of California-Berkeley	CA	83	58	17	18
U. of California-Davis	CA	74	32	19	7
U. of California-Irvine	CA	74	42	20	9
U. of California-Los Angeles	CA	78	41	18	13
U. of California-San Diego	CA	80	48	19	8
U. of California-Santa Barbara	CA	70	45	20	12
U. of Chicago	IL	84	65	4	36
U. of Florida	FL	67	31	23	19
U. of Illinois-Urbana Champaign	IL	77	29	15	23
U. of Michigan-Ann Arbor	MI	83	51	15	13
U. of North Carilina-Chapel Hill	NC	82	40	16	26

(续表)

	州	毕业率（%）	人数在20人以下的班级的百分比	学生—教职工比率(%)	校友捐赠率(%)
U. of Notre Dame	IN	94	53	13	49
U. of Pennsylvania	PA	90	65	7	41
U. of Rochester	NY	76	63	10	23
U. of Southern California	CA	70	53	13	22
U. of Texas-Austin	TX	66	39	21	13
U. of Virginia	VA	92	44	13	28
U. of Washington	WA	70	37	12	12
U. of Wisconsin-Madison	WI	73	37	13	13
Vanderbilt University	TN	82	68	9	31
Wake Forest University	NC	82	59	11	38
Washington University-St. Louis	MO	86	73	7	33
Yale University	CT	94	77	7	50

管理报告

1. 利用描述性统计的方法对数据进行概括。
2. 建立样本回归方程，以预测学生毕业率一定情况下的校友捐赠率。请对你的发现进行讨论。
3. 建立样本回归方程，以便利用所提供的任何数据或所有数据预测校友捐赠率。
4. 从分析中，可以得出什么结论和建议？

第十五章 回归分析:建模问题

目 录

统计实务:孟山都公司

15.1 一般线性模型
    15.1.1 曲线关系建模
    15.1.2 交互作用
    15.1.3 包含因变量的变换
    15.1.4 线性本质的非线性模型

15.2 变量增减的确定
    一般情况

15.3 较多自变量问题分析

15.4 变量选择方法
    15.4.1 逐步回归法
    15.4.2 前向选择法
    15.4.3 后向消去法
    15.4.4 使用 Excel 运行后向消去法
    15.4.5 最优子集回归分析

15.5 残差分析
    自相关和 DW 检验

15.6 方差分析和实验设计的多元回归方法

统计实务

孟山都公司[*]
圣·路易斯,密苏里

    孟山都(Monsanto)公司起源于一位企业家投资的 500 美元资金和位于密西西比河上游的一个旧货栈,该货栈曾是约翰·奎尼(John F. Queeney)开始制造糖精的地方。今天,孟山都公司是美国最大的化学品制造商之一,它生产超过一千种产品,囊括了工业化学品乃至用于现代体育场馆塑胶运动场地。孟山都公司是一个跨国公司,其在 65 个国家和地区拥有生产设备、实验室、技术中心以及营销业务。

    孟山都营养化学品部制造并销售一种用于家禽、猪以及牛饲料产品的蛋氨酸。由于家禽生产批量大、利润率低,所以具有最好的营养价值以及成本效益的家禽饲料产品是必要的。优化饲料成分会导致在某一采食量水平下家禽快速成长和最终出栏的高体重。化工行业已经与家禽养殖者紧密合作,以优化家禽饲料产品。最终,成功与否取决于能否将禽肉成本保持在牛肉和其他肉类产品成本之下。

> 孟山都公司利用回归分析模型建立重量 y 和添加到家禽饲料中的蛋氨酸量 x 之间的关系。起初,建立的是如下的简单线性样本回归方程:
>
> $$\hat{y} = 0.21 + 0.42x$$
>
> 这个样本回归方程是显著的;然而,残差分析表明,曲线关系是一个更好的体重和蛋氨酸之间的关系的模型。
>
> 孟山都公司的进一步研究表明,尽管少量的蛋氨酸可能增加体重,但是在某个时候体重趋于平缓,额外份额的蛋氨酸很少或根本没有好处。实际上,当蛋氨酸量的增加超过营养需求时,体重就可能下降。下面的多元样本回归方程就是用于建立体重和蛋氨酸量之间曲线关系的模型。
>
> $$\hat{y} = -1.89 + 1.32x - 0.506x^2$$
>
> 利用回归结果使得孟山都公司可以决定用于家禽饲养业的最优蛋氨酸水平。
>
> 本章将通过说明如何应用类似孟山都公司所用的曲线模型扩展回归分析的讨论。另外,还会介绍帮助决策利用哪些自变量得到最优样本回归方程的一系列工具。
>
> * 作者对 James R. Ryland 和 Robert M. Schisla,孟山都营养化学部的高级研究专家们提供该案例数据表示感谢。

建模是建立用于描述一个因变量与一个或多个自变量之间关系的样本回归方程的过程。建立模型的主要问题在于找到变量关系的合适的函数形式以及选择模型中应该包括的自变量。本章 15.1 节在介绍一般线性模型概念的同时说明了模型建立的构建框架;15.2 节是复杂的计算机程序的基础,介绍了何时增减自变量的一般方法;15.3 节考虑了包括 8 个自变量的较多自变量回归问题;15.4 节讨论变量选择方法,包括逐步回归,前向选择,后向消去和最优子集回归法,并说明如何在 Excel 上实现后向消去法;15.5 节介绍如何用 DW 检验检测序列相关或自相关;15.6 节说明在方差分析及实验设计中如何使用多元回归。

15.1 一般线性模型

假设已收集到一个因变量 y 和 k 个自变量 $x_1, x_2, \cdots, x_k$ 的数据,我们的目标是建立样本回归方程使之能够最大限度地说明因变量和自变量之间的关系。作为形成自变量间更复杂关系的一般框架,这里引进包含 p 个自变量的一般线性模型。

一般线性模型

$$y = \beta_0 + \beta_1 z_1 + \beta_2 z_2 + \cdots + \beta_p z_p + \varepsilon \quad (15.1)$$

> 若想写出方程(15.1)形式的回归方程,可以用第十四章讲到的多元回归的方法。

方程(15.1)中,每个自变量 $z_j (j=1,2,\cdots,p)$ 是 $x_1, x_2, \cdots, x_k$(收集的数据的变量)的函数,有时,z_j 可能只是 x 一个变量的函数。最简单的情况是,仅收集一个变量(x_1)的数据,利用直线关系估计 y,此时,$z_1 = x_1$,方程(15.1)变为:

$$y = \beta_0 + \beta_1 x_1 + \varepsilon \tag{15.2}$$

注意到方程(15.2)即为第十三章介绍的简单线性回归模型,只是自变量用 x_1 替代了 x,在统计建模文献中,该模型被称为有一个预测变量的简单一阶模型。

15.1.1 曲线关系建模

方程(15.1)可以用来建立更复杂类型关系的模型。现以雷诺公司所面临的问题来说明这一点。雷诺公司是工业计量表和实验室设备制造商。雷诺公司的经理想要研究销售人员受雇时间与电子实验室计量表的销售数量之间的关系。表 15.1 给出了销售人员被公司雇用的月份数,以及随机选取的 15 个销售人员在最近这一阶段销售的仪表数。图 15.1 是这些数据的散点图。散点图说明销售人员受雇时间与仪表销售数量间可能存在曲线关系,考虑如何建立雷诺公司这种曲线关系之前,请先看一下图 15.2 中 Excel 对简单一阶模型的输出结果,其样本回归方程为:

$$\text{Sales} = 111.2279 + 2.3768 \, \text{Months}$$

其中:Sales = 电子实验室仪表的销售数量;Months = 销售人员受雇月份数。

表 15.1 雷诺公司一例中的数据

受雇月份	销售数量
41	275
106	296
76	317
104	376
22	162
12	150
85	367
111	308
40	189
51	235
9	83
12	112
6	67
56	325
19	189

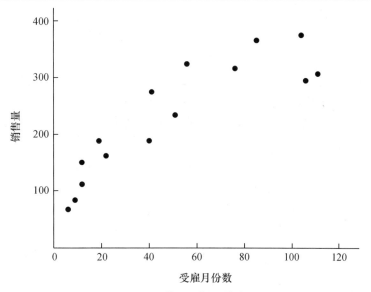

图 15.1 雷诺公司例子的残差图

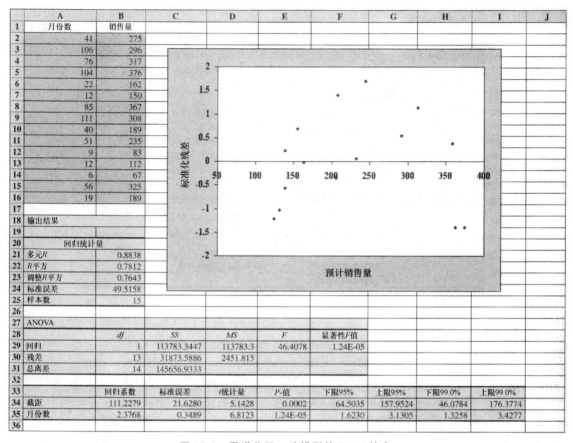

图15.2 雷诺公司一阶模型的Excel输出

给出对 $\hat{y}$（预测销售量）的标准化残差图。尽管计算机输出结果说明线性关系较大程度上解释了销售量的变动（$R^2 = 0.7812$），但标准化残差图说明了曲线关系的存在。

为说明这种曲线关系，设方程15.1中的 $z_1 = x_1, z_2 = x_1^2$，得到模型

$$y = \beta_0 + \beta_1 x_1 + \beta_2 x_1^2 + \varepsilon \tag{15.3}$$

该模型称为带有一个预测变量的二阶模型。为建立对应二阶模型的样本回归方程，Excel回归工具需要表15.1的原始数据，还有对应这些数据的另一个自变量，即公司雇用员工月份数的平方。图15.3给出了对应二阶模型的Excel输出（B列是受雇月份平方的数据），估计的回归方程为：

$$\text{Sales} = 45.3456 + 6.3448\text{Months} - 0.0345\text{MonthsSq}$$

其中：MonthsSq = 销售人员被雇佣的月份数的平方。

图15.3同样也给出了对应的标准化残差图，该图说明之前的曲线关系已消除。在0.05的显著性水平下，计算机输出说明模型整体是显著的（F检验的 p-值为 8.75E-07）。同时 p-值对应的MonthsSq的 t 统计量的值小于0.05，故可以得出结论，向包含变量Months的模型中加入MonthsSq，得到的模型是显著的。其调整 R^2 值等于0.8859，样本回归方程的拟合程度是令人满意的。由此可见，在回归分析中处理曲线关系是很容易的。

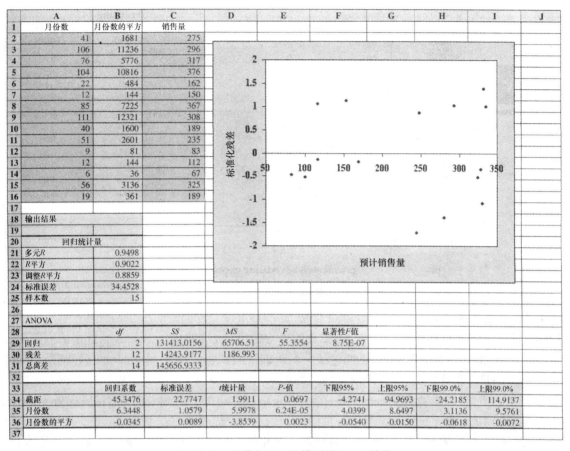

	A	B	C	D	E	F	G	H	I	J
1	月份数	月份数的平方	销售量							
2	41	1681	275							
3	106	11236	296							
4	76	5776	317							
5	104	10816	376							
6	22	484	162							
7	12	144	150							
8	85	7225	367							
9	111	12321	308							
10	40	1600	189							
11	51	2601	235							
12	9	81	83							
13	12	144	112							
14	6	36	67							
15	56	3136	325							
16	19	361	189							
17										
18	输出结果									
19										
20	回归统计量									
21	多元R	0.9498								
22	R平方	0.9022								
23	调整R平方	0.8859								
24	标准误差	34.4528								
25	样本数	15								
26										
27	ANOVA									
28		df	SS	MS	F	显著性F值				
29	回归	2	131413.0156	65706.51	55.3554	8.75E-07				
30	残差	12	14243.9177	1186.993						
31	总离差	14	145656.9333							
32										
33		回归系数	标准误差	t统计量	P-值	下限95%	上限95%	下限99.0%	上限99.0%	
34	截距	45.3476	22.7747	1.9911	0.0697	-4.2741	94.9693	-24.2185	114.9137	
35	月份数	6.3448	1.0579	5.9978	6.24E-05	4.0399	8.6497	3.1136	9.5761	
36	月份数的平方	-0.0345	0.0089	-3.8539	0.0023	-0.0540	-0.0150	-0.0618	-0.0072	
37										

图 15.3 雷诺公司二阶模型的 Excel 输出

许多类型的关系可以用方程(15.1)建模,我们一直所应用的回归技术并不仅限于线性或者说是直线关系。在多元回归分析中,一般线性模型中的线性是指 $\beta_0, \beta_1, \cdots, \beta_p$ 的指数都是 1,而并不是说 y 与变量 x_i 是线性的。事实上,本节中就看到了用方程(15.1)对曲线关系建模的例子。

15.1.2 交互作用

在包括观测值 y 和两个自变量 x_1 和 x_2 的原始数据集中,可以建立有两个预测变量的二阶模型,把 $z_1 = x_1, z_2 = x_2, z_3 = x_1^2, z_4 = x_2^2, z_5 = x_1 x_2$ 代入方程(15.1)的一般线性模型,得到

$$y = \beta_0 + \beta_1 x_1 + \beta_2 x_2 + \beta_3 x_1^2 + \beta_4 x_2^2 + \beta_5 x_1 x_2 + \varepsilon \tag{15.4}$$

在二阶模型中,变量 $z_5 = x_1 x_2$ 说明两变量共同作用的可能的影响。这种影响被称为**交互作用**。

为说明交互作用及其含义,回顾泰勒个人护理对其新的洗发水产品进行的回归研究。公认为最重要的两个因素是单位产品销售价格和广告支出。为了调查这两个变量对销售量的影响,在 24 个测试市场上,广告支出为 5 万美元和 10 万美元时对价格分别为 2 美元、2.5 美元和 3 美元的情况进行比较。表 15.2 列出了销售量(单位:千个)的观测值。

表 15.2　泰勒个人护理一例中的数据

价格	广告支出(千美元)	销售量(千个)	价格	广告支出(千美元)	销售量(千个)
2	50	478	2	100	810
2.5	50	373	2.5	100	653
3	50	335	3	100	345
2	50	473	2	100	842
2.5	50	358	2.5	100	641
3	50	329	3	100	372
2	50	456	2	100	800
2.5	50	360	2.5	100	620
3	50	322	3	100	390
2	50	437	2	100	790
2.5	50	365	2.5	100	670
3	50	342	3	100	393

表 15.3 是对这些数据的概括。对应价格是 2 美元、广告支出 5 万美元时的平均销售量是 461 000，对应价格 2 美元、广告支出 10 万美元的平均销售量为 808 000。因此，当价格保持不变，为 2 美元时，广告支出分别为 5 万美元和 10 万美元造成平均销售量变化 808 000 - 461 000 = 347 000 单位。当产品价格为 2.5 美元时，平均销售量的差别是 646 000 - 364 000 = 282 000 单位。最后，当产品价格是 3 美元，平均销售量的差异是 375 000 - 332 000 = 43 000 单位。很明显，广告支出分别是 5 万美元和 10 万美元导致的平均销售量的差别取决于产品的价格。换言之，产品价格越高，增加广告支出产生的影响越小。这些观测值提供了价格和广告支出两变量之间交互作用的证据。

表 15.3　泰勒个人护理例子中的平均销售量(1 000 个)

		价格		
		2 美元	2.5 美元	3 美元
广告	50 000 美元	461	364	332
支出	100 000 美元	808	646	375

当价格 = 2 美元，广告支出 = 100 000 美元，平均销售量为 808 000

从另一个视角说明交互作用。图 15.4 给出了对应六种价格—广告支出组合的平均销售量的图表。该图表也说明了广告支出对销售量的影响取决于产品价格，即再次说明了交互作用的影响。如果两个变量间存在交互作用，则不能独立于另一变量单独研究一个变量对 y 的影响，也就是说，只有考虑到两个变量对结果产生的共同影响才能得到有意义的结论。

用下面的回归模型来说明交互作用的影响。

$$y = \beta_0 + \beta_1 x_1 + \beta_2 x_2 + \beta_3 x_1 x_2 + \varepsilon \tag{15.5}$$

式中：y = 销售量(1 000 个)，x_1 = 价格，x_2 = 广告支出(1 000 美元)。

注意到方程(15.5)反映了泰勒的观点，即销售数量既线性地取决于销售价格和广告支出，(由 $\beta_1 x_1$ 和 $\beta_2 x_2$ 项解释说明)，又由两变量的共同作用决定(由 $\beta_3 x_1 x_2$ 项说明)。

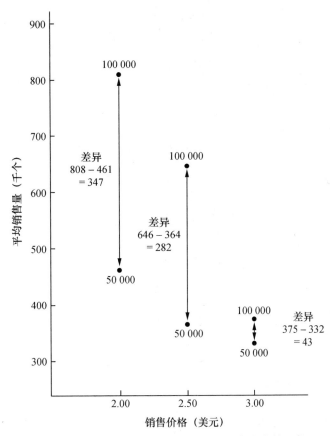

图 15.4 平均销售量作为销售价格和广告支出的函数

为建立样本回归方程,利用包括三个变量(z_1,z_2 和 z_3)的一般线性模型。

$$y = \beta_0 + \beta_1 z_1 + \beta_2 z_2 + \beta_3 z_3 + \varepsilon \tag{15.6}$$

其中

$$z_1 = x_1$$
$$z_2 = x_2$$
$$z_3 = x_1 x_2$$

图 15.5 是对应于泰勒个人护理例子中交互作用模型的 Excel 输出,得到的样本回归方程是:

$$\text{Sales} = -275.8333 + 175\text{Price} + 19.68\text{AdvExp} - 6.08\text{PriceAdv}$$

其中:Sales = 销售数量(千个),Price = 产品价格(美元),AdvExp = 广告支出(千美元),PriceAdv = 交互作用项(价格乘以广告支出)。

因为 PriceAdv 的 t 检验的 p-值等于 0.0000,说明考虑了产品价格和广告支出的线性影响的情况下,交互作用项是显著的,即回归结果表明广告支出对销售量的影响取决于价格。

	A	B	C	D	E	F	G	H	I	J
1	Price	AdvExp	PriceAdv	Sales						
2	2	50	100	478						
3	2.5	50	125	373						
4	3	50	150	335						
23	2	100	200	790						
24	2.5	100	250	670						
25	3	100	300	393						
26										
27	输出结果									
28										
29		回归统计量								
30	多元R	0.9890								
31	R平方	0.9781								
32	调整R平方	0.9748								
33	标准误差	28.1739								
34	样本数	24								
35										
36	ANOVA									
37		df	SS	MS	F	显著性F值				
38	回归	3	709316	236438.7	297.8692	9.26E-17				
39	残差	20	15875.3333	793.7667						
40	总离差	23	725191.3333							
41										
42		回归系数	标准误差	t统计量	P-值	下限95%	上限95%	下限99.0%	上限99.0%	
43	截距	-275.8333	112.8421	-2.4444	0.0239	-511.2178	-40.4488	-596.9075	45.2408	
44	Price	175	44.5468	3.9285	0.0008	82.0770	267.9230	48.2492	301.7508	
45	AdvExp	19.68	1.4274	13.7878	1.13E-11	16.7026	22.6574	15.6187	23.7413	
46	PriceAdv	-6.08	0.5635	-10.7901	8.68E-10	-7.2554	-4.9046	-7.6833	-4.4767	
47										

注：第5—22行隐藏。

图 15.5　泰勒个人护理一例的 Excel 输出

15.1.3　包含因变量的变换

在说明如何用一般线性模型说明多个自变量和因变量可能存在的关系过程中，主要阐述包括一个或多个自变量的变换的情况。很多情况下，考虑到包含因变量 y 的变换也是有意义的。作为说明应何时考虑因变量的变换的例证，请看表 15.4 中 12 种汽车重量和每加仑英里数的数据。图 15.6 的散点图表明两变量间存在负线性相关的关系。因此，用一个简单一阶模型把两个变量联系起来，图 15.7 是 Excel 输出，产生的样本回归方程是

$$\text{MPG} = 56.0957 - 0.0116\text{Weight}$$

其中：MPG = 每加仑英里数，Weight = 汽车重量（磅）。

模型是显著的（F 显著性检验和 p-值为 0.000），拟合优度非常高（$R^2 = 0.9354$）。

表 15.4　12 种汽车的重量和每加仑英里数据

重量	每加仑英里
2 289	28.7
2 113	29.2
2 180	34.2
2 448	27.9
2 026	33.3
2 702	26.4
2 657	23.9

（续表）

重量	每加仑英里
2 106	30.5
3 226	18.1
3 213	19.5
3 607	14.3
2 888	20.9

图 15.6　每加仑英里例子的散点图

	A	B	C	D	E	F	G	H	I	J
1	Weight	MPG								
2	2289	28.7								
3	2113	29.2								
4	2180	34.2								
11	3213	19.5								
12	3607	14.3								
13	2888	20.9								
14										
15	输出结果									
16										
17	回归统计量									
18	多元R	0.9672								
19	R平方	0.9354								
20	调整R平方	0.9289								
21	标准误差	1.6705								
22	样本数	12								
23										
24	ANOVA									
25		*df*	*SS*	*MS*	*F*	显著性*F*值				
26	回归	1	403.9759	403.9759	144.7601	2.85E-07				
27	残差	10	27.9066	2.7907						
28	总离差	11	431.8825							
29										
30		回归系数	标准误差	*t*统计量	*P*-值	下限95%	上限95%	下限99.0%	上限99.0%	
31	截距	56.0957	2.5821	21.7245	9.55E-10	50.3423	61.8490	47.9122	64.2792	
32		-0.0116	0.0010	-12.0316	2.85E-07	-0.0138	-0.0095	-0.0147	-0.0086	
33										

注：第5—10行隐藏。

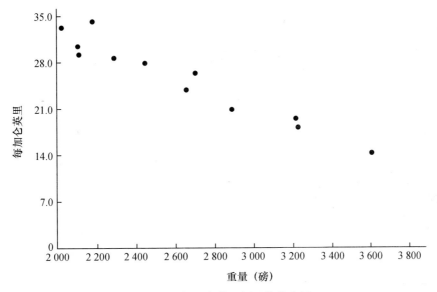

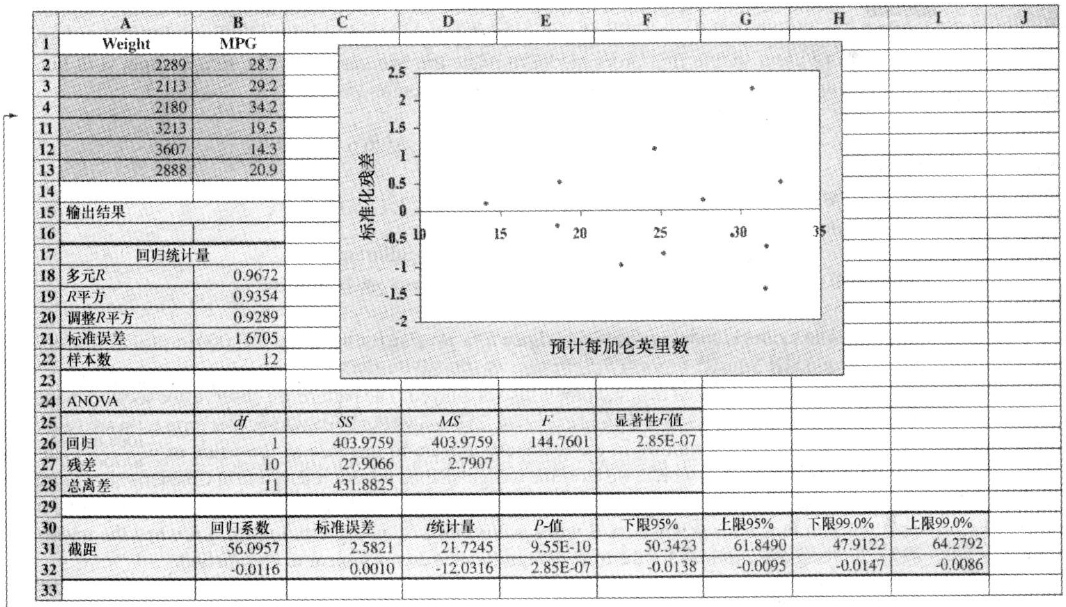

图 15.7　每加仑英里数例子的 Excel 输出

给出标准化残差图,观察到的残差图并不是呈水平状的,应该检验关于误差项 ε 的假定是否有效。残差的变动随着 $\hat{y}$(重量)值的增大而增大。换言之,残差图呈现出第十四章提及的非常数方差的楔形样式。当不能保证满足显著性检验的假设时,则无法得出关于得到的样本回归方程统计上显著性的任何结论。

通常可以利用变换因变量数值范围的方法来修正非常数方差问题。例如,如果用因变量的对数替代原始的因变量数据,结果会压缩因变量的值,减少非常数方差的影响。Excel 具有以 10 为底(常用对数)和以 e 为底(自然对数)的对数变换的功能。对每加仑英里数据取自然对数(参见图 15.8 单元格 C2 注释),建立重量与每加仑英里数据的自然对数关系的样本回归方程,得到的回归结果中,因变量是每加仑英里数的自然对数,在图 15.8 的输出中记为 LnMPG。

	A	B	C	D	E	F	G	H	I	J
1	Weight	MPG	LnMPG							
2	2289	28.7	3.3569							
3	2113	29.2	3.3742							
4	2180	34.2	3.5322							
11	3213	19.5	2.9704							
12	3607	14.3	2.6603							
13	2888	20.9	3.0397							
14										
15	输出结果									
16										
17		回归统计量								
18	多元R	0.9735								
19	R平方	0.9477								
20	调整R平方	0.9425								
21	标准误差	0.0643								
22	样本数	12								
23										
24	ANOVA									
25		df	SS	MS	F	显著性F值				
26	回归	1	0.7482	0.7482	181.2244	9.84E-08				
27	残差	10	0.0413	0.0041						
28	总离差	11	0.7895							
29										
30		回归系数	标准误差	t统计量	P-值	下限95%	上限95%	下限99.0%	上限99.0%	
31	截距	4.5242	0.0993	45.5527	6.26E-13	4.3029	4.7455	4.2095	4.8390	
32		-0.0005	0.0000	-13.4620	9.84E-08	-0.0006	-0.0004	-0.0006	-0.0004	

注:第5—10行隐藏。

图 15.8 每加仑英里数例子的 Excel 输出:对数变换

$$\text{LnMPG} = 4.5242 - 0.0005\,\text{Weight}$$

想要估计重量为 2 500 磅的汽车的每加仑英里数,先要估计其每加仑英里的对数。

$$\text{LnMPG} = 4.5242 - 0.0005 \times 2\,500 = 3.27$$

然后根据自然对数计算估计每加仑英里数。使用 Excel 的指数函数 EXP,或计算 $e^{3.27}$,得每加仑英里数等于 26.3。

非常数方差问题的另一种解决方法是用 $1/y$ 取代 y 作为因变量。这种类型的变换称为倒数变换。例如,如果因变量是每加仑英里,那么倒数变换将会得到新的因变量,其单位变为 $1/$(每加仑英里)或每英里加仑。一般地,在实际变换前,没有方法可以确定对数变换和倒数变换哪种方法更好。

15.1.4 线性本质的非线性模型

模型中参数$(\beta_0, \beta_1, \cdots, \beta_p)$的指数不等于1时称为非线性模型。但可以对指数模型进行变量代换,进而进行方程(15.1)一般线性模型的回归分析。指数模型的回归方程如下:

$$E(y) = \beta_0 \beta_1^x \tag{15.7}$$

当随着x的增加,因变量y不是以固定量而是以连续比例的增加或减少时,使用该模型是合适的。

假设一种产品的销售量y与广告支出x(千美元)的关系符合下面的回归方程:

$$E(y) = 500 \times 1.2^x$$

故对于$x=1, E(y) = 500 \times 1.2^1 = 600$;对于$x=2, E(y) = 500 \times 1.2^2 = 720$;对于$x=3, E(y) = 500 \times 1.2^3 = 864$。注意$E(y)$并不是以固定量增加,而是以固定的比例增加,增加的比例是20%。

对方程(15.7)两边取对数,将非线性模型变换为线性模型。

$$\log E(y) = \log \beta_0 + x \log \beta_1 \tag{15.8}$$

令$y' = \log E(y), \beta_0' = \log \beta_0, \beta_1' = \log \beta_1$,方程15.8可以写成

$$y' = \beta_0' + \beta_1' x$$

可以用简单线性回归的公式估计β_0'和β_1',记做b_0'和b_1',得到下面的样本回归方程:

$$\hat{y}' = b_0' + b_1' x \tag{15.9}$$

给定x值,要得到原来的因变量y,首先将x代入方程(15.9)计算出$\hat{y}', \hat{y}'$的逆对数即为y的预测值或y的期望值。

许多非线性模型不能被变换为等价的线性模型,这类模型在商业和经济领域应用有限,且研究这类模型所要求的数学背景超出本书范围。

15.2 变量增减的确定

本节介绍如何用F检验确定是否向多元回归模型中增加一个或多个变量,该检验基于模型增加一个或多个自变量后导致的误差平方和是否减小。首先阐述在前面提到的巴特勒汽车公司的例子中如何应用该检验。

在第十四章巴特勒汽车公司的例子中引进了多元线性回归。管理者们想建立回归方程,使用两个变量:运行英里数和运送次数,预测汽车每天的运行时间。若用运行英里数作为唯一的自变量,最小二乘法得到下面的样本回归方程:

$$\hat{y} = 1.2739 + 0.0678 x_1$$

第十四章已得到该模型的误差平方和为$SSE = 8.0287$。将运送次数x_2作为第二个自变量加入模型,则有下面的回归方程。

$$\hat{y} = -0.8687 + 0.0611 x_1 + 0.9234 x_2$$

此时模型的误差平方和$SSE = 2.2994$。显然,x_2的加入使得SSE减小。仍需要解答的问题是:增加变量x_2会导致SSE显著地减少吗?

当x_1作为模型中唯一的自变量时误差平方和记做$SSE(x_1)$,当x_1和x_2均为自变量时误差平方和记做$SSE(x_1, x_2)$,以此类推。故向仅有x_1作为自变量的模型中加入x_2导致SSE的减少是

$$SSE(x_1) - SSE(x_1, x_2) = 8.0287 - 2.2994 = 5.7293$$

进行 F 检验确定误差项的减少是否显著。

F 统计量的分子是减少的 SSE 除以原模型增加的自变量数目, 因为只增加一个自变量 x_2, 所以 F 统计量的分子是

$$\frac{SSE(x_1) - SSE(x_1, x_2)}{1} = 5.7293$$

分子度量了模型增加的每个自变量导致的 SSE 的减少。F 统计量的分母是包括所有自变量的模型的均方误差, 对应巴特勒汽车公司例子即为包括 x_1 和 x_2 的模型。这样, $p = 2$, 且

$$MSE = \frac{SSE(x_1, x_2)}{n - p - 1} = \frac{2.2994}{7} = 0.3285$$

下面的 F 统计量是检验 x_2 的增加是否统计上显著的基础。

$$F = \frac{\dfrac{SSE(x_1) - SSE(x_1, x_2)}{1}}{\dfrac{SSE(x_1, x_2)}{n - p - 1}} \tag{15.10}$$

F 检验的分子自由度等于模型增加的变量的数目, 分母的自由度等于 $n - p - 1$。

对于巴特勒汽车公司的例子, 有

$$F = \frac{\dfrac{5.7239}{1}}{\dfrac{2.2994}{7}} = \frac{5.7239}{0.3285} = 17.44$$

使用 Excel 可以得到 $F = 17.44$, p-值 $= 0.0042$。在 $\alpha = 0.05$ 的显著性水平下, 因为 p-值 $= 0.0042 < \alpha = 0.05$, 因此拒绝原假设: x_2 统计上是不显著的。换言之, 向仅包含 x_1 的模型中增加变量 x_2 使得误差平方和显著减少。

> 使用 Excel, p-值 = FDIST(17.44, 1, 7) = 0.0042。

当想要检验向模型中增加一个变量的显著性时, 结果显示, F 检验的结果同样可以由单个参数的 t 检验得到 (参见 14.5 节)。事实上, 前面计算的 F 统计量就是用来检验单个参数显著性的 t 统计量的平方。

因为当只有一个变量加入模型时, t 检验和 F 检验是等价的。那么现在可以进一步阐述用来检验单个参数显著性的 t 检验的适当应用。如果 t 检验表明仅有的一个参数不显著, 对应的变量可以从模型中剔除。然而, 如果 t 检验表明两个或更多的参数不显著, 在此基础上只可以剔除一个变量, 因为当去除一个变量后, 原来并不显著的其他变量可能变成显著的。

下面考虑增加不止一个自变量是否导致误差平方和的显著降低。

一般情况

包含 q 个自变量的多元回归模型如下, $q < p$。

$$y = \beta_0 + \beta_1 x_1 + \beta_2 x_2 + \cdots + \beta_q x_q + \varepsilon \tag{15.11}$$

若向模型中增加变量 $x_{q+1}, x_{q+2}, \cdots, x_p$, 得到包括 p 个自变量的模型。

$$y = \beta_0 + \beta_1 x_1 + \beta_2 x_2 + \cdots + \beta_q x_q + \beta_{q+1} x_{q+1} + \beta_{q+2} x_{q+2} + \cdots + \beta_p x_p + \varepsilon \tag{15.12}$$

要检验变量 $x_{q+1}, x_{q+2}, \cdots, x_p$ 的加入是否统计上显著,原假设和备择假设如下。

$$H_0: \beta_{q+1} = \beta_{q+2} = \cdots = \beta_p = 0$$

H_a:至少有一个参数不为 0

F 统计量是检验增加的自变量是否统计上显著的基础。

$$F = \frac{\dfrac{\text{SSE}(x_1, x_2, \cdots, x_q) - \text{SSE}(x_1, x_2, \cdots, x_q, x_{q+1}, \cdots, x_p)}{p - q}}{\dfrac{\text{SSE}(x_1, x_2, \cdots, x_q, x_{q+1}, \cdots, x_p)}{n - p - 1}} \tag{15.13}$$

F 统计量分子的自由度为 $p-q$,分母的自由度是 $n-p-1$。如果对应的 p-值 $\leq \alpha$ 或者 $F > F_\alpha$,则拒绝 H_0,说明增加的自变量整体上是显著的。注意在 $q=1, p=2$ 的特殊情况下,式(15.13)变为式(15.10)。

通常认为式(15.13)过于复杂,为简单地描述 F 统计量,把包含较少自变量的模型称作简化模型,把含有更多自变量的模型叫做全模型,简化模型的误差平方和记做 SSE(简化),全模型的误差平方和记做 SSE(全),则可以将式 15.13 的分子写成:

$$\frac{\text{SSE}(简化) - \text{SSE}(全)}{增加变量的个数} \tag{15.14}$$

增加变量的个数是指全模型和简化模型的自变量个数之差。式(15.13)的分母全模型的误差平方项除以其对应的自由度,即全模型的均方误差,记做 MSE(全),F 统计量可以写成:

$$F = \frac{\dfrac{\text{SSE}(简化) - \text{SSE}(全)}{增加变量的个数}}{\text{MSE}(全)} \tag{15.15}$$

下面说明 F 统计量的应用。假设有一个包括 30 个观测的回归问题,一个以 x_1, x_2, x_3 为自变量的模型的误差平方和等于 150,另一个模型的自变量是 x_1, x_2, x_3, x_4 和 x_5,误差平方和等于 100,变量 x_4 和 x_5 的增加使得误差平方和显著降低了吗?

首先,注意 SST 的自由度为 $30 - 1 = 29$,全模型的回归平方和的自由度是 5(全模型中自变量的个数),故全模型的误差平方和的自由度是 $n - p - 1 = 30 - 5 - 1 = 24$,因此 $\text{MSE}(全) = 100/24 = 4.17$,故 F 统计量为

$$F = \frac{\dfrac{150 - 100}{2}}{4.17} = 6.00$$

计算出的 F 统计量的值与查表得到的分子自由度等于 2、分母自由度等于 24 的 F 值相比较。Excel 给出在 $\alpha = 0.05$ 水平下,对应 $F = 6.00$ 的 p-值 $= 0.0077$,因为 p-值 $< \alpha = 0.05$,所以结论是增加变量 x_4 和 x_5 是统计上显著的。

> 使用 Excel,p-值 = FDIST(6,2,24) = 0.0077。

注释与评论

也可以基于回归平方和的差计算 F 统计量的值。为说明这种形式的 F 统计量,首先:

$$\text{SSE}(简化) = \text{SST} - \text{SSR}(简化)$$

$$SSE(全) = SST - SSR(全)$$

因此

$$SSE(简化) - SSE(全) = [SST - SSR(简化)] - [SST - SSR(全)]$$
$$= SSR(全) - SSR(简化)$$

这样，

$$F = \frac{\dfrac{SSR(全) - SSR(简化)}{增加变量的个数}}{MSE(全)}$$

15.3 较多自变量问题分析

在介绍多元回归分析时广泛使用了巴特勒汽车公司的例子。小规模问题在探讨基础概念时有其优势，但却很难用其阐述模型建立中的变量选择问题。为下节将讨论的变量选择方法做准备，现引进一包含 8 个变量、25 个观测值的数据集。这些数据得到得克萨斯基督教大学营销系的 David W. Cravens 博士的授权，故将此数据集合称为 Cravens 数据*。

Cravens 数据是关于某公司在几个区域销售产品，各区域指派一个销售代表。建立回归分析以确定是否一系列的预测变量（自变量）能够解释各区域的销售额。表 15.5 是 25 个销售区域产生的随机样本数据，表 15.6 为变量的定义。

表 15.5 Cravens 数据

Sales	Time	Poten	AdvExp	Share	Change	Accounts	Work	Rating
3 669.88	43.10	74 065.1	4 582.9	2.51	0.34	74.86	15.05	4.9
3 473.95	108.13	58 117.3	5 539.8	5.51	0.15	107.32	19.97	5.1
2 295.10	13.82	21 118.5	2 950.4	10.91	-0.72	96.75	17.34	2.9
4 675.56	186.18	68 521.3	2 243.1	8.27	0.17	195.12	13.40	3.4
6 125.96	161.79	57 805.1	7 747.1	9.15	0.50	180.44	17.64	4.6
2 134.94	8.94	37 806.9	402.4	5.51	0.15	104.88	16.22	4.5
5 031.66	365.04	50 935.3	3 140.6	8.54	0.55	256.10	18.80	4.6
3 367.45	220.32	35 602.1	2 086.2	7.07	-0.49	126.83	19.86	2.3
6 519.45	127.64	46 176.8	8 846.2	12.54	1.24	203.25	17.42	4.9
4 876.37	105.69	42 053.2	5 673.1	8.85	0.31	119.51	21.41	2.8
2 468.27	57.72	36 829.7	2 761.8	5.38	0.37	116.26	16.32	3.1
2 533.31	23.58	33 612.7	1 991.8	5.43	-0.65	142.28	14.51	4.2
2 408.11	13.82	21 412.8	1 971.5	8.48	0.64	89.43	19.35	4.3
2 337.38	13.82	20 416.9	1 737.4	7.80	1.01	84.55	20.02	4.2
4 586.95	86.99	36 272.0	10 694.2	10.34	0.11	119.51	15.26	5.5

---

* 具体参见 David W Cravens, Robert B. Woodruff 和 Joe C. Stamper, An Analytical Approach for Evaluating Sales Territory Performance, *Journal of Marketing*, 36 (January 1972):31—37. Copyright © 1972 American Marketing Association.

(续表)

Sales	Time	Poten	AdvExp	Share	Change	Accounts	Work	Rating
2 729.24	165.85	23 093.3	8 618.6	5.15	0.04	80.49	15.87	3.6
3 289.40	116.26	26 878.6	7 747.9	6.64	0.68	136.58	7.81	3.4
2 800.78	42.28	39 572.0	4 565.8	5.45	0.66	78.86	16.00	4.2
3 264.20	52.84	51 866.1	6 022.7	6.31	-0.10	136.58	17.44	3.6
3 453.62	165.04	58 749.8	3 721.1	6.35	-0.03	138.21	17.98	3.1
1 741.45	10.57	23 990.8	861.0	7.37	-1.63	75.61	20.99	1.6
2 035.75	13.82	25 694.9	3 571.5	8.39	-0.43	102.44	21.66	3.4
1 578.00	8.13	23 736.3	2 845.5	5.15	0.04	76.42	21.46	2.7
4 167.44	58.44	34 314.3	5 060.1	12.88	0.22	136.58	24.78	2.8
2 799.97	21.14	22 809.5	3 552.0	9.14	-0.74	88.62	24.96	3.9

表 15.6 Cravens 数据的变量定义

变量	定义
销售额 Sales	销售代表的总销售额
时间 Time	以月为单位的被雇佣时间长度
潜力 Poten	市场潜力,该销售区域总的行业销售量*
广告支出 AdvExp	该销售区域的广告费用
份额 Share	市场份额,过去 4 年的平均加权
变化 Change	之前 4 年内的市场份额的改变
账户数 Accounts	销售代表的账户数*
任务 Work	工作量,基于每年的购买和账户集中度的加权指数
排名 Rating	对销售代表在八个方面表现的整体排名,总计的得分范围为 1—7。

* 已对这些数据进行编码以保密。

作为基础的第一步,先考虑变量之间的两两样本相关系数。图 15.9 给出了利用 Excel 相关工具得到的相关矩阵。注意销售额和时间的样本相关系数是 0.623,销售额和市场潜力的样本相关系数是 0.598,以此类推。

	Sales	Time	Poten	AdvExp	Share	Change	Accouns	Work
Time	0.623							
Poten	0.598	0.454						
AdvExp	0.596	0.249	0.174					
Share	0.484	0.106	-0.211	0.264				
Change	0.489	0.251	0.268	0.377	0.085			
Accounts	0.754	0.758	0.479	0.200	0.403	0.327		
Work	-0.117	-0.179	-0.259	-0.272	0.349	-0.288	-0.199	
Rating	0.402	0.101	0.359	0.411	-0.024	0.549	0.229	-0.277

图 15.9 Cravens 数据的样本相关系数

观察变量间的样本相关系数,发现时间和销售代表设置的账目数相关系数是0.758,因此,如果将账目数作为一个自变量,那么时间变量的加入并不会使模型的解释能力增加太多。回顾14.5节中讨论多重共线性问题的经验法则:如果任意两个自变量的样本相关系数的绝对值超过0.7,那么就会导致多重共线性问题,所以,在一个回归模型中尽可能的避免同时出现时间和账户数变量,变化和排名的样本相关系数为0.549,同样比较大,有待进一步考虑。

通过观察销售额和各个自变量间的样本相关系数可以很快了解到哪些自变量本身是很好的预测变量。可以看到,预测销售额最好的变量是账户数变量,因为该变量有着最高的样本相关系数值(0.754)。回顾只有一个自变量的情形,样本相关系数的平方即为样本决定系数,这样,账户数能够解释销售额变动的 $0.754^2 \times 100 = 56.85\%$。次重要的自变量依次为时间、潜力、广告支出,这几个变量的样本相关系数近似为0.6。

尽管潜力变量存在多重共线性问题,考虑建立有8个变量的样本回归方程。图15.10是Excel回归工具的结果。8个变量的多元回归模型的调整决定系数是0.8331,然而,在 $\alpha = 0.05$ 的水平下,考虑到所有变量的影响后,p-值一列(单个参数 t 检验的 p-值)表明,只有市场潜力、广告支出和市场份额是显著的。因此想要研究如果只是考虑这3个显著的变量将会得到怎样的结果。图15.11是带有3个自变量的样本回归方程的Excel输出结果。可以看到样本回归方程的调整决定系数是0.8274,与有8个自变量的样本回归方程几乎相同。

	A	B	C	D	E	F	G	H	I	J
1	输出结果									
2										
3	回归统计量									
4	多元R	0.9602								
5	R平方	0.9220								
6	调整R平方	0.8331								
7	标准误差	449.0154								
8	样本数	25								
9										
10	ANOVA									
11		df	SS	MS	F	显著性F值				
12	回归	8	38153712.11	4769214	23.6551	1.81E-07				
13	残差	16	3225836.813	201614.8						
14	总离差	24	41379548.93							
15										
16		回归系数	标准误差	t统计量	P-值	下限95%	上限95%	下限95.0%	上限95.0%	
17	截距	-1507.8358	778.6084	-1.9366	0.0707	-3158.4119	142.7403	-3158.4119	142.7403	
18	Time	2.0101	1.9305	1.0412	0.3132	-2.0824	6.1026	-2.0824	6.1026	
19	Poten	0.0372	0.0082	4.5361	0.0003	0.0198	0.0546	0.0198	0.0546	
20	AdvExp	0.1510	0.0471	3.2051	0.0055	0.0511	0.2508	0.0511	0.2508	
21	Share	199.0402	67.0291	2.9695	0.0090	56.9447	341.1356	56.9447	341.1356	
22	Change	290.8666	186.7769	1.5573	0.1390	-105.0827	686.8159	-105.0827	686.8159	
23	Accounts	5.5497	4.7754	1.1621	0.2622	-4.5737	15.6732	-4.5737	15.6732	
24	Work	19.7939	33.6752	0.5878	0.5649	-51.5943	91.1821	-51.5943	91.1821	
25	Rating	8.1890	128.4985	0.0637	0.9500	-264.2155	280.5936	-264.2155	280.5936	
26										

图15.10　8个自变量全部使用的Excel输出

对于给定的数据,怎样找到拟合度最好的样本回归方程呢?一种方法是计算出所有的方程,就是说,需要计算8个单变量的样本回归方程(每个方程对应一个自变量),28个双变量样本回归方程(从八个变量中每次取两个的组合),以此类推,这样对于Cravens数据,总计要建立255个包含一个或多个自变量的不同的样本回归方程来对其进行拟合。

目前存在很多出色的计算机软件包使得计算所有可能的回归能够实现,但是这样做需要大量

	A	B	C	D	E	F	G	H	I	J
1	输出结果									
2										
3	回归统计量									
4	多元R	0.9214								
5	R平方	0.8490								
6	调整R平方	0.8274								
7	标准误差	545.5151								
8	样本数	25								
9										
10	ANOVA									
11			df	SS	MS	F	显著性F值			
12	回归		3	35130228.29	11710076	39.3501	8.43E-09			
13	残差		21	6249320.641	297586.7					
14	总离差		24	41379548.93						
15										
16		回归系数	标准误差	t统计量	P-值	下限95%	上限95%	下限99.0%	上限99.0%	
17	截距	-1603.5821	505.5509	-3.1719	0.0046	-2654.9328	-552.2315	-3034.9786	-172.1857	
18	Poten	0.0543	0.0075	7.2632	3.74E-07	0.0387	0.0698	0.0331	0.0754	
19	AdvExp	0.1675	0.0443	3.7829	0.0011	0.0754	0.2596	0.0421	0.2928	
20	Share	282.7469	48.7556	5.7993	9.33E-06	181.3541	384.1398	144.7023	420.7916	
21										

图15.11 使用3个自变量：潜力、广告支出和市场份额的Excel输出

的计算,也要求模型建立者观察分析大量的计算机输出,而这其中有很多明显是很拙劣的模型。统计学家倾向于使用更系统的方法选择合适的自变量子集来建立最好的样本回归方程。下一节将介绍一些普遍使用的方法。

15.4 变量选择方法

本节将讨论四种变量选择的方法:逐步回归方法、前向选择法、后向消去法、最优子集回归分析法。对于给定的有多个可能的自变量的数据集合,这些变量选择方法提供了系统的方法选出自变量子集来建立最好的模型。前三种方法都是迭代的,这些方法中的每一步都将加入或去除一个自变量,然后对新的模型进行评估。该过程一直持续,直到出现停止准则:即显示该过程不能找到更好的模型。最优子集回归分析法并不是每次只比较一个变量,该方法评价的是包含不同自变量子集的回归模型。

> 在模型建立的初步阶段,变量选择方法非常有用,但不能取代分析中的经验和判断。

在逐步回归分析、前向选择和后向消去过程中,每一步选择一个自变量加入模型或从模型中被删除的准则是基于15.2节中介绍的F统计量。例如,假设要考虑是向一个含有x_1的模型中加入变量x_2,还是从含有x_1和x_2的模型中去除变量x_2,就要检验增加或删除变量x_2是否是统计上显著的。原假设和备择假设如下：

$$H_0: \beta_2 = 0$$
$$H_a: \beta_2 \neq 0$$

15.2节的方程(15.10)指出

$$F = \frac{\dfrac{\text{SSE}(x_1) - \text{SSE}(x_1, x_2)}{1}}{\dfrac{\text{SSE}(x_1, x_2)}{n - p - 1}}$$

可以作为标准来判定模型中 x_2 的存在是否能够使误差平方和显著地减少。F 统计量对应的 p-值可以说明一个自变量是否应该加入模型或从模型中删除。一般的拒绝规则：如果 p-值 $< \alpha$，则拒绝 H_0。

15.4.1 逐步回归法

逐步回归法首先确定模型中已经存在的变量是否应该被去除，通过计算 F 统计量（如前所述）和模型中每个自变量对应的 p-值来实现。决定一个自变量是否应该从模型中去除的置信水平 α 称为删除 α，决定一个自变量是否应加入模型的置信水平 α 称为加入 α。p-值最小的自变量应被加入模型，如果其 p-值小于加入 α，以这种方式持续该过程，直至没有自变量可以被加入模型或被从模型中删除。

15.4.2 前向选择法

前向选择方法起始时没有自变量，使用与逐步回归分析中确定是否一个变量应被加入模型同样的方法，但是，一旦某个变量被加入模型，该方法不允许删除这一变量。若模型中不包括的自变量的 p-值都大于加入 α，则过程停止。

15.4.3 后向消去法

后向消去方法以包含所有自变量的模型开始，然后用与逐步回归分析同样的方法每次去除一个变量，一旦变量被从模型中删除，该方法不允许将其重新加入。当模型中不存在 p-值大于删除 α 的自变量时过程停止。

15.4.4 使用 Excel 运行后向消去法

Excel 本身没有运行逐步回归分析、前向选择或后向消去法的功能。但 Excel 回归工具可以对一个包括所有自变量的模型运行一系列的回归问题来实现后向消去法。下面用 Cravens 数据和删除 $\alpha = 0.05$ 来具体说明。

图 15.10（前面已给出）是 Cravens 数据问题使用全部 8 个自变量的 Excel 输出。后向消去法的第一步，就是要检验是否存在任意自变量的 p-值大于删除 $\alpha = 0.05$：时间 0.3132，变化 0.1390，账户数 0.2622，任务 0.5694，排名 0.9500。可见，排名的 p-值最大，故将排名变量从现有模型中删除，得到包含剩余 7 个自变量的新的样本回归方程。图 15.12 给出了新样本回归方程的 Excel 输出。

图 15.12 说明 7 个自变量中的 4 个变量的 p-值大于 0.05：时间 0.2867，变化 0:0896，账户数 0.2340，任务 0.5501。因为任务变量的 p-值最大且大于 0.05，下一步将从模型中删除这一变量，这样得到对应 6 个自变量的新的样本回归方程：时间、潜力、广告支出、市场份额、变化和账户数。略去完整的回归输出，重要结果简单概括如表 15.7 所示。

	A	B	C	D	E	F	G	H	I	J
1	输出结果									
2										
3	回归统计量									
4	多元R	0.9602								
5	R平方	0.9220								
6	调整R平方	0.8899								
7	标准误差	435.6642								
8	样本数	25								
9										
10	ANOVA									
11			df	SS	MS	F	显著性F值			
12	回归		7	38152893.29	5450413	28.7161	3.21E-08			
13	残差		17	3226655.64	189803.3					
14	总离差		24	41379548.93						
15										
16		回归系数	标准误差	t统计量	P-值	下限95%	上限95%	下限99.0%	上限99.0%	
17	截距	-1485.9001	677.6281	-2.1928	0.0425	-2915.5705	-56.2297	-3449.8227	478.0224	
18	Time	1.9751	1.7957	1.0999	0.2867	-1.8134	5.7637	-3.2292	7.1794	
19	Poten	0.0373	0.0079	4.7499	0.0002	0.0207	0.0539	0.0145	0.0600	
20	AdvExp	0.1520	0.0432	3.5139	0.0027	0.0607	0.2432	0.0266	0.2773	
21	Share	198.3252	64.1187	3.0931	0.0066	63.0466	333.6038	12.4945	384.1560	
22	Change	295.8774	164.3831	1.7999	0.0896	-50.9407	642.6954	-180.5427	772.2975	
23	Accounts	5.6089	4.5449	1.2341	0.2340	-3.9800	15.1979	-7.5633	18.7812	
24	Work	19.8989	32.6347	0.6097	0.5501	-48.9543	88.7521	-74.6840	114.4818	
25										

图 15.12 删除排名变量后 Cravens 数据的 Excel 输出

表 15.7 概括 Cravens 数据后向消去程序

	所有变量的 p-值	第 1 步 p-值	第 2 步 p-值	第 3 步 p-值	第 4 步 p-值
截距	0.0707	0.0425	0.01255	0.0125	0.0074
时间(Time)	0.3132	0.2867	0.1982	0.1982	0.0070
潜力(Doten)	0.0003	0.0002	7.94E-05	7.94E-05	4.65E-06
广告支出(AdvExp)	0.0055	0.0027	0.0018	0.0018	0.0007
市场份额(Share)	0.0090	0.0066	0.0004	0.0004	5.2E-06
变化(Change)	0.1390	0.0896	0.0927	0.0927	删除
账户数(Accounts)	0.2622	0.2340	0.2882	删除	
任务(Work)	0.5649	0.5501	删除		
排名(Rating)	0.9500	删除			

表 15.7 标题为所有变量的列给出了后向消去法开始时 8 个自变量各自的 p-值。利用这些 p-值确定排名为最先从模型中去除的变量。删除排名后得到的新样本回归方程的输出结果显示在列标题为第 1 步的一列中。每一步的列标题说明了从模型中删除的自变量。标题为"第 1 步"的一列对应删除了排名变量的新样本回归方程的 p-值;换言之,这些是图 15.12 回归输出中的 p-值。类似的,表 15.7 中标题为"第 2 步"的一列说明在第 2 步选择将任务变量从模型中删除,该列对应的是含有 6 个自变量的新的样本回归方程的 p-值:时间、潜力、广告支出、市场份额、变化和账户数。现在 p-值最大的自变量是账户数(p-值 = 0.2882),这样第 3 步将账户数从模型中删除,得到新的样本回归方程。第 4 步,变化是剩余自变量中唯一 p-值大于 0.05 的变量,应从模型中删除。由于模型中现已不存在 p-值大于删除 $\alpha = 0.05$ 的自变量,故过程停止。

图 15.13 说明后向消去程序最后一步对应从四个自变量中选择的 Excel 输出:时间、潜力、广告支出和市场份额。利用后向消去法得到的样本回归方程为

$$\hat{y} = -1\,312.381\,7 + 3.816\,6\text{Time} + 0.044\,4\text{Poten} + 0.152\,5\text{AdvExp} + 259.484\,3\text{Share}$$

调整 $R^2 = 0.875\,2$，可见样本回归方程拟合度良好。

	A	B	C	D	E	F	G	H	I	J
1	输出结果									
2										
3		回归统计量								
4	多元R	0.9466								
5	R平方	0.8960								
6	调整R平方	0.8752								
7	标准误差	463.9334								
8	样本数	25								
9										
10	ANOVA									
11		df	SS	MS	F	显著性F值				
12	回归	4	37074865.43	9268716	43.0634	1.48E-09				
13	残差	20	4304683.495	215234.2						
14	总离差	24	41379548.93							
15										
16		回归系数	标准误差	t统计量	P-值	下限95%	上限95%	下限99.0%	上限99.0%	
17	截距	-1312.3817	440.7254	-2.9778	0.0074	-2231.7188	-393.0445	-2566.3953	-58.3680	
18	Time	3.8166	1.2697	3.0058	0.0070	1.1680	6.4652	0.2038	7.4294	
19	Poten	0.0444	0.0072	6.2027	4.65E-06	0.0295	0.0593	0.0240	0.0648	
20	AdvExp	0.1525	0.0380	4.0144	0.0007	0.0732	0.2317	0.0445	0.2605	
21	Share	259.4843	42.1803	6.1518	5.2E-06	171.4978	347.4708	139.4671	379.5015	
22										

图 15.13　后向消去程序第 4 步后的 Excel 结果

前向选择和后向消去是模型建立的两个极端；前向选择从模型中不存在自变量开始，每次增加一个自变量；而后向消去从模型中包含所有自变量开始，每次消去一个变量。这两种方法可以得到同样的样本回归方程结果，但也有可能得到不同的回归方程。究竟使用哪一个回归方程仍是需要讨论的问题，总之必须要在分析基础上进行判断。在做最后的决定之前，下面要讨论的最优子集建模分析法提供了更多可以考虑的信息。

> 前项选择法和后向消去法两种不同的方法可能最终得到不同的模型。

15.4.5　最优子集回归分析

逐步回归分析、前向选择和后向消去都是通过每次向模型中加入或删除一个自变量来选择回归模型的，对于给定的若干变量，这些方法不能保证可以得到最优的模型。想要选择好的回归模型，每次一个变量的方法只是启发式求解。

一些统计软件包有种称做最优子集回归的程序可以让使用者能够对给定的自变量找到最好的回归方程。这类软件的典型输出能够让使用者确定两个最好的单变量样本回归方程，两个最好的双变量回归方程，两个最好的三变量回归方程，以此类推。对任意个预测变量，判定哪个样本回归方程是最好的，通常要根据样本决定系数的值。

注释与评论

1. 自变量的函数可以作为新的自变量在本节中介绍的任意方法中加以应用。例如，如果想在模型中加入 $x_1 x_2$ 的交互作用变量，则利用 x_1 和 x_2 的数据产生新的数据 $z = x_1 x_2$。
2. 通过每次增加或删除一个变量的方法不能保证识别出最好的回归模型，但对于找到好的模型，尤其是不存在多重共线性的模型,该类方法则是非常合适的。

15.5 残差分析

第十三章和第十四章介绍了如何利用残差图检测是否违背模型假定,既要检测关于误差项 ε 的假定,也要检测模型的函数形式。本章讨论了当检测到违背相关假定的情况时应采取的一些措施。若需要不同的函数形式,根据一般线性模型考虑使用非线性和交互作用项。若需要考虑几个自变量,则可以应用上一节介绍的变量选择程序。

之前也讨论了怎样应用残差分析检测异常值或检测对确定样本回归方程有特殊影响的观测值。当发现这类异常值和有特殊影响的观测值时,注意采取一定措施。误差项间一种特殊类型的相关会导致很多问题,这种相关被称为序列相关或自相关。本节将说明如何利用德宾—沃森检验(Durbin-Watson 检验,或 DW 检验)检测是否存在显著的自相关。

自相关和 DW 检验

在商业和经济领域进行回归研究所使用的数据通常从不同时期收集而来。对于 t 时刻的 y 值,记作 y_t,常常与前一时间点的 y 值相关,称这种情况为数据中存在自相关(又称序列相关)。若 t 时点的 y 值与 $t-1$ 时点的 y 值相关,则称序列存在一阶自相关;若 t 时点的 y 值与 $t-2$ 时点的 y 值相关,则称序列存在二阶自相关,以此类推。

自相关的存在违背了误差项相互独立的假定,误差项不再是独立的。在一阶自相关的情况下,t 时刻的误差项,记作 ε_t,与 $t-1$ 时刻的误差项 ε_{t-1} 相关。图 15.14 说明了两种一阶自相关的情况,其中,A 为正自相关,B 为负自相关。在正自相关的情况下,若某一时点的残差为正,其下一时点的残差也为正;若某一时点残差为负,其下一时点的残差也为负。负自相关时,若某一时点的残差为正,其接下来的时点残差为负,再下一时点残差仍为正,以此类推。

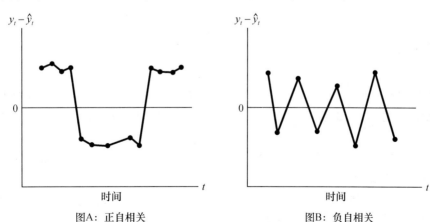

图A:正自相关 图B:负自相关

图 15.14 存在一阶自相关的两个数据集合的残差图

在存在自相关的情况下,基于回归模型假定进行的统计显著性检验就会出现严重偏误。因此能够检测出自相关并采取纠正措施是十分重要的。下面阐述如何应用 DW 统计量检测一阶自相关。

假设 ε 的值非独立,存在如下形式的相关关系:

$$\varepsilon_t = \rho\varepsilon_{t-1} + z_t \tag{15.16}$$

其中,ρ 为绝对值小于 1 的参数,z_t 为独立的随机变量,服从均值为 0、方差为 σ^2 正态分布。从式 (15.16) 可以看到,若 $\rho=0$,则误差项不相关,服从均值为 0、方差为 σ^2 的正态分布,此时,不存在自相关,符合回归模型的假定。若 $\rho>0$,则存在正自相关,若 $\rho<0$,存在负自相关,这两种情况都违背了关于误差项的回归假定。

用于检测自相关的 DW 检验使用残差来确定是否 $\rho=0$,为简化 DW 统计量的符号,记第 i 个残差为 $e_i = y_i - \hat{y}_i$,DW 检验的统计量计算公式如下:

DW 检验统计量

$$d = \frac{\sum_{t=2}^{n}(e_t - e_{t-1})^2}{\sum_{t=1}^{n}e_t^2} \tag{15.17}$$

如果相邻的残差值很相近(正自相关),DW 检验统计量的值会很小。如果相邻的残差值相差很大(负自相关),DW 检验统计量的值就会很大。

DW 检验统计量的值在 0—4 的范围内变化,当该值等于 2 时说明不存在自相关。德宾和沃森已经设计了用来确定 DW 统计量说明是否存在自相关的表格。表 15.8 为假设检验在 $\alpha = 0.05$,$\alpha = 0.025$ 和 $\alpha = 0.01$ 水平下的上下限 (d_L 和 d_U);n 代表观测值的数目。被检验的原假设通常是不存在自相关:

$$H_0: \rho = 0$$

对于正自相关的备择假设是

$$H_a: \rho > 0$$

对于负自相关的备择假设是

$$H_a: \rho < 0$$

也可能是双边假设,这种情况下,备择假设是

$$H_a: \rho \neq 0$$

图 15.15 说明如何使用表 15.8 中的 d_L 和 d_U 值检验自相关。A 图说明正自相关的情况。如果 $d < d_L$,则存在正自相关;如果 $d_L \leq d \leq d_U$,则不能确定;如果 $d > d_U$,说明没有证据表明是正自相关。

B 图说明检验负自相关的情况。如果 $d > 4 - d_L$,结论是存在负自相关;如果 $4 - d_U \leq d \leq 4 - d_L$,则不能确定;如果 $d < 4 - d_U$,说明没有证据表明存在负自相关。

C 图说明双边检验的情况。如果 $d < d_L$ 或 $d > 4 - d_L$,则拒绝 H_0,结论为存在自相关;如果 $d_L \leq d \leq d_U$ 或 $4 - d_U \leq d \leq 4 - d_L$,结论是不能确定是否存在自相关;如果 $d_U < d < 4 - d_U$,结论是没有证据表明存在自相关。

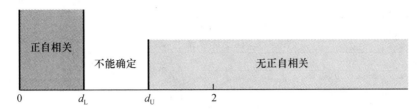

图A：正自相关检验

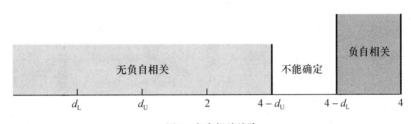

图B：负自相关检验

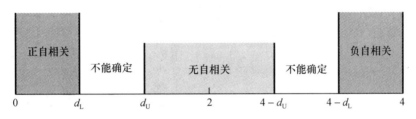

图C：双侧自相关检验

图 15.15 使用 DW 检验进行自相关的假设检验

表 15.8 自相关 DW 检验的临界值

注：该表是单尾自相关 DW 检验的临界值，对于双尾检验，显著性水平应加倍。

$\alpha = 0.05$ 水平下的 d_L 和 d_U

n	自变量个数									
	1		2		3		4		5	
	d_L	d_U	d_L	d_U	d_L	d_U	d_L	d_U	d_L	d_U
15	1.08	1.36	0.95	1.54	0.82	1.75	0.69	1.97	0.56	2.21
16	1.10	1.37	0.98	1.54	0.86	1.73	0.74	1.93	0.62	2.15
17	1.13	1.38	1.02	1.54	0.90	1.71	0.78	1.90	0.67	2.10
18	1.16	1.39	1.05	1.53	0.93	1.69	0.82	1.87	0.71	2.06
19	1.18	1.40	1.08	1.53	0.97	1.68	0.86	1.85	0.75	2.02
20	1.20	1.41	1.10	1.54	1.00	1.68	0.90	1.83	0.79	1.99
21	1.22	1.42	1.13	1.54	1.03	1.67	0.93	1.81	0.83	1.96
22	1.24	1.43	1.15	1.54	1.05	1.66	0.96	1.80	0.86	1.94
23	1.26	1.44	1.17	1.54	1.08	1.66	0.99	1.79	0.90	1.92
24	1.27	1.45	1.19	1.55	1.10	1.66	1.01	1.78	0.93	1.90
25	1.29	1.45	1.21	1.55	1.12	1.66	1.04	1.77	0.95	1.89
26	1.30	1.46	1.22	1.55	1.14	1.65	1.06	1.76	0.98	1.88

（续表）

$\alpha = 0.05$ 水平下的 d_L 和 d_U

n	自变量个数									
	1		2		3		4		5	
	d_L	d_U	d_L	d_U	d_L	d_U	d_L	d_U	d_L	d_U
27	1.32	1.47	1.24	1.56	1.16	1.65	1.08	1.76	1.01	1.86
28	1.33	1.48	1.26	1.56	1.18	1.65	1.10	1.75	1.03	1.85
29	1.34	1.48	1.27	1.56	1.20	1.65	1.12	1.74	1.05	1.84
30	1.35	1.49	1.28	1.57	1.21	1.65	1.14	1.74	1.07	1.83
31	1.36	1.50	1.30	1.57	1.23	1.65	1.16	1.74	1.09	1.83
32	1.37	1.50	1.31	1.57	1.24	1.65	1.18	1.73	1.11	1.82
33	1.38	1.51	1.32	1.58	1.26	1.65	1.19	1.73	1.13	1.81
34	1.39	1.51	1.33	1.58	1.27	1.65	1.21	1.73	1.15	1.81
35	1.40	1.52	1.34	1.58	1.28	1.65	1.22	1.73	1.16	1.80
36	1.41	1.52	1.35	1.59	1.29	1.65	1.24	1.73	1.18	1.80
37	1.42	1.53	1.36	1.59	1.31	1.66	1.25	1.72	1.19	1.80
38	1.43	1.54	1.37	1.59	1.32	1.66	1.26	1.72	1.21	1.79
39	1.43	1.54	1.38	1.60	1.33	1.66	1.27	1.72	1.22	1.79
40	1.44	1.54	1.39	1.60	1.34	1.66	1.29	1.72	1.23	1.79
45	1.48	1.57	1.43	1.62	1.38	1.67	1.34	1.72	1.29	1.78
50	1.50	1.59	1.46	1.63	1.42	1.67	1.38	1.72	1.34	1.77
55	1.53	1.60	1.49	1.64	1.45	1.68	1.41	1.72	1.38	1.77
60	1.55	1.62	1.51	1.65	1.48	1.69	1.44	1.73	1.41	1.77
65	1.57	1.63	1.54	1.66	1.50	1.70	1.47	1.73	1.44	1.77
70	1.58	1.64	1.55	1.67	1.52	1.70	1.49	1.74	1.46	1.77
75	1.60	1.65	1.57	1.68	1.54	1.71	1.51	1.74	1.49	1.77
80	1.61	1.66	1.59	1.69	1.56	1.72	1.53	1.74	1.51	1.77
85	1.62	1.67	1.60	1.70	1.57	1.72	1.55	1.75	1.52	1.77
90	1.63	1.68	1.61	1.70	1.59	1.73	1.57	1.75	1.54	1.78
95	1.64	1.69	1.62	1.71	1.60	1.73	1.58	1.75	1.56	1.78
100	1.65	1.69	1.63	1.72	1.61	1.74	1.59	1.76	1.57	1.78

$\alpha = 0.025$ 水平下的 d_L 和 d_U

n	自变量个数									
	1		2		3		4		5	
	d_L	d_U	d_L	d_U	d_L	d_U	d_L	d_U	d_L	d_U
15	0.95	1.23	0.83	1.40	0.71	1.61	0.59	1.84	0.48	2.09
16	0.98	1.24	0.86	1.40	0.75	1.59	0.64	1.80	0.53	2.03
17	1.01	1.25	0.90	1.40	0.79	1.58	0.68	1.77	0.57	1.98
18	1.03	1.26	0.93	1.40	0.82	1.56	0.72	1.74	0.62	1.93
19	1.06	1.28	0.96	1.41	0.86	1.55	0.76	1.72	0.66	1.90
20	1.08	1.28	0.99	1.41	0.89	1.55	0.79	1.70	0.70	1.87
21	1.10	1.30	1.01	1.41	0.92	1.54	0.83	1.69	0.73	1.84
22	1.12	1.31	1.04	1.42	0.95	1.54	0.86	1.68	0.77	1.82
23	1.14	1.32	1.06	1.42	0.97	1.54	0.89	1.67	0.80	1.80

(续表)

$\alpha = 0.025$ 水平下的 d_L 和 d_U

n	自变量个数									
	1		2		3		4		5	
	d_L	d_U	d_L	d_U	d_L	d_U	d_L	d_U	d_L	d_U
24	1.16	1.33	1.08	1.43	1.00	1.54	0.91	1.66	0.83	1.79
25	1.18	1.34	1.10	1.43	1.02	1.54	0.94	1.65	0.86	1.77
26	1.19	1.35	1.12	1.44	1.04	1.54	0.96	1.65	0.88	1.76
27	1.21	1.36	1.13	1.44	1.06	1.54	0.99	1.64	0.91	1.75
28	1.22	1.37	1.15	1.45	1.08	1.54	1.01	1.64	0.93	1.74
29	1.24	1.38	1.17	1.45	1.10	1.54	1.03	1.63	0.96	1.73
30	1.25	1.38	1.18	1.46	1.12	1.54	1.05	1.63	0.98	1.73
31	1.26	1.39	1.20	1.47	1.13	1.55	1.07	1.63	1.00	1.72
32	1.27	1.40	1.21	1.47	1.15	1.55	1.08	1.63	1.02	1.71
33	1.28	1.41	1.22	1.48	1.16	1.55	1.10	1.63	1.04	1.71
34	1.29	1.41	1.24	1.48	1.17	1.55	1.12	1.63	1.06	1.70
35	1.30	1.42	1.25	1.48	1.19	1.55	1.13	1.63	1.07	1.70
36	1.31	1.43	1.26	1.49	1.20	1.56	1.15	1.63	1.09	1.70
37	1.32	1.43	1.27	1.49	1.21	1.56	1.16	1.62	1.10	1.70
38	1.33	1.44	1.28	1.50	1.23	1.56	1.17	1.62	1.12	1.70
39	1.34	1.44	1.29	1.50	1.24	1.56	1.19	1.63	1.13	1.69
40	1.35	1.45	1.30	1.51	1.25	1.57	1.20	1.63	1.15	1.69
45	1.39	1.48	1.34	1.53	1.30	1.58	1.25	1.63	1.21	1.69
50	1.42	1.50	1.38	1.54	1.34	1.59	1.30	1.64	1.26	1.69
55	1.45	1.52	1.41	1.56	1.37	1.60	1.33	1.64	1.30	1.69
60	1.47	1.54	1.44	1.57	1.40	1.61	1.37	1.65	1.33	1.69
65	1.49	1.55	1.46	1.59	1.43	1.62	1.40	1.66	1.36	1.69
70	1.51	1.57	1.48	1.60	1.45	1.63	1.42	1.66	1.39	1.70
75	1.53	1.58	1.50	1.61	1.47	1.64	1.45	1.67	1.42	1.70
80	1.54	1.59	1.52	1.62	1.49	1.65	1.47	1.67	1.44	1.70
85	1.56	1.60	1.53	1.63	1.51	1.65	1.49	1.68	1.46	1.71
90	1.57	1.61	1.55	1.64	1.53	1.66	1.50	1.69	1.48	1.71
95	1.58	1.62	1.56	1.65	1.54	1.67	1.52	1.69	1.50	1.71
100	1.59	1.63	1.57	1.65	1.55	1.67	1.53	1.70	1.51	1.72

$\alpha = 0.01$ 水平下的 d_L 和 d_U

n	自变量个数									
	1		2		3		4		5	
	d_L	d_U	d_L	d_U	d_L	d_U	d_L	d_U	d_L	d_U
15	0.81	1.07	0.70	1.25	0.59	1.46	0.49	1.70	0.39	1.96
16	0.84	1.09	0.74	1.25	0.63	1.44	0.53	1.66	0.44	1.90
17	0.87	1.10	0.77	1.25	0.67	1.43	0.57	1.63	0.48	1.85
18	0.90	1.12	0.80	1.26	0.71	1.42	0.61	1.60	0.52	1.80
19	0.93	1.13	0.83	1.26	0.74	1.41	0.65	1.58	0.56	1.77
20	0.95	1.15	0.86	1.27	0.77	1.41	0.68	1.57	0.60	1.74
21	0.97	1.16	0.89	1.27	0.80	1.41	0.72	1.55	0.63	1.71

（续表）

	\multicolumn{10}{c}{$\alpha=0.01$ 水平下的 d_L 和 d_U}
	自变量个数									
n	1		2		3		4		5	
	d_L	d_U	d_L	d_U	d_L	d_U	d_L	d_U	d_L	d_U
22	1.00	1.17	0.91	1.28	0.83	1.40	0.75	1.54	0.66	1.69
23	1.02	1.19	0.94	1.29	0.86	1.40	0.77	1.53	0.70	1.67
24	1.04	1.20	0.96	1.30	0.88	1.41	0.80	1.53	0.72	1.66
25	1.05	1.21	0.98	1.30	0.90	1.41	0.83	1.52	0.75	1.65
26	1.07	1.22	1.00	1.31	0.93	1.41	0.85	1.52	0.78	1.64
27	1.09	1.23	1.02	1.32	0.95	1.41	0.88	1.51	0.81	1.63
28	1.10	1.24	1.04	1.32	0.97	1.41	0.90	1.51	0.83	1.62
29	1.12	1.25	1.05	1.33	0.99	1.42	0.92	1.51	0.85	1.61
30	1.13	1.26	1.07	1.34	1.01	1.42	0.94	1.51	0.88	1.61
31	1.15	1.27	1.08	1.34	1.02	1.42	0.96	1.51	0.90	1.60
32	1.16	1.28	1.10	1.35	1.04	1.43	0.98	1.51	0.92	1.60
33	1.17	1.29	1.11	1.36	1.05	1.43	1.00	1.51	0.94	1.59
34	1.18	1.30	1.13	1.36	1.07	1.43	1.01	1.51	0.95	1.59
35	1.19	1.31	1.14	1.37	1.08	1.44	1.03	1.51	0.97	1.59
36	1.21	1.32	1.15	1.38	1.10	1.44	1.04	1.51	0.99	1.59
37	1.22	1.32	1.16	1.38	1.11	1.45	1.06	1.51	1.00	1.59
38	1.23	1.33	1.18	1.39	1.12	1.45	1.07	1.52	1.02	1.58
39	1.24	1.34	1.19	1.39	1.14	1.45	1.09	1.52	1.03	1.58
40	1.25	1.34	1.20	1.40	1.15	1.46	1.10	1.52	1.05	1.58
45	1.29	1.38	1.24	1.42	1.20	1.48	1.16	1.53	1.11	1.58
50	1.32	1.40	1.28	1.45	1.24	1.49	1.20	1.54	1.16	1.59
55	1.36	1.43	1.32	1.47	1.28	1.51	1.25	1.55	1.21	1.59
60	1.38	1.45	1.35	1.48	1.32	1.52	1.28	1.56	1.25	1.60
65	1.41	1.47	1.38	1.50	1.35	1.53	1.31	1.57	1.28	1.61
70	1.43	1.49	1.40	1.52	1.37	1.55	1.34	1.58	1.31	1.61
75	1.45	1.50	1.42	1.53	1.39	1.56	1.37	1.59	1.34	1.62
80	1.47	1.52	1.44	1.54	1.42	1.57	1.39	1.60	1.36	1.62
85	1.48	1.53	1.46	1.55	1.43	1.58	1.41	1.60	1.39	1.63
90	1.50	1.54	1.47	1.56	1.45	1.59	1.43	1.61	1.41	1.64
95	1.51	1.55	1.49	1.57	1.47	1.60	1.45	1.62	1.42	1.64
100	1.52	1.56	1.50	1.58	1.48	1.60	1.46	1.63	1.44	1.65

资料来源：J. Durbin and G. S. Watson, "Testing for Serial Correlation in Least Squares Regression Ⅱ," *Biomtrika*, 38(1951): 159—178。

如果确定存在显著的自相关，应研究是否省略了一个或多个对因变量有时序影响的重要自变量。如果确定没有省略这样的变量，可以增加一个衡量观测时间的自变量。使用时间作为自变量有时可以消除或减少自相关。当这些试图减少或消除自相关的方法不起作用，则进行自变量或因变量的变换应该效果显著，在回归分析更高级的教材中可以找到关于这种变换的讨论。

注意 DW 表要求最小样本量为 15，原因是对于更小的样本量，该检验的结论一般是无法确定的；事实上，很多统计学家认为要想得到有价值的检验结果，样本量至少为 50。

15.6 方差分析和实验设计的多元回归方法

第14.7节讨论了多元回归分析中虚拟变量的使用。本节阐述在一个多元回归方程中如何使用虚拟变量,这是解决方差分析和实验设计的另一种方法。下面通过应用该方法解决第十二章介绍的NCP公司的问题来论证方差分析的多元回归方法。

先回顾一下,NPC公司在亚特兰大、达拉斯和西雅图生产制造打印机和传真机。为调查员工对质量管理了解的程度如何,从每个工厂中随机选择包括6名员工的样本,并进行了质量意识测试。18名员工的测试分数列于表15.9,经理们想通过18名员工的测试分数确定每个工厂员工的平均考试分数是否相同。

表15.9 18名员工的测试分数

工厂1亚特兰大	工厂2达拉斯	工厂3西雅图
85	71	59
75	75	64
82	73	62
76	74	69
71	69	75
85	82	67

首先,定义两个虚拟变量用以说明每个样本选自哪个工厂,因为NCP问题中有三个工厂或者说三个总体,则需要两个虚拟变量。一般的,如果要调查的因素包括 k 个明显的水平或者总体,则需要定义 $k-1$ 个虚拟变量。对于NCP问题,D、S 的定义如表15.10所示。

表15.10 NCP问题虚拟变量

D	S	
0	0	来自亚特兰大工厂的观测
1	0	来自达拉斯工厂的观测
0	1	来自西雅图工厂的观测

可以用虚拟变量 D 和 S 说明在某个工厂工作的员工的质量意识测试分数。

$$E(分数) = 质量意识测试分数期望值$$
$$= \beta_0 + \beta_1 D + \beta_2 S$$

如果要研究某个亚特兰大工厂的员工的测试分数,方法是对 D 和 S 这两个虚拟变量赋值,令 $D=S=0$。则多元回归方程简化为

$$E(分数) = \beta_0 + \beta_1(0) + \beta_2(0) = \beta_0$$

可以认为 β_0 是在亚特兰大工厂工作的员工测试分数的期望值。

下面考虑其他工厂各自的多元回归方程的形式。对于达拉斯工厂,$D=1, S=0$,

$$E(分数) = \beta_0 + \beta_1(1) + \beta_2(0) = \beta_0 + \beta_1$$

对于西雅图工厂,$D=0, S=1$,

$$E(分数) = \beta_0 + \beta_1(0) + \beta_2(1) = \beta_0 + \beta_2$$

可以看到,$\beta_0+\beta_1$ 是达拉斯工厂员工的测试分数期望值,$\beta_0+\beta_2$ 代表西雅图工厂员工测试分数的期望值。

现在要估计系数 β_0,β_1 和 β_2 的值,在此基础上得到每个工厂测试分数期望值的估计。将包括 18 个观测值的 D、S 和分数值的样本数据输入到 Excel,实际输入数据和 Excel 回归工具输出分别显示在表 15.11 和图 15.16。

表 15.11　NCP 问题的回归输入数据

观测值	D	S	分数
1	0	0	85
2	0	0	75
3	0	0	82
4	0	0	76
5	0	0	71
6	0	0	85
7	1	0	71
8	1	0	75
9	1	0	73
10	1	0	74
11	1	0	69
12	1	0	82
13	0	1	59
14	0	1	64
15	0	1	62
16	0	1	69
17	0	1	75
18	0	1	67

从图 15.16 可以看到 β_0,β_1 和 β_2 的估计值为 $b_0=79$,$b_1=-5$,$b_2=-13$,因此,每个工厂测试分数最优估计如下:

工厂	E(分数)的估计
亚特兰大	$b_0=79$
达拉斯	$b_0+b_1=79-5=74$
西雅图	$b_0+b_2=79-13=66$

注意回归分析得到的每个工厂员工测试分数期望值的最优估计与之前使用方差分析方法计算的样本均值相同,即亚特兰大工厂 79,达拉斯工厂 74,西雅图工厂 66。

现在看一下如何应用多元回归输出对三个工厂的均值进行方差分析检验。可以观察到,如果均值不存在差异,

$$\text{达拉斯工厂的 } E(\text{分数}) - \text{亚特兰大工厂的 } E(\text{分数}) = 0$$
$$\text{西雅图工厂的 } E(\text{分数}) - \text{亚特兰大工厂的 } E(\text{分数}) = 0$$

因为 β_0 等于亚特兰大工厂的 E(分数),$\beta_0+\beta_1$ 等于达拉斯工厂的 E(分数),第一个等式的差为 $(\beta_0+\beta_1)-\beta_0=\beta_1$。因为 $\beta_0+\beta_2$ 等于西雅图工厂的 E(分数),第二个等式的差为 $(\beta_0+\beta_2)-\beta_0=\beta_2$。

可以得出结论,即如果 $\beta_1=0$,$\beta_2=0$,则三个工厂的均值不存在差别。因此,检验均值是否存在差别的原假设应为:

	A	B	C	D	E	F	G	H	I	J
1	观测值	D	S	分数						
2	1	0	0	85						
3	2	0	0	75						
4	3	0	0	82						
5	4	0	0	76						
6	5	0	0	71						
7	6	0	0	85						
8	7	1	0	71						
9	8	1	0	75						
10	9	1	0	73						
11	10	1	0	74						
12	11	1	0	69						
13	12	1	0	82						
14	13	0	1	59						
15	14	0	1	64						
16	15	0	1	62						
17	16	0	1	69						
18	17	0	1	75						
19	18	0	1	67						
20										
21	输出结果									
22										
23	回归统计量									
24	多元R	0.7385								
25	R平方	0.5455								
26	调整R平方	0.4848								
27	标准误差	5.3541								
28	样本数	18								
29										
30	ANOVA									
31		df	SS	MS	F	显著性F值				
32	回归	2	516	258	9	0.0027				
33	残差	15	430	28.6667						
34	总离差	17	946							
35										
36		回归系数	标准误差	t统计量	P-值	下限95%	上限95%	下限99.0%	上限99.0%	
37	截距	79	2.1858	36.1422	5.27E-16	74.3411	83.6589	72.5590	85.4410	
38	D	-5	3.0912	-1.6175	0.1266	-11.5887	1.5887	-14.1089	4.1089	
39	S	-13	3.0912	-4.2055	0.0008	-19.5887	-6.4113	-22.1089	-3.8911	

图 15.16 NCP 问题的 Excel 回归工具输出

$$H_0: \beta_1 = \beta_2 = 0$$

图 15.16 给出了与检验整体显著性的 F 检验对应的 p-值为 0.0027。因此,在 0.05 的显著性水平下,p-值 $= 0.0027 < \alpha = 0.05$,所以拒绝 H_0,得到三个工厂均值不同的结论。

本章小结

本章讨论了模型建立者在确定最优样本回归方程时会用到的几个概念。首先,阐述了一般线性模型的概念,说明第十三章和第十四章讲述的方法可以延伸至处理曲线关系和交互作用的影响。接下来讨论了如何应用对因变量的变换解释诸如误差项的非常数方差问题。

在许多回归分析的应用问题中,需要考虑大量的自变量。本章给出了基于 F 统计量向回归模型中增加或删除自变量的一般方法。介绍了包含 8 个自变量的较多自变量问题。可以看到关于解决多自变量问题的重点是找到自变量的最优子集,为完成这项任务,本章讨论了几种变量选择的方法:逐步回归分析、前向选择、后向消去和最优子集回归分析。

15.5 节扩展了残差分析的应用,说明用 DW 检验自相关问题。本章的结尾讨论了怎样建立多元回归模型以提供另一种方法解决方差分析和试验设计问题。

关键术语

一般线性模型　　　　　　变量选择过程　　　　　　序列相关
交互作用　　　　　　　　自相关　　　　　　　　　Durbin-Watson 检验

主要公式

一般线性模型

$$y = \beta_0 + \beta_1 z_1 + \beta_2 z_2 + \cdots + \beta_p z_p + \varepsilon \tag{15.1}$$

检验增加或删除 $p-q$ 个自变量的一般 F 检验

$$F = \frac{\dfrac{SSE(x_1, x_2, \cdots, x_q) - SSE(x_1, x_2, \cdots, x_q, x_{q+1}, \cdots, x_p)}{p-q}}{\dfrac{SSE(x_1, x_2, \cdots, x_q, x_{q+1}, \cdots, x_p)}{n-p-1}} \tag{15.13}$$

一阶自相关 $(\rho \neq 0)$

$$\varepsilon_t = \rho \varepsilon_{t-1} + z_t \tag{15.16}$$

DW 检验统计量

$$d = \frac{\sum_{t=2}^{n}(e_t - e_{t-1})^2}{\sum_{t=1}^{n} e_t^2} \tag{15.17}$$

案例问题 1　失业研究

一项研究提供可能与一个制造业工人失业周数有关的变量数据。研究中的相关变量(周数)定义为被解雇的工人没有工作的周数。以下自变量用于此研究：

年龄　　工人的年龄
教育　　工人受教育的年数
婚姻　　虚拟变量:1 代表结婚,0 则相反
户主　　虚拟变量:1 代表户主,0 则相反
期限　　过去工作的年数
经理　　虚拟变量:1 代表经理职位,0 则相反
销售　　虚拟变量:1 代表销售职位,0 则相反

假设以下数据采集自 50 个失业工人。这些数据在此教材附带的数据盘中可以找到,数据名称为 Layoffs。

管理报告

运用本章和前几章的方法分析这些数据。给出你所做分析的总结,包括关键统计结果、结论和管理报告的建议。在附录中给出合适的技术性材料(计算机输出、残差图等)。

周数	年龄	教育	婚姻	头衔	期限	经理	销售
37	30	14	1	1	1	0	0
62	27	14	1	0	6	0	0
49	32	10	0	1	11	0	0
73	44	11	1	0	2	0	0
8	21	14	1	1	2	0	0
15	26	13	1	0	7	1	0
52	26	15	1	0	6	0	0
72	33	13	0	1	6	0	0
11	27	12	1	1	8	0	0
13	33	12	0	1	2	0	0
39	20	11	1	0	1	0	0
59	35	7	1	1	6	0	0
39	36	17	0	1	9	1	0
44	26	12	1	1	8	0	0
56	36	15	0	1	8	0	0
31	38	16	1	1	11	0	1
62	34	13	0	1	13	0	0
25	27	19	1	0	8	0	0
72	44	13	1	0	22	0	0
65	45	15	1	1	6	0	0
44	28	17	0	1	3	0	1
49	25	10	1	1	1	0	0
80	31	15	1	0	12	0	0
7	23	15	1	0	2	0	0
14	24	13	1	1	7	0	0
94	62	13	0	1	8	0	0
48	31	16	1	0	11	0	0
82	48	18	0	1	30	0	0
50	35	18	1	1	5	0	0
37	33	14	0	1	6	0	1
62	46	15	0	1	6	0	0
37	35	8	0	1	6	0	0
40	32	9	1	1	13	0	0
16	40	17	1	0	8	0	0
34	23	12	1	1	1	1	0
4	36	16	0	1	8	0	1
55	33	12	1	0	10	0	1
39	32	16	0	1	11	0	0
80	62	15	1	0	16	0	1
19	29	14	1	1	12	0	0
98	45	12	1	0	17	0	0
30	38	15	0	1	6	0	1
22	40	8	1	1	16	0	1
57	42	13	1	0	2	1	0
64	45	16	1	1	22	0	0
22	39	11	1	1	4	0	0
27	27	15	1	0	10	0	1
20	42	14	1	1	6	1	0
30	31	10	1	1	8	0	0
23	33	13	1	1	8	0	0

案例问题 2　汽车燃料经济性

美国每辆售出的新车都标有汽车的燃料经济性等级,表明在实际的城市和高速公路行驶中预期每加仑汽油行驶公里数。美国能源部的燃料经济性指南中的数据显示了所有轿车和卡车的等级。230 辆车的部分数据在本教材附带的数据盘上可以找到,文件名称是 Cars。数据描述如下:

级别	汽车级别(紧凑型、中型、大型)
制造商	汽车的制造商
汽车线的名称	汽车的名称
排量	发动机的排气量,以升计
气缸数	发动机中的油缸数
传动	传动类型(自动档、手动档)
城市行驶	燃料经济性等级在城市行驶每加仑行驶公里数
高速行驶	燃料经济性等级在高速公路行驶每加仑行驶公里数

管理报告

运用本章和前几章的方法分析这些数据。研究的目标是建立一个样本回归方程用于估计对于城市行驶燃料经济性等级,以及一个样本回归方程用于估计对于高速公路行驶燃料经济性等级。给出你所做分析的总结,包括关键统计结果、结论和管理报告的建议。在附录中给出合适的技术性材料(计算机输出、残差图等)。

案例问题 3　预测大学毕业率

大学登记注册的学生实际毕业率对学校的管理方来说是一项重要的统计数据。一些关系毕业率的因素包括少于 20 人的班级比例、多于 50 人的班级比例、师生比例、申请大学并获得批准的学生的比例、高中班级前 10% 的一年级学生比例以及学校的学术声誉。为了研究这些因素对毕业率的影响,收集了 48 所全国性大学的数据(America's Best Colleges,2000 年)。

这些数据在本教材附带的数据盘上可以找到,文件名称是 Graduate。数据的描述如下。

州	大学所在的州
区域	大学所在的区域(东部、南部、西部、北部)
毕业率	注册登记的学生毕业的比例
少于 20 人的班级百分比	少于 20 人的班级比例
多于 50 人的班级百分比	多于 50 人的班级比例
学生—教师比例	注册登记学生人数除以教员总数比例
录取率	申请学校并被录取的学生比例
高中班级前 10% 的一年级学生比例	被录取的新生在高中班级前 10% 的学生比例
学术声誉评分	由其他学校的调查人员决定的一种学校声誉衡量指标:衡量范围从 1(边缘的)到 5(杰出的)。

管理报告

运用本章和前几章的方法分析这些数据。给出你所做分析的总结,包括关键统计结果、结论和管理报告的建议。在附录中给出合适的技术性材料(计算机输出、残差图等)。

第十六章 非参数估计

目 录

统计实务:西歇尔房地产
16.1 符号检验
    16.1.1 小样本情况
    16.1.2 应用 Excel
    16.1.3 大样本情况
    16.1.4 应用 Excel
    16.1.5 关于中位数的假设检验
    16.1.6 应用 Excel
16.2 Wilcoxon 符号秩检验
    应用 Excel

16.3 Mann-Whitney-Wilcoxon 秩和检验
    16.3.1 小样本情况
    16.3.2 大样本情况
    16.3.3 应用 Excel
16.4 Kruskal-Wallis 检验
    应用 Excel
16.5 秩相关
    16.5.1 显著性秩相关检验
    16.5.2 应用 Excel

统计实务

西歇尔房地产[*]
俄亥俄州,辛辛那提市

    西歇尔房地产(West Shell Realtors)成立于1958年,当时只有一个办公室和包括一名销售员在内的三个员工。1964年,该公司开始了一项长期扩张计划。其间,每年都有新的分店开设。几年后,西歇尔成长为大辛辛那提地区最大的房地产公司,分店遍布俄亥俄州西南部、印第安纳州东南部和肯塔基州北部。

    统计分析可以帮助像西歇尔这样的房地产公司对销售情况进行评估。西歇尔的总公司和它们的每个分店每月都会生成这样一份评估报告。报告中的总销售额、销售套数和每套房屋售价的中位数等统计数据对于各个分店经理和总公司的经理来说是很重要的,通过这些数据,经理们便可得知公司的销售情况和遇到的困难。

    除了每月对销售情况进行总结,西歇尔公司还使用统计学方法指导公司的战略和计划。该公司决定执行一项计划扩张战略。每一次的扩张计划中都包括建立新的分店,这样公司就必须确定新分店的选址。房屋的售价、资金周转率和预期销售量是评估和比较不同选址时用到的数据类型。

例如，西歇尔选出了两个郊区，克里夫顿(Clifton)和罗斯劳恩(Roselawn)，作为新店选址的候选地区。将这两个地方做比较需要考虑很多因素，包括房屋的售价。西歇尔公司使用非参数方法来帮助识别这两个地方的销售模式是否存在差异。

该公司采集到了克里夫顿地区25个房屋销售的样本和罗斯劳恩地区18个房屋销售的样本，选择Mann-Whitney-Wilcoxon秩和检验作为识别两地售价是否存在差异的统计检验方法。在$\alpha=0.05$的显著性水平下，秩和检验不拒绝两总体售价一致的原假设。这样，西歇尔公司在选址的过程中就可以将注意力集中到售价以外的其他因素上。

在本章中，我们将介绍诸如Mann-Whitney-Wilcoxon秩和检验之类的非参数统计检验方法是如何应用的。我们还将讨论如何适当的理解这些检验。

*本文作者感谢西歇尔公司的Rodney Fightmaster向我们提供了这个统计案例。

本书中前面所讲到的统计方法通常被称为参数方法。在本章中，我们将介绍几种**非参数方法**。这些方法经常可以应用在前面所讲的参数方法无法应用的情形下。非参数估计方法对于数据测量水平的限制性假设要求较弱，对于样本数据的概率分布形式的假设要求较少。

数据的测量尺度是选择用参数方法还是非参数方法的一个考虑因素。所有数据按测量尺度可以分为以下4类：定类尺度、定序尺度、定距尺度和定比尺度。这样，所有的统计分析所处理的无外乎就是上面4类数据。

现在，我们定义这4类测量尺度并举例说明。

1. **定类尺度**：当使用某些标示或分类来定义一个元素的某一特征时，这种数据的测量尺度称为定类尺度。定类数据可以是数值型的也可以是非数值型的。

举例：股票上市的交易所(NYSE、NASDAQ或AMEX)是非数值型的定类数据。一个人的社会保险号码是数值型的定类数据。

2. **定序尺度**：如果观测的数据间存在等级关系或可以排序时，这种数据的测量尺度称为定序尺度。定序数据可以是数值型的也可以是非数值型的。

> 在第一章中，我们曾指出，定类尺度和定序尺度提供定性数据，定距尺度和定比尺度提供定量数据。

举例：一件衣服尺寸的大、中、小号是非数值型定序数据。一个班级里每个同学的排名1、2、3等是数值型定序数据。

3. **定距尺度**：如果数据具有定序数据的特点，并且各数据的间隔可以由某一固定的度量单位来表示，这种变量的测量尺度称为**定距尺度**。定距数据必然是数值型的。

举例：温度的测量数据就是定距数据。假设某一地点温度为70度，另一地点的温度是40度。我们便可以根据温度对它们进行排序：第一个地点比第二个地点暖和。固定的度量，1度，使我们可以知道第一个地点比第二个地点暖和的程度：30度。

4. **定比尺度**：如果数据具有定距数据的特点，并且数据的比率是有意义的，这种变量的测量尺度称为**定比尺度**。定比数据必然是数值型的。

举例：诸如距离、长度、重量和时间长度这样的变量都用定比尺度度量。温度的度量是定距尺度，而不是定比尺度，因为没有一个固定的零点。比如，水的冰点在华氏温度下是32度，而在摄氏温度下则是 0 度。比率对于温度数据是没有意义的。比如，80 度比 40 度热两倍是没有意义的。

大部分参数估计方法要求数据是定距尺度或定比尺度的。对于这一类型的数据，算术运算是有意义的，可以进行均值、方差、标准差等计算，对它们进行解释并应用到统计分析中去。然而，对于定类数据和定序数据，对它们计算均值、方差、标准差等就是不合理的。这样，参数方法通常无法使用。非参数方法经常成为分析此类数据并得出结论的唯一方法。

> 如果数据的测量尺度是定类尺度和定序尺度，对它们计算均值、方差、标准差就是无意义的。那么，对于这种数据来说，前面所讨论的许多统计方法无法使用。

通常，如果一个统计方法可以被划分为非参数方法，那么它必须满足下述条件中的至少一个*。

1. 该方法可以用于定类数据。
2. 该方法可以用于定序数据。
3. 当无法对于总体的概率分布进行假设时，该方法可以用于定距数据或定比数据。

当测量尺度是定距尺度或定比尺度时，如果对于总体概率分布的必要的假设是合理的，那么使用参数方法更为有效。在很多参数方法和非参数方法都可以应用的情况下，非参数方法几乎和参数方法一样有效。当数据是定类数据或定序数据时，或者对于总体的假设分布不合理时，只能应用非参数方法。因为对于数据测量尺度的要求没那么严格，对于总体分布的假设要求较少，相比参数方法，非参数方法被认为具有更广泛的适用性。本章将介绍符号检验、Wilcoxon 符号秩检验、Mann-Whitney-Wilcoxon 秩和检验、Kruskal-Wallis 检验和 Spearman 秩相关等非参数方法。

16.1 符号检验

符号检验在市场调查中的一般应用要用到一个 n 个潜在顾客的样本，顾客需要指出在同类产品中他们对一个或两个品牌的偏好，比如咖啡、软饮料或清洁剂。这 n 个表示偏好的样本是定类数据，因为顾客仅仅是指出他们的偏好。有了这些数据，我们的目标是确定相比较的两个品牌间是否存在差异。符号检验就是回答这一问题的非参数统计方法。

16.1.1 小样本情况

符号检验的小样本情况用于样本容量 $n \leq 20$ 的情形。我们用对太阳海岸农场的一次调查为例说明小样本情形下符号检验的用法。该农场生产一种名为 Citrus Valley 的橙汁。该农场的竞争者生产一种名为 Tropical Orange 的橙汁。在一项对这两个品牌的偏好性调查中，请 12 个人来品尝这两个品牌橙汁的样本，样本上不做标记。每个人第一次品尝到的是哪个品牌的橙汁样本是随机的。两个品牌都品尝后，每个人都指出他们在两个品牌中的偏好。这一研究的目的是确定消费者是否更喜欢两个品牌中的某一个。令 p 表示消费者群体中偏好"柑橘山谷"的比例，我们要检验以下假设。

$$H_0: p = 0.5$$

---

* 见《非参数统计》第三版，W. J. Conover 著（纽约：John Wiley & Sons, 1998）。

$$H_a: p \neq 0.5$$

如果无法拒绝原假设,那么就没有证据表明消费者对两个品牌橙汁的偏好存在差异。然而,如果拒绝原假设,我们就可以得出结论,消费者对两个品牌的偏好是不同的。这种情况下,被消费者选择较多的品牌是消费者偏好的品牌。

在接下来的讨论中,我们将表明符号检验在小样本情况下是如何进行假设检验并得出消费者偏好的结论的。为了记录参与调查的 12 个人的偏好,我们用加号表示偏好 Citrus Valley,用减号表示偏好 Tropical Orange。因为数据是根据加号和减号来记录的,所以这种非参数检验称为符号检验。

加号的个数是这个检验的统计量。假设原假设 H_0 为真($p = 0.5$),那么抽样分布就是 $p = 0.5$ 的二项分布。样本容量为 12,Excel 的 BINOMDIST 函数(见第五章)可以用来计算图 16.1 中的各概率值。表 16.1 用表格形式给出了这一二项抽样分布。它给出了原假设为真时加号出现个数的概率。我们继续这个检验来确定消费者对两个品牌橙汁的偏好是否存在差异。我们取显著性水平为 0.05。

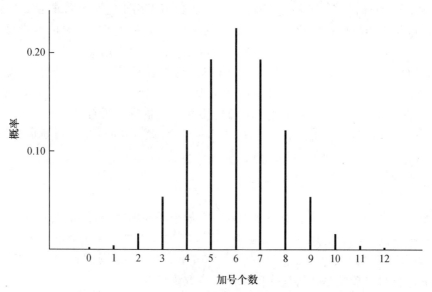

图 16.1　当 $N = 12, p = 0.5$ 时加号个数的二项抽样分布

表 16.1　$n = 12, p = 0.5$ 的二项分布

加号个数	概率
0	0.0002
1	0.0029
2	0.0161
3	0.0537
4	0.1208
5	0.1934
6	0.2256
7	0.1934
8	0.1208

(续表)

加号个数	概率
9	0.0537
10	0.0161
11	0.0029
12	0.0002

表16.2给出了所收集到的偏好数据。两个加号表明有两个消费者偏好 Citrus Valley 橙汁。现在,我们可以用二项分布的概率来确定检验中的 p-值。由于是双边检验,p-值是二项抽样分布尾部概率的两倍。对于太阳海岸农场来说,加号的个数(2)在分布的左端。所以,尾部的概率是加号个数为2、1和0时概率的总和。将这些概率相加,可得 $0.0161+0.0029+0.0002=0.0192$。将这个概率乘以2,我们可以得到 p-值 $=2(0.0192)=0.0384$。由于 p-值 $\leqslant \alpha=0.05$,所以拒绝原假设 H_0。这个调查说明消费者对两个品牌橙汁的偏好有显著差异。我们将告诉太阳海岸农场,消费者更喜欢"热带橙"。

表16.2 太阳海岸检验中的偏好数据

消费者	偏好品牌	数据
1	Tropical Orange	−
2	Tropical Orange	−
3	Citrus Valley	+
4	Tropical Orange	−
5	Tropical Orange	−
6	Tropical Orange	−
7	Tropical Orange	−
8	Tropical Orange	−
9	Citrus Valley	+
10	Tropical Orange	−
11	Tropical Orange	−
12	Tropical Orange	−

太阳海岸农场检验是一个双边检验,所以 p-值是二项抽样分布尾部概率的两倍。单边检验同样是可能的。如果检验是左单边检验,则 p-值是加号个数小于等于观测值的概率。如果检验是右单边检验,则 p-值是加号个数大于等于观测值的概率。

在太阳海岸农场检验中,参与调查的12个人都可以指出在两个橙汁品牌中的偏好。在符号检验的其他应用中,调查中可能会有一个或几个人无法指出自己的偏好。当这种情况出现时,要将这样的数据从样本中剔除,符号检验是在一个更小的样本容量上进行的。

16.1.2 应用 Excel

Excel 的 BINOMDIST 函数可用于符号检验。现在我们来演示如何为太阳海岸农场符号检验生成一张 Excel 工作表。如图16.2所示,背景工作表显示公式,前景工作表显示运算结果。使用 Excel 时,没有必要用加号和减号来记录品牌偏好。我们可以直接使用真实的品牌名称:Citrus Valley 和 Tropical Orange。

448 基于 Excel 的商务与经济统计

	A	B	C	D	E	F
1	品牌偏好		采用二项分布进行符号检验			
2	Tropical Orange					
3	Tropical Orange		样本容量	=COUNTA(A2:A13)		
4	Citrus Valley		感兴趣的回应	Citrus Valley		
5	Tropical Orange		回应数	=COUNTIF(A2:A13,D4)		
6	Tropical Orange					
7	Tropical Orange		p-值(左侧)	=BINOMDIST(D5,D3,0.5,TRUE)		
8	Tropical Orange		p-值(右侧)	=1-BINOMDIST(D5-1,D3,0.5,TRUE)		
9	Tropical Orange		p-值(双边)	=2*MIN(D7,D8)		
10	Citrus Valley					
11	Tropical Orange					
12	Tropical Orange					
13	Tropical Orange					
14						

	A	B	C	D	E	F
1	品牌偏好		采用二项分布进行符号检验			
2	Tropical Orange					
3	Tropical Orange		样本容量	12		
4	Citrus Valley		感兴趣的回应	Citrus Valley		
5	Tropical Orange		回应数	2		
6	Tropical Orange					
7	Tropical Orange		p-值(左侧)	0.0193		
8	Tropical Orange		p-值(右侧)	0.9968		
9	Tropical Orange		p-值(双边)	0.0386		
10	Citrus Valley					
11	Tropical Orange					
12	Tropical Orange					
13	Tropical Orange					
14						

图 16.2 太阳海岸农场检验的工作表

输入数据:在第 A 列中输入品牌偏好数据。

输入函数和公式:计算所需的描述性统计量在 D3 和 D5 单元格中显示。D3 单元格中用 COUNTA 函数来计算样本中的人数。将 Citrus Valley 写入单元格 D4,这是我们关心的品牌(用加号表示的),在 D5 单元格中运用 COUNTIF 函数计算偏好我们所关心的品牌的人数。所有这些是为了计算 p-值。

p-值(左侧)将使用 Excel 的 BINOMDIST 函数在 D7 单元格中计算出来。调用 BINOMDIST 函数的形式是 BINOMDIST(x,n,p,cumulative),其中 x 为样本容量为 n 的调查中我们关心的品牌出现的次数,该品牌出现的概率为 p。如果我们需要计算累积概率,则 cumulative 值为 TRUE。如果我们需要每个数值的概率,则 cumulative 值为 FALSE。所以我们在单元格 D7 中输入公式 BINOMDIST(D5,D3,0.5,TRUE)来计算 D5 中偏好我们所关心的品牌的人数的累积概率。结果工作表显示累积概率为 0.0193。对于离散型概率分布,p-值(右侧)不能仅仅用 1 减去 p-值(左侧)。例如,在太阳海岸农场这一案例中,p-值(右侧)是 12 个人中偏好 Citrus Valley 的人数大于等于 2 的概率。要计算它,我们要用 1 减去人数小于等于 1 的概率。这样,要计算 p-值(右侧),我们在 D8 单元格中输入公式 1-BINOMDIST(D5-1,D3,0.5,TRUE)。结果工作表显示 p-值(右侧)为 0.9968。通常,p-值(双边)的计算方法(见单元格 D9)为两个单边检验时较小的 p-值的两倍。结果工作表显示 p-值(双边)为 0.0386。因为该 p-值为 0.0386 < α = 0.05,所以我们拒绝 H_0,并且得出结论:消费者对两个品牌的橙汁偏好不同。注意到使用 Excel 计算出的 p-值(0.0386)与我们手算出来的 p-值(0.0384)不同,这是因为在表 16.1 中,二项分布的概率值只保留到小数点后 4 位的缘故。

这个工作表可以作为一个模板,通过在第 A 列输入新的数据来解决不同的问题,相应的改变单元格 D3 和 D5 中数据的范围和 D4 中输入的名称。假设检验可以通过在单元格 D7:D9 中选择适当的 p-值来进行。当已知样本容量和加号个数的情况下,可以忽略第 A 列中的数据,直接在 D3 单元格中输入样本容量,在 D5 单元格中输入加号个数。适当的 p-值将出现在单元格 D7:D9 中。我们将在本节稍后说明该模板的使用。

16.1.3 大样本情况

当原假设 $H_0: p = 0.5$,样本容量 $n > 20$ 时,加号个数的抽样分布可以用正态分布近似。

> 大样本符号检验与第九章所讲的 $p = 0.5$ 的总体比率检验是等价的。

当原假设 $H_0: p = 0.5$ 时,加号个数抽样分布的正态分布近似

$$均值: \mu = 0.5n \tag{16.1}$$

$$标准差: \sigma = \sqrt{0.25n} \tag{16.2}$$

分布形式: $n > 20$ 时近似正态分布

现在让我们考虑符号检验在政治选举中的一项应用。在近期一次总统选举的一项民意调查中,200 名登记选民根据对外政策对民主党和共和党的候选人进行评价。民调结果显示,72 人对民主党候选人评价更高,103 人对共和党候选人评价更高,25 认为两个候选人没有区别。那么这个民调是否能够说明两个候选人在对外政策上存在差别呢?

应用符号检验,有 $n = 200 - 25 = 175$ 人可以指出一个候选人,他们相信该候选人具有更好的对外政策。运用公式 (16.1) 和 (16.2),则加号个数的抽样分布具有以下性质:

> 可以通过去掉某些样本数据来满足条件。

$$\mu = 0.5n = 0.5(175) = 87.5$$
$$\sigma = \sqrt{0.25n} = \sqrt{0.25(175)} = 6.6$$

另外,由于 $n = 175$,我们可以假设抽样分布是近似正态的,这一分布如图 16.3 所示。

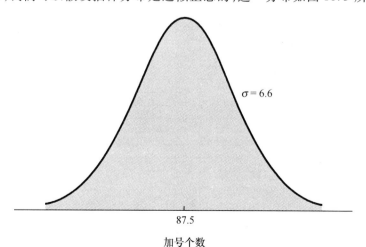

图 16.3 $n = 175$ 时符号检验中加号个数的抽样分布

让我们继续符号检验,并取显著性水平为 0.05 来得出结论。我们取评价民主党对外政策更高的人数为加号个数($x = 72$),为了进行统计检验,我们计算

$$z = \frac{x - \mu}{\sigma} = \frac{72 - 87.5}{6.6} = -2.35$$

由标准正态分布表可以查到 $z = -2.35$ 左边尾部的区域为 0.0094。由于是双边检验,p-值为 $2(0.0094) = 0.0188$。因为 p-值 $\leq \alpha = 0.05$,所以我们拒绝 H_0,这一调查说明两个候选人在对外政策上是不同的。

> 如果分析时使用对共和党评价更高的人数,则 $z = 2.35$,我们将得出同样的结论。

16.1.4 应用 Excel

在大样本情况下,抽样分布可以用正态分布来近似。这样进行手算很方便。但是,在使用 Excel 时,没有必要用到大样本情况的正态近似。我们以图 16.2 的工作表作为模板,改变输入数据,使之能用于政治候选人的假设检验中。样本容量为 175,72 人对民主党候选人评价更高。这样,我们在图 16.2 的工作表中的 D3 单元格输入 175,在 D5 单元格输入 72。所得的结果如图 16.4 所示。注意到 p-值(双边) $= 0.0231$,我们拒绝 H_0。这一 p-值实际上比用正态分布近似所得到的 p-值略大。通常来说,我们推荐尽可能使用二项分布,即使是在大样本情况下也是一样。但是,使用正态分布近似所导致的差距不大,运用这两种方法都可以拒绝认为两位候选人对外政策无差别的原假设。

	A	B	C	D	E	F
1	品牌偏好			采用二项分布进行符号检验		
2			样本容量	175		
3			感兴趣的回应	Citrus Valley		
4			回应数	72		
5						
6			p-值(左侧)	=BINOMDIST(D5,D3,0.5,TRUE)		
7			p-值(右侧)	=1-BINOMDIST(D5-1,D3,0.5,TRUE)		
8			p-值(双边)	=2*MIN(D7,D8)		

	A	B	C	D	E	F
1	品牌偏好			采用二项分布进行符号检验		
2	Tropical Orange					
3	Tropical Orange		样本容量	175		
4	Citrus Valley		感兴趣的回应	Citrus Valley		
5	Tropical Orange		回应数	72		
6	Tropical Orange					
7	Tropical Orange		p-值(左侧)	0.0115		
8	Tropical Orange		p-值(右侧)	0.9923		
9	Tropical Orange		p-值(双边)	0.0231		
10	Citrus Valley					
11	Tropical Orange					
12	Tropical Orange					
13	Tropical Orange					
14						

图 16.4 关于总统选举民调的 Excel 工作表

关于应用图 16.2 中的工作表作为模板的最后一个注意事项是顺序。尽管太阳海岸农场的数

据还在第 A 列,但它们在计算 p-值时并未使用,只使用到了 D3 单元格中的样本容量和 D5 单元格中的加号个数,这些值只针对当前的假设检验。如果需要,对于样本数据没有给出的练习题,为了工作表的清晰,计算时可以将第 A 列和 D4 单元格中的数据删除。

16.1.5 关于中位数的假设检验

在第九章,我们讲了如何应用假设检验进行关于总体均值的推断。我们现在来讲如何应用符号检验的方法对总体中位数进行假设检验。回忆一下,中位数将总体分为两部分,大于等于中位数的占 50%,小于等于中位数的占 50%。我们可以应用符号检验,当样本数据大于假设的中位数时记加号,当样本数据小于假设的中位数时记减号。当数据正好等于假设的中位数时,剔除这样的数据。符号检验的计算方法与前述完全一致。

例如,下面正在对密苏里州圣路易斯市的新房售价中位数进行假设检验。

$$H_0: 中位数 = \$130\,000$$
$$H_a: 中位数 \neq \$130\,000$$

在一个容量为 62 的样本中,34 处新房售价高于 $130 000,26 处售价低于 $130 000,2 处售价正好为 $130 000。

由于 $n = 60$,可以应用大样本情况。对 60 处售价不是 $130 000 的新房应用公式(16.1)和(16.2),可得

$$\mu = 0.5n = 0.5(60) = 30$$
$$\sigma = \sqrt{0.25n} = \sqrt{0.25(60)} = 3.87$$

$x = 34$ 为加号个数,检验统计量为

$$z = \frac{x - \mu}{\sigma} = \frac{34 - 30}{3.87} = 1.03$$

应用标准正态分布表,$z = 1.03$,可得双边 p-值为 $2(1.0000 - 0.8485) = 0.303$。由于 p-值 > 0.05,我们不能拒绝 H_0。基于样本数据,我们无法拒绝圣路易斯市新房售价中位数为 $130 000 的原假设。

16.1.6 应用 Excel

我们再一次的运用图 16.2 中的工作表为模板进行圣路易斯市新房售价中位数的假设检验,而不去使用大样本情况的正态分布近似。样本容量为 60,34 处新房售价高于 $130 000。所以,我们在图 16.2 的工作表中的 D3 单元格中输入 60,D5 单元格中输入 34。所得结果见图 16.5。注意到 p-值(双边)为 0.3663。对于任意合理的显著性水平,这一 p-值都不会比 α 小,这样我们无法拒绝 H_0。所以,我们就无法挑战售价中位数为 $130 000 的这一说法。再次注意到我们在此使用的工作表仍是图 16.2 中的工作表上加以修改。尽管太阳海岸农场的数据仍出现在第 A 列,D3 和 D5 单元格中的数据已经被我们输入的样本容量和加号个数替换了。如果需要,对于样本数据没有给出的练习题,为了工作表的清晰,计算时可以将第 A 列和 D4 单元格中的数据删除。

16.2 Wilcoxon 符号秩检验

Wilcoxon 符号秩检验是对于第十章所讲的参数匹配样本的非参数方法。在匹配样本情况下,

452 基于 Excel 的商务与经济统计

	A	B	C	D	E	F
1	品牌偏好		采用二项分布进行符号检验			
2	Tropical Orange					
3	Tropical Orange		样本容量	60		
4	Citrus Valley		感兴趣的回应	Citrus Valley		
5	Tropical Orange		回应数	34		
6	Tropical Orange					
7	Tropical Orange		p-值（左侧）	=BINOMDIST(D5,D3,0.5,TRUE)		
8	Tropical Orange		p-值（右侧）	=1-BINOMDIST(D5-1,D3,0.5,TRUE)		
9	Tropical Orange		p-值（双边）	=2*MIN(D7,D8)		
10	Citrus Valley					
11	Tropical Orange					
12	Tropical Orange					
13	Tropical Orange					
14						

	A	B	C	D	E	F
1	品牌偏好		采用二项分布进行符号检验			
2	Tropical Orange					
3	Tropical Orange		样本容量	60		
4	Citrus Valley		感兴趣的回应	Citrus Valley		
5	Tropical Orange		回应数	34		
6	Tropical Orange					
7	Tropical Orange		p-值（左侧）	0.8775		
8	Tropical Orange		p-值（右侧）	0.1831		
9	Tropical Orange		p-值（双边）	0.3663		
10	Citrus Valley					
11	Tropical Orange					
12	Tropical Orange					
13	Tropical Orange					
14						

图 16.5　关于新房售价中值符号检验的 Excel 工作表

每一个实验单元产生出两个相匹配的观测值，一个来自总体 1，一个来自总体 2。匹配观测值之间的差异体现了两个总体之间的差异。

一个制造厂想要确定两个生产方法在完成时间上是否存在差异。收集到由 11 个工人组成的样本，每个工人用这两种方法完成生产任务。每个工人首先使用的生产方法是随机的。这样，样本中的每个工人提供了一对观测值，如表 16.3 所示。差异值为正数表明方法 1 需要时间更多，差异值为负数表明方法 2 需要时间更多。这组数据能否表明两种方法在完成时间上存在显著差异？

表 16.3　生产任务完成时间（分钟）

工人	方法 1	方法 2	差异值
1	10.2	9.5	0.7
2	9.6	9.8	-0.2
3	9.2	8.8	0.4
4	10.6	10.1	0.5
5	9.9	10.3	-0.4
6	10.2	9.3	0.9
7	10.6	10.5	0.1
8	10.0	10.0	0.0
9	11.1	10.6	0.6
10	10.7	10.2	0.5
11	10.6	9.8	0.8

实际上,我们有两个完成任务时间总体,一个总体对应着一个方法。要检验如下的假设:

H_0:两个总体一致

H_a:两个总体一致

如果无法拒绝 H_0,则没有证据表明两方法的完成时间不同。然而,如果可以拒绝 H_0,则我们可以得出结论,两方法在任务完成时间上有所不同。

Wilcoxon 符号秩检验的第一步需要对两方法所用时间差距的绝对值进行排序。我们除去差距为零的数据,将剩余的绝对差距由低到高排序,该序号称为秩。绝对差距相同的数据由它们在组合数据集中的平均秩来表示。表 16.4 的第 4 列列出了绝对差距的秩。注意到第 8 位工人的差距为零,已经在排序时除去。记绝对差距最小的 0.1 的秩为 1。以此类推,绝对差距最大的 0.9 的秩为 10。第 3 位和第 5 位工人的绝对差距相同,记他们的平均秩为 3.5。第 4 位和第 10 位工人的绝对差距相同,记他们的平均秩为 5.5。

表 16.4 生产任务完成时间例子中绝对差距的秩

工人	差异值	差值绝对值	秩	符号秩
1	0.7	0.7	8	+8
2	−0.2	0.2	2	−2
3	0.4	0.4	3.5	−2
4	0.5	0.5	5.5	+3.5
5	−0.4	0.4	3.5	−3.5
6	0.9	0.9	10	+10
7	0.1	0.1	1	+1
8	0.0	0.0	—	—
9	0.6	0.6	7	+7
10	0.5	0.5	5.5	+5.5
11	0.8	0.8	9	+9
				+44.0

绝对差距的秩确定后,在序号前加上原有差距的符号。例如:第 7 位工人的差距为 0.1,秩为 1,则将该值记为 +1,因为两方法观测值的差距是正的。绝对差距为 0.2 的数据秩为 2,则将该值记为 −2,因为对第 2 位工人两方法观测值的差距是负的。符号秩和它们的总和见表 16.4 的最后一列。

让我们回到最初的两个方法完成任务时间总体是否一致的假设上。如果这两个方法的完成任务时间总体无差别,那么我们希望带正号的秩和带负号的秩相互抵消,这样符号秩的总和应近似为零。这样,Wilcoxon 符号秩的显著性检验即是确定符号秩的总和(例子中的 +44)与零是否有显著性差异。

令 T 为 Wilcoxon 符号秩检验中符号秩的总和。如果两总体间无差异,相匹配的数据对的组数大于等于 10,则 T 的抽样分布可以用如下的正态分布近似:

无差异总体 T 的抽样分布

$$\text{均值}:\mu_T = 0 \tag{16.3}$$

$$\text{标准差}:\sigma_T = \sqrt{\frac{n(n+1)(2n+1)}{6}} \tag{16.4}$$

分布形式:$n \geq 10$ 近似正态分布。

例如，去掉差异为零的观测值后，我们得到$(n) = 10$。这样，用公式(16.4)，可得

$$\sigma_T = \sqrt{\frac{10(11)(12)}{6}} = 19.62$$

图16.6是假设两总体无差异时，T的抽样分布。

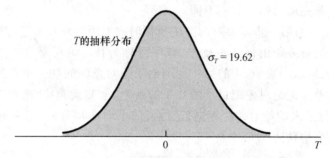

图16.6 生产任务完成时间例子中T的抽样分布

让我们继续Wilcoxon符号秩检验，取显著性水平$\alpha = 0.05$来得出结论。符号秩的总和$T = 44$，我们计算下面的检验统计量：

$$z = \frac{T - \mu_T}{\sigma_T} = \frac{44 - 0}{19.62} = 2.24$$

使用标准正态分布表，$z = 2.24$可以查得双边检验的p-值为$2(1.0000 - 0.9875) = 0.025$。因为$p$-值$\leq \alpha = 0.05$，我们拒绝$H_0$，得出结论，两个方法在任务完成时间上有差别。8个工人使用方法2完成时间更短，所以我们得出结论，生产方法2更好。

应用Excel

Excel并没有专门为Wilcoxon符号秩检验而设计的工具。但使用Excel的ABS、RANK和SIGN函数，我们可以生成一张工作表来完成检验。现在我们参照图16.7讲解如何生成这样一张工作表。背景工作表显示公式，前景工作表显示结果。

输入数据：在第B列和第C列输入任务完成时间数据。注意到第8位工人的数据（没有差距的情况）已经除去了。

输入函数和公式：单元格D2:D11中的公式计算任务完成时间的差异，单元格E2:E11中使用Excel的ABS函数计算差异的绝对值。第F列使用Excel的RANK函数来对绝对差异进行升序（从小到大）排列。RANK函数的第一个输入值是要排序的数据值，第二个输入值要排序的数据的范围，第三个输入值是一个"1"。当第三个输入值非零时，进行升序排列。使用RANK函数得出的结果将造成一个困难，那就是无法表示出相同值的平均秩。这样，我们必须通过修改相同值的平均秩来修改函数得出的结果（见公式工作表中的单元格F4:F6和F10）。有了不同的秩，我们在第G列使用Excel的SIGN函数来给每一个不同的秩标记上他们在D列的初始符号。然后，符号秩的和可以使用Excel的SUM函数在单元格G12中进行计算。

现在，我们就可以进行假设检验和计算p-值了。我们在C14单元格中用Excel的COUNT函数计算有效的样本容量（去掉差距为零的数据后的样本容量）。C15单元格用公式(16.4)和Excel的SQRT函数来计算标准差。C16单元格计算检验统计量，它是符号秩的和与标准差的商。有了检

	A	B	C	D	E	F	G	H
1	工人	方法1	方法2	差异	绝对值	秩	符号秩	
2	1	10.2	9.5	=B2-C2	=ABS(D2)	=RANK(E2,$E$2:$E$11,1)	=SIGN(D2)*F2	
3	2	9.6	9.8	=B3-C3	=ABS(D3)	=RANK(E3,$E$2:$E$11,1)	=SIGN(D3)*F3	
4	3	9.2	8.8	=B4-C4	=ABS(D4)	3.5	=SIGN(D4)*F4	
5	4	10.6	10.1	=B5-C5	=ABS(D5)	5.5	=SIGN(D5)*F5	
6	5	9.9	10.3	=B6-C6	=ABS(D6)	3.5	=SIGN(D6)*F6	
7	6	10.2	9.3	=B7-C7	=ABS(D7)	=RANK(E7,$E$2:$E$11,1)	=SIGN(D7)*F7	
8	7	10.6	10.5	=B8-C8	=ABS(D8)	=RANK(E8,$E$2:$E$11,1)	=SIGN(D8)*F8	
9	9	11.2	10.6	=B9-C9	=ABS(D9)	=RANK(E9,$E$2:$E$11,1)	=SIGN(D9)*F9	
10	10	10.7	10.2	=B10-C10	=ABS(D10)	5.5	=SIGN(D10)*F10	
11	11	10.6	9.8	=B11-C11	=ABS(D11)	=RANK(E11,$E$2:$E$11,1)	=SIGN(D11)*F11	
12							=SUM(G2:G11)	
13								
14		有效样本容量	=COUNT(A2:A11)			p-值(左侧)	=NORMSDIST(C16)	
15		标准差	=SQRT(C14*(C14+1)*(2*C14+1)/6)			p-值(右侧)	=1-NORMSDIST(C16)	
16		检验统计量	=G12/C15			p-值(双边)	=2*MIN(G14,G15)	
17								

	A	B	C	D	E	F	G	H
1	工人	方法1	方法2	差异	绝对值	秩	符号秩	
2	1	10.2	9.5	0.7	0.7	8	8	
3	2	9.6	9.8	-0.2	0.2	2	-2	
4	3	9.2	8.8	0.4	0.4	3.5	3.5	
5	4	10.6	10.1	0.5	0.5	5.5	5.5	
6	5	9.9	10.3	-0.4	0.4	3.5	-3.5	
7	6	10.2	9.3	0.9	0.9	10	10	
8	7	10.6	10.5	0.1	0.1	1	1	
9	9	11.2	10.6	0.6	0.6	7	7	
10	10	10.7	10.2	0.5	0.5	5.5	5.5	
11	11	10.6	9.8	0.8	0.8	9	9	
12							44	
13								
14		有效样本容量	10			p-值(左侧)	0.9875	
15		标准差	19.62			p-值(右侧)	0.0125	
16		检验统计量	2.24			p-值(双边)	0.0249	
17								

图 16.7 生产方法差别符号秩检验的 Excel 工作表

验统计量,可以在 G14 和 G15 单元格利用 NORMSDIST 函数分别计算 p 值(左侧和右侧)。在 G16 单元格中计算 p-值(双边),该值为单边检验中较小值的两倍。由于任务完成时间例子是个双边检验,我们用 p-值(双边)0.0249 来进行假设检验。因为 $0.0249 \leq \alpha = 0.05$,所以我们拒绝认为两生产方法一致的原假设。

16.3 Mann-Whitney-Wilcoxon 秩和检验

本节我们介绍另一种用来确定两总体间是否存在差异的非参数方法。这一方法不同于符号秩检验,不是建立在匹配样本基础上的。它所用到的是两个取自不同总体的独立样本。这一检验方法是由 Mann、Whitney 和 Wilcoxon 发展出来的,它也有时被称为 Mann-Whitney 检验或 Wilcoxon 秩和检验。此检验的 Mann-Whitney 版本和 Wilcoxon 版本是等价的。我们称之为 **Mann-Whitney-Wilcoxon(MWW)秩和检验**,简称 MWW 检验。

非参数的 MWW 检验不要求数据是定距尺度,也不要求总体是正态分布。MWW 检验的唯一要求是数据的测量尺度至少是定序尺度。MWW 检验确定两总体是否一致,而不是确定两总体的均值是否相等。MWW 检验的假设如下:

H_0:两总体一致
H_a:两总体不一致

我们先通过在小样本情况下的一个例子来说明 MWW 检验如何应用。

16.3.1 小样本情况

MWW 检验的小样本情况用于两个总体的样本容量都小于等于 10 的情况。我们通过考察进入 Johnston 高中的学生的学术潜力为例，说明 MWW 检验的小样本情况如何使用。进入 Johnston 高中的大部分学生之前就读于 Garfield 初中或 Mulberry 初中。学校管理者提出了这样的疑问：根据学生的学术潜力，来自 Garfield 初中的学生总体是否与来自 Mulberry 初中的学生总体一致。考虑如下假设：

H_0：根据学术潜力，两总体一致

H_a：根据学术潜力，两总体不一致

根据高中记录，Johnston 高中的管理者随机抽取了 4 个曾就读于 Garfield 初中的学生样本和 5 个曾就读于 Mulberry 初中的学生样本。调查中用到了这 9 个学生目前在高中的成绩排名，如表 16.5 所示。

表 16.5 高中排名数据

Garfield 初中		Mulberry 初中	
Fields	8	Hart	70
Clark	52	Phipps	202
Jones	112	Kirkwood	144
Tibbs	21	Abbott	175
		Guest	146

MWW 检验的第一步是将两个样本中的组合数据由低到高排序。最低的值（排名为 8）得到的秩为 1，最高的值（排名为 202）得到的秩为 9。这 9 个学生的排序见表 16.6。

表 16.6 高中学生的秩

学生	排名	组合样本秩	学生	排名	组合样本秩
Fields	8	1	Kirkwood	144	6
Tibbs	21	2	Guest	146	7
Clark	52	3	Abbott	175	8
Hart	70	4	Phipps	202	9
Jones	112	5			

接下来要对每个样本的秩分别求和，这一步见表 16.7。MWW 检验可以使用任意一个样本的秩和。在下面的讨论中，我们对 4 个曾就读于 Garfield 初中的学生样本使用秩和。我们记秩和为 T。这样，在例子中，$T = 11$。

表 16.7 来自每个初中的高中学生的秩和

| 学生 | Garfield 初中 | | 学生 | Mulberry 初中 | |
	排名	样本秩		排名	样本秩
Fields	8	1	Hart	70	4
Clark	52	3	Phipps	202	9
Jones	112	5	Kirkwood	144	6
Tibbs	21	2	Abbott	175	8
			Guest	146	7
秩和		11	秩和		34

让我们考虑一下 Garfield 样本中秩和的性质。该样本中有 4 个学生, Garfield 可能产生学习最好的 4 名学生。如果是这样的话, 那么 $T = 1 + 2 + 3 + 4 = 10$ 就是秩和 T 可能的最小值。相对的, 如果 Garfield 产生了学习最差的 4 名学生, 那么 $T = 6 + 7 + 8 + 9 = 30$ 就是秩和 T 可能的最大值。这样, Garfield 样本中的 T 值必然在 10 到 30 之间取值。

注意到 T 越接近 10 越说明 Garfield 显著的好, 学生排名高; T 越接近 30 越说明 Garfield 显著的差, 学生排名低。这样, 如果两总体的学生在学术潜力上一致的话, T 值应该在上述两值的平均值附近, 即 $(10 + 30)/2 = 20$ 附近。

表 16.8 列出了两样本容量均小于等于 10 的情况下 MWW 检验 T 统计量的临界值。其中 n_1 代表检验中所用秩和的那个样本对应的样本容量。T_L 是左临界值, 可以从表中直接读出。T_U 是右临界值, 可用下面公式计算:

$$T_U = n_1(n_1 + n_2 + 1) - T_L \tag{16.5}$$

表 16.8　Mann-Whitney-Wilcoxon 秩和检验的临界值(T_L 和 T_U)

当 n_1 的秩和小于下表中的 T_L 或大于 T_U($T_U = n_1(n_1 + n_2 + 1) - T_L$)时, 拒绝两总体一致的原假设。

$\alpha = 0.05$		n_2								
		2	3	4	5	6	7	8	9	10
n_1	2	3	3	3	3	3	3	4	4	4
	3	6	6	6	7	8	8	9	9	10
	4	10	10	11	12	13	14	15	15	16
	5	15	16	17	18	19	21	22	23	24
	6	21	23	24	25	27	28	30	32	33
	7	28	30	32	34	35	37	39	41	43
	8	37	39	41	43	45	47	50	52	54
	9	46	48	50	53	56	58	61	63	66
	10	56	59	61	64	67	70	73	76	79

$\alpha = 0.10$		n_2								
		2	3	4	5	6	7	8	9	10
n_1	2	3	3	3	4	4	4	5	5	5
	3	6	7	7	8	9	9	10	11	11
	4	10	11	12	13	14	15	16	17	18
	5	16	17	18	20	21	22	24	25	27
	6	22	24	25	27	29	30	32	34	36
	7	29	31	33	35	37	40	42	44	46
	8	38	40	42	45	47	50	52	55	57
	9	47	50	52	55	58	61	64	67	70
	10	57	60	63	67	70	73	76	80	83

T_L 和 T_U 的值都不在拒绝域中。只有当 T 严格小于 T_L 或严格大于 T_U 时, 才能拒绝两总体一致的原假设。

例如, 在显著性水平为 0.05 时查表 16.8, 我们可以得到 $n_1 = 4$(Garfield), $n_2 = 5$(Mulberry) 的情况下, MWW 统计量的左临界值 $T_L = 12$。MWW 统计量的右临界值由公式(16.5)计算得

$$T_U = 4(4+5+1) - 12 = 28$$

这样,MWW 检验的决定规则表明当第一个样本(Garfield)的秩和小于 12 或大于 28 时,拒绝两总体一致的原假设,可以记为

当 $T < 12$ 或 $T > 28$ 时拒绝 H_0

关于表 16.7,我们看到 $T=11$。这样,拒绝原假设 H_0,我们得出结论:来自 Garfield 的学生总体与来自 Mulberry 的学生总体在学术潜力上不同。来自 Garfield 的学生排名更高,这说明相比 Mulberry 的学生,Garfield 的生源更好。

> 如果我们用 Mulberry 学生的秩和做检验,将有 $n_1=5, n_2=4, T_L=17, T_U=33, T=34$。由于 $T>T_U$,我们可以同样得出拒绝 H_0 的结论。

16.3.2 大样本情况

当两样本容量均大于等于 10 时,可以用 T 的抽样分布的正态分布近似来进行 MWW 检验。我们以第三国家银行(Third National Bank)为例说明大样本情况下的 MWW 检验。

第三国家银行有两个分行。收集到两独立简单随机样本,每个样本对应一个分行,如表 16.9 所示。这一数据能否说明两分行的支票账户余额总体是一致的?

MWW 检验的第一步是将两个样本中的组合数据由低到高排序。表 16.9 是由 22 个观测值组成的数据集,最小值为 $750(样本 2 的第 6 个值),我们将它的秩记为 1。其他数据以此类推。

余额($)	条目	秩
750	样本 2 的第 6 个	1
800	样本 2 的第 5 个	2
805	样本 1 的第 7 个	3
850	样本 2 的第 2 个	4
⋮	⋮	⋮
1 195	样本 1 的第 4 个	21
1 200	样本 1 的第 3 个	22

表 16.9 第三国家银行两分行的账户余额

分行 1		分行 2	
账户	余额	账户	余额
1	1 095	1	885
2	955	2	850
3	1 200	3	915
4	1 195	4	950
5	925	5	800
6	950	6	750
7	805	7	865
8	945	8	1 000
9	875	9	1 050
10	1 055	10	935
11	1 025		
12	975		

在给组合数据排序时，我们可能发现一个或多个数据值是相同的。在这种情况下，相同数据值的秩由它们在组合数据中位置的平均秩确定。例如，余额 \$945（样本 1 的第 8 个）的秩记为 11。然而，数据集中接下来的两个值是相同的，都是 \$950（见样本 1 的第 6 个和样本 2 的第 4 个）。因为这两个值的秩应记为 12 和 13，所以它们的秩都记为 12.5。接下来最高的数据为 \$955，我们继续排序，记它的秩为 14。表 16.10 中列出了数据集中所有观测值和它们的秩。

表 16.10　第三国家银行两样本数据的组合秩

	分行 1			分行 2	
账户	余额	秩	账户	余额	秩
1	1 095	20	1	885	7
2	955	14	2	850	4
3	1 200	22	3	915	8
4	1 195	21	4	950	12.5
5	925	9	5	800	2
6	950	12.5	6	750	1
7	805	3	7	865	5
8	945	11	8	1 000	16
9	875	6	9	1 050	18
10	1 055	19	10	935	10
11	1 025	17		秩和	83.5
12	975	15			
	秩和	169.5			

MWW 检验的下一步是给每个样本求秩和，表 16.10 也给出了这些秩和。检验过程可以使用任意一个样本的秩和，我们使用分行 1 的秩和，这样，可以得到 $T = 169.5$。

由样本容量 $n_1 = 12, n_2 = 10$，我们可以用正态分布近似秩和 T 的抽样分布，下式给出了抽样分布：

一致总体下 T 的抽样分布

$$\text{均值}: \mu_T = \frac{1}{2} n_1 (n_1 + n_2 + 1) \tag{16.6}$$

$$\text{标准差}: \sigma_T = \sqrt{\frac{1}{12} n_1 n_2 (n_1 + n_2 + 1)} \tag{16.7}$$

分布形式：$n_1 > 10, n_2 > 10$ 时近似正态分布

对于分行 1，我们有

$$\mu_T = \frac{1}{2} 12(12 + 10 + 1) = 138$$

$$\sigma_T = \sqrt{\frac{1}{12} 12(10)(12 + 10 + 1)} = 15.17$$

T 的抽样分布如图 16.8 所示。我们取显著性水平 0.05，继续 MWW 检验来得出结论。由于分行 1 的秩和为 $T = 169.5$，我们计算下面的检验统计量：

$$z = \frac{T - \mu_T}{\sigma_T} = \frac{169.5 - 138}{15.17} = 2.08$$

表 16.8　第三国家银行例子中 T 的抽样分布

由标准正态分布表和 $z=2.08$，我们可以得到双边 p 值为 $2(1.0000 - 0.9812) = 0.0376$。由于 p 值 $\leq \alpha = 0.05$，我们拒绝 H_0，得出结论：两总体不是一致的，也就是两个分行的账户余额总体不相同。

总结一下，Mann-Whitney-Wilcoxon 秩和检验通过以下几步来确定两独立的随机样本是否取自同一总体。

1. 对组合样本中的观测值从低到高排序，相同的值标记为他们的平均秩。
2. 计算 T，即第一个样本的秩和。
3. 在大样本情况下，通过计算 T 值并与一致总体情况下利用式 (16.6) 和 (16.7) 得出的 T 的抽样分布进行比较来做显著性检验。标准化的检验统计量 z 的值与 p 值是我们决定是否拒绝 H_0 的基础。在小样本情况下，用表 16.8 来确定检验的临界值。

16.3.3　使用 Excel

Excel 没有针对 Mann-Whitney-Wilcoxon 秩和检验的专门工具。然而，在为数据排序、计算秩和、计算检验统计量和计算大样本情况下的 p 值时可以利用 Excel 工作表。除了给秩标记符号的部分，使用方法与前面一节类似，所以我们在此不再单独生成一张工作表了。

注释与评论

这一节讨论的非参数方法是用来确定两总体是否一致的。第十章中介绍的参数检验方法是用来检验两总体均值是否相等的。当我们拒绝均值相等的假设时，我们可以得出结论：两总体在均值上不同。当我们用 MWW 检验拒绝两总体一致的假设时，我们无法知道它们不一致的程度。这两个总体可以有不同的均值、不同的中值、不同的方差或不同的形式。然而，如果我们相信两总体在除均值外的每个方面都相同，那么通过非参数方法拒绝 H_0 证明两者均值不同。

16.4　Kruskal-Wallis 检验

16.3 节中的 MWW 秩和检验用来检验两总体是否一致。Kruskal 和 Wallis 将这一检验方法扩展到 3 个或更多的总体。$k \geq 3$ 个总体下的 Kruskal-Wallis 检验的假设如下：

H_0：所有的总体都一致

H_a：不是所有的总体都一致

Kruskal-Wallis 检验是建立在对 k 个总体的独立随机样本的分析的基础上的。

> 这个检验是第十二章中的 ANOVA 的另一种方法，ANOVA 关注于 k 个总体的均值是否相等。

在第十二章中，我们介绍了方差分析（ANOVA）可以用来检验三个及其以上的总体是否相同。ANOVA 方法要求定距数据或定比数据，并假设 k 个总体是正态分布。

非参数的 Kruskal-Wallis 检验可以用于定距数据、定比数据，也可以用于定序数据。另外，Kruskal-Wallis 检验不需要总体正态分布的假设。这样，只要这多个（$k \geq 3$）总体是定序数据，或者对总体的正态分布假设有疑问，Kruskal-Wallis 检验就为检验这多个总体的一致性提供了一种检验方法。我们用一个选择雇员的应用来讲解 Kruskal-Wallis 检验。

Williams 制造厂从 3 所当地院校中为他们的管理层招聘员工。最近，公司的人事部门开始收集年度表现评价，尝试确定从三所院校雇用的经理人的表现是否存在差异。表现评价数据从相互独立的样本中获得，包括来自 A 院校的 7 名员工、来自 B 院校的 6 名员工和来自 C 院校的 7 名员工。这些数据如表 16.12 所示。每个经理人的整体表现评估由 0 到 100 打分，100 是可能的最高分。

表 16.12　Williams 的 20 名员工整体表现评估

院校 A	院校 B	院校 C
25	60	50
70	20	70
60	30	60
85	15	80
95	40	90
90	35	70
80		75

假设我们需要检验在表现评估上三个总体是否一致。我们取显著性水平为 0.05。Kruskal-Wallis 检验统计量要用到每个样本的秩和，它可以由下面式子计算得出。

Kruskal-Wallis 检验统计量

$$W = \left[\frac{12}{n_T(n_T+1)} \sum_{i=1}^{k} \frac{R_i^2}{n_i} \right] - 3(n_T + 1) \qquad (16.8)$$

其中：k 为总体的个数；n_i 为样本 i 中数据的个数；$n_T = \sum n_i$ 为所有样本中数据个数的总和；R_i 为第 i 个样本的秩和。

Kruskal 和 Wallis 可以证明，在所有总体均一致的原假设下，W 的抽样分布可以由 $k-1$ 个自由度的卡方分布近似。当每个样本的样本容量均大于或等于 5 时，可以做这样的近似。当检验统计量较大时拒绝总体一致的原假设。这样，检验过程使用右单边检验。

为了计算我们例子中的 W 值，我们必须先给所有 20 个数据排序。记最小的数据值，来自 B 院校的 15 的秩为 1；记最大的数据值，来自 A 院校的 95 的秩为 20。三个样本的数据值、它们对应的秩、秩和由表 16.13 给出。注意到我们对相同的数据值标记平均秩*，例如，数据值 60、70、80 和 90 都不止有一个。

> Kruskal-Wallis 检验只用到数据的顺序秩。

样本容量为

$$n_1 = 7 \quad n_2 = 6 \quad n_3 = 7$$

我们有

$$n_T = \sum n_i = 7 + 6 + 7 = 20$$

表 16.13　20 个 Williams 制造厂的员工的组合秩

院校 A	秩	院校 B	秩	院校 C	秩
25	3	60	9	50	7
70	12	20	2	70	12
60	9	30	4	60	19
85	17	15	1	80	15.5
95	20	40	6	90	18.5
90	18.5	35	5	70	12
80	15.5			75	14
秩和	95		27		88

利用公式 (16.8)，我们计算 W 统计量

$$W = \frac{12}{20(21)}\left[\frac{(95)^2}{7} + \frac{(27)^2}{6} + \frac{(88)^2}{7}\right] - 3(20+1) = 8.92$$

现在我们使用卡方分布表（附录 B 中的表 3）来确定检验中的 p-值。自由度为 $k - 1 = 3 - 1 = 2$，可以查得 $\chi^2 = 7.378$ 时分布右边区域的概率为 0.025，$\chi^2 = 9.21$ 时右边区域的概率为 0.01。由于 $W = 8.92$ 在 7.378 和 9.21 之间，我们可以得出结论分布右边区域的概率在 0.025 和 0.01 之间。因为这是右单边检验，所以 p-值在 0.025 和 0.01 之间。Excel 将显示 p-值为 0.0116。因为 p-值 $\leq \alpha = 0.05$，我们拒绝 H_0，得出三个总体不一致的结论。来自不同院校的经理人表现有显著差异。更进一步，由于院校 B 的表现评价最低，公司可以考虑减少在院校 B 的招聘，或至少更为全面地评价该校的毕业生。

使用 Excel

Excel 没有针对 Kruskal-Wallis 检验的专门工具。然而，在为数据排序、计算秩和、计算检验统计量和相应的 p-值时可以利用 Excel 工作表。Excel 的 CHIDIST 函数可以用来计算 p-值。我们将以 Williams 制造厂为例来说明如何生成一张工作表。参照图 16.9，背景表是公式工作表，前景表是结果工作表。

---

* 如果有许多相同的数据值，公式 (16.8) 需要修改；修改的公式见由 W. J. Conover《应用非参数统计》第三版（纽约：John Wiley & Sons，1998）。

	A	B	C	D	E	F
1	院校	表现评估	秩			
2	A	25	=RANK(B2,$B$2:$B$21,1)			
3	A	70	12			
4	A	60	9			
5	A	85	=RANK(B5,$B$2:$B$21,1)			
6	A	95	=RANK(B6,$B$2:$B$21,1)			
7	A	90	18.5	n_1	=COUNT(B2:B8)	
8	A	80	15.5	和A	=SUM(C2:C8)	
9	B	60	9			
10	B	20	=RANK(B10,$B$2:$B$21,1)			
11	B	30	=RANK(B11,$B$2:$B$21,1)			
12	B	15	=RANK(B12,$B$2:$B$21,1)			
13	B	40	=RANK(B13,$B$2:$B$21,1)	n_2	=COUNT(B9:B14)	
14	B	35	=RANK(B14,$B$2:$B$21,1)	和B	=SUM(C9:C14)	
15	C	50	=RANK(B15,$B$2:$B$21,1)			
16	C	70	12			
17	C	60	9			
18	C	80	15.5			
19	C	90	18.5			
20	C	70	12	n_3	=COUNT(B15:B21)	
21	C	75	=RANK(B21,$B$2:$B$21,1)	和C	=SUM(C15:C21)	
22				n_T	=COUNT(B2:B21)	
23		检验统计量	=(12/(E22*(E22+1)))*(E8^2/E7+E14^2/E13+E21^2/E20)-3*(E22+1)			
24		自由度	2			
25						
26		p-值(左侧)	=1-CHIDIST(C23,C24)			
27		p-值(右侧)	=CHIDIST(C23,C24)			
28		p-值(双边)	=2*MIN(C26,C27)			
29						

	A	B	C	D	E	F
1	院校	表现评估	秩			
2	A	25	3			
3	A	70	12			
4	A	60	9			
5	A	85	17			
6	A	95	20			
7	A	90	18.5	n_1	7	
8	A	80	15.5	和A	95	
9	B	60	9			
10	B	20	2			
11	B	30	4			
12	B	15	1			
13	B	40	6	n_2	6	
14	B	35	5	和B	27	
15	C	50	7			
16	C	70	12			
17	C	60	9			
18	C	80	15.5			
19	C	90	18.5			
20	C	70	12	n_3	7	
21	C	75	14	和C	88	
22				n_T	20	
23		检验温流计量	8.92			
24		自由度	2			
25						
26		p-值(左侧)	0.9884			
27		p-值(右侧)	0.0116			
28		p-值(双边)	0.0232			
29						

图 16.9 Williams 制造厂 Kruskal-Wallis 检验的 Excel 工作表

输入数据:数据输入到第 A 列和第 B 列中。第 A 列是员工来自的院校,第 B 列是表现的评估值。注意到第 2 行到第 8 行是来自院校 A 的员工样本,第 9 行到第 14 行是来自院校 B 的员工样本,第 15 行到第 21 行是来自院校 C 的员工样本。

输入函数和公式:我们在第 C 列使用 Excel 的 RANK 函数来确定 20 个员工的秩。和 16.2 节中一样,对于相同的数据,我们需要修改为平均秩。对于公式工作表,我们可以看到几处相同的数
据,它们的秩为平均秩,这样做是有必要的。单元格 E7、E13 和 E20 中用 Excel 的 COUNT 函数来 783
计算每个院校的样本容量。单元格 E8、E14 和 E21 中用 SUM 函数来计算每个院校的秩和。

检验统计量在 C23 单元格中计算,输入的 Excel 公式即为式(16.8)。自由度 $k-1=2$ 输入到 C24 单元格。C26:C28 单元格使用 Excel 的 CHIDIST 来计算与检验统计量相关的 p 值。CHIDIST 函数的形式是 CHIDIST(检验统计量,自由度),所得到的结果是卡方分布的右侧尾部的概率。这样,为了得到 p-值(左侧),我们在 C26 单元格输入公式 1-CHIDIST(C23,C24)。在 C27 单元格输入公式 CHIDIST(C23,C24)来计算 p-值(右侧)。单元格 C28 中的 p-值(双边)是单边检验中较小的 p-值的两倍。因为 Williams 制造厂的例子是一个右单边假设检验,我们将 p-值(右单边) 0.0116 与 $\alpha=0.05$ 进行比较。由于 $0.0116<\alpha=0.05$,我们拒绝 H_0,得出结论:三个总体不一致。

注释与评论

例子中使用的 Kruskal-Wallis 检验是由收集员工表现评估值这一定距数据来开始的。如果我们有这 20 个员工秩的数据,同样可以使用该检验。在那种情况下,可以直接在原始数据上应用 Kruskal-Wallis 检验,根据表现评估值为数据排序的步骤可以省略。

16.5 秩相关

相关系数是对于定距数据或定比数据的两个变量之间线性相关程度的一种度量。在这一节中,我们考虑对两定序变量之间相关程度的度量。**Spearman 秩相关系数** r_s 便由此产生。

Spearman 秩相关系数

$$r_s = 1 - \frac{6 \sum d_i^2}{n(n^2 - 1)} \qquad (16.9)$$

其中:n 为要排序的数据个数或人数;x_i 为关于一个变量第 i 个数据的秩;y_i 为关于第二个变量第 i 个数据的秩;$d_i = x_i - y_i$。

让我们用一个例子来说明 Spearman 秩相关系数的用法。一个公司想要知道那些一开始招聘进来被寄予希望能成为好的销售员的人最后是否真的有良好的销售记录。为了解决这个问题,主管人力的副总裁仔细回顾了他们最初求职面试时的总结、学历记录和 10 个该公司销售部门人员的推荐。看完这些后,副总裁根据获得成功的潜力对 10 个人进行了排序,这个排序仅仅是基于招聘时的信息。接着,副总裁又获得了一份每个销售员最初两年销售的数目记录。基于实际的销售表现,副总裁有对这 10 个人进行了排序。表 16.14 给出了这两次排序的相关数据。统计问题是,根据招聘时潜力进行的排序与根据两年来实际销售表现进行的排序是否一致。

表 16.14 10 个销售员的销售潜力和两年的实际销售数据

销售人员	潜力排名	两年的销售量	两年间表现排名
A	2	400	1
B	4	360	3
C	7	300	5
D	1	295	6
E	6	280	7
F	3	350	4
G	10	200	10
H	9	260	8
I	8	220	9
J	5	385	2

让我们计算表 16.14 中数据的 Spearman 秩相关系数。表 16.15 给出了计算结果。我们可以看到秩相关系数是一个正数 0.73。Spearman 秩相关系数的范围是从 -1.0 到 +1.0,它的解释与样本相关系数类似,即正数接近 1.0 表明秩之间的相关关系越强,当一个秩增加时,另一个秩也增加。秩相关靠近 -1.0 表明秩之间有强的负相关,当一个秩增加时,另一个秩减少。计算结果 $r_s = 0.73$ 表明潜力与实际表现之间有正相关关系。在潜力上排序较高的人在表现上排序也可能较高。

表 16.15　销售潜力和销售表现的 Spearman 秩相关系数的计算

	$x_i =$	$y_i =$	$d_i = x_i - y_i$	d_i^2
A	2	1	1	1
B	4	3	1	1
C	7	5	2	4
D	1	6	-5	25
E	6	7	-1	1
F	3	4	-1	1
G	10	10	0	0
H	9	8	1	1
I	8	9	-1	1
J	5	2	3	9
			$\sum d_i^2 =$	44

$$r_s = 1 - \frac{6\sum d_i^2}{n(n^2-1)} = 1 - \frac{6(44)}{10(100-1)} = 0.73$$

16.5.1　显著性秩相关检验

我们已经看到了如何用样本结果来计算样本秩相关系数。像其他很多统计学方法一样,我们想用样本的结果来对总体的秩相关系数 ρ_s 进行推断。要对总体的秩相关进行推断,我们必须检验如下假设:

$$H_0: \rho_s = 0$$
$$H_a: \rho_s \neq 0$$

在没有秩相关($\rho_s = 0$)的原假设下,秩之间是独立的,r_s 的抽样分布如下:

r_s 的抽样分布

$$\text{均值}: \mu_{r_s} = 0 \tag{16.10}$$

$$\text{标准差}: \sigma_{r_s} = \sqrt{\frac{1}{n-1}} \tag{16.11}$$

分布形式:当 $n \geq 10$ 时近似服从正态分布

销售潜力和销售表现的样本秩相关系数是 $r_s = 0.73$,我们可以做显著性秩相关检验。从式(16.10)中可得 $\mu_{r_s} = 0$,从式(16.11)中可得 $\sigma_{r_s} = \sqrt{1/(10-1)} = 0.33$。用标准正态变量 z 作为检验统计量,我们有

$$z = \frac{r_s - \mu_{r_s}}{\sigma_{r_s}} = \frac{0.73 - 0}{0.33} = 2.20$$

使用标准正态分布表,$z = 2.20$,我们可以得到 p-值为 $2(1.0000 - 0.9861) = 0.0278$。取显著性水平为 0.05,$p$-值 $\leq \alpha = 0.05$,所以我们拒绝秩相关为零的假设。这样,我们得出结论:销售潜力与销售表现之间的秩相关显著。

16.5.2 应用 Excel

在第三章中,我们讲了如何使用 Excel 的 CORREL 函数来计算产品时刻的 Pearson 相关系数。Spearman 秩相关系数与将 Pearson 相关系数应用于秩数据是一样的。为了计算所需数据,我们生成了一张工作表,如图 16.10 所示。背景工作表是公式工作表,前景工作表显示运算结果。

> Spearman 秩相关系数等价于 Pearson 相关系数应用于定序数据和秩数据。

	A	B	C	D	E
1	销售人员	潜力排名	两年的销售量	销售排序	
2	A	2	400	=RANK(C2,$C$2:$C$11)	
3	B	4	360	=RANK(C3,$C$2:$C$11)	
4	C	7	300	=RANK(C4,$C$2:$C$11)	
5	D	1	295	=RANK(C5,$C$2:$C$11)	
6	E	6	280	=RANK(C6,$C$2:$C$11)	
7	F	3	350	=RANK(C7,$C$2:$C$11)	
8	G	10	200	=RANK(C8,$C$2:$C$11)	
9	H	9	260	=RANK(C9,$C$2:$C$11)	
10	I	8	220	=RANK(C10,$C$2:$C$11)	
11	J	5	385	=RANK(C11,$C$2:$C$11)	
12					
13	秩相关系数		=CORREL($B$2:$B$11,$D$2:$D$11)		
14					

	A	B	C	D	E
1	销售人员	潜力排名	两年的销售量	销售排序	
2	A	2	400	1	
3	B	4	360	3	
4	C	7	300	5	
5	D	1	295	6	
6	E	6	280	7	
7	F	3	350	4	
8	G	10	200	10	
9	H	9	260	8	
10	I	8	220	9	
11	J	5	385	2	
12					
13	秩相关系数		0.73		
14					

图 16.10 计算 Spearman 秩相关系数的 Excel 工作表

输入数据: 在 B2:C11 中输入销售人员的数据。第 B 列的数据为销售人员按照潜力的排序,第 C 列的数据为销售员两年的销售数据。

输入函数和公式: 我们在 D 列用 Excel 的 RANK 函数来为销售人员两年来的销售数据进行排序。然后,用 Excel 的 CORREL 函数来计算 B 列中的秩与 D 列中的秩的相关性。我们在 C13 单元格使用 CORREL 函数来完成这个计算。在运算结果工作表中,我们可以看到结果为 0.73。将 Pearson 相关系数应用于秩数据确实与 Spearman 秩相关系数得到相同的结果。

本章小结

在这一章中,我们讲解了几种非参数统计方法。因为非参数方法既可以应用于定距数据和定比数据,又可以应用于定类数据和定序数据,而且对总体分布的假设没有要求,所以它扩展了可以用统计分析解决的问题。

符号检验是当仅有的数据是定类数据时,一种确定两总体间是否存在差异的非参数方法。在小样本情况下,二项分布可用来确定符号检验的临界值;在大样本情况下,可用正态分布近似。Wilcoxon 符号秩检验是用来分析匹配样本数据的非参数方法,所匹配的数据是定距数据或定比数据时均可使用,它对于总体分布的假设没有要求。Wilcoxon 方法可检验两总体一致的假设。

Mann-Whitney-Wilcoxon 秩和检验是基于两独立随机样本,检验两总体是否存在差异的非参数方法。小样本情况下可以查表,大样本情况下可用正态分布近似。Kruskal-Wallis 检验将 Mann-Whitney-Wilcoxon 秩和检验推广到了三个或三个以上总体的情形。Kruskal-Wallis 检验类似于总体均值差异的方差分析检验。

这一章的最后一节我们介绍了 Spearman 秩相

关系数,它是两定序数据集或秩数据集相关程度的度量。

关键术语

| 非参数方法 | Wilcoxon 符号秩检验 | Kruskal-Wallis 检验 |
| 符号检验 | Mann-Whitney-Wilcoxon（MWW）秩和检验 | Spearman 秩相关系数 |

主要公式

符号检验（大样本情况）——抽样分布的正态近似

$$\text{均值}: \mu = 0.5n \quad (16.1)$$

$$\text{标准差}: \sigma = \sqrt{0.25n} \quad (16.2)$$

Wilcoxon 符号秩检验——抽样分布的正态近似

$$\text{均值}: \mu_T = 0 \quad (16.3)$$

$$\text{标准差}: \sigma_T = \sqrt{\frac{n(n+1)(2n+1)}{6}} \quad (16.4)$$

Mann-Whitney-Wilcoxon 秩和检验（大样本情况）——抽样分布的正态近似

$$\text{均值}: \mu_T = \frac{1}{2}n_1(n_1+n_2+1) \quad (16.6)$$

$$\text{标准差}: \sigma_T = \sqrt{\frac{1}{12}n_1 n_2(n_1+n_2+1)} \quad (16.7)$$

Kruskal-Wallis 检验统计量

$$W = \left[\frac{12}{n_T(n_T+1)}\sum_{i=1}^{k}\frac{R_i^2}{n_i}\right] - 3(n_T+1) \quad (16.8)$$

Spearman 秩相关系数

$$r_s = 1 - \frac{6\sum d_i^2}{n(n^2-1)} \quad (16.9)$$

第十七章 质量控制的统计方法

目 录

统计实务:陶氏化学公司
17.1 理论框架
    17.1.1 美国马尔科姆·鲍德里奇国家质量奖
    17.1.2 ISO 9000
    17.1.3 六西格玛
17.2 统计过程控制
    17.2.1 控制图
    17.2.2 $\bar{x}$ 控制图:过程均值和标准差已知
    17.2.3 $\bar{x}$ 控制图:过程均值和标准差未知
    17.2.4 R 控制图
    17.2.5 应用 Excel 绘制 R 控制图和 $\bar{x}$ 控制图
    17.2.6 p 控制图
    17.2.7 np 控制图
    17.2.8 对控制图的理解
17.3 验收抽样
    17.3.1 KALI 公司:验收抽样示例
    17.3.2 计算接受一个批次产品的概率
    17.3.3 选择验收抽样计划
    17.3.4 多重抽样计划

统计实务

陶氏化学公司[*]
得克萨斯州,自由港

陶氏化学公司(Dow Chemical)在得克萨斯州的业务始于1940年。当时陶氏化学公司在得克萨斯州海湾地区购买了800英亩土地用于建设镁制品生产设施。该公司从原来的位置进行扩建,现在占地面积已超过5 000英亩,是世界上最大的石化集团公司之一。得克萨斯州生产部的产品包括镁、苯乙烯、塑料、黏合剂、溶剂、乙二醇和氯。虽然其中一些产品是特地为其他工艺流程生产的,但是许多产品最终还是用作其他产品的基本原料,如医药品、牙膏、狗粮、水管、冰箱、牛奶包装、垃圾袋、洗发水和家具。

陶氏化学在得克萨斯州的公司生产的镁占全球产量的30%,这种极轻的金属用于生产包括从网球拍到手提箱再到"镁"质车轮在内的产品。在得克萨斯州公司,镁生产部门率先培训自己的技术人员和管理者应用统计质量控制。统计质量控制最早地成功应用于化学处理过程。

在其中一项和干燥剂有关的应用中,定期对产出进行抽样;计算样本的平均值并将其记录在一张称为 x 控制图的图上。陶氏公司的分析师利用这种控制图监控产品的变化趋势,从而可以看出该过程运行是否正常。例如,分析师先观测样本均值,这个值并不能表示过程是否在设计的上下限内运行。然后,对控制图和运行本身做进一步分析,分析师发现这种质量偏差与其中一位操作人员有关。对该操作人员进行培训,所得到的 x 控制图的记录则显示该过程的质量有显著提高。

陶氏化学公司全面应用统计质量控制方法实现了产品质量的提高。资料表明该方法每年为该公司节约数十万美元,目前还在不断发现可以应用该方法的新领域。

* 作者感谢陶氏化学公司镁产品技术部经理 Cifford B. Wilson 为统计实务提供本案例。

本章介绍如何绘制 x 控制图,如陶氏化学公司应用的其中一种控制图。这样的控制图是统计质量控制的组成部分。另外,还会讨论根据样本决定接受或拒绝一批产品的质量控制方法。美国质量协会(ASQ)将质量定义为"产品或服务赖以满足特定需求的功能和特征的总和"。换言之,质量就是衡量产品或服务满足客户需要的程度。企业意识到要想在当今全球经济中具有竞争力,就必须追求高质量。因此,他们不断加强对监控和保持质量方法的重视。

如今,那些以客户驱动为基础的优质企业改变了他们对影响质量的因素范围的看法,从仅仅在生产线上减少次品到建立全面的企业质量战略。拓宽质量管理范围自然引申出全面质量的概念(TQ)。

全面质量(TQ)是以人为本的旨在持续提高顾客满意度同时降低实际成本的管理系统。TQ 是一个完整的体系(不是一个独立的方面或工作方案)和一个整体的高水准战略;它包含从职能到部门,涉及了从高层到基层的每个员工,而且涵盖了上游的供应链到下游的需求链。TQ 强调通过学习和适应而持续的改变是企业成功的秘诀。*

无论不同的企业如何应用 TQ,它都是基于三个基本的原则:关注客户和股东;企业员工的积极参与和合作精神;持续不断的进步和学习。在本章的第一节我们简要介绍三个质量管理的框架:马尔科姆.鲍德里奇国家质量奖,ISO 9000 标准,六西格玛。在后两节我们介绍两个能够用于质量检验的统计工具:统计过程控制和验收抽样。

17.1 理论框架

戴明·爱德华博士和朱兰·约瑟夫博士是在质量管理方面有着巨大影响的两位经济学家,两人在二战后帮助日本进行教育质量管理。尽管保证质量是每个人的职责,但戴明强调管理者必须列出质量的核心指标。他给出了一个包含有 14 项他认为是管理者的关键责任的列表。例如,戴明认为管理者必须放弃对大规模检验的依赖,必须停止仅仅以价格为基础的奖励,必须在生产和服务过程中寻求持续改进,必须营造团队导向的环境,必须消除限定数字配额的目标、标语和工作

---

* J. R. Evans 和 W. M. Lindsay,《质量控制及管理》,第六版(Cincinnati,OH:South-Western. 2005),pp. 18—19。

标准。最重要的是,管理者必须制造一个在任何时刻都能够保证质量和生产率的环境。

朱兰提供了一个简单的质量定义:适用。朱兰对质量的观点集中在三个质量流程:质量计划、质量控制和质量改善。相对戴明的需要改变企业文化的观点,朱兰的方案是在当前的组织体系下提高质量。虽然如此,这两个理论都强调高管人员的参与和需要持续不断的改进,都强调培训的重要性以及运用质量控制的方法。

其他还有许多人都在质量方面起了很大的作用。包括菲利普·B.克洛斯比、A.V.费根鲍姆、石川馨、田口玄一。每位经济学家在质量方面的独特实验都为质量管理做出了贡献,他们在质量管理方面的贡献促使产生了一系列最佳实践、奖项和认证方案。最重要的两个项目是美国马尔科姆·鲍德里奇国家质量奖和国际 ISO 9000 质量体系认证。近年来,六西格玛——一套基于严密的数据收集和统计分析的提高组织绩效的方法论的应用也在增加。

17.1.1 美国马尔科姆·鲍德里奇国家质量奖

美国马尔科姆·鲍德里奇国家质量奖由美国总统授予那些申请了该奖项并在以下几个方面都有杰出表现的企业:领导,战略规划,专注消费者和市场,方法、分析和知识管理,人力资源集中,过程管理和经营业绩。国会在 1987 年成立了该奖项来表彰在质量方面取得成就的美国企业,以及以此来提高企业把质量作为重要竞争优势的意识。该奖项以马尔科姆·鲍德里奇命名是为了纪念从 1981 年到 1987 年任美国商务部长的马尔科姆·鲍德里奇。

> 美国商务部国家标准统计技术院运行鲍德里奇质量项目。更多的信息可以从 www.quality.nist.gov 获得。

自从 1988 年第一次授予了该奖项,马尔科姆·鲍德里奇质量项目的地位和作用都有了提升。从 1988 开始发布了大约有二百万份质量标准的拷贝,大量的拷贝和电子版显著地增加了这个数字。在第八个年份,由获得马尔科姆·鲍德里奇国家质量奖的所有公开交易的美国企业构成的样本构成一个虚拟的股指"马尔科姆·鲍德里奇股指"。在 2003 年,马尔科姆·鲍德里奇股指以 4.4:1 的比例优于标普 500。在 2003 年的马尔科姆·鲍德里奇国家奖的颁奖典礼上,摩托罗拉的副总鲍勃本·奈特说:"我们申请这个奖项,不是为了获胜,而是为了接受马尔科姆·鲍德里奇审查员的评价。这个综合的、专业的、有见地的评价可能是当今世上存在的最值得的、附加值最大的商业咨询。

17.1.2 ISO 9000

ISO 9000 是由总部设在瑞士日内瓦的国际标准化组织(ISO)在 1987 年颁布的五项国际准则系列。组织能够依据准则确定如何能获得有效质量一致性体系。例如,准则表述有效质量体系所需求的要素,确保衡量和检验的器械是定期检修的需求要素,以及为了保持和完善记录系统的需求要素。ISO 9000 准则衡量企业是否遵守它的质量体系。总之,ISO 9000 包含低于 10% 的鲍德里奇国家奖的标准。

17.1.3 六西格玛

在 20 世纪 90 年代后期,摩托罗拉公司意识到需要提高产品和服务质量,他们希望达到这样的质量水准:在每百万产品中,仅有低于 3.4 个有缺陷的产品。由于为了达到这个水平所采用的方法称为六西格玛,这个质量水平被称为是六西格玛质量水平。

企业可以以下的两种方式实行六西格玛管理:
- DAMIC(定义,测量,分析,改善和控制):运用 DAMIC 来重新设计现有的工序。
- DFSS(以六西格玛标准重新设计):重新设计产品、流程和服务。

在对现有工序的改进设计和重新设计新生产工序时,六西格玛非常注重统计分析和精确的测量。如今,六西格玛是帮助企业达到鲍德里奇标准的商业运作和流程质量的主要工具。许多鲍德里奇审查人员将六西格玛认为是实施鲍德里奇质量改善项目的理想方法。

六西格玛百万分之几的缺陷率　在六西格玛术语中,缺陷是传递给消费者的任何失误或错误。六西格玛程序是以每百万缺陷率(dpmo)定义质量流程缺陷的。如前所述,六西格玛代表了至多每百万中存在 3.4 个缺陷的质量水平。为了表述如何衡量这个质量水平,我们以 KJW 包装企业为例。

KJW 运营一个谷物装箱的生产线。这个装箱工序的均值 $\mu = 16.05$ 盎司,标准差 $\sigma = 0.10$ 盎司。另外,假定装箱的重量是服从正态分布的。装箱重量分布如图 17.1 所示。我们推测

> 运用 Excel, NORMSDIST(6) − NORMASDIST(−6) = 0.999999998。

管理当局认为 15.45—16.65 盎司是装箱流程的质量可接受区域。所以任意重量低于 15.45 盎司或高于 16.65 盎司的谷物箱都认为是缺陷产品。运用 Excel 的 NORMSDIST 功能,我们发现 99.9999998% 的谷物箱的重量落在 $16.05 - 6 \times 0.10 = 15.45$ 盎司和 $16.05 + 6 \times 0.10 = 16.65$ 盎司之间。换言之,只有 0.0000002% 的谷物箱的重量低于 15.45 盎司或高于 16.65 盎司。所以,在装箱生产线上生产出有缺陷的谷物箱是极不可能的,因为在每千万的产品中,平均仅有 2 个产品是存在缺陷的。

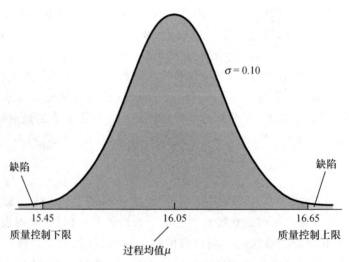

图 17.1　过程均值 $\mu = 16.05$ 时谷物箱填充重量的正态分布

摩托罗拉早期的关于六西格玛的工作表明,一个过程的均值能够以 1.5 个标准差的幅度移动。例如,假定 KJW 的过程均值增加 1.5 个标准差即 $1.5 \times 0.10 = 0.15$ 盎司。这样的移动使得装箱重量的正态分布是以 $\mu = 16.05 + 0.15 = 16.20$ 盎司为中心的。在均值 $\mu = 16.05$ 时,生

> 运用 Excel, 1 − NORMSDIST(4.5) = 0.0000034。

产出重于 16.65 盎司的谷物箱的可能性是极其小的。但是当过程的均值移动到 $\mu=16.20$ 时,这个概率怎么变化呢？图 17.2 就是表述这种变化下的重量分布的。16.65 盎司的上界是在均值 $\mu=16.20$ 时偏离右边 4.5 个标准差的重量。根据这个均值,运用 Excel 的 NORMSDIST 功能,可以看到生产出重于 16.65 盎司的谷物箱的概率为 0.0000034,即有 3.4 个谷物箱的重量超过 16.65 盎司的上界。根据六西格玛理论,该过程的质量水平就是 0.0000034 的缺陷率。如果管理人员将 15.45 盎司到 16.65 盎司作为装箱流程的可接受区域,KJW 的装箱流程就可以被认为是六西格玛流程。所以,如果该过程的均值保持在目标均值 $\mu=16.05$ 盎司的基础上偏移低于 1.5 个标准差,每一百万个谷物箱中最多有 3.4 个为缺陷产品。

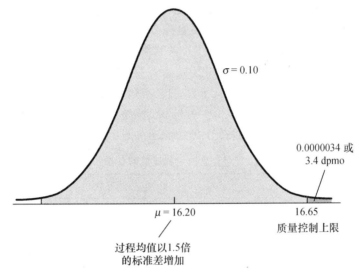

图 17.2　过程均值 $\mu=16.20$ 时谷物箱填充重量的正态分布

想达到和保持六西格玛质量水平的组织必须注重检测和保持质量的方法。质量保证是指包含有组织为达到和保持质量水平的政策、工作流程、企业准则的整个体系。质量保证有两个基本职能:质量工程和质量控制。质量工程的目标是在产品和流程设计上注重质量,以及在产品生产出之前发现质量问题。**质量控制**是由一系列用来确定产品是否达到质量标准的检验和测量程序组成。如果没有达到质量标准,应该采取预防和纠正措施以达到和保持与质量标准的一致性。在接下来的两节中我们介绍在质量控制中应用的两种方法。第一种是统计过程控制。它通过运用图形展示的方法监控生产过程;其目标是判断生产过程是继续进行还是应该加以调整,以便达到预期的质量水平。第二种方法是验收抽样,它用于根据样本质量决定接受或拒绝一批产品的情况。

17.2　统计过程控制

本节以持续生产产品的生产过程的质量控制程序为例。根据对生产出的产品进行抽样和检验,决定是继续生产,还是调整该过程以便使生产的产品达到验收质量标准。

尽管在制造和生产运营中采用较高的质量标准,但是机器工具总是会磨损,振动会使机器的参数设置超出可调整的范围,采购的材料存在缺陷以及操作人员也会犯错误。其中任何因素都能导致低质量的产出。幸运的是，监控生产输出的程序有助于在早期阶段检测到劣质产品，这样就可以对生产过程进行调整和纠正。

如果产出质量的变化是由于异常因素引起的，如工具磨损、不正确的机器设置、劣质原材料或操作人员的失误，则应该尽可能迅速地调整或纠正流程。另外，如果质量变化是由于常见因素引起的，即制造商不可能控制的原材料、温度、湿度等的随机变化，则不需要调整流程。统计过程控制的主要目的是判断产出产品的质量变化是异常因素还是常见因素引起的。

只要检测到异常因素，就可以得到该过程失控的结论。在这种情况下，应该采取纠正性措施以便使过程回到可接受的质量水平。不过，如果产出的变化只是由于常见问题引起的，则可以得出该过程处于统计受控状态，或处于受控状态。这种情况下，不必进行变更或调整。

过程控制的统计程序以第九章介绍的假设检验方法为基础。原假设 H_0 认为生产过程处于受控状态。其备选假设 H_a 认为生产过程处于失控状态。表 17.1 表明继续处于受控状态的过程并调整处于失控状态的过程的决策是正确的。不过，由于采用其他假设检验程序，则可能出现第 I 类的错误（调整处于受控状态的过程）和第 II 类错误（允许处于失控状态的过程继续运行）。

> 过程及控制程序与本书前面讨论的假设检验程序有密切联系。控制图能对"过程处于受控状态"的假设进行持续检验。

表 17.1 生产过程决策和状态

		生产过程状态	
		H_0 为真 过程处于受控状态	H_0 为假 过程处于失控状态
决策	继续该过程	正确的决策	第 II 类错误 （允许处于失控状态的过程继续运行）
	调整该过程	第 I 类错误 （调整处于受控状态的过程）	正确的决策

17.2.1 控制图

控制图为确定输出的变异是由于常见因素（受控状态）或异常因素（失控状态）引起的提供了基础。只要监控到失控的情形，就会采取调整或其他纠正性措施使过程回到受控状态。

可以按其包含的数据类型对控制图进行分类。如果采用诸如长度、重量、温度等变量衡量输出的质量，则采用 $\bar{x}$ 控制图。在这种情况下，决定是继续还是调整生产工程则要以输出样本得出的均值为依据。下面以 $\bar{x}$ 控制图的某些功能为例，介绍所有控制图共用的一些概念。

> 根据持续测量所得的数据绘制的控制图称为变量控制图。$\bar{x}$ 控制图就是变量控制图。

图 17.3 是 $\bar{x}$ 控制图的一般结构。控制图的中心线对应于过程处于受控状态时的过程均值。竖线衡量相关变量 $\bar{x}$ 值。每次从生产过程抽取样本，都要计算样本均值 $\bar{x}$，并将表示 $\bar{x}$ 值的数据点绘制到控制图上。

直线 UCL 和 LCL 对于判断过程是否处于受控状态是重要的。这两条线分别称为控制上限和控制下限。选择这两条线时要确保过程处于受控状态时的 $\bar{x}$ 的值能以较高的概率落在两个控制上下限之间。控制上下限以外的值在统计上是证明过程处于失控状态并且应该采取纠正性措施的

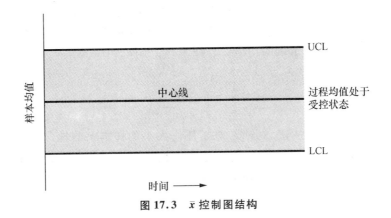

图 17.3 $\bar{x}$ 控制图结构

有力证据。

在一段时间内,添加到控制图上的数据点($\bar{x}$ 值)会越来越多。这些数据点按从左到右的顺序排列。根本上讲,每次将点绘制到控制图上,我们都要进行假设检验以判断该过程是否处于受控状态。

除 $\bar{x}$ 控制图以外,可以利用其他控制图监控样本衡量指标的极差(R 控制图)、样本中次品的比例(p 控制图)和样本次品的数量(np 控制图)。在这些情况下,控制图包括 LCL 线,中心线和 UCL 线,都与图 17.3 中的 $\bar{x}$ 控制图相似。控制图间的主要差异就是纵轴衡量的指标不同。例如,在 np 控制图中,纵轴表示样本中次品的比例而不是样本均值。下面的讨论中,我们将阐述如何绘制和使用 $\bar{x}$ 控制图、R 控制图、p 控制图和 np 控制图。

17.2.2 $\bar{x}$ 控制图:过程均值和标准差已知

将以 KJW 包装公司为例阐明如何绘制 $\bar{x}$ 控制图。回顾该公司运营谷物装箱的生产线,KJW 公司已设计了该过程,以便该生产线正常运转即系统处于受控状态时,填充谷物的重量的均值 $\mu = 16.05$ 盎司,该过程的标准差 $\sigma = 0.1$ 盎司。此外,假设填充谷物的重量(x)服从正态分布。填充谷物的重量的正态概率分布图如图 17.4 所示。

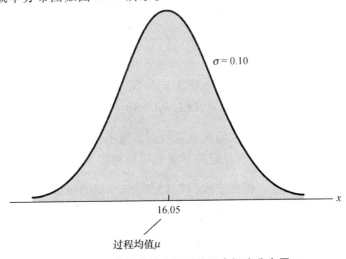

图 17.4 谷物箱填充重量的正态概率分布图

$\bar{x}$ 的抽样分布(如第七章所述)可以用于判断该过程的 $\bar{x}$ 期望值的偏差是否处于受控状态。下面先简要回顾 $\bar{x}$ 的抽样分布的属性。首先，回顾一下，$\bar{x}$ 的均值或期望值 $E(\bar{x}) = \mu$，该生产过程处于受控状态时，μ 就是填充谷物重量的均值。若样本容量是 n，由 $\bar{x}$ 的标准差称为样本均值标准差，其公式为

$$\sigma_{\bar{x}} = \frac{\sigma}{\sqrt{n}} \tag{17.1}$$

此外，因为填充重量(x)服从正态分布，对于任何大小的样本 $\bar{x}$ 的抽样分布也服从正态分布，因此，$\bar{x}$ 的抽样分布是均值为 μ 和标准差为 $\sigma_{\bar{x}}$ 的正态概率分布。该概率分布如图17.5所示。注意，$\bar{x}$ 的抽样分布的均值(16.05)与某个填充重量的概率分布的均值相同。

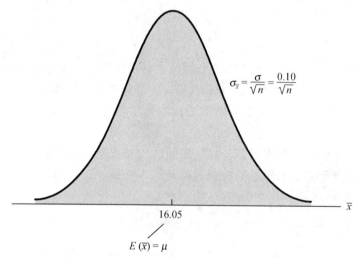

图17.5 包含 n 个填充重量的样本的 $\bar{x}$ 抽样分布

$\bar{x}$ 的抽样分布用于判断如果过程处于受控状态，$\bar{x}$ 的值是否合理。质量控制的一般做法是定义任何合理的 $\bar{x}$ 值都在均值 μ 的上下3个标准差以内。回顾一下有关正态概率分布的内容，正态分布随机变量的值中大约有99.7%在均值的±3个标准差以内。因此，如果 $\bar{x}$ 的值在 $(\mu - 3\sigma_{\bar{x}}, \mu + 3\sigma_{\bar{x}})$ 以内，我们就假设该过程处于受控状态。总之，$\bar{x}$ 控制图的控制上下限如下：

$\bar{x}$ 控制图的控制上下限：过程均值和标准差已知

$$UCL = \mu + 3\sigma_{\bar{x}} \tag{17.2}$$
$$LCL = \mu - 3\sigma_{\bar{x}} \tag{17.3}$$

重新考虑 KJW 包装公司的案例，其填充重量的正态概率分布图如图17.4所示，$\bar{x}$ 的抽样分布图如图17.5所示。假设质量控制检验员定期抽取6箱谷物作为样本，并利用该样本的填充重量均值判断该过程是否处于受控状态。根据方程(17.1)，可知均值的标准差 $\sigma_{\bar{x}} = \frac{\sigma}{\sqrt{n}} = \frac{0.1}{\sqrt{6}} = 0.04$。因此，由过程均值 $\mu = 16.05$，可知控制上下限为：UCL = 16.05 + 3 × 0.04 = 16.17，LCL = 16.05 − 3 × 0.04 = 15.93。图17.6是根据每隔10小时抽取1个样本得到的10个样本数据绘制的控制图。为了便于阅读，在控制图下方将样本按1—10的顺序排列。

注意，图中第 5 个样本均值显示该过程处于失控状态。因此，这时要采取纠正性措施以便使过程回到受控状态，$\bar{x}$ 控制图上的其他点都在控制上下限内，表明纠正性措施起到了作用。

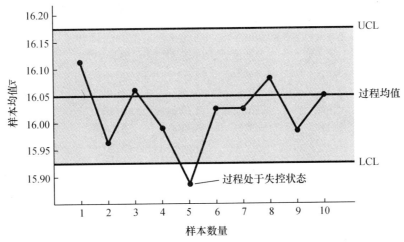

图 17.6　谷物箱填充过程的 $\bar{x}$ 控制图

17.2.3　$\bar{x}$ 控制图：过程均值和标准差未知

KJW 包装公司的示例中，我们介绍了在抽样前过程均值和标准差均已知的情况下如何绘制 $\bar{x}$ 控制图。在很多情况下，必须在假设过程处于受控状态的情况下，根据从过程中选取的样本来估计过程均值和标准差。例如，KJW 包装公司则在 10 天内每天上午和下午各选取 5 箱谷物作为随机样本。对于各个小组或样本而言，都要计算其均值和标准差。然后，利用样本均值和样本标准差的总体平均值绘制过程均值和标准差的控制图。

实践中，通常通过极差而不是标准差来监控生产过程的变异，因为极差更容易计算。然后，利用极差就能很好的估计过程标准差；从而可以利用它方便地绘制出 $\bar{x}$ 控制图的上下限。下面将以延森计算供应公司面临的问题为例进行说明。

延森计算供应公司（JCS）生产 3.5 英寸的计算机磁盘；他们刚调整生产过程以便使过程处于受控状态，假设每个小时抽取 5 个磁盘作为随机样本，接连选取 20 个样本。表 17.2 就是抽取的各个磁盘直径的数据及每个样本的均值 $\bar{x}_j$ 和极差 R_j。

将根据 k 个样本容量为 n 的样本算得的过程均值 μ 的估计值作为总体样本均值。

总体样本均值：

$$\bar{\bar{x}} = \frac{\bar{x}_1 + \bar{x}_2 + \cdots + \bar{x}_n}{k} \tag{17.4}$$

其中：$\bar{x}_j$ 是第 j 个样本的均值（$j=1,2,\cdots,k$）；k 是样本个数。

表 17.2　延森计算供应公司的磁盘直径数据

样本数	观测值					样本均值 $\bar{x}_j$	样本极差 R_j
1	3.5056	3.5086	3.5144	3.5009	3.503	3.5065	0.0135
2	3.4882	3.5085	3.4884	3.525	3.5031	3.5026	0.0369
3	3.4897	3.4898	3.4995	3.513	3.4969	3.4978	0.0233
4	3.5153	3.512	3.4989	3.49	3.4837	3.5	0.0316
5	3.5059	3.5113	3.5011	3.4773	3.4801	3.4951	0.034
6	3.4977	3.4961	3.505	3.5014	3.506	3.5012	0.0099
7	3.491	3.4913	3.4976	3.4831	3.5044	3.4935	0.0213
8	3.4991	3.4853	3.483	3.5083	3.5094	3.497	0.0264
9	3.5099	3.5162	3.5228	3.4958	3.5004	3.509	0.027
10	3.488	3.5015	3.5094	3.5102	3.5146	3.5047	0.0266
11	3.4881	3.4887	3.5141	3.5175	3.4863	3.4989	0.0312
12	3.5043	3.4867	3.4946	3.5018	3.4784	3.4932	0.0259
13	3.5043	3.4769	3.4944	3.5014	3.4904	3.4935	0.0274
14	3.5004	3.503	3.5082	3.5045	3.5234	3.5079	0.023
15	3.4846	3.4938	3.5065	3.5089	3.5011	3.499	0.0243
16	3.5145	3.4832	3.5188	3.4935	3.4989	3.5018	0.0356
17	3.5004	3.5042	3.4954	3.502	3.4889	3.4982	0.0153
18	3.4959	3.4823	3.4964	3.5082	3.4871	3.494	0.0259
19	3.4878	3.4864	3.496	3.507	3.4984	3.4951	0.0206
20	3.4969	3.5144	3.5053	3.4985	3.4885	3.5007	0.0259

对于表17.2中延森计算供应公司的数据，$k=20$，总体样本均值 $\bar{\bar{x}}=3.4995$，这个值就是 $\bar{x}$ 控制图的中心线。各个样本的极差用 R_j 表示，它就是各个样本中最大值和最小值的差值。按下列方法计算 k 个样本的平均极差。

平均极差

$$\bar{R} = \frac{R_1 + R_2 + \cdots + R_n}{k} \tag{17.5}$$

其中：R_j = 第 j 个样本的极差 $(j=1,2,\cdots,k)$；k = 样本个数。

对表17.2中延森计算供应公司的数据而言，其平均极差 $\bar{R}=0.0253$。

上节指出 $\bar{x}$ 控制图的控制上下限为

$$\mu \pm 3\frac{\sigma}{\sqrt{n}} \tag{17.6}$$

因此，为了确定 $\bar{x}$ 控制图的上下限，我们需要估计 μ 和 σ 过程均值的标准差。用 $\bar{\bar{x}}$ 来估计 μ 的值，用极差数据来估计 σ 的值。

> 总体样本均值 $\bar{\bar{x}}$ 用于估计 μ，而样本极差则用于估计 σ 的值。

这表明过程标准差的估计量 σ 就是平均极差除以 d_2，它是与样本容量 n 有关的常数，即

$$\sigma \text{ 的估计值} = \frac{\bar{R}}{d_2} \tag{17.7}$$

《美国检测与材料协会数据表示和控制图分析指南》(*The American Society for Testing and Materials Manual on Presentation of Data and Control Chart Analysis*)一书提供了 d_2 的值,如表 17.3 所示,例如,当 $n=5$ 时,$d_2=2.326$。如果用 $\bar{\bar{x}}$ 替代方程(17.6)中的 μ,用 $\bar{R}/d_2$ 代替 σ,则可以将 $\bar{x}$ 控制图的控制上下限表示为

$$\bar{\bar{x}} \pm 3 \frac{\bar{R}/d_2}{\sqrt{n}} = \bar{\bar{x}} \pm \frac{3}{d_2\sqrt{n}} \bar{R} = \bar{\bar{x}} \pm A_2 \bar{R} \tag{17.8}$$

注意,其中,$A_2 = 3/(d_2\sqrt{n})$ 是仅与样本容量有关的常量。表 17.3 也列出了 A_2 的值,若 $n=5$,则 $A_2 = 0.577$;因此延森公司的 $\bar{x}$ 控制图的控制上下限为

$$3.4995 \pm 0.557 \times 0.0253 = 3.4995 \pm 0.0146$$

因此,UCL = 3.514,LCL = 3.485。

表 17.3 $\bar{x}$ 和 R 控制图的系数

样本观测值(n)	d_2	A_2	d_3	D_3	D_4
2	1.128	1.880	0.853	0	3.267
3	1.693	1.023	0.888	0	2.574
4	2.095	0.729	0.880	0	2.282
5	2.326	0.577	0.864	0	2.114
6	2.534	0.483	0.848	0	2.004
7	2.704	0.419	0.833	0.076	1.924
8	2.847	0.373	0.820	0.136	1.864
9	2.970	0.337	0.808	0.184	1.816
10	3.078	0.308	0.797	0.223	1.777
11	3.173	0.285	0.787	0.256	1.744
12	3.258	0.266	0.778	0.283	1.717
13	3.336	0.249	0.770	0.307	1.693
14	3.407	0.235	0.763	0.328	1.672
15	3.472	0.223	0.756	0.347	1.653
16	3.532	0.212	0.750	0.363	1.637
17	3.588	0.203	0.744	0.378	1.622
18	3.640	0.194	0.739	0.391	1.608
19	3.689	0.187	0.734	0.403	1.597
20	3.735	0.180	0.729	0.415	1.585
21	3.778	0.173	0.724	0.425	1.575
22	3.819	0.167	0.72	0.434	1.566
23	3.858	0.162	0.716	0.443	1.557
24	3.895	0.157	0.712	0.451	1.548
25	3.931	0.153	0.708	0.459	1.541

图 17.7 是延森计算机供应公司的 $\bar{x}$ 控制图。利用表 17.2 和 Excel 的图表向导绘制控制图：中心线表示总体均值 $\bar{\bar{x}} = 3.499$，控制上线（UCL）为 3.514，它就是 $\bar{x}$ 上方的 3 个"西格玛限"；控制下限（LCL）为 3.485，它是 $\bar{x}$ 下方的 3 个"西格玛限"。$\bar{x}$ 控制图就是根据一段时间内 20 个样本的均值绘制的图，因为所有 20 个样本的样本均值都在控制上下限以内，所以证实了我们的假设：收集数据的这段时间内过程处于受控状态。现在可以利用该图不断监控过程均值。

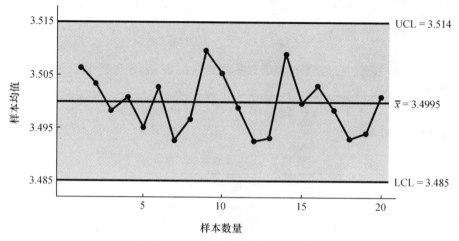

图 17.7 延森计算机供应公司控制图

17.2.4 R 控制图

现在以极差控制图或 R 控制图为例进行说明。它们可以用于控制过程的变异。绘制 R 控制图需要将样本极差作为有自己的均值和标准差的随机变量。平均极差 $\bar{R}$ 就是对该随机变量的均值的估计。而且，极差标准差的估计值用 $\hat{\sigma}_R$ 表示为

$$\hat{\sigma}_R = d_3 \frac{\bar{R}}{d_2} \tag{17.9}$$

式中，d_3 和 d_2 是与样本容量有关的常数；表 17.3 也提供了 d_2 和 d_3 的值。因此，R 控制图的 UCL 为

$$\bar{R} + 3\hat{\sigma}_R = \bar{R} + 3d_3 \frac{\bar{R}}{d_2} = \bar{R}\left(1 + 3\frac{d_3}{d_2}\right) \tag{17.10}$$

LCL 为

$$\bar{R} - 3\hat{\sigma}_R = \bar{R} - 3d_3 \frac{\bar{R}}{d_2} = \bar{R}\left(1 - 3\frac{d_3}{d_2}\right) \tag{17.11}$$

若令

$$D_3 = 1 - 3\frac{d_3}{d_2} \tag{17.12}$$

$$D_3 = 1 - 3\frac{d_3}{d_2} \tag{17.13}$$

则可以将 R 控制图的上下限表示为

$$\text{UCL} = \bar{R}D_4 \tag{17.14}$$

$$\text{LCL} = \bar{R}D_3 \qquad (17.15)$$

表 17.3 中也列出了 D_3 和 D_4 的值。注意，若 $n=5$ 时，$D_3=0$，$D_4=2.114$。因此，若 $\bar{R}=0.0253$，则控制上下限为

$$\text{UCL} = 0.0253 \times 2.114 = 0.0535$$
$$\text{LCL} = 0.0253 \times 0 = 0$$

图 17.8 是延森计算机供应公司的 R 控制图。利用表 17.2 和 Excel 的图表向导绘制控制图，中心线位于 20 个样本的样本极差的总体均值处，$\bar{R}=0.0253$。UCL 为 0.0535 或 $\bar{R}$ 右方 3 个西格玛限，LCL 为 0.0253 或 $\bar{R}$ 左方 3 个西格玛限。R 控制图展示了一段时间内抽取的 20 个样本的样本极差。因为 20 个样本的样本极差在控制上下限内，所以可以证实抽取样本的这段时间内该过程处于受控状态。

> 如果 R 控制图显示过程处于受控状态，直到 R 控制图表明过程变异处于受控状态时，R 控制图才有意义。

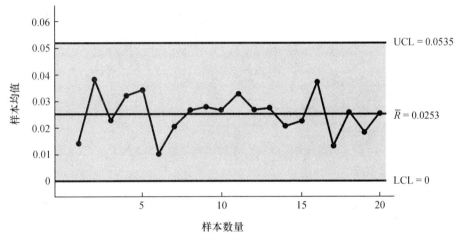

图 17.8 延森计算机供应公司的 R 控制图

17.2.5 应用 Excel 绘制 R 控制图和 $\bar{x}$ 控制图

利用 Excel 绘制如图 17.7 所示的 $\bar{x}$ 控制图和如图 17.8 所示的 R 控制图。这里将介绍如何根据表 17.2 中的数据运用 Excel 绘制 R 控制图和 $\bar{x}$ 控制图。如图 17.9 所示的 Excel 工作表中包含有延森计算公司的数据，需要根据平均极差来计算 $\bar{x}$ 控制图的控制上下限。因此，首先绘制 R 控制图。具体方法是：首先建立具有所需数据的工作表。然后，运用图表向导绘制 R 控制图。再按相似的程序绘制 $\bar{x}$ 控制图。图 17.10 包含有绘制 R 控制图的数据。背景是公式工作表，前景是数值工作表。

输入数据：延森计算供应公司选取的 20 个样本的磁盘直径测量数据包含在图 17.9 中。使用该工作表中的数据绘制如图 17.10 和 17.11 所示的工作表。为后面参考，图 17.9 所示的工作表命名为 Data。唯一直接输入如图 17.10 和图 17.11 所示的工作表中的数据是 A 列中样本编号为 1—20 的值，单元格 A1:E1、C23 和 C24 的标题。

输入函数和公式：如图 17.10 所示的工作表包含应用图表向导绘制 R 控制图所需的公式。这里将介绍如何创建该工作表。A 列包含如上所述的样本 1—20，B 列包含计算各个样本的极差所

482 基于 Excel 的商务与经济统计

	A	B	C	D	E	F
1	样本	观测1	观测2	观测3	观测4	观测5
2	1	3.5056	3.5086	3.5144	3.5009	3.5030
3	2	3.4882	3.5085	3.4884	3.5250	3.5031
4	3	3.4897	3.4898	3.4995	3.5130	3.4969
5	4	3.5153	3.5120	3.4989	3.4900	3.4837
6	5	3.5059	3.5113	3.5011	3.4773	3.4801
7	6	3.4977	3.4961	3.5050	3.5014	3.5060
8	7	3.4910	3.4913	3.4976	3.4831	3.5044
9	8	3.4991	3.4853	3.4830	3.5083	3.5094
10	9	3.5099	3.5162	3.5228	3.4958	3.5004
11	10	3.4880	3.5015	3.5094	3.5102	3.5146
12	11	3.4881	3.4887	3.5141	3.5175	3.4863
13	12	3.5043	3.4867	3.4946	3.5018	3.4784
14	13	3.5043	3.4769	3.4944	3.5014	3.4904
15	14	3.5004	3.5030	3.5082	3.5045	3.5234
16	15	3.4846	3.4938	3.5065	3.5089	3.5011
17	16	3.5145	3.4832	3.5188	3.4935	3.4989
18	17	3.5004	3.5042	3.4954	3.5020	3.4889
19	18	3.4959	3.4823	3.4964	3.5082	3.4871
20	19	3.4878	3.4864	3.4960	3.5070	3.4984
21	20	3.4969	3.5144	3.5053	3.4985	3.4885
22						

图 17.9　包含延森计算机供应公司 20 个样本容量为 5 的 Excel 工作表

	A	B	C	D	E
1	样本	R	LCL	均值	UCL
2	1	=MAX(Data!B2:F2)-MIN(Data!B2:F2)	=$D$23*$B$22	=$B$22	=$D$24*$B$22
3	2	=MAX(Data!B3:F3)-MIN(Data!B3:F3)	=$D$23*$B$22	=$B$22	=$D$24*$B$22
4	3	=MAX(Data!B4:F4)-MIN(Data!B4:F4)	=$D$23*$B$22	=$B$22	=$D$24*$B$22
5	4	=MAX(Data!B5:F5)-MIN(Data!B5:F5)	=$D$23*$B$22	=$B$22	=$D$24*$B$22
6	5	=MAX(Data!B6:F6)-MIN(Data!B6:F6)	=$D$23*$B$22	=$B$22	=$D$24*$B$22
19	18	=MAX(Data!B19:F19)-MIN(Data!B19:F19)	=$D$23*$B$22	=$B$22	=$D$24*$B$22
20	19	=MAX(Data!B20:F20)-MIN(Data!B20:F20)	=$D$23*$B$22	=$B$22	=$D$24*$B$22
21	20	=MAX(Data!B21:F21)-MIN(Data!B21:F21)	=$D$23*$B$22	=$B$22	=$D$24*$B$22
22	均值($\bar{R}$)	=AVERAGE($B$2:$B$21)			
23				D3	0
24				D4	2.114
25					

注:7—8 行（样本6—17）隐藏。

	A	B	C	D	E
1	样本	R	LCL	均值	UCL
2	1	0.0135	0.0000	0.0253	0.0534
3	2	0.0368	0.0000	0.0253	0.0534
4	3	0.0233	0.0000	0.0253	0.0534
5	4	0.0316	0.0000	0.0253	0.0534
6	5	0.0340	0.0000	0.0253	0.0534
19	18	0.0259	0.0000	0.0253	0.0534
20	19	0.0206	0.0000	0.0253	0.0534
21	20	0.0259	0.0000	0.0253	0.0534
22	均值($\bar{R}$)	0.0253			
23				D3	0.0000
24				D4	2.1140
25					

图 17.10　包含极差数据和 R 控制图的 LCL、均值及 UCL 计算式的 Excel 工作表

810　需的 Excel 公式，所依据的数据是如图 17.9 所示的 Data 工作表单元格 B2:F21 中的数据。应用 Excel 的 MAX 和 MIN 函数，公式中引用的单元格是 Data 工作表中的单元格。注意如果所引用的单元格在一个工作簿的另一个工作表内时必须先引用工作表，在其名称后面加感叹号，再输入单元格的名称。在数值工作表中，可以看到计算所得的值与表 17.2 中的值是相同的。单元格 B22 中的 AVERAGE 函数用于计算 20 个样本的平均极差。

811　　　计算 LCL 和 UCL，必须知道 D_3 和 D_4 的值。可以从表 17.3 中获得这些值并将其对应地放到单元格 D33 和 D24 中。单元格 C2:C21 中的公式是一样的。可以计算 LCL,方法就是 D_3（单

	A	B	C	D	E	F
1	样本	$\bar{x}$	LCL	均值	UCL	
2	1	=AVERAGE(Data!B2:F2)	=$B$22-$D$23*$D$24	=$B$22	=$B$22+$D$23*$D$24	
3	2	=AVERAGE(Data!B3:F3)	=$B$22-$D$23*$D$24	=$B$22	=$B$22+$D$23*$D$24	
4	3	=AVERAGE(Data!B4:F4)	=$B$22-$D$23*$D$24	=$B$22	=$B$22+$D$23*$D$24	
5	4	=AVERAGE(Data!B5:F5)	=$B$22-$D$23*$D$24	=$B$22	=$B$22+$D$23*$D$24	
6	5	=AVERAGE(Data!B6:F6)	=$B$22-$D$23*$D$24	=$B$22	=$B$22+$D$23*$D$24	
19	18	=AVERAGE(Data!B19:F19)	=$B$22-$D$23*$D$24	=$B$22	=$B$22+$D$23*$D$24	
20	19	=AVERAGE(Data!B20:F20)	=$B$22-$D$23*$D$24	=$B$22	=$B$22+$D$23*$D$24	
21	20	=AVERAGE(Data!B21:F21)	=$B$22-$D$23*$D$24	=$B$22	=$B$22+$D$23*$D$24	
22	均值($\bar{\bar{R}}$)	=AVERAGE(B2:B21)				
23			A2	0.577		
24			$\bar{R}$	0.025275		
25						

注：7—8行（样本6—17）隐藏。

	A	B	C	D	E	F
1	样本	$\bar{x}$	LCL	均值	UCL	
2	1	3.5065	3.4849	3.4995	3.5141	
3	2	3.5026	3.4849	3.4995	3.5141	
4	3	3.4978	3.4849	3.4995	3.5141	
5	4	3.5000	3.4849	3.4995	3.5141	
6	5	3.4951	3.4849	3.4995	3.5141	
19	18	3.4940	3.4849	3.4995	3.5141	
20	19	3.4951	3.4849	3.4995	3.5141	
21	20	3.5007	3.4849	3.4995	3.5141	
22	均值	3.4995				
23			A2	0.577		
24			$\bar{R}$	0.0253		
25						

图 17.11 包含 $\bar{x}$ 数据和 LCL、均值及 UCL 计算式的 Excel 工作表

元格 D23)乘以平均极差(单元格 B22)。单元格 D2:D21 中的格式也是相同的；可以计算平均极差。最后，单元格 E2:E21(也是相同的)可以计算 UCL，方式就是 D4(D24)乘以平均极差(B22)。

应用工具：下面的步骤介绍如何应用 Excel 的图表向导根据 17.10 中单元格 A2:E21 内的数据绘制 R 控制图。

步骤 1. 选定单元格 A2:E21；

步骤 2. 在标准工具栏上，单击"**图表向导**"(或选择"**插入**"菜单并选定"**图表**"选项)；

步骤 3. 显示"图表向导——4 步骤 1——图表类型"对话框，

选择在"**图表类型**"列表中选择"**XY 散点图**"，

在"**子图表类型**"中选择"**折线散点图**"，

单击"**下一步**"；

步骤 4. 显示"图表向导——4 步骤 2——图表源数据"对话框，

单击"**下一步**"；

步骤 5. 显示"图表向导——4 步骤 3——图表选项"对话框，

选择"**标题**"选项卡，然后，在"**图表标题**"中键入"**延森计算供应公司的 R 控制图**"，

在"**数据 X 轴**"中键入"**样本编号**"，

在"**数据 Y 轴**"中键入"**样本极差**"，

选择"**图例**"选项卡并取消对"**显示图例**"的复选，

选择"**网络线**"选项卡并取消对"**主要网络线**"的复选，

单击"**下一步**"；

步骤 6. 显示"图表向导——4 步骤之 4——图表位置"对话框，

指定图表的位置(我们选取"**作为新工作表插入**"选项)，

单击"**完成**"。

得到的 R 控制图就会以名"Chart1"新表格出现在工作簿中。

需要对图表做一些编辑操作以便使之看起来像如图 17.8 所示的图表。为了使 UCL 线变成像图 17.8 中的实线，请按下列步骤操作：

步骤 1. 右击 UCL 线上的其中一个数据点并选择"**数据系列格式**";

步骤 2. 出现"数据系列格式"对话框后,选择"**模式**"选项卡,

在"**线形**"部分选择黑色作为"**颜色**"的值,选择倒数第二条线作为"**粗细**"的值,

在"**数据标记**"部分,选择"**长破折号**"作为"**样式**",选择黑色作为"**前景**"的值,

单击"**确定**"。

现在 UCL 线就变成了黑实线。然后,可以采用相同的步骤绘制平均值和 LCL 线,并将它们编辑为如图 17.8 所示。最后,需要右击纵轴,以便使纵轴的标志变成如图 17.8 所示。另外,还可能需要调整图表的尺寸以便使其满足要求。选择图表并移动拖拉柄直到满意为止。

> 根据表示有次品和次品数量的数据绘制的控制图称为属性控制图。p 控制图就是属性控制图。

绘制 $\bar{x}$ 控制图的程序与此相似。图 17.11 就是提供绘制 $\bar{x}$ 控制图所需数据的工作表。它与绘制如图 17.10 所示的 R 控制图的步骤相同,在此不再赘述。

17.2.6　p 控制图

下面以这样的情形为例进行说明:用产品质量是否有缺陷来衡量。根据 $\bar{p}$ 值决定继续或调整生产过程,$\bar{p}$ 值是产品的样本中发现的次品的比例。用于监控次品比例的控制图称为 **p 控制图**。

下面以邮局的自动邮件分拣机为例,说明如何绘制 p 控制图。这些自动化机器会扫描信封上的邮编并将信件放在合适的传送带上。即使在机器正常运转时,也会错误地将一些信放到其他输送带上。假设机器正常运转或处于受控状态时,有 3% 的信件会分拣错误。因此,p 即过程处于受控状态时信件分拣错误的比例是 0.03。

$\bar{p}$ 的抽样分布可以用于判断 $\bar{p}$ 期望值的偏差是否处于受控状态。回顾一下,$\bar{p}$ 均值或期望值为 p,它是过程处于受控状态时次品的比例。若样本容量是 n,则 $\bar{p}$ 的标准差称为比例标准差,其公式为

$$\sigma_{\bar{p}} = \sqrt{\frac{p(1-p)}{n}} \tag{17.16}$$

从第七章我们还知道,只要是大样本,$\bar{p}$ 的抽样分布就近似于正态概率分布。只要满足下列两个条件,就可以认为样本是大样本。

$$np \geq 5$$
$$n(1-np) \geq 5$$

因此,只要满足了以上两个条件,$\bar{p}$ 的抽样分布就近似地服从均值是 p,标准差是 $\sigma_{\bar{p}}$ 的正态概率分布。该概率分布如图 17.12 所示。

采用确定 $\bar{x}$ 控制图的控制上下限的程序确定 p 控制图的控制上下限,即设定控制图的上下限在处于受控状态时次品比例上下 3 个标准差,因此,得到下列控制上下限。

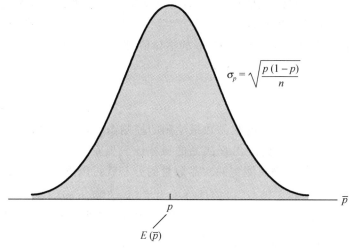

图 17.12　$\bar{p}$ 的抽样分布

p 控制图的控制上下限

$$\text{UCL} = p + 3\sigma_{\bar{p}} \tag{17.17}$$
$$\text{LCL} = p - 3\sigma_{\bar{p}} \tag{17.18}$$

若 $p = 0.03$ 且样本容量 $n = 200$，则从方程(17.16)可知标准差为

$$\sigma_{\bar{p}} = \sqrt{\frac{0.03(1-0.03)}{200}} = 0.0121$$

因此，控制上下限 UCL $= 0.03 + 3 \times 0.0121 = 0.0663$，LCL $= 0.03 - 3 \times 0.0121 = -0.0063$。只要方程(17.18)得到的 LCL 为负值，则要在控制图中将 LCL 重置为 0。

图 17.13 是邮件分拣过程的控制图。根据数据绘制的点表示从该过程中抽取的样本信件中发现的分拣错误的比例。所有点都在控制上下限内，没有迹象表明信件分拣过程处于失控状态。事实上，p 控制图表示该过程应该继续运行。

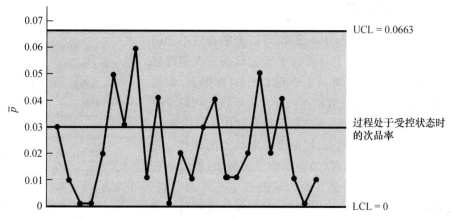

图 17.13　信件分拣过程中分拣错误的比例 p 控制图

如果该过程中次品比例未知。则先要根据样本数据估计其值。例如，设从受控过程中选取 k

个不同的样本,每个样本容量为 n。然后,确定各个样本中次品的比例。将收集到的全部数据作为大样本看待。则可以确定所有数据的平均数量;然后,利用该值估计 p 的值,如果过程处于受控状态,则 p 就是观测到的次品比例。注意,利用 p 的估计值可以估计该比例的标准差;然后,确定控制上下限。

17.2.7 np 控制图

np 控制图是根据样本中观测到的次品数量绘制的控制图。在这种情况下,n 是样本容量,p 则是在该过程处于受控状态时观测到的出现次品的概率。只要是大样本,即当 $np \geq 5$,且 $np(1-p) \geq 5$ 时,在样本容量为 n 的样本中观测到的次品数量的分布就可以近似地服从均值为 np 和标准差为 $\sqrt{np(1-p)}$ 的正态概率分布。因此,以信件分拣为例,$n = 200$,$p = 0.03$,在有 200 封信件的样本中观测到的分拣错误的信件数量可以近似地服从均值为 $200 \times 0.03 = 6$ 和标准差为 $\sqrt{200 \times 0.03 \times 0.97} = 2.4125$ 的正态概率分布。

将 np 控制图的控制上下限设为过程处于受控状态时所观测到的分拣错误信件的期望值上下 3 个标准差。因此,得到下列控制上下限:

np 控制图的控制上下限

$$UCL = np + 3\sqrt{np(1-p)} \qquad (17.19)$$

$$LCL = np - 3\sqrt{np(1-p)} \qquad (17.20)$$

对于信件分拣过程案例,若 $n = 200$ 和 $p = 0.03$,则控制上下限 $UCL = 6 + 3 \times 2.4125 = 13.2375$,$LCL = 6 - 3 \times 2.4125 = -1.2375$。因此从方程(17.20)得到的 LCL 为负,则在控制图中将其重置为 0。因此,如果分拣错误的信件数量大于 14,则可以得出该过程处于失控状态的结论。

np 图提供的信息与 p 图提供的信息相同,唯一的差别在于,np 控制图是根据观测到的次品数量绘制的,而 p 控制图则是根据观测到的次品的比例绘制而成的。因此,如果根据 p 控制图得出特定过程处于失控状态的结论,则也可以根据 np 控制图得出相同的结论。

17.2.8 对控制图的理解

根据控制图中点的位置和分布模式,可以判断在较小的错误概率下,该过程在统计意义上是否处于受控状态。表明过程处于失控状态的主要指标是控制上下限以外的数据点,如图 17.6 中的第五个点。这样的点就是在统计上表示该过程处于失控状态的证据,出现这样的情况,则应该尽快采取纠正性措施。

> 控制图用于确定何时存在导致变异的异常因素。然后,管理者必须采取相应措施消除异常因素并使过程回到受控状态。

除了处于控制上下限外的点,控制上下限内点的某些分布模式也可能是存在质量控制问题的警示信息。例如,假设所有数据点都在控制上下限内,但是其中大量点在中心线的一侧。这种分布模式则表示可能存在设备问题、材料变化或其他造成质量变化的异常因素,应该仔细调查分析生产过程以确定质量是否发生变化。

> 即使所有点都在控制上下限以内,该过程也可能不在受控状态。样本数据点的趋势或经常长期处于中心线上侧或下侧也可能表示过程处于失控状态。

观测控制图的另一种模式就是一段时间内的缓慢变化或趋势。例如,随着工具的不断磨损,加工出来的零件的尺寸会逐渐偏离其设计标准。温度或湿度的缓慢变化、常见设备磨损、尘土积累或操作人员疲劳也可能导致控制图呈现有趋势性的模式。即使数据点都在控制上下限内,如果一行内有 6 到 7 个点呈现上升或下降趋势,也应该查明造成这种情况的原因。如果出现这种模式,应该对过程进行审查以确定可能存在的质量变化,也有必要采取纠正性措施以使过程达到受控状态。

注释与评论

1. 因为 $\bar{x}$ 控制图的控制上下限取决于平均极差值,这些上下限没有什么意义,除非过程变异处于受控状态。在实践中,通常要在绘制 $\bar{x}$ 控制图前绘制 R 控制图;如果 R 控制图表明过程变异处于受控状态,再绘制 $\bar{x}$ 控制图。

2. 也可以应用 Excel 的图表向导绘制 p 和 np 控制图。例如,要绘制 p 控制图,就要先将 $\bar{p}$、LCL、均值和 UCL 组织到如图 17.10 或图 17.11 所示的工作表中。然后,应用图表向导绘制 R 控制图,方法如上。

17.3 验收抽样

在验收抽样中,相关的产品可能是运入的原材料或购买的零件以及来自装配车间的产成品。假设要想根据规定的质量特征来决定或拒绝一批产品。在质量控制的术语中,一组产品为一批次产品,验收抽样是一种根据该批次的样品决定接受还是拒绝该批次的统计方法。

验收抽样的一般步骤如图 17.14 所示。收到一批次产品后,就从中抽取样本进行检验。再将检验的结果与规定的质量特征相比较。如果符合质量要求,则接受该批次并将其发送给生产部门或发给客户。如果质量不符合要求,则拒绝批次,然后,管理者必须处置这批产品。在某些情况下,可能会决定保留这批产品,并剔除其中不可接受或不符合要求的产品。在某些情况下,可能将这批产品退回给供应商并由供应商承担费用。给供应商带来的额外工作量和成本能激励供应商提供高质量产品。最后,如果拒绝的批次中包含产成品,则必须对这些商品进行销毁处理或进行返工以便使之达到可接受的质量标准。

> 验收抽样相对于 100% 检验,具有下列优点:
> 1. 通常费用更低
> 2. 因搬运和检验造成的产品损坏更少
> 3. 所需的检验更少
> 4. 如果必须采取破坏性检验,这可能是唯一的方法。

验收抽样的统计程序以第九章介绍的假设检验方法为基础。其原假设和备选假设如下:

$$H_0: 优质产品批次$$
$$H_a: 劣质产品批次$$

表 17.4 是假设检验程序的结果。注意,正确的决定对应于接受优质产品批次而拒绝劣质产品批次。不过,在采取其他假设检验程序时,需要意识到犯第 I 类错误(拒绝优质产品批次)或第 II 类错误(接受劣质产品批次)的概率。

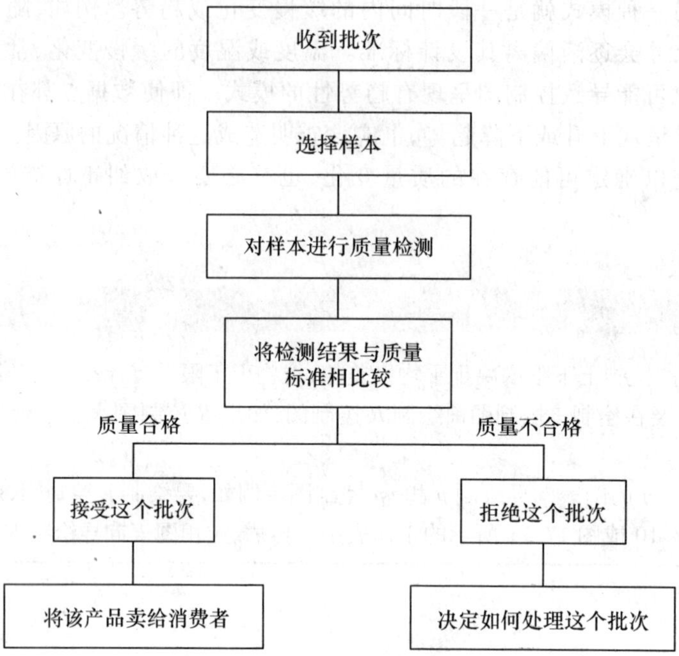

```
          收到批次
             │
          选择样本
             │
       对样本进行质量检测
             │
       将检测结果与质量
          标准相比较
         ┌───┴───┐
     质量合格    质量不合格
       │          │
   接受这个批次  拒绝这个批次
       │          │
 将该产品卖给消费者  决定如何处理这个批次
```

图 17.14　验收抽样的一般步骤

犯第 I 类错误的概率是产品生产者面临风险，即**生产者风险（Producer's Risk）**。例如，生产者风险为 0.05 表明有 5% 的可能性错误地拒绝优质产品批次。犯第 II 类错误的概率是产品的消费者面临风险，即**消费者风险（Consumer's Risk）**。例如，消费者风险为 0.10 表示错误接受劣质产品批次并投放生产或销售给消费者的可能性为 10%。具体的生产者风险和消费者风险可以通过设计验收抽样程序的人进行控制。下面以 KALI 公司面临的问题为例，阐述如何制定风险值。

表 17.4　验收抽样的结果

		批次情况	
		H_0 为真 合格批次	H_0 为假 不合格批次
决策	接受批次	正确的决策	第 II 类错误 （接受低质量批次）
	拒绝批次	第 I 类错误 （拒绝高质量批次）	正确决策

17.3.1　KALI 公司：验收抽样示例

KALI 公司是一家生产家电的公司，其产品以许多不同的品牌进行市场推广。不过，KALI 公司不生产产品的零部件。例如，KALI 公司采购一款家用空调元件即过载保护器，在温度过高时该装置就会关闭空压机。如果过载保护器不能正常运转，则空压机可能受到严重损害，因此 KALI 公司非常关注过载保护器的质量。其中一种确保质量的方法就是对收到的所有元件进行测试，这种方法就是 100% 检验法。不过，要判断过载保护器是否能正常工作，则必须对该装置进行耗时废材的检验,KALI 公司不能对收到的每个过载保护器均进行检测。

KALI 用验收抽样计划来监控过载保护器的质量。验收抽样计划要求 KALI 公司的质量检测员从每批货中选取一个过载保护器样本进行检验。如果在样本中发现的次品非常少,则表明该批次产品很可能是优质产品,应该接受。不过,如果在样本中发现存在大量次品,则该批次产品很可能是劣质产品,不该接受。

验收抽样计划包括样本容量 n 和验收标准 c。**验收标准**是可以在样本中发现的最大次品数量,并且仍然表明这批样本是可以接受的。例如,对于 KALI 公司的问题,假设从每批货中选取 15 件产品的样本。假设负责质量控制的经理表示只有在没有发现次品的情况下,才能接受该批次产品。在这种情况下,质量控制经理制定的验收抽样计划中,$n=15, c=0$。

质量控制经理很容易实施该验收抽样计划。检验员只选取 15 件产品作为样本,执行检验,并根据下列决策规则得到结论。

- 若没有发现次品,则接受。
- 若发现一件或多件次品,则拒绝。

在实施该验收抽样计划前,质量控制经理想评估该计划存在的风险或可能存在的错误。仅在将生产者风险(第 I 类错误)和消费者风险(第 II 类错误)控制在合理水平上时,才实施该计划。

17.3.2 计算接受一个批次产品的概率

分析生产者风险和消费者风险的关键是假设判断类型分析。即假设一批产品的次品百分比已知,计算在抽样计划一定的情况下接受这批产品的概率。通过改变假定的次品百分比,就能分析者两种风险对抽样计划的影响。

首先,假设大批次过载保护器的次品比例为 5%。对于次品率为 5% 的一个批次而言,$n=15$,和 $c=0$ 的抽样计划导致我们接受这批产品的概率是多少?因为检验的每个过载保护器要么存在缺陷要么没有缺陷,而且批次比较大。所以包含 15 个过载保护器的样本的次品数量服从二项概率分布。第五章介绍过的二项概率函数如下:

验收抽样的二项概率函数

$$f(x) = \frac{n!}{x!(n-x)!}p^x(1-p)^{(n-x)} \tag{17.21}$$

其中:n = 样本容量;p = 一个批次中次品的比例;x = 一个样本中次品的数量;$f(x)$ = 样本中存在 x 个次品的概率。

对于 KALI 公司的验收抽样计划,$n=15$;因此,对于次品占 5% 的一批次产品($p=0.05$),有

$$f(x) = \frac{15!}{x!(15-x)!}0.05^x(1-0.05)^{(15-x)} \tag{17.22}$$

根据方程(17.22),$f(0)$ 是没有缺陷过载保护器且接受该批产品的概率。使用方程 17.22 时,记住 $0!=1$。因此,$f(0)$ 的概率计算为

$$f(0) = \frac{15!}{0!(15-0)!}0.05^x(1-0.05)^{15-x} = \frac{15!}{0!15!}0.05^0 0.95^{15}$$

$$= 0.95^{15} = 0.4633$$

现在,我们知道 $n=15$ 和 $c=0$ 的抽样计划接受一批产品中存在 5% 的次品的概率为 0.4633。

故拒绝次品占 5% 的一批产品的相应概率为 $1 - 0.4633 = 0.5367$。

表 17.5 给出了 $n = 15$ 和 $c = 0$ 的抽样计划接受存在 1%，2%，3%……次品的一批产品的概率。该表中的概率将 $p = 0.01$，$p = 0.02$，$p = 0.03$，…代入二项概率函数（17.21）计算得到的。

> Excel 的 BINOMDIST 函数也可以用于计算这些概率。相关信息见第五章。

表 17.5　$n = 15$ 和 $c = 0$ 的 KALI 公司问题中接受批次的概率

批次中的次品率次品率(%)	接受该批次的概率
1	0.8601
2	0.7386
3	0.6333
4	0.5421
5	0.4633
10	0.2059
15	0.0874
20	0.0352
25	0.0134

根据表 17.5 中的数据，可以绘制接受批次的概率与批次中次品的百分比的图，如图 17.15 所示。该图或曲线被称为 $n = 15$ 和 $c = 0$ 的验收抽样计划的**工作特征曲线（OC）**。

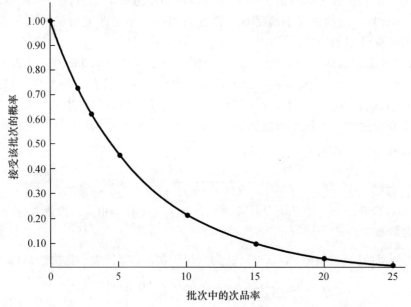

图 17.15　$n = 15$ 和 $c = 0$ 的验收抽样计划的工作特征曲线

可能我们应该考虑采用其他样本容量 n 和验收标准 c 不同的抽样计划。首先以样本容量 $n = 15$ 但验收标准由 $c = 0$ 增加到 $c = 1$ 的情况为例进行说明，即如果在样本中没有发现次品或只发现一个次品，我们接受这批产品。对于次品占 5% 的一批产品样本 ($p = 0.05$)，方程 17.21 中的二项概率函数可以计算 $f(0)$ 和 $f(1)$。将这两个概率相加得到了 $n = 15$ 和 $c = 1$ 的抽样计划接受这批产品的概率。我们发现,若 $n=15,p=0.05$,则 $f(0)=0.4633,f(1)=0.3658$。因此,可知 $n=15$ 和 $c=1$ 的计划导致接受次品占 5% 的一批产品的概率为 $0.4633+0.3658=0.8291$。

图 17.16 是 KALI 公司问题的 4 个可选验收抽样计划的工作特征曲线。以样本容量为 15 和 20 为例。注意,无论这批产品中的次品比例是多少,$n=15$ 和 $c=1$ 的抽样计划接受这批产品的概率更高。$n=20$ 和 $c=0$ 的抽样计划接受这批产品的概率更低;不过,该计划拒绝这批产品的概率也最高。

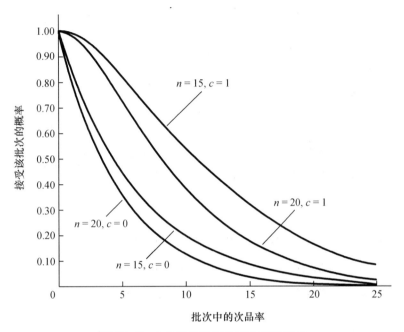

图 17.16　4 份抽样计划的工作特征曲线

17.3.3　选择验收抽样计划

既然知道了如何应用二项概率分布计算次品比例给定的接受一批产品的概率,因此下面将介绍如何选择 n 和 c 的值,以确定所需的验收抽样计划。在指定验收计划的过程中,管理者必须指定一批产品中次品比例的两个值。其中一个值表示为 p_0,用于控制生产者风险,另一个值表示为 p_1,用于控制消费者风险。

在介绍如何制订该计划的过程中,将采用下列符号:

α = 生产者风险;拒绝一批次品率为 p_0 的产品的概率

β = 消费者风险;接收一批次品率为 p_1 的产品的概率

假设对于 KALI 公司的问题,管理者指定 $p_0=0.03,p_1=0.15$。从如图 17.17 所示 $n=15$ 和 $c=0$ 的计划的工作特征曲线,由 $p_0=0.03$ 知生产者风险约为 $1-0.63=0.37$,由 $p_1=0.15$ 知消费者风险约为 0.09。因此,如果管理者愿意容忍拒绝次品占 3% 的一批产品的概率为 0.37(生产者风险)和接受次品占 15% 的一批产品的概率为 0.09(消费者风险),则可以接受 $n=15$ 和 $c=0$ 的验收抽样计划。

不过,假设管理者要求生产者风险 $\alpha=0.10$,消费者风险 $\beta=0.20$。现在可知 $n=15$ 和 $c=0$ 的抽样计划的消费者风险比预期好,但生产者风险却不能接受。事实上 $\alpha=0.37$ 表示这批产品中次品仅占 3%,则错误地拒绝这批产品的概率为 37%,生产者风险太高,应该考虑采用其他验收抽样计划。

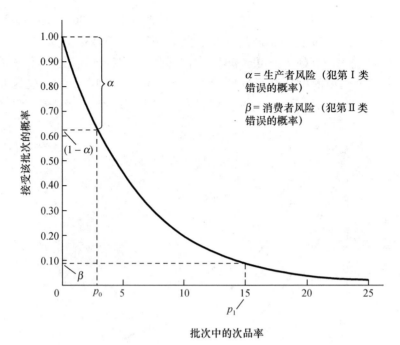

图17.17　$n=15$ 和 $c=0$ 且 $p_0=0.03$, $p_1=0.15$ 的验收抽样计划的工作特征曲线

图17.16 中的 $p_0=0.03$, $\alpha=0.10$, $p_1=0.15$, $\beta=0.20$ 表明, $n=20$ 和 $c=1$ 的验收抽样计划能最好地满足生产者风险和消费者风险的要求。本节末尾的习题13要求计算 $n=20$ 和 $c=1$ 的抽样计划的生产者风险和消费者风险。

如本节所述,需要考虑几种计算和几种工作特征曲线,以便确定能满足生产者风险和消费者风险要求的抽样计划。幸运的是,抽样计划表格是公开的。例如,美军标准表 MIL_STD_105D,它提供了对设计验收抽样计划有用的信息。有关质量控制的更深入的教材则介绍了这些表格的用法,如参考书目中列出的图书。这些高级教材还讨论了抽样成本在确定最优抽样计划过程中的作用。

17.3.4　多重抽样计划

KALI 公司问题中介绍的验收抽样程序称为单样本计划,因为在抽样阶段只抽取一个样本。确定样本的次品数量后,必须决定接受或拒绝这批产品。另一种单样本计划就是**多重抽样计划**,包含两个或以上的抽样阶段。在每个阶段都要在 3 种可能选择中做出选择:停止抽样并接受这批产品、停止抽样并拒绝这批产品、或继续抽样。虽然更为复杂的多重抽样计划通常导致总样本容量小于有着相同 α 和 β 概率的单样本计划。

两阶段或双样本计划的逻辑图如图17.18所示。先选择有 n_1 个产品的样本。如果次品数 $x_1 \leqslant c_1$, 则接受这批产品。如果 $x_1 \geqslant c_2$, 则拒绝该批产品。如果 x_1 在 c_1 和 c_2 之间 ($c_1 < x_1 < c_2$), 则选择有 n_2 个元素的第二个样本。确定第一个样本 (x_1) 和第二个样本 (x_2) 的次品总数。如果 $x_1+x_2 \leqslant c_3$, 则接受这批产品;否则,拒绝这批产品。编制双样本计划更难一些,因为样本容量 n_1 和 n_2 及验收标准 c_1、c_2 和 c_3 都必须使生产者风险和消费者风险处于可以接受的水平。

```
                    ┌─────────┐
                    │ 样本中有 │
                    │$n_1$个产品│
                    └────┬────┘
                         ↓
                    ┌─────────┐
                    │ 确定样本中│
                    │ 不良产品数│
                    │  为$x_1$ │
                    └────┬────┘
                         ↓
                    ◇是否$x_1 \le c_1$?◇──是──→┌────────┐
                         │                    │接受批量│
                         否                    └────────┘
                         ↓                         ↑
┌────────┐←──是──◇是否$x_1 \ge c_1$?◇              │
│拒绝批量│              │                          │
└────────┘              否                         │
    ↑                   ↓                          │
    │              ┌─────────┐                     │
    │              │增加$n_2$个│                   │
    │              │  产品    │                    │
    │              └────┬────┘                    │
    │                   ↓                          │
    │              ┌─────────┐                     │
    │              │ 确定样本中│                    │
    │              │ 不良产品数$x_2$│               │
    │              └────┬────┘                    │
    │                   ↓                          │
    └──否──◇是否$x_1 + x_2 \le c_3$?◇──是──────────┘
```

图 17.18　两阶段验收抽样计划

注释与讨论

1. 验收抽样的二项概率分布是以大批量产品的假设为基础的。如果批次比较小,比较合适的分布则为超几何概率分布。

2. 在 MIL_ST_105D 抽样表中, p_0 被称为可接受的质量水平(AQL)。在一些抽样表中, p_1 被称为批次可接受的次品率(LTPD)或可拒绝的质量水平(RQL)。公开发表的抽样计划中有许多可采用质量指标,如无差异质量水平(LQL)和平均出厂质量极限(AOQL)。参考文献列出的更高级的教材中对其他指标做出了全面讨论。

3. 本节介绍了属性抽样计划。这些计划中,将抽取的各个样本分为有缺陷样本和无缺陷样本。在变量抽样计划中,抽取样本并衡量其质量特征。例如,对于黄金珠宝,是通过测量其黄金含量来衡量其质量,可以计算简单统计量,如黄金珠宝样本中的黄金平均含量,并将其与容许值进行比较以确定是接受还是拒绝该批次产品。

本章小结

本章讨论如何应用统计方法协助控制质量。首先,简要介绍了三个质量管理框架:马尔科姆·鲍德里奇国家质量奖,ISO 9000 标准和六西格玛理论。在六西格玛理论中,缺陷即任何传递到顾客的失误或错误,而且六西格玛质量水平要求每百万次机会中至多存在 3.4 个缺陷。

质量控制包括一系列判断是否达到质量标准的检测和衡量方法。在质量控制中运用的两种统计方法是统计过程控制和验收抽样。我们首先介绍了 $\bar{x}$, R, p 和 np 控制图,它们是监控过程质量的图形辅助手段。确定各种控制图的控制上下限;定期抽取样本并将其数据在控制图上标注出来。出现在控制上下限以外的数据表明过程处于失控状态并且应该采取纠正性措施。控制上下限以内的数据分布模式也可能表示存在潜在的质量控制问题并暗示需要采取纠正性措施。

另外,还介绍了选择并检验样本的验收抽样技术。样本中的次品数量是接受或拒绝批次产品的根据。可以调整样本容量和验收标准以控制生产者风险(第I类错误)和消费者风险(第II类错误)。

关键术语

全面质量	$\bar{x}$ 控制图	生产者风险
六西格玛	R 控制图	消费者风险
质量控制	p 控制图	验收标准
异常因素	np 控制图	工作特征曲线
常见因素	批次	多重抽样计划
控制图	验收抽样	

主要公式

均值的标准差

$$\sigma_{\bar{x}} = \frac{\sigma}{\sqrt{n}} \qquad (17.1)$$

$\bar{x}$ 控制图的控制上下限:过程均值和标准差已知

$$UCL = \mu + 3\sigma_{\bar{x}} \qquad (17.2)$$
$$LCL = \mu - 3\sigma_{\bar{x}} \qquad (17.3)$$

总体样本均值

$$\bar{\bar{x}} = \frac{\bar{x}_1 + \bar{x}_2 + \cdots + \bar{x}_n}{k} \qquad (17.4)$$

平均极差

$$\bar{R} = \frac{R_1 + R_2 + \cdots + R_k}{k} \qquad (17.5)$$

$\bar{x}$ 控制图的控制上下限:过程均值和标准差未知

$$\bar{\bar{x}} \pm A_2 \bar{R} \qquad (17.8)$$

R 控制图的控制上下限

$$UCL = \bar{R} D_4 \qquad (17.14)$$
$$LCL = \bar{R} D_3 \qquad (17.15)$$

比例标准差

$$\sigma_{\bar{p}} = \sqrt{\frac{p(1-p)}{n}} \qquad (17.16)$$

p 控制图的控制上下限

$$UCL = p + 3\sigma_{\bar{p}} \qquad (17.17)$$
$$LCL = p - 3\sigma_{\bar{p}} \qquad (17.18)$$

np 控制图的控制上下限

$$UCL = np + 3\sqrt{np(1-p)} \qquad (17.19)$$
$$LCL = np - 3\sqrt{np(1-p)} \qquad (17.20)$$

验收抽样的二项概率函数

$$f(x) = \frac{n!}{x!(n-x)!} p^x (1-p)^{(n-x)} \qquad (17.21)$$

附录 A 参考文献

一般参考文献

Bowerman, B. L., and R. T. O'Connell. *Applied Statistics: Improving Business Processes.* Irwin, 1996.
Freedman, D., R. Pisani, and R. Purves. *Statistics,* 3rd ed. W. W. Norton, 1997.
Hogg, R. V., and A. T. Craig. *Introduction to Mathematical Statistics,* 5th ed. Prentice Hall, 1994.
Hogg, R. V., and E. A. Tanis. *Probability and Statistical Inference,* 6th ed. Prentice Hall, 2001.
Joiner, B. L., and B. F. Ryan. *Minitab Handbook.* Brooks/Cole, 2000.
Miller, I., and M. Miller. *John E. Freund's Mathematical Statistics.* Prentice Hall, 1998.
Moore, D. S., and G. P. McCabe. *Introduction to the Practice of Statistics,* 4th ed. Freeman, 2003.
Roberts, H. *Data Analysis for Managers with Minitab.* Scientific Press, 1991.
Tanur, J. M. *Statistics: A Guide to the Unknown,* 4th ed. Brooks/Cole, 2002.
Tukey, J. W. *Exploratory Data Analysis.* Addison-Wesley, 1977.

概率部分参考文献

Hogg, R. V., and E. A. Tanis. *Probability and Statistical Inference,* 6th ed. Prentice Hall, 2001.
Ross, S. M. *Introduction to Probability Models,* 7th ed. Academic Press, 2000.
Wackerly, D. D., W. Mendenhall, and R. L. Scheaffer. *Mathematical Statistics with Applications,* 6th ed. Duxbury Press, 2002.

抽样部分参考文献

Cochran, W. G. *Sampling Techniques,* 3rd ed. Wiley, 1977.
Deming, W. E. *Some Theory of Sampling.* Dover, 1984.
Hansen, M. H., W. N. Hurwitz, W. G. Madow, and M. N. Hanson. *Sample Survey Methods and Theory.* Wiley, 1993.
Kish, L. *Survey Sampling.* Wiley, 1995.
Levy, P. S., and S. Lemeshow. *Sampling of Populations: Methods and Applications,* 3rd ed. Wiley, 1999.
Scheaffer, R. L., W. Mendenhall, and L. Ott. *Elementary Survey Sampling,* 5th ed. Duxbury Press, 1996.

试验设计部分参考文献

Cochran, W. G., and G. M. Cox. *Experimental Designs,* 2nd ed. Wiley, 1992.
Hicks, C. R., and K. V. Turner. *Fundamental Concepts in the Design of Experiments,* 5th ed. Oxford University Press, 1999.
Montgomery, D. C. *Design and Analysis of Experiments,* 5th ed. Wiley, 2000.
Winer, B. J., K. M. Michels, and D. R. Brown. *Statistical Principles in Experimental Design,* 3rd ed. McGraw-Hill, 1991.
Wu, C. F. Jeff, and M. Hamada. *Experiments: Planning, Analysis, and Parameter Optimization.* Wiley, 2000.

回归分析部分参考文献

Belsley, D. A. *Conditioning Diagnostics: Collinearity and Weak Data in Regression.* Wiley, 1991.
Chatterjee, S., and B. Price. *Regression Analysis by Example,* 3rd ed. Wiley, 1999.
Draper, N. R., and H. Smith. *Applied Regression Analysis,* 3rd ed. Wiley, 1998.
Graybill, F. A., and H. Iyer. *Regression Analysis: Concepts and Applications.* Duxbury Press, 1994.
Hosmer, D. W., and S. Lemeshow. *Applied Logistic Regression,* 2nd ed. Wiley, 2000.
Kleinbaum, D. G., L. L. Kupper, and K. E. Muller. *Applied Regression Analysis and Other Multivariate Methods,* 3rd ed. Duxbury Press, 1997.
Kutner, M. H., C. J. Nachtschiem, W. Wasserman, and J. Neter. *Applied Linear Statistical Models,* 4th ed. Irwin, 1996.
Mendenhall, M., and T. Sincich. *A Second Course in Statistics: Regression Analysis,* 5th ed. Prentice Hall, 1996.
Myers, R. H. *Classical and Modern Regression with Applications,* 2nd ed. PWS, 1990.

非参数方法部分参考文献

Conover, W. J. *Practical Nonparametric Statistics,* 3rd ed. Wiley, 1998.
Gibbons, J. D., and S. Chakraborti. *Nonparametric Statistical Inference,* 3rd ed. Marcel Dekker, 1992.
Siegel, S., and N. J. Castellan. *Nonparametric Statistics for the Behavioral Sciences,* 2nd ed. McGraw-Hill, 1990.
Sprent, P. *Applied Non-Parametric Statistical Methods.* CRC, 1993.

质量控制部分参考文献

Deming, W. E. *Quality, Productivity, and Competitive Position.* MIT, 1982.
Evans, J. R., and W. M. Lindsay. *The Management and Control of Quality,* 6th ed. South-Western, 2005.
Gryna, F. M., and I. M. Juran. *Quality Planning and Analysis: From Product Development Through Use,* 3rd ed. McGraw-Hill, 1993.
Ishikawa, K. *Introduction to Quality Control.* Kluwer Academic, 1991.
Montgomery, D. C. *Introduction to Statistical Quality Control,* 4th ed. Wiley, 2000.

附录 B

表 1 标准正态分布累积概率

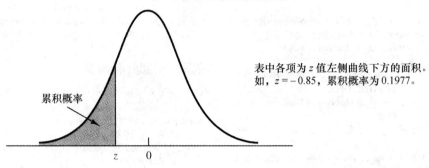

表中各项为 z 值左侧曲线下方的面积。
如，$z = -0.85$，累积概率为 0.1977。

z	.00	.01	.02	.03	.04	.05	.06	.07	.08	.09
−3.0	.0013	.0013	.0013	.0012	.0012	.0011	.0011	.0011	.0010	.0010
−2.9	.0019	.0018	.0018	.0017	.0016	.0016	.0015	.0015	.0014	.0014
−2.8	.0026	.0025	.0024	.0023	.0023	.0022	.0021	.0021	.0020	.0019
−2.7	.0035	.0034	.0033	.0032	.0031	.0030	.0029	.0028	.0027	.0026
−2.6	.0047	.0045	.0044	.0043	.0041	.0040	.0039	.0038	.0037	.0036
−2.5	.0062	.0060	.0059	.0057	.0055	.0054	.0052	.0051	.0049	.0048
−2.4	.0082	.0080	.0078	.0075	.0073	.0071	.0069	.0068	.0066	.0064
−2.3	.0107	.0104	.0102	.0099	.0096	.0094	.0091	.0089	.0087	.0084
−2.2	.0139	.0136	.0132	.0129	.0125	.0122	.0119	.0116	.0113	.0110
−2.1	.0179	.0174	.0170	.0166	.0162	.0158	.0154	.0150	.0146	.0143
−2.0	.0228	.0222	.0217	.0212	.0207	.0202	.0197	.0192	.0188	.0183
−1.9	.0287	.0281	.0274	.0268	.0262	.0256	.0250	.0244	.0239	.0233
−1.8	.0359	.0351	.0344	.0336	.0329	.0322	.0314	.0307	.0301	.0294
−1.7	.0446	.0436	.0427	.0418	.0409	.0401	.0392	.0384	.0375	.0367
−1.6	.0548	.0537	.0526	.0516	.0505	.0495	.0485	.0475	.0465	.0455
−1.5	.0668	.0655	.0643	.0630	.0618	.0606	.0594	.0582	.0571	.0559
−1.4	.0808	.0793	.0778	.0764	.0749	.0735	.0721	.0708	.0694	.0681
−1.3	.0968	.0951	.0934	.0918	.0901	.0885	.0869	.0853	.0838	.0823
−1.2	.1151	.1131	.1112	.1093	.1075	.1056	.1038	.1020	.1003	.0985
−1.1	.1357	.1335	.1314	.1292	.1271	.1251	.1230	.1210	.1190	.1170
−1.0	.1587	.1562	.1539	.1515	.1492	.1469	.1446	.1423	.1401	.1379
−.9	.1841	.1814	.1788	.1762	.1736	.1711	.1685	.1660	.1635	.1611
−.8	.2119	.2090	.2061	.2033	.2005	.1977	.1949	.1922	.1894	.1867
−.7	.2420	.2389	.2358	.2327	.2296	.2266	.2236	.2206	.2177	.2148
−.6	.2743	.2709	.2676	.2643	.2611	.2578	.2546	.2514	.2483	.2451
−.5	.3085	.3050	.3015	.2981	.2946	.2912	.2877	.2843	.2810	.2776
−.4	.3446	.3409	.3372	.3336	.3300	.3264	.3228	.3192	.3156	.3121
−.3	.3821	.3783	.3745	.3707	.3669	.3632	.3594	.3557	.3520	.3483
−.2	.4207	.4168	.4129	.4090	.4052	.4013	.3974	.3936	.3897	.3859
−.1	.4602	.4562	.4522	.4483	.4443	.4404	.4364	.4325	.4286	.4247
−.0	.5000	.4960	.4920	.4880	.4840	.4801	.4761	.4721	.4681	.4641

表 1　标准正态分布累积概率（续）

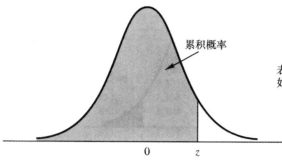

表中各项为 z 值左侧曲线下方的面积。
如，$z = -1.25$，累积概率为 0.8944。

z	.00	.01	.02	.03	.04	.05	.06	.07	.08	.09
.0	.5000	.5040	.5080	.5120	.5160	.5199	.5239	.5279	.5319	.5359
.1	.5398	.5438	.5478	.5517	.5557	.5596	.5636	.5675	.5714	.5753
.2	.5793	.5832	.5871	.5910	.5948	.5987	.6026	.6064	.6103	.6141
.3	.6179	.6217	.6255	.6293	.6331	.6368	.6406	.6443	.6480	.6517
.4	.6554	.6591	.6628	.6664	.6700	.6736	.6772	.6808	.6844	.6879
.5	.6915	.6950	.6985	.7019	.7054	.7088	.7123	.7157	.7190	.7224
.6	.7257	.7291	.7324	.7357	.7389	.7422	.7454	.7486	.7517	.7549
.7	.7580	.7611	.7642	.7673	.7704	.7734	.7764	.7794	.7823	.7852
.8	.7881	.7910	.7939	.7967	.7995	.8023	.8051	.8078	.8106	.8133
.9	.8159	.8186	.8212	.8238	.8264	.8289	.8315	.8340	.8365	.8389
1.0	.8413	.8438	.8461	.8485	.8508	.8531	.8554	.8577	.8599	.8621
1.1	.8643	.8665	.8686	.8708	.8729	.8749	.8770	.8790	.8810	.8830
1.2	.8849	.8869	.8888	.8907	.8925	.8944	.8962	.8980	.8997	.9015
1.3	.9032	.9049	.9066	.9082	.9099	.9115	.9131	.9147	.9162	.9177
1.4	.9192	.9207	.9222	.9236	.9251	.9265	.9279	.9292	.9306	.9319
1.5	.9332	.9345	.9357	.9370	.9382	.9394	.9406	.9418	.9429	.9441
1.6	.9452	.9463	.9474	.9484	.9495	.9505	.9515	.9525	.9535	.9545
1.7	.9554	.9564	.9573	.9582	.9591	.9599	.9608	.9616	.9625	.9633
1.8	.9641	.9649	.9656	.9664	.9671	.9678	.9686	.9693	.9699	.9706
1.9	.9713	.9719	.9726	.9732	.9738	.9744	.9750	.9756	.9761	.9767
2.0	.9772	.9778	.9783	.9788	.9793	.9798	.9803	.9808	.9812	.9817
2.1	.9821	.9826	.9830	.9834	.9838	.9842	.9846	.9850	.9854	.9857
2.2	.9861	.9864	.9868	.9871	.9875	.9878	.9881	.9884	.9887	.9890
2.3	.9893	.9896	.9898	.9901	.9904	.9906	.9909	.9911	.9913	.9913
2.4	.9918	.9920	.9922	.9925	.9927	.9929	.9931	.9932	.9934	.9936
2.5	.9938	.9940	.9941	.9943	.9945	.9946	.9948	.9949	.9951	.9952
2.6	.9953	.9955	.9956	.9957	.9959	.9960	.9961	.9962	.9963	.9964
2.7	.9965	.9966	.9967	.9968	.9969	.9970	.9971	.9972	.9973	.9974
2.8	.9974	.9975	.9976	.9977	.9977	.9978	.9979	.9979	.9980	.9981
2.9	.9981	.9982	.9982	.9983	.9984	.9984	.9985	.9985	.9986	.9986
3.0	.9986	.9987	.9987	.9988	.9988	.9989	.9989	.9989	.9990	.9990

表 2　t 分布

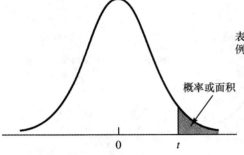

表中各项为 t 分布右尾面积或概率的 t 值。
例如，自由度为 10，右尾面积为 0.05，$t_{0.05} = 1.812$。

自由度	右尾面积					
	.20	.10	.05	.025	.01	.005
1	1.376	3.078	6.314	12.706	31.821	63.656
2	1.061	1.886	2.920	4.303	6.965	9.925
3	.978	1.638	2.353	3.182	4.541	5.841
4	.941	1.533	2.132	2.776	3.747	4.604
5	.920	1.476	2.015	2.571	3.365	4.032
6	.906	1.440	1.943	2.447	3.143	3.707
7	.896	1.415	1.895	2.365	2.998	3.499
8	.889	1.397	1.860	2.306	2.896	3.355
9	.883	1.383	1.833	2.262	2.821	3.250
10	.879	1.372	1.812	2.228	2.764	3.169
11	.876	1.363	1.796	2.201	2.718	3.106
12	.873	1.356	1.782	2.179	2.681	3.055
13	.870	1.350	1.771	2.160	2.650	3.012
14	.868	1.345	1.761	2.145	2.624	2.977
15	.866	1.341	1.753	2.131	2.602	2.947
16	.865	1.337	1.746	2.120	2.583	2.921
17	.863	1.333	1.740	2.110	2.567	2.898
18	.862	1.330	1.734	2.101	2.552	2.878
19	.861	1.328	1.729	2.093	2.539	2.861
20	.860	1.325	1.725	2.086	2.528	2.845
21	.859	1.323	1.721	2.080	2.518	2.831
22	.858	1.321	1.717	2.074	2.508	2.819
23	.858	1.319	1.714	2.069	2.500	2.807
24	.857	1.318	1.711	2.064	2.492	2.797
25	.856	1.316	1.708	2.060	2.485	2.787
26	.856	1.315	1.706	2.056	2.479	2.779
27	.855	1.314	1.703	2.052	2.473	2.771
28	.855	1.313	1.701	2.048	2.467	2.763
29	.854	1.311	1.699	2.045	2.462	2.756
30	.854	1.310	1.697	2.042	2.457	2.750
31	.853	1.309	1.696	2.040	2.453	2.744
32	.853	1.309	1.694	2.037	2.449	2.738
33	.853	1.308	1.692	2.035	2.445	2.733
34	.852	1.307	1.691	2.032	2.441	2.728

表 2　t 分布（续）

自由度	右尾面积					
	.20	.10	.05	.025	.01	.005
35	.852	1.306	1.690	2.030	2.438	2.724
36	.852	1.306	1.688	2.028	2.434	2.719
37	.851	1.305	1.687	2.026	2.431	2.715
38	.851	1.304	1.686	2.024	2.429	2.712
39	.851	1.304	1.685	2.023	2.426	2.708
40	.851	1.303	1.684	2.021	2.423	2.704
41	.850	1.303	1.683	2.020	2.421	2.701
42	.850	1.302	1.682	2.018	2.418	2.698
43	.850	1.302	1.681	2.017	2.416	2.695
44	.850	1.301	1.680	2.015	2.414	2.692
45	.850	1.301	1.679	2.014	2.412	2.690
46	.850	1.300	1.679	2.013	2.410	2.687
47	.849	1.300	1.678	2.012	2.408	2.685
48	.849	1.299	1.677	2.011	2.407	2.682
49	.849	1.299	1.677	2.010	2.405	2.680
50	.849	1.299	1.676	2.009	2.403	2.678
51	.849	1.298	1.675	2.008	2.402	2.676
52	.849	1.298	1.675	2.007	2.400	2.674
53	.848	1.298	1.674	2.006	2.399	2.672
54	.848	1.297	1.674	2.005	2.397	2.670
55	.848	1.297	1.673	2.004	2.396	2.668
56	.848	1.297	1.673	2.003	2.395	2.667
57	.848	1.297	1.672	2.002	2.394	2.665
58	.848	1.296	1.672	2.002	2.392	2.663
59	.848	1.296	1.671	2.001	2.391	2.662
60	.848	1.296	1.671	2.000	2.390	2.660
61	.848	1.296	1.670	2.000	2.389	2.659
62	.847	1.295	1.670	1.999	2.388	2.657
63	.847	1.295	1.669	1.998	2.387	2.656
64	.847	1.295	1.669	1.998	2.386	2.655
65	.847	1.295	1.669	1.997	2.385	2.654
66	.847	1.295	1.668	1.997	2.384	2.652
67	.847	1.294	1.668	1.996	2.383	2.651
68	.847	1.294	1.668	1.995	2.382	2.650
69	.847	1.294	1.667	1.995	2.382	2.649
70	.847	1.294	1.667	1.994	2.381	2.648
71	.847	1.294	1.667	1.994	2.380	2.647
72	.847	1.293	1.666	1.993	2.379	2.646
73	.847	1.293	1.666	1.993	2.379	2.645
74	.847	1.293	1.666	1.993	2.378	2.644
75	.846	1.293	1.665	1.992	2.377	2.643
76	.846	1.293	1.665	1.992	2.376	2.642
77	.846	1.293	1.665	1.991	2.376	2.641
78	.846	1.292	1.665	1.991	2.375	2.640
79	.846	1.292	1.664	1.990	2.374	2.639

（续）

表 2 t 分布(续)

自由度	右尾面积					
	.20	.10	.05	.025	.01	.005
80	.846	1.292	1.664	1.990	2.374	2.639
81	.846	1.292	1.664	1.990	2.373	2.638
82	.846	1.292	1.664	1.989	2.373	2.637
83	.846	1.292	1.663	1.989	2.372	2.636
84	.846	1.292	1.663	1.989	2.372	2.636
85	.846	1.292	1.663	1.988	2.371	2.635
86	.846	1.291	1.663	1.988	2.370	2.634
87	.846	1.291	1.663	1.988	2.370	2.634
88	.846	1.291	1.662	1.987	2.369	2.633
89	.846	1.291	1.662	1.987	2.369	2.632
90	.846	1.291	1.662	1.987	2.368	2.632
91	.846	1.291	1.662	1.986	2.368	2.631
92	.846	1.291	1.662	1.986	2.368	2.630
93	.846	1.291	1.661	1.986	2.367	2.630
94	.845	1.291	1.661	1.986	2.367	2.629
95	.845	1.291	1.661	1.985	2.366	2.629
96	.845	1.290	1.661	1.985	2.366	2.628
97	.845	1.290	1.661	1.985	2.365	2.627
98	.845	1.290	1.661	1.984	2.365	2.627
99	.845	1.290	1.660	1.984	2.364	2.626
100	.845	1.290	1.660	1.984	2.364	2.626
∞	.842	1.282	1.645	1.960	2.326	2.576

表 3 χ^2 分布

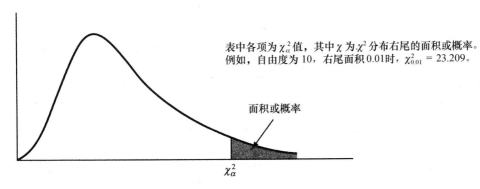

表中各项为 χ_α^2 值，其中 α 为 χ^2 分布右尾的面积或概率。
例如，自由度为 10，右尾面积 0.01 时，$\chi_{0.01}^2 = 23.209$。

自由度	右尾面积									
	.995	.99	.975	.95	.90	.10	.05	.025	.01	.005
1	.000	.000	.001	.004	.016	2.706	3.841	5.024	6.635	7.879
2	.010	.020	.051	.103	.211	4.605	5.991	7.378	9.210	10.597
3	.072	.115	.216	.352	.584	6.251	7.815	9.348	11.345	12.838
4	.207	.297	.484	.711	1.064	7.779	9.488	11.143	13.277	14.860
5	.412	.554	.831	1.145	1.610	9.236	11.070	12.832	15.086	16.750
6	.676	.872	1.237	1.635	2.204	10.645	12.592	14.449	16.812	18.548
7	.989	1.239	1.690	2.167	2.833	12.017	14.067	16.013	18.475	20.278
8	1.344	1.647	2.180	2.733	3.490	13.362	15.507	17.535	20.090	21.955
9	1.735	2.088	2.700	3.325	4.168	14.684	16.919	19.023	21.666	23.589
10	2.156	2.558	3.247	3.940	4.865	15.987	18.307	20.483	23.209	25.188
11	2.603	3.053	3.816	4.575	5.578	17.275	19.675	21.920	24.725	26.757
12	3.074	3.571	4.404	5.226	6.304	18.549	21.026	23.337	26.217	28.300
13	3.565	4.107	5.009	5.892	7.041	19.812	22.362	24.736	27.688	29.819
14	4.075	4.660	5.629	6.571	7.790	21.064	23.685	26.119	29.141	31.319
15	4.601	5.229	6.262	7.261	8.547	22.307	24.996	27.488	30.578	32.801
16	5.142	5.812	6.908	7.962	9.312	23.542	26.296	28.845	32.000	34.267
17	5.697	6.408	7.564	8.672	10.085	24.769	27.587	30.191	33.409	35.718
18	6.265	7.015	8.231	9.390	10.865	25.989	28.869	31.526	34.805	37.156
19	6.844	7.633	8.907	10.117	11.651	27.204	30.144	32.852	36.191	38.582
20	7.434	8.260	9.591	10.851	12.443	28.412	31.410	34.170	37.566	39.997
21	8.034	8.897	10.283	11.591	13.240	29.615	32.671	35.479	38.932	41.401
22	8.643	9.542	10.982	12.338	14.041	30.813	33.924	36.781	40.289	42.796
23	9.260	10.196	11.689	13.091	14.848	32.007	35.172	38.076	41.638	44.181
24	9.886	10.856	12.401	13.848	15.659	33.196	36.415	39.364	42.980	45.558
25	10.520	11.524	13.120	14.611	16.473	34.382	37.652	40.646	44.314	46.928
26	11.160	12.198	13.844	15.379	17.292	35.563	38.885	41.923	45.642	48.290
27	11.808	12.878	14.573	16.151	18.114	36.741	40.113	43.195	46.963	49.645
28	12.461	13.565	15.308	16.928	18.939	37.916	41.337	44.461	48.278	50.994
29	13.121	14.256	16.047	17.708	19.768	39.087	42.557	45.722	49.588	52.335

(续)

表3 χ^2 分布(续)

自由度	右尾面积									
	.995	.99	.975	.95	.90	.10	.05	.025	.01	.005
30	13.787	14.953	16.791	18.493	20.599	40.256	43.773	46.979	50.892	53.672
35	17.192	18.509	20.569	22.465	24.797	46.059	49.802	53.203	57.342	60.275
40	20.707	22.164	24.433	26.509	29.051	51.805	55.758	59.342	63.691	66.766
45	24.311	25.901	28.366	30.612	33.350	57.505	61.656	65.410	69.957	73.166
50	27.991	29.707	32.357	34.764	37.689	63.167	67.505	71.420	76.154	79.490
55	31.735	33.571	36.398	38.958	42.060	68.796	73.311	77.380	82.292	85.749
60	35.534	37.485	40.482	43.188	46.459	74.397	79.082	83.298	88.379	91.952
65	39.383	41.444	44.603	47.450	50.883	79.973	84.821	89.177	94.422	98.105
70	43.275	45.442	48.758	51.739	55.329	85.527	90.531	95.023	100.425	104.215
75	47.206	49.475	52.942	56.054	59.795	91.061	96.217	100.839	106.393	110.285
80	51.172	53.540	57.153	60.391	64.278	96.578	101.879	106.629	112.329	116.321
85	55.170	57.634	61.389	64.749	68.777	102.079	107.522	112.393	118.236	122.324
90	59.196	61.754	65.647	69.126	73.291	107.565	113.145	118.136	124.116	128.299
95	63.250	65.898	69.925	73.520	77.818	113.038	118.752	123.858	129.973	134.247
100	67.328	70.065	74.222	77.929	82.358	118.498	124.342	129.561	135.807	140.170

表4 F分布

表中各项为 F_α 值,其中 F 分布的右尾面积或概率。
例如,分子自由度为 4,分母自由度为 8,右尾面积为 0.05 时,$F_{0.05} = 3.84$。

分母自由度	右尾面积	分子自由度														
		1	2	3	4	5	6	7	8	9	10	15	20	25	30	40	60	100	1000
1	.10	39.86	49.50	53.59	55.83	57.24	58.20	58.91	59.44	59.86	60.19	61.22	61.74	62.05	62.26	62.53	62.79	63.01	63.30
	.05	161.45	199.50	215.71	224.58	230.16	233.99	236.77	238.88	240.54	241.88	245.95	248.01	249.26	250.10	251.14	252.20	253.04	254.19
	.025	647.79	799.48	864.15	899.60	921.83	937.11	948.20	956.64	963.28	968.63	984.87	993.08	998.09	1001.40	1005.60	1009.79	1013.16	1017.76
	.01	4052.18	4999.34	5403.53	5624.26	5763.96	5858.95	5928.33	5980.95	6022.40	6055.93	6156.97	6208.66	6239.86	6260.35	6286.43	6312.97	6333.92	6362.80
2	.10	8.53	9.00	9.16	9.24	9.29	9.33	9.35	9.37	9.38	9.39	9.42	9.44	9.45	9.46	9.47	9.47	9.48	9.49
	.05	18.51	19.00	19.16	19.25	19.30	19.33	19.35	19.37	19.38	19.40	19.43	19.45	19.46	19.46	19.47	19.48	19.49	19.49
	.025	38.51	39.00	39.17	39.25	39.30	39.33	39.36	39.37	39.39	39.40	39.43	39.45	39.46	39.46	39.47	39.48	39.49	39.50
	.01	98.50	99.00	99.16	99.25	99.30	99.33	99.36	99.38	99.39	99.40	99.43	99.45	99.46	99.47	99.48	99.48	99.49	99.50
3	.10	5.54	5.46	5.39	5.34	5.31	5.28	5.27	5.25	5.24	5.23	5.20	5.18	5.17	5.17	5.16	5.15	5.14	5.13
	.05	10.13	9.55	9.28	9.12	9.01	8.94	8.89	8.85	8.81	8.79	8.70	8.66	8.63	8.62	8.59	8.57	8.55	8.53
	.025	17.44	16.04	15.44	15.10	14.88	14.73	14.62	14.54	14.47	14.42	14.25	14.17	14.12	14.08	14.04	13.99	13.96	13.91
	.01	34.12	30.82	29.46	28.71	28.24	27.91	27.67	27.49	27.34	27.23	26.87	26.69	26.58	26.50	26.41	26.32	26.24	26.14
4	.10	4.54	4.32	4.19	4.11	4.05	4.01	3.98	3.95	3.94	3.92	3.87	3.84	3.83	3.82	3.80	3.79	3.78	3.76
	.05	7.71	6.94	6.59	6.39	6.26	6.16	6.09	6.04	6.00	5.96	5.86	5.80	5.77	5.75	5.72	5.69	5.66	5.63
	.025	12.22	10.65	9.98	9.60	9.36	9.20	9.07	8.98	8.90	8.84	8.66	8.56	8.50	8.46	8.41	8.36	8.32	8.26
	.01	21.20	18.00	16.69	15.98	15.52	15.21	14.98	14.80	14.66	14.55	14.20	14.02	13.91	13.84	13.75	13.65	13.58	13.47
5	.10	4.06	3.78	3.62	3.52	3.45	3.40	3.37	3.34	3.32	3.30	3.324	3.21	3.19	3.17	3.16	3.14	3.13	3.11
	.05	6.61	5.79	5.41	5.19	5.05	4.95	4.88	4.82	4.77	4.74	4.62	4.56	4.52	4.50	4.46	4.43	4.41	4.37
	.025	10.01	8.43	7.76	7.39	7.15	6.98	6.85	6.76	6.68	6.62	6.43	6.33	6.27	6.23	6.18	6.12	6.08	6.02
	.01	16.26	13.27	12.06	11.39	10.97	10.67	10.46	10.29	10.16	10.05	9.72	9.55	9.45	9.38	9.29	9.20	9.13	9.03

(续)

表4 F分布(续)

分母自由度	右尾面积	分子自由度															
		1	2	3	4	5	6	7	8	9	10	15	20	25	30	40	60	100	1000
6	.10	3.78	3.46	3.29	3.18	3.11	3.05	3.01	2.98	2.96	2.94	2.87	2.84	2.81	2.80	2.78	2.76	2.75	2.72
	.05	5.99	5.14	4.76	4.53	4.39	4.28	4.21	4.15	4.10	4.06	3.94	3.87	3.83	3.81	3.77	3.74	3.71	3.67
	.025	8.81	7.26	6.60	6.23	5.99	5.82	5.70	5.60	5.52	5.46	5.27	5.17	5.11	5.07	5.01	4.96	4.92	4.86
	.01	13.75	10.92	9.78	9.15	8.75	8.47	8.26	8.10	7.98	7.87	7.56	7.40	7.30	7.23	7.14	7.06	6.99	6.89
7	.10	3.59	3.26	3.07	2.96	2.88	2.83	2.78	2.75	2.72	2.70	2.63	2.59	2.57	2.56	2.54	2.51	2.50	2.47
	.05	5.59	4.74	4.35	4.12	3.97	3.87	3.79	3.73	3.68	3.64	3.51	3.44	3.40	3.38	3.34	3.30	3.27	3.23
	.025	8.07	6.54	5.89	5.52	5.29	5.12	4.99	4.90	4.82	4.76	4.57	4.47	4.40	4.36	4.31	4.25	4.21	4.15
	.01	12.25	9.55	8.45	7.85	7.46	7.19	6.99	6.84	6.72	6.62	6.31	6.16	6.06	5.99	5.91	5.82	5.75	5.66
8	.10	3.46	3.11	2.92	2.81	2.73	2.67	2.62	2.59	2.56	2.54	2.46	2.42	2.40	2.38	2.36	2.34	2.32	2.30
	.05	5.32	4.46	4.07	3.84	3.69	3.58	3.50	3.44	3.39	3.35	3.22	3.15	3.11	3.08	3.04	3.01	2.97	2.93
	.025	7.57	6.06	5.42	5.05	4.82	4.65	4.53	4.43	4.36	4.30	4.10	4.00	3.94	3.89	3.84	3.78	3.74	3.68
	.01	11.26	8.65	7.59	7.01	6.63	6.37	6.18	6.03	5.91	5.81	5.52	5.36	5.26	5.20	5.12	5.03	4.96	4.87
9	.10	3.36	3.01	2.81	2.69	2.61	2.55	2.51	2.47	2.44	2.42	2.34	2.30	2.27	2.25	2.23	2.21	2.19	2.16
	.05	5.12	4.26	3.86	3.63	3.48	3.37	3.29	3.23	3.18	3.14	3.01	2.94	2.89	2.86	2.83	2.79	2.76	2.71
	.025	7.21	5.71	5.08	4.72	4.48	4.32	4.20	4.10	4.03	3.96	3.77	3.67	3.60	3.56	3.51	3.45	3.40	3.34
	.01	10.56	8.02	6.99	6.42	6.06	5.80	5.61	5.47	5.35	5.26	4.96	4.81	4.71	4.65	4.57	4.48	4.41	4.32
10	.10	3.29	2.92	2.73	2.61	2.52	2.46	2.41	2.38	2.35	2.32	2.24	2.20	2.17	2.16	2.13	2.11	2.09	2.06
	.05	4.96	4.10	3.71	3.48	3.33	3.22	3.14	3.07	3.02	2.98	2.85	2.77	2.73	2.70	2.66	2.62	2.59	2.54
	.025	6.94	5.46	4.83	4.47	4.24	4.07	3.95	3.85	3.78	3.72	3.52	3.42	3.35	3.31	3.26	3.20	3.15	3.09
	.01	10.04	7.56	6.55	5.99	5.64	5.39	5.20	5.06	4.94	4.85	4.56	4.41	4.31	4.25	4.17	4.08	4.01	3.92
11	.10	3.23	2.86	2.66	2.54	2.45	2.39	2.34	2.30	2.27	2.25	2.17	2.12	2.10	2.08	2.05	2.03	2.01	1.98
	.05	4.84	3.98	3.59	3.36	3.20	3.09	3.01	2.95	2.90	2.85	2.72	2.65	2.60	2.57	2.53	2.49	2.46	2.41
	.025	6.72	5.26	4.63	4.28	4.04	3.88	3.76	3.66	3.59	3.53	3.33	3.23	3.16	3.12	3.06	3.00	2.96	2.89
	.01	9.65	7.21	6.22	5.67	5.32	5.07	4.89	4.74	4.63	4.54	4.25	4.10	4.01	3.94	3.86	3.78	3.71	3.61
12	.10	3.18	2.81	2.61	2.48	2.39	2.33	2.28	2.24	2.21	2.19	2.10	2.06	2.03	2.01	1.99	1.96	1.94	1.91
	.05	4.75	3.89	3.49	3.26	3.11	3.00	2.91	2.85	2.80	2.75	2.62	2.54	2.50	2.47	2.43	2.38	2.35	2.30
	.025	6.55	5.10	4.47	4.12	3.89	3.73	3.61	3.51	3.44	3.37	3.18	3.07	3.01	2.96	2.91	2.85	2.80	2.73
	.01	9.33	6.93	5.95	5.41	5.06	4.82	4.64	4.50	4.39	4.30	4.01	3.86	3.76	3.70	3.62	3.54	3.47	3.37
13	.10	3.14	2.76	2.56	2.43	2.35	2.28	2.23	2.20	2.16	2.14	2.05	2.01	1.98	1.96	1.93	1.90	1.88	1.85
	.05	4.67	3.81	3.41	3.18	3.03	2.92	2.83	2.77	2.71	2.67	2.53	2.46	2.41	2.38	2.34	2.30	2.26	2.21
	.025	6.41	4.97	4.35	4.00	3.77	3.60	3.48	3.39	3.31	3.25	3.05	2.95	2.88	2.84	2.78	2.72	2.67	2.60
	.01	9.07	6.70	5.74	5.21	4.86	4.62	4.44	4.30	4.19	4.10	3.82	3.66	3.57	3.51	3.43	3.34	3.27	3.18
14	.10	3.10	2.73	2.52	2.39	2.31	2.24	2.19	2.15	2.12	2.10	2.01	1.96	1.93	1.91	1.89	1.86	1.83	1.80
	.05	4.60	3.74	3.34	3.11	2.96	2.85	2.76	2.70	2.65	2.60	2.46	2.39	2.34	2.31	2.27	2.22	2.19	2.14
	.025	6.30	4.86	4.24	3.89	3.66	3.50	3.38	3.29	3.21	3.15	2.95	2.84	2.78	2.73	2.67	2.61	2.56	2.50
	.01	8.86	6.51	5.56	5.04	4.69	4.46	4.28	4.14	4.03	3.94	3.66	3.51	3.41	3.35	3.27	3.18	3.11	3.02
15	.10	3.07	2.70	2.49	2.36	2.27	2.21	2.16	2.12	2.09	2.06	1.97	1.92	1.89	1.87	1.85	1.82	1.79	1.76
	.05	4.54	3.68	3.29	3.06	2.90	2.79	2.71	2.64	2.59	2.54	2.40	2.33	2.28	2.25	2.20	2.16	2.12	2.07
	.025	6.20	4.77	4.15	3.80	3.58	3.41	3.29	3.20	3.12	3.06	2.86	2.76	2.69	2.64	2.59	2.52	2.47	2.40
	.01	8.68	6.36	5.42	4.89	4.56	4.32	4.14	4.00	3.89	3.80	3.52	3.37	3.28	3.21	3.13	3.05	2.98	2.88

表4 F分布(续)

分母自由度	右尾面积	\multicolumn{14}{c}{分子自由度}													
		1	2	3	4	5	6	7	8	9	10	15	20	25	30	40	60	100	1000
16	.10	3.05	2.67	2.46	2.33	2.24	2.18	2.13	2.09	2.06	2.03	1.94	1.89	1.86	1.84	1.81	1.78	1.76	1.72
	.05	4.49	3.63	3.24	3.01	2.85	2.74	2.66	2.59	2.54	2.49	2.35	2.28	2.23	2.19	2.15	2.11	2.07	2.02
	.025	6.12	4.69	4.08	3.73	3.50	3.34	3.22	3.12	3.05	2.99	2.79	2.68	2.61	2.57	2.51	2.45	2.40	2.32
	.01	8.53	6.23	5.29	4.77	4.44	4.20	4.03	3.89	3.78	3.69	3.41	3.26	3.16	3.10	3.02	2.93	2.86	2.76
17	.10	3.03	2.64	2.44	2.31	2.22	2.15	2.10	2.06	2.03	2.00	1.91	1.86	1.83	1.81	1.78	1.75	1.73	1.69
	.05	4.45	3.59	3.20	2.96	2.81	2.70	2.61	2.55	2.49	2.45	2.31	2.23	2.18	2.15	2.10	2.06	2.02	1.97
	.025	6.04	4.62	4.01	3.66	3.44	3.28	3.16	3.06	2.98	2.92	2.72	2.62	2.55	2.50	2.44	2.38	2.33	2.26
	.01	8.40	6.11	5.19	4.67	4.34	4.10	3.93	3.79	3.68	3.59	3.31	3.16	3.07	3.00	2.92	2.83	2.76	2.66
18	.10	3.01	2.62	2.42	2.29	2.20	2.13	2.08	2.04	2.00	1.98	1.89	1.84	1.80	1.78	1.75	1.72	1.70	1.66
	.05	4.41	3.55	3.16	2.93	2.77	2.66	2.58	2.51	2.46	2.41	2.27	2.19	2.14	2.11	2.06	2.02	1.98	1.92
	.025	5.98	4.56	3.95	3.61	3.38	3.22	3.10	3.01	2.93	2.87	2.67	2.56	2.49	2.44	2.38	2.32	2.27	2.20
	.01	8.29	6.01	5.09	4.58	4.25	4.01	3.84	3.71	3.60	3.51	3.23	3.08	2.98	2.92	2.84	2.75	2.68	2.58
19	.10	2.99	2.61	2.40	2.27	2.18	2.11	2.06	2.02	1.98	1.96	1.86	1.81	1.78	1.76	1.73	1.70	1.67	1.64
	.05	4.38	3.52	3.13	2.90	2.74	2.63	2.54	2.48	2.42	2.38	2.23	2.16	2.11	2.07	2.03	1.98	1.94	1.88
	.025	5.92	4.51	3.90	3.56	3.33	3.17	3.05	2.96	2.88	2.82	2.62	2.51	2.44	2.39	2.33	2.27	2.22	2.14
	.01	8.18	5.93	5.01	4.50	4.17	3.94	3.77	3.63	3.52	3.43	3.15	3.00	2.91	2.84	2.76	2.67	2.60	2.50
20	.10	2.97	2.59	2.38	2.25	2.16	2.09	2.04	2.00	1.96	1.94	1.84	1.79	1.76	1.74	1.71	1.68	1.65	1.61
	.05	4.35	3.49	3.10	2.87	2.71	2.60	2.51	2.45	2.39	2.35	2.20	2.12	2.07	2.04	1.99	1.95	1.91	1.85
	.025	5.87	4.46	3.86	3.51	3.29	3.13	3.01	2.91	2.84	2.77	2.57	2.46	2.40	2.35	2.29	2.22	2.17	2.09
	.01	8.10	5.85	4.94	4.43	4.10	3.87	3.70	3.56	3.46	3.37	3.09	2.94	2.84	2.78	2.69	2.61	2.54	2.43
21	.10	2.96	2.57	2.36	2.23	2.14	2.08	2.02	1.98	1.95	1.92	1.83	1.78	1.74	1.72	1.69	1.66	1.63	1.59
	.05	4.32	3.47	3.07	2.84	2.68	2.57	2.49	2.42	2.37	2.32	2.18	2.10	2.05	2.01	1.96	1.92	1.88	1.82
	.025	5.83	4.42	3.82	3.48	3.25	3.09	2.97	2.87	2.80	2.73	2.53	2.42	2.36	2.31	2.25	2.18	2.13	2.05
	.01	8.02	5.78	4.87	4.37	4.04	3.81	3.64	3.51	3.40	3.31	3.03	2.88	2.79	2.72	2.64	2.55	2.48	2.37
22	.10	2.95	2.56	2.35	2.22	2.13	2.06	2.01	1.97	1.93	1.90	1.81	1.76	1.73	1.70	1.67	1.64	1.61	1.57
	.05	4.30	3.44	3.05	2.82	2.66	2.55	2.46	2.40	2.34	2.30	2.15	2.07	2.02	1.98	1.94	1.89	1.85	1.79
	.025	5.79	4.38	3.78	3.44	3.22	3.05	2.93	2.84	2.76	2.70	2.50	2.39	2.32	2.27	2.21	2.14	2.09	2.01
	.01	7.95	5.72	4.82	4.31	3.99	3.76	3.59	3.45	3.35	3.26	2.98	2.83	2.73	2.67	2.58	2.50	2.42	2.32
23	.10	2.94	2.55	2.34	2.21	2.11	2.05	1.99	1.95	1.92	1.89	1.80	1.74	1.71	1.69	1.66	1.62	1.59	1.55
	.05	4.28	3.42	3.03	2.80	2.64	2.53	2.44	2.37	2.32	2.27	2.13	2.05	2.00	1.96	1.91	1.86	1.82	1.76
	.025	5.75	4.35	3.75	3.41	3.18	3.02	2.90	2.81	2.73	2.67	2.47	2.36	2.29	2.24	2.18	2.11	2.06	1.98
	.01	7.88	5.66	4.76	4.26	3.94	3.71	3.54	3.41	3.30	3.21	2.93	2.78	2.69	2.62	2.54	2.45	2.37	2.27
24	.10	2.93	2.54	2.33	2.19	2.10	2.04	1.98	1.94	1.91	1.88	1.78	1.73	1.70	1.67	1.64	1.61	1.58	1.54
	.05	4.26	3.40	3.01	2.78	2.62	2.51	2.42	2.36	2.30	2.25	2.11	2.03	1.97	1.94	1.89	1.84	1.80	1.74
	.025	5.72	4.32	3.72	3.38	3.15	2.99	2.87	2.78	2.70	2.64	2.44	2.33	2.26	2.21	2.15	2.08	2.02	1.94
	.01	7.82	5.61	4.72	4.22	3.90	3.67	3.50	3.36	3.26	3.17	2.89	2.74	2.64	2.58	2.49	2.40	2.33	2.22

(续)

表4 F分布(续)

分母自由度	右尾面积	1	2	3	4	5	6	7	8	9	10	15	20	25	30	40	60	100	1000
25	.10	2.92	2.53	2.32	2.18	2.09	2.02	1.97	1.93	1.89	1.87	1.77	1.72	1.68	1.66	1.63	1.59	1.56	1.52
	.05	4.24	3.39	2.99	2.76	2.60	2.49	2.40	2.34	2.28	2.24	2.09	2.01	1.96	1.92	1.87	1.82	1.78	1.72
	.025	5.69	4.29	3.69	3.35	3.13	2.97	2.85	2.75	2.68	2.61	2.41	2.30	2.23	2.18	2.12	2.05	2.00	1.91
	.01	7.77	5.57	4.68	4.18	3.85	3.63	3.46	3.32	3.22	3.13	2.85	2.70	2.60	2.54	2.45	2.36	2.29	2.18
26	.10	2.91	2.52	2.31	2.17	2.08	2.01	1.96	1.92	1.88	1.86	1.76	1.71	1.67	1.65	1.61	1.58	1.55	1.51
	.05	4.23	3.37	2.98	2.74	2.59	2.47	2.39	2.32	2.27	2.22	2.07	1.99	1.94	1.90	1.85	1.80	1.76	1.70
	.025	5.66	4.27	3.67	3.33	3.10	2.94	2.82	2.73	2.65	2.59	2.39	2.28	2.21	2.16	2.09	2.03	1.97	1.89
	.01	7.72	5.53	4.64	4.14	3.82	3.59	3.42	3.29	3.18	3.09	2.81	2.66	2.57	2.50	2.42	2.33	2.25	2.14
27	.10	2.90	2.51	2.30	2.17	2.07	2.00	1.95	1.91	1.87	1.85	1.75	1.70	1.66	1.64	1.60	1.57	1.54	1.50
	.05	4.21	3.35	2.96	2.73	2.57	2.46	2.37	2.31	2.25	2.20	2.06	1.97	1.92	1.88	1.84	1.79	1.74	1.68
	.025	5.63	4.24	3.65	3.31	3.08	2.92	2.80	2.71	2.63	2.57	2.36	2.25	2.18	2.13	2.07	2.00	1.94	1.86
	.01	7.68	5.49	4.60	4.11	3.78	3.56	3.39	3.26	3.15	3.06	2.78	2.63	2.54	2.47	2.38	2.29	2.22	2.11
28	.10	2.89	2.50	2.29	2.16	2.06	2.00	1.94	1.90	1.87	1.84	1.74	1.69	1.65	1.63	1.59	1.56	1.53	1.48
	.05	4.20	3.34	2.95	2.71	2.56	2.45	2.36	2.29	2.24	2.19	2.04	1.96	1.91	1.87	1.82	1.77	1.73	1.66
	.025	5.61	4.22	3.63	3.29	3.06	2.90	2.78	2.69	2.61	2.55	2.34	2.23	2.16	2.11	2.05	1.98	1.92	1.84
	.01	7.64	5.45	4.57	4.07	3.75	3.53	3.36	3.23	3.12	3.03	2.75	2.60	2.51	2.44	2.35	2.26	2.19	2.08
29	.10	2.89	2.50	2.28	2.15	2.06	1.99	1.93	1.89	1.86	1.83	1.73	1.68	1.64	1.62	1.58	1.55	1.52	1.47
	.05	4.18	3.33	2.93	2.70	2.55	2.43	2.35	2.28	2.22	2.18	2.03	1.94	1.89	1.85	1.81	1.75	1.71	1.65
	.025	5.59	4.20	3.61	3.27	3.04	2.88	2.76	2.67	2.59	2.53	2.32	2.21	2.14	2.09	2.03	1.96	1.90	1.82
	.01	7.60	5.42	4.54	4.04	3.73	3.50	3.33	3.20	3.09	3.00	2.73	2.57	2.48	2.41	2.33	2.23	2.16	2.05
30	.10	2.88	2.49	2.28	2.14	2.05	1.98	1.93	1.88	1.85	1.82	1.72	1.67	1.63	1.61	1.57	1.54	1.51	1.46
	.05	4.17	3.32	2.92	2.69	2.53	2.42	2.33	2.27	2.21	2.16	2.01	1.93	1.88	1.84	1.79	1.74	1.70	1.63
	.025	5.57	4.18	3.59	3.25	3.03	2.87	2.75	2.65	2.57	2.51	2.31	2.20	2.12	2.07	2.01	1.94	1.88	1.80
	.01	7.56	5.39	4.51	4.02	3.70	3.47	3.30	3.17	3.07	2.98	2.70	2.55	2.45	2.39	2.30	2.21	2.13	2.02
40	.10	2.84	2.44	2.23	2.09	2.00	1.93	1.87	1.83	1.79	1.76	1.66	1.61	1.57	1.54	1.51	1.47	1.43	1.38
	.05	4.08	3.23	2.84	2.61	2.45	2.34	2.25	2.18	2.12	2.08	1.92	1.84	1.78	1.74	1.69	1.64	1.59	1.52
	.025	5.42	4.05	3.46	3.13	2.90	2.74	2.62	2.53	2.45	2.39	2.18	2.07	1.99	1.94	1.88	1.80	1.74	1.65
	.01	7.31	5.18	4.31	3.83	3.51	3.29	3.12	2.99	2.89	2.80	2.52	2.37	2.27	2.20	2.11	2.02	1.94	1.82
60	.10	2.79	2.39	2.18	2.04	1.95	1.87	1.82	1.77	1.74	1.71	1.60	1.54	1.50	1.48	1.44	1.40	1.36	1.30
	.05	4.00	3.15	2.76	2.53	2.37	2.25	2.17	2.10	2.04	1.99	1.84	1.75	1.69	1.65	1.59	1.53	1.48	1.40
	.025	5.29	3.93	3.34	3.01	2.79	2.63	2.51	2.41	2.33	2.27	2.06	1.94	1.87	1.82	1.74	1.67	1.60	1.49
	.01	7.08	4.98	4.13	3.65	3.34	3.12	2.95	2.82	2.72	2.63	2.35	2.20	2.10	2.03	1.94	1.84	1.75	1.62
100	.10	2.76	2.36	2.14	2.00	1.91	1.83	1.78	1.73	1.69	1.66	1.56	1.49	1.45	1.42	1.38	1.34	1.29	1.22
	.05	3.94	3.09	2.70	2.46	2.31	2.19	2.10	2.03	1.97	1.93	1.77	1.68	1.62	1.57	1.52	1.45	1.39	1.30
	.025	5.18	3.83	3.25	2.92	2.70	2.54	2.42	2.32	2.24	2.18	1.97	1.85	1.77	1.71	1.64	1.56	1.48	1.36
	.01	6.90	4.82	3.98	3.51	3.21	2.99	2.82	2.69	2.59	2.50	2.22	2.07	1.97	1.89	1.80	1.69	1.60	1.45
1000	.10	2.71	2.31	2.09	1.95	1.85	1.78	1.72	1.68	1.64	1.61	1.49	1.43	1.38	1.35	1.30	1.25	1.20	1.08
	.05	3.85	3.00	2.61	2.38	2.22	2.11	2.02	1.95	1.89	1.84	1.68	1.58	1.52	1.47	1.41	1.33	1.26	1.11
	.025	5.04	3.70	3.13	2.80	2.58	2.42	2.30	2.20	2.13	2.06	1.85	1.72	1.64	1.58	1.50	1.41	1.32	1.13
	.01	6.66	4.63	3.80	3.34	3.04	2.82	2.66	2.53	2.43	2.34	2.06	1.90	1.79	1.72	1.61	1.50	1.38	1.16

分子自由度

标准正态分布的累积概率

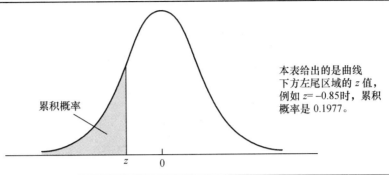

本表给出的是曲线下方左尾区域的 z 值，例如 $z=-0.85$ 时，累积概率是 0.1977。

z	0.00	0.01	0.02	0.03	0.04	0.05	0.06	0.07	0.08	0.09
−3.0	0.0013	0.0013	0.0013	0.0012	0.0012	0.0011	0.0011	0.0011	0.0010	0.0010
−2.9	0.0019	0.0018	0.0018	0.0017	0.0016	0.0016	0.0015	0.0015	0.0014	0.0014
−2.8	0.0026	0.0025	0.0024	0.0023	0.0023	0.0022	0.0021	0.0021	0.0020	0.0019
−2.7	0.0035	0.0034	0.0033	0.0032	0.0031	0.0030	0.0029	0.0028	0.0027	0.0026
−2.6	0.0047	0.0045	0.0044	0.0043	0.0041	0.0040	0.0039	0.0038	0.0037	0.0036
−2.5	0.0062	0.0060	0.0059	0.0057	0.0055	0.0054	0.0052	0.0051	0.0049	0.0048
−2.4	0.0082	0.0080	0.0078	0.0075	0.0073	0.0071	0.0069	0.0068	0.0066	0.0064
−2.3	0.0107	0.0104	0.0102	0.0099	0.0096	0.0094	0.0091	0.0089	0.0087	0.0084
−2.2	0.0139	0.0136	0.0132	0.0129	0.0125	0.0122	0.0119	0.0116	0.0113	0.0110
−2.1	0.0179	0.0174	0.0170	0.0166	0.0162	0.0158	0.0154	0.0150	0.0146	0.0143
−2.0	0.0228	0.0222	0.0217	0.0212	0.0207	0.0202	0.0197	0.0192	0.0188	0.0183
−1.9	0.0287	0.0281	0.0274	0.0268	0.0262	0.0256	0.0250	0.0244	0.0239	0.0233
−1.8	0.0359	0.0351	0.0344	0.0336	0.0329	0.0322	0.0314	0.0307	0.0301	0.0294
−1.7	0.0446	0.0436	0.0427	0.0418	0.0409	0.0401	0.0392	0.0384	0.0375	0.0367
−1.6	0.0548	0.0537	0.0526	0.0516	0.0505	0.0495	0.0485	0.0475	0.0465	0.0455
−1.5	0.0668	0.0655	0.0643	0.0630	0.0618	0.0606	0.0594	0.0582	0.0571	0.0559
−1.4	0.0808	0.0793	0.0778	0.0764	0.0749	0.0735	0.0721	0.0708	0.0694	0.0681
−1.3	0.0968	0.0951	0.0934	0.0918	0.0901	0.0885	0.0869	0.0853	0.0838	0.0823
−1.2	0.1151	0.1131	0.1112	0.1093	0.1075	0.1056	0.1038	0.1020	0.1003	0.0985
−1.1	0.1357	0.1335	0.1314	0.1292	0.1271	0.1251	0.1230	0.1210	0.1190	0.1170
−1.0	0.1587	0.1562	0.1539	0.1515	0.1492	0.1469	0.1446	0.1423	0.1401	0.1379
−0.9	0.1841	0.1814	0.1788	0.1762	0.1736	0.1711	0.1685	0.1660	0.1635	0.1611
−0.8	0.2119	0.2090	0.2061	0.2033	0.2005	0.1977	0.1949	0.1922	0.1894	0.1867
−0.7	0.2420	0.2389	0.2358	0.2327	0.2296	0.2266	0.2236	0.2206	0.2177	0.2148
−0.6	0.2743	0.2709	0.2676	0.2643	0.2611	0.2578	0.2546	0.2514	0.2483	0.2451
−0.5	0.3085	0.3050	0.3015	0.2981	0.2946	0.2912	0.2877	0.2843	0.2810	0.2776
−0.4	0.3446	0.3409	0.3372	0.3336	0.3300	0.3264	0.3228	0.3192	0.3156	0.3121
−0.3	0.3821	0.3783	0.3745	0.3707	0.3669	0.3632	0.3594	0.3557	0.3520	0.3483
−0.2	0.4207	0.4168	0.4129	0.4090	0.4052	0.4013	0.3974	0.3936	0.3897	0.3859
−0.1	0.4602	0.4562	0.4522	0.4483	0.4443	0.4404	0.4364	0.4325	0.4286	0.4247
−0.0	0.5000	0.4960	0.4920	0.4880	0.4840	0.4801	0.4761	0.4721	0.4681	0.4641

标准正态分布的累积概率

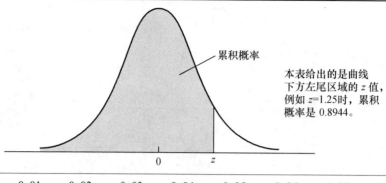

本表给出的是曲线下方左尾区域的 z 值，例如 $z=1.25$ 时，累积概率是 0.8944。

z	0.00	0.01	0.02	0.03	0.04	0.05	0.06	0.07	0.08	0.09
0.0	0.5000	0.5040	0.5080	0.5120	0.5160	0.5199	0.5239	0.5279	0.5319	0.5359
0.1	0.5398	0.5438	0.5478	0.5517	0.5557	0.5596	0.5636	0.5675	0.5714	0.5753
0.2	0.5793	0.5832	0.5871	0.5910	0.5948	0.5987	0.6026	0.6064	0.6103	0.6141
0.3	0.6179	0.6217	0.6255	0.6293	0.6331	0.6368	0.6406	0.6443	0.6480	0.6517
0.4	0.6554	0.6591	0.6628	0.6664	0.6700	0.6736	0.6772	0.6808	0.6844	0.6879
0.5	0.6915	0.6950	0.6985	0.7019	0.7054	0.7088	0.7123	0.7157	0.7190	0.7224
0.6	0.7257	0.7291	0.7324	0.7357	0.7389	0.7422	0.7454	0.7486	0.7517	0.7549
0.7	0.7580	0.7611	0.7642	0.7673	0.7704	0.7734	0.7764	0.7794	0.7823	0.7852
0.8	0.7881	0.7910	0.7939	0.7967	0.7995	0.8023	0.8051	0.8078	0.8106	0.8133
0.9	0.8159	0.8186	0.8212	0.8238	0.8264	0.8289	0.8315	0.8340	0.8365	0.8389
1.0	0.8413	0.8438	0.8461	0.8485	0.8508	0.8531	0.8554	0.8577	0.8599	0.8621
1.1	0.8643	0.8665	0.8686	0.8708	0.8729	0.8749	0.8770	0.8790	0.8810	0.8830
1.2	0.8849	0.8869	0.8888	0.8907	0.8925	0.8944	0.8962	0.8980	0.8997	0.9015
1.3	0.9032	0.9049	0.9066	0.9082	0.9099	0.9115	0.9131	0.9147	0.9162	0.9177
1.4	0.9192	0.9207	0.9222	0.9236	0.9251	0.9265	0.9279	0.9292	0.9306	0.9319
1.5	0.9332	0.9345	0.9357	0.9370	0.9382	0.9394	0.9406	0.9418	0.9429	0.9441
1.6	0.9452	0.9463	0.9474	0.9484	0.9495	0.9505	0.9515	0.9525	0.9535	0.9545
1.7	0.9554	0.9564	0.9573	0.9582	0.9591	0.9599	0.9608	0.9616	0.9625	0.9633
1.8	0.9641	0.9649	0.9656	0.9664	0.9671	0.9678	0.9686	0.9693	0.9699	0.9706
1.9	0.9713	0.9719	0.9726	0.9732	0.9738	0.9744	0.9750	0.9756	0.9761	0.9767
2.0	0.9772	0.9778	0.9783	0.9788	0.9793	0.9798	0.9803	0.9808	0.9812	0.9817
2.1	0.9821	0.9826	0.9830	0.9834	0.9838	0.9842	0.9846	0.9850	0.9854	0.9857
2.2	0.9861	0.9864	0.9868	0.9871	0.9875	0.9878	0.9881	0.9884	0.9887	0.9890
2.3	0.9893	0.9896	0.9898	0.9901	0.9904	0.9906	0.9909	0.9911	0.9913	0.9913
2.4	0.9918	0.9920	0.9922	0.9925	0.9927	0.9929	0.9931	0.9932	0.9934	0.9936
2.5	0.9938	0.9940	0.9941	0.9943	0.9945	0.9946	0.9948	0.9949	0.9951	0.9952
2.6	0.9953	0.9955	0.9956	0.9957	0.9959	0.9960	0.9961	0.9962	0.9963	0.9964
2.7	0.9965	0.9966	0.9967	0.9968	0.9969	0.9970	0.9971	0.9972	0.9973	0.9974
2.8	0.9974	0.9975	0.9976	0.9977	0.9977	0.9978	0.9979	0.9979	0.9980	0.9981
2.9	0.9981	0.9982	0.9982	0.9983	0.9984	0.9984	0.9985	0.9985	0.9986	0.9986
3.0	0.9986	0.9987	0.9987	0.9988	0.9988	0.9989	0.9989	0.9989	0.9990	0.9990

教 学 支 持 服 务

圣智学习出版集团（Cengage Learning）作为为终身教育提供全方位信息服务的全球知名教育出版集团，为秉承其在全球对教材产品的一贯教学支持服务，将为采用其教材图书的每位老师提供教学辅助资料。任何一位通过Cengage Learning北京代表处注册的老师都可直接下载所有在线提供的、全球最为丰富的教学辅助资料，包括教师用书、PPT、习题库等。

鉴于部分资源仅适用于老师教学使用，烦请索取的老师配合填写如下情况说明表。

教学辅助资料索取证明

兹证明＿＿＿＿＿＿＿＿＿＿大学＿＿＿＿＿＿系/院＿＿＿＿学年(学期)开设的＿＿＿名学生□主修 □选修的＿＿＿＿＿＿＿＿＿课程，采用如下教材作为□主要教材 或□参考教材：
书名：＿＿＿＿＿＿＿＿＿＿＿＿＿＿＿＿＿＿＿＿＿＿＿＿＿＿＿＿＿＿＿＿＿
作者：＿＿＿＿＿＿＿＿＿＿＿＿＿＿＿＿＿＿ □英文影印版 □中文翻译版
出版社：＿＿＿＿＿＿＿＿＿＿＿＿＿＿＿＿
学生类型：□本科1/2年级 □本科3/4年级 □研究生 □MBA □EMBA □在职培训
任课教师姓名：＿＿＿＿＿＿＿＿＿＿
职称/职务：＿＿＿＿＿＿＿＿＿＿
电话：＿＿＿＿＿＿＿＿＿＿
E-mail：＿＿＿＿＿＿＿＿＿＿
通信地址：＿＿＿＿＿＿＿＿＿＿
邮编：＿＿＿＿＿＿＿＿＿＿
对本教材的建议：＿＿＿＿＿＿＿＿＿＿

系/院主任：＿＿＿＿＿＿（签字）
（系/院办公室章）
＿＿＿＿年＿＿＿月＿＿＿日

----

*相关教辅资源事宜敬请联络圣智学习出版集团北京代表处。

北京大学出版社 PEKING UNIVERSITY PRESS

经济与管理图书事业部
北京市海淀区成府路205号 100871
联系人：徐冰 张燕
电　话：010-62750037 / 62767348
传　真：010-62556201
电子邮件：xubingjn@yahoo.com.cn
　　　　　em@pup.cn
网　址：http://www.pup.cn

Cengage Learning Beijing Office
圣智学习出版集团北京代表处
北京市海淀区科学院南路2号融科资讯中心C座南楼1201室
Tel: (8610) 8286 2095 / 96 / 97　Fax: (8610) 8286 2089
E-mail: asia.infochina@cengage.com
www.cengageasia.com